Alfred Vollmer

Hawaii

„No alien land in all the world has any deep, strong charm for me but that one, no other land could so longingly and so beseechingly haunt me, sleeping and waking, through half a lifetime, as that one has done."

Mark Twain über Hawaii im Jahr 1889

(„Kein fremdes Land der Erde übt auf mich einen so tiefen, starken Reiz aus wie dieses.
Kein anderes Land konnte mich, ob schlafend oder wachend, derart flehend und sehnsüchtig fesseln
– ein halbes Leben lang.")

Impressum

Alfred Vollmer
REISE KNOW-HOW Hawaii

erschienen im
REISE KNOW-HOW Verlag Peter Rump GmbH
Osnabrücker Str. 79, 33649 Bielefeld

© REISE KNOW-HOW Verlag Peter Rump GmbH 1995, 1997,
1999, 2001, 2004, 2006, 2009, 2011, 2012, 2015
**11., neu bearbeitete und komplett aktualisierte
Auflage 2016**

Alle Rechte vorbehalten.

Gestaltung
Umschlag: G. Pawlak, P. Rump (Layout);
　　　André Pentzien (Realisierung)
Inhalt: Günter Pawlak (Layout);
　　　André Pentzien (Realisierung)
Fotonachweis: der Autor (av), Carsten Maaz (cm),
　　　Jon de Mello (JdM), Julian Sandig (js), Baldwin Sugar
　　　Museum (bsm), Hawaii State Archive (hsa),
　　　Archiv Egon Vollmer, www.fotolia.de
　　　(Autorennachweis jeweils am Bild)
Titelfoto: www.fotolia.de © fotogestoeber
　　　(Motiv: Big Beach auf Maui, Hawaii)
Karten: Catherine Raisin
Umschlagkarten: Bernhard Spachmüller

Lektorat: Wolfram Schwieder
Lektorat (Aktualisierung): Katja Schmelzer

Druck und Bindung
　　D3 druckhaus GmbH, Hainburg

ISBN 978-3-8317-2794-0
Printed in Germany

Dieses Buch ist erhältlich in jeder Buchhandlung
Deutschlands, der Schweiz, Österreichs, Belgiens
und der Niederlande. Bitte informieren Sie Ihren
Buchhändler über folgende Bezugsadressen:
Deutschland
　　Prolit GmbH, Postfach 9, D-35461 Fernwald (Annerod)
　　sowie alle Barsortimente
Schweiz
　　AVA Verlagsauslieferung AG
　　Postfach 27, CH-8910 Affoltern
Österreich
　　Mohr Morawa Buchvertrieb GmbH
　　Sulzengasse 2, A-1230 Wien
Niederlande, Belgien
　　Willems Adventure, www.willemsadventure.nl

Wer im Buchhandel trotzdem kein Glück hat,
bekommt unsere Bücher auch über unseren
Büchershop im Internet: www.reise-know-how.de

Wir freuen uns über Kritik, Kommentare
und Verbesserungsvorschläge, gern auch
per E-Mail an info@reise-know-how.de.

Alle Informationen in diesem Buch sind vom
Autor mit größter Sorgfalt gesammelt
und vom Lektorat des Verlages gewissenhaft
bearbeitet und überprüft worden.

Da inhaltliche und sachliche Fehler nicht
ausgeschlossen werden können, erklärt der
Verlag, dass alle Angaben im Sinne der
Produkthaftung ohne Garantie erfolgen
und dass Verlag wie Autor keinerlei
Verantwortung und Haftung für inhaltliche
und sachliche Fehler übernehmen.

Die Nennung von Firmen und ihren Produkten und ihre Reihenfolge sind als Beispiel
ohne Wertung gegenüber anderen anzuse-
hen. Qualitäts- und Quantitätsangaben sind
rein subjektive Einschätzungen des Autors
und dienen keinesfalls der Bewerbung von
Firmen oder Produkten.

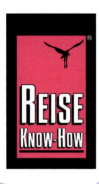

Auf der Reise zu Hause
www.reise-know-how.de

- Ergänzungen nach Redaktionsschluss
- kostenlose Zusatzinformationen und Downloads
- das komplette Verlagsprogramm
- aktuelle Erscheinungstermine
- Newsletter abonnieren

Bequem einkaufen im Verlagsshop

Oder Freund auf Facebook werden

Aloha!

Hawaii ist viel zu schade für einen reinen Badeurlaub. Das hat sich aber noch nicht überall herumgesprochen. Sie finden auf den Inseln riesige Kontraste auf kleinstem Raum:

Einerseits Massentourismus mit Hotel-Hochhausburgen und vollen Stränden, andererseits Naturschönheiten, die nur von ganz wenigen besucht werden. Hier herrliche Strände, sehr trocken, mit wüstenartiger Vegetation und dort, keine 20 km davon entfernt, Regenwald sowie der regenreichste Punkt der Erde. Während bei fast garantiertem Sonnenschein die Badetouristen in der Sonne braten und auf Wasserskifahrer blicken, fahren 4000 m höher ein paar Unverbesserliche im Schnee Ski. Gleichzeitig brodelt und spritzt am anderen Ende der Insel die flüssige Lava.

Neben den landschaftlichen Schönheiten verfügt Hawaii über kulturelle Reize. Das Spektrum reicht von der Kultur der alten Hawaiianer (Hula, Gesänge etc.) bis hin zu Ausstellungen moderner Kunst und esoterischen Angeboten.

Für Freunde des Wassersports hat die Inselgruppe vom Tauchen und Schnorcheln über das Hochseefischen und Kayak-Fahren bis zum (Wind-)Surfen einiges zu bieten. Aber auch auf dem Land bieten sich zahlreiche Betätigungsmöglichkeiten in einer wundervollen Umgebung.

Das A & O einer individuellen Hawaiireise ist die Planung. Durch die innerhawaiianischen Flüge und die zum Teil nötigen Hotel-, Campingplatz- und Autobuchungen werden die Besucher des Archipels schnell in ein relativ starres

Aloha!

Korsett gezwängt, da die Verweildauer auf den einzelnen Inseln meist schon von zu Hause aus festgelegt wird.

Während viele Reisende, die etwa den Westen der USA bereisen, schon lange vor ihrer Reise wissen, dass sie unbedingt den Grand Canyon oder San Francisco besuchen wollen, ist die Sachlage bei Hawaii-Reisenden meist etwas anders. Weil der US-Bundesstaat Hawaii über ein „Südsee-" (obwohl es auf der Nordhalbkugel liegt) beziehungsweise Bade-Image verfügt, haben viele potenzielle Besucher ihr „Aha-Erlebnis" erst, wenn sie sich intensiver mit der Inselgruppe beschäftigen. Auf einmal rückt dann Waikiki Beach, der neben der Copacabana in Rio wohl berühmteste Strand der Welt, in den Hintergrund. Im Vordergrund stehen dann plötzlich die Na-Pali-Küste sowie der Waimea Canyon auf Kauai, der Haleakala-Krater sowie Oheo (Seven Pools) auf Maui und der aktive Vulkan auf Hawaii Big Island.

Je weiter Sie sich von den Haupt-Aussichtspunkten dieser Attraktionen entfernen, um so ruhiger und intensiver können Sie alles erleben. In diesem Reiseführer werden Sie auch viele Hinweise auf Außergewöhnliches finden, das allzu oft übersehen wird.

Auch erhalten Sie Hilfestellungen zum Abwägen, wo wann welche Aktivität besonders lohnend ist. Das schont den Geldbeutel, ohne in eine übertriebene Spar-Mentalität zu verfallen.

Egal wie günstig der Wechselkurs des Dollars bei Ihrer Reise auch ausfällt: Richtig billig wird es nicht werden, dafür allerdings bestimmt sehr schön.

Dieses Buch enthält nicht nur unzählige Telefonnummern für die Zeit auf den Inseln, sondern auch eine Fülle topaktueller Internet-Adressen zur sorgfältigen Vorbereitung auf die Reise.

Die in diesem Buch aufgeführten Sehenswürdigkeiten und möglichen Aktivitäten können „nur" eine Auswahl sein, denn was vor Ort als „breathtaking" (atemberaubend) oder „a real gem" (etwa: eine echte Perle, ein echtes Highlight) beschrieben wird, erscheint im Blickwinkel eines Europäers, der nur wenige Wochen Zeit hat und mehrere Hawaii-Inseln besucht, oft anders. Dieses Buch hilft Ihnen, Ihre Zeit gemäß Ihren Präferenzen optimal zu nutzen. Außerdem finden Sie viele Hinweise auf preisgünstige oder ungewöhnliche Unterkünfte und Restaurants, aber vereinzelt auch Hinweise auf außergewöhnlich schöne/gute (und somit leider auch teurere) Unterkünfte und Restaurants, die sich aber beispielsweise für besondere Anlässe anbieten.

Mit sorgfältiger Planung können Sie aus Ihrem Hawaii-Aufenthalt mehr machen als einen reinen Badeurlaub und dennoch das Reisebudget in Grenzen halten. Dabei wird Ihnen dieses Buch helfen.

Alfred Vollmer

> Hang Loose

Inhalt

Aloha!	4
Exkurs-/Kartenverzeichnis	8, 9
Die Inseln auf einen Blick	10
Hinweise zur Benutzung	12
Hawaii kompakt	16
Die unabhängige Hawaiireise	22
Die Planung der Reise	26

1 Oahu 32

Überblick	35
Infrastruktur	41
Honolulu	47
Rund um die Insel	77
Strände	92
Aktivitäten	92
Unterkunft	96

2 Maui 98

Überblick	101
Infrastruktur	106
Central Maui	109
Das Upcountry	123
West Maui	124
South Maui	129
East Maui	132
Strände	141
Aktivitäten	145
Unterkunft	157

3 Kauai 164

Überblick	167
Infrastruktur	173
Die Südküste	173
Waimea Canyon und Kokee State Park	181
Ost- und Nordküste	188
Na-Pali-Küste	197
Strände	200
Aktivitäten	204
Unterkunft	212

4 Hawaii Big Island 216

Überblick	219
Infrastruktur	224
Kailua Kona	226
Von Kona über die Südspitze zum Vulkan	229
Hawaii Volcanoes National Park	237
Puna District	248
Hilo und Umgebung	255
Mauna Kea	260
Die Hamakua-Küste	268
Die nördliche Kona-Küste	272
Strände	277
Aktivitäten	279
Unterkunft	284

5 Molokai 288

Überblick	291
Infrastruktur	293
Rund um die Insel	296
Strände, Aktivitäten, Unterkunft	306

Inhalt 7

6 Lanai 310

Überblick	313
Infrastruktur	315
Rund um die Insel	318
Aktivitäten	322
Unterkunft	323

7 Niihau & Kahoolawe 324

Niihau	324
Kahoolawe	325

8 Praktische Reisetipps 328

Informationen	330
Ein- und Ausreisebestimmungen	331
Versicherungen	334
Gesundheit	336
Finanzen	338
Der Flug nach Hawaii	344
Flüge zwischen den Inseln	350
Vorbuchung des Mietwagens	355
Unterkunft	358
Fotografieren	371
Elektrizität	371

9 Land und Leute 372

Geologie und Vulkanismus	374
Die Natur Hawaiis	381
Geschichte	392
Wirtschaft	400

Bevölkerung	407
Kultur	409
Medien	417
Sitten und Eigenheiten	418

10 Unterwegs in Hawaii 420

Ankunft	422
Unterwegs mit dem Auto	423
Auf Hawaiis Straßen	426
Information und Hilfe	431
Post, Telefon und Internet	435
Strände	441
Naturerlebnis und Sport	442
Shows	455
Essen und Trinken	458
Einkäufe und Souvenirs	474

11 Anhang 478

Literaturhinweise	480
Weiterführende Infos aus dem Internet	482
Hawaiianisch für Anfänger	483
Reise-Gesundheits-Informationen	488
Register	493
Der Autor	503

Exkurse

Oahu

Heiraten unter Wasser	45
Geschichte Waikikis	50
Werbezeitschriften	57
Kamehameha I. – Geschichte eines Standbildes	60
Der Angriff auf Pearl Harbor	70
Besuch des „World War II Valor in the Pacific National Monuments"	74
The Eddie: Surf-Wettbewerb der Superlative	88

Maui

Die Sage vom tapferen Maui	112
Sonnenaufgang am Haleakala: Heute so, morgen so	118
Wale vor Hawaii	148

Kauai

Farmers Market	172
Silvester auf Kauai	177
Kauais Regenwald	184
Eine Fahrt auf dem Wailua-River	190
Hubschrauberflüge in Hawaii	206

Hawaii Big Island

Ironman Triathlon	228
Puuhonua o Honaunau – Zuflucht für Tabubrecher	231
Kajaktour	234
Kona Coffee	237
Merrie Monarch Festival	256
Eine geführte Tour auf den Mauna Kea	266

Molokai

Father Damien	298
Unterwegs auf der Halbinsel Makanalua	305
Hula etwas ursprünglicher	307

Lanai

Geld regiert die Welt: Bill Gates auf Lanai	322

Praktische Reisetipps

Jet Lag – Probleme mit der Zeitverschiebung	346
Inter-Island-Flüge im Wandel der Zeit	352

Land und Leute

Zuckerrohr in Hawaii	388
Wirtschaftsfaktor Gentechnik	402
Der berühmteste Sohn Hawaiis: Barack Obama	408
Hula – Tanz und Gesang in Hawaii	411
Coupons: Ein echtes Stück Amerika – auch in Hawaii	413
Heiraten in Hawaii	419

Unterwegs in Hawaii

Auf dem Tandem rund um Hawaii Big Island	446
„Hawaiis best Luau"	456
Von Weihenstephan nach Hawaii	472

Karten

Die Hawaii-Inseln   hintere Umschlagklappe
Die Inseln auf einen Blick   10

Übersichtskarten
Big Island Nord	260
Big Island Süd	220
Kauai	168
Lanai	314
Maui	102
Molokai	292
Oahu	36

Thematische Karten
Buslinien und -routen auf Maui	108
Haleakala Krater	114
Kilauea Krater	220
Linienflugnetz Hawaii	351
Plattentektonik und Hot Spot	375
Puuhonua o Honaunau	232

Stadtpläne
Hilo	221
Honolulu Überblick,	
Honolulu Downtown,	
Honolulu Waikiki	
vordere Umschlagklappe	
Lahaina	103
Lihue	174

Kartenlegende

- 🟥 Übernachtung
- 🟦 Essen und Trinken
- 🟩 Einkaufen/Sonstiges
- 🟦 Wassersport

- ◎ Kleiner Ort
- ◉ Großer Ort
- ---- Pfad
- ═══ Ungeteerte Straße
- 83 Highway
- H1 Freeway

- ❶ Touristeninformation
- ★ Sehenswürdigkeit
- Ⓜ Museum
- ⓝ Höhle
- ▲ Tempel
- ⅱ Kirche
- ✉ Post
- ✈ Flughafen
- Ⓑ Busbahnhof
- ⛴ Fähre
- Ⓟ Parkplatz

- 🐚 Strand
- 🤿 Tauchen, Schnorcheln
- 🏄 Surfen
- 🏄 Windsurfen

- 99 Ortsbeschreibung auf Seite 99
- 99 Ortsbeschreibung auf Seite 99, mit Stadtplan

Die Inseln auf einen Blick

 Oahu | 32

Oahu ist zwar bei Weitem nicht die größte Insel Hawaiis, aber dafür die Insel mit den meisten Einwohnern und auch das „industrielle" Zentrum. Die **Hauptstadt Honolulu (S. 47)** hat eine beachtliche Ausdehnung, und auf den Highways sind Staus ganz normal. Weltberühmt ist der Strand in Honolulus Stadtteil **Waikiki (S. 48),** wobei dort vor allem die Freunde von Hotel-Hochhäusern und

 Kauai | 164

Kauai trägt auch den Beinamen „Garteninsel", weil es hier so herrlich grün ist. Die sagenhafte grün überwucherte **Na-Pali-Küste (S. 197)** mit ihren hohen Felsen und der als „Grand Canyon des Pazifiks" bezeichnete **Waimea Canyon (S. 181)** sind die ganz großen Highlights der Insel, die auch über eine Vielzahl herrlicher Badestrände verfügen. Auf Kauai geht es im Vergleich zu Oahu und Maui relativ ruhig zu.

Nachtleben den schönsten Urlaub verbringen werden. Im Winter trifft sich die Weltelite der Surfer, um in den manchmal 8 m hohen Wellen ihr Können zu beweisen.

 Maui | 98

Maui ist touristisch ähnlich gut erschlossen wie Oahu, hat seine zahlreichen schönen Strände aber nicht wie in Waikiki mit Hochhaus-Kolonien verschandelt. Obwohl es entlang der sonnenreichen (und regenarmen) Westküste viele Unterkünfte und damit zahlreiche Touristen auf der Insel gibt, findet sich immer wieder ein ruhiges Plätzchen. Die großen Highlights sind der **Nationalpark Haleakala (S. 114)** auf 3000 m Seehöhe und eine Fahrt nach **Hana (S. 132),** wobei die Straße quasi mitten durch tropischen Regenwald führt. Hier und auf Hawaii Big Island bieten sich die besten Möglichkeiten für Wassersport.

 Hawaii Big Island | 216

... ist größer als alle anderen Hawaii-Inseln zusammen. Im Nordwesten scheint quasi immer die Sonne, während etwa 40 km Luftlinie entfernt im Landesinneren zumindest im Winter öfter Schnee auf den um 4200 m hohen Bergen **Mauna Loa (S. 244)** und **Mauna Kea (S. 260)** liegt. Big Island wartet in punkto Natur quasi mit allem auf, was die Inselkette zu bieten hat, verfügt aber mit dem **Hawaii Volcanoes National Park (S. 237)** noch zusätzlich über einen aktiven Vulkan. Die meisten **Strände (S. 277)** von Hawaii Big Island sind weiß, aber es gibt auch einige mit schwarzem oder grünem Sand. Hier und auf Maui bieten sich die besten Möglichkeiten für Wassersport. Viele Touristen unterschätzen allerdings bei der Planung die geografischen Dimensionen dieser wirklich großen Insel.

Die Inseln auf einen Blick

 Molokai | 288

Molokai ermöglicht es dem Besucher, gleich zwei Gänge zurückzuschalten. Hier ist Hawaii noch am ursprünglichsten – mit den entsprechenden Vor- und Nachteilen einer nur ziemlich mäßig entwickelten touristischen Infrastruktur. Im **Kamakou Preserve (S. 303)** ermöglichen Wanderungen ähnliche Ausblicke wie in der Nähe der Na-Pali-Küste von Kauai.

 Niihau & Kahoolawe | 324

Niihau befindet sich in Privatbesitz und ist für Touristen praktisch nicht zugänglich.

Kahoolawe verfügt über keinerlei Infrastruktur. Die karge Insel darf nur mit einer speziellen Genehmigung betreten werden.

Lanai | 310

… ist bestens geeignet, um in ruhiger Umgebung Urlaub zu machen, denn außer zwei Luxushotels gibt es hier keine wesentlichen Highlights, die man nicht auf anderen Inseln mit geringerem (finanziellen und logistischen) Aufwand erleben könnte. Dafür sind die beiden **Golfplätze (S. 314)** umso imposanter.

Hinweise zur Benutzung

Aufgrund der geringen Größe der Hawaii-Inseln liegt alles relativ dicht beisammen. Dadurch, dass sich im Innern jeder Insel stets ein oder mehrere Berge bzw. eine Bergkette befinden, konzentrieren sich die Haupt-Verbindungsstraßen und -wege auf allen Inseln im küstennahen Bereich. So ist es nicht verwunderlich, dass die meisten Besichtigungstouren sich im Wesentlichen auf die Schönheiten entlang dieser Highways konzentrieren. Alle sinnvollen Abweichungen oder Abzweigungen von diesen Routen werden in diesem Buch mit den verschiedenen Alternativen diskutiert – und zwar in einer Art und Weise, die es ermöglicht, bereits vor der Buchung den Zeitbedarf einer individuellen Reise zu ermitteln. Während der Reise kann man mit Hilfe der Infos in diesem Buch ganz spontan die Route ändern.

Aufbau des Buches

Die Kapitel „**Hawaii kompakt**", „**Die unabhängige Hawaiireise**" sowie „**Die Planung der Reise**" im Vorspann des Buches stellen das Reiseziel kurz vor und geben Tipps, die man braucht, bevor man seine Reise organisiert. Auch und vor allem **Amerika-Kenner,** die bereits (mehrfach) die USA besucht haben, sollten **unbedingt (!)** das Kapitel „**Besonderheiten im Vergleich zum Festland**" lesen – und zwar **vor** Buchung einer Hawaii-Reise. Im Vorspann befinden sich außerdem ein Kartenverzeichnis sowie eine Übersicht der Exkurse, die interessante Hintergrundinformationen zu den einzelnen Inseln liefern. Einen guten Überblick über die gesamte Inselkette vermittelt die doppelseitige Karte „**Die Inseln auf einen Blick**", auf der jede Insel mit der jeweiligen Kapitelzahl abgebildet ist. Dazu findet man eine kurze

⌄ Bei derartig hohen Wellen kann das Baden sehr gefährlich sein

Hinweise zur Benutzung

Zusammenfassung der Sehenswürdigkeiten jeder Insel.

Die Kapitel zu den einzelnen Inseln sind alle nach dem gleichen Schema aufgebaut, um den raschen Zugriff zu erleichtern: Am Anfang steht ein **Überblick**, in dem neben Größe, Gestalt und einer Karte der Insel auch etwas zu Klima und Zeiteinteilung zu finden ist. Im folgenden Abschnitt **Infrastruktur** erfährt man alles zu Entfernungen, Flughäfen, Straßen und Verkehrsmitteln. Danach erfolgt die eigentliche **Beschreibung der Inseln,** zumeist in kleinere geografische Abschnitte aufgeteilt. In den Beschreibungen wird in der Kopfzeile auf die jeweile Karte verwiesen, das **Verzeichnis aller Karten** finden Sie im Vorspann (s.o.). Den Abschluss bilden **Hinweise zu Stränden, Aktivitäten und Unterkünften,** gekennzeichnet durch einen Kasten am rechten Seitenrand in der jeweiligen Kapitelfarbe. Bei den Aktivitäten sind oftmals nur die Telefonnummern angegeben. Wo es nötig ist, wird die entsprechende Lokalität und deren Anfahrtsweg anschließend näher beschrieben.

Tipps zur Organisation der Reise mit allen Details ist Thema des Kapitels **„Praktische Reisetipps"**.

Im Kapitel **Land und Leute** werden alle Facetten Hawaiis ausführlich vorgestellt, von der Natur des Archipels über seine Geschichte bis zur Bevölkerung und ihren Gepflogenheiten.

Alle **praktischen Hilfen,** von der Ankunft bis zum (hoffentlich nicht eintretenden) Notfall, stehen im abschließenden Kapitel **Unterwegs in Hawaii.**

Dieses Buch wurde bewusst so geschrieben, dass Ihnen einerseits im Vorfeld der Reise ein Abwägen zwischen den einzelnen Inseln erleichtert wird, dass Sie andererseits aber auch am Ort noch relativ flexibel reagieren können.

Hawaii Big Island

Die südlichste und gleichzeitig größte Insel des gesamten Archipels ist die *Insel Hawaii*, auch *Big Island* (große Insel) genannt. Um Verwechslungen mit der gesamten Inselkette zu vermeiden, wird die *Insel Hawaii* in diesem Buch stets als **Hawaii Big Island** oder **Big Island** bezeichnet. Ist nur von *Hawaii* die Rede, dann ist damit die gesamte Inselkette gemeint.

Tipps

 Der Schmetterling …

… zeigt an, wo man besonders gut Natur erleben kann oder Angebote im Bereich des nachhaltigen Tourismus findet.

MEIN TIPP: …

… steht für spezielle Empfehlungen des Autors: abseits der Hauptpfade, persönlicher Geschmack.

Nicht verpassen!
Die Highlights der Region erkennt man an der **gelben Hinterlegung.**

Internet

Wer seine individuelle Hawaii-Reise gut planen möchte, der sollte auch die Hinweise auf die Internet-Seiten nutzen. Die **URLs** (= Internet-Adressen) von unmittelbar im Zusammenhang stehenden Internet-Seiten sind in der Regel auf der Seite abgedruckt, die sich mit dem Thema befasst. Manchmal hat der Autor bewusst auch eine übergeordnete URL angegeben, von der aus die Suche in verschiedene Richtungen gehen kann oder man sich das Eintippen einzelner URLs ersparen kann, weil direkte Links angeboten werden. Der Vorteil dieses Mediums liegt auf der Hand: Informationen, die kontinuierlichen Schwankungen unterliegen (z.B. Flugpläne, Preise etc.) sowie tagespolitische Entwicklungen sind im Internet in der Regel aktuell verfügbar. Der Nachteil des Mediums liegt zum einen in der großen Informationsflut, die unsortiert ist und zeitaufwendig gesammelt werden muss, zum anderen in der Tatsache, dass praktisch sämtliche Infos in englischer Sprache sind, die im Falle von Hawaii noch von Hawaiianischen Ausdrücken durchsetzt werden.

Im **Anhang** finden Sie, zusätzlich zu den zahlreichen URLs im Hauptteil des Buchs, Informationen zu weiterführender Literatur, eine ausführliche Liste mit passenden URLs für Fans des (Internet-)Surfens, einen kurzen Einblick in die hawaiianische Sprache sowie ein Register.

Schreibweise

In der englischsprachigen Literatur finden Sie hawaiianische Wörter, welche mit einem sogenannten **Glottalstop** (Knacklaut, im Hawaiianischen „Okina" genannt, mit einem ' gekennzeichnet) versehen sind: Hawai'i, Lu'au oder Mu'umu'u.

Auf der Basis der englischen oder amerikanischen Sprache sind diese Glottalstops sinnvoll, aber für Deutsche meist unnötig, wenn man die folgende Regel beachtet: **Im Hawaiianischen wird jeder Vokal einzeln gesprochen.** Das Wort Luau spricht man L - u - a - u, wobei die a-u-Laute manchmal schon fast zu einer Art „au" zusammengezogen werden. Wer diese Regel berücksichtigt, der weiß, dass man das lange, wallende Gewand namens Muumuu eben Mu-u-mu-u spricht und dass der Puu Oo, der derzeit aktive Vulkankrater, eben als Pu-u

> Der Schraubenbaum heißt im Englischen „Screw Pine", im hawaiinischen „Hala" und bei Botanikern „Pandanus". Er kommt in diversen Varianten auf allen Inseln Polynesiens vor. Da Touristen ihn schon mal mit einer Ananas verwechselten, trägt der Schraubenbaum gelegentlich den Namen „Tourist Pineapple"

Hinweise zur Benutzung

O-o über die Lippen kommen sollte. In diesem Buch wird daher ganz bewusst auf die (im Deutschen eher verwirrenden) Glottalstops verzichtet.

Eine **Ausnahme** gibt es jedoch. Das Wort Hawaii selbst wird nicht Hawa-i-i gesprochen, sondern Hawa-i, also mit einer ganz kurzen Pause zwischen dem „Hawa" und dem (normalen, nicht langen!) „i". Wenn man es ganz genau nimmt, müsste man zwar eigentlich Hawa-i-i sagen, aber das tun ja nicht einmal die Hawaiianer!

Seit einiger Zeit sieht man auf Hawaii vermehrt Schreibweisen, die den **Längestrich** (Englisch: *macron,* hawaiianisch: *kahako*) nutzen. In Worten wie z.B. Ki–lauea zeigt der Längestrich an, welcher Vokal lang gesprochen wird – in diesem Fall das „i". Wer hawaiianische Wörter wie ein deutsches Wort (mit allen Vokalen, z.B. Wai-a-na-e) liest, braucht aus Sicht des Autors den Längestrich nicht. Daher lassen wir ihn im Buch weg.

Leider hört man aber auch die annähernd korrekte Aussprache nur noch recht selten, weil die meisten Besucher eben Amerikanisch und nicht Hawaiianisch sprechen. Zur besseren Verständlichkeit und teilweise aus Unwissenheit haben die Kellner, Verkäufer und Rezeptionisten sich leider schon das falsche, aber amerikanische „How aye" an Stelle von Hawa-i angewöhnt.

230ha av

Hawaii kompakt

Auf den folgenden Seiten finden Sie einen kurzen Überblick über landeskundliche Themen, die dann im Kapitel „Land und Leute" ausführlicher behandelt werden.

Gemäß einer von *Gallup-Healthways* in allen Staaten der USA durchgeführten Studie fühlen sich die Bewohner des US-Bundesstaats Hawaii am wohlsten – noch vor den Einwohnern von Utah und Montana. Die Großstadt Honolulu schaffte es dabei auf Platz drei unter den Städten, wobei die Plätze 1 und 2 von Bolder/Colorado und Holland-Grand Haven/Michigan belegt werden. Warum die Bewohner Hawaiis sich auf Ihren Inseln so gut fühlen und eine so gute *Work-Life-Balance* haben, das erfahren Sie im Kapitel „Land und Leute" und natürlich auf Ihrer Reise.

Lage

Die Hawaii-Inseln sind die am weitesten von anderen Inseln oder vom Festland entfernten Inseln der Erde. Sie erstrecken sich über eine Länge von knapp 2500 km von Nordwesten nach Südosten durch den Pazifik. Insgesamt besteht der Archipel aus einer Kette von über 130 Inseln, Korallenriffen und Inselresten, die bei hoher Brandung völlig überschwemmt sind.

Größe

Mittlerweile hat es sich eingebürgert, nur die südlichsten 20 Inseln als Hawaii-Inseln zu bezeichnen. Die nördlicheren, sehr kleinen Inseln werden zu den **Midway-Inseln** gerechnet.

Details zur Entstehung der Inselkette finden Sie im Kapitel „Land und Leute/Geologie".

Hawaii kompakt 17

Während die nördlichen 120 bis 125 Inseln nicht einmal 7 km² einnehmen, beanspruchen die acht im Südwesten gelegenen Hauptinseln Hawaiis (Oahu, Maui, Kauai, Hawaii Big Island, Molokai, Lanai, Niihau und Kahoolawe) eine **Fläche** von zusammen immerhin 16.633 km². Das entspricht weniger als 5 % der Fläche Deutschlands beziehungsweise knapp 0,2 % der Gesamtfläche der USA.

Sieben dieser acht Inseln sind bewohnt, aber nur sechs Hawaii-Inseln sind für Touristen zugänglich. Während **Kahoolawe** jahrzehntelang militärisches Sperrgebiet war und nach wie vor von Touristen nur sehr eingeschränkt betreten werden darf, befindet sich **Niihau** in Privatbesitz; sie darf nur auf persönliche Einladung hin betreten werden. Daher befasst sich der Reiseteil dieses Buches ausführlich mit den Inseln Oahu, Maui, Kauai, Hawaii Big Island, Molokai und Lanai. Sie finden dort aber auch noch einige ergänzende Informationen zu den beiden anderen Inseln.

Touristische Schwerpunkte der einzelnen Inseln

Oahu
- Hauptstadt, Verwaltungs- und Wirtschaftszentrum der Inselkette
- Internationaler Flughafen
- Touristenfalle Honolulu/Waikiki

Maui
- Haleakala-Krater (einer der größten Vulkankrater der Erde)
- Oheo/„Seven Pools" (üppig überwuchertes tropisches Paradies)
- die besten Wassersportmöglichkeiten in Hawaii

Kauai
- üppige, subtropische Vegetation: Die gesamte Insel ist ein großer Garten und wird „Garteninsel" genannt
- wilde Na-Pali-Küste (Steilküste)
- erstklassige Wandermöglichkeiten, auch im kühleren Klimabereich
- Waimea Canyon: Grand Canyon des Pazifiks

Big Island
- aktive Vulkane zum Greifen nah
- zwei über 4000 m hohe Berge
- die größte landschaftliche Vielfalt
- fast ganz Hawaii auf einer Insel
- sehr gute Wassersportmöglichkeiten

Molokai
- Ruhe, Gelassenheit
- Leprakolonie Kalaupapa
- höchste Steilküste der Welt, höchster Wasserfall Hawaiis

Lanai
- gediegene Gastlichkeit und Luxus
- Golf vom Feinsten
- Munro Trail
- Garden of the Gods

◁ Einen solchen Blick auf Molokai bekommt man nur bei einem Hubschrauberflug, der von Maui aus über die Insel führt

Geografie

Allen Hawaii-Inseln ist prinzipiell gemeinsam: In der Mitte liegt ein Bergmassiv vulkanischen Ursprungs, das die Insel in verschiedene **geografische Bereiche** und **Klimazonen** unterteilt. Die Nordküste ist stets von niederschlagsreichen, teilweise hohen Steilklippen geprägt, während die Südwestküste erheblich flacher und niederschlagsärmer ist. Deshalb sind die meisten Hotels auch an der Süd- bzw. Westküste zu finden. Beispiele hierfür sind Waikiki auf Oahu, Lahaina/Kaanapali und Kihei/Wailea auf Maui, Poipu auf Kauai und Kona auf Hawaii Big Island.

Berge

Auf der Insel Maui befindet sich der **Haleakala-Krater.** Er ist mit 3055 m nicht nur der höchste Berg Mauis und der dritthöchste der Inselkette, sondern auch einer der größten Vulkankrater der Erde.

Die beiden höchsten Erhebungen Hawaiis liegen auf der gleichnamigen Insel Hawaii, die den Beinamen Big Island trägt. Der **Mauna Loa** bringt es auf 4169 m und der **Mauna Kea** gar auf 4205 m Gipfelhöhe, womit er, vom (tief unter Wasser gelegenen) Fuß bis zum Gipfel gemessen, sogar der höchste Berg der Erde ist.

> ⊡ Nicht nur hier in den Kohala Mountains auf Big Island, sondern auch im Puna District (Big Island), auf Kauai und an diversen anderen Stellen Hawaiis sind Regenbogen keine Seltenheit

Nähere Details zur Geografie einer jeden Insel finden Sie im jeweils ersten Abschnitt der Insel-Kapitel.

Bevölkerung

Insgesamt leben in Hawaii etwa 1,4 Mio. Menschen – über 70 % von ihnen (etwa 992.000) auf Oahu. Die meisten wohnen im Großraum Honolulu.

Auf den Inseln leben Angehörige vieler ethnischer Gruppen: Asiaten, Polynesier, Europäer u.a. Etwa ein Fünftel der Bevölkerung gehört zu den Mischlingen, bei denen eine direkte Zuordnung zu einzelnen Völkergruppen nicht mehr möglich ist. 56 % der Gesamtbevölkerung Hawaiis gilt als asiatisch oder hat asiatische Vorfahren. Damit liegt Hawaii USA-weit an der Spitze noch vor Kalifornien (13,7 %). Aus Hawaii bzw. Polynesien stammen 26 % der Bevölkerung.

Tier- und Pflanzenwelt

Aufgrund der isolierten Lage Hawaiis entwickelten sich hier Pflanzen- und Tierarten, die nirgendwo sonst auf der Welt zu finden sind.

Tiere

Vor der Besiedelung durch die Polynesier gab es auf den Hawaii-Inseln, abgesehen von einer Fledermaus-Art, keine Landsäugetiere. Dafür hatten sich viele verschiedene, hochspezialisierte, an ihren jeweiligen Lebensraum optimal angepasste **Vogelarten** entwickelt.

Hawaii kompakt

Die Polynesier, die Vorfahren der Hawaiianer, brachten dann **polynesische Hausschweine und Hühner** mit.

Der große Eingriff in Hawaiis Tierwelt erfolgte ungewollt durch die ersten weißen Ankömmlinge. **Ratten,** die als blinde Passagiere an Bord der Segelschiffe waren, fanden hier gute Lebensbedingungen vor, aber keine natürlichen Feinde. Entsprechend stark vermehrten sie sich.

Um die Rattenplage auf den Zuckerrohrfeldern einzudämmen, führte man die zur Gattung der Katzen zählenden **Mungos** ein. Diese jagten jedoch nicht nur die Ratten, sondern sie machten sich auch über die zahlreichen am Boden nistenden Vogelarten her.

Unterstützt wurde diese Dezimierung und Ausrottung vieler Tierarten durch die mit dem Hausgeflügel der Weißen (Hühner, Gänse etc.) eingeschleppten **Vogelkrankheiten.** Die Neuanlage landwirtschaftlicher Nutzflächen für den Zuckerrohr- und Ananasanbau tat ihr Übriges zur Zerstörung des natürlichen Lebensraumes. Leider sind daher mittlerweile viele Vogelarten ausgestorben.

Hawaii hat trotz dieser Probleme eine sehr interessante Tierwelt zu bieten. Sie reicht von den sich hier jeden Winter einfindenden **Walen** sowie **Delfinen** und **Meeresschildkröten** über hochspezialisierte **Fischarten** und eine an ihre ökologische Nische angepasste Gänseart namens **Nene** (der Staatsvogel Hawaiis) bis zur Spinnenart der **Happy Face Spider.**

Früher gab es in Hawaii einige wenige Reptilien, aber seit hier die Mungos auf Jagd gehen, leben auf der Inselgruppe praktisch weder Schlangen noch Echsen – von einer Ausnahme abgesehen, dem **Gecko.** Die meist in der Dämmerung und nachts aktiven Geckos ernähren sich von Insekten – auch von Stechmücken, die übrigens erst seit der Ankunft der Weißen auf den Inseln leben.

Pflanzen

Die fruchtbare Vulkanerde und ein das ganze Jahr über mildes, aber vielfältiges Klima führten zur Entwicklung einer großen Zahl von endemischen (nur hier vorkommenden) Pflanzen. Diese **ursprünglichen Pflanzen** wurden allerdings von den eingeführten Pflanzen stark verdrängt. Ein eindrucksvolles Beispiel dafür ist die Überwucherung des „native bush", also des ursprünglichen Urwaldes, im Kokee State Park auf Kauai durch eine Efeu-Art. Gut zu erkennen ist diese Überwucherung dort bei einer Wanderung auf dem Nualolo-Trail.

Die **Zuckerrohr- und Ananasplantagen** sorgten für eine weitere Dezimierung der ur-hawaiianischen Flora.

Darüber hinaus stellen die eingeführten Haustiere oftmals eine Bedrohung dar. Ein Paradebeispiel dafür ist die Beinahe-Ausrottung des **Silberschwerts** im Haleakala-Krater auf Maui. Ein für die Öffentlichkeit gesperrter Teil des Haleakala National Parks ist mittlerweile eines der letzten Refugien vieler endemischer Pflanzen.

Daher ist es kein Wunder, dass in großen Teilen der Inseln **importierte Nutz- und Zierpflanzen** weite Teile des Landschaftsbildes bestimmen. Das Spektrum reicht von der Ananas über das Zuckerrohr bis hin zur Plumeria, den Orchideen und der Staatsblume Hawaiis, dem Hibiscus.

Wer nicht gerade auf der Suche nach fast ausgestorbenen Pflanzen ist, der kommt in Hawaii voll auf seine Kosten, denn fast überall, wo genügend Regen fällt, wachsen im Küstenbereich **tropische Blumen**. Strelizien zieren z.B. oft die Vorgärten, manchmal unmittelbar neben einer Hecke aus Weihnachtssternen und einem Hibiscus-Busch. Viele der botanischen Gärten sind eine wahre Augenweide mit sehr guten Fotografiermöglichkeiten.

Auch die eingeführten **Früchte** wie Avocados, Bananen, Guaven, Mangos, Kokospalmen oder Papayas stehen oftmals wild am Wegesrand.

Durch die teilweise über 4000 m hohen Berge ergibt sich entlang der Hänge eine Vielfalt der **Vegetationszonen,** die vom Regenwald über Hochweiden bis zur alpinen Vegetation reichen.

Näheres zu Flora und Fauna erfahren Sie im Kapitel „Land und Leute".

Naturparks

Nationalparks

Der Begriff des National Park, eines besonders geschützten Gebiets mit kontrolliertem Zugang, braucht hier wohl nicht näher erklärt zu werden. In Hawaii gibt es zwei davon: den **Haleakala National Park** auf Maui und den **Hawaii Volcanoes National Park** auf Hawaii Big Island. Beide Parks sind in ihrer Art einzigartig auf unserem Planeten.

Diese Nationalparks verfügen nicht nur über sehr gute Besucherzentren (*Visitor Center*) mit interessanten Diashows und Filmen, sondern auch über schöne Campingplätze. Verwaltungstechnisch gesehen unterstehen die National Parks (genauso wie einige Parks mit kulturellem Aspekt) dem *National Park Service* und damit dem Innenministerium in Washington D.C.

Allgemeine Infos erhalten Sie im Internet unter www.nps.gov (dann links in der grünen Leiste unter „Find a Park ... by state" *Hawaii* auswählen). Alle auf der oben genannten Website aufgeführten Parks waren während des *Government Shutdown* der Regierung in Washington D.C. im Oktober 2013 für drei Wochen geschlossen und werden auch bei einem eventuellen erneuten *Shutdown* höchstwahrscheinlich nicht zugänglich sein.

Spartipp: Wer mehrere Nationalparks besucht, kann mit dem „Hawaii Tri-Park Annual Pass" Geld sparen.

State Parks

Bei den *State Parks* handelt es sich meist um Picknick- und Campingplätze am Strand. Ausnahmen stellen folgende Parks dar: der **Kokee/Na Pali State Park** auf Kauai, der sich vom Meer bis auf etwa 1400 m über dem Meeresspiegel erstreckt, der **Palaau State Park** (auf knapp 500 m) auf Molokai sowie der **Lava Tree State Park** (auf ca. 100 m) auf Hawaii Big Island. Wie der Name schon sagt, unterstehen die *State Parks* dem Staat Hawaii.

■ **www.ehawaii.gov** (und dann auf „Visitors", „Parks Recreation", „Hawaii State Parks" klicken).

County Parks

Sämtliche *County Parks* liegen in **unmittelbarer Meernähe.** Vor allem an Wochenenden und Feiertagen werden die gut 100 *County Parks* wie auch die *State Parks* sehr gern von den Einheimischen zum Campen oder für ein ausgiebiges Picknick aufgesucht.

Verwaltungstechnisch unterstehen diese Parks den jeweiligen Counties.

Sport und Erholung

Strände

Über 90 Prozent der Hawaii-Besucher sind auf den Inseln, um die Strände zu besuchen. Die meisten Touristen zieht es an die **weißen Strände.** Hawaii bietet aber auch Alternativen: Auf Hawaii Big Island gibt es beispielsweise auch **schwarzen** beziehungsweise **grünen** Sand, auf Maui auch **roten** Sand. Erfreulicherweise sind alle Strände in Hawaii öffentlich – zumindest die ersten paar Meter am Meer entlang. Der leichte Zugang zu einem Strand kann jedoch manchmal nur über Privatgelände erfolgen. Um allen Besuchern den Zugang zu den Stränden zu ermöglichen, gibt es bei dichter Bebauung an vielen Stellen einen mit „(Public) Beach Access"-Schildern bezeichneten Zugang zum Strand, den jeder Besucher nutzen darf.

Sport

Hawaii bietet noch mehr: Begünstigt durch Klima, Lage und amerikanische Aktivität, herrscht an sportlichen Betätigungsmöglichkeiten kein Mangel. Allein das **Meer** bietet zahlreiche Varianten: Boots- und Kajaktouren, U-Boot-Fahrten, Wasserski, Parasailing, Surfen und Windsurfen, Hochseefischen, Walbeobachtung und alle Arten von Tauchen.

Wieder an **Land,** können Sie wählen zwischen Golfspielen, Jagen oder Reiten, Fahrten mit Allradfahrzeugen oder

Mountainbike oder im Winter sogar Ski-fahren an den Hängen von Mauna Loa oder Mauna Kea. Wer höher hinaus will, kann auch Rundflüge buchen.

Es geht aber auch sehr viel einfacher; viele Ziele sind mit dem Auto erreichbar, und am meisten sehen Sie sowieso bei einer Wanderung, sei sie geführt oder selbstständig auf einem der zahlreichen im Buch beschriebenen Wanderwege.

Einen **ausführlichen Überblick** über die Sportmöglichkeiten finden Sie im Kapitel „Unterwegs in Hawaii" und dann jeweils bei den einzelnen Inseln.

Die unabhängige Hawaiireise

Individuell oder pauschal reisen

Prinzipiell gibt es **zwei Möglichkeiten,** die Inselkette kennen zu lernen: entwe-der auf einer Pauschalreise, bei der gleichzeitig mit dem Flug ein festes Pro-gramm mit einer Reisegruppe gebucht wird, oder auf einer Individualreise, bei der jeder „sein" Hawaii auf eigene Faust erkunden kann.

Pauschalangebote

An Pauschalangeboten herrscht wahr-lich kein Mangel. Das Spektrum reicht von der Gruppenreise im Kleinbus mit Zeltübernachtungen über die Kreuzfahrt bis zur Rundreise im Luxusbus mit Un-terkunft in Luxushotels und Begleitung durch einen deutschen Arzt. Der große Vorteil einer Pauschalreise liegt darin, dass der potenzielle Hawaii-Tourist sich sowohl im Vorfeld der Reise als auch während des Aufenthalts auf den Inseln um keinerlei organisatorische Details kümmern muss.

Individualreise

Mit einigen Englischkenntnissen ausge-stattet, bestehen aber durchaus auch Möglichkeiten für eine vollkommen in-dividuelle Planung der Reise, bei der von Europa aus nur der Flug gebucht wird und sämtliche Organisationen vor Ort erfolgen. Einmal auf den Inseln an-gekommen, kann der weitere Verlauf des Aufenthalts auf Hawaii individuell an die jeweils aktuellen Wünsche angepasst werden.

Tipp: Kombination

Aufgrund seiner im Rahmen vieler Ha-waii-Reisen gewonnenen Erfahrungen rät der Autor jedoch dem europäischen „Normalreisenden" von dieser äußerst individuellen Reiseform ab. Auch wenn diese für den amerikanischen Kontinent ideal ist, empfiehlt sich für Hawaii eine individuelle Reise mit Vorausbuchung von Flügen, Mietfahrzeugen und Unter-künften. Wer für einen Besuch der Insel-gruppe nur drei bis vier Wochen Zeit zur Verfügung hat, Geld (und Nerven!) spa-ren möchte, aber dennoch ein hohes Maß an Flexibilität wünscht (und eigent-lich eine Individualreise geplant hatte), der sollte einige Reiseleistungen wie die

Die unabhängige Hawaiireise

Automiete, möglichst alle Unterkunft-Reservierungen sowie innerhawaiianische Flüge bereits von Europa aus vorab buchen.

Nur wer in einfachen Unterkünften auf Jugendherbergs-Niveau (oder zum Teil auch erheblich darunter) übernachtet, kann unter finanziellen Aspekten bei einem günstigen Dollarkurs auf eine Reservierung verzichten.

Die Wahl des Transportmittels

Ebenso wie auf dem amerikanischen Festland sind individuelle Erkundungen nur mit Hilfe eines eigenen Fahrzeugs möglich. Wer nicht gerade in Waikiki auf Oahu oder an der Westküste Mauis ein Hotel gebucht hat, der kommt ohne Mietwagen nicht einmal vom Flughafen bis in seine Unterkunft.

Bus

Auf der Insel **Oahu** existiert im Großraum Honolulu ein gut ausgebautes, preisgünstiges Busnetz. Lediglich hier ist ein Mietwagen aufgrund der Parkplatzprobleme eher hinderlich.

Mietwagen

Auf allen anderen Inseln haben Individualreisende ohne Mietwagen so gut wie keine Chance, etwas von den Schönheiten der Inselwelt zu sehen, weil Hawaii als Teil der USA auf den absoluten Individualverkehr setzt.

Wohnmobile und Cabrios

Wohnmobile (RVs, Camper) gibt es mittlerweile in beschränktem Umfang auf Big Island zu mieten, aber die Anzahl der schönen Stellplätze ist gering. Der Autor rät von einem Hawaii-Urlaub per Wohnmobil ab, da die gesamte Infrastruktur (im Gegensatz zum US-Kontinent) nicht auf den RV-Tourismus ausgerichtet ist.

Nähere Informationen findet man bei diesen Vermietern:

■ **Island RV,** www.islandrv.com, Tel. (800) 406-4555 oder 334-0464.
■ **Harpers Car & Truck Rental,** www.harpershawaii.com, Tel. 969-1478 oder außerhalb von Big Island: (800) 852-9993.
Beide Unternehmen vermieten auch Kleinbusse mit bis zu 15 Sitzen.

Beliebt sind dagegen **Cabriolets** *(Convertibles),* die bei schönem Wetter wie eine natürliche Klimaanlage wirken, aber auch schon bei so manchem Besucher für einen steifen Nacken gesorgt haben.

Tipp: Probieren Sie sofort beim Vermieter aus, wie das Verdeck aufgezogen wird und lassen Sie sich Schadstellen am Dach im Übergabeprotokoll vermerken. Der nächste Regen kommt garantiert!

Motorrad

Es gibt auf den Inseln diverse Motorrad-Verleiher. Sehr gut ist eine Vorab-Info im Internet auf der Seite des in Honolulu ansässigen Unternehmens *Cruzin Hawaii,* wo auch diverse Links zu Motorrad-Vermietern auf anderen Inseln gesetzt sind.

■ **Cruzin Hawaii Motorcycle Rentals,** 1980 Kalakaua Avenue Honolulu, Big Island, Tel. 96815, (808) 945-9595, www.cruzinhawaii.com.
■ **Hawaii Harley Rental,** vermietet Motorräder der Marke aus Milwaukee auf den Inseln Oahu, Maui, Kausi und Hawaii Big Island, www.hawaiiharleyrental.com, Tel. 757-9839 oder gebührenfrei 1-800-230-0021.

Scooter

Innerhalb von Honolulu ist ein Scooter (Motorroller) fast schon das ideale Fahrzeug. Details im Kapitel „Waikiki".

Kurzer Halt am Hana Highway auf Maui

Taxis

Auf allen Inseln gibt es Taxis; sie stehen aber außerhalb des Großraums Honolulu nicht immer sofort zur Verfügung und sind darüber hinaus nicht gerade preisgünstig.

Trampen

Trampen ist auf allen Inseln offiziell verboten. Vor allem auf Maui drängt die Polizei auf die Beachtung des Verbotes. Die wenigen Tramper, die am Straßenrand zu sehen sind, haben deshalb ihre eigene Methode entwickelt: Sie lächeln die vorbeirauschenden Fahrer an – und hoffen auf einen *ride*. Als Fortbewegungsmittel ist Trampen generell nicht geeignet, wohl aber, um nach einer Wanderung (vielleicht) zum Auto zurück zu kommen.

Flugzeug

In der Gesamtbetrachtung ist das Flugzeug oftmals das einzig sinnvolle Verkehrsmittel zwischen den Inseln. Von Maui aus bestehen allerdings auch Fährverbindungen nach Molokai und Lanai.

Schiff

Derzeit gibt es **zwei regelmäßige Fährverbindungen** in Hawaii: Zwischen Lahaina auf Maui und Lanai (Manele Bay) sowie zwischen Lahaina und Molokai (Kaunakakai).

Die Wahl der Unterkunft

So eindeutig wie beim Thema „Mietwagen" lässt sich hier keine Aussage treffen. Das Spektrum bei den Übernachtungen reicht vom Campingplatz über Bed & Breakfast bis zum Super-Luxus-Hotel. Die typischen Motels des amerikanischen Festlandes wird der Besucher auf den Inseln vergeblich suchen.

Hotels

In der Praxis kann man zwar oft noch kurzfristig ein Hotelzimmer buchen – allerdings meist erheblich teurer als bei Vorausbuchung von Europa aus. Lediglich die Hotels im unteren Preisbereich, bei denen das Zimmer (für 1 bis 2 Personen) ab 80 Dollar pro Nacht kostet, berechnen vor Ort etwa den gleichen Preis wie bei einer Buchung von Europa aus. Allerdings sind gerade diese einfachen Hotels in der Regel recht schnell ausge-

bucht. Darüber hinaus ist es durchaus möglich, dass sich der Standard dieser Häuser innerhalb eines Jahres entscheidend verschlechtert.

Da jedoch selbst in der sommerlichen Hauptsaison meist noch Zimmer leer stehen, ist es eher eine Frage des Preises als eine Frage der Verfügbarkeit, ob man völlig individuell reist oder nicht.

Wer bereit ist, die **Mindestaufenthaltsdauer** der *Bed & Breakfasts* von meist zwei bis drei Tagen zu akzeptieren, der hat jetzt bessere Chancen als je zuvor, auch bei vollkommen individueller Reiseform noch kurzfristig ein Zimmer zu bekommen. Dennoch kann es zu **Engpässen** kommen – vor allem während der **amerikanischen Sommerferien** (etwa 15. Juli bis 15. August) wie auch um Weihnachten und Silvester sowie manchmal um Ostern herum. Diese Situation kann sich allerdings schnell wieder ändern.

Campingplätze

Die Campingplätze in Hawaii sind mit denen auf dem amerikanischen Kontinent nicht zu vergleichen. Viele der Campingplätze auf den Inseln liegen zwar landschaftlich recht schön, aber das „Drumherum" wirkt oftmals sehr störend.

Die jeweils akzeptablen Plätze sind in den einzelnen Inselkapiteln beschrieben. Bevor Sie sich für Camping in Hawaii entscheiden, sollten Sie die allgemeinen Hinweise im Kapitel „Unterkunft" lesen.

Die Planung der Reise

Reisezeit und Klima

Bevor Sie Reisetermin und Route festlegen, sollten Sie sich über einige Randbedingungen im Klaren sein, die Ihre Zeit in Hawaii prägen werden. Vor allem sind das die Länge der Tage, die Saisonzeiten sowie klimatische Bedingungen.

Tageslänge

Auch wenn die Inseln noch knapp südlich des nördlichen Wendekreises liegen, spielt die Tageslänge schon eine Rolle. Im Winter ist es etwa 11 Stunden lang hell, im Sommer sind es knapp 13 Stunden. Wenn im Winter die Sonne früher untergeht, dann bleibt zwar viel Zeit für das Nightlife, aber recht wenig für die täglichen Erkundungsreisen.

Hauptsaison

Zwei Mal im Jahr ist in Hawaii Hauptsaison: von Mitte Dezember bis Mitte Januar mit dem Schwerpunkt kurz vor Weihnachten bis kurz nach dem Neujahrstag sowie der Hochsommer in den Monaten Juli und August. In diesen Zeiten herrscht in den Touristenzentren oft reges Gedränge, und auch am Strand muss dichter zusammengerückt werden und die Preise sind am höchsten. Bei Hubschrauberflügen und ähnlichen vor Ort buchbaren Aktivitäten gibt es dann

Wartezeiten von zwei bis drei Tagen, manchmal sogar von bis zu einer Woche. Auch auf den ansonsten eher einsamen Wanderwegen ist dann erheblich mehr los.

Etwa von Mitte März bis Mitte Mai sowie von Mitte September bis Mitte November kommen die wenigsten Touristen auf die Inseln. Die Zimmerpreise sind im Mai sowie im September am niedrigsten und in den Monaten April, Oktober und November ebenfalls relativ niedrig.

Mit Abstand **am teuersten** sind die Unterkünfte im **Dezember,** aber auch im **August** sind die Preise hoch. Wer am Honolulu Airport (ohne Vorausbuchung aus Europa) über Weihnachten ein Auto mieten möchte, zahlt in der Regel dreimal so viel wie im Jahresdurchschnitt.

Klima

Vom klimatischen Standpunkt her sind die Inseln **das ganze Jahr über gut zu bereisen.** Trotzdem sind einige klimatische „Feinheiten" wichtig: Von den 22 verschiedenen Klimazonen der Erde existieren 21 auf den Hawaii-Inseln. Sie reichen von der Wüste über tropischen Regenwald bis hin zu hochalpinen Zonen. Lediglich polare Gebiete, wie sie an Nord- und Südpol anzutreffen sind, gibt es hier nicht. Es existieren daher **verschiedene Klimazonen** sehr dicht beieinander – einer der besonderen Reize des Archipels.

Am **Beispiel Kauai** wird dieses Phänomen besonders deutlich: An der Südwestküste herrscht stets ein wüstenartiges Klima, aber nicht einmal 20 km weiter im Landesinneren liegen das höchstgelegene Sumpfgebiet der Erde sowie ein Regenwald mit dem regenreichsten Punkt unseres Planeten. An der steilen Nordküste mit ihren hängenden Tälern existieren subtropische Regenwälder, in Küstennähe tummeln sich viele Fischarten in den Korallenriffen. Auf Hawaii Big Island gilt im Prinzip das gleiche, aber mit anderen Dimensionen, und durch die beiden über 4000 m hohen Berge kommen noch die Klimazonen bis zur subpolaren Zone hinzu.

Vereinfacht gilt für alle Inseln folgende Regel: Im Westen bzw. Südwesten liegen jeweils die **sonnigen Trockengebiete** und damit die meisten Hotels. In diesen Inselteilen herrscht schon fast eine Sonnenschein-Garantie.

Im Norden sowie im Nordosten befinden sich die **niederschlagsreichen Gebiete,** die teilweise üppigen subtropischen Regenwald bieten. Während also in einem Teil der Insel die Sonne die Haut verbrennt, kann es nur ein paar Kilometer weiter bereits regnen.

Die von den **Passatwinden** aus Nordosten herangetriebenen Regenwolken regnen sich meist an den Bergen im Landesinnern ab. Deshalb sind bestimmte Gebirgsteile in Hawaii in Wolken gehüllt.

Das Studium der **Wettervorhersage** für die Inseln lohnt sich somit nur zur Ermittlung der allgemeinen Großwetterlage – beispielsweise wenn ein Wirbelsturm (Hurrican) vorbeizieht oder auf die Inseln zukommt. Die beste Möglichkeit, sich über das aktuelle Wetter zu informieren, besteht über das Internet auf Deutsch z.B. über www.wetter.de (Weltwetter, Nordamerika, Honolulu) oder wer es genauer wissen möchte: www.hawaiiweathertoday.com.

Dank der stetigen Passatwinde liegen die **Tagestemperaturen** im Jahresdurchschnitt bei durchschnittlich 24 °C. In den Sommermonaten steigt das Thermometer tagsüber oft auf 30 °C, im Winter sinken die Tagestemperaturen an der Küste manchmal auf knapp über 20 °C.

Jahreszeiten

Soweit in Hawaii überhaupt von einem **Winter** gesprochen werden kann, sind die Monate November bis Februar gemeint. Winter in Hawaii heißt: hohe Brandung (an der Nordküste oft bis zu 8 m hohe Wellen) und öfters Regen. Verregnete Tage sind im Winter außerhalb der Trockenzonen erheblich häufiger als im Sommer. Auf den beiden Bergen Mauna Kea und Mauna Loa (jeweils Hawaii Big Island) liegt von Januar bis März öfter Schnee – manchmal auch auf dem Haleakala (Maui).

Im **Sommer** fällt zwar statistisch gesehen fast genauso viel Niederschlag, aber in anderer Form. Während im Winter warmer Nieselregen oder leichter Dauerregen über einen längeren Zeitraum dominiert, stürzt im Sommer das Wasser meist als 5- bis 30-minütiger Wolkenbruch auf die Erde. Auch die Brandung am Strand ist im Sommer in der Regel mit einer Wellenhöhe von 0,50 bis 1,50 m auf „normalem" Niveau.

Vor allem im Sommer wird das Wetter auf der Inselgruppe oftmals von kleinen **Wirbelstürmen** beeinflusst, die jedoch meist vorbeiziehen. Wenn allerdings ein Hurrican auf Hawaii trifft, dann richtet er großen Schaden an. So zog im September 1992 der Hurrican *Iniki* über die

Inseln. Mit Geschwindigkeiten von bis zu 360 km/h verwüstete er vor allem Kauai. Selbst zwei Jahre später waren an vielen Stellen die Sturmschäden noch sichtbar. Mittlerweile hat sich die Insel, vor allem ihre Vegetation erholt.

Im August 2014 wütete mit *Iselle* wieder ein Hurrican auf der Inselgruppe. Diesmal richtete er vor allem im Puna District auf Big Island hohen Schaden an, weil er dort viele hochgewachsene Bäume und vor allem *Utility Poles* (Strom- und Telefonmasten) umknickte. Selbst drei Tage nach dem Hurrican waren damals noch 8 % der Insel ohne Strom. Die **Hurrican-Saison** geht offiziell von Juni bis November.

Die **Wassertemperaturen** liegen ganzjährig um 22 °C, in Buchten vor allem im Sommer oft auch darüber. Während viele Zentraleuropäer im Sommer unter der großen Schwüle auf den Inseln leiden, trüben im Winter die häufigen Regenfälle oftmals das Urlaubsvergnügen. Die für Europäer **angenehmsten Reisezeiten** sind Frühling und Herbst.

Die **aktuelle Wettervorhersage** finden Sie unter www.hawaiiweathertoday.com. Nicht erschrecken: Die **Temperaturen** sind in Grad Fahrenheit (s. hintere Umschlagklappe dieses Buches) angegeben.

Zeiteinteilung

Je mehr Sie sich mit der Planung Ihrer Reise beschäftigen, umso stärker rückt eine Frage in den Mittelpunkt: Wie teile ich meine Zeit ein? Die Beantwortung können nur Sie selbst vornehmen, nachdem Sie die einzelnen Inselbeschreibungen gelesen haben. Im Folgenden eine grobe Empfehlung zur Einschätzung

Ihres Zeitbedarfs, wenn Sie einen reinen **Erlebnisurlaub** planen (Motto: Soviel sehen und erleben wie möglich; ausruhen kann ich mich auch zu Hause). Echter Erholungs- und Badeurlaub schlägt mit zusätzlichen Tagen zu Buche.

Bedenken Sie dabei auch, dass der Transfer zwischen zwei Inseln mindestens etwa vier Stunden in Anspruch nimmt: 2 Stunden vor Abflug am Terminal sein, 30 Minuten Sicherheitspuffer und Auto-Rückgabe, 30 Minuten Flug, eine Stunde für die Gepäckübernahme und die Auto-Anmietung. Wer abends bzw. nachts fliegt, kann hier zwar Besichtigungszeit am Tage „sparen", kann aber auch nicht die schönen Blicke aus dem Flugzeugfenster genießen.

Eine Woche Hawaii
- 2 Übernachtungen in Waikiki/Oahu; Weiterreise nach Maui am Morgen nach der 2. Übernachtung
- 5 Tage Maui (Haleakala, Seven Pools, Iao-Tal, Westküste: Schnorcheln)

Zwei Wochen Hawaii
- 2 Tage Oahu
- 4 Tage Maui (Haleakala, Seven Pools, Iao-Tal, Westküste: Schnorcheln)
- 4 Tage Kauai (Waimea Canyon, Na-Pali-Küste, Heliflug)
- 4 Tage Big Island (Vulkan mit Heliflug, Akaka-Falls)

Drei Wochen Hawaii
- 2 Tage Oahu
- 5 Tage Maui (Haleakala, Seven Pools, Iao-Tal, an der Westküste: Schnorcheln/ Tauchen)
- 5–6 Tage Kauai (Waimea Canyon, Na-Pali-Küste, Heliflug, Tageswanderung Kokee State Park)

Die Planung der Reise

- 5–6 Tage Big Island (Vulkan mit Helikopterflug, Akaka-Falls, Inselrundfahrt, Kayak/Schnorchel-Tour Kealakekua-Bay)
- 3 Tage Molokai (inkl. Halbinsel Kalaupapa)

Vier Wochen Hawaii

- 3 Tage Oahu (ein Tag Inselrundfahrt)
- 5 Tage Maui (Haleakala, Seven Pools, Westküste: Schnorcheln/Tauchen)
- 7 Tage Kauai (Waimea Canyon, Na-Pali-Küste, Heliflug, Tageswanderung Kokee State Park)
- 7 Tage Big Island (Vulkan mit Helikopterflug, Akaka-Falls, Inselrundfahrt, Kayak/Schnorchel-Tour Kealakekua-Bay)
- 3 Tage Molokai (inkl. Halbinsel Kalaupapa)
- 3 Tage Lanai (inkl. Ausruhen); ruhiger wird's, wenn Sie statt Lanai Ihren Aufenthalt auf Maui, Kauai und/oder Big Island jeweils verlängern

Wer es etwas ruhiger liebt und sich auch Zeit für Erholung gönnen möchte, der möge bei der Zwei-Wochen-Variante entweder Kauai oder Big Island und bei der Drei-Wochen-Variante Molokai auslassen. Freunde des **Wassersports** (auch Schnorcheln/Tauchen) finden an der Westküste Mauis die bestentwickelte Infrastruktur mit dem günstigsten Preis-/ Leistungsverhältnis der Inselkette.

Reisekosten

Eine Hawaiireise ist **kein billiges Vergnügen.** Die Preise für Lebensmittel liegen etwa 30 % über denen auf dem amerikanischen Festland.

Selbstverpflegung

Bei **kompletter** Selbstverpflegung aus dem Supermarkt sollten sparsame Individualreisende als Untergrenze von einem Tagessatz von etwa $ 50 ausgehen. Geringe Eintrittsgelder, Nebenkosten und gelegentlich auch mal ein Hamburger sind darin enthalten, nicht jedoch die Kosten für alkoholische Getränke, Kneipen- und Restaurantbesuche oder spezielle, aufwendigere Aktivitäten.

Restaurant

Ein abendlicher Restaurantbesuch mit einem *Entree* schlägt inklusive Getränk (Bier, Cocktail etc.), Steuer und Trinkgeld meist mit etwa $ 40 bis 50 pro Person zu Buche. Die günstigste warme Mahlzeit außerhalb der *Fast-Food*-Läden erhält man beim *Lunch* (Mittagessen, oft in Buffet-Form). Ein normales amerikanisches Frühstück ist meist für knapp über $ 10 zu haben.

Unterkunft

Die Unterkunftskosten liegen je nach Präferenz zwischen bescheidenen $ 12 (für sechs Personen) beim Campen im *State Park* und der stolzen Summe von $ 500 bis 2500 pro Nacht im Doppelzimmer eines Luxushotels. Die akzeptablen Hotels (sauber und gepflegt) sind pro Zimmer und Nacht ab etwa $ 80 in Waikiki beziehungsweise knapp über $ 100 auf den Nachbarinseln zu haben.

Auto

Dazu kommen die Kosten für den Transport vor Ort. Für einen **Mietwagen** inklusive Vollkaskoversicherung und erweiterter Haftpflichtversicherung müssen Sie bei Buchung in Deutschland je nach Kategorie zwischen 200 und 350 Euro pro Woche einplanen.

Ein Wagen der günstigsten Kategorie *(Economy)* verbraucht ca. 2–2½ Gallonen **Benzin** pro 100 km. Bei einem Benzinpreis von etwa $ 3/Gallone fallen bei einer Fahrleistung von 1500 km Kosten von knapp $ 110 für Treibstoff an.

Aktivitäten

Erheblich kostenintensiver sind die vor Ort buchbaren Aktivitäten wie z.B. **Hubschrauberflüge** (ab etwa $ 200/Flug), **Walbeobachtung** (ca. $ 70).

Interkontinentalflug

Der größte Einzelposten ist jedoch meist der Flug. Unter 1000 €, meist 1200 € (inklusive Steuern, Flughafengebühren und Kerosinzuschlägen) ist in der Regel kein Hin- und Rückflug von Zentraleuropa auf die Inseln zu bekommen. Darüber hinaus kommen noch die innerhawaiianischen Flüge hinzu, die ab $ 80 zu haben sind, bzw. die etwa gleichteuren Fährfahrten.

Insgesamt

Mittlerweile gibt es auch recht günstige Pauschalreisepakete, bestehend aus Flug von Europa nach Hawaii, Hotels, Mietwagen und innerhawaiianischen Flügen. Alles in allem wird eine individuelle Hawaiireise von drei Wochen Dauer pro Person **kaum unter 3000 € kosten**, wenn in Hotels übernachtet wird.

Spartipp

■ Hat man einen internationalen Jugendherbergsausweis, schläft man auch in den beiden **Jugendherbergen** in Honolulu (aufgeführt unter www.hihostels.com) zum günstigeren Tarif, ansonsten muss man eine Tagesmitgliedschaft erwerben. Eine Jahresmitgliedschaft bei den Verbänden daheim kostet jährlich 7–22,50 € in Deutschland (www.jugendherberge.de), 15–25 € in Österreich (www.oejhv.at) und 22–44 SFr in der Schweiz (www.youthhostel.ch). Für österreichische Jugendliche bis 16 Jahre oder Schweizer Jugendliche bis 18 Jahre ist die Mitgliedschaft kostenlos. Lebenspartner und Kinder bis 26 Jahre erhalten kostenlos eigene Mitgliedskarten. Übrigens kann man in den Jugendherbergen altersunabhängig absteigen! Unter Umständen ist es bei mehreren Personen aber günstiger (und angenehmer!), sich in einem der preiswerten **Aqua**- oder **Ohana-Hotels** einzumieten (siehe Kapitel „Oahu, Unterkunft").

Besonderheiten im Vergleich zum Festland

Wer bereits auf dem amerikanischen Kontinent auf eigene Faust unterwegs war, für den ist es eine gängige Praxis, sich am Nachmittag eine Bleibe (einen Campingplatz oder ein Motel) für die kommende Nacht zu suchen.

In Hawaii liegt die Sache etwas anders: Selbst beim Campingurlaub muss man etwas weiter **vorausplanen** (siehe Kapitel „Übernachtung").

Anderes Reiseverhalten

Einer der Hauptgründe für das **Fehlen der Motels** dürfte die Tatsache sein, dass die Amerikaner Hawaii als ein großes *Resort,* als ein großes Urlaubsparadies ansehen. Wer in ein *Resort* fährt, der bucht die Übernachtung stets im Voraus. Auch die Japaner, die zweitstärkste Besuchergruppe, sind nicht bekannt für individuelles Reisen. Wenn somit über 80 % der Hawaii-Besucher überwiegend (Pauschal-)Reisen mit vorgebuchter Unterkunft unternehmen, dürfte klar werden, warum es auf den Inseln schwierig ist, kurzfristig ein preiswertes Quartier zu bekommen: Durch langfristige Buchungen lassen sich Kapazitäten besser auslasten; die Hotels sind somit oft schon Wochen im Voraus ausgebucht.

Reiseempfehlung

Für eine selbstständige Hawaiireise bietet sich daher vor allem die **Individualreise mit Vorbuchung** an, bei der von Europa aus folgende Leistungen gebucht werden:

- **Hin- und Rückflug**
- **alle innerhawaiianischen Flüge sowie alle Fähr-Passagen**
- **Automiete**
- **Unterkünfte**

Damit ist zwar die Flexibilität der Reisenden etwas eingeschränkt, aber auch neuer Freiraum gewonnen, denn die zeitraubende Quartiersuche entfällt. Wenn Sie sich dann gut vorbereiten und bereits vor der Hotelbuchung und der damit verbundenen Festlegung wissen, wie lange Sie sich auf welcher Insel aufhalten wollen, dann steht diese Reiseform der Individualreise nur wenig nach.

Schnäppchen

Der Autor hat über mehrere Jahre hinweg die „Schnäppchenangebote" einschlägiger **Gutscheindienste** im Internet wie *coupons.com, groupon.com* etc. intensiv studiert. In dieser Zeit waren so gut wie keine für den Touristen sinnvoll nutzbaren Angebote dabei, sodass sich der Zeitaufwand zum Schnäppchen-Finden nur sehr bedingt lohnt. Es lohnt sich allerdings sehr wohl, die praktisch permanent verfügbaren Coupons auf den Webseiten der jeweiligen Leistungsträger zu nutzen.

Überblick | 35
Aktivitäten | 92
Honolulu | 47
　Waikiki | 48
　Downtown | 53
　Essen und Trinken | 61
　Nachtleben | 64
　Großraum Honolulu | 66
Infrastruktur | 41
Rund um die Insel | 77
Strände | 92
Unterkunft | 96

1 Oahu

Honolulu mit Waikiki Beach, viele Restaurants und Kneipen, geschäftiges Treiben, Surfer und gute öffentliche Verkehrsmittel – all das gibt's auf Oahu, und dazu auch noch schöne Natur.

◁ Blick vom Rainbow Tower im Hilton Hawaiian Village Richtung Diamond Head Crater

OAHU

Ein Besuch von **Honolulu,** und vor allem im **Stadtteil Waikiki,** gehört praktisch zu jedem Hawaii-Besuch dazu – allein schon, weil die meisten Flugzeuge vom US-Festland oder aus anderen Teilen der Welt am Flughafen Honolulu landen. Nirgendwo sonst auf der Inselgruppe gibt es auch nur annähernd so viele Hotel-Hochhäuser wie in Waikiki, und nirgendwo sonst ist der Tourismus auf Hawaii derart durchkommerzialisiert wie hier. Trotzdem hat Waikiki einen besonderen Charme. Es ist der **Ausgangspunkt für Ausflüge** im Großraum Honolulu, nach Kailua auf der anderen Seite der Bergkette oder in den Norden der Insel. In diesem Kapitel erfahren Sie die Details über Waikiki und den Großraum Honolulu, aber auch, wie Sie auf der Insel Oahu Gegenden kennenlernen können, in denen es viel ruhiger zugeht.

> Der berühmte Waikiki Beach

NICHT VERPASSEN!

- **Waikiki Beach** ist einer der beiden berühmtesten Strände der Welt | 48
- Der einzige Königspalast der USA ist der **Iolani Palace** in Honolulu | 57
- In **Pearl Harbor** wird Geschichte zwar nicht lebendig, aber durchaus anschaulich | 70, 72
- In der **Hanauma Bay** scheint ganz Oahu schnorcheln zu gehen | 77
- Für das richtige Südsee-Feeling (auf der Nordhalbkugel!) sorgt eine kurze **Wanderung** mit Blick auf **Moku Nui** und **Moku Iki** | 80
- Am **North Shore** tummeln sich im Sommer die Badegäste und im Winter die Surf-Elite | 94

Diese Tipps erkennt man an der gelben Hinterlegung.

Überblick

Oahu hat bei einer Länge von über 70 km und einer Breite von knapp 50 km eine Gesamtfläche von 1552 Quadratkilometer und ist damit mehr als doppelt so groß wie das Bundesland Hamburg (748 km²). Höchster Berg ist der Mount Kaala mit 1225 m, der sich im nördlichen Teil der Waianae-Mountains befindet. Das Fremdenverkehrsamt von Oahu finden Sie unter: www.gohawaii.com/Oahu.

Klima

Oahu verfügt mit den Koolau Mountains über ein großes Bergmassiv, das sich fast über die gesamte Insel vom Norden bis in den Südosten erstreckt.

Dieses Gebirge teilt die Insel, grob gesagt, in zwei **Klimazonen:** Während die steil abfallenden Pali-Klippen an der Nordflanke der Koolau Mountains sehr oft in dichte Wolken gehüllt sind und diese Wolken sich oft auch bis zur Küste ausdehnen, scheint südwestlich des Gebirges meist die Sonne.

Oahu

Passatwinde

Die sogenannten *Easterly Trades* (Passat-winde) kommen aus Ost/Nordost-Richtung und halten die Insel kühl. Auch wenn die Koolau Mountains oft in den Wolken verschwinden, regnet es in Honolulu recht selten.

Bevölkerung

Bevölkerungsdichte

Auf Oahu leben über 70 % der knapp 1,4 Mio. Einwohner Hawaiis, aber Oahu beansprucht nur knapp zehn Prozent der Landfläche des gesamten Archipels. Während die Bevölkerungsdichte Hawaiis im statistischen Mittel bei etwa 82 Einwohnern pro Quadratkilometer liegt (in Deutschland sind es knapp 230), beträgt sie auf Oahu über 600 und in Honolulus Stadtteil Waikiki gar über 40.000. Diese hohe Bevölkerungsdichte, die in Waikiki eigentlich **Touristendichte** heißen müsste, lässt sich natürlich nur durch das Zusammenpferchen von Menschen in (Hotel-)Hochhäusern erreichen. Die Hotelzimmer sind allerdings meist großzügig bemessen; hier entscheidet eben die Masse der Zimmer und Stockwerke. Kein Wunder, dass Waikiki bei so vielen Hochhäusern auch das „Manhattan des Pazifiks" genannt wird.

Übrigens: Von den rund 8,2 Mio. Besuchern, die 2014 auf die Inseln kamen, statteten rund 5,2 Mio. Honolulus Stadtteil Waikiki einen Besuch ab. Von den insgesamt über 77.000 Gästezimmern der Inselkette befinden sich über 36.000 auf Oahu – und die ganz große Mehrheit davon in Waikiki. Von den knapp über 200.000 Besuchern, die sich im Durchschnitt permanent im Staat Hawaii aufhalten, befinden sich knapp 100.000 auf Oahu.

Wohnsituation

Für die Einheimischen ist Honolulu fast unbezahlbar geworden. Mittlerweile betragen die Immobilienpreise in Honolulu ein Vielfaches von dem, was man in den Vorstädten anderer amerikanischer Großstädte außerhalb des Silicon Valley bezahlen muss; für Japaner allerdings sind diese Preise noch günstig.

So kostete ein 200-qm-Haus in Honolulu 1999 etwa $ 367.000. Im Jahr 2006 betrug der durchschnittliche Verkaufspreis für ein solches Haus in Honolulu satte $ 858.750. Innerhalb von 5 Jahren sind die Immobilienpreise auf Hawaii um 110 % in die Höhe geschossen, seit 1980 bis 2006 sogar um satte 439 %. Selbst in der Boomtown Las Vegas (Nevada) kostete 2006 ein von der Größe her vergleichbares Haus „nur" $ 361.250, wobei die Hauspreise in Nevada von 1980 bis 2006 auch „nur" um 316 % anstiegen. Derartige Untersuchungen erfolgen oftmals erst nach vielen Jahren wieder. Allerdings haben die Makler von Honolulu *(Honolulu Board of Realtors)* berichtet, dass 2010 der Median-Verkaufspreis für ein Einfamilienhaus bei $ 592.750 lag, während dieser Wert 2007 noch bei $ 640.000 lag. Der Medianwert bei den im Jahre 2015 im Großraum Honolulu verkauften Einfamilienhäusern/Appartments betrug $ 700.000/386.000.

Die teuersten Immobilien im Bereich Honolulu liegen in Ost-Oahu in den kühlen Höhenlagen von Makiki sowie rund um den Tantalus Drive.

Damit ist Honolulu nicht einmal der teuerste Fleck Hawaiis. In Kihei auf Maui liegt der durchschnittliche Verkaufspreis für ein 200-qm-Haus sogar bei über 1 Million Dollar (Stand: 2014). Dabei darf nicht vergessen werden, dass diese Preise für Häuser in amerikanischer Leichtbauweise gelten, deren Isolation erheblich schlechter ist als Häuser in Zentraleuropa. Die im deutschsprachigen Raum übliche Massivbauweise (Ziegel, Bimsstein, Beton etc.) ist dort so gut wie unbekannt.

Auch bei den **Mieten für ein Apartment** belegt Honolulu Spitzenplätze. Noch 1999 lag Honolulu nach San Francisco auf Platz zwei, denn damals kostete ein Drei-Zimmer-Apartment etwa $ 12.100 Miete pro Jahr – 87 % mehr als der Duchschnitt in 300 nordamerikanischen Großstädten.

Seit 2008 steht es fest: Hawaii ist der **teuerste** US-Bundesstaat zum Mieten einer Wohnung. Im Jahr 2012 betrugen die Ausgaben für die Miete in Honolulu das 2,21-fache des US-amerikanischen Durchschnitts großer Städte – Tendenz weiter steigend.

In den meisten Familien verschlingen die Kosten für das Wohnen daher einen Großteil des Geldes, weshalb in der Regel beide Ehepartner arbeiten. Oft verdienen die Frauen ihr Geld bei Shows und Luaus. Wer es sich leisten kann, zahlt dafür, dass die Kinder in privaten Schulen erzogen werden.

Natürlich ist Hawaii auch von der **Immobilienmisere** in den USA betroffen. Die Anzahl der verkauften Immobilien (Häuser und Eigentumswohnungen = *Condos*) ist von Mitte 2007 bis Mitte 2008 um 25 % gefallen. Dann stagnierten die Preise auf hohem Niveau, fielen aber kaum ab, obwohl die Anzahl der Immobilienverkäufe abnahm. Nachdem Anfang 2010 erstmals seit Jahren wieder die Anzahl der Baugenehmigungen für Privathäuser signifikant anstieg, kam allerdings auch wieder mehr Leben in den Immobilienmarkt.

Das Wohnen auf Hawaii, vor allem auf Oahu, ist sehr teuer, es besteht ständig ein hoher Bedarf an *affordable housing* (bezahlbarem Wohnraum).

Zeitplanung

Wer auch auf die Nachbarinseln fährt und dort die Naturschönheiten erleben möchte, der sollte sich auf Oahu nicht zu lange aufhalten. Oahu ist zwar landschaftlich durchaus attraktiv, kann aber nicht mit den anderen Inseln mithalten. Ein Beispiel: Die Pali-Klippen an der Nord- bzw. Nordostküste Oahus sind beeindruckend, wenn man etwas derartiges noch nie gesehen hat, können aber dem Vergleich zur Na-Pali-Küste auf Kauai nicht ganz standhalten. Oahus besonderer Reiz liegt stattdessen mehr im kulturellen Bereich, wobei der Begriff „Kultur" hier sehr weit zu sehen ist.

Dennoch bietet Oahu gute Urlaubsmöglichkeiten, denn es gibt durchaus auch ruhige, kaum besuchte Traumstrände, die – wenn nicht gerade ein Verkehrsstau herrscht – binnen einer halben Stunden von Waikiki aus erreicht werden können. In Kombination mit der Tatsache, dass die Unterkünfte der Inselgruppe nirgendwo günstiger sind als in Waikiki, zeigt sich Oahu in einem rundum positiven Licht.

Anreise

Bei einem Hawaii-Besuch gehört ganz klar auch Oahu ins Programm – meist sogar zwangsläufig, weil fast alle Verbindungen von Europa nach Hawaii so spät am Tag ankommen, dass in der Regel kein Anschlussflug mehr möglich ist. Die erste Nacht verbringt man sicher in Honolulus Stadtteil Waikiki.

Wenn man dann noch ein bis zwei Tage in Honolulu für Shopping sowie die Inselumrundung (mit Auto) einplant, dann dürfte man, wenn man nicht unbedingt wegen Trubel und Nachtleben nach Hawaii geflogen ist, genug von Oahu gesehen haben.

Wer allerdings aufgrund von Zeitmangel nicht über Oahu hinauskommt, der sollte sich für die Inselumrundung mindestens zwei Tage Zeit lassen: einen Tag für die Sehenswürdigkeiten westlich von Honolulu, einen Tag für den Osten.

Planungsvorschlag

Vorschlag für einen Oahu-Aufenthalt bei 3- bis 4-wöchiger Hawaii-Reise:

▪ **1. Tag:** Downtown Honolulu und Waikiki zu Fuß und per Bus oder per Scooter/Motorroller (State Building, Iolani Palace, Kamehameha-Statue, Aloha Tower) sowie eventuell die Diamond-Head-Wanderung

▪ **2. Tag:** Großraum Honolulu (evtl. mit Mietwagen, aber stressfreier per Bus und Taxi), Bishop Museum, Pearl Harbor, Hanauma Bay

Inter-Island-Flugzeuge am Honolulu International Airport

■ **3. Tag:** Inselumrundung (mit dem Mietwagen)

Für weitere Museumsbesuche oder sehr intensive Besichtigungen sollten Sie ein bis zwei Zusatztage schon im Voraus einplanen; ebenso für reine Ruhetage zur Anpassung an die neue Zeitzone.

Infrastruktur

Orientierung

Vom Flughafen nach Waikiki muss man sich östlich orientieren. Allerdings spricht hier nicht jeder von Osten und Westen, sondern nur von *towards Diamond Head* (östlich) und *towards Ewa* (westlich). Da auch die Beschilderung dem entspricht, lohnt es sich, diese beiden Punkte zur besseren Orientierung auf der Landkarte groß zu markieren.

Straßen

Großraum Hololulu

In Hawaii gibt es nur im Großraum Honolulu autobahnähnlich ausgebaute Straßen. Wer einmal nachmittags gegen fünf Uhr auf solch einer teilweise zwei mal fünf Spuren breiten Straße steht, der hat ein ganz besonderes Honolulu-Erlebnis. Der berühmte *Traffic Jam,* also Stau, ist im Großraum Honolulu ganz normal. Besonders die Zufahrten zu den Highways 61 (Pali Highway) und 63 (Likelike Highway) kann man häufig nur maximal im Schritttempo passieren.

Prinzipiell gilt: Auf allen Hauptstraßen östlich des Likelike Highways (inklusive) muss man stets mit erheblichen Verzögerungen rechnen. Die anderen Highways sind meist zügig befahrbar.

Die Kalakaua Avenue ist die Hauptstraße von Waikiki, die teilweise direkt am Strand entlangführt. Diese Einbahnstraße geht *towards Diamond Head* (östlich). Die korrespondierende Straße dazu ist der parallel *towards Ewa* verlaufende Ala Wai Boulevard. Zwischen diesen beiden Hauptstraßen liegt wiederum parallel dazu die vierspurige Kuhio Avenue, die in beiden Richtungen befahren wird.

Zwei Hauptstraßen führen vom Highway 1 nach Waikiki hinein und wieder heraus: Kapahulu Street und McCully Street.

Rund um die Insel

Während man die Koolau-Berge komplett mit dem Auto umrunden kann, gibt es im äußersten Nordwestzipfel der Waianae Mountains keine Straße, sodass hier die Umrundung mit dem Mietwagen nicht möglich ist.

Flughafen

Der **Honolulu International Airport** gilt als Drehscheibe für den gesamten Pazifikraum. Der Flughafen ist zwar nicht so groß wie manche auf dem Festland (Atlanta, Chicago, Los Angeles etc.), trotzdem herrscht hier ständig reger Verkehr. Für Touristen sind zwei Hauptteile von Interesse: Das **Overseas Terminal** und das **Inter Island Terminal:**

Infrastruktur

Am *Overseas Terminal* kommen sämtliche Flüge **aus Übersee** (USA, Kanada, Japan, Neuseeland, Australien, Südsee, China usw.) an. Während man nach einem inneramerikanischen Flug sein Gepäck gleich in Empfang nehmen kann, muss man als Ankömmling aus anderen Ländern zuerst die Zoll- und Einreiseformalitäten erledigen.

Sämtliche **innerhawaiianischen Flüge** wurden bisher über den *Inter Island Terminal* (Terminal 2) abgewickelt. Dazu fährt man am besten mit dem kostenlosen *Wiki-Wiki-Bus* („schnell-schnell-Bus"), der alle 20 Min. zwischen den Terminals pendelt. Derzeit wird vor Ort kräftig umorganisiert, und es sieht so aus, als ob nur noch zwischen *Domestic* (inneramerikanisch und damit auch innerhawaiianisch) und *International* (Verkehr mit Zielen außerhalb der USA) unterschieden wird. Wenn Sie dem Taxifahrer oder dem Autovermieter bzw. dem Shuttlebusfahrer sagen, mit welcher Fluggesellschaft Sie wohin fliegen möchten, dann erhalten Sie (hoffentlich) die aktuell richtige Antwort.

Achtung: Die Schlangen vor der Gepäckabgabe (in der *Economy Class* nur noch Check-In-Automaten) bei *Hawaiian Airlines* sowie vor der Sicherheitskontrolle können extrem lang werden. Daher besser spätestens 2½ Stunden vor Abflug am Flughafen HNL sein.

Flughafengebäude

Im Gebäude des *International Airport* gibt es neben den Schaltern der Fluggesellschaften die üblichen Snackbars, Duty-Free-Shops, Souvenirläden und sogar ein Museum, das **Aerospace Museum.**

Gepäckstücke können nur bei der rund um die Uhr geöffneten **Gepäckaufbewahrung** abgegeben werden.

Transport vom Flughafen

Vom Flughafen aus gelangt man leicht auch ohne Auto ins Hotel (zumindest im Bereich Waikiki).

Man fährt entweder mit dem **Taxi** (für etwa $ 45 inklusive Tip), der **Limousine** (in der Regel mit Platz für bis zu sechs Personen, ab etwa $ 85) oder aber mit dem **Airport Shuttle** inklusive Gepäck vom Flughafen nach Waikiki. Am günstigsten ist der *Airport Shuttle* von *Roberts Hawaii*, der 24 Stunden am Tag etwa alle 20 bis 30 Minuten von den Terminals zu sämtlichen Hotels in Waikiki fährt. Inklusive 2 Gepäckstücke kostet die Fahrt pro Person $ 13 one way bzw. $ 20 (hin und zurück/round-trip):

■ **Roberts Airport Shuttle,** Tel. 441-7800 oder gebührenfrei 1-800-831-5541, www.robertshawaii. com. $ 13 one way, $ 24 hin und zurück/round trip (inkl. zwei Gepäckstücke).

■ Außerdem gibt es den **SpeediShuttle,** Tel. gebührenfrei 1-877-242 5777 (www.speedishuttle. com, $ 15.50 one-way inklusive Gepäck bei zwei Personen) fährt. Das Unternehmen, dessen Angestellte rote Aloha-Shirts tragen, sagt zu, dass die Abfahrt spätestens 20 Minuten nach dem „Check-In" beim Shuttle Attendant in der *Pickup Zone* erfolgt. Das Unternehmen fährt auch nach Koolina *(Disney Resort)*.

▷ The Bus – jetzt auch mit Hybridantrieb

□ Übersichtskarte S. 36 **Infrastruktur** 43

Oahu

Diese Shuttlebusse sind am *Overseas Terminal* – wie auch die Taxis – rund um die Uhr verfügbar, sollten aber für den Rücktransport vom Hotel zum Flughafen über den *Bell Boy* des Hotels (Gepäckträger) rechtzeitig reserviert werden. Die Shuttlebusse warten gewöhnlich solange am Flughafen, bis sie voll sind, und laden die Passagiere anschließend vor ihrem Hotel in Waikiki ab. Während eine Taxifahrt vom Airport nach Waikiki außerhalb der Rushhour normalerweise knapp 30 Minuten dauert, kann man mit Pech im Shuttlebus eine gute Stunde unterwegs sein.

Linienbus

Der öffentliche Bus *(The Bus)* fährt zwar mit den Linien 19 und 20 (jede Stunde) auch vom Airport nach Waikiki, man darf aber darin nur Handgepäck befördern, also keine Koffer oder Rucksäcke. Die Fahrt dauert etwa 70 Minuten.

Private Zubringer

Vor dem Flughafen halten auch die privaten Zubringerbusse und Limousinen verschiedener Hotels sowie die Busse der Autovermieter, die für den kostenlosen Transport zur Vermietstation sorgen.

Verkehrsmittel

The Bus

Im Gegensatz zu allen anderen Inseln gibt es auf Oahu ein akzeptables öffent-

liches Verkehrsmittel: den Bus, *The Bus* genannt. Dabei gibt es normale Busse, die an jeder der etwa 4200 Haltestellen auf Wunsch einen Stopp einlegen sowie Express-Busse, die nur an Knotenpunkten anhalten. Von den Einheimischen wird *The Bus* gut angenommen, er transportiert mit über 500 Bussen (über 10 % davon mit Hybrid-Antrieb zur Bremsenergie-Rückgewinnung) an Werktagen rund 236.000 Passagiere, also über 72,5 Mio. pro Jahr.

Am *Ala Moana Shopping Center* befindet sich eine Art **zentraler Busbahnhof.** Hier treffen die wichtigen Buslinien aufeinander. Wenn Sie sich wirklich einmal verfahren haben, dann suchen Sie sich am besten einen Bus der Linien 8, 19 oder 20 zurück nach Waikiki.

Fahrpläne erhält man u.a. in einigen *ABC-Stores* in Waikiki. Telefonische Auskünfte gibt es unter 848-5555 oder beim Kundenservice unter 848-4500.

Sehr hilfreich ist der **Fahrplan im Internet** auf www.thebus.org, den es auch als abgespeckte Mobilversion für den Browser als m.thebus.org gibt.

■ Unter www.thebus.org/Pop/pop.asp können Sie den **„The Bus Waikiki Guide"** herunterladen, der die Busse zu diversen Fahrtzielen auflistet. Sehr hilfreich ist auch die Nutzung der Routenberechnung von *Google Maps* (www.maps.google.com), wenn man auf das Bus-Zeichen klickt.

Alle Busse von Waikiki Richtung *Ewa* (Airport, Pearl Harbor, Downtown) sowie alle Busse in Gegenrichtung fahren mittlerweile ausschließlich durch die Kuhio Avenue.

Der **Fahrpreis** für eine beliebige Fahrt in Honolulu beträgt $ 2,50. Das Fahrgeld selbst muss man abgezählt bereithalten.

Wer beim Einsteigen nach einem *Transfer-Ticket* (kurz *Transfer* genannt) fragt, kann unter Beibehaltung der prinzipiellen Fahrtrichtung sogar innerhalb eines vorgegebenen Zeitrahmens zweimal umsteigen, ohne neu zu bezahlen. In den Supermärkten der *Foodland*-Kette und den *7-Eleven*-Läden erhält man für $ 60 eine Monatskarte. Für $ 35 gibt es in den *ABC-Stores* in Waikiki und im *Ala Moana Center* den (Viertages-)*Visitor Pass*.

Das **Fundbüro** *(lost and found)* der Busgesellschaft ist unter Tel. 848-4444 zu erreichen und gibt auch Auskünfte zum Thema **Mehrtagespässe.**

Runde um die Insel

Die Busse der Linen 52 (im Uhrzeigersinn, Wakiawa, Cirde Island) und 55 (entgegen dem Uhrzeigersinn) fahren ab *Ala Moana Shopping Center* um die gesamte Insel herum und halten an allen wichtigen Stränden. Bei jedem Einsteigen ist der komplette Fahrpreis fällig. Tagsüber kommt etwa alle halbe Stunde ein Bus. Den **aktuellen Fahrplan** finden Sie unter www.thebus.org/route/routes.asp. Der Autor würde sich allerdings nicht darauf verlassen, dass der erste oder letzte Bus auch wirklich fährt. Eine Fahrt von Waikiki zum North Shore dauert mit dem Bus Nr. 52 etwa 2 Stunden, mit dem Bus Nr. 55 etwa 3 Stunden, sodass eine Nonstop-Inselrundfahrt ab *Ala Moana Shopping Center* mit etwa 4½ Stunden reiner Fahrzeit zu Buche schlägt. Kein Wunder, dass die Bevölkerung nach einem Express-Busnetz verlangte, denn selbst wenn man in der Rushhour im Stau steht, ist man mit dem Auto doch wesentlicher schneller. Leider

Heiraten unter Wasser

Die Formalitäten *(Marriage Licence)* hatten wir erledigt, und so suchten wir, da wir ja etwas Besonderes wollten, einen Priester, der uns beim Tauchen unter Wasser traut. Gesucht – gefunden! Über die Tauchschule Dive-Oahu.com lernten wir *Chris Sutherland* kennen. Einen zugelassenen Priester, der ebenfalls taucht, und über die Tauchschule organisierten wir auch die Zeremonie. 300 Dollar für den Priester und Pressluft-Flaschen für jeden à 120 Dollar. Für diesen Preis bekommt man die ursprüngliche Zeremonie auf dem Boot, da man ja viel reden muss bei der Trauung. Es gibt auch die Möglichkeit, dieses mit speziellen Masken unter Wasser zu tun, allerdings kostet das ca. 3000 Dollar, aber das war uns zu teuer.

Daher hielten wir das Trauungsgespräch auf dem Boot 1,5 Meilen weit draußen auf dem Pazifik ab. Anschließend tauchten wir – geschmückt mit Haarkranz und Kranz um den Hals – mit dem Priester ab in die Tiefe. Auf 30 Meter bekamen wir per Handzeichen unseren Segen sowie eine Tafel mit der Aufschrift *Just married, just i do!* Wir mussten unsere Namen darauf schreiben und der Priester machte einige Fotos. Nach dem Auftauchen gab es Sekt auf dem Boot und wir feierten mit Priester und den Trauzeugen. Wir brauchten übrigens zwei Trauzeugen in Hawaii!

Dann wurde die Lizenz von *Chris* ausgefüllt und wir unterschrieben. Übrigens muss man in Hawaii gleich den neuen Namen angeben, den man tragen will, da dies in Deutschland gültig ist. Spätere Änderungen müssen erst in Berlin beantragt werden.

2 Tage später sind wir erneut zum State Department gegangen, um die Lizenz abzugeben und die offizielle Heiratsurkunde sowie – wichtig! – eine *Apostille* (beglaubigte Urkunde) zu beantragen. Ohne Apostille keine Gültigkeit in Deutschland! Die Heiratsurkunde kostet 14 Dollar und eine Apostille kostet 1 Dollar.

Die Unterlagen waren ca. 4 Wochen später in unserem deutschen Briefkasten, wo wir uns eine amtlich zugelassene Übersetzung anfertigen ließen, was ca. 100 € kostete. Danach gingen wir zum Standesamt und ließen die Unterlagen direkt umschreiben.

Aloha!

Christiane und *Harald Burkard*

---

gibt es derzeit noch keinen Express-Bus um die Insel.

Straßenbahn

Im Jahr 2008 traten die Pläne für eine Straßenbahn *(Tram)* in eine konkrete Phase, aber vor dem Erscheinen der 12. Auflage dieses Reiseführers ist nicht mit einer Aufnahme des Regelbetriebs zu rechnen.

Trolley

Als Alternative zum Bus eignet sich der *Trolley,* ein **Autobus,** der wie eine Straßenbahn bemalt ist und an vielen ver-

Infrastruktur

schiedenen Stellen in Honolulu anhält. Ausgangspunkt ist bei *DFS Galleria Waikiki* genau in der Mitte zwischen Kalakaua und Kuhio Avenue sowie zwischen Lewers Street und Royal Hawaiian Avenue. Dabei besteht ab ca. 8.30 Uhr bis in den Nachmittag die Auswahl unter diversen Touren, wobei die Touren zunächst diverse Hotels im Stadtteil Waikiki abklappern.

Die **Scenic Tour** (*Green Line:* rund um den Diamond Head und zur Kahala Mall) sowie die **Historic Tour** (*Red Line:* Downtown Honolulu und Aloha Tower) fahren jeweils zwischen zwischen 8.30 und 15.30 Uhr alle 35 Minuten einen insgesamt 70 Minuten „langen" Rundweg, während die **Shopping Tour** (*Pink Line*) zum *Ala Moana Center* zwischen 9.30 Uhr und mindestens 19 Uhr alle zehn Minuten fährt – bei einer Gesamtfahrzeit von einer Stunde. Den ganzen Tag über darf man dabei mit der Fahrkarte beliebig oft ein- und aussteigen sowie dem Wortschwall der Fahrer lauschen – bei $ 20 für den Tagespass und $ 59 für den 7-Tages-Pass ein zwar bequemes, dafür aber nicht gerade günstiges und ziemlich zeitraubendes Vergnügen, zumal der Bus öfter, preiswerter und über einen viel größeren Zeitraum fährt. Im Internet sind die Tickets 10 % günstiger: www.waikikitrolley.com.

Taxi

Sehr praktisch ist **Sightseeing** in Honolulu mit dem Taxi. Die Preise liegen etwa in der gleichen Größenordnung wie in Deutschland. Im Hotel bestellt der *Bell-Boy* auf Wunsch gerne ein Taxi, in Restaurants kann man sich beim Bezah-

len auch gleich eines rufen lassen. Während *Charley's Taxi* (Tel. 531-1333) einem einzigen Inhaber gehört, ist *SIDA Taxis of Hawaii* (Tel. 836-0011) ein Zusammenschluss von Taxiunternehmern.

Mietwagen

Für Unternehmungen innerhalb Honolulus ist kein Auto erforderlich – im Gegenteil: In und um Waikiki ist ein Auto aufgrund der akuten Parkplatznot und den hohen Parkgebühren ($ 5 und mehr pro angefangene halbe Stunde in Downtown Honolulu, $ 3 und mehr pro halbe Stunde in Waikiki) eher hinderlich.

Für die **Inselrundfahrt** kann es sich allerdings lohnen, ein eigenes Fahrzeug anzumieten – vor allem, wenn man den Tag voll ausnutzen möchte. Für Schnellentschlossene gibt es auch in Waikiki Büros der Autovermieter, die ab $ 50 meist noch kurzfristig Wagen anbieten. Günstiger fährt man allerdings, wenn man einige Tage vorher telefonisch reserviert. Die Telefonnummern der großen Autovermieter stehen im Kapitel „Praktische Reisetipps, Vorbuchung des Mietwagens".

Motorroller

Wer es luftiger mag, der kann sich auch ein *Moped,* also einen kleinen Motorroller, mieten, der kaum weniger als ein kleines Auto kostet. Hierfür ist kein extra Motorradführerschein erforderlich, und außerdem hat man keinerlei Parkplatzprobleme: Downtown Honolulu und den Großraum Waikiki kann man per **Scooter** (Motorroller, Moped) sehr

Übersichtskarte S. 36, Stadtplan vordere Umschlagklappe **Honolulu** 47

Oahu

bequem an einem einzigen Tag erkunden, dabei noch etwas shoppen und Badestopps einlegen oder auf den Diamond Head hinaufsteigen: effektiver geht's wohl kaum. Wer einen Motorradführerschein hat, darf auch mit einem *Scooter* genannten Motorroller mit stärkerem Motor fahren. Das Personal ist hilfreich und gibt Tourentipps, die Fahrzeuge sind in einem sehr guten Zustand, und die Website des Unternehmens ist sehr informativ – allerdings nur, wenn man die Sprache auf Englisch zurückstellt, denn bei der deutschen Übersetzung stehen einem die Haare zu Berge.

■ **Hawaiian Style Rentals,**
www.hawaiimoped.com,
Tel. 94-MOPED (946-6733)
oder gebührenfrei: 1-866-916-6733,
2556 Lemon Rd, Honolulu, Hi 96815
(in der Nähe der Ecke Kalakaua/
Kapahulu Avenue)

Wer einige Wochen im Voraus bucht, fährt meist günstiger und stellt sicher, dass ein Zweirad verfügbar ist. Achtung: Der Fahrbahnbelag (Beton) in der Kuhio Avenue ist rutschig, besonders bei Nässe, aber bei vorsichtiger Fahrweise trotz diversen Schlaglöchern gut beherrschbar.

Fahrrad

■ **Hawaiian Style Rental** (s.o.) vermietet auch Fahrräder: www.hawaiibikes.com

Motorräder

■ **Cruzin Hawaii Motorcycle Rentals,**
1980 Kalakaua Avenue Honolulu,

Hawaii 96815, Tel. 808-945-9595
oder gebührenfrei 1-877-945-9595,
www.cruzinhawaii.com
   Vermietet und verkauft *Harleys*

Segway

Auch auf den Segway-Rollern können Sie sich auf Oahu fortbewegen, ohne Kalorien in wesentlichem Umfang zu verbrauchen. Weitere Infos zu den Touren und den Verleihmöglichkeiten gibt's bei:

■ **Segway of Hawaii** im
Waikiki Beach Marriott Resort,
2552 Kalakaua Avenue, Honolulu,
Tel. 941-3151, www.segwayofhawaii.com

Honolulu

Honolulu, das auch als **„Manhattan des Pazifiks"** bezeichnet wird, ist eine Großstadt, die sich über eine riesige Fläche vom Meer bis hoch in die Berge erstreckt. Der Name Honolulu bedeutet geschützte *(lulu)* Bucht *(Hono)*. Honolulu ist seit einigen Jahren die teuerste Stadt der gesamten USA, wenn es um geschäftliche Aktivitäten geht – noch vor Anchorage, San Francisco, New York und Los Angeles. Wer von Honolulu spricht, denkt allerdings meist nur an einen Stadtteil, an *Waikiki* mit dem weltberühmten Strand **Waikiki Beach.** Der Großraum Honolulu umfasst daneben aber auch etwa den Militärhafen Pearl Habour und den internationalen Flughafen Hawaiis.

1

Waikiki

Dieser Stadtteil ist das **touristische Zentrum** Honolulus, ja sogar von ganz Hawaii. Er ist nicht besonders schön, aber durch das pulsierende Leben auf den Straßen durchaus attraktiv. Wenn sich die letzten Nachtschwärmer ins Bett bewegen, sorgen die ersten Frühaufsteher bereits wieder für belebte Straßen.

Das Zentrum Waikikis verläuft entlang der **Kalakaua Avenue,** die nur durch eine Häuserzeile vom Strand getrennt ist. Entlang der Kalakaua Avenue gibt es unzählige Läden, Bars und Restaurants sowie die besten Hotels des Stadtteils.

Waikiki Beach

Da alle Strände in Hawaii **öffentlich** sind, gilt das auch für Waikiki Beach. Der berühmte Strand von Waikiki ist gut drei Kilometer lang und in viele Teilabschnitte mit jeweils eigenem Namen unterteilt. Sein weißer Sand stammt zu großen Teilen von der Insel Molokai und wurde mit dem Schiff hierher verfrachtet.

Es ist nicht immer leicht, zwischen den Hotels hindurch einen Zugang zum Waikiki Beach zu finden. Wer lieber direkt von der Straße an den Strand gehen möchte, kann das im östlichen Teil tun, denn dort führt die Kalakaua Avenue direkt am Meer entlang. Dieser Abschnitt von Waikiki Beach heißt **Kuhio Beach Park.** Dort gibt es auch öffentliche Kaltwasser-Duschen und Toiletten.

214ha av

Honolulu: Waikiki

Dienstag, Donnerstag und Samstag Abend gibt es bei gutem Wetter am Kuhio Beach zwischen 18.30 und 19.30 Uhr (von November bis Januar bereits von 18 bis 19 Uhr) eine kostenlose *Torch Lighting and Conch Shell Ceremony* (Anzünden der gasbetriebenen Fackeln durch einen Läufer sowie Erzeugen eines intensiven, tiefen Tons durch kräftiges Hineinblasen in das Gehäuse einer Trompetenschnecke) – und zwar mit hawaiianischer Musik und Hula-Show (ganz in der Nähe der Duke-Kahanamoku-Statue).

Mit *Movie and Dinner on the Beach* hat der Bürgermeister es sogar geschafft, die Einheimischen am Wochenende nach Waikiki zu bringen. Zwischen 16 und 21 Uhr gibt es dann Live-Unterhaltung, Essen und Trinken sowie einen Open-Air-Kinofilm auf großer Leinwand. Die Leinwand steht an der Ecke Kalakaua Ave/Kapahulu Ave. Das ultimative Erlebnis gab's im März 2006, als hier am Strand unter Palmen der Film „March of the Penguins" (Marsch der Pinguine) gezeigt wurde. Da viele Einheimische mit dem Auto kommen und die strandnahen Parkplätze dann jeweils gesperrt sind, kommt es leider oft zu Parkproblemen.

Warum dieser Strand, auf dem sich die Menschen wie Ölsardinen drängeln, einer der berühmtesten der Welt ist, wird weiterhin ein Rätsel bleiben. Fest steht zumindest, dass der Abstand zwischen den Handtüchern recht gering ist. Das Interessanteste an Waikiki Beach sind sicherlich die Sonnenbadenden, Spaziergänger, *Sunny-Boys* und *Sunny-Girls*.

Ins Deutsche übersetzt heißt Waikiki ruhiges *(kiki)* Wasser *(Wai)*. Surfen ist dort besonders für Anfänger ein Ver-

gnügen. Die berühmten (hohen) hawaiianischen Wellen mit dem richtigen „Surf" gibt es in Waikiki allerdings nicht, weil sie vom vorgelagerten Riff abgehalten werden. An Verleihern von Surfbrettern, *Boogie Boards* (kleines Brett etwa halber Länge), Paddelbooten und Schnorchelausrüstungen herrscht hier trotzdem kein Mangel, auch Surflehrer sind reichlich vorhanden. Darüber hinaus besteht auch die Möglichkeit, einen etwa 20-minütigen Ausflug mit dem *Outrigger Canoe,* dem Auslegerboot, sowie verschiedene andere Bootstouren zu unternehmen.

Sehenswertes

Royal Hawaiian Hotel, Sheraton Waikiki

Zu den Sehenswürdigkeiten des Stadtteils Waikiki zählt zunächst einmal das frisch renovierte rosafarbene *Royal Hawaiian Hotel.* Das mittlerweile zur *Sheraton*-Gruppe gehörende Hotel ist zwar nur das zweitälteste Hotel Waikikis (1927 eröffnet), dafür aber das markanteste. Es wurde im spanischen Stil erbaut und stand früher einmal fast allein auf weiter Flur, mittlerweile geht es zwi-

Robben entdecken den Strand von Waikiki manchmal für sich

Geschichte Waikikis

Bevor die ersten Europäer nach Hawaii kamen, war Waikiki ein verträumtes, kleines Dorf an einer herrlichen, fisch- und korallenreichen Lagune. Am langen Sandstrand lagen die Auslegerboote. Bereits damals sollen einige Häuptlinge Hawaiis hier Urlaub gemacht haben.

Nachdem auch reiche weiße Händler und Plantagenbesitzer die Bucht als Urlaubsdomizil auserkoren hatten, wurde im Jahre 1901 mit dem *Moana* das erste Hotel am Strand von Waikiki eröffnet. Erst 1927 bekam es mit dem *Royal Hawaiian Hotel* Konkurrenz. Wer in den Buchhandlungen einmal durch die Bücher mit alten Ansichten blättert, wird feststellen, dass die beiden Hotels damals von vielen Palmen umgeben waren. Für Besucher, die von Honolulu nach Waikiki Beach fahren wollten, gab es eine Straßenbahn.

1922 kam dann die große Wende, der Ala-Wai-Kanal wurde gebaut, und damit wurden die landeinwärts gelegenen Sümpfe nördlich des Diamond Head trockengelegt. Es entstand eine künstliche Halbinsel, die wir heute als den Stadtteil Waikiki kennen.

Nach dem Zweiten Weltkrieg setzte ein großer Bauboom ein, und die Hotelburgen schossen in die Höhe. Mittlerweile gibt es allein in Waikiki mit seiner Fläche von weniger als zwei Quadratkilometern gut 70.000 Gästebetten. Kein Wunder, dass hier die Immobilienpreise in astronomische Höhen geklettert sind. Man munkelt, dass bis zu 40.000 Dollar pro Quadratmeter gezahlt werden – wenn überhaupt etwas verkäuflich ist. Die meisten Hotels in Waikiki sollen mittlerweile japanischen Besitzern gehören.

Wie recht hatte doch *Jack London,* als er im Jahre 1916 feststellte: „Ich bin glücklich, dass wir jetzt hier sind, denn eines Tages wird Waikiki Beach ein einziges langes Hotel sein."

schen den Hochhäusern nahezu unter. Diesen altehrwürdigen Bau (Spitzname: *Pink Palace;* die Farbe Rosa wird in diesem Hotel sehr konsequent selbst bis in die Zimmer hinein in diversen Tönen zusammen mit Pastellfarben regelrecht zelebriert) können Sie bereits im Internet von zuhause aus erforschen unter: www.royal-hawaiian.com.

Direkt daneben liegt das 30-stöckige Hochhaus des *Sheraton Waikiki,* von dessen oberen Stockwerken aus man einen imposanten Blick auf Waikiki genießt.

Moana Hotel

Das älteste Hotel am Platze ist das 1901 eingeweihte, im Kolonialstil erbaute *Moana-Hotel,* das jetzt den Namen *Westin Moana Surfrider* trägt.

Weitere Hotels

Wer weitere Hotels anschauen möchte, der kann zum Beispiel den Wasserfall in der Lobby des *Hyatt Regency* oder das große Aquarium (über 1 Million Liter Meerwasser) im *Oceanarium Restaurant* des *Pacific Beach Hotels* bewundern.

Wer in einem Hotel in der Nähe wohnt, sollte eventuell zum Frühstücken auf die Terrasse des *Westin Moana Surfrider* (Büfett $ 32; Tel. 922-3111) oder des *Royal Hawaiian* (Büfett knapp $ 35, sonntags $ 50) gehen.

Drei der vier besten Hotels im Herzen Waikikis gehören zur *Starwood*-Gruppe: Das *Westin Moana Surfrider,* das *Royal Hawaiian* und das *Sheraton Waikiki.*

International Marketplace und International Food Court

Nicht zu übersehen ist der zwischen der Kuhio Avenue und der Kalakaua Avenue gelegene *International Marketplace,* der um einen riesigen Banyan-Baum herumgebaut wurde. Nur an wenigen Stellen der westlichen Welt wird man derart vielen Modeschmuck- und Sonnenbrillen-Händlern auf so kleiner Fläche begegnen. Auch die üblichen Hawaii-Hemden, T-Shirts und kitschige Souvenirs gibt es hier in Massen. Mit dem Wort *Billigstware* wird man dem Gros der angebotenen Artikel wohl am ehesten gerecht. Aber es macht trotzdem Spaß, in diesem Überbleibsel aus den 1970er Jahren zu bummeln – vor allem am Abend, wenn die an den Ästen des Banyanbaumes befestigten kleinen Lichter eingeschaltet sind.

Innerhalb der letzten 30 Jahre hat der International Marketplace sehr gelitten. Die Inhaber der Restaurants und Bars wechseln schnell, und diverse Verkaufsflächen stehen leer. Dennoch kann man im *International Food Court* meist ganz akzeptables Fast Food zu günstigen Preisen erwerben. Eine große Portion mexikanische Burritos (wirklich eine volle Mahlzeit) gibt es unter $ 10. Ähnlich ist die Preislage im griechischen Fast-Food-Laden sowie beim Chinesen (etwa $ 1 billiger).

Oft finden mehrmals täglich kostenlose **Hula-Tanzvorführungen** statt: Nichts Authentisches, aber dennoch eine nette Unterhaltung.

Kapiolani Park

Am Südende Waikikis, zwischen Kapahulu Avenue und Diamond Head, liegt der Kapiolani Park, den König *Kalakaua* und seine Frau, *Queen Kapiolani,* Ende des letzten Jahrhunderts ihrem Volk schenkten. Große Rasenflächen laden vor allem die Einheimischen zum Frisbeespielen, Joggen, Fußballspielen, Drachensteigen und vielem anderen ein.

In dem muschelförmigen Konzertpavillon namens *Waikiki Shell* finden regelmäßig Konzerte statt: Das Veranstaltungsspektrum reicht vom klassischen Symphoniekonzert über Jazz-, Skiffle- und Rocksessions bis zum Hula-Tanz. Einmal im Jahr findet ein Ukulele-Wettbewerb (Ukulele = eine Art Mini-Gitarre) statt. Sonntags um 14 Uhr spielt am weiter Richtung Meer gelegenen *Kapiolani Bandstand* meist die *Royal Hawaiian Band* zum Nulltarif auf. Aktuelle Programmhinweise stehen in der Zeitung und in den Werbezeitschriften (siehe gleichnamigen Exkurs).

Täglich bieten auf der dem Waikiki Beach zugewandten Seite des Kapiolani Parks **Jongleure, Akrobaten, Clowns** sowie **Straßenmusiker** ein Spektrum ihrer Kunst. Entlang der Monsarrat Avenue, die den Zoo vom Rest des Parks abtrennt, stellen einheimische Künstler vor allem an Wochenenden ihre Werke aus.

Im *Kapiolani Park Arts & Crafts Fairs* finden regelmäßig kleine **Kunst(hand-**

werks)messen unter freiem Himmel statt – meist am Wochenende.

Tierpark
Der **Honolulu Zoo** (Öffnungszeiten 9 bis 16.30 Uhr, Tel. 971-7171, www.honoluluzoo.org; Buslinien 2, 8, 19, 20, 23 und 42 (etwa alle 5 bis 10 Minuten, Haltestelle Monsarrat Avenue, ca. 10 Minuten Fahrzeit ab Waikiki); Eintritt: Erwachsene $ 14, Kinder, 6–12 Jahre, $ 4) beherbergt selbst neben dem üblichen internationalen Tierspektrum auch einige vom Aussterben bedrohte hawaiianische Vögel wie *Apanene* und *Nene*. Mit den berühmten amerikanischen Zoos wie etwa in San Diego kann der *Honolulu Zoo* allerdings definitiv nicht mithal-

Honolulu: Downtown

Aquarium

Viel interessanter ist hingegen das am Parkrand Richtung Strand gelegene Aquarium, das der *University of Hawaii* gehört. Öffnungszeiten: 9–17 Uhr, Tel. 923-9741, Buslinie 19 oder 20 Richtung Diamond Head (etwa alle 10 Minuten, ca. 15 Minuten Fahrzeit von Waikiki bis zum Aquarium); Eintritt: Erwachsene $ 12, Kinder von 4 bis 13 Jahre $ 5). Hier sieht man nicht nur den Staatsfisch von Hawaii, den *Humuhumunukunukuapuaa*, sondern auch über 300 verschiedene Fischarten, die nur im tropischen Teil des Pazifiks und in der Tasmanischen See (bei Australien) vorkommen. In weiteren Becken sind neben Korallen, Seepferdchen, Muscheln und Haien noch viele andere Meeresbewohner aus Australien und Mikronesien zu bewundern. Wer schon in diversen größeren Aquarien war, wird hier keine Highlights mehr finden.

Downtown Honolulu: die „Altstadt"

Das Wort „Altstadt" bedeutet lediglich, dass sich in diesem Bereich die größte Ansammlung alter Gebäude in Honolulu befindet. „Alt" heißt hier 100 Jahre oder etwas mehr.

Die **Grenzen** der historischen *Downtown* befinden sich im **Norden** an der Beretania Street, im **Süden** an der Queen Street, im **Westen** an der Richards Street und im **Osten** an der South Street bzw. Alapai Street. Die interessantesten Gebäude befinden sich entlang der Punchbowl Street. Der Bus Nr. 2 Richtung *School St* oder *Liliha* fährt etwa alle 10

ten. Beim *Waikiki Shell Parking* auf der anderen Straßenseite der Monsarrat Avenue gibt es kostenlose Parkplätze.

Blick vom Tantalus Drive auf den Diamond Head Crater und Waikiki

Honolulu: Downtown

Minuten von Waikiki bis zur Haltestelle Beretania/Punchbowl Street. Fahrzeit etwa 30 Minuten.

Wie in Waikiki herrscht auch dort absoluter **Parkplatzmangel.** Selbst im Parkhaus ist trotz der stolzen $ 5 pro halbe Stunde oft kein Platz mehr frei. Ab 16 oder 17 Uhr wird das Parken mit unter $ 10 pro Einfahrt ins Parkhaus meist erschwinglich. Noch günstiger ist es an Wochenenden oder Feiertagen.

Sehenswertes

Der folgende Rundgang durch die Altstadt beginnt am **Aloha Tower.** Man erreicht ihn binnen 30 Minuten ab Waikiki mit den Bussen Nummer 19 oder 20 (Haltestelle Alakea Street auf dem Nimitz Highway), wo Sie nur noch den Nimitz Highway überqueren müssen. Zurück geht's ab Aloha Tower Drive bei Pier 7 mit den Bussen Nr. 55, 56 oder 57 zum *Ala Moana Shopping Center,* von wo aus Sie mit den Bussen Nr. 8, 19 oder 20 nach Waikiki kommen. Die Busse fahren alle 20 Minuten.

Der im Jahr 1926 erbaute, 56 m hohe Aloha Tower war über viele Jahre hinweg das höchste Gebäude Hawaiis. Heute geht er zwischen den Hochhäusern förmlich unter. Zwischen 9 und 17 Uhr kann man kostenlos mit dem Fahrstuhl auf die **Aussichtsplattform** fahren. Der Blick von oben reicht von Pearl Harbor im Nordwesten über den Flughafen bis zu den Hochhäusern von Downtown Honolulu. Früher begrüßte der Turm mit dem Schriftzug *Aloha,* der in vier Richtungen jeweils über einer Uhr angebracht ist, alle Neuankömmlinge in Hawaii, denn hier an **Pier 7** legten die gro-

ßen Passagierschiffe an. Die riesigen Hallen der amerikanischen Einwanderungs- und Zollbehörden erinnern noch an den Trubel, der hier vor der „Invasion" Hawaiis durch Zivilflugzeuge herrschte.

In den Hallen befindet sich auf zwei Stockwerken eines der **jüngsten Einkaufszentren Honolulus:** Der *Aloha Tower Marketplace* mit seinen Läden und Restaurants ist absolut kein Muss mehr auf der Besuchsliste, zumal sehr viele Läden bereits seit geraumer Zeit ganz leer stehen. Informationen gibt's unter Tel. 528-5700, www.alohatower.com. Das Parken direkt vor der Tür kostet $ 1,50 für die ersten drei Stunden, danach $ 3 pro Stunde. Allerdings handelt es sich um *validated Parking,* bei dem das Parkticket nach einem Einkauf oder Restaurantbesuch im *Aloha Tower Marketplace* mit einem Vermerk versehen wird, sodass das Parken mit „validation" in den ersten drei Stunden günstiger wird. Die Universität von Hawaii (HPU) arbeitet derzeit an einer „Revitalisierung" des Komplexes und wandelt die obere Etage in Lofts um.

Sehr beliebt ist die **Microbrewery** (Kleinstbrauerei) von *Gordon Biersch.* Der Amerikaner hat die hohe Kunst des Brauens an der Fachhochschule Weihenstephan (bei Freising in Bayern) erlernt und verfügt über diverse Kleinstbrauereien in den USA – primär an der Westküste. Die Deutsch sprechenden Touristen mögen hier vor allem das Märzenbier. Bei *Gordon Biersch* blickt man beim Speisen auf Schiffe der Küstenwache, Frachtschiffe und die Kaimauer.

Bei *Hooters* ist **Tanzen mit Hula-Hoop-Reifen** zu Klängen aus der Musikbox angesagt.

1

Aloha Tower

Hawaii Maritime Center/Museum

Im Gebäude des organisatorisch zum Bishop-Museum gehörenden Center, dem zweigeschossigen *Kalakaua Boathouse,* befinden sich viele Dokumente aus der Geschichte der Seefahrt, von alten Fotos und Schriftstücken über Schiffsmodelle bis hin zu Teilen alter Schiffe. Das Center ist jedoch schon seit 2009 auf unbestimmte Zeit geschlossen.

Alter Stadtkern

Vom Ala Moana Boulevard aus führt die Alakea Street nach **Downtown.** Fußgänger können auch die parallel verlaufende Bishop Street bis zur Beretania Street gehen. Die Bishop Street teilt die senkrecht zu ihr verlaufenden großen Straßen in eine Nord- (N) und eine Südhälfte (S) und geht direkt in den Pali Highway über, der über die Berge hinweg zur anderen Seite der Insel führt. Folgt man dem Pali Highway von der Beretania Street aus, so kommt man nach knapp 200 m zu einem Supermarkt der Kette *Safeway* (wohl der größte Supermarkt im direkten Umfeld von Waikiki).

St. Andrews Cathedral

An der Ecke Alakea/Beretania Street liegt die 1867 erbaute St. Andrews Cathedral. Viele Steine, Ornamente, Glasfenster und Einrichtungsgegenstände wurden für diese Kirche per Schiff aus

England nach Hawaii gebracht. Das rechts der Kirche befindliche Kriegerdenkmal stammt aus dem Jahre 1974.

Washington Place
Etwa 200 m weiter (gegen die Fahrtrichtung der Einbahnstraße) liegt an der South Beretania Street der 1846 vom amerikanischen Kapitän *John Dominis* erbaute Washington Place. Sein Sohn, *John Owen Dominis,* heiratete die hawaiianische Adelige *Lydia Kapaakea*, die später die berühmte *Queen Liliuokolani* wurde. Diese letzte Königin Hawaiis lebte bis zu ihrem Tod im Jahre 1917 in eben diesem Haus. Jetzt ist *Washington Place* der offizielle Amtssitz des Gouverneurs von Hawaii. Von hier aus können Sie schon das auf der anderen Straßenseite der South Beretania Street gelegene State Capitol sehen.

State Capitol
25 Mio. Dollar kostete das 1969 fertig gestellte *Hawaii State Capitol,* das 1993/94 renoviert wurde. Es ist der **offizielle Amtssitz** der beiden Kammern **des hawaiianischen Parlaments,** des Senats und des Repräsentantenhauses. Das Gebäude soll Hawaii symbolisieren: Die Säulen sind Palmen, der Brunnen repräsentiert das Meer, und die kegelförmigen Räume stellen Vulkane dar. Das von dem hawaiianischen Künstler *Tadashi*

Nicht nur bei festlichen Anlässen schmücken sich die Menschen mit den *Lei* genannten (Blumen-)Ketten – auch die Touristen

Übersichtskarte S. 36, Stadtplan vordere Umschlagklappe **Honolulu: Downtown**

Sado geschaffene Mosaik im Innenhof besteht aus über 600.000 Teilen. An beiden Seiten hängt eine jeweils vier Tonnen schwere Nachbildung des Siegels von Hawaii. Sie tragen das Motto Hawaiis als Inschrift: *Ua mau ke ea o ka aina i ka pono* (Das Leben des Landes wird in Rechtschaffenheit aufrechterhalten).

Während sich auf der der Beretania Street zugewandten Seite des *State Building* eine Statue des belgischen Paters *Damien* befindet, der sich auf Molokai liebevoll für die Aussätzigen einsetzte und 2009 von Papst *Benedikt* heilig gesprochen wurde, steht auf der anderen Seite eine Statue von *Queen Liliuokalani*. Die auf dem Sockel eingravierten Worte *Aloha Oe* sind die ersten Worte des von ihr komponierten berühmten Liedes, das fast die Bedeutung einer inoffiziellen Nationalhymne bekommen hat.

Iolani Palace

Durch ein Tor, in dem sich eine farbige Version des hawaiianischen Siegels befindet, gelangt man an einem riesigen Banyanbaum vorbei zum frisch renovierten Iolani Palace (*Iolani* heißt auf Deutsch „königlicher Habicht"). Es handelt sich dabei um den **einzigen Königspalast in den USA.** Der Palast wurde im Auftrag von König *Kalakaua* von 1879 bis 1882 gebaut. Er war das erste Gebäude Honolulus mit elektrischem Licht. Nach dem Ende der Monarchie bis zur Fertigstellung des *State Building* waren Senat und Repräsentantenhaus darin untergebracht.

Sie erreichen den Iolani Palace binnen 30 Minuten mit dem Bus Nr. 2 (Richtung School-Middle Street), Bus Nr. 13 (Richtung Liliha-Puunui) oder mit dem Express-Bus der Route B (Richtung School-

Middle). Die beste Haltestelle ist die Kreuzung Beretania Street/Punchbowl Street. Der Palast selbst steht an der Ecke Punchbowl/South Street. Um zurück nach Waikiki zu fahren, müssen Sie *makai* (Richtung Meer) laufen bis zur King Street. An der Ecke King Street/Punchbowl Street finden Sie eine Haltestelle, an der Sie mit den Bussen Nr. 2, 19, 20 oder 42 nach Waikiki zurückkommen.

Werbezeitschriften

In noch größerem Umfang als auf den anderen Hawaii-Inseln gibt es auf Oahu kostenlose Werbezeitschriften für Touristen. Wer sich noch nicht am Flughafen mit **This Week Oahu, Oahu Gold, Guide to Oahu, Oahu Quick Guide** und wie sie alle heißen mögen, eingedeckt hat, der kann das an den Zeitungsständern in Waikiki nachholen. In diesen Werbeblättern findet sich jeweils eine Fülle von Angeboten zu verschiedenen Themen: geführte Touren, Autovermietungen, Schifffahrten *(Cruises)*, Hubschrauberflüge, Restaurants, Luaus, (Abend-) Veranstaltungen, Fabrikbesichtigungen, Kurzbesuche auf den Nachbarinseln, Sport- und Einkaufsmöglichkeiten sowie verschiedene andere Dinge.

Selbstverständlich ist jedes dieser Angebote das „Beste" und bietet die „Experience of a lifetime". Wer sich mit der nötigen Distanz informiert, auf eventuelle Pferdefüße oder Limitierungen achtet und die in den Broschüren befindlichen Gutscheine *(Cupons)* ausnutzt, kann seinen Urlaub gut planen und sogar einiges dabei sparen.

Heute ist der Palast ein **Museum** (Tel. für Reservierungen: 522-0832): Montag bis Samstag können Sie jeweils von 9 bis 16 Uhr (nach vorheriger Reservierung) alle 15 Minuten an einer geführten Tour für $ 22 teilnehmen. Für „nur" $ 15 gibt es montags ab 9 Uhr, Dienstag bis Donnerstag ab 10.30 Uhr und Freitag/Samstag ab 12 Uhr jeweils bis 16 Uhr eine *Self-Guided Audio Tour* von 45 Minuten Länge – auch in deutscher Sprache. Kinder unter 5 Jahren dürfen nicht in den Palast, Kinder von 5 bis 12 zahlen $ 6. Details finden Sie unter www.iolanipalace.org. Eintrittskarten gibt es in den gegenüberliegenden **Iolani Barracks.**

Mehr als die ursprüngliche Inneneinrichtung bekommt man allerdings nicht zu sehen. **Achtung:** Im Innern darf man nicht mit Blitz, einem Stativ oder Selfie-Stick fotografieren.

Im Palastgarten befindet sich ein *Bandstand* genannter **Pavillon,** der zur Krönung König *Kalakauas* 1883 gebaut wurde. Er dient jetzt der *Royal Hawaiian Band,* die hier öfter kostenlose Konzerte gibt – meist freitags von 12 bis 13 Uhr.

Iolani Barracks

An der Richards Street, nahe Iolani Palace und State Capitol, liegen die 1870 erbauten Iolani Barracks, in denen früher die königliche Wache untergebracht war. Als im Jahre 1893 in Hawaii die Monarchie beendet und durch eine rein zivile Regierung ersetzt wurde, erlitt nur ein Soldat der Wache Verletzungen – und das auch nur, weil er seine besondere

☐ Übersichtskarte S. 36, Stadtplan vordere Umschlagklappe **Honolulu: Downtown**

Stärke und Treue unter Beweis stellen wollte. Damals befanden sich die Iolani Barracks übrigens noch an der Stelle, an der heute das State Building steht.

Kamehameha-Statue
An der Ecke Mililani Street/King Street ragt die Statue des Königs *Kamehameha I.* in den Himmel. Die Statue soll weniger die Person *Kamehamehas* verherrlichen, sondern vielmehr seine Verdienste um die Einheit des hawaiianischen Reiches herausstellen (siehe Exkurs).

Staatsarchiv und Staatsbibliothek
Gleich in der Nähe, an der King Street, befindet sich das 1953 erbaute Staatsarchiv, in dem man von Montag bis Freitag von 7.45 bis 16.30 Uhr kostenlos Bilder des alten Hawaii anschauen kann. Direkt daneben liegt die *Hawaii State Library*, die Staatsbibliothek, in der nach einer etwas aufwendigen Registrierung auch die Möglichkeit besteht, Bücher auszuleihen. Besonders interessant ist die reichhaltige Literatursammlung zu allen Gebieten des Pazifiks.

Kawaiahao Church
Schräg gegenüber liegt die **älteste Kirche Hawaiis** im Blickfeld. Nachdem an dieser Stelle zuvor vier Palmenhütten als Gotteshaus dienten, errichteten die Missionare 1836 bis 1842 aus knapp 15.000 Korallenblöcken diese einzigartige Kirche, die häufig von japanischen Hochzeitspaaren für die Trauung benutzt wird.

Rathaus
Auf der anderen Seite der King Street an der Ecke Punchbowl Street befindet sich das *Honolulu Hale,* das 1929 erbaute Rathaus von Honolulu, in dem oft hawaiianische Künstler ihre Werke ausstellen.

Mission Houses Museen
Noch etwas weiter Richtung Waikiki stehen an der King Street auf der rechten Seite die *Mission Houses*. Im Jahr 1819 kamen die ersten amerikanischen Missionare von Neu-England nach Hawaii. In diesen historischen Gebäuden lebten sie, hier hatte die *Sandwich Islands Mission* ihre Zentrale. Alle drei Gebäude, das *Frame House*, das *Printing House* und das *Chamberlain House*, enthalten noch die **alten Möbel aus der Kolonialzeit.**
  Frame House: als erstes errichteten die Missionare das weiße *Frame House* –

◁ Iolani Palace, heute ein Museum

Kamehameha I. – Geschichte eines Standbildes

Es gibt noch ein paar alte Zeichnungen, auf denen *Kamehameha I.* dargestellt ist, aber keine dieser Zeichnungen zeigt eine besondere Ähnlichkeit mit der Person der Statue. Vielleicht liegt es daran, dass *Kamehameha I.*, der auch „der Große" genannt wird, zwar ein herausragender Staatsmann war, aber nicht gerade dem allgemeinen Schönheitsideal entsprach. Für die Statue stand ein Mann namens *John Baker* Modell.

Hier in Honolulu steht eine Kopie der Originalstatue. Alle drei existierenden Statuen wurden in Paris gegossen. Beim Transport nach Hawaii ging das Original im Jahre 1880 zusammen mit dem Schiff vor den Falklandinseln unter. Mit den Geldern der Versicherung wurde dann die jetzt in Honolulu stehende Statue in Auftrag gegeben. Sie wurde im Rahmen der Krönungszeremonie von König *Kalakaua* offiziell eingeweiht und steht jetzt vor dem *Aliiolani Hale* genannten Justizgebäude des Staates Hawaii.

Am schönsten ist die Statue von *Kamehameha dem Großen* am 11. Juni, dem *King Kamehameha Day* genannten Staatsfeiertag Hawaiis. Dann schmücken viele, manchmal bis zu sechs Meter lange *Leis* (hawaiianische Blumenketten) die in Schwarz und Gold gehaltene Skulptur.

Mittlerweile haben Taucher die Originalstatue geborgen. Sie befindet sich jetzt auf Hawaii Big Island in der Ortschaft Kapaau direkt am Schnittpunkt der Highways 250 und 270 in der Nähe von *Kamehamehas* Geburtsort.

Das dritte Standbild steht in Washington D.C. Es wurde errichtet, als Hawaii 1959 der 50. Bundesstaat der USA wurde.

und zwar aus vorgefertigten Holzteilen, die sie von Neu-England an der Nordostküste der USA per Schiff um Kap Hoorn herum herbeischafften. Das 1821 fertig gestellte *Frame House* ist das älteste Holzgebäude Hawaiis.

Chamberlain House: das von 1831 stammende *Chamberlain House* diente teilweise als Lagerhaus, teilweise als Wohnhaus der Familie *Cham-berlain.*

Printing House: im 1841 errichteten *Printing House* ist die erste Druckerpresse Hawaiis ausgestellt, auf der die Missionare im Bleisatz die erste Bibel in hawaiianischer Sprache druckten. 20 Jahre lang war die alte Maschine in Betrieb. Dabei wurden fast 8 Mio. Seiten bedruckt.

Führungen finden Dienstag bis Samstag jeweils stündlich zwischen 11 und 15 Uhr statt. Ohne Führungen zugänglich ist das Museum dienstags bis samstags von 10 bis 16 Uhr. Erwachsene zahlen hierfür $ 10, Kinder von sechs bis 15 Jahren $ 6, und Kinder unter sechs Jahren haben freien Eintritt. Am interessantesten sind die *Mission Houses,* wenn hier einmal pro Monat das **Living History Program** stattfindet, bei dem ehrenamtliche Mitarbeiter in historische

Kostüme schlüpfen. Als Besucher kommt man sich wie ein Zeitreisender vor, der in die erste Hälfte des 19. Jahrhunderts versetzt wird. Die historischen Figuren antworten auch gerne auf Fragen der Touristen – allerdings immer aus dem Blickwinkel ihrer Zeit.

Nähere Informationen, auch über den nächsten *Living History Day*, gibt's unter Tel. 447-3910 oder unter www.mission houses.org.

Chinatown

Wie viele amerikanische Großstädte, hat auch Honolulu einen fast ausschließlich von **Chinesen** bewohnten Stadtteil. Chinatown bildet eine Art Dreieck in Downtown Honolulu, das im Osten von der Nuuanu Avenue, im Norden von der Beretania Street und im Süden von der King Street begrenzt wird. Der Stadtteil wuchs vor allem in der Mitte des letzten Jahrhunderts, nachdem viele Chinesen Läden und Restaurants eröffnet hatten. Mittlerweile trifft man hier ein buntes asiatisches Völkergemisch an. Zwar ist die Mehrheit immer noch chinesisch, aber hier wohnen auch viele Filipinos, Koreaner, Japaner, Thais und andere Asiaten. An der Nuuanu Street gibt es übrigens auch den *Irish Pub „O'Toole"* (Tel. 536-4138). Obwohl das Viertel nach dem zweiten großen Brand im Jahr 1900 (der erste war 1886) komplett wieder aufgebaut wurde, sind die meisten Gebäude in einem ziemlich schlechten Bauzustand.

Wer gerne chinesisch isst, der kommt hier tagsüber schon ab knapp $ 10 gut auf seine Kosten. Allerdings berichten Hawaiis Lokalzeitungen immer wieder über signifikante Hygiene-Mängel bei Restaurants und Läden in Chinatown.

Außerdem gibt es in diesem Viertel viele asiatische Geschäfte, Apotheken, Akupunkteure, Tätowierer und Massagesalons. An die quirligen Chinatowns in Städten wie beispielsweise San Francisco kommt dieses Viertel Honolulus nach Meinung des Autors aber bei Weitem nicht heran.

Chinatown verfügt über ein eigenes **Visitor Center** im ersten Stockwerk des *Mauna Kea Marketplace* (Ecke Maunakea/Pauahi Street). Mitten in Chinatown liegt der imposante **Oahu Market,** ein typisch asiatischer Markt.

Achtung: Während ein Spaziergang durch Chinatown tagsüber als praktisch ungefährlich gilt, herrschen **nachts** andere Gesetze; dann leuchten dort überall die roten Laternen auf …

Foster Botanic Gardens

Nördlich von Chinatown liegen die von dem Arzt *Dr. William Hillebrand* angelegten *Foster Botanic Gardens* (180 North Vinyard Street). Der königliche Leibarzt ließ sie in der Mitte des 19. Jahrhunderts anlegen. Der Garten ist nach verschiedenen Pflanzengruppen geordnet und täglich von 9 bis 16 Uhr geöffnet.

Essen und Trinken

Die **Qualität der Restaurants** ist auch bei günstigen Angeboten durchweg **gut,** denn der hohe Konkurrenzdruck sorgt in Honolulu dafür, dass den schwarzen Schafen unter den Restaurants schnell die Gäste ausbleiben. Bei diesem Riesenangebot findet jeder etwas. Holen Sie sich ruhig auch einmal an der Rezeption Ihres Hotels einen Tipp!

Sundown Specials

■ Einige Restaurants bieten *Sundown Specials* genannte Sonderangebote in der Zeit von 17 bis 18.30 Uhr an.

Hotel-Restaurants

■ Wer auf ein gehobenes Ambiente nicht verzichten möchte, der geht am besten (nur mit langen Hosen, nicht mit Shorts) in eines der Hotelrestaurants im **Westin Moana Surfrider, Royal Hawaiian, Hilton, Halekulani, Hyatt Regency, Pacific Beach** oder **Regent Hotel. An** der Spitze stehen dürften der *Surf Room* im *Royal Hawaiian* und die beiden Restaurants im *Halekulani*, das *House Without a Key* sowie das *Orchids*. Im *Oceanium* genannten Restaurant des *Pacific Beach Hotel* (Tel. 922-1233 oder 921-6111) können Sie in recht düsterer Atmosphäre direkt vor einem gigantischen Aquarium (über 1 Mio. Liter) speisen. Das Ambiente ähnelt etwas dem Restaurant in *The Living Seas* im *Epcot Center* von *Walt Disney World* in Florida, kommt aber nach Meinung des Autors mit der Disneyworld-Version nicht ganz mit.

■ Immer eine gute Anlaufstelle für das Dinner ist **Duke's Canoe Club Waikiki** (meist nur kurz *Duke's* genannt) im Hotel *Outrigger Waikiki on the Beach*. In lockerer Atmosphäre gibt's von 17 bis 22 Uhr Dinner ab $ 20 zuzüglich Getränken. Ohne Reservierung läuft in diesem fast schon legendären Restaurant kaum etwas (Tel. 923-2568). Günstiger und lockerer geht es tagsüber zu. Zur Lunchzeit wird man bereits für knapp $ 15 mehr als satt. Für $ 13 gibt's ein reichhaltiges Frühstücksbüfett.

Außerdem bietet sich neben dem Restaurant eine Besonderheit, nämlich eine **Barefoot Bar,** also eine Bar, in die man direkt vom Strand oder Pool aus ohne Schuhe gehen kann. Sonntags gibt es bei *Duke's* Live-Musik, und es ist brechend voll, denn beinahe niemand will es sich entgehen lassen, mit einem Drink in der Hand am Strand zu tanzen.

Drehrestaurant

■ Einen schönen Blick über ganz Waikiki hat man vom Drehrestaurant **Top of Waikiki** (Tel. 923-3877). Das Restaurant im 21. Stock des *Waikiki Business Plazas* an der Kalakaua Avenue hat in den letzten 20 Jahren erheblich an Glanz verloren. Trotzdem hält sich das relativ hohe Preisniveau von über $ 50 wohl wegen der recht guten Küche.

Restaurant Row

■ In **Downtown Honolulu** liegt die *Restaurant Row* (530 Ala Moana Boulevard). Neben verschiedenen Läden findet man hier Restaurants mit italienischer, japanischer, mexikanischer und amerikanischer Küche. Vor der Tür halten die Busse 19 und 20. Man läuft vom Iolani Palace bis zur *Restaurant Row* höchstens 15 Min. Hier trifft man nicht nur Touristen, sondern auch viele Büroangestellte, die sich nach Beendigung der Arbeit einfinden.

Weitere Empfehlungen

■ An der Ecke Kalakaua Avenue/Kapahulu Avenue bietet **Lulus Waikiki Surf Club** (direkt über *Starbucks*), quasi im *Park Shore Hawaii Hotel* ein sehr leckeres Essen mit großen Portionen zu zivilen Preisen – und zwar 24 Std. am Tag. Die Open-Air-Restaurant-Bar bietet einen faszinierenden Blick auf den Strand und das Meer. Oftmals gibt's hier auch Live-Musik. Täglich außer Samstag gibt's von 15 bis 18 Uhr eine Biersorte und einen Cocktail (meist *Mai Tai*) im Angebot: Das Bier für $ 3 (ansonsten für $ 6 bei etwa 0,4 l), den Cocktail für $ 4. *Der* In-Treff für viele *Locals*. Tel. 926-5222. Ein New York Steak ist dort noch für unter $ 20 zu haben.

■ Schön sitzt man in **Tiki's Grill and Bar.** Das Restaurant befindet sich im 1. Obergeschoss des *Aston* (*Waikiki Beach Hotel*, 2570 Kalakaua Ave, Tel. 923-8454) und verfügt über eine große Dachterrasse mit

Blick aufs Meer. Einige Cocktails werden in einer Kokosnuss-Schale serviert, die das *Tiki's*-Logo trägt. Diese Coconut Shell darf man als Souvenir mit nach Hause nehmen.

● Täglich von 11 Uhr morgens bis mindestens Mitternacht hat das **Yard House Waikiki** (226 Lewers Street, Tel. 923-9273) geöffnet. Herausragend ist dort ganz klar die gigantische Bier-Auswahl zum Essen. Die Kellner geben dann Bier-Empfehlungen auf Basis der Biere, die man zuhause kennt, empfehlen aber auch, einmal etwas Anderes zu probieren. Sowohl der Fisch als auch die Steaks sind wirklich sehr gut, mit knapp über $ 30 aber auch nicht gerade am unteren Ende der Preisskala. Wer dazu Reis mit viel Knoblauch mag, der wird mit dem Indonesian Rice im siebten Himmel schweben. Schon die Vorspeisen-Salate sind eine recht ordentliche Portion (für knapp $ 10), wobei z.B. im *Chopped Salad* mit Bloody-Mary-Dressing die explizit aufgelistete Zutat Koriander dem ganzen Salat eine besondere positive Note verleiht. Der ebenfalls für knapp $ 10 erhältliche Ranch-Salat wiederum ist hingegen typisch amerikanischer Mainstream: rundum gut, aber eben überhaupt nichts Besonderes. Die Musik (oft aus den 1970ern und -80ern) ist zwar nicht ganz leise, aber dennoch so, dass eine Unterhaltung gut möglich ist, und erheblich leiser als in einem *Hard Rock Café*.

Über zehn verschiedene Biersorten kommen im Yard House aus dem Zapfhahn, insgesamt dürften so knapp 100 verschiedene Biersorten zur Auswahl stehen, von denen über 20 Weizenbiere sind (inklusive *Erdinger Alkoholfrei*). Es gibt sogar Bier-Cocktails und natürlich die klassischen Cocktails sowie diverse auch durchaus kreative Softdrinks.

Am Wochenende ist eine Reservierung zumindest in der Zeit von 18 bis 22.30 Uhr quasi Pflicht, und an den anderen Tagen kann eine Reservierung definitiv nicht schaden.

⌂ Speisekarte in einem chinesischen Restaurant

Schnellrestaurants

■ Akzeptabel sind die Portionen bei **Things** (Eggs 'n' Things). Die Öffnungszeiten sind täglich von 6 bis 14 Uhr (nur Frühstück) sowie von 17 bis 20 Uhr (Frühstück oder Dinner). Oft bilden sich lange Warteschlangen. Für etwa $ 15 gibt es klassisch-amerikanische Frühstücksgerichte. Früher gab es hier angeblich einmal besten *Pancakes* (Pfannkuchen) der Stadt, zum Beispiel *Macadamia Nut Pancakes*. Vor der *Waikiki Beach Eggspress* genannten Filiale des Restaurants am Kuhio Beach Park bilden sich ab 7 Uhr Schlangen, obwohl alles lieblos in nur mäßiger Qualität auf Styroportellern mit Plastikbesteck serviert wird: Der Mythos lebt eben.

■ Das **Flagshipp Restaurant** befindet sich in der 343 Saratoga Rd. gegenüber vom Waikiki Post Office ganz in der Nähe der Kalakaua Avenue (Tel. 923-3447, geöffnet von 6 bis 14 Uhr sowie von 17 bis 22 Uhr) sowie als Filiale zusätzlich auch unmittelbar gegenüber vom Kuhio Beach Park im *Waikiki Circle Hotel* in der 2464 Kalakaua Ave (Tel. 926-3447, geöffnet von 6 bis 14 Uhr).

■ Natürlich sind auch die typischen *Fast-Food*-Restaurants wie **McDonald's, Burger King, Jack in the Box** und die lokalen Hamburgerläden zuhauf vertreten. Allein das goldgelbe „M" prangt über fünf Restauranttüren in Waikiki. Ein *Big Mac* ist für $ 3,50 zu haben.

Nachtleben

Shows

■ An Bars und Nachtclubs herrscht in Waikiki wahrlich kein Mangel. **In fast jedem Hotel** findet so ziemlich jeden Abend irgendeine Show im amerikanischen Stil statt. Das klassische Beispiel schlechthin war der Auftritt des 2007 verstorbenen *Don Ho*, der mit seinen verpopten Adaptionen hawaiianischer Lieder und mit hawaiisierten Pop-Songs bekannt und mit dem Song *Tiny Bubbles* sogar in den gesamten USA berühmt wurde. Die Show selbst wurde von diversen stark in der amerikanischen Sprache verwurzelten lockeren Sprüchen inhaltlich zusammengehalten. Kaum ein Deutscher, der hier begeistert herauskam, aber viele (meist ältere) Amerikaner, die beim Verlassen Freudentränen in den Augen hatten.

Roy's Restaurant

Als **kulinarischer Höhepunkt** dürfte das vom Starkoch der neuen hawaiischen Küche *Roy Yamaguchi* geführte Restaurant am anderen Ende des Diamond Head (jenseits von Waikiki) gelten. Das in der oberen Preisklasse angesiedelte Restaurant erfreut sich einer ausgewogenen *Pacific-Rim-Küche,* die mit sehr viel Liebe zum Detail arbeitet: Die Gerichte führen nicht nur zu höchsten Gaumenfreuden, sondern stellen zudem einen wahren Augenschmaus dar; manchmal viel zu schade zum Essen. Die einheimischen Fische zergehen auf der Zunge. Unbedingt einige Tage vorher reservieren!

■ **Roy's Restaurant**
6600 Kalanianaole Highway, Honolulu,
Tel. 396-7697,
sowie 226 Lewers Street (Waikiki),
Tel. 923-7697, www.roysrestaurant.com

(Marisa Consée)

> In Honolulu ist die Auswahl an Sandwiches besonders groß

Fazit: Die Auswahl einer solchen Show sollte mit äußerster Vorsicht erfolgen, um Enttäuschungen zu vermeiden, auch bei erstklassigen Englischkenntnissen ist hier bei Tipps von Amerikanern Skepsis angesagt. Wer allerdings die typische amerikanische Animations-Show liebt, der kann dabei voll auf seine Kosten kommen.

Luaus

■ Die regelmäßig angebotenen *Luaus* (siehe „Kultur") sind auf Oahu meist besonders stark zum Touristennepp verkommen.

Hard Rock Café

■ Selbstverständlich gibt es auch in Honolulu ein *Hard Rock Café* (280 Beachwalk Ave) mit angegliedertem Restaurant, aber ohne Live-Musik. Die Preise entsprechen etwa Festlandspreisen, sind also hier für hawaiianische Verhältnisse ziemlich zivil.

Bars

■ Eine Mischung aus Bar und Billard/Dart-Club mit Open-Air-Bereich ist **Da Big Kahuna** in Waikiki. Obwohl es sich mitten im Touristenviertel befindet, gehen auch die Einheimischen sehr gerne hierher, was wohl auch an den akzeptablen Preisen liegt. Das Da Big Kahuna (Tel. 922-0033) befindet sich im *Aqua Waikiki Wave Hotel* in 2299 Kuhio Avenue (gegenüber der Nohonai Street).

■ Mehr Einheimische als Touristen trifft man in der **Mai Tai Bar** in der *Ala Moana Shopping Mall* (ganz oben, gegenüber von *Bubba Gump*). In dieser Open-Air-Bar spielen abends hawaiianische Live-Bands. Zur Happy Hour gibt's Cocktails in einem richtig großen Glas für nur $ 5. Hier erhalten Sie den vielleicht besten *Lava Flow* (Strawberry Daiquiri gemischt mit Pina Colada) von ganz Oahu.

■ In Downtown (1121 Nuuanu Ave, Tel. 521-2900) liegt die kleine Restaurant-Bar **Indigo** direkt neben der Universität. Zur Happy Hour gibt es hier Drinks für $ 4 und dazu noch ein *Pupu*-Büfett (kleine Vorspeisen). Nach der Happy Hour sind die Preise eher

1

in der gehobenen Kategorie angesiedelt, aber dafür ist das Essen auch rundum schmackhaft.

■ **Yard House:** Nicht nur eine gigantische Bierauswahl. Siehe „Restaurants – Weitere Empfehlungen".

Großraum Honolulu

Ala Moana Shopping Center Waikiki

Bereits im Jahr 1958 wurde mit dem Bau des *Ala Moana Shopping Center* begonnen, aber erst 1962 war der erste Teil fertiggestellt, 1969 der zweite, 1991 der dritte und 2008 der vierte Teil. Mittlerweile umfasst das Einkaufszentrum zwischen Waikiki und Honolulu Downtown über 290 einzelne Läden und fünf Warenhäuser (*Neiman Marcus, Macy's, Bloomingdale's, Shirokiya* und *Nordstrom*) sowie über 70 Möglichkeiten zur Versorgung mit Nahrung bzw. Getränken. Lange Zeit hindurch war es das größte *Shopping Center* der USA; mittlerweile gehört es zu den zehn größten des Landes. Die Einheimischen kommentieren es mit „der Traum der Frauen, der Albtraum der Männer". Nirgendwo in Hawaii hat man eine größere Auswahl als hier. Im Erdgeschoss befindet sich der *Makai Market,* ein *Foodcourt* (Innenhof, in dem es etwas zu essen gibt) mit etwa 25 Imbissständen, an denen man kleine und große Happen aus verschiedenen ethnischen Küchen bekommt (amerikanisch, thailändisch, vietnamesisch, italienisch …). Während die Asiaten hier „ihre" Küche präsentieren, sind Pizza & Co meist doch stärker amerikanisiert. Den ganzen Tag über herrscht hier Leben, aber schlagartig um 21 Uhr (sonntags um 19 Uhr) wird es ruhig, wenn alle Geschäfte und Restaurants schließen. Kostenlose Parkplätze sind vorhanden.

Auf der **Center Stage** finden oft Hula- und andere Tanz-Darbietungen statt. Vor allem am Sonntagmorgen ist hier viel los. Mehr unter www.alamoana.com.

Gleich nebenan befindet sich *Ward,* ein weiteres Einkaufszentrum.

Etwa alle zehn Minuten fahren die pinkfarbenen Trolleybusse des *Ala Moana Shuttle* von Waikiki aus zwischen 9.45 und 21.30 Uhr (sonntags bis 19.30 Uhr) für $ 2 one way zum Einkaufszentrum – unter anderem ab Duke-Kahanamoku-Statue, *Aston Waikiki Beach Hotel* (das ehemalige *ResortQuest*), *Ohana Waikiki West Hotel* und *King Kalakaua Plaza.* Der Bus zurück fährt ab Kona Street (bei *Nordstorm*). Die Busse Nr. 8, 19, 20, 23 sowie 42 halten vor der Tür.

Bishop Museum

Das Museum verfügt über die größte anthropologische Sammlung im gesamten Pazifikraum. Es trägt den Beinamen *State Museum of Natural and Cultural History* und wird diesem Namen durchaus gerecht. Von den ersten polynesischen Einwanderern über die Ankunft der ersten Weißen und die Zeit der hawaiianischen Monarchie bis zum Ende der Kolonialzeit reichen die Exponate. Nur hier kann man beispielsweise die farbenprächtigen Federgewänder der hawaiianischen Könige im Original besichtigen. Wer Interesse an Völkerkunde und Geschichte hat, der sollte das Bishop Museum auf jeden Fall besuchen.

Zum Museum gehören auch ein Planetarium, das frisch renoviert ist und

Großraum Honolulu

Oahu

dabei mit neuester Technik ausgestattet wurde, und eine sehr große Bibliothek zum Thema „Pazifik" mit einem ausführlichen Fotoarchiv. Der *Shop Pazifica* genannte angegliederte Laden bietet eine Vielzahl von interessanten Souvenirs, die nur hier erhältlich sind.

Das Museum liegt etwa beim Schnittpunkt der Highways 1 und 63 und ist gut binnen 45 Minuten alle 10–15 Minuten mit dem Bus Nummer 2 oder dem City Express B (etwas schneller) Richtung „School St./Middle St." von Waikiki aus erreichbar. Die entsprechende Haltestelle, Kapalama Street (Ecke School Street), ist relativ leicht zu erkennen: Nachdem man links und rechts der Straße jeweils an einer Tankstelle vorbeigekommen ist (*76* und *Chevron*), steigt die Straße an. Wenn man jetzt seinen Haltewunsch signalisiert, stoppt der Bus an der Haltestelle Kapalama Avenue *(Kam Shopping Center)*. Nun muss man wieder einige Meter zurück gehen (bergab) und dann in die Kapalama Avenue Richtung Meer einbiegen. Anschließend die zweite Querstraße (Bernice Street) rechts hoch und schon ist man da.

Mit dem Auto nimmt man am besten vom Highway 1 die Ausfahrt Houghtailing Street Richtung Berge. Die zweite Querstraße links (an der Ampel) ist die Bernice Street. Das Parken ist hier kostenlos.

■ **Bishop Museum,**
1525 Bernice Street,
Tel. 847-3511,
www.bishopmuseum.org
Dienstags, Thanksgiving und 25.12. geschlossen, ansonsten von 9–17 Uhr geöffnet.
Eintritt inkl. Planetarium: $ 22,95
(Kinder von 4–12 Jahren: $ 14,95)

Diamond Head

Von Waikiki Beach kann man von fast jedem Punkt den Blick auf den *Diamond Head-Krater* genießen. Der Name *Diamond Head* (Diamantenkopf) stammt von Seefahrern, die an seinem Hang wertlose Kalzitkristalle fanden, die sie für Diamanten hielten. Mittlerweile ist der Diamond Head doch noch wertvoll geworden: Die Grundstücke an seiner Ostseite gehören zu den teuersten von ganz Hawaii. Bei einer kurzen Wanderung (45 bis 60 Minuten Aufstieg, 30 bis 45 Minuten Abstieg, Taschenlampe mitnehmen!) gelangt man auf die höchste Erhebung des Kraterrandes, den *Leahi Point* auf knapp 232 m Höhe über dem Meer. Von hier bietet sich ein herrlicher Blick auf den *Kapiolani Park,* auf Waikiki und das Meer. Am schönsten ist die Tour morgens, wenn die Sonne über den *Diamond Head* hinweg auf Waikiki scheint.

Zum Diamond Head gelangen Sie von Waikiki aus alle 30 Minuten mit den Bussen Nr. 2 oder 23 Richtung Hawaii Kai-Sea Life Park. Die Fahrzeit beträgt etwa 30 Minuten.

Die Haltestelle liegt, von Waikiki kommend, unmittelbar hinter dem Sattel. Von der Bushaltestelle geht es dann per pedes binnen 15 Minuten von der beschilderten Abzweigung auf der Straße zunächst durch einen Straßentunnel und dann im Krater bis zum *Trailhead* (Beginn des Wanderweges). Der einzige Zugang/Zufahrt zum Krater führt durch den Tunnel, geöffnet im Sommer 6–18 Uhr, im Winter von 7 bis 17 Uhr. Letzter Einlass im Sommer ist um 16.30 Uhr.

Für $ 15 (einfache Fahrt) fährt das Taxi binnen 10 bis 15 Minuten vom Zentrum Waikikis bis zum *Trailhead.*

Im Krater befinden sich neben vielen Grünflächen ein Depot der *Hawaii National Guard* (Nationalgarde) sowie ein Parkplatz am Beginn des Wanderweges. Pro Person wird $ 1 Eintritt erhoben, pro Auto $ 5 Parkgebühr, aber es gibt nur ganz wenige Parkplätze!

Saturday Gourmet Market

Jeden Samstag findet ab 7 Uhr gegenüber von der Einfahrt in den *Diamond-Head-Krater* auf dem Parkplatz des *Kapiolani Community College* der *Saturday Gourmet Market* statt, der oftmals auch *Diamond Head Market* genannt wird. Hier kaufen die Einheimischen ein –

und zwar Kaffee, Käse, Marmeladen, Saucen, Brot (inkl. europäische Brotsorten und Croissants) etc. aus lokaler Produktion sowie Fleisch, Fisch, Gemüse und Früchte von den Inseln. Jede Woche verkauft ein anderes Restaurant günstige Plate-Lunch-Gerichte. Darüber hinaus gibt es viele Orchideen und Blumen. Es herrscht eine schöne, untouristische Stimmung. Auch diverse Küchenchefs decken sich hier mit frischen Produkten ein. Oftmals trifft man hier z.B. den Chef des etwa 1 km entfernt gelegenen Restaurants **Town** (siehe Kasten).

Die drei folgenden Ziele (*Punchbowl Crater, Tantalus Drive* und *Nuuanu Pali*) sind mit dem Auto am besten erreichbar. Zum **Punchbowl Crater** bringt Sie auch der Bus. Von Waikiki aus mit dem Bus Nr. 2 Richtung School-Middle Street oder Richtung Liliha-Puunui bis zur Haltestelle Beretania Street/Alapai Street. Von hier aus müssen Sie auf der Alapai Street einen Block *makai* (Richtung Meer) bis unterhalb der Hotel Street laufen, um dort in den Bus Nr. 15 Richtung

Town

MEIN TIPP: Etwa 1,5 km von Waikiki Beach entfernt liegt in der Waialae Ave im Bezirk Kaimuki etwa 200 m jenseits der Interstate 1 (Autobahn) das **Restaurant Town,** in dem viele Produkte aus hawaiianischer Produktion verarbeitet werden: vom frischen Fisch über das Fleisch aus dem Norden Oahus bis zum Gemüse. Der Chefkoch kombiniert sehr kreativ diverse Zutaten in einer Art und Weise, die es sonst nur sehr selten gibt. Da das Town (wohl auch wegen der zivilen Preise) vor allem bei Einheimischen sehr beliebt ist, sollten Sie unbedingt vorher reservieren!

■ **Town,** Tel. 735-5900, www.townkaimuki. com, 3435 Waialae Ave. Anfahrt: Honolulu von Downtown mit dem Bus Nr. 1 Richtung Kahala Mall bis „Waialae Ave + 9th". Geöffnet von Montag bis Samstag von 7 bis 14.30 Uhr sowie von 17.30 bis 21.30 Uhr.

▷ Im Punchbowl-Crater

Pacific Heights einzusteigen. Der Eingang zum Friedhof liegt etwa 10 Minuten Fußweg entfernt von der Haltestelle Puowaina Steet und Hookui Street. Mit dem Bus Nr. 15 geht es wieder zurück bis zur Haltestelle Ward Avenue/King Street. Warten Sie vor der *Blaisdell Concert Hall* auf den Bus Nr. 2 Richtung Waikiki. Die reine Fahrzeit beträgt etwa 45 Minuten, der Bus Nr. 2 fährt alle 10 bis 15 Minuten, der Bus Nr. 15 fährt nur einmal pro Stunde.

Punchbowl Crater

Oberhalb von Honolulu Downtown liegt in dem erloschenen Krater das *National Memorial of the Pacific*. Es handelt sich dabei um den größten Soldatenfriedhof Hawaiis. Hier haben ungefähr 37.000 amerikanische Soldaten, die im spanisch-amerikanischen Krieg, den beiden Weltkriegen, dem Koreakrieg oder im Vietnamkrieg gestorben sind, ihre letzte Ruhe gefunden. Jedes Jahr besuchen etwa sieben Mio. Menschen (meist Verwandte der Soldaten) diesen Ort. Kein anderer Ort auf den Inseln kann auch nur annähernd so hohe Besucherzahlen aufweisen – die meisten von ihnen fahren allerdings nur langsam mit dem Bus hindurch. Der Friedhof ist vom Pali-Highway (Nr. 61) aus über eine eigene Abfahrt erreichbar und von 8 bis mindestens 17.30 Uhr geöffnet. Am Memorial Day (letzter Montag im Mai) sowie zu speziellen Anlässen werden sämtliche Gräber mit US-Flaggen geschmückt.

Auch *Stanley Dunham,* der Großvater (mütterlicherseits) von *Barack Obama,* der im zweiten Weltkrieg in Europa kämpfte, ist hier begraben. Daher dürfte bei einem Besuch *Obamas* auf den Inseln allein schon deshalb stets ein Stopp im *Punchbowl Crater* vorprogrammiert sein – und zwar in Section CT1-B Row 400 Site 440: rechts oberhalb des Info-Centers, am *Columbarium*.

Auf der dem Meer zugewandten Seite des Kraters hat man einen herrlichen Ausblick auf Honolulu: vom *Diamond*

053ha av

Der Angriff auf Pearl Harbor

Ende des Jahres 1940 hatten die japanisch-amerikanischen Beziehungen einen Tiefpunkt erreicht. Japan versuchte damals, eigene wirtschaftliche Probleme durch Eroberungen in China und Südostasien zu kompensieren. Über Japan wurde ein Ölembargo verhängt, das für eine Verminderung seiner Ölimporte um 80 Prozent sorgte.

Obwohl Japan weiterhin mit den USA verhandelte, hatte der Oberbefehlshaber der japanischen Flotte, Admiral *Isoroku Yamamoto*, bereits Ende 1940 Pläne für einen Angriff auf Pearl Harbor ausgearbeitet. *Yamamoto*, der von 1925 bis 1927 als Marineattaché in Washington gedient hatte und dort viel über die amerikanischen Streitkräfte und deren Taktiken erfahren hatte, war zwar persönlich gegen einen Krieg mit den USA, aber er erkannte auch, dass Japan nur mit einem schnellen, entscheidenden Sieg Chancen hätte, den Krieg gegen die übermächtigen USA zu gewinnen.

Parallel zu dem Angriff auf Pearl Harbor sollten Angriffe auf andere Stützpunkte der Alliierten auf den Philippinen, in Malaysia, Hongkong und in Holländisch-Ostindien erfolgen.

Am 26. November 1941 brachen 30 Kriegsschiffe (darunter sechs Flugzeugträger) und 27 U-Boote zunächst Richtung Norden auf, um dann Kurs auf die Hawaii-Inseln zu nehmen. Flottenkommandant an Bord war Vizeadmiral *Chuichi Nagumo;* Admiral *Yamamoto* blieb in Japan. Praktisch während ihrer gesamten Reise waren die japanischen Schiffe durch Nebel verborgen. Am frühen Morgen des 7. Dezember 1941 erreichte die Flotte schließlich ihre Angriffsposition knapp 400 km nördlich von Oahu.

Großraum Honolulu

Oahu

Um 6 Uhr morgens startete die erste Angriffswelle mit 183 Bombern, Jagd- und Torpedoflugzeugen. Sie tauchten zwar kurz nach 7 Uhr auf den Radarschirmen der Amerikaner auf, wurden aber für einige bereits erwartete amerikanische Flugzeuge gehalten, die an diesem Morgen hier landen sollten. Es herrschte noch sonntägliche Ruhe in Pearl Harbor, und die etwa 130 im Hafen liegenden Kriegsschiffe waren nur teilweise bemannt. Ein Großteil der Seeleute befand sich im Wochenendurlaub. Kurz vor acht Uhr begannen die Flugzeuge ihr Vernichtungswerk. Etwa eine Stunde später traf eine zweite Angriffswelle mit 170 Flugzeugen die Insel.

Die Schreckensbilanz bei den Amerikanern: mehr als 2400 Tote, etwa 1200 Verletzte, 8 versenkte beziehungsweise gestrandete und 13 beschädigte Schiffe, 188 zerstörte und 159 beschädigte Flugzeuge.

Auf der japanischen Seite waren die Verluste viel geringer: etwa 130 Tote, 6 versenkte U-Boote (davon 5 Klein-U-Boote), 29 zerstörte und 74 beschädigte Flugzeuge.

Dieser Überraschungsangriff sorgte dafür, dass sich die Amerikaner in die Kampfhandlungen des Zweiten Weltkrieges einschalteten. Japan hatte, so Admiral *Yamamoto*, „einen schlafenden Riesen geweckt und ihn mit fürchterlicher Entschlossenheit erfüllt".

■ **Weiterführende Infos** zum Thema finden Sie z.B. unter www.nationalgeographic.com/pearlharbor.

◁ Schlagzeile einer Extraausgabe nach dem Angriff auf Pearl Harbour

Head über Waikiki bis hin zum Flughafen mit der Coral Runway. Zu diesem Aussichtspunkt gelangt man, indem man den Kreisverkehr vom Eingang aus nach einem Dreiviertelkreis verlässt (theoretisch ein Linksabbiegen). Oberhalb des Memorials führt ein Fußweg vom Parkplatz zum Aussichtspunkt.

Tantalus Drive

An der letzten Abzweigung zum *Punchbowl Crater*, wo der *HVB Warrior* den Weg zum Friedhof weist, beginnt der *Tantalus Drive*, die Straße mit den schönsten Ausblicken in ganz Honolulu. Sie führt zunächst durch den vornehmen Stadtteil **Makiki Hights.** Danach geht es in vielen Kurven hinauf zum 614 m hohen *Mt. Tantalus.* Entlang des Weges bieten sich einige Möglichkeiten für kleine Wanderungen. Die Wege sind nicht ausgeschildert, sondern gehen einfach von der Straße weg. Recht beliebt ist eine Fahrt auf den Mt. Tantalus zum Sonnenuntergang. Wer dort mit einem Zweirad hinauffährt, sollte auf keinen Fall Regenbekleidung vergessen.

Nuuanu Pali Lookout

Wer auf dem Pali-Highway (Nr. 61) unterwegs ist, der sollte sich die Zeit nehmen und an der Ausfahrt zum **Nuuanu Pali Lookout** abfahren, um den kleinen **Park** zu besuchen. Der Blick von den steil abfallenden Klippen (diese Art von Klippen wird als *pali* bezeichnet) ist auf die Ostküste mit den Orten Kailua und Kaneohe gerichtet. Hier oben soll im Jahre 1795 die letzte Schlacht zwischen

Hawaiianern stattgefunden haben. Als die Verteidiger von Oahu erkennen mussten, dass sie gegen die Truppen von *Kamehameha I.* keine Chance mehr hatten, stürzten sie sich teilweise selbst in die Tiefe, um nicht von den Feinden heruntergestoßen zu werden. *Kamehameha I.* verfügte damals bereits über Feuerwaffen und Kanonen, während seine Gegner noch mit Speeren kämpften.

Selbst wenn es in Honolulu tropisch heiß ist, kann es hier ziemlich windig und kühl sein.

Pearl Harbor

Einer der beliebtesten Anlaufpunkte für Touristen ist Pearl Harbor. Er rangiert gleich hinter dem Punchbowl Crater. Vor langer Zeit lebten innerhalb des natürlichen Hafens unzählige Perlenaustern, weshalb die alten Hawaiianer dieses Gebiet auch *Waimomi* (Wasser mit Perlen) nannten. 1875 gestattete König *Kalakaua* den Amerikanern, bei Pearl Harbor ein Kohlenlager für die Handels-Dampfschiffe anzulegen. Noch zu Beginn dieses Jahrhunderts war Pearl Harbor eine Lagune ohne direkte Verbindung zum Meer, denn eine Korallenbank versperrte die Einfahrt von Booten. Im Jahr 1902 begannen die Amerikaner, diese Korallenbank abzufräsen, um eine Fahrrinne hinaus zum Meer zu schaffen. In den frühen zwanziger Jahren bauten sie Pearl Harbor zu ihrem Flottenstützpunkt aus. Durch den Angriff der Japaner im Jahr 1941 ging Pearl Harbor in die Geschichte ein (s. Exkurs „Der Angriff auf Pearl Harbor").

Eine recht gute Dokumentation zu den Ereignissen im Rahmen des Angriffs auf Pearl Harbor stellt der Film „Tora, Tora, Tora" aus den 1950er Jahren dar. Der Film „Pearl Harbor" nutzt die geschichtlichen Ereignisse nur als Rahmenhandlung sowie zur Umsetzung von Spezial-Effekten wie dem virtuellen Ritt auf der Bombe, während die persönlichen Erlebnisse der Charaktere im Vordergrund stehen, getreu der Unterzeile des Filmtitels „Der Moment bestimmt die Geschichte … die Liebe ein ganzes Leben."

U.S.S. Arizona

In weniger als neun Minuten sank damals das Schlachtschiff *Arizona* mit über 1100 Soldaten an Bord. Zum Gedenken an den Angriff wurde das *U.S.S. Arizona Memorial* mit Hilfe von Spendengeldern errichtet und 1962 eingeweiht. Das Denkmal selbst ist ein 56 m langer, weißer Betonbau, der quer über der gesunkenen *U.S.S. Arizona* ruht.

Das **Visitor Center** (Tel. 422-0561 oder 422-2771) des *World War II Valor in the Pacific National Monument* (vor der Umbenennung durch den Kongress: *U.S.S. Arizona Memorial*) ist täglich von 7 bis 17 Uhr geöffnet. Zum eigentlichen *Memorial* gelangt man nur mit geführten Touren im Zeitraum von 8 Uhr bis 15 Uhr. Bei Sturm und hohen Wellen sowie an einigen Feiertagen finden keine Touren statt. Kostenlose Tickets für die Touren am Besuchstag erhält man im Visitor Center. Vor allem in der Hauptreisezeit sind nach 10 Uhr oft keine Eintrittskarten mehr zu bekommen. Vorbestellungen oder Reservierungen sind (auch für Gruppen) nicht möglich; es gilt also: Wer zuerst kommt, mahlt zu-

Übersichtskarte S. 36, Stadtplan vordere Umschlagklappe | **Großraum Honolulu** | 73

Oahu

erst. Die Tour selbst dauert insgesamt 75 Minuten (siehe Exkurs „Besuch des „World War II Valor in the Pacific National Monuments"). Für $ 7 gibt es eine deutschsprachige Audiotour durch das Gelände am Festland, und auch am Memorial gibt der Audioguide weitere Infos auf Deutsch.

Achtung: Im Zuge der **verschärften Sicherheitsmaßnahmen** nach dem Anschlag vom 11. September 2001 ist es verboten, Handtaschen, Umhänge- und Hüfttaschen (Wimmerl), Rucksäcke, Kamera-Taschen, größere Geldbeutel etc. mit an Bord der Boote zum *U.S.S. Arizona Memorial* zu nehmen, bzw. in den *U.S.S. Bowfin Memorial Park* oder zur *U.S.S. Missouri*. Jeder muss sich wie am Flughafen einer strengen Sicherheits-Kontrolle unterziehen. Persönliche Gegenstände, deren Abmessungen maximal 76 cm (H) x 76 cm (B) x 45 cm (T) betragen, kann man im *U.S.S. Bowfin Memorial Park* für $ 3 pro Stück verwahren lassen.

Das *Memorial* ist nicht zu verfehlen, denn es verfügt über eine eigene Abfahrt *(Exit 15A)* vom Highway 1; der Rest ist ausgeschildert. Kostenlose Parkplätze sind vorhanden. Die Busse Nr. 20 (Airport-Pearlridge) und 42 (Ewa Beach) fahren von der Kuhio Ave. in Waikiki aus direkt zum *Memorial*. Vom Ala Moana Shopping aus fahren die Linien 40, 40 A bzw. 62 dort hin. Die Haltestelle liegt am Kamehameha Hwy gegenüber vom *Memorial*. Die Busse fahren alle 15 bis 20 Minuten und benötigen etwa 80 Minuten.

■ **www.nps.gov/valr**

Hafenrundfahrt

Unabhängig vom *Arizona Memorial* gibt es Rundfahrten durch Pearl Harbor, die man im Hotel buchen kann und die zusammen mit der Anfahrt von dort organisiert werden.

U.S.S. Bowfin Submarine Museum

Unmittelbar neben dem Besucherzentrum befindet sich das U.S.S. Bowfin Submarine Museum & Park, Tel. 423-1341; geöffnet von 7 bis 17 Uhr; Eintritt $ 12 für Erwachsene, $ 5 für Kinder von fünf bis zwölf, Kinder unter vier Jahren haben keinen Zutritt. Keine Taschen (auch keine Kamerataschen) erlaubt, für $ 3 pro Tasche gibt es aber eine Gepäckaufbewahrung.

Hier bekommen Sie einen Einblick in die Geschichte der Militär-U-Boote sowie der US Navy und können verschiedene Torpedo-Typen kennen lernen. Darüber hinaus besteht die Möglichkeit, durch das ausrangierte U-Boot *U.S.S. Bowfin* zu gehen bzw. zu klettern – interessant, wie und mit welcher Selbstverständlichkeit die Amerikaner ihr Militär präsentieren und wie kräftig gleichzeitig die Werbetrommel für neues Personal gerührt wird.

Ebenso wie am *Arizona Memorial* gibt es auch hier einen *Gift Shop* (Souvenirladen). Neben dem üblichen Schnickschnack, wie zum Beispiel „32-prozentiges österreichisches Kristallglas" mit einem Aufkleber *Made in Hawaii* finden Sie dort auch viele militärbezogene Souvenirs, ja sogar entsprechende Spiele, für die mit dem Slogan *Educational fun for everybody* (lehrreicher Spaß für Jeder-

1

Besuch des „World War II Valor in the Pacific National Monuments"

In einer Schlange stehen diszipliniert ein paar Menschen, also stelle ich mich auch an. Nach fünf Minuten habe ich meine Eintrittskarte für die 10.30-Uhr-Tour. Jetzt ist es 9.04 Uhr, also haben wir genügend Zeit, uns im Visitor Center umzusehen. Mein Blick fällt zuerst auf ein riesiges Ölgemälde mit einem Kriegsschiff als Hauptmotiv. *John,* ein *Volunteer,* also ein ehrenamtlicher Mitarbeiter, erklärt mir, dass dieses Bild der *U.S.S. Arizona* etwa 15 m breit und fast 5 m hoch sei. Wo ich denn herkomme, will *John* wissen. Als er *Germany* hört, holt er sofort eine Broschüre über das *Memorial* in deutscher Sprache heraus. *John* erzählt mir, dass dieses Denkmal ein *National Historic Landmark* sei, das vom *National Park Service* (und damit indirekt vom Innenministerium in Washington D.C.) zusammen mit der *Navy* (Marine) unterhalten werde. Und dass jährlich knapp zwei Mio. Besucher zum Memorial kommen.

Ich schaue mich im Museum um, in dem die Geschichte des Angriffs haargenau erklärt und mit alten Dokumentarfotos untermauert wird.

Pünktlich wird meine Nummer aufgerufen, und unsere Gruppe geht in eines der beiden Filmtheater. Ein *Volunteer* achtet darauf, dass wir auch alle ordentlich angezogen sind, denn barfuß oder in Badebekleidung kämen wir hier nicht weiter. Heutzutage hat hier fast jeder eine kurze Hose und ein Hawaii-Hemd an, aber noch vor zwanzig Jahren trugen alle Besucher Anzug oder Kleid. Das *Aloha-Shirt* ist eben salonfähig geworden.

Da sind wir also im „Kino". Nach einigen einführenden Worten sehen wir einen Film, der heroisch, aber fast ohne Pathos über den Angriff und seine politische Vorgeschichte informiert.

Hinein ins Boot. Ich schaue mich um: Nur knapp 20 Prozent der Besucher scheinen Amerikaner zu sein. Nach wenigen Minuten legen wir am *Memorial* an und steigen aus. Eine andere Gruppe wartet schon auf ihren Rücktransport.

Das *Memorial* ist ein imposanter Bau: weiß, lang, luftig, strahlend hell in der Sonne. Ganz am Ende steht eine riesige Marmorwand, auf der 1177 Namen eingraviert sind, denn so viele Menschen starben beim Angriff an Bord der *U.S.S. Arizona* und ruhen immer noch dort, direkt unter uns. Ich schaudere, doch das hier stattfindende Kontrastprogramm lässt mir kaum Zeit für Gedanken: Die Fotoapparate der Söhne und Töchter Nippons surren vor vielen verschiedenen Motiven, jeweils mit Japanern in den unmöglichsten Körperhaltungen im Vordergrund; welch' ein Riesenspaß! Schon bekommt eine Dame einen Fotoapparat in die Hand gemann) geworben wird. Eines dieser Spiele heißt *World War II …*

Ebenso zum Museum gehört das **Schlachtschiff Missouri** *(Missouri Battleship).* Hierher fährt man mit dem Shuttle über die im Jahr 1999 fertig gestellte Betonbrücke. Eintritt $ 27 bzw. $ 13 für Kinder, geöffnet 8 bis 16 Uhr (September bis Mai) beziehungsweise von 8 bis 17 Uhr (Juni bis August). An Thanksgiving, Weihnachten (25.12.) sowie am 1. Januar geschlossen.

drückt, denn sie soll ein Bild machen – und was für ein Bild: im Vordergrund die Prinzipzeichnung des *Memorials*, wie es über der versenkten *U.S.S. Arizona* liegt, in der Mitte drei japanische Grazien mit ihrem Fotolächeln und im Hintergrund die große Marmortafel mit den Namen der Gefallenen.

Ich drehe mich um und sehe, wie eine etwa 80-jährige Amerikanerin den Tränen nahe eine *Flower-Lei* (hawaiianische Blütenkette) aufs Wasser wirft. Aus dem Wasser steigt ein Öltropfen nach oben, und die alte Dame freut sich, schaut mich an und sagt: „Schau her, sie (die *Arizona*) weint immer noch!"

Die Besuchszeit ist um, wir müssen wieder zurückfahren. Alle Touristen sind bereits an Bord, lediglich ein japanisches Paar fehlt noch. Sie macht gerade ein Bild von ihm, wie er in aufrechter Haltung auf einem Podest in Siegerpose vor dem Memorial steht.

Auf der Fahrt zurück zum *Visitor Center* kommt mir der letzte Satz des zwanzigminütigen Einführungsfilms in Erinnerung: „When you forget Pearl Harbor, you forget what America stands for."

Dieser persönliche Reisebericht wurde Anfang 1992 verfasst. Nachdem Präsident *Bush sen.* Ende 1991 das *Memorial* besucht hatte, erhielt der *National Park Service* den Auftrag, den Film „in Harmonie mit der Natur und der Geschichte" zu bringen. *Bush* sagte damals wörtlich: „Jetzt ist nicht die Zeit der gegenseitigen Beschuldigung. Der zweite Weltkrieg ist vorbei. Er ist Geschichte". Daher wurde im Laufe des Jahres 1992 ein komplett neuer Film erstellt, der mittlerweile gezeigt wird. Der Tenor dieses von einer ruhigen Frauenstimme kommentierten Films liegt auf folgendem Aspekt: „Denken Sie daran, dass die *U.S.S. Arizona* ein Grab ist. Sie besuchen einen Friedhof; tun Sie dies mit Würde. Seien Sie ruhig." Der Originalton der letzten Sätze des Films: „Das wird es Ihnen ermöglichen, die Wichtigkeit des *U.S.S. Arizona Memorial* zu erkennen und den … Preis des Friedens. Erinnern Sie sich an die Schlacht, verstehen Sie die Tragödie." Das Verhalten der asiatischen Besucher hatte sich allerdings dadurch praktisch nicht verändert.

Die große Wende kam Mitte 1998 mit der Einführung eines drahtlosen Kopfhörer-Systems, denn seitdem können Japaner und Chinesen den Soundtrack des Films in ihrer jeweiligen Muttersprache anhören. Außerdem hört man mittlerweile weitaus öfter (auch noch einmal auf dem Boot), dass die *U.S.S. Arizona* ein Grab ist, als Ergänzung zur sonst üblichen Aufforderung „No Smoking, Eating, Drinking …" Jetzt verhalten sich auch die meisten Asiaten weniger impulsiv.

Ende 2010 waren die Renovierungsarbeiten für knapp 60 Mio. Dollar beendet. Unter anderem wurde auch die technische Ausrüstung des Filmtheaters auf den neuesten Stand der Digitaltechnik gebracht. Überdies gibt es die Ausstellungen: „Der Weg zum Krieg", „Oahu 1941" sowie „Angriff und Nachkriegswirren".

Wer morgens gleich um 7.45 an der ersten Tour zum *Arizona Memorial* teilnimmt und danach die *U.S.S. Bowfin* sowie die *Missouri* besucht, der dürfte kurz vor Mittag mit seinen Besichtigungen fertig sein.

Pacific Aviation Museum

Vom Ticketschalter des *U.S.S. Bowfin-Museums* aus fahren die Trolley-Busse zum *Pacific Aviation Museum*, das sich auf der aktiven Militärbasis befindet, so-

dass keine Taschen mit auf das Gelände genommen werden dürfen. Unter zwei Stunden ist bereits heute praktisch keine sinnvolle Besichtigung möglich. Das Museum befindet sich auf **Ford Island.** Nach einem kurzen Stopp am *U.S.S. Battleship Missouri* fährt der Trolley weiter zu einem Kino, in dem ein zehnminütiger Film über den Angriff auf Pearl Harbor gezeigt wird. Danach geht es durch die Ausstellung im Hangar 37, in der nicht nur historische Flugzeuge aus der Zeit des Angriffs gezeigt, sondern auch die damaligen Lebensumstände geschildert werden. In einem der sechs interaktiven Simulatoren kann dann jeder Besucher selbst im Cockpit eines Flugzeugs aus dem zweiten Weltkrieg an den Steuerknüppel.

Es ist geplant, auch der Hangar 54 für die Öffentlichkeit zugänglich zu machen, in dem sich alles um die „außerordentlichen technologischen Fortschritte in der Luftfahrt nach dem zweiten Weltkrieg" dreht, wobei besondere inhaltliche Schwerpunkte der Ausstellung auf den Kriegen in Korea und Vietnam sowie auf dem Kalten Krieg liegen.

Da sich das gesamte Museum auf einer **Militärbasis** befindet, dürfte gewährleistet sein, dass für eine aus amerikanischer Sicht politisch angemessene Kommentierung gesorgt ist, bei der die Leistungen der Streitkräfte entsprechend ausführlich gewürdigt werden.

Bereits heute gibt es im *Museum Store* „alles, was mit Luftfahrt und den Angriffen auf Pearl Harbor am 7. Dezember 1941 zu tun hat", sowie ein Café.

■ **Pacific Aviation Museum,** täglich von 9 bis 17 Uhr geöffnet, aber an Thanksgiving, Weihnachten (25.12.) sowie am 1. Januar geschlossen. Eintritt $ 25, Kinder $ 15, www.pacificaviationmuseum.org.

Die U.S.S. Missouri in Pearl Harbour

Rund um die Insel

Die Inselrundfahrt mit dem Bus ist zwar möglich, aber kein echtes Vergnügen. Der Autor empfiehlt hierfür das Anmieten eines **Autos.**

Die Südostküste

Als *The Circle Route* wird der Rundweg vom Highway 1 über den Highway 72 bis zur Ostküste und zurück über den Pali Highway (61) bezeichnet.

Am schnellsten gelangt man über den Highway 1 nach Osten aus Waikiki heraus, am schönsten geht es auf der Küstenstraße um den Diamond Head herum. Im Endbereich des Highway 1, wenn dieser in den Highway 72 übergeht, ist zähfließender Verkehr keine Seltenheit.

Hanauma Bay

Neben Waikiki Beach ist die Hanauma Bay der **beliebteste Strand Hawaiis.** Es handelt sich dabei um einen Krater, der an seiner Südostseite eine Verbindung zum Meer hat. Bei jährlich knapp dreieinhalb Mio. Besuchern herrscht in dieser Lagune großer Trubel. Warum aber kehren so viele Menschen der Touristenhochburg Waikiki für einen Tag den Rücken, um die Hanauma Bay zu besuchen? Weil sich dort Unmengen von bunten Rifffischen tummeln. An keinem anderen Punkt Hawaiis lassen sich die Riffbewohner das ganze Jahr über derart einfach beobachten: Man muss sich in diesem *State Underwater Park* nur eine

Taucherbrille aufsetzen und den Kopf unter Wasser halten, um die Farbenpracht direkt zu Füßen in Aktion zu sehen. Das Riff selbst ist im Strandbereich zerstört, aber die Fische kommen dennoch bis ins sehr flache Wasser, weil sie wissen, dass sie hier gefüttert werden. Dies ist den Touristen mittlerweile aber nicht mehr gestattet, weil die Fische zu gierig auf das Futter wurden und dabei regelrecht aggressives Verhalten zeigten.

Die Bucht ist täglich außer Dienstag von 6 bis 18 Uhr geöffnet. Der Eintritt liegt bei $ 7,50 pro Person ab 13 Jahren (für Kinder kostenlos, Info: 396-4229). Wer auch die letzten, steilen Meter bis zur Bucht nicht laufen möchte, kann die Tram nehmen: $ 0,50 hinunter und $ 1 hinauf.

Am Kiosk der Bucht mit Toiletten und Kaltwasserduschen gibt es neben Sandwiches und Sodapops auch Schnorchelausrüstungen *(Snorkel Gear)* zu mieten. Innerhalb der Bucht ist das Wasser ganzjährig ziemlich ruhig. Bei hohem Wellengang sollten Sie jedoch nicht zu weit hinaus schwimmen. Erkundigen Sie sich beim Ausrüstungsverleiher nach den momentan besten Schnorchelplätzen. Vormittags ist das Wasser noch klar und nicht von den vielen Schnorchlern aufgewühlt.

Übrigens: Hanauma Bay war der erste Strand der USA, an dem **Rauchverbot** herrschte.

Die Anzahl der Parkplätze ($ 1 Parkgebühr, bis 15 Min. kostenlos; oft ab 7.30 Uhr schon belegt) reicht meist nicht aus. Sie erreichen die Hanauma Bay direkt mit dem *Beach Bus* Nr. 22 Richtung *Hawaii Kai-Sea Life Park*. Eine praktische, aber teure Alternative ist eine Fahrt mit dem *Hanauma Bay Shuttle,* die es für

$ 25 (zu buchen unter www.hanauma baystatepark.com) gibt. Nach rund 45 Minuten erreichen Sie die Hanauma Bay, nach nochmals 10 Minuten Fahrt den **Sea Life Park.** Da der Bus an Wochentagen nur einmal pro Stunde (am Wochenende alle 30 Minuten) verkehrt, sollte man sich aus dem Internet die aktuellen Abfahrtszeiten besorgen:

Erkundigen Sie sich unbedingt nach der aktuellen Abfahrtszeit des letzten Busses Richtung Waikiki!

■ **www.thebus.org/Route/Routes.asp** und dann als „Route #" die „22" eingeben. Anschließend auf „View Timetable" klicken.

Küstenstraße

Eine Fahrt entlang der Küste **von der Hanauma Bay bis zum Sea Life Park** ist vor allem (spät-)nachmittags ein Erlebnis, wenn die Sonne von Westen die teilweise wilden Küstenabschnitte in bestes Licht rückt: links der Koko-Krater, rechts die rauhe See.

Halona Blowhole

Am Straßenrand befindet sich das *Halona Blowhole,* bei dem – entsprechende Brandung vorausgesetzt – das Wasser wie bei einem Geysir nach oben aus dem Boden schießt. Nachdem man den vor allem bei Surfern wegen seiner starken Brandung sehr beliebten, bei den Schwimmern gefürchteten **Sandy Beach** sowie den **Makapuu Beach Park** passiert hat, gelangt man 4,6 Meilen nach der Hanauma Bay zum *Sea Life Park.*

Sea Life Park

Hauptattraktion des *Sea Life Park* sind die **Delfin-Show,** das **Aquarium** sowie die **Pinguin-Kolonie.** Dieser Park bietet Unterhaltung und Animation nach Art der Shows auf dem Kontinent – selbstverständlich mit einer Prise Hula und Aloha Spirit.

Mit Parks auf dem Festland wie z.B. *Sea World* kommt der *Sea Life Park* allerdings bei Weitem nicht mit, zumal die Prise Aloha Spirit oftmals zur kitschigen Überdosis verkommt.

Die Attraktion **Sea Trek** ist jeden Tag schnell ausgebucht. Hier geht man mit einem Pressluft gefüllten Helm 6 m tief ins Aquarium hinab ohne dass die Haare nass werden.

Oft schon länger im Voraus ausgebucht ist das **Dolphin Swim Adventure.** Besonders beliebt ist *Dolphin Royal Swim,* wo versucht wird, binnen 45 Minuten das „Reiten im Stehen" auf einem schwimmenden Delfin zu erlernen. Ob man sich allerdings auf Kosten der Tiere diesen zweifelhaften „Kick" verschaffen möchte, sollte man vorher kritisch hinterfragen. Auch bei dem speziell als interaktives Programm für Kinder bzw. Familien konzipierten *Dolphin Encounter* gehen die Teilnehmer ins Wasser.

Die gleiche Zielgruppe kann an *Sea Lion Discovery* teilnehmen. Umarmen, streicheln und Küssen eines Seelöwen sind dabei feste Bestandteile dieses Programms. Beim *Hawaiian Ray Encounter* können Sie mit einem Stachelrochen schnorcheln.

Bei **Dolphin Aloha** bleiben die Teilnehmer so gut wie trocken, denn hier gibt es hier eine 20-minütige Delfinshow für eine Kleingruppe.

☐ Übersichtskarte S. 36 **Rund um die Insel: die Ostküste** 79

Oahu

■ **Sea Life Park,** Tel. 259-2500,
www.sealifeparkhawaii.com,
Öffnungszeiten: täglich 9.30 bis 17 Uhr
Eintritt: Erwachsene $ 40, Kinder 3–12 Jahre $ 25,
darunter frei

Zum *Sea Life Park* gelangen Sie mit den öffentlichen Bussen Nr. 22 und 23, mit einem *Shuttlebus,* den der Park auf Anfrage gegen eine Gebühr organisiert, oder mit dem *Hanauma Bay Shuttle* (s.o.).

Die zusätzlichen Aktivitäten drücken die **Kosten** schnell in den dreistelligen Bereich. Ohne Vorbuchung im Internet hat man zumindest im Sommer kaum Chancen, an den touristischen Sonderaktivitäten teilzunehmen.

Kailua und Kaneohe

Die Orte Kailua und Kaneohe haben wenig zu bieten, es handelt sich um reine Schlafstädte. Im Gegensatz zu Waikiki herrscht hier abends Ruhe; die wenigen *Bed & Breakfasts* sind meist schon recht früh ausgebucht. Allerdings zählen die hier liegenden Strände *Kailua* und *Lanikai Beach* zu den schönsten Stränden der gesamten Inselkette. Sie werden immer wieder zu den schönsten der Nation gewählt.

Unmittelbar vor Kailua liegen die als Vogelschutzgebiete ausgewiesenen **Twin Islands** (Zwillingsinseln, auch **Mokulua Islands** genannt), von denen die größere *Moku Nui* und die kleinere *Moku Iki* heißt. Vor allem am Wochenende sind oftmals Kajakfahrer zu den vorgelagerten Inseln unterwegs. Touristen können sich bei Bedarf in Kailua zu Preisen ab $ 69 (inkl. Transport ab/bis Waikiki,

Sandwich und Getränk) ein Kajak mieten oder an einer geführten Tour teilnehmen.

■ **Twogood Kayaks,** Kailua, Tel. 262-5656, www.twogoodkayaks.com

Von Kailua aus führen der Pali Highway (Highway 61) und der Likelike Highway (Highway 63) über die Berge zurück nach Honolulu. Auf diesen Straßen stauen sich die Autos morgens in Richtung Honolulu und zur Feierabendzeit (etwa 16.30 bis 19 Uhr) in der Gegenrichtung. Sonst können diese Highways gut passiert werden.

Die Ostküste

Windward Oahu

Windward Oahu, wie die Ostküste der Insel auch genannt wird, ist vor allem bei **Windsurfern** und **Seglern** beliebt, denn an 90 % aller Tage im Jahr sorgen hier die Passatwinde für optimale Bedingungen. Die Küstenstreifen und Berghänge sind üppig überwuchert, denn die Winde bringen viel Feuchtigkeit mit. An manchen Stellen sind die steilen Bergwände sehr beeindruckend, im Vergleich zur Na-Pali-Küste im Norden Kauais jedoch immer noch klein. Der Highway 83 schmiegt sich eng ans Meer. Je weiter man nach Norden kommt, um so dünner ist die Besiedelung. Teilweise drängt sich aufgrund der eher verwahrlosten Häuser der Verdacht auf, dass es sich hier nicht um die beste Wohngegend handelt. Erst im Bereich des Ortes Laie sieht es wieder einladender aus.

1

Wandertipp

Top-Aussichtspunkt

In Kailua beginnt der **Kaiwa Ridge Trail** (Lanikai Hill Trail) genannte Wanderweg zu einem sehr schönen, etwa 170 m über dem Meer gelegenen Aussichtspunkt, von dem aus etwa ab der Mittagszeit eine klassische „Südsee-Traumaussicht" auf den Strand und die Küste möglich wird. Inklusive An- und Rückfahrt ab Kailua beansprucht die Wanderung weniger als zwei Stunden, wobei die eigentliche Wanderung eher unkompliziert ist, allerdings festes Schuhwerk und Trittsicherheit aufgrund der teilweise rutschigen Anstiege sehr empfehlenswert sind. Nur der *Trailhead* (Beginn des Wanderwegs) ist etwas versteckt gelegen, aber die folgende Anfahrt lässt sich in der Praxis viel einfacher bewältigen als die bloße Lektüre der folgenden Zeilen vermuten lässt:

Fahren Sie hierzu auf dem **Highway 61** (Pali Highway) von Honolulu kommend geradeaus durch bis zu einer T-Kreuzung, wo Sie nach rechts in die **South Kalaheo Avenue** abbiegen (Achtung: der Highway 61 heißt dann irgendwann *Kailua Road,* aber die Kailua Road biegt rechts – und damit in die falsche Richtung – ab. Bei richtiger Geradeausfahrt heißt der Highway 61 dann **Kuulei Road;** nur diese führt zu der T-Kreuzung, die auf die Kalaheo Avenue trifft).

Folgen Sie der **South Kalaheo Ave,** die etwa parallel zum Meer verläuft, bis diese nach etwa einer halben Meile in die nur kurze **Lihiwai Road** übergeht, die nach links *makai* (Richtung Meer; sowie zum Kailua Beach Park) führt, aber dann gleich nach rechts in eine Brücke übergeht. Hinter der Brücke heißt die Straße **Kawailoa Road.** Nach etwa 0,3 Meilen Geradeausfahrt gelangen Sie zur Kreuzung mit der **Alala Road,** der Sie nach links (also *makai,* zum Meer hin) folgen. Nach etwa 100 m erreichen Sie die „Aus-

Rund um die Insel: die Ostküste

fahrt" zu einem Parkplatz des Kailua Beach Parks, wo der weitere Straßenverlauf Sie automatisch nach rechts in den **Mokulua Drive** führt, dem Sie nur ca. 0,2 Meilen lang folgen, weil dieser sich dann an einer dreieckigen Verkehrsinsel in zwei Einbahnstraßen aufteilt, sodass Sie automatisch *mauka* (Richtung Landesinneres) in den **Alapapa Drive** geleitet werden. Folgen Sie dem bis auf eine leichte Kurve praktisch kerzengeraden Alapapa Drive ca. eine halbe Meile lang bis zur deutlich sichtbaren Kreuzung mit dem **Kaelepulu Drive.**

Biegen Sie rechts (*mauka,* Richtung Landesinneres) in den Kaelepulu Drive ein und folgen Sie diesem knapp 0,3 Meilen. Während Sie rechts die Einfahrt zum *Mid Pacific Country Club & Golf Course* sehen, steigt etwa 30 m weiter nach links eine Einfahrt zu einem Privatgelände den Berg hinauf.

Suchen Sie sich hier am Kaelepulu Drive einen Parkplatz und gehen Sie die Privatstraße den Berg hinauf. In der Linkskurve, die Sie nach 50 m erreichen, führt rechts ein Pfad an einem Zaun entlang den Hügel hinauf: zunächst etwas mehr als 100 m durch den Wald und dann durch erodiertes, oft staubiges Gelände. Der Weg ist ab jetzt selbsterklärend und führt auf etwa 600 m Strecke zu einem Bunker aus dem Zweiten Weltkrieg. Eine noch schönere Aussicht auf die beiden **Mokulua Islands** (Moku Nui und Moku Iki, siehe Foto) sowie das weiter im Norden sichtbare **Popoia Island** haben Sie nach weiteren 250 m beim zweiten Bunker.

Zurück geht's den gleichen Wanderweg; auf dem Kalepulu Drive dann einfach geradeaus weiter bis zum Mokulua Drive, in den Sie nach links einbiegen (müssen).

◄ Eine kurze Wanderung von Kailua aus ermöglicht diesen Blick auf Moku Nui und Moku Iki

Byodo-In Temple

Der *Byodo-In Temple* im *Valley ot the Temples* liegt nur wenige Meilen nördlich von Kaneohe. Etwa bei Meile 37,6 zweigt zur Bergseite die Zufahrt beim Schild „Valley of Temples Memorial Park" ab. Der hinter dem Memorial Park liegende buddhistische Tempel (Tel. 239-8811, Eintritt $ 3, geöffnet von 9 bis 17 Uhr), der vor den steil abfallenden, knapp 600 m hohen Pali-Klippen recht beeindruckend wirkt, wurde im Sommer 1968, am 100. Jahrestag der ersten Ankunft von japanischen Arbeitern in Hawaii, eingeweiht. Es handelt sich dabei um eine Nachbildung eines über 950 Jahre alten Tempels im japanischen Kyoto. Im linken Teil des Tempels befindet sich eine knapp sieben Tonnen schwere Bronzeglocke, die meistens auch von den Besuchern betätigt werden darf. Im Innern steht ein etwa 3 m hoher Buddha, in den Teichanlagen schwimmen Goldfische und Karpfen von gigantischen Ausmaßen. Der gesamte Tempelkomplex strahlt wohltuende Ruhe aus. (Mit dem Bus Nr. 65 Richtung Kaneohe-Kahaluu erreicht man einmal pro Stunde den Tempel binnen 1,5 Stunden ab der Kreuzung Alakea/King Street in Downtown. Diese Kreuzung wird von den Airport-Linien 19 und 20 angefahren.)

Chinaman's Hat

Im Meer werden Sie bei der Weiterfahrt nach Norden eine **kleine Insel** entdecken, die je nach Tide wie ein chinesischer Hut aussieht, weshalb man dem Eiland den Namen *Chinaman's Hat* gab.

Punaluu Beach Park

Meist sehr ruhig geht es am schönen Badestrand im Punaluu Beach Park zu, der bei Milemarker 24 etwa 1 Stunde reine Fahrzeit (per Moped erheblich länger) von Honolulu entfernt liegt und zu den **schönsten Stränden der Ostküste** zählt. Bei geschickter Wahl des Standpunkts können Sie hier echte Traumstrand-Fotos mit schräg übers Wasser ragender Palme machen. Parken Sie beim Schild Punaluu Beach Park. Meist steht direkt gegenüber ein gelber Kleinbus, der Shrimps verkauft (z.B. Shrimps mit Kokosnuss). Gehen Sie nach rechts etwa 5 Minuten am Strand entlang. Oftmals treffen Sie hier auch Einheimische beim Fischen.

Wohnhaus von Kim Taylor Reece

Ein kleines Stück hinter den Sacred Falls (und nur wenige Meilen südlich des Polynesischen Kulturzentrums) befindet sich bei Milemarker 22 das Wohnhaus des Künstlers *Kim Taylor Reece,* dessen Fotos (schwarzweiß und sepia) von Hula-Tänzer(inne)n auf den Inseln und bei Touristen sehr beliebt sind. In seinem wirklich schönen Haus befindet sich auch eine **Galerie,** wo die (auf Wunsch signierten) Bücher/Poster etc. günstiger sind als sonst auf den Inseln, und ein nettes Gespräch mit dem Künstler ist auch meist möglich. Am besten vorher anrufen und einen Termin vereinbaren.

■ **Weitere Infos** unter www.kimtaylorreece.com bzw. Tel. 293-2000.

Polynesian Cultural Center

Ein gewisser kultureller Höhepunkt ist das in Laie gelegene *Polynesian Cultural Center* (*PCC,* Polynesisches Kulturzentrum). Es ist als erster Kontakt mit Südseekulturen gut geeignet. Die konsequent kommerzielle Aufmachung des PCCs erinnert so manchen an eine Anpassung der Südsee-Kultur im Disneyworld-Stil.

Das PCC wurde Anfang der 1960er Jahre von den Mormonen in der Nähe ihres Tempels in Laie erbaut. Als Personal fungieren hier Studenten der Universität von Provo/Utah, Außenstelle Laie, die nachmittags hier arbeiten und dabei ihre Kultur darstellen. Ursprünglich wollte man den inzwischen über 600 Studenten lediglich eine Möglichkeit zur Finanzierung des Studiums geben, doch mittlerweile hat sich das Polynesische Kulturzentrum zu einem Großunternehmen gemausert. Stolz sprechen die Inhaber auch davon, dass es sich hier um *the most successful cultural attraction in the world* (die erfolgreichste kulturelle Attraktion der Welt) handelt. Seit der Eröffnung im Jahr 1963 haben bereits über 37 Mio. Menschen das Kulturzentrum besucht.

In sieben **künstlich angelegten Dörfern** gibt das PCC eine Einstimmung in die Lebensweise der Bewohner von Fiji, Hawaii, den Marquesas, Neuseeland, Samoa, Tahiti und Tonga. Mit Spielen, kleinen Tänzen und Demonstrationen der Handwerkskunst zeigen junge Männer und Frauen, die in den meisten Fällen von den jeweiligen Inseln kommen, ein paar touristengerecht aufgemachte (und gut fotografierbare) Bräuche aus ihrer Heimat. Die knapp

Rund um die Insel: die Ostküste

über fünf Stunden von der Öffnung bis zum Abendessen vergehen dabei recht schnell.

Sicherlich, wer die Südsee besucht, erfährt mehr über die einzelnen Völker, aber eine solche Reise dauert auch etwas länger. Aber die Touristenshows auf den Südseeinseln zeigen nichts wesentlich Anderes als das PCC. Kurz und gut, das Polynesische Kulturzentrum bietet informative animierte Unterhaltung unter der Maxime „no passport required" (kein Reisepass erforderlich; nur ca. 10 % der Amerikaner besitzen einen Reisepass).

Im **IMAX-Theater** (im Eintrittspreis enthalten) laufen mehrere Filme auf einer riesigen Leinwand.

Gegen Abend können Sie sich entweder bei einem Luau-Essen mit Live-Musik namens *Alii Luau* oder an einem einfachen Büfett (*All you can eat,* inklusive Getränke) in Kantinen-Atmosphäre stärken, wobei das Alii Luau eine ganz besondere Erfahrung darstellt: Während des Essens gibt es Show-Unterhaltung auf der Bühne sowie die übliche sehr seichte Luau- und Verkaufs-Animationen mit tanzenden *Honeymooners* (Paaren in den Flitterwochen). Der Autor hat nirgendwo sonst auf den Inseln eine derart zeitoptimierte Massenabfertigung erlebt wie beim *Alii Luau.* Die Besuchermassen werden tischweise zum Büfett zugelassen, wobei die Regel *one shot only* gilt, sodass nur ein einziger Gang zum Büfett gestattet ist. Ergo packt jeder Besucher stets Vor-, Haupt- und Nachspeise gleichzeitig auf seinen Teller – und zwar meist in ziemlich beachtlichen Portionen. Wer in der Nähe des Büfetts sitzt, darf sich über ein weiteres echtes Highlight freuen: Unmittelbar nachdem der letzte Tisch seinen Teller beladen hat,

beginnt das Abräumen des Büfetts, und nur wenige Minuten später (etwa beim Verzehr der Hauptspeise) weiß jeder in den hinten Reihen, dass die Putzkolonne hinter ihm/ihr bereits ganze Arbeit leistet. Das Gesamtkunstwerk des „award-winning" (preisgekrönten) Alii Luau (inkl. Zeitoptimierung, besonderem Animations-Niveau und *one shot only*) zelebriert das PCC jetzt schon seit über einem Jahrzehnt mit hoher Wiederholungs-Präzision, sodass diese Veranstaltung definitiv zu den herausragenden kulturellen Extremen gehört, an deren Details sich wohl die meisten europäischen Besucher auch viele Jahre danach noch erstaunlich gut erinnern werden.

Wenn um 18.30 Uhr, also eine Stunde vor Beginn der Abendveranstaltung, die Musik des Alii Luaus aufhört zu spielen, dann haben spätestens drei Minuten später bereits über 50 Prozent der Besucher das Restaurant verlassen – eine beeindruckende Erfahrung, wenn man bedenkt, dass innerhalb der nächsten Stunde nur noch Shopping auf dem Programm stehen kann. Als Alternative zum Shopping bietet sich eine ebenfalls im Eintrittspreis enthaltene *Tram Tour of Laie* zum Mormonen-Tempel an, um so bei akzeptabel niedrigem Missionierungsdruck mehr über *die Church of Jesus Christ of Latterday Saints (LDS)* zu erfahren.

Ein absolutes Muss bei einem Besuch des PCC ist wiederum ein Besuch der **Abendshow,** die etwa jährlich wechselt. Bei keiner anderen kommerziellen Show auf den Inseln sind derart viele Tänzer auf der Bühne: Alles läuft perfekt, und die Choreografie ist beeindruckend professionell.

Der **Eintritt** ins PCC ist hoch. Bei $ 60 (Kinder von 5 bis 11 J. $ 48) für den reinen Eintritt von 12 bis 18 Uhr geht es los. Mit Dinner-Büfett und Abendshow kostet es bereits $ 80 (Kinder $ 64). Das Ganze steigert sich bis zum *Super Ambassador Package* für $ 200 pro Person, Kinder $ 160. Die Preise sind innerhalb der letzten zwei Jahre – entgegen dem Trend – gefallen. Wer erst vor Ort bucht, fährt unter Umständen günstiger mit einem Komplettpaket inkl. Transport, das meist auf den ersten Seiten von *This Week, Spotlight* etc. angeboten wird. Wer im Internet unter www.polynesia.com bucht, darf innerhalb von fünf Öffnungstagen ohne Aufpreis nochmals in die sieben polynesischen Dörfer.

Falls Sie einen Mietwagen nach Laie benutzen, müssen Sie abends noch die 35 Meilen bis zurück nach Waikiki (über Likelike Highway) fahren. Planen Sie dafür etwa 75 Minuten Fahrtzeit ein. Die Abfahrt vom Highway 83 zum PCC ist bei MM 19, etwa auf Höhe von *McDonald's*.

■ **Polynesian Cultural Center,**
55-370 Kamehameha Highway, Laie,
Hawaii 96762,
Tel. 1-800-367-7060 oder 293-3333,
www.polynesia.com,
geöffnet 12 bis 18 Uhr (Park), daran anschließend Dinner und Show bis 21 Uhr, sonntags geschlossen

Laie

Bei der Weiterfahrt durch Laie befindet sich an einer Ampel links ein Supermarkt der *Foodland*-Kette (sonntags geschlossen). Wer hier rechts Richtung Meer abbiegt und nach 0,2 Meilen erneut rechts fährt, erreicht nach weiteren 0,3 Meilen am Laie Point einen großen **Arch** (Steinbogen) im Meer.

Die Nordküste

Da es außer dem einsam an der Nordküste gelegenen Hotel *Turtle Bay Resort* im gesamten Nordteil der Insel keine nennenswerten Arbeitsplätze gibt (das PCC ist eine Art „Geschlossene Gesellschaft"), ist die gesamte Gegend **relativ dünn besiedelt** – meist haben sich hier Künstler und Aussteiger niedergelassen.

Im weiteren Verlauf des Highway 83 bieten zwischen Kahuku und Turtle Bay diverse ziemlich heruntergekommene Buden Shrimps als *Fast Food* an. Ein solches *Plate Lunch* gibt es ab $ 15, meist eher für $ 20. Auf der Mauka-Seite (Bergseite) erzeugt eine 30-MW-Windkraftanlage pro Jahr etwa 80 Mio. kWh.

Turtle Bay

Die Turtle Bay trägt ihren Namen zu Recht. Wer vom Highway 83 etwa bei Milemarker 12,5 den Abzweig zum *Turtle Bay Resort* am gleichnamigen Golfplatz nimmt und den Schildern *Public Shore Line Access* folgt, der kann die **Wasserschildkröten** *(Turtles)* sehen: Bei den scharfkantigen Felsen links vom Restaurant *Olas* (direkt unterhalb des mehrstöckigen Hotelgebäudes) tummeln sie sich im Wasser. Bis 30 Minuten ist das Parken kostenlos.

Das Resort bietet sich aber auch an, um in den renovierten Zimmer ein paar

Tage einen ruhigen Urlaub abseits von der Hektik Waikikis zu verbringen. Mit diversen Aufmerksamkeiten sorgt das Hotel dafür, dass die Gäste sich wohlfühlen. So hat beispielsweise der **Pool** von früh morgens bis spät nachts geöffnet, was für Hawaii sehr ungewöhnlich ist. Diverse Aktivitäten vom Segway- und Fahrrad-Fahren über Surfen, Kayaken, Stand-Up-Paddling, Angeln, Kite-Boarding, Golf- und Tennis-Spielen, Wandern, Reiten, Pony-Reiten und Fitness-Kursen bis zu Hula- und Ukulele-Kursen sowie Kursen zum Anfertigen von Leis (Blumenketten) reicht das Spektrum. Die wunderbar geschützte Bucht lädt auch bei ansonsten hoher Brandung oft zum **Schwimmen** ein, und auf den Felsen am Hotel kann man den ganzen Tag über den Surfern von der Seite aus zuschauen, was ganz andere Fotos ermöglicht als aus der klassischen Strand-Perspektive. Morgens herrscht dort das beste Licht, und abends ist Surfen bei Scheinwerferlicht möglich.

■ **Turtle Bay Resort**
57-091 Kamehameha Hwy,
Kahuku,
Tel. 293-6000
oder gebührenfrei 1-866-475-2567,
www.turtlebayresort.com

Nur einige Meilen westlich des *Turtle Bay Resort* beginnt gleich neben dem Highway 83 das **Mekka der Surfer.** Zwischen Sunset Beach (etwa bei Milemarker 9), Ehukai Beach (Milemarker 8) und Haleiwa sucht hier jeden Winter die Surf-Elite die Herausforderung mit den teilweise über zehn Meter hohen Wellen. Von November bis Ende Dezember/Anfang Januar finden hier jedes Jahr die **Surf-Weltmeisterschaften** statt. (Weiterführende Informationen stehen unter „Surfen" im Kap. „Oahu, Aktivitäten").

Im Sommer gibt es hier schöne, einsame **Badestrände.** Im Winter reicht das Meer aufgrund der hohen Brandung oft bis direkt an die Straße: Der Sand wird abgetragen und im Frühling/Sommer wieder angespült. An vielen Stränden sorgen von Frühjahr bis Herbst *Lifeguards* (Rettungsschwimmer) für die Sicherheit der Besucher. Die mit Surfboard und ATV (strandtaugliches Quad-Fahrzeug) ausgerüsteten Lebensretter sind im Sommer meist von 8 bis 18 Uhr *on duty* (bei der Arbeit), um durchschnittlich etwa jeweils drei Einsätze pro Tag zu absolvieren.

Ted's Bakery

Auf Höhe des Sunset Beach steht auf der Landseite des Highways bei Milemarker 9,2 eine kleine unscheinbare Wellblech-Bretterbude, an der normalerweise jeder Tourist bedenkenlos vorbeifahren würde. Die Einheimischen pilgern allerdings regelrecht zu dieser Hütte, denn sie beherbergt *Ted's Bakery*, wo es nach Ansicht der Locals **die besten süßen Pies** (gebackene Torten) von ganz Oahu gibt.

Haleiwa

Kein anderer Ort auf Oahu hat sich innerhalb der letzten 20 Jahre derart verändert wie Haleiwa. Früher einmal bestand die kleine Ortschaft, deren Name übersetzt *Heimat des Eiwa-Vogels* bedeutet, aus einigen Cafés, Läden und improvisierten Souvenirständen, an denen hauptsächlich Muscheln und Muschel-Produkte verkauft wurden. Im Sommer wirkte Haleiwa mit seinen Fassaden im Westernstil verschlafen, aber im Winter sorgten die **Surfer** für reges Leben.

Mittlerweile hat Haleiwa eine **Orts-umgehung** (Highway 83), und es gibt **Einkaufszentren** (das größte ist der *North Shore Marketplace*) sowie diverse Vertreter des Fast-Food-Business, aber auch Boutiquen und Tätowiermöglichkeiten. Selbst die untrüglichen Zeichen des Massentourismus – Niederlassungen der *Wyland Galerie* und von *Crazy Shirts* – sind mittlerweile in Haleiwa vertreten. An den Stränden tummeln sich jetzt auch im Sommer vermehrt Menschen, aber immer noch ganz erheblich weniger als in Waikiki. Im Winter herrscht hier schon fast der Ausnahmezustand.

Dennoch lohnt sich ein Stopp in Haleiwa. Der alte Surfshop druckt mittlerweile sein „Verkehrsschild" *SurferXing* auf T-Shirts und Tassen. Recht gemütlich ist auch der nahegelegene *Haleiwa Beach Grill*. Diverse Stände bewerben ihr *Shaved Ice* – gefrorenes Wasser, das mit Sirup übergossen wird. *Akio Shaved Ice* servierte diese „Spezialität" erstmals in Haleiwa, aber *Matsumoto* vermarktet sein *Shaved Ice* besser – beispielsweise auch auf T-Shirts. *Matsumotos General Store* hat jedoch viel von seiner ursprünglichen Originalität verloren, aber dennoch bilden sich dort oft Schlangen mit Kaufwilligen.

Zwar ist der Kommerz an Stelle des ursprünglichen Hippie-Surfer-Image getreten, aber das Warenangebot ist doch immer noch etwas alternativer als in den meisten Teilen Amerikas.

MEIN TIPP: Im **North Shore Marketplace** in der Nähe der unübersehbaren *Wyland Galleries* gibt es in der *Coffee Gallery* täglich von 6.30 bis 20 Uhr nicht nur sehr guten Kaffee (inklusive diverse Milchschaum-Varianten) sondern auch exzellente *Smoothies* aus frischen Früchten und dazu noch einen kostenlosen WiFi-Zugang.

Waimea Bay

Nach ein paar Meilen führt die Straße hinunter zur breiten Waimea Bay, die mit ihrem im Sommer breiten **Strand** und einem relativ großen Parkplatz nicht nur die Sonnenanbeter anzieht. Von einem etwa 10 Meter hohen Felsen am südlichen Ende der Bucht springen viele Strandbesucher ins Meer und ziehen so die Blicke der Zuschauer auf sich. (Zur Waimea Bay s.a. den Exkurs „The Eddie: Surfwettbewerb der Superlative".)

Waimea Falls Park

Etwa in der Mitte der Bucht zweigt die Waimea Valley Road ins Landesinnere zum *Waimea Falls Park* (Tel. 638-7766; Öffnungszeiten 9 bis 17 Uhr) ab. Geteerte Wege führen darin an vielen exotischen Pflanzen vorbei durch einen tropischen Regenwald. In dem Tal siedelten schon sehr früh die ersten Hawaiianer. Im „Village" erklärt man Ihnen gleich neben den Resten dieser alten Häuser, wie die Ureinwohner Hawaiis lebten. Dazu gibt's eine kleine Hula-Show vor sehr schönem Hintergrund und den obligatorischen Hula-Unterricht. Am Talende steht eine Inselschönheit zu bestimmten Zeiten fotografiergerecht Modell vor einem 15 m hohen **Wasserfall**.

604ha av

Anschließend springen die *Cliff Divers* von den Klippen – begleitet von lauten Aaaahs und Ooohs der Zuschauer: Es ist die Hauptattraktion des Parks.

Für alle, die über Oahu nicht hinauskommen, ist der *Waimea Falls Park* trotz $ 15 Eintritt täglich von 9 bis 17 Uhr ein lohnendes Ausflugsziel, das aber am 25.12. und an Thanksgiving geschlossen ist. Den Regenwald gibt's auf Kauai und Maui in schönerer Form gratis, und die exotischen Pflanzen können Sie auf Hawaii Big Island oder Maui besser und billiger sehen (und fotografieren).

Bei entsprechender Voranmeldung und Bezahlung sind im und am Park auch zusätzliche Aktivitäten möglich: vom Reiten über Kajak-Touren bis zum Mountainbiking.

Die Nordwestküste

Die Weiterfahrt auf dem Farrington Highway (Nr. 930) entlang der Nordküste lohnt sich vor allem für Strandliebhaber. Vom in Strandnähe liegenden *Dillingham Airfield* aus starten regelmäßig die Segelflugzeuge von *Mr. Bill* (Tel. 637-0207, www.honolulusoaring.com). Am einsamen Mokuleia Beach vorbei führt die Straße zum *Kaena Point*. Die letzten beiden Meilen lassen sich nur zu Fuß zurücklegen, da ein Teil des Weges abgebrochen ist. Früher musste man sich an dieser Stelle mit einem dort montier-

Typisch Haleiwa: Vorsicht Surfer!

1

The Eddie:
Surf-Wettbewerb der Superlative

Bisher erst acht Mal wurde der **Eddie Aikau Big-Wave Surfing Contest,** kurz: *The Eddie,* oder nach dem Sponsor auch manchmal *Quicksilver Big Wave Invitational* genannte Surf-Wettbewerb komplett durchgeführt, denn hierfür müssen die Wellen in der Waimea Bay einen ganzen Tag lang konstant etwa 40 Fuß (12,20 m) hoch sein, was einer Wellenhöhe von etwa 20 ft (6,10 m) auf offener See entspricht. Alljährlich am 1. Dezember versammeln sich die weltbesten Surfer auf Hawaii und warten bis maximal Ende Februar, dass der Wettbewerb stattfindet.

Zuletzt war es am 8. Dezember 2009 wieder so weit. An diesem Tag erreichten die Wellen eine Höhe von 35 bis 45 ft (10,70 m bis 13,70 m), sodass das Motto des Tages verkündet wurde: „Eddie would go!" Zwischen 20.000 und 25.000 Zuschauer (ein absoluter Rekord) bestaunten an diesem Tag das Können der 28 geladenen Surfer, die in zwei *Heats* (je eine Stunde am Morgen und Nachmittag) ihr Leben beim Surfen riskierten.

■ Zum ersten Mal wurde *The Eddie* im **Dezember 1984** ausgetragen – damals noch am Sunset Beach mit Wellen von 6 bis 8 ft Höhe auf offener See (ergo: bis zu 5 m hohe Wellen in Strandnähe). Der Hawaiianer *Denton Miyamura* gewann diesen Wettbewerb und erhielt $ 5000 als Preisgeld.

■ Ab der **Saison 1986/1987** fand *The Eddie* in der Waimea Bay statt, und erstmals galt die Regel, dass die Wellen auf offener See 20 ft groß sein müssen. Am 21.2.1987 stimmten die Bedingungen, und Eddies Bruder *Clyde Aikau* stand auf dem Siegerpodest ganz oben.

■ **Ende Januar 1990** stimmten die Bedingungen wieder – bei monströsen Wellen von 25 bis 30 ft (7,60 m bis 9 m) im offenen Meer. Der Hawaiianer *Keone Downing* strich das damals weltweit höchste Preisgeld bei einem Surfwettbewerb in Höhe von $ 55.000 ein.

■ **Am 29.12.1995** stimmten zwar zunächst die Bedingungen, aber weil die Wellen zur zweiten Runde nicht hoch genug waren, konnte diese nicht ausgetragen werden, sodass es auch keinen Gewinner gab.

■ **Im Januar 1998** herrschten im offenen Meer vor Oahu Monsterwellen von über 30 ft (9 m) Höhe, was zu Wellenfronten von 18 m Höhe in der Waimea Bay führte. Weil die Veranstalter es für zu gefährlich hielten, fand der Wettbewerb dann nicht statt.

■ **Am Neujahrstag 1999** gewann der 1,61 m große Hawaiianer *Noah Johnson.*

■ Seit *The Eddie* in der Waimea Bay stattfindet, war der Australier *Ross Clarke-Jones* zu dem Wettbewerb eingeladen, aber erst am **12.1. 2001** gewann er ihn auch.

■ **Im Januar 2002** surfte sich *Kelly Slater* aus Florida auf das oberste Siegertreppchen.

■ Beim bisher vorletzten Wettbewerb konnte sich der Hawaiianer *Bruce Irons* als Sieger durchsetzen.

■ **Am 8.12.2009** gewann der Kalifornier *Greg Long* schließlich den bisher letzten *The Eddie* mit 323 Punkten bei $ 55.000 Preisgeld. Zweiter wurde *Kelly Slater* (313 Punkte, Gewinnsumme immerhin noch $ 10.000), Dritter *Sunny Garcia* aus Waianae/Hawaii (292 Punkte, Gewinnsumme $ 5000).

■ **Am 10.2.2016** hätte fast wieder ein „The Eddie" stattgefunden, aber dann fielen die Wellen doch kleiner aus als vorhergesagt.

Rund um die Insel: Zentral-Oahu

☐ Übersichtskarte S. 36

ten Seil abseilen, aber mittlerweile ist der Trail aus Sicherheitsgründen komplett gesperrt.

Zentral-Oahu

Am Kreisverkehr bei Haleiwa ändert der Kamehameha Highway seine Nummer in Highway 99. Die meist kerzengerade Straße steigt langsam an und führt zuerst durch landwirtschaftlich genutzte Flächen: Früher einmal wurden hier primär Ananas, dann Kaffee und schließlich auch Macadamianüsse und genmanipulierte Pflanzen angebaut. Aufgrund der hohen Lohnkosten auf Oahu lohnt sich die Landwirtschaft hier nicht mehr, sodass die Felder immer wieder brach liegen, aber es werden auch nach wie vor einige Ananas angebaut. Im Winter quälen sich hier die mit Surfbrettern beladenen, teilweise fast schrottreifen Autos der Surfer zu den begehrten Stränden, denn der Highway 99 ist die schnellste Verbindung von Honolulu zur Nordküste. Manchmal ergeben sich, abhängig von den Lichtverhältnissen, großartige Kontraste zwischen der dunklen Straße, der roten Erde und den grünen Bergen im Hintergrund. Das intensive Rot entsteht durch die zersetzte vulkanische Asche mit hohem Eisenoxid-Anteil. Diese Erde eignet sich besonders gut für den Anbau von Ananas.

Eingerahmt von der Koolau Range im Osten und der Waianae Range im Westen gelangen Sie schnell auf eine Hochebene.

Dole Pinapple Pavilion

Direkt am Highway liegt der *Dole Pineapple Pavilion,* bei dem sich ein kurzer Stopp lohnt (über eine Million Besucher pro Jahr können sich nicht irren …), zumal die *Dole Plantation* jeden zur Begrüßung einlädt, für $ 9,50 auf den *Pineapple Express* zu steigen und so mit 8 km/h durch die offensichtlich nur noch zu Show-Zwecken existierenden Felder zu fahren. Während der Fahrt gibt es jede Menge Infos über die Ananas- und Ackerbau-Kultur in Hawaii – natürlich aus der Sicht von Dole. Noch mehr Infos erhält man im sehenswerten, kostenlos zugänglichen Garten direkt vor dem großen Pavillon (Richtung Maze) oder bei der *Plantation Garden Tour* ($ 6). Direkt daneben befindet sich ein Teich mit vielen *Kois* (Riesenkarpfen) sowie ein Irrgarten *(Pineapple Garden Maze),* der im „Guinness-Buch der Rekorde" von 1998 bis 2008 als „World's largest maze" verewigt ist (geöffnet von 9 bis 17.30 Uhr; Eintritt $ 7). Der Rekord im Durchgehen liegt bei acht Minuten, durchschnittlich benötigt man 30 Minuten.

Im Innern des Hauses (eine echte Touristenfalle) gibt's erntefrische Ananas, Säfte, Eis und anderes zu essen. Trotz seines saftigen Preises ist das Ananas-Eis *(Dole-Whip)* bei Zentraleuropäern sehr beliebt. Viele kaufen sich zu zweit gleich das *Pineapple Boat.* Auch Souvenirs in allen Variationen werden angeboten. Das *Dole-Logo* prangt dabei auf Tassen, Schlüsselringen, T-Shirts, Sweatshirts, Taschen, Mützen etc. Zu den Präsidentschaftswahlen 1996 – *Bob Dole* gegen *Bill Clinton* – gab's hier ein T-Shirt mit der Aufschrift *Dole is a pineapple …*

Die unter www.dole-plantation.com herunterladbare Broschüre enthält meist auch Coupons.

Mehr zum Thema Ananas finden Sie im Kapitel **Lanai.**

Wahiawa und Schofield Barracks

Bei den Ortschaften **Wahiawa** und **Schofield Barracks** handelt es sich im Wesentlichen um eine große Kaserne der *US Army* mit der zugehörigen Infrastruktur vom Supermarkt über den Friseurladen bis zum Wohngebiet.

Die Westküste

Von Honolulu aus gelangt man über die Verlängerung des Highway 1 in den Bereich der Westküste, wo die Straße etwa ab **Barbers Point** schließlich die Nummer 93 und später 930 (Farrington Highway) trägt. Bis Makaha fährt sogar der Bus Nr. 40 (A) ab *Ala Moana Shopping Center.*

Waikele Factory Outlets

Am H1, eine Ausfahrt hinter dem Abzweig Waipahu, wurde ein Ort namens **Waikele** aus dem Boden gestampft, der im Wesentlichen aus einem riesigen Einkaufszentrum mit 51 Läden besteht. Viele davon sind *Factory Outlets,* in denen man die Produkte eines bestimmten Herstellers um einiges billiger erstehen kann als in normalen Läden.

Wet 'n' Wild Hawaii

Im Ort **Kapolei** befindet sich der Wasserpark *Wet 'n' Wild Hawaii* ganz in der Nähe des H1 (Exit 1: *Campbell Industrial Park,* Barbers Point Harbor, für's Navi: 400 Farrington Highway, Kapolei). mit vielen Rutschen, Strömungskanal etc. Kein billiger Spaß: $ 49,99 (Kinder bis 106 cm $ 37,99, Senioren ab 65 $ 37,99) zzgl. *Tax* plus evtl. $ 8 fürs Parken – vor allem, da der Park oft nur von 10.30 bis 16 Uhr geöffnet ist. Teilweise ist er auch mehrere Tage hintereinander geschlossen. Die genauen Öffnungszeiten gibt's unter www.wetnwildhawaii.com und Tel. 674-9283. Anfahrt mit Bus 40 und 40A Richtung Makaha (tagsüber alle 30 Minuten ab *Ala Moana Center;* retour mit Bus 40).

Strände

Die Straße führt im weiteren Verlauf an einer Vielzahl schöner Strände entlang. An den meisten spenden nur wenige Palmen Schatten, lediglich am **Maili Beach,** übrigens einem der längsten Strände der Insel, werden sie etwas zahlreicher. Ganzjährig zum Baden gut geeignet ist die *Pokai Bay* bei Waianae. Unter der Woche sind die Strände meist recht einsam, dafür tummeln sich hier am Wochenende um so mehr Einheimische. In manchen *Beachparks* leben Obdachlose. Um sie fernzuhalten hat das County Oahu ein **Campingverbot an Donnerstagen** ausgesprochen. Die Polizei vertreibt dann (nicht nur) die Obdachlosen von den Campingplätzen. Freitag Vormittag jedoch sind sie schon wieder mit Aufbauen beschäftigt, und

Rund um die Insel: die Westküste

gegen Mittag stehen ihre Behausungen wieder – bis am nächsten Donnerstag die Prozedur von vorn beginnt.

Je weiter man sich von Honolulu entfernt, um so weniger gepflegt wirken die Ortschaften und die Häuser. An der Westküste ist der Anteil „echter" Hawaiianer (mit polynesischem Ursprung) höher als in den anderen Inselteilen. Für diese Bevölkerungsgruppe ist es in der Regel schwieriger als für andere, eine Arbeitsstelle mit angemessener Bezahlung zu bekommen. Zahlreiche *Fast-Food*-Läden säumen die Straße, viele davon auch „Hawaiian Style", wo es dann nicht nur Burger, sondern auch *Laulau* (Schweinefleisch aus dem Erdofen mit Ti-Blättern umhüllt) gibt.

Makaha Valley

Am Ortseingang von Makaha zweigt rechts die Makaha Valley Road ab, an deren Ende man das wohl besterhaltene **Heiau** (urhawaiianische Opfer- und Tempelstätte) außerhalb Big Islands findet. Das Heiau liegt innerhalb einer *Gated Area* (ein Wohngebiet, das komplett umzäunt ist und in das man normalerweise nur auf Einladung eines Bewohners hineindarf). Wenn man freundlich fragt, wird man aber meist hereingelassen. Am Heiau selbst gibt es viele Moskitos. Da die *Gated Area* kein Touristengebiet ist, gibt es weder feste Öffnungszeiten noch eine Telefonnummer, unter der man Infos erhält.

Im Herbst 2011 eröffnete die *Walt Disney Company* neben dem neu eröffneten *Four Seasons Resort Oahu at Ko Olina,* ein **Hotel mit 800 Zimmern** – allerdings ohne Vergnügungspark. Dieses *Resort*

(www.disneyaulani.com) ist vor allem für amerikanische und japanische Gäste konzipiert. Es verfügt unter anderem über eine **Salzwasser-Lagune.** Das *Resort* ist eine kleine „Stadt" mit eigener Infrastruktur, eigener Flughafen-Anbindung, eigenen Ausflugsfahrten etc.

Yokohama Bay

Am Ende der Teerstraße befindet sich der große, einladende **Beachpark** der Yokohama Bay, an dem sich oft die *Boogie-Boarder* vergnügen. Schwimmen ist an diesem einsamen, ausgesprochen schönen, weißen Sandstrand leider nur im Sommer möglich – und dann wegen der Strömungen nur mit einem gewissen Restrisiko.

Kaena Point

Die letzten zwei Meilen zum Kaena Point lassen sich ausschließlich per pedes – oder das erste Stück auch im Geländewagen – bewältigen. Der Ort hat für die Hawaiianer eine große **spirituelle Bedeutung,** da man glaubt, dass hier die Seelen der Verstorbenen die Inseln verlassen. An dieser Stelle befindet sich auch das einzige dem Autor bekannte **Vogelschutzgebiet** Oahus. Wer will, kann vom Kaena Point weiter zum Nordküsten-Ende des Farrington Highways wandern. Auf dieser Wanderung von fünf Meilen Länge (etwa 2½ Std.) passiert man die schönsten *Tidepools* (Gezeiten-Seen) Oahus.

Strände

Südküste

Im Bereich der Südküste von Waikiki bis Hanauma Bay liegen die meisten **Familienstrände** *(Family Beaches)*, an denen sich gute Möglichkeiten zum Schwimmen und Schnorcheln bieten.

Ostküste

Die Ostküste, auch *Windward Coast* (dem Wind zugewandte Küste) genannt, ist vor allem bei **Windsurfern** und **Seglern** beliebt, denn an etwa 90 % der Tage bläst hier ein kräftiger Nordostwind, und die Sonne kommt auch längst nicht immer durch.

Achtung: In diesem Küstenbereich tummeln sich öfter **Quallen**, *Portuguese-man-of-war (Portugiesische Galeere)* oder *Stinging Blue Jellyfish* genannt.

Den herrlich-weißen Stränden der Nordküste eilt ihr guter Ruf als optimales Surfgebiet voraus. Wenn im Winter die Wellen eine Höhe von 8 bis 10 m erreichen, sollte man einen gebührenden Abstand zum Wasser halten. Im Sommer ist der Waimea Beach relativ stark bevölkert, sodass es ab etwa 10.30 Uhr zu massiven Parkplatzproblemen kommt, während es z.B. am Sunset Beach erheblich ruhiger zugeht und man selbst an Sonntagen an den Stränden entlang des nördlichen Farrington Highways (930) bzw. westlich des *Mukuleia Beach Parks* oft keine Menschenseele trifft.

Westküste

Entlang der gesamten Westküste ersteckt sich vom Ko Olina Resort bis zur Yokohama Bay eine Vielzahl weiter, weißer Strände, die allerdings aufgrund der teilweise **starken Strömungen** nur bedingt zum Baden geeignet sind. An der Westküste finden Sie unter der Woche garantiert die einsamsten Badestrände der Insel.

Ala Moana Beach Park

MEIN TIPP: Vor allem bei den Einheimischen ist der *Ala Moana Beach Park* direkt in Honolulu sehr beliebt. Wenn Sie nicht gerade am Wochenende dort hingehen, ist es erstaunlich ruhig. Touristen sieht man hier kaum. Der auf einer alten Müllkippe gebaute Park befindet sich direkt gegenüber vom Ala-Moana-Einkaufszentrum (kostenlose Parkplätze) und ist daher mit allen Buslinien erreichbar. Der Ausdruck *Ala Moana* bedeutet übrigens „Straße, die am Meer entlangführt".

Aktivitäten

Auf Oahu können Sie so ziemlich jeder Aktivität (außer Skifahren) nachgehen, die es auf den anderen Inseln auch gibt. Das Angebot ist unüberschaubar groß. Die aktuellen Veranstalter und deren Telefonnummern entnehmen Sie am besten den kostenlosen Broschüren „This Week", „Spotlight" etc.

Rundflüge

Das Angebot an Rundflügen ist relativ bescheiden und im Vergleich mit den anderen Inseln eher teurer. Vom einfachen Segelflugzeug (*Mr. Bill,* Tel. 637-0207, www.honolulusoaring.com) über den Doppeldecker (*Stearman Bi-Plane Rides,* Tel. 637-4461, www.stearmanbiplanerides.com) mit offenem Cockpit, Lederhelm und Schutzbrille bis zum Hubschrauber-Nachtlandetraining reicht die Liste. Für $ 225 (bei Online-Reservierung: $ 150) können Sie sogar die Gegend vom Fallschirm aus betrachten (*Skydive Hawaii,* Tel. 945-0222, www.hawaiiskydiving.com).

Ausflüge und Aktivitäten im und auf dem Wasser

Bootstouren

Kreuzfahrten per Segelboot, U-Boot, Luxusjacht, Glasbodenboot und Katamaran sind in den Gewässern vor Waikiki möglich. Das Angebot, aufgrund der ruhigeren See im Sommer erheblich größer als im Winter, ist vielfältig und die Konkurrenz groß; daher lohnen sich Preisvergleiche. Sehr beliebt bei Amerikanern und Japanern sind **Sunset Dinner Cruises** – Kreuzfahrten mit relativ großen Jachten, auf denen das Abendessen während des Sonnenuntergangs serviert wird. Anschließend bestehen meist Möglichkeiten zum Tanzen.

Immer gut besucht sind auch die langen **Rundfahrten durch Pearl Harbor.**

Schnorcheln und Gerätetauchen

Die besten Schnorchelmöglichkeiten auf Oahu herrschen ganz klar an der **Hanauma Bay** (siehe Südostküste). Weil es relativ umständlich ist, mit öffentlichen Verkehrsmitteln zur Hanauma Bay zu gelangen, bieten mehrere Veranstalter halb- und ganztägige Pauschaltouren zu dieser Bucht an. Für knapp $ 20 wird man am Hotel abgeholt und wieder zurückgebracht; die Ausleihe der Schnorchelausrüstung ist im Preis enthalten. Darüber hinaus gibt es Busfahrten zum Schnorcheln in einer **Privatbucht** (z.B. Paradise Cove). Dort ist es dann zwar ruhiger als in der Hanauma Bay, aber dafür auch meist teurer.

Viele Schulen bieten ihre Dienste im **Gerätetauchen** an: vom Schnupper-Tauchgang bis zum Nacht-Tauchen.

Surfen und Windsurfen

Möglichkeiten für Anfänger und Fortgeschrittene zum Surfen und Windsurfen (inkl. Verleih von Brettern) gibt es überall – für Windsurfer vor allem an der Ostküste. Während in Waikiki die Wellen das ganze Jahr über relativ klein sind, lockt die Profis die Herausforderung an der Nordküste.

Oahu ist als **Mekka der Surfer** bekannt. Hier finden jeden Winter, meist von Ende November bis Ende Dezember/Anfang Januar, die **Weltmeisterschaften im Surfen** statt. In dieser Zeit herrscht an Oahus Nordküste der Ausnahmezustand, denn dann erreichen die Wellen nicht selten Höhen von sechs bis zehn Metern. Einzelne Wellen wurden auch schon auf zwölf Meter Höhe geschätzt. Die Zeitungen berichten dann ausführlich über die einzelnen Wettkämpfe – jeweils mit Aufmachern wie: „It's big wave season on Oahu's ==North Shore==, when the world's top surfers play board games you won't find at Toys' R'Us." (Die Saison der großen Wellen an Oahus Nordküste ist gekommen, in der die besten Surfer der Welt Brettspiele spielen, die Sie in keinem Laden der Spielwarenhaus-Kette *Toys'R'Us* finden.)

Es handelt sich hierbei um zwei verschiedene Weltmeisterschaften: den aus drei Wettkämpfen bestehenden *Triple Crown* und den *Quicksilver* zum Gedenken an *Eddie Aikau,* einen 1978 im Alter von 31 Jahren in der Waimea Bay verunglückten Rettungsschwimmer. Bei jedem dieser vier Wettbewerbe gibt es für den Sieger etwa 20.000 bis 50.000 Dollar zu gewinnen (siehe Exkurs „The Eddie").

Jeder Einzelwettbewerb des **Triple Crown** beansprucht gut fünf Tage innerhalb einer zehntägigen Wettkampfzeit im Dezember. Der Wettkampfdirektor kann sich daher die Tage mit den größten und besten Wellen herauspicken.

Als **Zuschauer** kann man dem Spektakel kostenlos beiwohnen (Fernglas ist sehr hilfreich!). Zum Teil gibt es sogar Tribünen.

Wer **fotografieren** will, sollte ein Tele mit einer Brennweite von mindestens 300 mm inklusive Stativ mitbringen, weil die besten Wellen (und damit die tollkühnsten Surfer) relativ weit draußen sind. Da die Luft auch am Strand noch voller salziger Wassertröpfchen ist, emp-

Aktivitäten

fiel es sich, die Kamera mit Plastiktüten abzudecken und die Frontlinse besonders zu schützen.

Jeder Abschnitt der Küste hat seine eigene Charakteristik, und viele herausragende **Surfplätze** tragen sogar eigene Bezeichnungen. Namen wie *Banzai Pipeline* (die berühmteste Welle von allen), *Avalanche* (Lawine) oder *Big Tube* (große Röhre) sprechen für sich. Bei einem *Ride* in der *Banzai Pipeline* sind die Surfer rundum (wie in einem Tunnel) von der Welle eingeschlossen, bevor sie am anderen Ende herausschießen. Die wohl beste Beschreibung eines *Rides* durch diese *Pipeline* hat *Carlos Lorch* in seinem Buch *Lopez, the Classic Hawaiian Surfer* beschrieben: „Surfer, die sich dazu entschlossen haben, die Röhre der *Banzai Pipeline* zu erforschen, wissen genau, dass sie entweder mit der Welle ihrer Träume surfen werden oder damit feststellen, dass es den Albtraum eines Surfers auch in natura gibt."

Unter der Telefonnummer 638-7547 erfahren Sie die aktuellen Neuigkeiten über den *Triple Crown*. Unter Tel. 531-SURF (531-7873) erreichen Sie das „*Surf News Network*". Außerdem stehen die aktuellen **Informationen** in den Sportteilen der Tageszeitungen oder unter www.triplecrownofsurfing.com.

Vorabinformationen erhalten Sie von *World Surf League* auf www.worldsurfleague.com.

Selbst wenn der Dollarkurs für die Europäer günstig steht, sind die Surfschulen in Hawaii alles andere als billig.

In der **Nancy Emerson Surfing School** können Sie das Surfen auch erlernen. Einer der Werbeslogans: „Teaching competitors and pros since 1973". Näheres unter www.surfclinics.com oder der Telefonnummer 294-5544.

Weitere Surfschulen auf Oahu:

■ **Waikiki Surf Lessons**
www.waikikisurflessons.com
■ **Kailua Sailboards and Kayaks**
Tel. 262-2555,
gebührenfrei 1-888-457-5737,
www.kailuasailboards.com
■ **Surf & Sea**
Tel. gebührenfrei 1-800-899-7873,
www.surfnsea.com
■ **North Shore Wind Surfing School**
Tel. 637-2977,
www.northshoresurfgirls.com

◁ Surfweltmeisterschaft in Oahu

■ **Jet Pack**

Eine ganz neue Form der Fortbewegung auf dem Wasser bieten die *Jet Packs* bei *Sea Breeze Watersports*. Angetrieben von starken Wasserstrahlen schwebt man beim „Jet Pack Flight" über dem Wasser und steuert die Richtung. Auf Oahu können Sie es für $ 199 (plus *Tax*) selbst ausprobieren.

Sea Breeze Watersports, Tel. 396-0100, www. seabreezewatersports.com (inklusive Demovideo).

Sonstiges

Falls Sie nicht mit dem Leihwagen um die Insel fahren wollen, bieten sich neben dem Linienbus auch noch **organisierte Touren** an. Aufgrund der Vielfalt dieser Touren sollten Sie sich die Unterschiede am *Activities Desk* im Hotel erklären lassen. Ab zwei Personen ist in der Regel der Mietwagen doch billiger.

Unterkunft

Ganz Waikiki besteht praktisch nur aus Hotels (über 170) und *Condominiums* (Apartments) mit zusammen knapp 75.000 Mehrbettzimmern bzw. *Condos* sowie Bars, Restaurants und Läden, die den Bedarf der Touristen an T-Shirts, Handtüchern, Sonnenmilch, Souvenirs, aber auch an luxuriöseren Artikeln decken. Durch die große Konkurrenz sind die Hotelzimmer recht günstig. 2014 betrug der Durchschnittspreis auf Oahu $ 221,18. Je weiter das Hotel bei vergleichbarem Standard vom Strand entfernt ist, um so erschwinglicher ist es.

Die teuersten und nobelsten Hotels stehen entlang der Kalakaua Avenue. So klangvolle Namen wie *Westin Moana Surfrider, Royal Hawaiian Hotel* und *Halekulani* sind dort zu finden. Preisgünstigere Häuser findet man in der Kuhio Avenue oder am Ala Wai Boulevard.

Allein in Waikiki stehen 15 Hotels der *Aqua*-Kette in verschiedenen Kategorien von Standard (ab $ 79 pro Zimmer) bis in den Luxus-Bereich. Ideal für Preisbewusste, die ein sauberes, ordentliches Zimmer suchen, aber keinen Wert auf „Schnickschnack" legen und auch einmal fünf Minuten bis zum Strand laufen können, ist das **Aqua Waikiki Pearl,** dessen Zimmer schon ab etwa $ 50 p./P. zu haben sind. Wer früh bucht, kann dort auch bei den offiziell für bis zu 6 Personen geeigneten Mini-Suiten mit einfacher Küche einen guten Preis bekommen.

MEIN TIPP: Das renovierte **Park Shore Waikiki,** ebenfalls bei *Aqua* buchbar, bietet die wohl preisgünstigsten Zimmer, die einen direkten unverbauten Blick auf Waikiki Beach haben. Ab $ 170 gibt es in diesem Hotel der gehobeneren Kategorie geräumige Zimmer.

■ **www.aquaresorts.com**

Auch die *Outrigger*-Kette verfügt über mehrere Hotels in Waikiki, die jedoch zum Teil schon länger nicht renoviert wurden, woran *Outrigger* jedoch seit Jahren arbeitet. Unter der Marke *Ohana* hat *Outrigger* preisgünstigere Hotels im Programm. Das **Ohana Waikiki Malia** kann beispielsweise ab $ 115 gebucht werden.

■ **Ohana Waikiki Malia,**
Tel. 1-866-956-4262 (gebührenfrei),
www.outrigger.com

Übersichtskarte S. 36, Stadtplan vordere Umschlagklappe   **Unterkunft**   97

Oahu

Wer ein paar Tage Urlaub in ruhiger Umgebung verbringen möchte, der kommt im **Turtle Bay Resort** an der Nordküste auf seine Kosten. Nähere Infos finden Sie im Infokapitel über die Nordküste sowie unter www.turtlebay resort.com.

Der „Christliche Verein Junger Menschen" – in Amerika als **YMCA/YWCA** und seit 2010 unter dem neuen Namen „**Y**" bekannt – bietet lediglich im *The Y* (ehemals: *YMCA)* von Honolulu Übernachtungsmöglichkeiten. Für Alleinreisende ist *The Y* preislich attraktiv, denn ein Bett kostet ab $ 45/Nacht bzw. $ 265/Woche. Die Herberge liegt in der Nähe des *Ala Moana Shopping Centers.*

■ **The Y** (ehemals: *YMCA)*,
401 Atkinson Drive, Honolulu,
Tel. 941-3344,
www.ymcahonolulu.org

Mitten in Waikiki findet man das **Seaside Hawaiian Hostel,** das vor wenigen Jahren von den Besuchern der Website *Hostels.com* zu einem der „Top-5 Hostels in the World" gewählt wurde. Ab ca. $ 25 pro Person und Nacht gibt es das klassische Schlafsaal-Feeling im „Dorm", wobei der kostenlose WiFi-Zugang zum Internet auch hier schon lange zum Standard gehört:

■ **Seaside Hawaiian Hostel,**
419 Seaside Avenue,
Tel. 1-866-924-3303
(gebührenfrei) oder 924-3303,
www.seasidehawaiianhostel.com

Nahe des Kapiolani Parks liegt das **Beachside Hostel,** das mit dem Motto „where every day is spring break" für die Dauerparty wirbt. Nichts für Ruhesuchende! Teilweise kommen Partylöwen hier ab $ 25 pro Bett und Nacht unter.

■ **Beachside Hostel Waikiki,**
2556 Lemon Rd., Tel. 923-9566 oder gebührenfrei 1-866-478-3888,
www.waikikibeachsidehostel.com

Vor allem für Surfer mit kleinem Budget dürfte die folgende Unterkunft nahe der **Waimea Bay** interessant sein:

■ **Backpackers,**
59-788 Kamehameha Highway,
Haleiwa, Hawaii 96712,
Tel. 638-7838, Fax 638-7515
www.backpackershawaii.com
Ein Bett im Schlafsaal gibt's hier ab $ 30. Zur Unterkunft gehören aber auch sehr einfache Doppelzimmer und Hütten.

Camping ist auf der gesamten Insel Oahu **nicht zu empfehlen.** Es gibt zwar an die 20 Campingplätze auf der Insel, aber aus Sicherheitsgründen sollte man dort nicht übernachten. Außerdem ist donnerstags auf der gesamten Insel Camping verboten, um zu verhindern, dass sich Obdachlose dauerhaft ansiedeln (siehe oben). Teilweise ist auch an anderen Tagen das Campen auf einzelnen Plätzen verboten.

Der Autor erhält zwar immer wieder Rückmeldungen von Lesern, bei denen das Campen auf Oahu ohne Zwischenfälle verlief, aber unter Abwägung der Gesamtsituation und Hawaii-Erfahrung bleibt der Autor nach wie vor bei seiner Empfehlung **auf Oahu nicht zu campen.**

Unterkunft

1

Überblick | 101

Aktivitäten | 145

Central Maui | 109

East Maui | 132

Infrastruktur | 106

South Maui | 129

Strände | 141

Unterkunft | 157

Upcountry | 123

West Maui | 124

2 Maui

Der Haleakala Nationalpark, die Straße nach Hana, Oheo (Seven Pools), sehr gute Wassersportmöglichkeiten sowie die (Wind-)Surfer in Paia prägen unter anderem die Insel Maui.

◁ Die Kahakuloa Bay an Mauis Nordküste aus der Hubschrauberperspektive

MAUI

Maui ist quasi der ideale Hawaii-Kompromiss für all diejenigen, die das „echte" Hawaii kennenlernen, aber möglichst nur eine Insel besuchen wollen. Maui bietet alles, was man sich von einem **tropischen Paradies** erhofft: Glasklares Wasser, schöne Strände, gute Wassersport-Infrastruktur, tropischer Regenwald, Wasserfälle, Surfer und vieles mehr. Zusätzlich gibt es mit der **Kraterlandschaft des Haleakala** noch ein gänzlich anderes Highlight, und im Winter gehört die **Walbeobachtung** zum Pflichtprogramm.

> Der Big Beach ist fast 1 km lang. Dieses Bild entstand an einem Sonntag, wenn alle Einheimischen an die Strände strömen

NICHT VERPASSEN!

- Surfer (im Sommer) und Windsurfer (im Winter) in **Paia** | 111
- Sonnenaufgang oder -untergang am **Haleakala-Krater** knapp 3000 m über dem Meer | 118
- Bummeln in der ehemaligen Walfängerstadt **Lahaina** | 124
- Die **kurvige Straße nach Hana** mitten durch den Regenwald | 132
- Roter Sandstrand am **Kaihalulu Beach** bei Hana | 137
- Wanderung durch den Bambuswald zu den **Waimoku Falls** | 139
- **Walbeobachtung** im Winter | 148

Diese Tipps erkennt man an der **gelben Hinterlegung.**

Überblick

Neben Oahu ist Maui (www.gohawaii.com/Maui) die **bei Touristen beliebteste Insel.** Das liegt vor allem an den vielen ausgesprochen schönen Stränden, den wilden Steilküsten, dem an der Westküste ziemlich sonnensicheren Wetter und nicht zuletzt auch an den krassen Gegensätzen: Während auf Meereshöhe tropische Vegetation und die letzten Zuckerrohrfelder Hawaiis überwiegend das Landschaftsbild bestimmen, herrscht am Haleakala auf 3000 m Höhe über dem Meeresspiegel eine fast vegetationslose Kraterlandschaft, bei der sich ein Vergleich mit dem Mond aufdrängt. Auch im Bereich der Tierwelt bietet Maui einen Höhepunkt, denn in den Wintermonaten bringen die **Wale** vor der Küste ihre Jungen zur Welt. Die vorgelagerte Insel **Molokini** gilt als eines der besten Tauch- und Schnorchelreviere Hawaiis.

Obwohl auch auf dieser Insel bereits viele Hotels stehen, geht es viel ruhiger zu als in Honolulu; statt Hochhäusern stehen in Lahaina, einem touristischen Zentrum Mauis, knapp hundert Jahre alte Holzhäuser, und die Hotels haben auch in den anderen Touristenzentren der Insel maximal sechs Stockwerke.

Maui

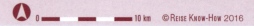

© Reise Know-How 2016

Übernachtung

1. Mahina Surf
2. Royal Lahaina Resort
3. Camp Pecusa
4. Banana Bungalow, The Northshore Hostel
5. Hotel Maui Seaside
6. Kanaa Campground
7. Courtyard Maui Kahului Airport Hotel
8. Maui Beach Hotel
9. Aloha Cottages
10. Hale Pau Hana Beach Resort
11. The Grand Wailea Resort Hotel & Spa
12. Hotel Wailea
13. Fairmont Kea Lani Resort
14. Makena Beach & Golf Resort
15. Oheo Campground
16. Travaasa Hotel Hana, Hana Accomodations, Joe's Place
17. Hana Gardenland
18. Waianapanapa Campground
19. Old Lahaina House
21. House of Fountains

Überblick

Maui bietet viele landschaftliche Schönheiten sowie eine sehr gut ausgebaute touristische Infrastruktur. Auch wer ein ruhiges Plätzchen sucht, kann hier noch auf seine Kosten kommen.

Maui ist die zweitgrößte der Inseln, hat eine maximale Länge von 77 km und eine maximale Breite von 42 km bei einer Gesamtfläche von 1888 Quadratkilometern, sodass Maui gut zweieinhalb Mal so groß ist wie das Bundesland Hamburg (748 km²), aber doch noch kleiner als das Saarland (2573 km²). Hier leben und arbeiten gut 131.000 Menschen. Höchster Berg ist der **Haleakala** mit 3057 m, der gleichzeitig der größte schlafende Vulkankrater der Erde und der dritthöchste Berg der gesamten Inselkette ist.

Regierungsbezirk

In Wailuku hat der Bezirk Maui, also das *County of Maui,* seinen Sitz. Zum *County* gehören neben der Insel Maui selbst auch **Lanai** und **Molokai** sowie die unbewohnte Insel **Kahoolawe.**

Bezirke

Es hat sich so eingebürgert, dass Maui in die folgenden, inoffiziellen Bezirke eingeteilt wird:

■ **Central Maui**	Wailuku-Kahului
■ **Haleakala**	Oberer Teil des Haleakala-Kraters
■ **Upcountry**	Am Hang zwischen der Haleakala-Gipfel zone und Central Maui
■ **West Maui**	Lahaina, Kaanapali, Kapalua
■ **South Maui**	Kihei bis Makena
■ **East Maui**	Hana, Oheo (Seven Pools)

Klima

Die gesamte Insel Maui wird von einem mächtigen Vulkankegel und einem kleineren Gebirgsmassiv geprägt, dem 3057 m hohen, großflächigen Haleakala im Osten und den West Maui Mountains, deren höchster Punkt (1761 m) den Namen *Puu Kukui* trägt. Aufgrund des zwischen den beiden Bergen liegenden Tals trägt Maui auch den inoffiziellen Beinamen *Valley Island* (Talinsel).

Diese Berge sind die Hauptursache für verschiedene **Klimazonen:** An der gesamten Westküste von Kapalua bis Makena (dort befinden sich etwa 95 % der Hotels auf der Insel) regnet es recht selten, während die Nordküste entlang des Hana-Highways bis Kipahulu für ihre zahlreichen Niederschläge und die daraus resultierende üppig grüne Vegetation bekannt ist.

Die West Maui Mountains sind oft in Wolken gehüllt. Beim Haleakala ergibt sich zuweilen eine besonders spektakuläre Situation: Um den Krater herum hängt auf halber Höhe ein dichter Wolkenring, aus dem die Bergspitze herausschaut.

⟩ Waianapanapa State Park

Temperaturen

Während es tagsüber im Küstenbereich durchschnittlich 23 bis 29 °C warm ist und die Temperaturen selbst im Winter nachts nie unter 16 °C rutschen, herrschen oben am Haleakala ganz andere Gesetze. Auf 3000 m Höhe ist es morgens auch im Sommer oft nur ein paar Grad über dem Gefrierpunkt, und im Winter fällt manchmal sogar etwas Schnee. Wenn die Sonne scheint, steigen die Temperaturen tagsüber auf mehr als 20 °C. Innerhalb des Kraters kann es sogar weit über 30 °C heiß werden.

Niederschlag

Die Temperatur-Inversionsgrenze liegt am Haleakala etwa bei 1500 m. Wenn die am Haleakala aufsteigenden Wolken auf diese Temperaturgrenze treffen, dann kondensiert die Feuchtigkeit zu Regen. Der Regenwald im Oheo-Gebiet *(Seven Pools)* bekommt über 8000 mm Niederschlag im Jahr ab. Etwa 15 km westlich, im Regenschatten des Berges, fallen meist weniger als 400 mm Niederschlag pro Jahr.

Zeitplanung

Höhepunkte

Für ein reines Abhaken der Attraktionen dürften ohne Ankunfts- und Abflugtag drei Tage reichen: einen Tag für den Haleakala-Krater und den Großraum Kahului, einen Tag für die Straße nach Hana und einen Tag für die Westküste. Außen vor sind hierbei Badetage, längere Wanderungen, Bootsfahrten zur Walbesichtigung (in den Wintermonaten schon fast ein Muss!) oder sonstige Exkursionen.

Sport und Natur

Maui bietet die **besten Wassersportmöglichkeiten** der gesamten Inselkette, verfügt über viele schöne, weiße Strände und lädt darüber hinaus zu einigen herrlichen Wanderungen ein, die Hawaii von einer ziemlich unbekannten Seite zeigen.

Wer fünf bis sieben Tage auf der Insel bleibt, der hat auch Zeit für Wanderungen, Exkursionen und Strandbesuche.

Highlights

Zum „Pflichtprogramm" eines Besuchs auf Maui gehören folgende Sehenswürdigkeiten und Aktivitäten:

■ **Besichtigung des Haleakala-Kraters** – eventuell zum Sonnenaufgang. Hier ist eine der schönsten Wanderungen Hawaiis möglich (siehe Beschreibung).
■ Fahrt nach **Hana** und weiter zum **Oheo-Gebiet** (Seven Pools).
■ Im Winter: **Walbeobachtung**
■ Für Schnorchel- und Tauchfans: **Molokini Island**
■ Beobachtung der **(Wind-)Surfer** in Paia

Infrastruktur

Straßen

Die wichtigen Straßen Mauis sind geteert. Vom Flughafen in Kahului zu den Hotels der Westküste sowie hinauf zum Gipfel des Haleakala sind sie sogar in sehr gutem Zustand. Die Straße nach Hana (Highway 36 und 360) und deren Verlängerung nach Kipahulu (Oheo, Seven Pools) hat zwar eine durchgängige Asphaltdecke erhalten, ist aber wegen der äußerst kurvigen Strecke nach wie vor nicht allzu zügig befahrbar.

Westlich von Kipahulu ist der Highway 31 ein kleines Stück in neun Teilabschnitten von insgesamt etwa 2,2 Meilen Länge ungeteert, weshalb die Mietwagenfirmen die Umrundung des Haleakala nicht erlauben. Die Straße ist aber bei gutem Wetter (kein Regen, auch nicht innerhalb der letzten zwölf Stunden und vor allem: kein stärkerer Regen angekündigt) und sorgfältiger Fahrweise auch mit einem normalen Pkw befahrbar, wenn nicht gerade kurz vorher die Fahrbahn mit Schlamm überspült oder sogar weggespült wurde …

Fluganbindung

Maui verfügt über **drei Flughäfen;** in **Kahului** (Airline-Code: OGG) liegt der wichtigste, denn dort landen die Düsenmaschinen. Hier haben auch alle großen Autovermieter ihr Büro.

American Airlines, Delta und *United Airlines* fliegen Kahului nonstop z.B. von Los Angeles beziehungsweise San Francisco aus an.

Kapalua

Der zweite, allerdings erheblich kleinere Flughafen Mauis liegt in Kapalua (Airline-Code: JHM) im Nordwesten der Insel. Er wird aufgrund seiner geringen Kapazitäten lediglich von Propellermaschinen angeflogen. In Kapalua gibt es nur einige große Autovermieter.

Entfernungen vom Flughafen Kahului

	über Highway	Entfernung (Meilen)	Fahrzeit ca. (Std:Min)
Haleakala NP (Campingplatz)	37, 377, 378	27	1:30
Haleakala NP (Gipfel)	37, 377, 378	37	2:00
Hana Airport	36, 360	50	2:30
Hana (Ortsmitte)	36, 360	52	2:40
IAO Valley	380, 36, 32	7,5	0:15
Kaanapali	380, 30	29	0:50
Kapalua	380, 30	37	1:00
Kapalua Airport	30, 340	28	1:10
Kihei	350, 31	9	0:15
Kipahulu Seven Pools	36, 360	63	3:15
Lahaina	380, 30	25	0:40
Maalea (Hafen)	380, 30	13	0:25
Makena	350, 31	19	0:30
Paia	36	6	0:10
Pukalani	37	10	0:15
Wailea	350, 31	22	0:45

Hana

Der kleinste Flughafen Mauis liegt bei Hana (Airline-Code: HNM); er wird derzeit nicht im Linienverkehr angeflogen.

Zwischen den Inseln

Auf der Strecke Honolulu – Kahului gibt es den ganzen Tag über gute Flugverbindungen. Von dort aus bestehen Verbindungen zu allen Inseln. Je zweimal täglich fliegt *Hawaiian Airlines* von Kahului nach Kona bzw. Hilo und zurück. Soweit die Verbindungen, die mit Jets geflogen werden. Im „Propellerhüpfer" fliegt *Island Air* täglich von Kahului aus mehrfach nach Lihue, Hilo bzw. Kona sowie ein bis zwei Flugpaare nach Molokai und Lanai, s.a. Kap. „Praktische Reisetipps", „Flüge zwischen den Inseln".

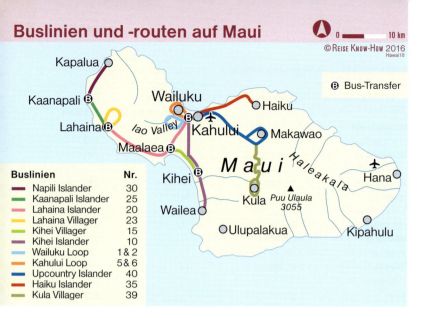

Verkehrsmittel

Die einzige Alternative zu Bustouren ist der **Mietwagen**. Allein schon, um vom Flughafen zum Hotel zu kommen, benötigt man normalerweise ein Auto (oder das teure Taxi). Nur ganz wenige Hotels bieten einen Transfer-Service an, alle anderen gehen davon aus, dass ein Paket aus Auto (ab/bis Flughafen) und Hotel gebucht wurde.

Öffentlicher Bus

Wer jedoch noch ein paar Tage an der Westküste ausspannen möchte – ohne Mietwagen – oder nach Molokai bzw. Lanai mit der Fähre übersetzen möchte und nach einer preisgünstigen Möglichkeit sucht, um vom Autovermieter mit Handgepäck zum Hafen zu kommen, der kann mit dem **Maui Bus** genannten öffentlichen Linienbus fahren. Der Bus fährt stündlich täglich von etwa 6 bis 19 Uhr und wird von der Firma *Roberts Hawaii* betrieben. Die (im 90-Minuten-Takt verkehrenden) Linien *Upcountry* (blau) und *Haiku Islander* (rot) halten auch am Flughafen Kahului.

Die Nutzung der Buslinien, die im Ballungsraum Kahului/Wailuku eine Schleife fahren, ist **kostenlos**. Ansonsten werden für jedes Betreten eines Busses $ 2 berechnet – egal wie weit. Die Tageskarte kostet $ 4. Für eine Fahrt z.B. vom Flughafen nach Kaanapali muss man dreimal umsteigen (Transfer), wobei die Busse an den Transferpunkten in der Regel aufeinander warten, sodass diese Fahrt nach Kaanapali oft genau doppelt so lange dauert wie eine Fahrt mit dem Mietwagen. Kleines Gepäck darf mitgenommen werden. Da der Bus manchmal etwas früher kommt, sollte man fünf Minuten vor Abfahrt schon an der Haltestelle stehen.

Für den Touristen auf Sightseeing-Tour ist der Bus nur mäßig bis gar nicht geeignet, aber für den einen oder anderen Transfer kann es interessant sein. Ansonsten ist der Maui Bus vor allem auf **Pendler** zugeschnitten. Die Monatskarte kostet $ 45 für das Gesamtnetz.

Den jeweils aktuellen **Fahrplan** finden Sie unter www.mauicounty.gov/bus. Bevor Sie sich aber vor einem wichtigen Termin (Fähre etc.) nur auf einen Linienbus verlassen, empfiehlt sich auf jeden Fall ein Double-Check per Telefon 871-4838 direkt bei *Roberts Hawaii* bzw. 270-7511 beim *Maui County Department of Transportation.*

Central Maui

Unter Central Maui versteht man das Gebiet rund um die schmalste Stelle der Insel und somit die Ebene zwischen dem Vulkankegel des Haleakala und den West Maui Mountains. Auf den ersten Blick fallen hauptsächlich die großen **Zuckerrohrfelder** sowie die beiden ineinander übergehenden Städte **Kahului** und **Wailuku** ins Auge.

Kahului und Wailuku

Während Kahului das wirtschaftliche Zentrum Mauis mit dem größten Flughafen und dem einzigen tiefen Hafen der Insel, den Industriegebieten und den Einkaufszentren ist, befindet sich in Wailuku der politische Mittelpunkt des gesamten Countys. Die meisten Supermärkte liegen am Schnittpunkt der Highways 32 und 311.

Kahului entstand in den frühen 1950er Jahren als Siedlung für die Arbeiter in der Zuckerrohr-Industrie. In Wailuku gibt es immerhin einige „historische" Gebäude, von denen vor allem die gegenüber dem *County Building* (das einzige „Hochhaus" Wailukus) gelegene **Kaahumanu Church** aus dem Jahr 1876 einen Stopp wert ist.

Baldwin Sugar Museum

In der Nähe von Kahului liegt das Baldwin **Zucker-Museum** (Tel. 871-8058, Öffnungszeiten: Mo–Sa 9.30 bis 16 Uhr, Eintritt $ 7). Das Museum informiert nicht nur über die Geschichte des Zuckeranbaus und dessen Herstellung, sondern auch ausführlich über die Lebensbedingungen der Menschen um die Jahrhundertwende. Angehörige verschiedener Völker (Japaner, Filipinos …) wanderten damals nach Hawaii aus, um als Arbeiter auf den Plantagen ihren Lebensunterhalt zu verdienen.

Einige Meilen hinter Kahului zweigt vom Highway 350 zur Bergseite eine Straße Richtung „Puunene" ab. Wenige hundert Meter hinter dieser Abzweigung liegt die Einfahrt zum Museum (3957 Hansen Road, Puunene).

Kepaniwai Gardens

Die Verlängerung des Highway 32 in Richtung West Maui Mountains führt über Wailukus Main Street als Stichstraße in das Iao Valley. Etwa zwei Meilen

ZUCKERROHR_HISTORISCH bsm

nach dem Ortsende von Wailuku liegt links der Straße der *Kepaniwai Park and Heritage Gardens.* Vom kleinen Haus im Neuengland-Stil über die Miniaturausgabe einer portugiesischen Villa bis zur chinesischen Pagode und einem japanischen Teehaus mit passendem Garten reicht das Spektrum der vertretenen Gebäude. Der Architekt *Richard Tongg* errichtete zu Ehren der vielen verschiedenen, in Hawaii lebenden Volksgruppen diesen Park. An den Wochenenden herrscht an den überdachten Picknicktischen reger Betrieb, wenn die Einheimischen sich hier zum *Barbecue* treffen.

Iao Valley

Tagsüber herrscht im (flughafennahen) Iao-Tal reger Trubel, denn es ist Pflichtpunkt auf jeder Busrundreise. Wohltuend ruhig ist es hingegen früh morgens vor 7.30 Uhr und ab etwa 17 Uhr, wenn größere Teile des Tals im Schatten liegen. Das Tal wird immer enger, und schließlich mündet die Straße in einen großen Parkplatz, der etwa 270 m über dem Meer liegt ($ 5 Parkgebühr). Von hier führt ein breiter Fußweg in wenigen Minuten zum Aussichtspunkt auf die *Iao Needle,* außerdem gibt es ein paar kurze Wanderwege. Da sich das umliegende Land in Privatbesitz befindet und die Ei-

◸ Zuckerrohrarbeiter im 19. Jahrhundert

▷ Die Kepaniwai Gardens im Iao-Tal laden zu einem kurzen Spaziergang ein

gentümer Wanderern den Zutritt verwehren, sind die Wanderwege im Iao Valley mittlerweile alle geschlossen. Der Grund zur Schließung dieser Trails liegt in der amerikanischen Gesetzgebung zur Haftung bei einem eventuellen Unfall.

Bei den alten Hawaiianern war das Iao Valley ein heiliges Stück Land, heute ist es ein State Park, der zum Pflichtprogramm einer Maui-Pauschaltour gehört. Das Tal ist das Überbleibsel einer *Kaldera* (eingestürzter Vulkankrater), die heute auch entlang der senkrechten Wände mit Moosen und anderen Pflanzen bedeckt ist. Inmitten dieser „grünen Hölle" steigt die **Iao Needle,** ein grün überwucherter Basaltblock, 366 m hoch über den Talboden bis zu einer Höhe von knapp 690 m über dem Meeresspiegel auf. Das üppige Grün konnte sich nur aufgrund der vielen Niederschläge ansiedeln, und somit ist ein Foto der Iao Needle bei Sonnenlicht ein echter Glückstreffer. Doch auch bei dichter Wolkendecke ist das Szenario durchaus beeindruckend.

Paia

Ein kurzer Abstecher nach Paia, das etwa zehn Autominuten vom Flughafen Kahului entfernt ist, lohnt sich immer. In den 1930er Jahren war die Plantagensiedlung mit über 10.000 Einwohnern die größte Gemeinde der Insel, aber dann lief Kahului dem alten Ort den Rang ab. Paia verkam zu einem unbedeutenden Dorf, das erst wieder in den 1970er Jahren von den Hippies auf ihrer Suche nach dem Paradies mit Leben erfüllt wurde.

136ha av

Die Sage vom tapferen Maui

Vor langer, langer Zeit schien die Sonne nur drei oder vier Stunden pro Tag. Die Sonne war damals so faul und verschlafen, dass sie sich bei ihrem Zug über den Himmel sehr beeilte, um möglichst schnell wieder zurück ins Bett zu kommen. Damals lebte der gewitzte Halbgott *Maui* zusammen mit seiner Mutter *Hina* in Hana. *Hina* hatte wegen des kurzen Sonnenscheins stets Probleme bei der Trocknung ihrer aus *Tapa* (Rinde des Maulbeerbaums) gefertigten Tücher. Daher schmiedete der trickreiche *Maui* einen Plan, um den Tag zu verlängern.

Er hatte bei seinen Beobachtungen festgestellt, dass die Sonne beim Aufsteigen über den Kraterrand des Haleakala stets zuerst einen langen Sonnenstrahl aussandte und dann einen zweiten. Für *Maui* sah es so aus, als ob eine Spinne auf ihren Beinen über einen Felsen klettert.

Eines Nachts stieg er mit sechzehn festen Seilen auf den Krater und versteckte sich in einer Höhle in der Nähe des Gipfels. Als die Sonne ihre ersten „Beine" über den Kraterrand schob, warf *Maui* ein Seil um sie herum und fesselte diese. Das machte er mit jedem Bein. Anschließend befestigte er die Seile an einem Baum. Der Sonne blieb keine andere Wahl, als *Maui* zu versprechen, langsam und bedächtig über den Himmel zu ziehen – so langsam, dass *Mauis* Mutter genügend Zeit für ihre Arbeiten hat.

Seitdem heißt der Vulkan *Haleakala*, Haus der Sonne, und seitdem scheint die Sonne dort stets einen halben Tag lang.

In den 1980er Jahren entdeckten es dann die Windsurfer. Mittlerweile gilt Paia als internationales Zentrum des Windsurf-Sports. Gleich hinter Paia liegt kurz vor dem Milemarker 9 die Einfahrt zum fast 500 m langen **Hookipa Beach.** Hier findet im Frühling die *O'Neill International Windsurfing Championship* statt, die **Weltmeisterschaft im Windsurfen.** Das Zuschauen bei diesem Spektakel ist kostenlos, als Tribüne dienen die Dünen. Mit Teleobjektiv oder Fernglas macht Zuschauen noch mehr Spaß.

Windsurfen funktioniert (wie der Name schon verrät) nur bei Wind. Dieser treibt die salzige Meeresluft Richtung Land. Das Salz setzt sich überall ab – auch auf Objektiven und Ferngläsern. Es empfiehlt sich somit, vor allem die Frontlinsen zu schützen.

Auch wenn keine Meisterschaften stattfinden, sind meist ein paar Windsurfer zwischen den Wellen zu sehen. Nirgendwo sonst bietet sich auf den Inseln eine bessere Möglichkeit, einige der weltbesten Windsurfer, welche in Paia wohnen, beim Nachmittagstraining zu bestaunen. Und wenn gerade Windsurfing nicht angesagt ist, dann sind zumindest die Surfer aktiv.

Stadtbummel

Die unterschiedlichen Bevölkerungsgruppen vom Plantagenarbeiter über die Hippies bis hin zu den Windsurfern prägten natürlich auch den Charakter und das Ortsbild von Paia. Die alten Fas-

▷ Beim Gilbert Roping Rodeo

saden sind wieder restauriert oder zumindest frisch gestrichen, und die verschiedenen Boutiquen, Restaurants und Kneipen haben ein besonderes Flair. Ein kleiner Bummel mit anschließendem Kneipenbesuch lohnt sich. Für die Surfgemeinde gibt's im Bereich Paia sogar billige Pensionen.

Essen

■ Empfehlenswert ist **Hana Ranch Provisions** in Paia (Tel. 868-3688). Das Essen schmeckt, die Atmosphäre stimmt, und die Auswahl ist groß. Die Kräuter, Salate und das Gemüse stammen fast ausschließlich aus Bio-Anbau von der *Hana Ranch*. Das Spektrum reicht von Fisch-Spezialitäten über Pasta und Fleisch bis zu rein vegetarischen Gerichten.

■ Zwar ziemlich teuer, dafür aber auch richtig gut ist **Mama's Fish House** (Tel. 579-8488, www.mamasfishhouse.com) in Paia (am Ortsausgang Richtung Hana), das sicherlich zu den zehn besten Restaurants von Maui zählt. Es muss ja nicht immer gleich ein dreigängiges Menü sein ... Wer im gemütlichen Restaurant sitzen will, der sollte unbedingt reservieren. Im Außenbereich zwischen tropischen Pflanzen klappt es oft auch ohne Reservierung. Die Restaurantinhaber vermieten auch einige Beach-Cottages, die nicht gerade im unteren Preisbereich liegen.

Makawao

Makawao liegt bereits an der Grenze zum Upcountry. Das kleine Städtchen mit Cowboy-Ambiente erwacht einmal jährlich aus seinem Dornröschenschlaf, wenn am 4. Juli die **Paniolos** (Cowboys, s.a. *Parker Ranch* auf Big Island) beim **Rodeo von Maui** ihr Können unter Beweis stellen. Sonst geht es gemächlich zu, die Geschäfte (Kunstgewerbe, Galerien, Restaurants) laden zum Flanieren ein. Landschaftlich abwechslungsreich ist die Fahrt auf dem Highway 365 von Makawao hinunter zur Küste.

Haleakala Krater

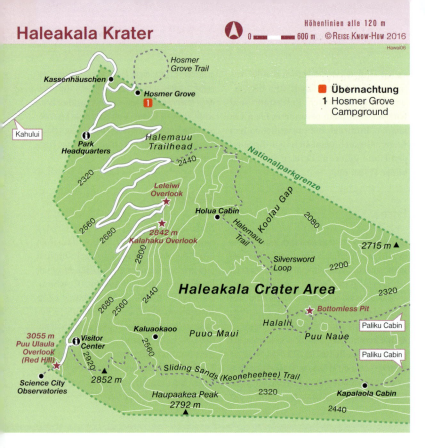

Haleakala

Auf einer Strecke von knapp 40 Meilen (etwa 65 km) überwindet die Straße von der Küste bis hinauf zum Gipfel des Berges Haleakala einen Höhenunterschied von 3055 Metern.

Schenkt man den bunten Werbeschriften für Maui Glauben, dann erlebt man nirgendwo auf der Welt einen derart **spektakulären Sonnenaufgang** wie am Haleakala. Mark Twain sah im Sonnenaufgang am Haleakala „das erhabenste Schauspiel, das ich je gesehen habe. Die Erinnerung wird immer in mir bleiben."

Eines ist jedoch sicher: Ein Sonnenaufgang auf dem Haleakala ist etwas Besonderes, und das frühe Aufstehen lohnt sich.

Der Anblick des Haleakala erinnert entfernt an den Nationalpark *Timanfaya* auf der kanarischen Insel Lanzarote. Allerdings muss man fairerweise zugeben, dass die Dimensionen – vor allem die Höhenunterschiede – auf Maui wirklich gewaltiger sind.

Jeden Morgen zieht sich daher eine Autoschlange den Krater hinauf, sodass man aufgrund des Verkehrs für eine frühmorgendliche Fahrt von der Westküste zum Gipfel durchaus zwei bis zweieinhalb Stunden braucht. Oft geht die Fahrt dabei durch dichten Nebel, also mitten durch die Wolken, und manchmal steht unverhofft eine Kuh mitten auf der Straße. Außerdem stauen sich die Wagen meist vor dem Kassenhaus des Haleakala National Park. Der Eintritt kostet $ 15 pro Auto für drei Tage (also noch für zwei Folgetage) und gilt auch im Kipahulu-Teil (Oheo, Seven Pools) des Nationalparks. Für $ 25 gibt es den *Hawaii Tri-Park Annual Pass,* der ein Jahr lang kostenlosen Eintritt in den Haleakala National Park, den Hawaii Volcanoes National Park sowie Puuhonua o Honaunau (die beiden letzteren auf Hawaii Big Island) ermöglicht.

Von den ca. 1,1 Millionen Besuchern, die jedes Jahr in den Park kommen, streben ca. 650.000 in den Gipfelbereich (mit etwa 530 Fahrzeugen täglich) und ca. 450.000 den Kipahulu District des Nationalparks an.

Anfang Januar finden Sonnenaufgang und Sonnenuntergang gegen 7 und 18 Uhr statt, Anfang Juli allerdings bereits gegen 5.40 Uhr beziehungsweise erst etwa um 19.15 Uhr. Da man spätestens eine halbe Stunde vor Sonnenaufgang am Aussichtspunkt sein sollte, muss man im Sommer bereits gegen 3 Uhr an der Westküste aufbrechen. Die genauen Sonnenaufgangszeiten erfährt man im Hotel.

Der beliebteste **Beobachtungspunkt** ist am *Visitor Center* auf 2970 m Höhe, dicht gefolgt vom *Puu Ulaula Overlook* auf dem etwa 100 m höher gelegenen

Gipfel. Sehr viel ruhiger geht es am *Leleiwi Overlook* auf 2682 m und am *Kalahaku Overlook* auf 2842 m zu.

Kleidung und Proviant

Morgens und abends/nachts ist es in dieser Höhe kalt. Eine lange Hose, ein Sweatshirt und möglichst eine winddichte Jacke und Hose leisten hier gute Dienste.

Es empfiehlt sich, mit vollem Tank hinaufzufahren und sich mit Proviant (inkl. Getränken) einzudecken, denn die letzte Einkaufsmöglichkeit besteht in Pukalani. Offiziell gibt es am *Visitor Center* auf 3000 m Höhe zwar (übelschmeckendes) Wasser, aber manchmal sind die Tanks auch leer.

Während das Gesamterlebnis „Haleakala-Krater" bei Sonnenaufgang am schönsten ist, herrschen zwischen 16 und 18 Uhr die besten Lichtverhältnisse zum Fotografieren.

Auch der **Sonnenuntergang** ist hier oben ein tolles Erlebnis, aber weil die meisten Besucher pünktlich zum Dinner im Restaurant sein möchten, geht es am Haleakala abends ziemlich ruhig zu, während morgens beachtlicher Rummel herrscht. Wer möchte, kann hier oben noch einen fantastischen Sternenhimmel beobachten – aber nur mit warmer Kleidung.

Brocken Specter

Falls am späten Nachmittag der Krater mit Wolken gefüllt sein sollte, bestehen (vor allem vom *Leleiwi Overlook*) gute Chancen, ein Naturphänomen namens

Central Maui

Brocken Specter zu beobachten. Der auf den Wolken abgebildete eigene Schatten wird dabei von einem kreisförmigen, fast vollständig umlaufenden Regenbogen umgeben. Der Name *Brocken Specter* (Brockengespenst) stammt übrigens von dem deutschen Berg Brocken (im Harz), an dem das Phänomen im 18. Jh. zum ersten Mal beschrieben und als *Brockengespenst* bezeichnet wurde. Während das Phänomen früher nur von Bergen über den Wolken unter günstigen Bedingungen zu beobachten war, besteht diese Möglichkeit mittlerweile auch aus einem über den Wolken fliegenden Flugzeug.

Der Krater ist gleichzeitig der Zentralbereich des **Haleakala National Park.** Schon 1916 hatte der Haleakala einen Nationalpark-Status, aber erst seit 1961 ist er ein eigener, vom *Hawaii Volcanoes National Park* auf Big Island unabhängiger Nationalpark, der verwaltungstechnisch dem *National Park Service* in Washington D.C. (und damit dem Innenministerium) untersteht.

Die **Visitor Centers** (Besucherzentren) stehen am **Parkeingang** (verbunden mit dem *Park Headquarter*) auf etwa 2100 m Höhe (gute Ausstellung, Münztelefon und Toiletten, Tel. 572-4459, Öffnungszeiten: 8 Uhr bis 15.45 Uhr), direkt am **Kraterrand** auf 3000 m Höhe (gute Ausstellung, Toiletten, Öffnungszeiten: von Sonnenaufgang bis 15 Uhr) sowie im **Kipahulu-Teil** (Tel. 248-7375, sehr klein und kaum einen Besuch wert, Münztelefon, Toiletten; Öffnungszeiten: 9 bis 17 Uhr).

■ **Info:** www.nps.gov/hale

In den Jahren 1951, 1969 und 1976 wurde der Park durch Landschenkungen im Ostteil bis zum Meer hin erweitert und 2005 nochmals auf knapp 10.000 Hektar vergrößert. Mittlerweile wurde er von der UNESCO zum *World Heritage Park* erklärt und von den Vereinten Nationen in die Liste der *International Biosphere Reserves* aufgenommen.

Der Haleakala National Park fällt auf einer Distanz von 12 km über 3000 Höhenmeter bis zum Meer ab. Er reicht damit von einer subalpinen Zone, in der es schon mal gefriert, bis zum subtropischen Regenwald. Allerdings ist es nicht gestattet, quer durch den Park zu wandern. Lediglich Wanderungen im Krater und Wanderungen im Küstenbereich sind gestattet.

Der Haleakala ist der größte schlafende Vulkankrater der Welt. Er ist fast 13 km lang, über 4 km breit und 800 m tief. Seine letzte Eruption hatte er ca. im Jahr 1790. Er gilt daher als schlafend, aber noch nicht als erloschen.

Silberschwert

Nur am Puu Kukui, dem höchsten Berg West Mauis sowie hier oben am Haleakala-Krater kommt in Höhen zwischen 2100 m und dem Gipfel das Silber-

▷ Silberschwert: „Normalzustand", in Blüte und abgestorben

schwert (*silversword, Argyroxiphium sandwicense*) vor. Die alten Hawaiianer nannten diese am Haleakala endemische Pflanze *Ahinahina*. Zusammen mit den Sonnenblumen und den Chrysanthemen gehört das Silberschwert zur Familie der *Compositae*. Die Literatur sagt, dass Silberschwerter zwischen Mai und Oktober blühen, der Autor hat aber auch im Dezember und im März schon einzelne Exemplare in Blüte gesehen. Nach 5 bis 20 Jahren Wachstum erzeugt das Silberschwert seine etwa 100 bis 500 Einzelblüten, die auf einem zwischen 1 m und 2,50 m hohen Stamm gedeihen, und wirft Samen. Anschließend stirbt die Pflanze, denn jedes Silberschwert blüht nur einmal. Wer keine Wanderung im Krater unternimmt, der kann auch am Straßenrand ein Silberschwert betrachten. Am Gipfelparkplatz stehen einige der Pflanzen in einem eigenen Beet.

Gegen Anfang des 20. Jahrhunderts drohten die Rinderherden der Farmer und vor allem die wilden Ziegen und Schweine, den spärlichen Pflanzenbewuchs im oberen Teil des Kraters zu zerstören. Auch das Silberschwert stand damals kurz vor der Ausrottung. Deshalb wurde Anfang der 1980er Jahre der gesamte Krater umzäunt und die noch im Krater lebenden Säugetiere gejagt. Diese Bemühungen zahlten sich aus: Überall im Krater stehen nun wieder die bedrohten Pflanzen.

Wissenschaftszentrum

Oben am Ende der Straße befindet sich ein Komplex, der *Science City* genannt wird. Hinter den weißen Kuppeln verbergen sich mehrere zivile und militärische Observatorien. Ein Schwerpunkt liegt in der **Beobachtung der Sonnenaktivität.** Bei entsprechenden Witterungsverhältnissen ist es vom Aussichtspunkt sogar oftmals möglich, die beiden Viertausender auf Big Island, Mauna Loa und Mauna Kea zu sehen.

Sonnenaufgang am Haleakala: Heute so, morgen so

Ostersonntag, 5 Uhr morgens, Temperatur: +8 °C, *Leleiwi Overlook* am Haleakala. Sieben andere warten hier auch schon auf den Sonnenaufgang und unterhalten sich. Jeder versucht, sich warm zu halten. Es wird langsam heller, und der Himmel bekommt nach und nach einen violetten Schimmer. Einen kurzen Moment später wechselt die Himmelsfarbe mehr ins Rote.

Da geht eine etwa 40 Jahre alte Indianerin (keine Hawaiianerin) in voller Tracht ein paar Meter nach vorn auf den Felsvorsprung, blickt nach Osten, streckt die Arme weit aus und fängt an zu singen. Je mehr das Rot in den Wolken sich in ein Orange verwandelt, um so lauter und kraftvoller wird ihre Stimme.

Wir spüren ein seltsames Gefühl der Ergriffenheit. Niemand sagt etwas, jeder lauscht und bewundert das Farbenspiel. Das Lied der Indianerin hat seinen Höhepunkt erreicht, als der erste Sonnenstrahl unsere Augen berührt. Sie singt noch eine halbe Minute leise weiter und setzt sich dann hin, während sich die Sonne hinter den Wolken emporschiebt.

Noch ganz im Bann dieser mystisch wirkenden Kombination aus Gesang und Naturschauspiel sehen wir, wie sich innerhalb der nächsten Minuten die Kraterwand von einem blassen Graubraun in ein leuchtendes Braunorange verwandelt. Wir schauen noch fast eine halbe Stunde lang schweigend in den Krater, dann geht jeder wieder seiner Wege.

Am Tag darauf stelle ich den Wecker eine halbe Stunde früher und fahre morgens bis hinauf zum Visitor Center. Es ist 4.50 Uhr bei einer Temperatur von +7 °C. Vorn am Kraterrand stehen etwa hundertfünfzig bis zweihundert Menschen dicht beieinander. Gut die Hälfte von ihnen trägt eine kurze Hose – wohl um die Gänsehaut zu zeigen. Um nicht ganz auszukühlen, haben sich manche von ihnen ein Handtuch

Radtouren

Mehrmals täglich starteten früher vom *Visitor Center* aus die Fahrradtouren unter dem Motto *Bike down a volcano*, bei denen man (fast) ohne Treten auf etwa 60 km Strecke die 3000 Höhenmeter bis zum Meer hinunterfahren kann. Während Ende der 1980er Jahre jeden Tag nur einige wenige Kleinbusse mit Radfahrern im Rahmen einer kommerziellen Tour auf den Berg kamen, waren es 1995 bereits 10 bis 12 Busse und 2005 schon zwischen 25 und 30. Der Markt-führer unter diesen *Bike down a Volcano*-Veranstaltern beförderte bereits über 100.000 Bergabfahr-Touristen den Berg hinauf. **Achtung:** Nach einem Unfall mit Todesfolge sind kommerzielle Fahrradtouren am Haleakala jedoch **nicht mehr gestattet.** Daher fahren die Teilnehmer dieser Touren jetzt mit dem Kleinbus zum Sightseeing auf den Gipfel. Danach geht es wieder hinab auf etwa 2000 Höhenmeter, wo kurz hinter der Nationalpark-Grenze die Fahrräder für das *Downhill Adventure* bestiegen werden.

über das Sonnentop gelegt. Andere gehen zum Auto oder ins Visitor Center, um sich aufzuwärmen. Der Rest starrt wie gebannt in die sich langsam verfärbenden Wolken.

◿ Warten auf das große Schauspiel

Der erste, zarte Sonnenstrahl trifft mich, und ich freue mich schon, denn gleich kommt der Höhepunkt des Farbenspiels, wenn die Sonne den Krater in ihr beeindruckendes Licht taucht. Da höre ich, wie mein Nachbar just in diesem Moment zu seiner Partnerin „We did it, let's go!" sagt, den Autoschlüssel herauskramt und nicht einmal zwei Minuten später bereits auf dem Rückweg zum Hotel ist.

Hosmer Grove Trail

Ein 20-minütiger Spaziergang ist der *Hosmer Grove Trail* am gleichnamigen Campingplatz in unmittelbarer Nähe der Eingangsstation zum Nationalpark. Hier pflanzte *Ralf Hosmer* im Jahre 1910 Bäume aus Nordamerika, Europa, Asien, Japan und Australien an, um zu sehen, ob sie sich für die Holzwirtschaft eignen. Zwar wachsen auf den Inseln einige dieser fremden Baumarten, aber keine davon wurde kommerziell angepflanzt. In diesem kleinen Wald fühlen sich viele hawaiianische Vögel heimisch, die vor allem in den Morgenstunden ein lautstarkes Konzert veranstalten.

Tageswanderung in den Krater

Die schönste und intensivste Möglichkeit, den Haleakala zu erkunden, ist eine Wanderung auf dem *Sliding Sands Trail (Keonehe-ehe-e Trail)* hinab in den Krater und hinauf über den *Halemauu Trail*.

Im Haleakala-Krater

Ausrüstung

Weil das **Wetter** im Krater schnell wechselt, empfiehlt sich auch die Mitnahme der Regenjacke und eines warmen Pullovers. Die Sonneneinstrahlung ist in dieser Höhe noch erheblich intensiver als am Meer. Um Hautschäden zu vermeiden, sollten Sie während der gesamten Wanderung einen Sonnenblocker (auch wenn sie sonst kein Sonnenschutzmittel mehr benötigen) verwenden und einen Sonnenhut tragen (Sonnenstich!). Nehmen Sie pro Person mindestens zwei, besser drei oder vier Liter Trinkwasser mit – Sie werden es brauchen. Es empfiehlt sich, das Auto bereits am Morgen zum Halemauu-Trailhead zu fahren.

Auto-Standort

MEIN TIPP: Fragen Sie bereits während des Sonnenaufgangs einen Amerikaner, ob er Sie die 400 Höhenmeter vom *Halemauu Trailhead* zum *Visitor Center* zurückfährt. Mit etwas Glück werden Sie schnell ein „Sure, no problem" als Antwort bekommen. Falls Sie das Auto oben am Visitor Center stehen lassen mussten, richten Sie sich auf zwei Stunden Wanderung auf öder Teerstraße in sengender Sonne ein, denn die Chancen, hier nachmittags von einem Auto mitgenommen zu werden, tendieren gen Null.

Vor einigen Jahren versuchten die Ranger, ein **Bus-Transportsystem** zum Gipfel zu etablieren, um damit den hier oben schon recht heftigen Individualverkehr einzudämmen. Leider scheiterte die praktische Durchführung an einer Kombination aus fehlenden Finanzmitteln und der Gewissheit, dass die Amerikaner nur ungern zwangsweise von ihrem (Miet-)Wagen auf einen Kleinbus umsteigen. Im Übrigen gibt es auch aktive Überlegungen, das Überfliegen des Nationalparks mit Hubschraubern, Sportflugzeugen etc. ganz zu verbieten, um wieder mehr Ruhe aufkommen zu lassen.

Beginn der Tour

Der **Sliding Sands Trail** (im Rahmen der Wiederbelebung der hawaiianischen Namen jetzt auch *Keonehe-ehe-e Trail* genannt) beginnt am Parkplatz des Besucherzentrums auf 2970 m Höhe und geht in den *Haleamauu Trail* über. Dieser endet am *Halemauu Trailhead* auf 2435 m. Etwas Kondition ist erforderlich, denn es heißt, 878 m Abstieg, knapp 20 km Strecke und am Schluss noch über 400 m Aufstieg zu bewältigen. Planen Sie inklusive Pausen sieben bis neun Stunden dafür ein.

Sehr schnell spürt man, woher der *Sliding Sands Trail* seinen Namen hat, denn die kleinen Steine unter den Schuhen stauben wie feiner Sand. „Rutschend" *(Sliding)* geht's hinab; nachvollziehbar, dass der Aufstieg auf diesem Trail um ein Vielfaches anstrengender als der Abstieg ist. Andererseits ist damit der Abstieg ziemlich knieschonend. Dieser „Sand" besteht aus vulkanischer Schlacke und Asche, die bei vielen verschiedenen Eruptionen vor Hunderten und Tausenden von Jahren herausgeschleudert wurden. Beim Abstieg zeigt sich der Krater in seiner Farbenpracht: Rot, Gelb, Orange, Violett, Braun, Grau, Schwarz und viele Mischfarben wechseln einander ab. Dazwischen immer wieder Silberschwerter.

Vulkankegel

Nach etwa zwei Stunden haben Sie die Weggabelung am Kraterboden auf etwa 2255 m Höhe erreicht. Gehen sie auf dem *Halemauu Trail* Richtung *Holua Cabin*. Ein Umweg über die *Kapalaoa Cabin* ist zwar durchaus möglich, bringt aber kaum neuen Eindrücke – im Gegenteil, der abwechslungsreiche Weg am Kamoa-o-Pele-Krater vorbei entfällt dann.

Bottomless Pit

Nach etwa einer weiteren halben Stunde hat man an der nächsten Abzweigung die Wahl, entweder direkt zur *Holua Cabin* zu gehen oder noch einen Abstecher um den Halalii-Krater herum zur Bottomless Pit zu unternehmen. Wer sich noch fit fühlt, sollte diesen halbstündigen Umweg machen. Dieses **„Loch ohne Boden"** ist keine 20 m tief, aber durch und durch schwarz. Nach einem alten hawaiianischen Brauch musste die Nabelschnur eines Neugeborenen in dieses Loch geworfen werden, um zu verhindern, dass aus dem Kind ein Dieb wird. Der Umweg lohnt sich jedoch weniger wegen des Bottomless Pit selbst als vielmehr aufgrund des weiteren Wegverlaufs am Halalii entlang. An dieser Stelle zeigt sich der Haleakala noch einmal von seiner vielfältigsten Seite: links ein steiler Hang aus Aschegranulat in vielen verschiedenen Farben, rechts ein grauschwarzer Hügel und vor Ihnen der schönste Teil des großen Kraters.

Während man bisher nach jeder Biegung eine neue Farbe gesehen hat, ändert sich das Bild jetzt: Schwarz, grau und dunkelbraun dominieren in den nächsten 45 Minuten bis zur Holua Cabin. Wenn dann noch die Wolken für Nebel sorgen, ist das alternative Hawaii-Erlebnis perfekt.

Im weiteren Wegverlauf sollte man auf **Krustenflechten** (engl.: *Lichens*) achten, die sich in vielen Farben auf der scharfkantigen Aa-Lava angesiedelt haben. *Lichens* sind meist die ersten Lebewesen, die sich auf Lava ansiedeln, so kommt ihnen bei der Umwandlung von vulkanischem Gestein in fruchtbare Erde eine zentrale Rolle zu.

Nach rechts zweigt die *Silversword Loop* ab. Wer mit Silberschwertern bisher kein Glück hatte, der findet sie auf diesem etwa 500 m langen Umweg.

Nenes

Der Weg führt nochmals bergab bis zur **Holua Cabin,** die auf 2092 m Höhe liegt. In diesem Bereich sind auch sehr oft die mit den Gänsen verwandten **Nenes** anzutreffen. *Nenes* kommen nur am Haleakala sowie im Hawaii Volcanoes National Park auf Big Island vor und sind vom Aussterben bedroht. Auch wenn die Tiere zutraulich werden, sollten sie nicht gefüttert werden, getreu dem Motto *Keep wildlife wild* („sorgen Sie dafür, dass wildlebende Tiere auch wild bleiben").

Aufstieg

Von der *Cabin* aus fällt der Weg noch etwas ab, bevor es dann nach 30 bis 45 Minuten in Serpentinen über 400 m nach oben geht. „Die Serpentinen sind nix für Nicht-Schwindelfreie, da sie seitlich nicht befestigt sind", kommentiert ein Leser sein Erlebnis. „Der Aufstieg ist heftig; wenn man die Wanderung nicht sehr früh startet, kommt man in die Dunkelheit hinein." Man sollte beim Aufstieg auch auf die sich mit der Höhe ständig ändernde Vegetation achten. Mit etwas Glück sieht man auch hier ein *Nene*. Der letzte Teil zieht sich dann noch etwas hin, steigt aber in diesem Bereich kaum noch an, der Parkplatz an der Gipfelstraße ist erreicht.

Übernachten im Krater

Es besteht auch die Möglichkeit, in einigen *Cabins* oder auf Campingplätzen im Krater zu übernachten, aber der Reservierungs- und Zeitaufwand lohnt sich nur bei einem Hawaiiaufenthalt von mindestens vier Wochen, denn durch die Tageswanderung bekommt man bereits einen ziemlich umfassenden Eindruck vom Krater. Alles über die Reservierungsmöglichkeiten erfahren Sie unter www.nps.gov/hale/planyourvisit/upload/Lodging-and-camping.pdf.

▷ Brandzeichen anbringen im Upcountry

Das Upcountry

Als Upcountry bezeichnen die Einwohner von Maui den gesamten **Bereich des Haleakala-Westhangs.** Während in den tiefer liegenden Teilen tropisches Klima herrscht, handelt es sich in den oberen Lagen bis etwa 2000 m meist um fruchtbares Weide- und Ackerland, vergleichbar mit dem Westen des amerikanischen Kontinents. Die häufigen Wolken-Staus am Krater sorgen stets für genügend Regen. In diesem Bereich befinden sich viele Versuchsfelder mit genetisch manipulierten Pflanzen (siehe: Exkurs „Wirtschaftsfaktor Gentechnik" in Kapitel „Land und Leute").

Ein großer Teil davon gehört zur **Ulupalakua Ranch.** Von hier genießt man einen schönen Blick auf die unbewohnte Insel Molokini.

Tedeschi Winery

Am Hang des Haleakala wächst nicht nur der einzige **Wein** Mauis, von hier kommt auch ein beliebtes Hawaii-Mitbringsel: **der Ananaswein** „*Maui Blanc*". Die *Tedeschi Winery* (www.mauiwine.com) neben der *Ulupalakua Ranch* (kurz vor dem Übergang des Highway 37 in den Highway 31) lädt zu Touren sowie zur Wein- und Sektprobe ein. Kostenlose Touren gibt's jeweils um 10.30 und 13.30 Uhr; danach geht's zur Weinprobe in den *Tasting Room*. Vor dem Weinkauf ist eine Verkostung dringend anzuraten (nicht nur wegen des Spaßfaktors), denn neben *Maui Blanc* gibt es auch einige Weine, die von den meisten Europäern als erheblich jenseits von lieblich eingestuft werden. Aus Trauben hergestellt sind der Rosé *Maui Blush* und der Rotwein *Ulupalakua Red*. Definitiv süß ist der aus Ananas

125ha cm

und Passionsfrucht hergestellte *Maui Splash!*

Beim **Framboise de Maui** handelt es sich um ein Spezialgetränk, das aus frischen Himbeeren (französisch: *Framboise*), Rohrzucker und Traubenalkohol besteht, bei 20 % Alkoholanteil äußerst gehaltvoll ist und mit $ 40 pro 375-ml-Flasche kräftig ins Geld geht. Während die Amerikaner es lieben, den *Framboise de Maui* auch im Kaffee zu trinken, gießen Europäer dieses Getränk eher über Vanilleeis.

Die Früchte für diesen Wein stammen zum Teil von den Feldern entlang des Highway 37 zwischen Kahului und Pukalani.

Protea-Farmen

Im Upcountry findet man entlang der Straße immer wieder Hinweise auf Protea-Farmen. Diese aus Afrika stammende Pflanze findet im Upcountry ideale Lebensbedingungen. Sehr schön und bei freiem Eintritt können Sie die Blumen in der *Sunrise Market and Protea Farm*, direkt am Highway 378 in der Nähe der Einmündung zum Highway 377, besichtigen. Ein kurzer Stopp lohnt sich – auch für Fotografen.

Kula Botanical Gardens

In den *Kula Botanical Gardens* (Tel. 878-1715) am Highway 377 (MM 8,6) in der Nähe der Südabzweigung zum Highway 37 besteht auf etwa 1000 m Seehöhe zwischen 9 und 16 Uhr für $ 10 Eintritt die Möglichkeit, hawaiianische und eingeführte Pflanzen anzuschauen. Die Pflanzen in diesem liebevoll angelegten Privatgarten sind jeweils mit ihren Namen gekennzeichnet. Es handelt sich hierbei um den einzigen botanischen Garten Hawaiis, der nicht auf Seehöhe liegt.

West Maui

Lahaina

Geschichte

Bevor Honolulu im Jahr 1846 Hauptstadt des Königreichs von Hawaii wurde, hatte Lahaina diese Funktion inne. Anfang des vorletzten Jahrhunderts entwickelte sich die Stadt zu einem der beiden „Höllenlöcher im Pazifik" (das andere war *Russel* in Neuseeland). Wenn die Walfänger von ihren Beutezügen zurück in ihr Quartier nach Lahaina kamen, hatten sie meist nur noch eines im Sinn: Alkohol und Frauen. Teilweise lagen hier über 400 Schiffe gleichzeitig vor Anker. An den von Seefahrern eingeschleppten Krankheiten wie Masern, Grippe oder Syphilis starben damals viele Hawaiianerinnen und Hawaiianer, weil ihnen entsprechende Antikörper im Blut fehlten. Hier begannen im Jahr 1823 die ersten Missionare ihren Kampf gegen Krankheiten und Prostitution.

Wer den Roman *Hawaii* von *James A. Michener* gelesen hat, dem kommen bei einem Besuch Lahainas bestimmt viele Szenen in Erinnerung, die hier spielten. Interessante Details zur Geschichte erfahren Sie von der *Lahaina Restoration Foundation* im *Masters' Reading Room* des *Baldwin House* (Ecke Front/Dickinson Street, 9–16 Uhr, Tel. 661-3262). Die Foundation gibt auch einen *Lahaina Historical Guide* heraus. Es handelt sich dabei um ein kostenloses Heftchen, das zwar zum größten Teil aus Werbeanzeigen besteht, aber auch eine Beschreibung der historischen Stätten Lahainas enthält.

Rundgang

Heute promenieren die Touristen an den Fassaden aus der Pionierzeit die Front Street entlang, während sich die Geschäftsleute bemühen, das Walfänger-Image aufrechtzuerhalten. Vormittags herrscht noch Ruhe. Viele Geschäfte öffnen erst gegen 10 Uhr. Ab dem späten Nachmittag quält sich in der Hauptsaison eine lange Autoschlange durch die Front Street unter dem Motto „sehen und gesehen werden".

Trotz des zur Hauptsaison lästigen Verkehrs macht Bummeln hier, in Mauis (wenn nicht gar Hawaiis) schönstem Städtchen, richtig Spaß, denn es gibt zahlreiche liebevoll dekorierte Geschäfte, Restaurants, Kneipen mit Live-Musik, Bars, Boutiquen und einige historische Häuser. Zu einem Lahaina-Abstecher sollte auch ein Besuch in einer der knapp zehn **Galerien** zählen, wobei eine Besichtigung der Galerie *Wyland* fast schon touristische Pflicht ist, denn bei *Wyland* offenbaren sich die Unterschiede im Kunstgeschmack: Die blauen Wale und Delfine sind seit über 20 Jahren ein Renner. Wohltuend schöne Fotografien höchster Auflösung können Sie direkt gegenüber von *Wyland* in der *Peter Lik Gallery* bewundern und zu Preisen zwischen $ 500 und 1 Million Dollar auch gleich mitnehmen.

Seit Lahaina 1965 zum *National Historic Landmark* erklärt und damit unter eine Art Denkmalschutz gestellt wurde, müssen auch Neubauten mit einer Fassade – wie vor 1920 üblich – versehen werden.

Sehenswertes

Pioneer Inn

Eines der bekanntesten Gebäude der Stadt ist das *Pioneer Inn*. Das direkt am Wasser nahe beim Hafen gelegene Holzgebäude wurde 1901 erbaut und war lange Zeit das einzige Hotel der Insel. Im Saloon des *Pioneer Inn* wurden die wildesten Saufgelage abgehalten. Auch heute noch geht es hier oft sehr lustig zu, was die Übernachtungsgäste auch in ihren Zimmern akustisch noch bestens mitbekommen. Etwas vom Flair der alten Zeit konnte sich das Hotel mit seinen einfachen Zimmern (Tel. gebührenfrei 1-800-457-5457, www.pioneerinn-maui. com) durchaus bewahren.

Bei *Captain Jack's* gegenüber vom Pioneer Inn ist auch schon um 17 Uhr etwas los: Fünf große Flachbildschirme über der Bar sowie sechs weitere Bildschirme sorgen zusammen mit dem lautstarken Ton dafür, dass die Gäste nicht zuviel kommunizieren, dafür aber genügend konsumieren.

Banyan Tree

Im Jahr 1873 wurde bei den Feiern zum 50. Jahrestag der Ankunft der ersten Missionare auf der Insel der *Banyan Tree* (ein Baum aus der Ficus-Familie) neben dem Pioneer Inn gepflanzt. Im Laufe der

Zeit ist er zum größte Banyan-Baum Hawaiis herangewachsen.

Court House

Ein paar Meter weiter steht das 1859 erbaute und 1925 wieder errichtete **Gerichtsgebäude,** in dem jetzt zwei Galerien untergebracht sind.

Historische Gebäude

Viele Gebäude Lahainas sind fest mit der Geschichte verknüpft. Da gibt es zum Beispiel das nach dem gleichnamigen Missionar benannte **Baldwin House,** das über einer Frischwasserquelle gebaute **Spring House** oder das 1912 von Chinesen ursprünglich als Tempel erbaute **Wo Hing.** Es enthält jetzt eine Ausstellung chinesischer Kunst sowie ein historisches Theater, in dem alte Filme gezeigt werden.

Dampfeisenbahn

Mit dem Bus gelangt man zur *Lahaina-Kaanapali & Pacific Railroad,* kurz *Sugar Cane Train* genannt. Diese **Rohrzucker-Eisenbahn** wurde von einer fauchenden Dampflok durch die Zuckerrohr-Felder gezogen. Erst Ende 2016 geht es wieder, nun überwiegend am Highway entlang, per Diesellok für $ 25 hin und zurück. Nähere Informationen unter Tel. 667-6851 oder www.sugarcane train.com.

Verkehrsmittel

Buslinie

Zwischen Lahaina und Kaanapali fährt im Stunden-Takt der **West Maui Shopping Express** (Tel. 877-7308). Die einfache Fahrt kostet einen Dollar pro Person.

Parkplätze

Teuer ist das Parken in Lahaina, wenn man nicht bereit ist, von einem kostenlosen Parkplatz an der *Lahaina Cannery* am Nordende des Ortes (vor dem *Safeway-Supermarkt* am Highway) aus etwa 500 bis 1000 m bis ins Stadtzentrum zu laufen. In der Front Street sind die Parkplätze für drei Stunden kostenlos, aber die Plätze sind rar. Auf dem zentralen Parkplatz *Lahaina Center Parking* kostet das Parken $ 2 pro angefangene halbe Stunde, aber wer genügend Geld im *Hard Rock Café* oder in Geschäften wie *Hilo Hattie* lässt, der darf zwei Stunden kostenlos parken. Nach 17 Uhr gilt die Abend/Nachtpauschale von $ 5. Preislich akzeptabel wird es mit Gutscheinen aus den kostenlosen Publikationen (*This Week* etc.). Zum Teil ist mit ihnen vier Stunden Gratisparken im *Lahaina Center* möglich. **Achtung:** Manche Parkplätze innerhalb des Großparkplatzes sind Kurzzeit-Plätze oder ausschließlich bestimmten Geschäften vorbehalten.

Schiffsverbindungen

Es verkehren Schiffe **nach Lanai** und **Molokai** (siehe auch Kap. „Aktivitäten").

Kaanapali und Kapalua

Während man in Lahaina nur relativ wenige Hotels findet, scheint das etwas nördlich davon gelegene Kaanapali aus nichts anderem zu bestehen. Unternehmen wie *Hyatt Regency, Marriot* oder *Sheraton* haben etwa zehn große Hotel- und Apartmentkomplexe der gehobenen Kategorie am langen (und wirklich sehr schönen) Strand von Kaanapali auf-gereiht. Wer im Urlaub gerne badet, schnorchelt und taucht, darüber hinaus Wert auf viel Sonnenschein und eine gute Unterkunft legt, aber auch nicht ganz auf lohnende Ausflüge verzichten möchte, der liegt mit Kaanapali Beach genau richtig.

Bei dem blauen Schild *Shoreline Access 212* links vom *Whalers Village* gibt es am hinteren Ende des Parkplatzes auch einige kostenlose Parkplätze, die mit *Beach Access* markiert sind.

Whalers Village und Whaling Museum

Etwa in der Mitte von Kaanapali liegt das *Whalers Village*, ein Einkaufszentrum mit knapp 90 Läden, einigen Restaurants und dem *Whaling Museum.* Hier wird in einprägsamer und anschaulicher Form ein sehr guter Einblick in die Geschichte des Walfangs gewährt. Bei Redaktionsschluss (Ostern 2016) war das Museum geschlossen. Das gesamte Einkaufszentrum soll bis Ende 2016 komplett renoviert sein. Die Läden richten ihr Sortiment hier offensichtlich vor allem auf japanische Touristen aus. Auch hier kann man mit Coupons oder einem Abstempeln *(Validation)* des Parktickets durch den Laden bzw. das Restaurant die Kosten für den Parkplatz senken, die $ 3 pro angefangene halbe Stunde betragen.

Im Whalers Village gibt es auch einige **Restaurants** und **Bars.** Originell und auch gut ist *Leilani's On The Beach,* aber auch das Restaurant *Hula Grill* ist recht gut. Zum Essen unter freiem Himmel gibt es oftmals kostenloses Hawaiian Entertainment (meist eine bunte Mischung

vom Hula-Verschnitt bis zum echten Hula). Die Cocktails hier sind zwar nicht die billigsten der Insel, gehören dafür aber auch zu den besten von ganz Maui. Es gibt auch Ungewöhnlicheres wie z.B. den *Mango Margarita.*

Rund um Kapalua

Ruhiger geht es weiter nördlich in den ineinander gewachsenen Orten Kahana, Napili und Kapalua zu. Im Küstenbereich finden sich Hotels sowie viele Apartmentanlagen. Wie auch in Kaanapali gibt hier fast eine Sonnenschein-Garantie.

Die wohl schönste Bucht in diesem Teil Mauis ist die **Napili Bay,** an der alle Hotels maximal drei Stockwerke über dem Boden haben dürfen. Der Strand ist auch für Nicht-Hotelgäste zugänglich. Das letzte Hotel, das in diesem Bereich gebaut werden durfte, ist das 1993 eröffnete *Ritz Carlton Bridge Hotel* in Kapalua, eines der exklusivsten auf ganz Hawaii.

Zum Resort gehört auch der *Kapalua Adventures Mountain Outpost* auf der Bergseite. Teil des Outposts ist das „größte und längste Zipline-System in Nordamerika". Die längste dieser Ziplines misst stolze 660 m. Mehr zum Thema „Zipline" im Kapitel „Aktivitäten".

Von Kapalua nach Kahului

Besonders nachmittags bieten sich auf der Verbindungsstraße zwischen Kapalua und Wailuku immer wieder sehr fotogene Blicke aufs Meer, sodass Sie für diese Strecke zwei Stunden einplanen

Walskelett beim Whaling Museum des Whalers Village am Kaanapali Beach

sollten. **Vorsicht: Nach starkem Regen** ist diese Straße oft besonders rutschig, weil Lavaerde auf den Teer geschwemmt wurde, und es können Steine auf der Fahrbahn liegen. Der letzte Sandstrand vor Wailuku befindet sich kurz vor Milemarker (MM) 35.

Bei MM 38,5 am Highway 30 führt ein kurzer **Wanderweg zum Nakalele Blowhole:** Es sieht aus wie ein Geysir, aber es handelt sich um Meerwasser, das durch die Brandung nach oben geschleudert wird. Je nach Seegang und Wind bläst die Salzwasserfontäne bei Flut manchmal über 20 m hoch, während bei Ebbe auch einmal fast nichts zu sehen ist. Der erodierte Trail (nicht in Badelatschen gehen!) beginnt bei dem weißen Kreuz und führt in vielen Varianten an zahlreichen Steinmännchen vorbei zum Meer.

Im weiteren Verlauf wachsen auffallend viele Agaven. *Captain Cook* setzte hier einige Agavenpflanzen aus, um bei

South Maui 129

folgt dann der MM 16 des Hwy 340 und bald danach das **Old Kahakuloa Village.** Bei MM 9,8 erreichen Sie den höchsten Punkt dieser Küstenstraße: 300 m über dem Meeresspiegel. Nur ein paar Meilen weiter sehen Sie bereits die ersten Vorposten von **Wailuku,** der Verwaltungshauptstadt Mauis.

South Maui

Maui Ocean Center

Das *Maui Ocean Center* befindet sich am *Maalaea Harbour* und ist seit Ende der 1990er Jahre in Betrieb. In Kombination mit dem glasklaren Wasser und der guten Beleuchtung ergeben sich eindrucksvolle Einblicke in die **Unterwasserwelt,** die oft besser sind als beim Tauchen in den Gewässern der Inselgruppe. Mit Preisen von $ 28 (Kinder $ 20) ist diese Ansammlung von Aquarien sicher ein sehr lohnendes Schlechtwetter-Ausflugsziel. Das Highlight des Besuchs besteht darin, dass man in einer Plexiglasröhre durch das Aquarium hindurchgehen kann und somit zum Bestandteil der faszinierenden Unterwasserwelt wird. Allerdings sind die Scheiben mittlerweile bei Weitem nicht mehr so klar und durchsichtig wie bei der Eröffnung. Bei einer Online-Buchung gibt es einige Vergünstigungen.

064ha av

seiner Rückkehr **Sisal** als Basismaterial für Seile und Taue zur Verfügung zu haben. Die Landschaft wirkt hier oft dramatisch, weil sich zwischen dem hellblauen Himmel, dem tiefblauen Meer und dem intensiven Grün der Pflanzen hohe Kontraste ergeben. An manchen Stellen wird die Straße, die sich teilweise direkt an der Steilküste entlang windet, im weiteren Verlauf einspurig.

Bei MM 40,4 lockt zwar ein schöner Stopp, der aber bei MM 40,5 oben auf der Kuppe verkehrstechnisch sicherer ist. Kurz nach dem MM 42 des Hwy 30

■ **Maui Ocean Center,**
am Maalaea Harbour,
Tel. 270-7000,
www.mauioceancenter.com,
geöffnet 9 bis mindestens 17 Uhr

Schon bei der Fahrt auf dem Piilani Highway (Nr. 31) erkennt man, dass es im Gebiet Kihei – Wailea – Makena nur selten regnet, denn am Wegrand wächst nur vereinzelt braunes, von der Sonne verbranntes Gras. Ein regelrechter Bauboom hat hier in den letzten Jahren ein gigantisches Konglomerat aus Hotels aller Preiskategorien, *Condominiums, Shopping Malls* (Einkaufszentren) und Restaurants entstehen lassen – allerdings ohne ein natürliches Ortszentrum. Es gibt in **Kihei** quasi zwei Aktivitätszentren mit mehreren Restaurants und Bar(s). Eines davon befindet sich gegenüber vom *Hale Pau Hana Hotel* (2480 South Kihei Road) und eines beim *Kihei Town Center* in der Nähe des Supermarkts. Bei letzerem ist das Kneipenleben etwas intensiver, aber dennoch sehr gemäßigt. In der Kneipe namens „Life's a beach" gibt es von 16 bis 20 Uhr öfter Live-Musik. Treffenderweise nennt sich ein Laden in Kihei gar selbst *Tourist Trap* (Touristenfalle). Die meisten Bewohner South Mauis scheinen sich entweder in ihren Condos selbst zu verpflegen oder im (Luxus-)Hotel zu speisen. Im Bereich Wailea erstrecken sich die durchweg schönen weißen Sandstrände über viele Kilometer entlang der ganzen Südwestküste; daher befinden sich in diesem sonnenverwöhnten Inselteil trotz der vielen Unterkünfte immer wieder relativ leere Plätze, obwohl die Liegestühle bei den Luxus-Hotels relativ dicht beieinander stehen.

Bei einer Fahrt entlang der Küste gibt es außer einigen Einkaufsmöglichkeiten nur wenig Interessantes zu sehen. Wegen der Geschwindigkeitsbegrenzungen auf dieser Straße bietet es sich an, den **Piilani Highway** (Nr. 31) zu nehmen und erst an einer der vielen Abfahrten zum Strand hinunter zu fahren.

Ein Kontrast besonderer Art erwartet den Besucher am Ende des über 10 Meilen langen Piilani-Highways, denn hier entstand direkt aus der kargen Halbwüste heraus der perfekt gepflegte Golfrasen des **Wailea Golf Course.** Dabei handelt es sich allerdings bei Weitem nicht um den einzigen Golfplatz in diesem wasserarmen Gebiet; es gibt hier mindestens vier dieser wasserfressenden Grünflächen.

Wailea

Am Ende des Piilani Highways (Highway 31) geht die Straße direkt in den Wailea Ike Drive über, der hinunter auf den Wailea Alanui Drive führt. Wer hier rechts abbiegt, der kommt nach Kihei, wer links fährt gelangt zum **The Grand Wailea Resort Hotel & Spa,** dessen Besuch sich auch ganz ohne Übernach-

▷ Eingang des Grand Wailea Resort & Spa

tungsabsichten lohnt. Allein schon die Gartenanlagen sind eine Augenweide; auch sie sind natürlich extrem wasserverbrauchend. Die Grenzen zur Traum- oder Kitschwelt sind fließend bei dieser Mischung aus italienisch-römischen und hawaiianischen Elementen. Wasserfälle, Statuen, eine Poolanlage mit Bronze-Delfinen in Lebensgröße, ja sogar eine eigene Hochzeitskapelle befinden sich auf dem Hotelgelände. Auch in den *Maui Dining Room* lohnt es, einen Blick zu werfen: Etwa sechs Meter hohe Gemälde und riesige Leuchter sollen hier für ein gediegenes Ambiente sorgen. Wer will, der kann auch vom Strand aus auf das Hotelgelände gehen und muss so nicht den obligatorischen Valet-Parking-Service nutzen. Der vierspurigen Straße folgend kommt nach dem Haupteingang rechts eine weitere Hotelzufahrt („Service Entrance"), aber die nächste Straße rechts führt dann – mit einem blauen „Shoreline Access"-Schild gekennzeichnet – hinunter zum Strand. Dort gibt es viele Parkplätze, recht gute Duschen und Toiletten. Wer 50 m nach rechts am Strand entlang geht, steht schon auf dem Strand vor dem *Grand Wailea*. Wer aber an diesem Strand-Zugangspunkt links am Strand entlang und dabei zuerst über ein Brückchen geht, der findet an dem Strand bei der zweiten Felsformation (Sie werden es erkennen) und dem komisch verwinkelten Baum einen für Hawaii ausgezeichneten **Schnorchelpunkt**, der so gut ist, dass sogar diverse Tourboote hierher fahren.

Polo Beach

Vom *Grand Wailea Resort* aus geht die Fahrt auf dem Wailea Alanui Drive etwa

parallel zum Meer, wobei diverse Hotels zwischen Highway und Straße liegen. Etwa 0,1 Meilen jenseits des *Fairmont Kea Lani Resorts* führt gegenüber der Einfahrt zum *Wailea Golf Club* Richtung Meer eine Stichstraße zum Parkplatz (rechts halten) des Polo Beach, einem äußerst gepflegten auch für Kinder gut geeigneten Strand mit schönem feinkörnigen weißen Sand.

Big Beach

Vom Abzweig zum Polo Beach aus sind es noch rund 2,1 Meilen auf dann nur noch zweispuriger Straße (Makena Road) bis zum Parkplatz des Makena Beach Parks. Dieser Big Beach genannte Strand ist ein herrlicher, etwa 1 Kilometer langer heller Sandstrand. Wer am Big Beach nach rechts geht, gelangt über den Hügel zum Little Beach (siehe Kapitel „Strände"). Die Straße führt noch weitere drei Meilen über viele Mini-Hügel hinweg an riesigen Opuntien (Kakteen) vorbei, bis Sie durch die blanken Lavafelder bei Ahihi-Kinau kommen.

Bei diesen Mini-Hügeln, im Englischen *Dip* genannt, handelt es sich um einzelne Lavaflüsse, die sich einst Richtung Meer wälzten und jetzt einfach quer zur Flussrichtung als Straße geteert wurden.

Im Bereich der **La Perouse Bay** (ein sehr schönes Schnorchelrevier), wo der Franzose *La Perouse* im Jahr 1786 landete, geht mitten im Lavafeld die Teerstraße in einen Parkplatz über. Von hier aus führt ein etwa 3 km langer Wanderweg zunächst am Meer entlang zum Kanaio Beach: kein Highlight, aber doch recht schön.

East Maui

Straße nach Hana

Die Straße nach Hana ist die schönste von ganz Maui. Neben dem Haleakala-Krater ist sie der zweite Höhepunkt eines Besuchs auf Maui. Die Fahrt entlang der Nordostküste führt, wenn die Verfasser des kostenlosen Werbeheftchens *Drive Guide to Maui* richtig gezählt haben, über 56 einspurige Brücken und durch 617 Kurven. Die Straße ist gut geteert und bietet hinter jeder Kurve einen neuen Ausblick. Vier wesentliche Elemente prägen die Aussicht entlang des Hana Highways: grüner Regenwald, türkis- bis tiefblaues Meer, Wasserfälle und überwucherte Seitentäler. Im gesamten Küstenbereich (inklusive Hana) leben gerade einmal 3000 Menschen.

Die Fahrt entlang des Hana Highways lässt sich gut als **Tagesausflug** durchführen. Je früher man losfährt, desto besser. Wer im Hotel an der Westküste gegen 7 Uhr (spätestens 8 Uhr) losfährt, kann den Tag optimal nutzen. Dann ist erstens auf dem Hana Highway noch nicht so viel Verkehr, und zweitens sind die kleinen Haltebuchten bei den Fotostopps noch nicht zugeparkt. Man sollte dennoch für die gut 50 Meilen von Kahului nach Hana ohne Wanderungen drei Stunden einplanen und für die Strecke von Hana bis Oheo (Seven Pools) nochmals eine halbe Stunde.

Wenn man zugrunde legt, dass im Jahr 2015 insgesamt 147.000 Fahrzeuge (zwischen 9200 und 15.200 Fahrzeuge pro Monat) von den Rangern im Kipahulu-Teil des Haleakala National Parks gezählt wurden, dann besuchen rein statistisch etwa 400 Fahrzeuge pro Tag den Oheo-Teil. Bis September 2010 zählte eine Induktionsschleife jeden Monat zwischen 20.000 und 25.000 Fahrzeuge auf dem Highway 31 in Kipahulu. Ab Oktober 2010 waren es nur noch rund 10.000 Fahrzeuge. Dabei handelt es sich allerdings um eine neue Induktionsschleife an der Einfahrt zum einzigen Parkplatz. Das heißt, dass gut die Hälfte der Besucher die Naturschönheiten nur vom Auto aus betrachtet. Es heißt aber auch, dass sich täglich eine Blechkarawane von etwa 660 bis 830 Autos morgens von der Westküste über den Hana Highway ergießt und nachmittags bzw. abends den gleichen Weg wieder zurück bewegt. Bei den vielen Kurven, einspurigen Brücken und den mit parkenden Autos belegten Anhalte-Buchten inmitten landschaftlicher Schönheit (und wenn man bedenkt, dass die Amerikaner breite, kerzengerade Straßen gewohnt sind) kann man sich ausmalen, wie es auf dieser Straße zugeht – also rechtzeitig aufbrechen! Die Einheimischen kennen hier jede Kurve, haben es oft eilig und scheinen das Wort *Speed Limit* nicht zu kennen, sodass man als Tourist, der die Aussicht genießen will, am besten einmal kurz rechts heran fährt, wenn sich ein Fahrzeug unmittelbar an den Kofferraum des Mietwagens hängt …

Benzin und Proviant

Um auf Nummer sicher zu gehen, sollte man mit vollem Tank und mit einem Lunchpaket in der Tasche aufbrechen, denn die Tankstelle in Hana hat nicht immer geöffnet, ist nicht gerade preisgünstig, und das Angebot an Restaurants bzw. *Fast-Food* ist in Hana leider sehr beschränkt.

Wer es geruhsamer mag, kann sich im wunderbaren, aber nicht billigen *Travaasa Hotel Hana,* oder in einer der anderen Unterkünfte Hanas einmieten.

Kahului bis Keanae

Nicht weit vom Flughafen Kahului entfernt liegt **Paia**, an dessen Hookipa Beach nachmittags die Windsurfer ihr Können unter Beweis stellen. Morgens

> Vor einigen Wasserfällen auf dem Weg Richtung Oheo (Seven Pools) verkaufen Anwohner handgefertigte Körbe und Hüte

ist Paia noch absolut verschlafen (siehe „Central Maui" und „Windsurfen").

Nach der kleinen Ortschaft **Pauwela** wird die Straße hügeliger. An der Abzweigung zum Highway 365 ändert der *Hana Highway* seine Nummer von 36 in 360. Im weiteren Verlauf ist er regelrecht in den Regenwald hineingeschnitten – und zwar bis zu 420 m über dem Meer. Soweit der Verkehr es zulässt, kann man nach Lust und Laune anhalten und die Szenerie genießen.

Diverse *Wayside Parks* und Aussichtspunkte laden mit ihren Picknicktischen zur Rast ein. Toiletten sind dort ebenfalls vorhanden. Der schönste Platz für ein Picknick auf dem Weg nach Hana liegt jedoch im *Waianapanapa State Park* beim Flughafen Hana.

Bereits kurz nach dem MM 2 (Milemarker = Meilenstein) des Hwy 360 lohnen die **Twin Falls** sowie ein Fruit Stand für einen ersten kurzen Stopp. Beim Milemarker 8,4 sollten Sie rechts vor der einspurigen Brücke versuchen, einen Parkplatz zu ergattern, denn nachmittags bietet sich hier ein fantastischer Blick über ein überwuchertes Tal hinweg bis zum Meer. Auf der Bergseite sehen Sie dort auch die Reste eines Bewässerungssystems mit zwei Tunnel. Bei MM 9,6 lockt der **Waikamoi Nature Trail** mit einer 15- bzw. 30-minütigen Wanderung. Die Straße führt dann zwischen Bambuswald und Feldern weiter zum **Garden of Eden Arboretum,** einem kommerziellen Garten bei MM 10,5, den man sowohl mit dem Auto durchfahren als auch auf separaten Wegen per Pedes erkunden kann: Hübsch, aber bei einem Eintritt von $ 15 pro Person wirklich kein unbedingtes Muss. Das nächste Tal ist mit Bambus überwuchert.

Bambus ist hier regelrecht zur Plage geworden.

Kurz hinter dem MM 12 liegt der **Kaumahina Wayside Park** mit Picknicktischen und Toiletten. Zwar lockt kurz nach dem MM 13 ein flach abfallender dunkler Strand, aber die Zufahrt zum Beach liegt erst hinter MM 14. **Achtung:** dort herrschen **starke Strömungen.**

Etwa bei MM 14,4 bietet sich an mehreren Punkten ein schöner Rückblick auf die fast überwucherte Straße und die Bucht.

Bei einem Stopp am **Keanae Arboretum** bei MM 16 kann man einen Spaziergang in eines der üppig überwucherten Seitentäler unternehmen. Exotische tropische Pflanzen aus dem pazifischen Raum, Asien, Südamerika, Afrika und Australien wurden hier angepflanzt. Bambus, Ingwer, Bananen, Heliconia, Eukalyptus und vieles mehr ist hier in beachtlicher Größe bei freiem Eintritt zu bewundern. Von den im hinteren Teil des Tales gelegenen hawaiianischen Pflanzen ist hier vor allem die Taropflanze in mehreren Variationen vertreten (siehe „Pflanzenwelt"). Leider wird das Keanae Arboretum kaum noch gepflegt.

Halbinsel Keanae

Kurz hinter dem Arboretum biegt bei Milemarker 18 nach links die Stichstraße zur **Keanae Peninsula** ab. Auf dieser Halbinsel befindet sich das Dorf Keanae, dessen Bewohner meist vom Taro-Anbau leben. Es handelt sich um eines der letzten Dörfer der Inselkette, das noch im Besitz von Hawaiianern ist.

In Keanae gibt es am Straßenrand rechts (beim Hineinfahren) in der Hütte von *Aunty Sandy* sehr leckeres Bananenbrot für $ 5,50. Bei Milemarker 18,8 steht ein Schild „Wailua Valley State Wayside". Wer dort parkt und ein paar Meter die Stufen hinauf geht, dem bietet sich am **Aussichtspunkt** ein schöner Blick auf die Keanae-Halbinsel und ins Wailua Valley. Warum vor den steilen Stufen ein Behindertenparkplatz ist, das entzieht sich der Kenntnis des Autors.

Wailua

Während die alte Missionarskirche auf der Keanae-Halbinsel aus schwarzen Lavasteinen gebaut wurde, kam beim Bau der kleinen **Coral Miracle Church** in Wailua Korallenstein zum Einsatz. Gerade als im Jahr 1860 die Kirchenpläne vorlagen, schwemmte ein schwerer Sturm das Baumaterial an den Strand. Die Stichstraße nach Wailua zweigt nur etwa zwei Meilen hinter der Keanae-Abfahrt *makai* (zum Meer hin) vom Highway 360 ab.

Waikani Falls

Auch bei trockenem Wetter sind die Waikani **Wasserfälle** bei MM 19,4 immer einen Stopp wert. Die Upper Waikani Falls liegen auf der landinneren Seite, die Lower Waikani Falls dann weiter unterhalb. Am Ende der **One Lane Bridge** führt nach einem etwas kniffligen Einstieg ein leicht begehbarer Pfad zum Wasserfall.

Bei MM 22 erreicht der Hana Hwy seinen höchsten Punkt über dem Meer (422 m), bei MM 22,6 stehen die Picknicktische und Toiletten des **Puaa Kaa**

Wayside Park und bei MM 24,2 liegen die schönen **Hanawi Falls.**

Nahiku

Bei Milemarker 29 laden diverse sehr einfache **Verkaufsstände** bis ca. 17 Uhr zum Essen sowie zum Souvenirkauf ein: Shrimps, Thai-Food, Eis, Kokosmilch frisch aus der Nuss sowie Sorbet in der Frucht serviert (mit Aufschrift „Product of South Africa") sowie ein guter Kaffee gehören zum Standardsortiment. Die Betreiber dieser Verkaufsstände scheinen der 68er-Generation zu entstammen. Am Ende der großen Bucht führt eine einfache, drei Meilen lange Straße nach Nahiku. Das Dorf, in dem früher einmal mehrere tausend Einwohner lebten, wird jetzt nur noch von etwa 70 Leuten bewohnt. Die wenigsten davon sind Hawaiianer, die meisten sind wohlhabende Amerikaner, die Ruhe und Abgeschiedenheit suchen. Die Fahrt hinunter zum Meer lohnt sich allerdings nur für ausgesprochene *Beatles*-Fans, denn hier steht das Haus, in dem sich *George Harrison* sehr oft aufhielt.

Waianapanapa State Park

Genießen Sie bei MM 30,6 die letzte einspurige Brücke vor Hana! Kurz nach dem Flughafen von Hana biegt die nicht einmal eine Meile lange Stichstraße zum Waianapanapa State Park ab. Ein schwarzer Schotterstrand sowie Picknicktische laden zu einer Rast ein. Auf einem sehr schönen Weg können Sie in wenigen Minuten die **Waianapanapa Caves** erreichen. Das Wasser in diesen

Höhlen ist meistens kristallklar. Mehrmals im Jahr bevölkern jedoch Millionen kleiner roter *Shrimps* die Pools und sorgen so für eine Rotfärbung des Wassers.

Nur bei ruhiger See, und wenn keine Quallen im Wasser sind, bestehen am Strand **gute Bade- und Schnorchelmöglichkeiten.** Im vorgelagerten Wasser sieht man beim Schnorcheln eine natürliche Steinbrücke.

Achtung: Bei starker Brandung ist das Schwimmen hier sehr gefährlich.

Kaeleku Caverns

Beim Milemarker 31 zweigt vom Hana Highway zum Meer hin die Ulaino Road ab (auf das Schild *Lava Cavern* achten). Nach 0,4 Meilen kommt man zur Einfahrt der Kaeleku Caverns. Diese **Lavahöhle** ermöglicht sicherlich ein besonderes Hawaii-Erlebnis. Täglich kann man sich hier zwischen 10.30 und 16 Uhr für $ 12 auf einer etwa 60-minütigen *Self-Guided Tour* ganz individuell durch die Höhle bewegen. Im Vergleich zu mitteleuropäischen Höhlen mit hellem, glattem Gestein bleibt es in den schwarzen Lava-Höhlen trotz starker Lampen ziemlich dunkel. Stalagmiten und Stalaktiten aus Lava sieht man nicht alle Tage – ebenso wenig wie den über der Höhle angelegten **Irrgarten,** der nur aus Ti-Pflanzen besteht.

■ **Kaeleku Caverns**
(Hana Lava Tube)
Tel. 248-7308,
www.mauicave.com

Eine sehr schöne Bademöglichkeit bietet sich zwar in einem Pool unterhalb eines Wasserfalls, aber weil die Zufahrt über Privatgelände führt und bekannt ist, dass die Besitzer des Geländes sehr über die Touristen verärgert sind, sollte man die Verbotsschilder äußerst ernst nehmen und nicht dort hin fahren.

Die **Kahanu Gardens** sind nur etwas für historisch Interessierte, weil sich dort die Reste des über 500 Jahre alten *Piilanihale Heiau* befinden: eine etwa 125 m^2 große Plattform aus schwarzen Lavasteinen. Der Begriff „Garden" verspricht allerdings mehr als man vermutet. Von Montag bis Freitag kann man zwischen 10 und 14 Uhr den „Garden" auf eigene Faust im Rahmen einer *Self-Guided Tour* erkunden: Ein 1-km-Spaziergang über ebenes Terrain für $ 10 Eintritt. Samstags gibt es für $ 25 auch eine geführte Tour, zu der man sich allerdings im Internet unter http://ntbg.org/ gardens/kahanutours.php anmelden muss. Telefonische Infos gibt's unter 248-8912.

Hana

Nach diesem Abstecher sind es nur noch einige wenige Minuten bis zum verschlafenen Dorf Hana mit seinen ca. 1000 Einwohnern (etwa die Hälfte davon echte Hawaiianer). Hier gibt es sehr hübsche Vorgärten zu bestaunen.

Mitten im verträumten Hana liegt eines der besten Hotels von ganz Hawaii, das *Travaasa Hotel Hana* (www.travaasa. com/hana), das früher unter dem Namen *Hana Maui Hotel* bekannt war. Es sieht zwar von außen recht unbedeutend aus, bietet in seinem Innern jedoch echten Luxus sowie eine erstklassige Küche auf hohem Preisniveau. Den schönsten Blick auf Hana haben Sie vom *Fagan Memorial Cross* aus. Direkt gegenüber vom *Travaasa Hotel Hana* zweigt bergwärts eine Stichstraße zu dem Kreuz hin ab.

Essen und Einkaufen

Hier bietet sich die letzte Chance, den Benzintank aufzufüllen und etwas Essbares zu kaufen – aber nur wenn geöffnet ist. In der *Hana Ranch* gibt es ein ziemlich mäßiges Restaurant mit Fast-Food-Abteilung. Der nahe gelegene *Hana Store* ist täglich von 7 Uhr bis 18.30 Uhr geöffnet. Direkt am Highway liegt der *Hasegawa General Store* (Tel. 248-7079), der nicht nur Lebensmittel, sondern vor allem auch jede Menge Souvenirs im Angebot hat, sodass sich ein Stopp durchaus lohnt. Nicht nur die Musikauswahl kann sich sehen lassen. Schauen Sie ruhig auch einmal auf das „Schwarze Brett" und auf die Elektroinstallationen.

Hana Ranch

Ein Großteil der Umgegend von Hana gehört zur *Hana Ranch,* auf der viele Hawaiianer als *Paniolos* (so heißen die Cowboys in Hawaii) arbeiten.

Kaihalulu Beach

In Hana gibt es eine Attraktion, die kaum jemand kennt: einen **Strand mit rotem Sand,** den Kaihalulu Beach. Um dorthin zu kommen, folgt man der Uakea Road, die am Ortseingang kurz hinter MM 34 links abzweigt, bis zum Ende, wo rechts der Hana Ball Park und links das Gebäude des County Council liegt. Direkt hinter diesem Gebäude liegt auf öffentlichem Land eine Wiese mit sechs Laternen am Rande. Gehen Sie am gelben Tor vorbei und biegen Sie nach der zweiten meerseitigen (rechten) Laterne in den Trampelpfad ein. Die prinzipielle Marschrichtung ist dann nach links. Bitte nicht über das Gelände des Hotels *Travaasa Hotel Hana* gehen. Auf einem teilweise steilen und sehr rutschigen Trampelpfad (keine Badelatschen!) geht es dann zunächst nach links etwas bergauf parallel zum Strand und anschließend hinunter zur Bucht. Bei gutem Wetter ergeben sich sehr fotogene Kontraste zwischen dem tiefblauen Wasser und dem kleinen rostroten Sandstrand, der aus erodierter Vulkanschlacke mit hohem Eisenoxidanteil besteht. Hin- und Rückweg beanspruchen jeweils weniger als 15 Minuten.

Überaus stressmildernd wirkt sich eine Übernachtung in Hana aus. Unterkünfte finden Sie am Ende dieses Inselkapitels.

Hamoa Beach

Am Ortsausgang von Hana steht der Milemarker 51 – und zwar des etwa hier beginnenden Hwy 31 und nicht mehr des Hwy 360. In dieser Fahrtrichtung zählen die Milemarker jetzt rückwärts. Etwa bei MM 50,2 biegt links eine Straße zum sehr gepflegten Hamoa Beach ab. Er wird vielfach als Privatstrand des exklusiven Hotels *Travaasa Hotel Hana* bezeichnet. Weil aber in Hawaii alle Strände öffentlich sind, kann jeder diesen herrlichen Strand nutzen – auch die Duschen. Die Hotelgäste werden normalerweise um 10 Uhr hergebracht und um 16 Uhr wieder abgeholt. Davor und danach herrscht hier meist totale Ruhe. Direkt vorgelagert ist die kleine Insel **Alau Island,** ein Vogelschutzgebiet mit einigen Palmen. Wer am Strand stehend ans linke hintere Ende der Bucht schaut, der entdeckt einen natürlichen *Sea Arch.*

Bei Milemarker 45 sehen Sie in der Kurve einen schönen Wasserfall.

Kipahulu und Oheo (Seven Pools)

Etwa bei MM 42, keine 100 m hinter dem Schild *Haleakala National Park Kipahulu District,* führt eine Brücke über den Fluss Oheo. Nach einer scharfen Linkskurve liegt auf der linken Seite die Ranger Station mit Parkplatz, von wo aus man per pedes in wenigen Minuten zu den unterhalb der Brücke gelegenen Seven Pools gelangt. Wer schon am Haleakala auf 2000 m Höhe den Eintritt für den Park entrichtet hat (Gültigkeit: 3 Tage) und den Beleg vorweist, muss hier die $ 15 pro Auto nicht erneut bezahlen. Bei niedrigem Wasser ist Baden und Schwimmen in den Pools ein echter Traum – bei Hochwasser lebensgefährlich. Wachsamkeit ist vor allem nach Regenfällen angesagt, denn der Oheo kann binnen zehn Minuten um gut 1,20 m ansteigen. Die Seven Pools zählen zu den Paradiesen auf Erden – vor allem in den Vormittags- und späteren Nachmittagsstunden, wenn die meisten Besucher schon wieder auf dem Rückweg zu den Hotels an der Westküste sind.

In den Pools leben mindestens fünf verschiedene Spezies von **Oopus,** eine Süßwasser-Fischart, die nur in Hawaii vorkommt. Die je nach Art zwischen 6 und 50 cm langen Fische sind mit Hilfe

von Saugnäpfen an der Unterseite ihres Körpers in der Lage, in den Flüssen regelrecht an den Felsen hochzuklettern. Selbst in einer Höhe von 450 m über dem Meer wurden schon *Oopus* gesehen.

Der Name Seven Pools ist irreführend, denn entlang des Oheo gibt es 24 große und noch mehr kleine Pools. Richtiger wäre es, diesen Bereich mit seinem alten hawaiianischen Namen *Oheo* zu bezeichnen, was übersetzt „Ansammlung von Pools" heißt. Aber Seven Pools ist leichter zu merken und hat sich überall eingebürgert. Die Seven Pools liegen am unteren Ende des Kipahulu-Tales; den höher gelegenen Teil des Kipahulu Districts bewohnen seltene hawaiianische Vögel, Pflanzen und Insekten. Zum Schutz dieser Lebewesen wurde der obere Teil des Regenwaldes zum *Scientific Reserve* erklärt und für die Öffentlichkeit gesperrt. In wenigen Exemplaren kommt dort zum Beispiel die *Pinao* genannte, größte Libelle der Welt vor.

Schwimmen im Meer ist aufgrund von gefährlichen Strömungen, starker Brandung und scharfkantigen Felsen sowie wegen der Grauhaie hier nicht zu empfehlen.

Pipiwai Trail

Bei der Ranger Station beginnt der *Pipiwai Trail,* der zu den **Makahiku Falls** (Wegstrecke: 800 m) und weiter zu den **Waimoku Falls** (nochmals 2,5 km) führt. Für Hin- und Rückweg zu den Waimoku Falls (jeweils 3,3 km Strecke und gut 270 m Höhendifferenz) sollte

⌃ Früh morgens und spät abends badet man im Oheo-Fluss (Seven Pools) meist ganz allein

⌃ Waimoku Falls

man zwei bis zweieinhalb Stunden veranschlagen. Vor allem im Sommer ist diese Wanderung nachmittags wegen der Schwüle anstrengend. Während oder kurz nach starken Regenfällen ist sie sogar gefährlich, weil die Flüsse anschwellen und somit unpassierbar werden.

Von der Straße aus führt der Weg durch offenes Gebiet zu den 56 m hohen **Makahiku Falls.** Vorbei an Guavenbäumen (von dieser ursprünglich in Mittelamerika beheimateten Pflanze stammen auch die plattgetretenen gelben Früchte mit orangem Fruchtfleisch auf dem Weg) steigt der *Trail* weiter an.

Man erreicht schließlich den **Palikea Stream,** den man auf zwei Brücken überquert. Weiter geht es durch einen dichten, dunklen **Bambuswald.** Selbst so manchem erfahrenen Asienkenner hat es beim Anblick dieses Waldes die Sprache verschlagen (Fotografen: Stativ mitnehmen). Die ersten Bambus-Samen wurden im 19. Jahrhundert von Asien nach Hawaii eingeführt, dieser Wald hat sich danach von selbst entwickelt, wurde also nicht gepflanzt. Auf teilweise rutschigen Holzstegen kommt man den etwa 120 m hohen Waimoku Falls schnell näher. Wegen der akuten Steinschlaggefahr, die unterhalb der Wasserfälle herrscht, sollte man allerdings nicht bis direkt zum Pool vorgehen.

Im weiteren Verlauf des Highway 31 erreicht man etwa 1,5 Meilen nach den Seven Pools die **Palapala Hoomau Church** (Abzweig vom Highway beim Schild „Maui Stables"). Auf dem kleinen Friedhof hat *Charles Lindberg* seine letzte Ruhe gefunden. *Lindberg,* der als erster Mensch allein im Flugzeug den Atlantik überquerte, verbrachte in Hana die letzten Jahre seines Lebens.

Ungeteerte Straße

Hier muss man sich entscheiden, ob man die gleiche Strecke (60 Meilen) in etwa drei bis dreieinhalb Stunden bis Kahului zurückkurven oder ob man auf dem Highway 31 (74 Meilen) weiterfahren will und so etwa ein bis eineinhalb Stunden einspart.

Das Problem ist, dass die Autovermieter für diesen etwa 2,2 Meilen umfassenden ungeteerten Teil, der bei etwa MM 37,7 beginnt, keinen Versicherungsschutz gewähren; man muss somit für Schäden selbst aufkommen. Bei Trockenheit ist dieses Risiko jedoch kalkulierbar (der Autor haftet ausdrücklich für nichts!!), solange man vorsichtig und langsam fährt. Die Bodenfreiheit eines Mietwagens der Klassen *Compact* bis *Full-Size* ist in der Regel ausreichend. Lediglich während oder nach Regenfällen sowie vor angesagtem starkem Regen ist Vorsicht geboten, weil dann die Straße verschüttet oder abgerutscht sein kann. Der Autor (ein durchschnittlicher Autofahrer) hat die Strecke mehrfach ohne Probleme durchfahren. Auch die Kleinbusse der kommerziellen Touren fahren normalerweise über den Highway 31 weiter zum Upcountry.

Der Unterschied zwischen geteerter und ungeteerter Straße fällt in diesem Teil des Highway 31 kaum auf, weil schon der letzte Teil mehr als nur eine *Substandard Road* war. Die *Dirt Road,* wie die Amerikaner zu ungeteerten, aber befestigten Straßen sagen, windet sich in Kurven bergauf und bergab. Dabei bieten sich immer wieder herrliche Ausblicke auf die felsige Küste.

Kaupo Gap

Mauka (auf der Bergseite) beginnt schließlich die Kaupo Gap, ein breiter Einschnitt, der oft wolkenverhangen ist. Bald erreicht man das sehr kleine, eher trostlos wirkende Dorf Kaupo bei MM 34,5. Knapp 1,5 Meilen weiter beginnt dann schon wieder die Teerstraße und damit auch der Versicherungsschutz für das Auto. Ab etwa sechs Meilen hinter dem *Kaupo General Store* ist der Fahrbahnbelag erstklassig.

Nicht verpassen sollte man den **Arch** (Felsbogen) beim Pakowai Point (MM 28,5) etwa an der Stelle, wo die Straße dem Meer am nächsten kommt. Ab MM 25,6 wird es an der Brücke zweispurig. Achtung: An dieser Stelle befindet sich eine tiefe Bodenwelle.

Durch die kilometerlangen **Lavafelder,** die nach und nach immer stärker von Gras überwuchert sind, geht es zügig weiter nach Westen bis auf eine Seehöhe von knapp über 1000 m. Das letzte, ganz besonders dunkle Lavafeld stammt von der letzten Eruption des Haleakala, die 1790 stattfand. In der Ferne kommt jetzt im Meer das sichelförmige **Molokini** sowie die erheblich größere, südlicher gelegene **Insel Kahoolawe** ins Blickfeld.

Kurz vor dem Übergang des nach Westen führenden Highway 31 in den nach Norden orientierten Highway 37 wechselt die Vegetation fast schlagartig vom Ödland in die grünen Ebenen des Upcountry. Nach wenigen Meilen gelangt man zur *Ulupalakua Ranch* und zur *Tedeschi Winery* (s. Kapitel „Upcountry").

Strände

Maui ist die Insel mit den **meisten Badestränden der Inselkette.** Insgesamt stehen den Besuchern über 50 Kilometer Sandstrand zur Verfügung.

Genaugenommen fügt sich in den Bereichen Kapalua bis südlich von Lahaina und Kihei bis Makena jeweils ein Strand an den anderen, sodass hier nur Hinweise auf besonders schöne Strände gegeben werden, die nicht unmittelbar vor großen Hotels liegen – und zwar beginnend nördlich von Kapalua in West Maui und dann gegen den Uhrzeigersinn rund um die Insel.

Mokuleia Beach

Bei MM 33 am Highway 30 liegt nördlich von Kapalua die Honolua Mokuleia Bay, ein *Marine Life Conservation District,* in dem Angeln genauso verboten ist wie das Entfernen von Sand. Es handelt sich dabei um eine beliebte, auch *Slaughterhouse Beach* genannte Schnorchelbucht, die in den Mokuleia Beach übergeht. Falls man nach 10 Uhr morgens dort ankommt, wird es schwer, einen Parkplatz zu finden.

D.T. Fleming Beach Park

Nicht weit davon entfernt, etwa bei MM 31,1 (Abfahrt „Lower Honoapilani Road"; wer von Norden kommt, muss bedenken, dass der MM 33 nur 1,6 Meilen vom MM 31 entfernt ist und MM 32 fehlt), liegt der Zugang zum D.T. Fleming

Beach Park. Die am Straßenrand geparkten Autos sind nicht zu übersehen. Vor allem im Sommer bieten sich hier sehr gute Möglichkeiten zum Body-Surfen sowie zum Schwimmen. Im Winter ist die Brandung allerdings oft zu stark. Der Strand ist vor allem bei Einheimischen sehr beliebt, sodass am Wochenende reger Betrieb herrscht. Ein Telefon, Duschen, Toiletten, Picknicktische, Grills und schattenspendende Bäume sind vorhanden.

☑ Der Big Beach liegt direkt neben einem sogenannten „Cinder Cone", einem kegelförmigen Berg aus Schlacke

Alii Kahekili Nuiahumnu Beach Park

Im Alii Kahekili Nuiahumnu Beach Park präsentiert sich ein **weißer Sandstrand** mit Palmen und guten Schwimmmöglichkeiten. Bei Tauchschulen ist der Beach Park wegen der vielen Meeresschildkröten, die sich in diesem Bereich vor der Küste tummeln, sehr beliebt. Saubere Toiletten und Duschen, Grillmöglichkeiten und ein überdachter Pavillon sind vorhanden. Man erreicht den Park am Ortsausgang von Kaanapali Richtung Kapalua, indem man in die Puukolii Road abbiegt und dieser bis zum großen Parkplatz folgt.

Hanakaooko Beach Park

Bei Milemarker 23,4 am südlichen Ende von Kaanapali Beach liegt der Hanakaooko Beach Park mit weißem Strand. Südlich davon schließt sich ein **schwarzer Strand** an.

Polo Beach

Etwa 0,1 Meilen jenseits des *Fairmont Kea Lani Resorts* führt gegenüber der Einfahrt zum *Wailea Golf Club* Richtung Meer eine Stichstraße zum Parkplatz (rechts halten) des Polo Beach, einem äußerst gepflegten auch für Kinder gut geeigneten Strand mit schönem feinkörnigen weißen Sand. Der Polo Beach Park liegt direkt vor dem *Fairmont-Hotel*, aber auf Hawaii sind ja alle Strände öffentlich. Neben vielen Parkplätzen gibt es Holzkohle-Grills, Picknicktische und ordentliche Duschen sowie Toiletten. Wahrscheinlich ist dies der **luxuriöseste Public Beach Access** (öffentlicher Strandzugang) auf Maui. Es handelt sich quasi um den Hotelstrand, der für jedermann zugänglich ist.

Maluaka Beach

Die beiden letzten Straßen vor dem *Makena Beach & Golf Resort* (Honoiki Road und Makena Road) führen jeweils zum Makena Beach Park mit dem Maluaka Beach, an dem sich vor allem Schwimmer, Boogie-Boarder und Body-Surfer wohlfühlen. Ein Telefon, Duschen und Toiletten sind am etwas abseits gelegenen Parkplatz vorhanden.

Big Beach

Der schönste Strand Mauis ist der ca. einen km lange Big Beach in Makena. Früher tummelten sich hier die Könige, heute vor allem die Einheimischen am Wochenende. An Werktagen herrscht am hellen Big Beach wohltuende Ruhe. Man erreicht ihn, indem man vom Piilani Hwy (Nr. 31) in Makena noch knapp 5 Meilen dem Straßenverlauf an der Küste folgt. Etwa 2,1 Meilen nach dem Ende des vierspurigen Highways liegt auf der Meerseite der Parkplatz. Von 8 bis 16.30 Uhr sind meist auch Rettungsschwimmer anwesend. Es gibt keine Duschen aber mobile Toilettenkabinen („Dixi-

216ha av

Klos"). Am Ende des Strands gibt es noch einen weiteren Parkplatz, der meist nicht so voll ist.

Little Beach

Am Nordende des Big Beach liegt hinter einem Felsvorsprung der Little Beach, in dem das **Nacktbaden** geduldet wird. Trotzdem ist beim *Nude Bathing* Vorsicht angesagt. Der Bereich jenseits des Little Beach ist definitiv **nicht mehr familientauglich.**

Kaihalulu Beach

Sehr idyllisch liegt der **rote** Kaihalulu **Strand** bei Hana (siehe Kapitel „East Maui"), an dem die Textilpflicht offensichtlich nicht so genau genommen wird.

Waianapanapa State Park

Vor allem im Sommer ist Schwimmen und Schnorcheln im Waianapanapa State Park ein echtes Vergnügen. Toiletten und Picknickplätze sowie ein Telefon sind in unmittelbarer Nähe des schwarzen Schotterstrandes vorhanden (siehe „East Maui").

◰ Der Red Sand Beach ist ein eingestürzter vulkanischer Aschekegel. Die roten Felsen und der Sand bestehen jeweils aus Vulkanasche. Eisenoxide sorgen für die intensive Rotfärbung – ähnlich wie Rost

◲ Die „Ecostar"-Helikopter des Herstellers American Eurocopter sorgen mit ihren besonders großen Fenstern für gute Sicht. Man erkennt sie leicht durch den „Fenestron" genannten, umschlossenen Heckrotor. Stückpreis: über 2 Mio. Dollar

Hookipa Beach

Der Hookipa Beach an der Nordküste nicht weit von Paia ist das **Mekka der Windsurfer**. Im Sommer ist der Strand vormittags auch bedingt zum Baden geeignet. Gegen Mittag ziehen allerdings die Passatwinde auf.

Aktivitäten

Rundflüge über die Insel

Zahlreiche Unternehmen bieten Rundflüge mit einem Hubschrauber an. Wer bereits einen Rundflug auf Kauai oder zur Lava auf Big Island unternommen hat, sieht hier nicht mehr so viel Neues. Zwar ist es durchaus beeindruckend, über dem Haleakala hinwegzufliegen, aber angesichts der relativ großen Flughöhe hält sich die Begeisterung in Grenzen. Die Preise liegen nicht selten deutlich über $ 150. Bei Flügen über Kauai und Big Island ist das Geld wohl besser angelegt. Prinzipielle Überlegungen zu Hubschrauberflügen im Allgemeinen finden Sie im Kapitel „Kauai/Aktivitäten/Hubschrauberflüge".

Hier eine **kleine Auswahl der Helikopter-Unternehmen** auf Maui:

■ **Blue Hawaiian Helicopters,**
Tel. 871-1107,
oder gebührenfrei 1-800-745-2583,
www.bluehawaiian.com

Wer mindestens 7 Tage vor dem Flug direkt bei *Blue Hawaiian* im Internet bucht, erhält Rabatt. Bis 24 Stunden vor Abflug ist eine kostenlose Stornierung möglich. Auch wer direkt von Deutschland aus über Veranstalter bucht, spart eventuell 10 bis 20 %. *Blue Hawaiian Helicopters* fliegt auch über West Maui nach Molokai – ein für gut $ 275 nicht gerade preisgünstiges aber dafür durchaus schönes Vergnügen.

138ha av

Aktivitäten

■ **Sunshine Helicopters,**
Tel. 270-3999 oder gebührenfrei 1-866-501-7738,
www.sunshinehelicopters.com
(Rabatte bei rechtzeitiger online-Buchung)
■ **Hawaii Helicopter Tours,**
www.hawaiihelicoptertours.com
(ermöglicht Buchungen bei verschiedenen
Hubschrauber-Unternehmen)

Der von Deutschland nach Hawaii ausgewanderte *Armin Engert* (verheiratet
mit einer Schweizerin, 2 Kinder) veranstaltet seit 1990 auf Maui **Tandem-Ul-**
traleichtflüge. Er hat in über 13.000
Flugstunden weit über 1000 Ultraleicht-
flüge gesteuert und führt diese „nur"
noch von Hana aus durch. Tel. 572-6557
www.hangglidingmaui.com.

Paragliding

Wer mit dem **Fallschirm** lieber von
oben nach unten als andersherum glei-
ten will, der kann mit einem erfahrenen
Gleitschirm-Flieger am Tandemschirm
vom Haleakala herabsegeln.

■ **Info:** Tel. 87-GLIDE (874-5433),
http://paraglidemaui.com/Fly-Maui/

Ausflüge und Aktivitäten im und auf dem Wasser

Whale Watching

In den Wintermonaten bieten sich vor
Maui erstklassige Möglichkeiten, Wale
zu beobachten. Nach Meinung des Autors gehört das *Whale Watching* zu den
großen Attraktionen Hawaiis, selbst
wenn die Boote einen Mindestabstand
von 100 m zu den Walen wahren müssen
und ihnen nicht nachfahren dürfen.

Viele Unternehmen bieten *Whale Watching* an, aber nur ein Unternehmen erhielt von *Greenpeace* die Beurteilung „in
Ordnung":

🦋 **Pacific Whale Foundation,**
Tel. 249-8811
oder gebührenfrei 1-800-WHALE-1-1,
(1-800-942-5311)
www.pacificwhale.org

Fachvokabeln für das Whale Watching

calf, calves	Kalb, also neugeborener Wal
to conceive	empfangen
conception	Empfängnis
extinction	Ausrottung
fluke	Fluke, Schwanz- flosse
to give birth to a calf	hier: einen Wal gebären
hydrophone	Unterwasser- mikrofon mit Verstärker und Lautsprecher
pregnant	schwanger, trächtig
to mate	sich paaren
mammal	Säugetier
nutrition	Nahrung
to spoute	herausspritzen, -schießen (Luft mit Wasser)
submerge	abtauchen
vapor	Dampf (hier: Atemluft mit Wasserdampf)

Das Unternehmen bietet jetzt auch **Wild Dolphin Encounters,** also Fahrten zu wilden Delfinen, nach Lanai an.

Der gesamte Gewinn kommt Wal- und Meeresforschungsprogrammen zugute. Es besteht auch die Möglichkeit, 14 Tage lang gemeinsam mit den Forschern der *Pacific Whale Foundation* die Wale näher kennen zu lernen.

Achtung: Es gibt einen Unterschied zwischen *Whale Watching* und *Whale Searching.* Beim *Whale Watching* gibt es normalerweise die Garantie, dass man mindestens einen Wal zu Gesicht bekommt, beim *Whale Searching* nicht. Wer beim *Whale Watching* einmal keinen Wal zu Gesicht bekam, erhält einen Gutschein (meist auf Standby-Basis) für eine weitere Ausfahrt. Vom 1.12. bis zum 15.5. veranstaltet *Pacific Whale Foundation* nur Whale Watching Trips mit Walsicht-Garantie.

Kosten: Ab $ 30 pro Bootstour.

Schiffs- und Bootstouren

Im Sommer bieten diverse Firmen Ausflugsfahrten an, wobei die Touren nach Lanai am interessantesten sind.

■ Binnen einer Stunde legt die Passagierfähre *Expeditions* vier- bis fünfmal am Tag die Strecke zwischen dem Hafen von Lahaina und der Manele Bay auf **Lanai** zurück. Kombi-Pakete (inkl. Auto, Übernachtung) werden ebenfalls angeboten, $ 30 one way. Tel. 661-3756, www.go-lanai.com

■ Die *Maui Princess* fährt mehrmals pro Woche von Lahaina nach Kaunakakai auf Molokai (Fahrzeit: 90 Min.). Der Fahrpreis beträgt etwa $ 70 (one way) inkl. zwei Handgepäckstücke, Gepäck (bis 45 kg) jeweils $ 15 pro Gepäckstück. Auch hier gibt es Kombi-Pakete inkl. Auto und Unterkunft. Tel. 667-5553, www.molokaiferry.com. Achtung: Wenn nicht mindestens 20 Passagiere fest gebucht sind, dann bleibt die Fähre eventuell im Hafen. Ergo: Für Touristen nur (noch) bedingt nutzbar.

■ Im Sommer können Sie bei *Kelii's Kayak Tours* (Tel. 874-7652, www.keliiskayak.com) und *South Pacific Kayaks* (Tel. 875-4848 oder gebührenfrei unter 1-800-776-2326, www.southpacifickayaks.com) sogar mit einem **Kajak** an der Küste entlangfahren.

■ Verschiedene Unternehmen bieten Fahrten mit **Glasboden-Booten** zu den Riffen an, aber nur mit *Atlantis Submarines* (Tel. 543-8359, www.atlantis adventures.com) können Sie in einem richtigen **U-Boot** an den Riffen entlangtauchen (siehe auch „Bootstouren" im Kapitel „Naturerlebnis und Sport").

Gerätetauchen

Die **schönsten Tauchgründe von ganz Hawaii** liegen unmittelbar vor Maui, und zwar an der Außenwand von Molokini. Allerdings ist es durch die teilweise starken Strömungen vor allem im Winter längst nicht immer möglich, hier zu tauchen. In diesem Fall weichen die Tauchschulen auf das innere Riff (also das innere des Halbmondes) aus. Der Fischreichtum in diesem Meeresschutzgebiet ist beachtlich.

Wenn die See ruhig und die Sichtweite hoch ist, lohnt sich eine Fahrt zu den *Cathedrals* vor Lanai. Bei stärkerer Strömung macht der Tauchgang weniger Spass und die Sonneneinstrahlung durch die Löcher am oberen Ende der Höhle ist nicht so beeindruckend.

Schon seit 2005 gibt es eine **Attraktion für Taucher** – und zwar direkt vor dem Puamana Beach Park, der sich etwa am südlichsten Ende der Front Street von Lahaina befindet: Ca. 800 m vom Strand entfernt liegt die *Carthaginian II* als

Wale vor Hawaii

Drei verschiedene Populationen von **Buckelwalen** bewohnen den Nord-Atlantik, den Nord-Pazifik und die Meere der Südhalbkugel. Während früher einmal etwa 14.000 bis 18.000 Wale im Nord-Pazifik lebten, gab es 1966 nur noch weniger als 1500 Buckelwale im Nordpazifik, aber im Jahr 2006 waren es bereits wieder knapp 20.000 Exemplare, wobei etwa die Hälfte dieser Tiere zwischen Alaska und Hawaii hin- und herwandert. Diese wandernde Population ist gleichzeitig auch die gesündeste. Im Jahr 1992 erklärte der Kongress in Washington annähernd das gesamte Maui County zum *Hawaiian Islands Humpback Whale National Marine Sanctuary*, einer Art Naturschutzgebiet, in dem die bis zu 40 Tonnen schweren Buckelwale unter strengstem Schutz stehen.

Jedes Jahr treffen die Wale, etwa Mitte Dezember, in ihrem Winterquartier, den Gewässern vor Hawaii, ein. Die Lieblings-Aufenthaltsorte der Buckelwale *(Humpback Whales)*, die zu den Bartenwalen gehören, sind die *channels* (Meeresstraßen, wörtlich: Kanäle) zwischen Lanai, Molokai, Maui und Kahoolawe. Hier zeugen sie ihre Jungen, und in den warmen tropischen Gewässern geschützter Buchten bringen sie diese ein Jahr später auch auf die Welt. Diese Jungen sind mit etwa **zwei Tonnen Geburtsgewicht** bereits durchaus stattliche Tiere. Durch die fettreiche Milch der Wale nehmen sie pro Tag bis zu 50 kg, manchmal sogar 100 kg an Gewicht zu (und die Mutter ab, denn auch säugende Wale nehmen in den tropischen Gewässern keine Nahrung auf).

Ende März brechen die Tiere wieder auf zu ihren Fanggründen im arktischen Meer vor Sibirien und Alaska. Nur dort oben fressen sie. Auf den größten Teilen der 5000-km-Reise nach Hawaii, während des Aufenthalts an den Inseln und auf großen Strecken der Rückreise nehmen sie keinerlei Nahrung zu sich. Im nächsten Jahr ist das weibliche Tier wieder paarungsbereit.

Die Tiere bleiben meist drei bis sechs Minuten unter Wasser, bevor sie wieder auftauchen, um Luft zu holen, können aber bis zu 30 Minuten abtauchen.

Es ist schon ein erhabenes Gefühl, wenn ein Wal in unmittelbarer Nähe abtaucht und seine *Fluke* (Schwanzflosse) elegant im Meer versinkt oder wenn eine Luft-Wasser-Fontäne mit einer Geschwindigkeit von knapp 500 Stundenkilometern beim Ausatmen des Wals aus dem Wasser schießt.

Bei guten Walbeobachtungs-Touren kann man mit Hilfe eines Unterwassermikrofons auch den Gesang der Tiere hören. Wie die Buckelwale, die keine Stimmbänder besitzen, diese Töne erzeugen, ist noch nicht endgültig geklärt. Vermutlich entsteht der Gesang durch Luftbewegungen innerhalb von luftgefüllten „Taschen" im Kopf der Wale. Man geht davon aus, dass nur die männlichen Tiere während der Paarungszeit singen.

Prinzipiell wollen die Wale von den Menschen in Ruhe gelassen werden, aber durch die Einhaltung des Mindestabstandes von 100 Metern und durch das Verbot, Wale zu verfolgen, scheinen die Tiere den Menschen und damit die Boote zu akzeptieren, ja sich sogar dafür zu interessieren. An der Kalifornischen Küste wurde dieser Mindestabstand oft nicht eingehalten, was zur Folge hatte, dass die Wale dort nicht immer in ihre vertrauten Gebiete zurückgekehrt sind.

Weitere Infos
■ **Humpback Whale National Marine Sanctuary,**
http://hawaiihumpbackwhale.noaa.gov

◁ Ein Buckelwal vor Maui –
im Hintergrund ist Lanai zu sehen

künstlich geschaffenes Riff auf maximal 28,50 m Tiefe.

Es handelt sich dabei um einen 1920 in Deutschland gebauten Zementfrachter von knapp 30 m Länge, der zu einem Nachbau des Schiffstyps umgebaut wurde, mit dem die Missionare zu Anfang des 19. Jahrhunderts von den Neuenglandstaaten an der Ostküste der USA um Kap Hoorn nach Hawaii segelten. Das Schiff lag im Hafen von Lahaina und beherbergte ein kleines Walfang-Museum.

Bezahlt wurde die gut $ 350.000 teure Schiffsversenkung vom Unternehmen *Atlantis Submarines,* das so eine neue Attraktion für seine Kunden bieten kann.

Wegen ihres herausragenden Verhaltens kann der Autor die folgende Tauchschule besonders empfehlen:

Mike Severns Diving,
Tel. 879-6596,
www.mikesevernsdiving.com

Die Frau des Inhabers Mike Severns, *Pauline*, ist Meeresbiologin und entsprechend ausgesucht ist das gesamte Team. Hier geht es ausnahmsweise nicht nur darum, den Tauchern unter Wasser nur „Great Fun" zu bieten, sondern auch darum, Zusammenhänge mit einfachen Worten zu erklären und in Ruhe die Welt unter Wasser zu erkunden, ohne sie dabei als Streichelzoo zu betrachten.

Der Autor war mit vielen Tauchschulen Hawaiis und auch an diversen anderen Stellen der USA bzw. der Welt tauchen, hat aber nirgends in Nordamerika eine Schule erlebt, die derart vorsichtig mit der Unterwasserwelt umgeht. Nicht nur Fotografen kommen hier voll auf ihre Kosten. Durch die ruhige Tauchweise dauern nicht nur die Trips länger (die Gruppe bewegt sich langsamer und der Luftverbrauch ist geringer), sondern die Fische und andere Tiere fühlen sich nicht bedroht und kommen aus eigenem Antrieb ganz nahe an den Taucher heran.

Das Unternehmen fährt ab Kihei Boat Ramp in den Bereich Molokini, normalerweise nicht nach Lanai.

Bei anderen Tauchschulen auf Maui, mit denen der Autor unterwegs war, ging es unter Wasser etwas mehr zur Sache: Da wurde der Octopus vom Tauchlehrer in die Hände genommen und festgehalten, obwohl er drei Mal „Tinte" ausstieß oder eine Muräne derart zum Spielzeug degradiert, dass sie schließlich den *Divemaster* biss.

Im Folgenden eine Auswahl aus der langen Liste der Tauchschulen auf Maui:

■ **Maui Dive Shop,**
Lahaina, Tel. gebührenfrei:
1-800-542-DIVE (1-800-542-3483),
www.mauidiveshop.com
■ **Lahaina Divers,**
Lahaina, Tel. 667-7496
oder 1-800-998-3483
www.lahainadivers.com
■ **Hawaiian Rafting Adventures**
Lahaina, Tel. 661-7333 oder gebührenfrei
1-866-529-2544,
www.goscubadivemaui.com
■ **Extended Horizons,**
Lahaina, Tel. 667-0611 oder gebührenfrei
1-888-DIVE-MAUI (1-888-348-3628),
www.scubadivemaui.com

Eine gute Übersicht über die Tauchreviere Mauis bietet der kostenlose *Maui Dive Guide*, der vom *Maui Dive Shop* (s.o.) herausgegeben wird. Das Unternehmen ist die größte Tauchschule der Inselgruppe mit acht Läden.

Schnorcheln

Alle Tauchschulen nehmen auch gerne Schnorchler mit auf ihre Touren – vor allem wenn es nach Molokini geht. Schnorcheln im halbversunkenen Krater von Molokini ist ein besonderes Vergnügen. Seit die Insel im Jahr 1977 zum *Molokini Shoal Marine Life Conservation District* (eine Art Unterwasser-Naturschutzgebiet) erklärt wurde, konnten sich vor allem die Fische hier kräftig vermehren. **Über 700 verschiedene Fischarten** kommen nahe an die Schnorchler heran. Vor allem vormittags ist das Wasser ruhig bei Sichtweiten von 20 bis 40 Metern. Je nach Länge der Tour, Art des Bootes und Verpflegung kosten die Schnorcheltrips etwa $ 40 bis 100.

Auch hier nur ein kleiner Auszug aus der langen Liste der Anbieter:

■ **Pacific Whale Foundation**,
Kihei, kleine Motorjacht, Tel. 879-8811,
www.pacificwhale.org
■ **Blue Water Rafting,**
Kihei, festes Schlauchboot, Tel. 879-7238,
www.bluewaterrafting.com
■ **Frogman Charters,**
Lahaina, Katamaran, Tel. 661-3633,
Kapalua, Tel. 660-4949,
Kihei, Tel. 875-4477,
www.frogman-maui.com
■ **Maui Classic Charters,**
Kihei, Segel-Katamaran mit Glasboden,
Tel. 879-8188 oder gebührenfrei
1-800-736-5740,
www.mauicharters.com

Übersichtskarte S. 102 | **Aktivitäten**

Maui

■ **The Silent Lady,**
Lahaina, Zweimaster-Segelboot,
Tel. 667-7777
■ **Ultimate Rafting,**
Lahaina, festes Schlauchboot,
Tel. 667-5678,
www.ultimatewhalewatch.com
■ **Friendly Charters Lani Kai,**
Tel. 1-888-983-8080 (gebührenfrei)
oder 244-1979, www.mauisnorkeling.com

Mit eigener oder geliehener ABC-Ausrüstung kann man auch recht gut direkt vom „Strand" aus schnorcheln – und zwar am besten etwas nördlich der La Perouse Bay (südlich von Wailea), wo die Straße direkt an einer Bucht vorbeiführt (bevor es durch die Lavawüste geht) oder noch besser in der Nähe des Grand Wailea (s. Hinweis auf den Public Beach Access beim Wailea Beach).

Surfen, Windsurfen und Stand-Up-Paddle Boarding

Surfer sind auf Maui relativ selten anzutreffen, dafür um so mehr Windsurfer. Jedes Frühjahr finden in Paia die Weltmeisterschaften im Windsurfen statt (siehe „Central Maui").

Mehrere **Schulen** bieten ihre Dienste an und verleihen auch Ausrüstungen:

■ **Maui Surfing School,**
Tel. 875-0625
■ **Surfing Academy,**
Tel. 667-5399,
www.royalhawaiiansurfacademy.com
■ **Maui Waveriders,**
Tel. 875-4761,
www.mauiwaveriders.com

■ **Nancy Emerson School of Surfing,**
Tel. 244-7873, www.mauisurfclinics.com.
Die älteste Surfschule auf Maui.
■ **Maui Surf,**
www.mauisurf.com.
Seit 1980 lehrt *Andrea Thomas* hier das Surfen.

Windsurfen

Viele Hotels bieten für die Gäste Kurse an und verleihen Bretter. Ansonsten muss man mit ca. $ 40–50 pro Unterrichtsstunde und für die Ausleihe eines Brettes rund $ 25 für die erste Stunde bis $ 70 für einen ganzen Tag kalkulieren.

Kurse und Bretter gib's auch bei:

■ **Windsurfing West,** Tel. 871-8733,
www.windsurf.cc
■ **Sea Maui,** Tel. 879-0178

Alles **rund ums Windsurfen** auf Maui inklusive Blog:

■ **www.mauiwindsurfing.net**

Stand-Up-Paddle Boarding

Man nehme ein großes Surfboard und ein Paddel, stelle sich auf das Surfbrett und los geht's beim Stand-Up Paddling *(SUP)*, einem Sport, der auf den Inseln immer beliebter wird. Bei *Maria Souza* können Sie den Sport auf Maui erlernen:

■ **Stand-Up Paddle Boarding School,**
Tel. 579-9231,
www.standuppaddlesurfschool.com

Mittlerweile bieten auch „normale" Surfschulen SUP(-Kurse) an, beispielsweise *Maui Waveriders*, s.o.

Aktivitäten

2

Hochseefischen

Möglichkeiten zum Angeln auf hoher See (vom Motorboot aus) gibt es oft. Meist geht es dabei um *Game Fishing* (Angeln zum Spaß) unter dem Motto *Catch and Release* (Fangen, wiegen bzw. schätzen und wieder lebendig freilassen). Infos unter www.hawaiifishingnews.com, dort auf „Charter Boats" klicken. Gleich ein Dutzend Boote betreibt:

■ **Captain Charlie,**
Tel. (Handy) 214-8510,
www.mauisportfishingcharters.com

Parasailing

Parasailer lassen sich für über $ 50 im Fallschirm hinter einem schnellen Motorboot durch die Lüfte ziehen. Dabei steigt der Fallschirm bis in sehr luftige Höhen.

■ **UFO Parasail,**
Kaanapali Beach, Tel. gebührenfrei
1-800-359-4836,
www.ufoparasail.net

■ **West Maui Parasail,**
Lahaina, Tel. 661-4060,
www.westmauiparasail.com

Aktivitäten

tenziellen Biker am Hotel abgeholt (entweder früh morgens gegen 3 Uhr oder gegen Mittag). Von der Parkgrenze auf knapp 2000 m Seehöhe geht's dann, ausgerüstet mit Helm, windfester Kleidung und *Mega Breaks* bis zu einem Restaurant in Central Maui, in dem ein Frühstück oder ein Snack gereicht werden. Aufgrund der Preisunterschiede zwischen den Anbietern lohnt sich der Vergleich. Die „Nur-bergab"-Tour kostet ca. $ 85. Einige Unternehmen bieten mittlerweile auch andere Fahrradtouren an.

■ **Haleakala Bike Co.,**
575-9575 oder gebührenfrei
1-888-922-2453,
www.bikemaui.com
■ **Maui Downhill,**
gebührenfrei 1-800-535-BIKE
(1-800-535-2453),
www.mauidownhill.com
■ **Mountain Riders,**
242-9739 oder gebührenfrei
1-800-706-7700,
www.mountainriders.com
■ **Maui Sunriders,**
579-8970 oder gebührenfrei
1-866-500-2453,
www.mauisunriders.com

www.fotolia.de © spotshot

Radfahren

Mehr Geschäftemacherei als sportliche Betätigung sind die kommerziellen Abfahrten per Fahrrad vom Haleakala bis zum Meer. Von Slogans wie *Bike down a volcano* lassen sich immer wieder viele Besucher locken. Meist werden die po-

Geführte Wanderungen

Wer nicht allein durch Mauis Wildnis streifen möchte, der kann sich gegen Bezahlung in Kleingruppen der Obhut nachstehend aufgeführter Unternehmen anvertrauen:

■ **Crater Bound,** Tel. 878-1743
■ **Hike Maui,** Tel. 879-5270
■ **Hiking Paradise,** Tel. 573-0464

Windsurfen in Paia

Eine kostenlose Alternative bieten die *Ranger* in beiden Teilen des Haleakala-Nationalparks mit ihren *Guided Walks*.

Reiten

In den letzten Jahren kam Reiten auf Maui immer mehr in Mode. Es empfiehlt sich, etwa drei bis fünf Tage im Voraus zu buchen. Die Preise schwanken enorm zwischen zwei Stunden für $ 40 oder für über $ 100 – je nach Gruppengröße. Ein fünfstündiger Ritt durch den Haleakala-Krater ist ab etwa $ 110 zu haben.

■ **Adventures on Horseback,**
Werbeslogan: „Der Pferdeflüsterer",
Makawai, Tel. 1-970-300-1868
■ **Hana Ranch,**
Hana, Tel. 248-8211
■ **Makena Stables,**
Makena, Tel. 879-0244,
www.makenastables.com
■ **Oheo Stables,**
Seven Pools, Tel. 667-2222
■ **Pony Express Tours,**
Haleakala, Tel. 667-2200
www.ponyexpresstours.com
■ **Ironwood Ranch,**
Napili, Tel. 669-4991,
www.ironwoodranch.com

Sonstiges

Ziplining

Nachdem die Ziplining-Touren auf Kauai (mehr Informationen zum Thema im Kapitel „Kauai") sehr erfolgreich sind, zogen die Unternehmer auf Maui nach. Dabei gibt es **zwei Standorte:** entweder am Hügel des Haleakala in der Nähe von Kula oder bei Kaanapali und Kapalua. Bevor Sie sich für eine Tour entscheiden, sollten Sie die Bildergalerien im Internet vom Ziplining in Maui und in Kauai vergleichen, wenn Sie beide Inseln besuchen.

■ **Skyline Eco-Adventures,**
Tel. 878-8400, www.zipline.com/Maui

Das Ziplining in Kapalua findet weitgehend im freien Gelände am Hang statt. Alles ist größer und viel technischer als bei den Zipline-Unternehmen auf den anderen Inseln: Die Gleitrollen sind riesig und schwer, man sitzt in einem zwar sehr bequemen aber auch schweren Gleitschirmsitz (ein bequemer Anseilgurt wie z.B. auf Kauai ist völlig ausreichend), und die Start-/Landeplattformen ragen sehr dominant aus der Landschaft heraus. Während z.B. bei den Ziplines auf Kauai oder Big Island der Nervenkitzel in schöner Urwald-Umgebung im Vordergrund steht und zwischen den einzelnen Zipline-Fahrten auch kleine Wanderungen anstehen, geht es in Kapalua auch ohne viel Wandern. Die teilweise über 30 Sekunden dauernden Zipline-Fahrten machen auf jeden Fall viel Spaß.

■ **Kapalua Adventures,**
Tel. 756-9147,
www.kapaluaziplines.com

In den **West Maui Mountains** mit Blick auf Central Oahu und die Strände von Kihei bis Makena können Sie neben sieben anderen Ziplines sogar die „längste, höchste und schnellste Zipline auf Maui"

Übersichtskarte S. 102   **Aktivitäten** 155

genießen, die mehr als einen Kilometer lang ist.

■ **Flyin Hawaiian Zipline,**
Tel. 463-5786,
www.flyinhawaiianzipline.com

Außergewöhnliche Fahrzeuge

Wer auf einer **Harley-Davidson,** in einem **Jeep** oder in einem **Ferrari** die Insel erkunden möchte, der kommt bei *Island Riders* auf seine Kosten.

■ **Island Riders,**
Lahaina, Tel. 757-9839
oder gebührenfrei: 1-800-230-0021
(Reservierung erforderlich, $ 139 für einen Tag, $ 109 pro Tag einer ganzen Woche + Versicherung), www.hawaiiharleyrental.com

Geführte individuelle Touren

Wer sich von einem Einheimischen die **Natur und Kultur** der Insel zeigen lassen will, kann bei *Rent-A-Local* anrufen. Je nach Vorlieben (Tier- und Pflanzenwelt, Schnorcheln, Strände, Wasserfälle etc.) bekommt man einen kundigen Führer vermittelt, mit dem man dann seine Tour unternimmt.

■ **Rent-A-Local,**
Tel. 877-4042
oder gebührenfrei 1-800-228-6284

Theater-Event

Ulalena heißt das Theater-Spektakel, das im eigens dafür gebauten *Maui Myth & Magic Theatre* in Lahaina täglich aufgeführt wird. Die knapp zehn Mio. Dollar teure Produktion zeigt eine Mischung aus Theater, Tanz und ursprünglicher hawaiianischer Musik (gespielt auf Originalinstrumenten) gepaart mit akrobatischen Darbietungen. Zwei der Werbesätze bringen die stark betonte mystische Komponente auf den Punkt: „Ulalena verwebt kunstvoll die kraftvollen Bilder der hawaiianischen Mythologie und Geschichte in eine Feier der Natur sowie des Geistes der menschlichen Vorstellungskraft. Ulalena lädt den Zuschauer ein an einen Platz der Wunder". Dabei verzichten die Darsteller fast vollständig auf gesprochene Worte.

Nachdem schon viele Mehrfach-Besucher der Insel *Ulanea* gesehen haben, musste zusätzlich eine neue Show her. **Burn'n love** heißt die zweite Show des Theaters, die sich mit *Elvis* auf Hawaii beschäftigt: Vom Elvis-Imitator bis zu eingebetteten Video-Sequenzen. Die Vorstellungen von *Ulanea* finden meist viermal pro Woche um 17 Uhr statt, von *Burn'n Love* ebenfalls viermal pro Woche um 19.30 Uhr. Da der Spielplan immer wieder leicht variiert, empfiehlt sich ein Blick auf die Website.

■ **Maui Theatre,**
Lahaina, 878 Front Street,
Tel. 856-7900,
www.mauitheatre.com

Luau

MEIN TIPP: **Old Lahaina Café Luau.** Nach Ansicht des Autors handelt es sich hier um eines der beiden besten Luaus – und auch der eigenwilligsten – auf der gesamten Inselkette. Hier hat sich endlich einmal jemand getraut, den Pfad der traditionellen Touristen-Luaus zu verlassen und neue (nach Meinung des Autors: auch bessere) Wege zu beschreiten, anders als bei den Standard Touristen-Luaus, deren Grundschema im Exkurs „Hawaiis best Luau" im Kapitel „Unterwegs in Hawaii" beschrieben wird. Wer zuerst verbindlich reserviert, bekommt auch die besten Plätze. Ohne Reservierung läuft trotz der täglich stattfindenden Vorstellungen rein gar nichts, obwohl das Luau auch im oberen Preissegment angesiedelt ist. Nicht selten sind die beliebten Shows zum Teil sechs Wochen im Voraus komplett ausgebucht! Sehr liebevoll (verspielt) ist auch der Internet-Auftritt mit Live-Kamera und den wesentlichen Songs der Show sowie natürlich der Möglichkeit zur Online-Reservierung.

■**Infos:** Tel. gebührenfrei 1-800-248-5828, www.oldlahainaluau.com

Halloween in Lahaina

Nirgendwo sonst auf der Inselkette wird das amerikanische Halloween-Fest am 31.10. intensiver gefeiert als in Lahaina, weshalb es hier auch als *Mardi Gras of the Pacific* (Karneval des Pazifiks) bezeichnet wird. Am späteren Nachmittag findet zunächst die *Keiki Parade* (Kinderumzug) statt. Schon hier kann man die vielen fantasievoll gestalteten Kostüme bewundern.

Da die *Front Street* ab etwa 16 Uhr gesperrt ist, verwandelt sich die gesamte Straße in eine große Partylandschaft – ein Erlebnis für sich, der Soundtrack ist eine Kombination aus Rockmusik und Hawaiianischen Liedern. Selbst Faschingsmuffel werden hier begeistert zuschauen und irgendwann mitfeiern, denn es ist ja kein Karneval, sondern *Halloween.* Die Polizei achtet allerdings mit sehr zahlreich vertretenen Beamten darauf, dass niemand in der Öffentlichkeit (außerhalb der Kneipen) Alkohol zu sich nimmt.

Nachdem es Schwierigkeiten mit Alkoholkonsum auf der Straße gab, waren viele Outdoor-Halloween-Aktivitäten zeitweise verboten, aber nach massivem Protest der Bevölkerung normalisiert sich derzeit die Situation. Wer also gerade in der Gegend ist, sollte vorbeischauen, aber die gesamte Reise würde der Autor definitiv nicht danach ausrichten.

Marathon, Schwimmen und Rennradfahren

Die *Valley Isle Road Runners* veranstalten diverse Lauf-, Schwimm- und Radfahrwettbewerbe. Das Spektrum reicht vom **Aluminum Man** für die nicht ganz so fitten über 10-km-Läufe und den **Maui Marathon** bis zum Durchschwimmen des 14 km breiten Auau-Kanals zwischen Maui und Lanai.

Das jährliche Highlight ist der Radwettbewerb **Cycle to the Sun,** bei dem sich die Radfahrer vom Meer auf 36 Meilen (57 km) Strecke 3300 Höhenmeter bis zum Gipfel des Haleakala hinaufkämpfen. Um unter die Top-Ten zu kommen, sollte man die Distanz in weniger als 3 Stunden bewältigen. Die Besucher müssen früh aufstehen, das Rennen beginnt um 4 Uhr. Weitere Infos unter www.virr.com.

Unterkunft

Hotels

Die Hotels auf Maui liegen praktisch alle an der trockenen **Westküste** – zum einen im Bereich Kihei über Wailea bis Makena, zum anderen zwischen Lahaina und Kapalua. Einige wenige Hotels befinden sich auch in Hana und im Bereich Kahului/Wailuku.

Sehr feudal ist das **Travaasa Hotel Hana** in East Maui. Im Gegensatz zu den geschäftigen Hotels, die an der Westküste zu finden sind, herrscht hier echte Ruhe in einer der besten Adressen von ganz Maui. Das frisch renovierte Hotel ist zwar alles andere als billig, ragt aber wohltuend aus dem Einheitsbrei der sonst auf Hawaii vertretenen Luxus-Hotels heraus. Wer sich etwas Besonderes leisten will (vor allem die *Sea Ranch Cottages!*), dürfte hier auf seine Kosten kommen. In der Nebensaison kostet ein Bungalow mit uneinsehbarem privatem Outdoor-Whirlpool teils unter $ 600.
Das Essen im Hotel ist hervorragend, aber beim Dinner sollten Sie für zwei Personen (jeweils Vorspeise, Hauptgang, Dessert und 1 Cocktail) schon etwa $ 200 einplanen; dieses Geld ist es aber durchaus wert. Dafür erhalten Sie weit mehr als nur den oftmals kredenzten amerikanischen Budenzauber, während das Personal sehr aufmerksam aber dennoch zurückhaltend ist.

■ **Travaasa Hotel Hana,**
Tel. 248-821,
www.travaasa.com/hana

Direkt am Flughafen liegt das **Courtyard Maui Kahului Airport Hotel,** das vor allem als Transferhotel interessant sein dürfte. www.marriott.de und dann bei Suche „Maui" eingeben.

Ebenfalls in der Nähe des Flughafens Kahului befindet sich das **Maui Beach Hotel** (Tel. 877-0051 gebührenfreie Reservierung unter 1-866-970-4168, www.mauibeachhotel.net, www.aquaresorts.com). Es liegt zwar nicht so dicht am Airport wie das *Courtyard,* aber die Flugaktivitäten sind dort durchaus noch deutlich wahrnehmbar.

Nicht gerade ruhig, aber dafür sehr zentral liegt das eher preiswerte einfache **Hotel Maui Seaside** (s.a. Kapitel „Praktische Tipps, Unterkunft, Hotels").

■ **Hotel Maui Seaside,**
100 Kaahumanu Avenue,
Kahului, Hi 96732,
Tel. 877-3311,
oder gebührenfrei 1-800-560-5552,
www.seasidehotelshawaii.com

Bed & Breakfast und Apartments

MEIN TIPP: Wer Unterkünfte aller Art über www.bebackhawaii.com bucht, erhält oft bessere Zimmerpreise als bei der Direktbuchung über die Hotelseite, aber der Vergleich lohnt sich immer. Eine sehr gute Anlaufstelle für Maui sind auch die Websites des deutschen *Chris Weininger,* der seit vielen Jahren auf Maui lebt: www.mauifewo.com und www.himaui.com, Tel. 214-7327.

Unterkunft

In Kaanapali/Lahaina

Schöne Apartments in ruhiger Lage bietet das zwischen Kaanapali und Kapalua gelegene **Mahina Surf.** Die voll eingerichteten Apartments mit großem Wohn-/Esszimmer sind geschmackvoll sowie relativ hochwertig eingerichtet und bieten ein exzellentes Preis-Leistungsverhältnis. Im Gegensatz zu den in vielen anderen Apartments vorhandenen Pseudo-Küchen ist die Kücheneinrichtung im Mahina Surf auch wirklich zum Kochen geeignet. Wer grillen will, kann kostenlos den Gasgrill mit Meerblick nutzen. Obwohl die großzügig um den zentralen Pool herum angelegte Anlage direkt am Meer liegt, bietet sie keinen Strand im klassischen Sinne.

■ **Mahina Surf,**
4057 Lower Honopiilani Road, Lahaina,
Tel. 669-6068 oder gebührenfrei
1-800-367-6068,
www.mahinasurf.com

Am nördlichen (und ruhigeren!) Teil von Kaanapali Beach liegt das **Royal Lahaina Resort,** das aus dem zwölfstöckigen *Lahaina Kai Tower,* diversen Cottages mit einfacher Küche sowie dem *Royal Beach House* besteht. Letzteres ist quasi ein voll ausgestatteter Privat-Bungalow auf dem Hotelgelände, zu dem sowohl ein privater Pool, ein privater Whirlpool, ein privater Grill als auch ein eigener Strandzugang gehören. Das *Beach House* kann man für $ 2500 pro Nacht oder $ 6000 für drei Nächte mieten.

Mehr für die Mainstream-Besucher sind die **Zimmer im Lahaina Kai Tower**

gedacht, die im hawaiianischen Stil eingerichtet sind. Damit bieten sie einen wohltuenden Kontrast zu den Zimmern der Kettenhotels. Mit knapp über 500 Zimmern ist das Hotel nicht gerade klein, und von außen ist zumindest der Tower nicht unbedingt eine Top-Augenweide, aber gerade die Zimmer im Tower bieten ein sehr gutes Preis-Leistungsverhältnis. Im Winter kann man hier vom (Tower-)Balkon aus sehr gut die Wale beobachten, aber bis zum vierten Stock *(fifth floor)* sind oftmals die Palmen im Weg. Besonders schön ist der Blick aus den Zimmern des Typs *Ocean View Room,* deren Balkon Richtung Lanai zeigt – erkennbar an den ungeraden Zimmernummern.

Familien mit Kindern werden die *Cottages* schätzen, weil die Kleinen dann zum Teil ebenerdig vom Strand in das „Wohnzimmer" gehen können.

■ **Royal Lahaina Resort**
2780 Kekaha Drive, Lahaina,
Tel. 661-3611,
www.royallahaina.com

Ein gut gelegener Ausgangspunkt für Lahaina-Nachtschwärmer ist das **Old Lahaina House,** denn bis zum Hafen sind es nur knapp 10 Minuten Fußweg. Die relativ saubere Unterkunft bietet für diese Lage ein recht akzeptables Preis-Leistungs-Verhältnis. Obwohl es zur Kategorie „Bed & Breakfast" gehört, wird hier kein Frühstück serviert. Dafür steht eine Kaffeemaschine auf dem Zimmer, und den kostenlosen Parkplatz gibt's natürlich auch.

■ **Old Lahaina House,**
407 Ilikai Street, Lahaina,

Tel. 667-4663 oder gebührenfrei
1-800-847-0761,
www.oldlahaina.com

Das **B & B House of Fountains** ist zwar noch in Lahaina, liegt aber weit abseits der Front Street am Hang. Die geräumigen Zimmer sind mit viel Liebe fürs Detail geschmackvoll eingerichtet, und das täglich wechselnde (auch glutenfrei mögliche) Frühstück kann sich wirklich sehen lassen.

■ **House of Fountains,**
1579 Lokia Street, Lahaina, Hi 96761,
Tel. 661-5150,
www.thehouseoffountains.com

In South Maui (Kihei/Wailea/Makena)

Direkt am Strand von Kihei liegt – nur durch einen schmalen, top gepflegten Rasenstreifen vom Sand getrennt – das **Hale Pau Hana Beach Resort.** Es handelt sich dabei um individuell eingerichtete *Condos* (*Condominiums,* Ferienwohnungen), die alle unterschiedlichen Eigentümern gehören und in der freien Zeit über einen in der Anlage lebenden Verwalter vermietet werden. Alle *Condos* verfügen über einen breiten Balkon mit vollem Meerblick. Auf dem Rasen stehen den Mietern Grills zur Verfügung, und ansonsten gibt es diverse Restaurants in Laufweite.

■ **Hale Pau Hana Beach Resort**
2480 South Kihei Road, Kihei,
Tel. 879-2715 oder gebührenfrei
1-800-367-6036,
www.hphresort.com

Das **Hotel Wailea** liegt zwar in der absoluten Luxusgegend Wailea (südlich von Kihei), ist aber trotz seiner (ruhigen!) Lage manchmal noch als Sonderangebot buchbar. Die 72 geräumigen Suiten, die meist mit riesiger Küche und alle mit einem Safe ausgestattet sind, gibt es manchmal bei Vorausbuchung schon für $ 300 pro Nacht, wenn man mindestens 90 Tage im Voraus verbindlich bucht und (per Kreditkarte) bezahlt.

Das gepflegte Hotel war früher ein japanischer Club, in dem die reichen Gäste meist 6 Wochen und länger verweilten. Da das *Hotel Wailea* am Hang und nicht am Strand liegt, pendelt ein kostenloser Shuttle-Service zwischen Hotel und Wailea Beach, wo Liegestühle und Sonnenschirme den Hotelgästen ohne Aufpreis zur Verfügung stehen – bei den horrenden Park- und Servicegebühren in Wailea ein echtes Plus! So kann beispielsweise ein Partner mit dem Auto zum Tauchen fahren, während der andere mit dem Shuttle zum Strand kutschiert wird.

■ **Hotel Wailea,**
Tel. 1-866-970-4167
(Reservierung, gebührenfrei),
Tel. 874-0500 (Rezeption),
www.hotelwailea.com

Im Upcountry mitten im Grünen

■ **Aloha Cottages,**
Tel. 248-8420 oder gebührenfrei
1-888-328-3330,
www.alohacottage.com

Im Bereich **Hana/Seven Pools** gibt es einige sehr schön gelegene B & Bs – ideal

zum Abschalten abseits der Touristenströme:

■ **Hana Accomodations,** hat vier Unterkünfte im Grünen für 2 bis 6 Personen, die bereits ab einer Nacht teils unter $ 100 zu haben sind. Tel. 248-7868 oder gebührenfrei 1-800-228-4262, www.hana-maui.com.

■ **Hana Gardenland,** liegt wirklich mitten im Grünen in der Nähe des Waianapanapa State Parks. Mit Outdoor-Whirlpool im Grünen und botanischem (recht wilden) Garten auf dem Gelände der zwar hübschen, aber eher einfachen Unterkunft. Am besten über das Internet anfragen: www.hanagardenland.com, Tel. 264-8184.

■ **Joe's Place,** Tel. 248-7033, www.joesrentals.com, wohl die günstigste Unterkunft in Hana, die allerdings auch sehr einfach ist.

Billige Unterkünfte

Eine Art Jugendherberge mit Schlafsälen sind die folgenden Hostels, in denen das Bett pro Nacht ca. $ 40 kostet:

Unterkunft 161

■ **Banana Bungalow,** Wailuku, Tel. 1-800-846-7835, www.mauihostel.com

↗ Frühstück auf dem privaten Balkon im Hale Pau Hana Beach Resort mit schönem Blick auf Molokini und Kahoolawe

Mitten in Wailuku

■ **The Northshore Hostel,**
Tel. 986-8095 oder gebührenfrei
1-866-946-7835, www.northshorehostel.com

Campingplätze

Auf Maui gibt es zehn Campingplätze, die von der Straße aus erreichbar sind, vier von ihnen sind **empfehlenswert:**

■ **Hosmer Grove Campground** auf über 2000 m Seehöhe im Haleakala National Park (meist trocken).
■ **Oheo Campground** im Kipahulu-Teil des Haleakala National Parks direkt bei den Seven Pools (vor allem im Sommer öfter Regen und viele Moskitos, im Winter eher starker Wind).
■ **Waianapanapa State Park** in unmittelbarer Nähe des Flughafens von Hana (vor allem im Sommer öfter Regen).
■ **Camp Pecusa** in Oluwalu an der Westküste (meist trocken, zentral gelegen, aber sehr primitiv, dafür ab $ 6 pro Person).

Alle genannten Plätze sind nachstehend näher beschrieben.

Auf den beiden Campingplätzen im **Haleakala National Park** ist die Übernachtung kostenlos, die maximale Aufenthaltsdauer pro Platz liegt bei drei Nächten im Monat. Beide Plätze sind sehr einfach und ohne Elektrizität.

Hosmer Grove Campground

Dieser Platz ist zwar am Hang gelegen, aber mit etwas Glück findet sich immer noch ein ebenes Plätzchen. Trinkwasser, Trocken-Chemietoiletten und überdachte Campingtische sind vorhanden. Die maximale Aufenthaltsdauer beträgt drei Nächte innerhalb von 30 Tagen.

Hosmer Grove hat drei ganz große Vorteile: Erstens liegt er auf knapp über **2070 m Höhe über dem Meer.** Wer morgens den Sonnenaufgang am Krater erleben möchte, hat bereits vor dem Aufstehen zwei Drittel der Höhe geschafft, denn von hier aus ist es morgens nur noch etwa eine halbe Stunde bis zum Gipfel. Da die meisten Camper zum Sonnenaufgang auf den Gipfel fahren, ist es für Wanderer, die eine Kraterwanderung über Sliding-Sands- und Halemauu-Trail planen, in der Regel einfach, eine Mitfahrgelegenheit vom Halemauu-Trailhed zum Gipfel zu organisieren. Der zweite Vorteil besteht darin, dass der *Campground* meist über den Wolken liegt und man daher (auch wegen der großen Entfernung zu größeren Lichtquellen und der klaren Luft) normalerweise einen sehr schönen Blick auf den Sternenhimmel genießt. Und drittens ist es durch die Höhenlage auch im Sommer nachts angenehm kühl.

An Wochenenden kann es hier oben etwas enger zugehen, wenn auch die Einheimischen ihre Zelte aufschlagen. Direkt am Campingplatz beginnt der 20-minütige Rundweg *Hosmer Grove Trail* (siehe „Haleakala").

Oheo Campground

Wer auf diesem Zeltplatz übernachtet, hat die **Seven Pools** morgens bis gegen 9 Uhr und abends ab etwa 17 Uhr für sich alleine. Durch den Tagestourismus herrscht dort allerdings großes Gedränge. Der Campingplatz selbst ist eine einfache, aber schöne Wiese in Meeresnähe mit Trockentoiletten *(Pit Toilets)* und einigen (nicht überdachten) Campingtischen. Leider gibt es hier kein Trinkwasser. Bessere Toiletten und Trinkwasser gibt's im nahe gelegenen Visitor Center. Ein Pfad führt binnen 10 Minuten zu den unteren Pools. Vor allem im Sommer regnet es hier sehr oft, sodass der Platz leicht schlammig wird. Im Winter ist dafür der Wind etwas stärker – vor allem direkt am Meer.

Waianapanapa State Park

Über eine gut ausgeschilderte Stichstraße ist der Campingplatz vom Highway 36 aus erreichbar. Der Platz mit Trinkwasser, Toiletten und Campingtischen liegt gleich neben den direkt aus dem Meer emporsteigenden Lavaklippen auf einer Wiese mit Bäumen. Um hier zu übernachten, ist eine *Camping Permit* erforderlich, die gegen eine Gebühr von $18 für einen „Family Campsite" (bis zu sechs Personen) im *State Building* in Wailuku (und nur hier, nicht am *Campground*) erhältlich ist. Die Bürozeiten sind montags bis freitags von 8 bis 16 Uhr. Die maximale Aufenthaltsdauer beträgt fünf aufeinanderfolgende Nächte. Vor allem am Wochenende ist der Park oft schon drei Wochen im Voraus ausgebucht. Unbedingt über das Internet vorbuchen!

■ **Department of Land and Natural Ressorces,**
Division of State Parks,
54 South High Street, Room 101,
Wailuku, Hi 96793,
Tel. 984-8109,

Übersichtskarte S. 102   **Unterkunft** 163

http://dlnr.hawaii.gov/dsp/camping-lodging/maui (siehe auch Kapitel „Praktische Tipps/Unterkunft/Camping").

In Waianapanapa stehen für $ 90 pro Nacht auch **Cabins** mit Küche, Duschen und Toiletten zur Verfügung, die ebenfalls im State Building reserviert werden können. Die zum Teil etwas muffigen *Cabins* bieten jeweils Schlafgelegenheit für sechs Personen und sind meist schon lange im Voraus ausgebucht.

Durch die **Nähe zur wilden Küste und den beiden Lavahöhlen** ist Waianapanapa ein beliebter Platz zum Campen. **Achtung:** Bei starker Brandung ist das Schwimmen zu gefährlich – und das ist leider nicht selten der Fall. Nach Erfahrungen des Autors regnet es recht oft, dennoch sind die Picknick-Tische nicht überdacht.

Camp Pecusa

Sehr primitiv ist der sandige, ziemlich staubige Platz in **Olowalu,** bei dem Filzmatten zumindest einen Teil des Sandes zurückhalten. Er ist allerdings nur wegen seiner zentralen Lage interessant, denn die sanitären Anlagen sind gelinde gesagt sehr einfach („Dixi-Klos"). Trinkwasser, Campingtische und eine Kaltwasserduschen (Kaltwasser heißt auf Hawaii meist ca. 25 °C und mehr) sind vorhanden. Bei $ 20 pro Nacht und Nase sowie unbegrenzter Aufenthaltsdauer bietet *Camp Olowalu* den Reisenden mit extrem limitiertem Budget und entsprechend geringen Ansprüchen noch eine einigermaßen akzeptable Bleibe.

Das Camp liegt etwa bei MM 14,6 am Highway 30. **Achtung:** Nur Online-Bu-

chungen, keine „Walk-ins" (Spontananfragen an der Rezeption).

■ **Camp Olowalu,**
800 Olowalu Village,
Lahaina, Hi 96761,
Tel. 661-4303,
www.campolowalu.com

Kanaa Beach Park

Ein fünfter Campground im Kanaa Beach Park in der (auch akkustischen) Nähe des (stark frequentierten!) Kahului Airports ist für Notfälle und Leute mit gutem Schlaf durchaus interessant. Buchung bei:

■ **Department of Parks and Recreation,**
County of Maui,
1580 Kaahumanu Avenue,
Wailuku, Maui, Hawaii 96793,
Tel. 270-7389,
www.co.maui.hi.us/Facilities/Facility/Details /101

Überblick | 167

Aktivitäten | 204

Infrastruktur | 173

Kokee State Park | 181

Na-Pali-Küste | 197

Ost- und Nordküste | 188

Strände | 200

Südküste | 173

Unterkunft | 212

Waimea Canyon | 181

3 Kauai

Nicht nur der „Grand Canyon des Pazifiks" und die beeindruckende Na-Pali-Küste sondern auch diverse andere Naturschönheiten machen die „Garteninsel" Kauai quasi zu einem Muss für jeden Hawaii-Besucher.

◁ Der Waimea Canyon auf Kauai ist über 22 km lang und fast 1100 m tief

KAUAI

Weil Kauai vor allem grün und tropisch ist, trägt sie den Beinamen „**Garteninsel**". Kauai ist die bei den meisten Zentraleuropäern beliebteste Insel. Der Grund dafür dürfte die Tatsache sein, dass Kauai einerseits viele ausgesprochen **schöne Strände** hat und andererseits doch so anders ist als man es sich vorgestellt hat – vor allem, wenn man die Insel auf **Wanderungen** erkundet. Nirgendwo auf der Inselgruppe sind die hängenden Täler so imposant wie auf Kauai, und der **Waimea Canyon** trägt die Bezeichnung „Grand Canyon des „Pazifiks" völlig zu recht.

NICHT VERPASSEN!

- Der **Waimea Canyon** bietet eine beeindruckende Farbenvielfalt | 181
- Beim Besuch am **Puu o Kila Lookout** trumpft die Natur voll auf | 182
- Beeindruckend und gut erreichbar sind die **Wailua-Falls** | 188
- Wo die Straße aufhört, beginnt der Wanderweg namens **Haena Kalalau Trail** (Na-Pali-Trail) | 198
- Ein Erlebnis der Extraklasse ist ein **Hubschrauberrundflug über Kauai** | 204

Diese Tipps erkennt man an der gelben Hinterlegung.

> Na-Pali-Küste aus dem Helicopter gesehen

Überblick

Vor allem bei den Deutschen steht Kauai ganz besonders hoch im Kurs – und das, obwohl es in Teilen der Inseln praktisch jeden Tag regnet. Während die Japaner weniger als 1 % ihrer Aufenthaltstage auf Kauai verbringen, lässt kaum ein Zentraleuropäer die Insel aus. Warum das so ist, das erfahren Sie in diesem Kapitel.

Infos zur Insel erhalten Sie beim **Kauai Visitors Bureau** unter www.gohawaii.com/kauai, bzw. Tel. 245-3971 oder gebührenfrei unter 1-800-262-1400.

Mit einer **Gesamtfläche** von 1435 km² ist Kauai die viertgrößte Insel des Archipels und etwa doppelt so groß wie das Bundesland Hamburg (748 km²). Die Insel ist fast kreisrund, wobei die maximale Ausdehnung in Ost-West-Richtung knapp 53 km, in Nord-Süd-Richtung etwa 40 km beträgt. Derzeit hat Kauai etwa 67.000 Bewohner.

Höchster Berg ist der 1598 m hohe Berg *Kawaikini*. Gleich daneben liegt die mit 1569 m zweithöchste Erhebung der

0   10 km   © REISE KNOW-HOW 2016

Hawai07

203 Anini Beach
191 Kilauea Lighthouse
203 194 Princeville
203 Kalihiwai Beach
191 Kilauea Wildlife Refuge
203 Lumahai Beach
195 Hanalei Bay
2
1
191 Kilauea
173 Princeville Airport
3
56
195
Hanalei

Hanalei Natural Wildlife Refuge

Hanalei Valley
Hanalei River
Lumahai River

Makalea Mountains

56
Kuhio Highway

202 Anahola Beach Park
14 Anahola

Waialeale 1569 m

Kawaihau

Kealia
Kapaa Beach
190
13 Kapaa
581

Kawaikini 1598 m

North Fork Wailua River
Keahua Arboretum
590
189 Wailua
189 Opaekaa Falls
189 Kamokila Village
190 Waipouli
12
188 Lydgate State Park
Coconut Grove
Fern Grotto

Wailua River St. Park
188 Wailua Falls
188 Wailua River
Koula River

Maalo Rd.

56

188 Hanamaulu
Hanamaulu Beach Park
202

Kilohana Plantation Estates
11
173 Lihue Airport
173

Kaumualii Highway
50
Puhi
Lihue
Gaylord's at Kilohana
Nawiliwili
202 Kalapaki Beach

176 Eucalyptus Tree Tunnel
Maluhia Rd.

6
7 Omao
Kalaheo
Lawai
530
Waita Resevoir
Ala Kinoiki

178 McBride Allerton Gardens
Kalanikaumaka Street
9
176 Koloa
10
Ala

177 Spouting Horn
8
201
Poipu Beach, Brennecke Beach
Poipu

KAUAI CHANNEL

Essen und Trinken
8 Beach House
9 Brennecke's Beach Broiler, Keoki's Paradise, Pizetta
11 Gaylord's at Kilohana

Entfernungen vom Flughafen Lihue

	Entfernung (Meilen)	Fahrzeit ca. (Std:Min)
Kapaaa	7	0:15
Kilauea	22	0:40
Hanalei	30	1:00
Kee Beach	37	1:25
Poipu Beach	14	0:30
Waimea	26	0:40
Polihale	42	1:15
Kokee State Park Museum	43	1:20
Puu o Kila Lookout	45	1:30

Insel, der *Mount Waialeale,* der mit 12.340 mm Niederschlag im Jahr nach Angaben des Fremdenverkehrsamts von Hawaii den Rekord als regenreichster Punkt der ganzen Erde hält. Nicht-amerikanische Quellen berichten jedoch von einem Ort in Indien, in dem es noch mehr regnet. Egal was stimmt: der Gipfel des Waialeale ist für den Touristen meist unsichtbar, weil es dort fast ständig regnet. Zum Vergleich: In München fallen lediglich etwa 1200 mm Niederschlag pro Jahr. Von keinem Punkt der Insel ist es weiter als 19 km bis zum Meer. Die Küstenlinie Kauais ist 182 km lang.

In Lihue hat also der **County of Kauai** seinen Sitz. Zum *County* gehört neben der Insel Kauai selbst auch die Insel Niihau. Zu den prominenten Immobilienbesitzern auf Kauai gehören *Pierce Brosnan, Ben Stiller* und *Graham Nash* sowie *Bette Midler* und der AOL-Gründer *Steve Chase,* wobei die beiden letzteren auf Oahu aufwuchsen.

Wenn Sie auf Kauai unterwegs sind, wird Ihnen vielleicht die eine oder andere Landschaft irgendwie bekannt vorkommen, obwohl Sie vorher noch nie hier waren. Vielleicht haben Sie Kauai schon im Kino gesehen. Aufgrund der guten Infrastruktur (Flughafen, Hubschrauber, Hotels aller Klassen) und der außergewöhnlichen Landschaft ist Kauai für **Außenaufnahmen** sehr beliebt. Schon *Elvis* drehte drei Filme auf Hawaii: *Blue Hawaii* in 1961, *Girls! Girls! Girls!* in 1962 und *Paradise, Hawaiian Style* in 1966 – die ersten beiden überwiegend auf Kauai.

Auch von den folgenden Filmen entstanden wesentliche Teile auf Kauai: *Jurassic Park* (Ost-Kauai als Hintergrund für den alten Dino-Park, Na-Pali-Küste als Hintergrund für den Themenpark in *Jurassic World*, Waimea Canyon, Manawaiopuna-Wasserfälle beim Mount Waialeale, Allerton Gardens, Nawiliwili Harbour …), *King Kong* (u.a. in den Buchten der Na-Pali-Küste und Kalalau Valley), *Jäger des verlorenen Schatzes* (die Anfangsszene, die mit *South America* untertitelt ist, an der Nordküste), *Honeymoon in Vegas* (in Kapaa an der Ostküste), *Blue Hawaii* (*Coco Palms Resort* in Wailua), *South Pacific* (Lumahai Beach), *Outbreak* (Kamokila Village) oder *Sechs Ta-*

ge, *Sieben Nächte* (Na-Pali-Küste), *Lilo & Stitch* (Na-Pali-Küste, Kilauea Lighthouse, Hanapepe), *Die Dornenvögel* (Kee Beach, Hanapepe), *The Descendents* (östlich von Poipu) …

Ein Hinweis am Rande: Eine Besonderheit Kauais sind die **wilden Hühner,** die vor allem in bewaldeten Gebieten unvermittelt auf der Straße stehen.

Klima

Kauai trägt den Beinamen **Garteninsel** – und das zu Recht. Fast überall ist es herrlich grün wie in einem regelmäßig und gut gegossenen Garten. Dieses Gießen geschieht teilweise sehr intensiv. Im Zentrum der Insel liegt der Berg **Waialeale,** der regenreichste Punkt der Erde. Im Krater des Berges regnet es tagsüber fast ständig und nachts sehr oft. Deshalb sehen die Besucher den Berg nicht, sondern nur eine große Wolke, die über der Inselmitte schwebt. Auch im nur wenige Kilometer vom Waialeale entfernten Kokee State Park auf über 1000 m regnet es entsprechend oft. Dort ist es auch einige Grad kühler als auf Meereshöhe, und somit vor allem im heißen Sommer eine willkommene Abwechslung.

Wie bei allen Hawaii-Inseln ist die **Nordseite** die Wetterseite. Die stark erodierten Klippen der Na-Pali-Küste sind allerdings trotz des vielen Regens meist gut zu sehen. Die Gefahr, dass es hier an der Nordküste vom Kalalau-Tal bis nach Hanalei regnet oder stark bewölkt ist, liegt bei etwa 25 bis 50 Prozent im Sommer; im Winter etwas höher. Durch das im Norden ständig wechselnde Wetter entstehen an der Küste oft dramatisch schöne Stimmungen.

Weit trockener und beständig ist es an der **Ostküste,** also auch in Waipouli, Kapaa und Lihue. Je weiter man in den Süden kommt, um so trockener und wärmer wird es.

Noch trockener ist es an der **Südküste.** Wenn es auf fast ganz Kauai regnet, dann kann in Poipu Beach an der Südküste noch strahlender Sonnenschein herrschen. Da hier in der Regel weniger Niederschlag fällt als in den anderen Teilen der Insel, müssen die Felder oft bewässert werden.

Die **Westküste,** die sich für die Touristen auf Polihale Beach beschränkt, ist in der Regel trocken, wenngleich es hier etwas öfter regnet als im Süden. In Polihale herrscht ab und zu ein starker, feuchter Wind.

Zeitplanung

Für ein reines „Abhaken" der Attraktionen dürften, Ankunfts- und Abflugtag nicht mit eingerechnet, drei Tage reichen: ein Tag im Bereich Waimea, ein Tag für die Nordküste und ein Tag für die Gegend Poipu Beach bis Kapaa. Nicht berücksichtigt sind weder Badetage noch längere Wanderungen. Besser ist es, sich etwas Zeit zu lassen, denn auf Kauai braucht man vor allem wegen des stets wechselnden Wetters etwas mehr zeitlichen Spielraum, um flexibel zu sein.

Für viele Hawaii-Fans ist Kauai die schönste Insel von allen. Die Antwort auf die Frage, warum gerade Kauai, bekommt man wohl kaum bei einem dreitägigen Besuch. Bleibt man fünf bis sieben Tage auf der Insel, dann dürfte auch Zeit für kleine Wanderungen und das Baden bleiben.

Farmers Market

An jedem Werktag findet irgendwo auf Kauai ein *Farmers Market* statt, an dem frische Waren an einfachen Ständen oder direkt vom Pickup verkauft werden, wobei die größten Märkte in Lihue, Kapaa und Koloa stattfinden. Die Preise sind niedrig, die Waren sind frisch, und es pulsiert das Leben. Neben Früchten und Gemüse werden auch viele Blumen (inkl. preiswerte, frische Leis!) angeboten. Es empfiehlt sich, genügend 1-Dollar-Noten mitzubringen. Meist sind die Märkte recht leicht zu finden, denn oftmals muss man nur den Autos folgen bzw. schauen, wo alles am Straßenrand zugeparkt ist ...

Jeder *Farmers Market* hat seine Eigenheiten. In Koloa ist z.B. ein Seil quer über den Parkplatz gespannt. Dieses Seil dient als Startlinie. Mit einer Trillerpfeife wird dann pünktlich um 12 Uhr mittags der Startschuss fürs Grünzeug-Shopping gegeben, um volle Chancengleichheit zu gewähren.

In Kapaa wiederum scheren sich die Käufer nicht um die offizielle Startzeit. Sie „reservieren" sich einfach ihre Ware, was auch erlaubt ist, solange kein Geld fließt. Das Ganze treibt dann interessante Früchte, denn die Verkäufer schreiben die Namen der Käufer auf die Plastiktüten oder die Früchte, und zum Teil geben sie auch Zettel mit Nummern aus. Nach dem offiziellen Beginn holt man dann seine Waren an den einzelnen Ständen ab und bezahlt sie.

■ **Montags** um 12 Uhr findet der Markt von **Koloa** im Ball Park (Maluhia Road) am Highway 520 neben dem Feuerwehr-Gerätehaus statt. Von der Koloa Road geht's links ab bis kurz vor das Baseball-Feld.

■ **Dienstags** findet von 14 Uhr bis 16 Uhr der Markt in **Hanalei** statt – und zwar westlich der Ortschaft bei Waipa am Highway 560. Um 15.30 Uhr, findet der Markt im Kalaheo *Neighborhood Center* statt, wo die Papalina Road auf den Highway 50 stößt.

■ **Mittwochs** um 15 Uhr findet im neuen Gemeindepark hinter der *Armory* bei den Basketball-Plätzen der Markt in **Kapaa** statt. Es empfiehlt sich, mindestens 15 Minuten vor Beginn zu erscheinen (siehe oben).

■ **Donnerstags** ist ab 16.30 Uhr Markttag am *Kilauea Neighborhood Center*. Bereits um 15.30 Uhr findet bis 17.30 Uhr der Markt im Gemeindepark von **Hanapepe** statt (hinter dem Feuerwehr-Gerätehaus).

■ **Freitags** ab 15 Uhr findet der Markt in **Lihue** statt – und zwar im *Vidhina Football Stadium* ganz nah am Highway 51. Die Parkplätze für die Besucher befinden sich in der Hoolako Street, die von der Rice Street abzweigt.

■ **Samstags** beginnen die Märkte bereits um 9 Uhr: An der *Christ Memorial Church* in **Kilauea** (bis 11 Uhr) sowie im *Neighborhood Center* von **Kekaha** am Highway 50.

Infrastruktur

Straßen

Die Straßen sind fast alle geteert, Sie können drei Viertel der Insel umfahren. Das restliche Viertel besteht aus Steilküste, die teilweise nur vom Meer aus zugänglich ist. Lediglich der Ausläufer des Highway 50 ist auf den letzten Meilen vor Polihale eine *Dirt Road*, die aus festgefahrener roter Erde besteht. Bei Nässe sollte man diese Straße meiden, sofern man kein Allradfahrzeug gemietet hat.

Flughäfen

Lihue

Kauai verfügt über zwei Flughäfen. In Lihue (LIH) landen die großen Düsenmaschinen.

Mit etwa 20 Flügen pro Tag ist Lihue gut an Honolulu angebunden.

Princeville

Der zweite, kleinere Flughafen liegt in Princeville (HPV) an der Nordküste. Er wird derzeit nicht von touristisch relevanten Linienmaschinen angeflogen.

Von beiden Flughäfen aus starten **Hubschrauber** zu **Rundflügen.** Näheres siehe bei „Aktivitäten".

Verkehrsmittel

Mietwagen

Einzig sinnvolles Verkehrsmittel für Individualreisende ist der Mietwagen. Wer nicht vom *Activities Desk* seines Hotels aus geführte Touren buchen möchte, der kommt um ein Leihfahrzeug nicht herum.

Bus

In der Region um Lihue gibt es zwar ein beschränktes öffentliches Bussystem, dieses ist jedoch ausschließlich auf die Bedürfnisse der Berufspendler abgestimmt.

Die Südküste

Lihue und Umgebung

Lihue ist das wirtschaftliche und politische **Zentrum Kauais.** Es bietet dem Touristen allerdings außer dem Museum keine Attraktionen.

Essen und Einkaufen

Im Stadtzentrum gibt es einige Läden sowie das **State Office Building** und das **County Building.** Die besten Einkaufsmöglichkeiten bieten sich in der *Kukui Grove Shopping Mall* am Highway 50. Dort gibt es neben einem großen Supermarkt auch einige Restaurants. Wer

Lihue

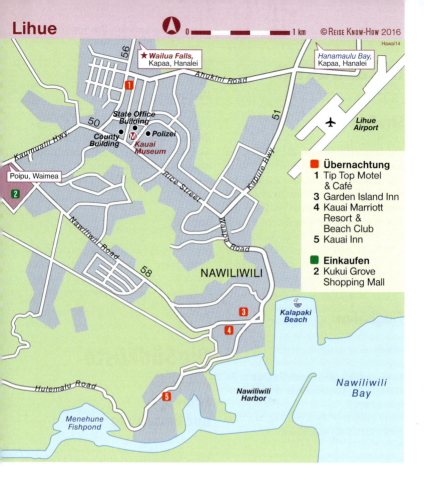

schon einmal *Frozen Yoghurt* versuchen wollte, aber von den mächtigen amerikanischen Portionen abgeschreckt wurde, der kann hier in der *Shopping Mall* bei *Orange Grove* Kleinmengen probieren. Abgerechnet wird nach Gewicht.

Kauai Museum

Wer genug Zeit hat, der kann die geologische und kulturelle **Geschichte der Insel** im Kauai Museum kennen lernen; zwischen *Chevron*-Tankstelle und *Big-Save*-Supermarkt). Der *Shop* des Museums bietet neben den üblichen Büchern und Souvenirs eine gute Auswahl topografischer Karten, die sonst nur schwer zu bekommen sind, sowie interessante T-Shirts und Kunstgewerbe.

■ **Kauai Museum,**
4428 Rice Street, Lihue 96766,
Tel. 245-6931, www.kauaimuseum.org,

Die Südküste

Montag–Samstag 10–17 Uhr,
an einigen Feiertagen geschlossen,
Eintritt: $ 15, Senioren $ 12, Schüler $ 10

Hafen

Der **Nawiliwili Harbor** bietet wenig Exotisches und ist primär für die anlaufenden Container- und Kreuzfahrtschiffe sowie die Versorgung der Insel mit Waren des täglichen Bedarfs von Bedeutung.

Menehune Fishpond

Interessanter, aber nichts Besonderes, ist der nahe gelegene Menehune Fishpond. Dieser **Fischteich** soll genauso wie das bei Waimea gelegene **Menehune Ditch**, ein kleines Aquädukt, von den *Menehunes* erbaut worden sein. *Menehunes* sind der Sage zufolge sehr kleine Menschen, die wie Kobolde aussehen und nur nachts arbeiten, aber nie gesehen werden. Archäologen gehen davon aus, dass die kunstvoll gefertigten Steinmauern gebaut wurden, bevor die zweite Besiedelungswelle Kauai erreichte.

Handarbeiterin im Kauai-Museum

Von Lihue
über Poipu Beach
bis Polihale

Die Route führt auf dem Highway 50 (Kaumualii Highway) nach Westen. Die Gegend ist **typisch für Hawaii:** geschäftiges Treiben rund um die Hotels, vielleicht ein kleiner Verkehrsstau, dann aber weite Felder; wo man hinschaut, Ruhe und nur wenige Touristen. Noch bis 2009 gab es hier riesige Zuckerrohrfelder (s. auch Exkurs „Zuckerrohr in Hawaii" im Kapitel „Land und Leute"), aber mittlerweile dienen die Anbauflächen vor allem der Gentechnik-Firma *Syngenta* als Freiluft-Quarantänelabor.

Kurz hinter dem Ortsende von Lihue liegt am nördlichen Straßenrand des Highway 50 **Gaylord's at Kilohana,** ein feudal eingerichtetes Herrenhaus aus dem Jahr 1935. Neben einer Kunstgalerie und einem Kunstgewerbe-Laden befindet sich in dem Gebäude ein Restaurant, das ausschließlich Bio-Gemüse aus dem eigenen Garten hinterm Haus zu den Steaks, Fischen etc. serviert (Lunch für ca. $ 17 inkl. großer Salatauswahl; Dinner inkl. Getränken ca. $ 40; Tel. 245-9593), an mehreren Tagen in der Woche findet auch ein **Luau** statt – allerdings nur dienstags und freitags für Individualtouristen. An den anderen Tagen ist das *Luau* für Gäste der Kreuzfahrtschiff-Reederei *NCL* reserviert. Je nach Teilnehmerzahl sind noch kurzfristig ein paar Plätze frei, die am gleichen Tag noch an Reisende verkauft werden. Mit einem Preis von $ 100 ist das theatralisch inszenierte *Luau* nicht gerade billig: http://luaukalamaku.com, Tel. gebührenfrei 1-877-622-1780.

Für $ 18 besteht die Möglichkeit, auch ohne *Luau*-Besuch mehrmals am Tag ab 9.30 Uhr etwa alle zwei Stunden mit der **Kauai Plantation Railway** (Tel. 245-7245) durch die Plantage *Kilohana Plantation Estates* fahren. Im Jahr 2005 begannen die Besitzer von Kilohana mit dem Bau der knapp 4 km langen Bahnstrecke. Die Bahn hat ausschließlich touristischen Charakter, und die alten Waggons mit Mahagoni-Verkleidungen werden von einer Diesellok durch die Felder gezogen.

Nach einigen Meilen Fahrt mitten durch die Felder zweigt nach links der Highway 520 ab. Danach führt er durch den **Eucalyptus Tree Tunnel** – ein regelrechter Tunnel aus Eukalyptusbäumen.

Rechts vom Highway stehen bei **Koloa** noch die letzten Reste (Schornstein und einige kleinere Teile) der ersten **Zuckerrohr-Mühle** Kauais, die im Jahr 1835 erbaut wurde. Damals war Koloa noch das wirtschaftliche Zentrum von Kauai, heute besteht es primär aus einigen schön restaurierten Häusern sowie ein paar Restaurants und (nicht ganz billigen) Boutiquen.

Die Straße führt weiter bis zu einem Kreisverkehr. Hier muss man sich entscheiden, ob man über die Poipu Road zu den Hotels am **Poipu Beach** und **Brennecke Beach** (*Sheraton, Hyatt* etc.) nach links abbiegen will, oder ob man quasi geradeaus auf der Lawai Road in Richtung *Spouting Horn* weiterfährt.

Die Hotels im Bereich Poipu sind durchweg von schönen Gärten umgeben, in denen von Kakteen über die üblichen Blumen Hawaiis bis hin zur Sumpfpflanze eine bunte Vegetation anzutreffen ist. In diesem Bereich befindet sich auch das kleine *Kiahuna Shopping*

Silvester auf Kauai

Wenn man die Hawaiianer beim Feiern betrachtet, egal ob spontan am Strand, in einer Bierkneipe oder ganz touristisch beim Luau, so erwartet man die Silvesternacht mit einer gewissen Spannung.

Auf Kauai, also bei **Poipu,** war geplant, bei einem schönen, langen und guten Abendessen der Mitternacht entgegen zu steuern und von der Küste aus das erwartete Feuerwerk zu erleben. Das Nachtmahl selbst erwies sich als Genuss – gegrillter *Mahi-Mahi* oder gebratener Thunfisch gehören nicht umsonst zu den Spezialitäten der Inseln. Der bessere kalifornische Wein und hawaiianische Bierspezialitäten sorgen für dem Jahresende angemessene Stimmung. Gegen 22 Uhr ertönt von draußen gelegentliches Böllergeknall, wohl die üblichen Testkracher. Leider lässt, ebenfalls um diese Zeit, die Aufmerksamkeit des Personals nach – für eine geschlagene halbe Stunde reißt der Getränkenachschub ab, kein Kellner zu sehen. Ab 23 Uhr wird das Bedienungspersonal unruhig, man legt den Gästen nahe, doch in die Bar auszuweichen, da man den Restaurantbereich langsam schließen möchte.

Nun gut, man ist ja auf Kauai in der amerikanischen Provinz, und außerdem gibt es ja nun nach dem Essen auch wirklich gute Gründe, in die Bar auszuweichen. Dort, an einem Tischchen unter echt pazifischem Sternenhimmel, bringt die Kellnerin Cocktails und Papp-Hüte. Während sich die Bar mit Touristen und Einheimischen füllt, gibt man sich Mühe, mit dem „Neujahrshut" nicht all zu dämlich auszusehen. Mitternacht naht, die Bar ist voll, die Stimmung gut. Das neue Jahr ist angebrochen, doch zeigt sich kein Feuerwerkskörper am Himmel. Nicht einmal von den nahe gelegenen Hotels „Hilton" und „Marriott" steigen Raketen auf. Kauais Himmel bleibt zum Jahreswechsel dunkel. Der Kellner von vorhin lacht auf unsere Nachfrage und gibt uns eine Erklärung für die fehlende Bedienung – wir haben das Feuerwerk verpasst, das fand nämlich um 22 Uhr statt. Hier begrüßt man das neue Jahr etwas früher als anderswo – nämlich pünktlich zur Jahreswende in Kalifornien, das im Winter 2 Stunden „vorauseilt".

Dr. *Marcel Consée*

Village, in dem es vor allem T-Shirts, Sonnenbrillen und Souvenirs, aber auch die wichtigsten Lebensmittel zu kaufen gibt.

Fährt man am Kreisverkehr geradeaus, dann kommt man zum **Spouting Horn.** Entlang dieser Straße nach Westen versperren neben Hotels auch einige private Ferienhäuser die Sicht auf das Meer. Das Spouting Horn faucht zwar wie ein Geysir und sieht auch so aus, ist aber kein Geysir. Hier pressen die Wellen das Meerwasser in eine Lavaröhre. Am Ende der Röhre tritt das Wasser senkrecht nach oben hin aus. Das dabei entstehende Fauchen führt eine hawaiianische Legende auf einen in der Röhre gefangenen *Moo,* ein großes Reptil, zurück. Entlang des geteerten Weges vom Parkplatz zum Spouting Horn bieten Souvenirhändler ihre Waren an, die meist billiger sind als in den Souvenirläden.

Ca. 150 m vor dem Spouting-Horn-Parkplatz zweigt Richtung Berge die Zufahrt zu den **McBride Allerton Gardens** ab. Einmal pro Stunde bringt ein „Tram" (offener kleiner „Zug") die Besucher zu seltenen und oft auch vom Aussterben bedrohten Pflanzen. Die eigentliche Tour durch den Garten erfolgt in Eigenregie. Planen Sie etwa 2 Stunden hierfür ein. Die Abfahrt zum Garten erfolgt ab 9.30 Uhr im Stundentakt bis 14.30 Uhr. Die letzte Rückfahrt findet um 17 Uhr statt. Das bekannteste Fotomotiv des Gartens ist der Baum, in dem im Film *Jurassic Park* die Dino-Eier lagen.

■ **McBryde Garden,**
4425 Lawai Road, Poipu,
Eintritt: $ 30, Kinder $ 15,
Tel. 742-2623,
http://ntbg.org/gardens/mcbryde.php

☐ Das Spouting Horn ist kein Geysir –
hier wird Meerwasser fauchend nach oben gepresst

Bis nach Koloa geht es auf dem gleichen Weg wieder zurück. Von dort aus führt der Hwy 530 (nach links, westlich) Richtung Lawai und dann der Hwy 50 nach Westen.

Beim Milemarker 15,7 zweigt vom Highway 50 Richtung Meer die Halewili Road ab, die zum **Museum der Kauai Coffee Company** führt und bei Milemarker 12,4 wieder in den Highway 50 mündet. Hier können Sie nicht nur auf einem kostenlosen Rundgang durch einen Teil der Plantage viel über den Kaffeeanbau lernen, sondern auch den *Kauai Coffee* probieren und kaufen. Das meiste Koffein enthält der *Peaberry Medium Roast* (www.kauaicoffee.com).

Der nächste Stopp lohnt sich beim **Hanapepe Valley and Canyon Lookout,** der mit einem leicht übersehbaren Schild des Hawaiianischen Fremdenverkehrsbüros ausgewiesen ist. In diesem Tal lebten einst hawaiianische Farmer, die hier *Taro* anbauten. Mittlerweile ist das Tal überwuchert mit hawaiianischen Pflanzen, Zuckerrohr und einigen Palmen.

Nachdem man das Einkaufszentrum von **Eleele** (der letzte größere Supermarkt in dieser Richtung, Post Office, Kneipe, Münzwaschsalon) hinter sich gelassen hat, führt eine Brücke über den Hanapepe River. Man ist, so verrät ein Schild, in Hanapepe, der *Biggest little town on Kauai,* also der größten kleinen Stadt auf Kauai. Wer dieses ungewöhnliche Attribut vergeben hat, ist nicht bekannt; vielleicht war es das Kamerateam der TV-Serie „Die Dornenvögel", das in der Hanapepe Road (am Ortseingang rechts) Filmaufnahmen machte. Jeden Freitagabend findet von 18 bis 21 Uhr die *Hanapepe Art Night* statt, in der die

Künstler ihre Werke präsentieren. Die Hanapepe Road mündet wieder in den Highway 50, der dann durch die Felder weiter nach Waimea führt.

Viele Bewohner Kauais halten den **Pakala Beach** für den **besten Surf-Strand** der Insel. Früh morgens kommen die Einheimischen vor der Arbeit zum Surfen, tagsüber meist Touristen, die schon oft auf den Inseln waren. Von Hanapepe kommend gibt es bei MM 21,1 direkt hinter der Brücke einige Parkmöglichkeiten bei der *Emergency Call Box*. Direkt neben der Brücke führt ein kurzer Trampelpfad unmittelbar am Fluss entlang zum Meer. Der Surfstrand liegt links von dem Punkt, an dem der Trail aufs Meer trifft.

Das **Russian Fort Elizabeth** kann man getrost links liegen lassen, wenn man kein Fan von Ruinen ist. Von den sternförmig angelegten Grundmauern und einer Hinweistafel einmal abgesehen, erinnert nichts mehr an den Versuch eines Gesandten des russischen Zaren, hier im Jahre 1816 die Macht über Kauai an sich zu reißen. Einige Geschichtsbücher behaupten, dieser Gesandte namens *Dr. Anton Scheffer* habe sich mit dem damaligen König von Kauai, *Kaumualii*, verbündet, um gemeinsam die ganze Insel zu erobern. Wie dieses angebliche Bündnis aussah, darüber gibt es geteilte Meinungen. Fest steht nur, dass der russische Vorstoß scheiterte und Hawaii sich nun in amerikanischer Hand befindet.

Sehr interessant ist hingegen **Waimea**, eine Ansiedlung, in der eine neue Ära Hawaiis ihren Anfang nahm. Hier am Strand von Waimea betrat *Captain James Cook* am 19. Januar 1778 als erster Europäer hawaiianischen Boden (siehe Kapi-

tel „Geschichte"). Obwohl die Polynesier die Hawaii-Inseln bereits mehr als tausend Jahre vor den Briten entdeckten und besiedelten, gilt *Captain Cook* als Entdecker Hawaiis. Zu seinen Ehren steht in Waimea auf der *Mauka*-Seite des Highway 50, also dem Berg zugewandt, ein steinernes Denkmal, das **Captain Cook Monument.** Selbstverständlich gibt es Parkplätze direkt davor. Wer von hier aus drei bis vier Minuten lang *makai* geht, also Richtung Meer, steht auf dem besagten historischen schwarzen Sandstrand.

An einer ehemaligen Zuckermühle vorbei geht es weiter nach Kekaha, einer Siedlung für die Arbeiter der Zuckerrohrindustrie. Der Highway führt schließlich an der **Pacific Missile Range Facility** (Trainingsgebiet der U.S. Navy für Anti-U-Boot-Waffen) vorbei bis nach **Mana.** In diesem Trainingsgebiet testet die U.S. Navy Anti-U-Boot-Waffen sowie landgestützte Raketen zur Abwehr von Kurz- und Mittelstreckenraketen.

In diesem Bereich endet die Teerstraße und wird jetzt zu einer *Dirt Road,* die mitten durch die Felder führt. Die ungeteerten Straßen auf Kauai, bei deren Befahren viel roter Staub aufgewirbelt wird, wurden ursprünglich für die Zuckerrohr-Lkw angelegt und heißen oft noch heute *Cane Haul Road.* Bei den meisten Autovermietern erlischt der Versicherungsschutz beim Befahren von ungeteerten Straßen; die Fahrt nach Polihale erfolgt somit auf eigenes Risiko. Bei trockener Straße ist das Risiko kalkulierbar, bei nasser Straße spritzt der Schlamm überall am Wagen entlang, und wer Pech hat, bleibt im Matsch stecken.

Wenn diese *Dirt Road* trocken ist, lohnt sich die Weiterfahrt, denn die Straße führt zum größten Strand von Kauai, zum **Polihale Beach Park.** Sollten die Wellen niedrig sein, bestehen hier gute Möglichkeiten zum Schwimmen. Bei starker Brandung ist es in Polihale allerdings sehr gefährlich, ins Wasser zu gehen. Oftmals gibt es hier einen sehr schönen Sonnenuntergang, allerdings muss man danach bei Dunkelheit auf der Erdstraße zurückfahren.

Essen und Trinken

■**Pizzetta,** Pizza-Fans sind hier goldrichtig, zumal das Restaurant mit dem Slogan „A little slice of Italy in the middle of Hawaii" wirbt. Während *Pizzetta* früher für seine Riesen-Pizzen bekannt war, stellen sich die Besucher jetzt ihre Pizza individuell zusammen. Eine 12-Zoll-Pizza (30 cm) gibt es ab $ 16,95 (Pizzaboden, Sauce und Käse), und auch eine glutenfreie Variante steht auf der Karte). Die Pizzen haben einen deutlichen amerikanischen Einschlag, und obwohl *Pizza Hawaii* (eine Kreation aus Deutschland!) in allen 50 Staaten praktisch gänzlich unbekannt ist, gibt es diese Pizza mit Ananas und Schinken bei entsprechender Auswahl der *Toppings* (Beläge) im *Pizzetta*. Die Salate sind frisch und lecker. Wer keine Lust hat, ins stets sehr volle Restaurant zu gehen, kann sich die Pizza auch ohne Aufpreis im Bereich Koloa/Poipu liefern lassen. Das *Pizzetta* (Tel. 742-8881) liegt in 5408 Koloa Road, Koloa Town, Öffnungszeiten: täglich von 11 bis 21.30 Uhr; www.pizzettakauai.com.

MEIN TIPP: **Brennecke's Beach Broiler,** unter dem Motto „Right on the Beach" wirbt *Brennecke's Beach Broiler* um Kunden. Das direkt am Strand (*Brennecke Beach*) gelegene Restaurant mit großer überdachter Open-Air-Front offeriert nicht nur einen schönen Blick aufs Meer (über die schmale Straße hinweg), sondern auch eine gehobene Küche zu für dieses Niveau sehr guten Preisen. *Brennecke's* bietet mit seinem netten, unkomplizierten Personal das wohl beste Preis-Leistungs-Verhältnis von ganz Kauai im Preissegment von unter 30 Dollar für einen Hauptgang beim Dinner. Hier ist nichts gekünstelt bei einladendem Ambiente. Gäste, die mit einer langen Hose hierher kommen, fallen eher auf, weil alles relaxed abgeht. *Brennecke's* hat sein Preisniveau in den letzten Jahren etwas erhöht, aber gleichzeitig die vorher schon gute Küche auf ein signifikant höheres Niveau gehoben. Sowohl die Fisch- als auch die Fleischgerichte und die Salate sind sehr empfehlenswert. Auch für Vegetarier bietet das Restaurant einiges. Trotz des gehobeneren kulinarischen Niveaus sind die Getränkepreise recht zivil, und in der *Happy Hour* von 15 bis 17 Uhr sowie ab 20.30 Uhr kosten die wirklich guten Cocktails nur 6 Dollar statt sonst $ 8,50. Eine Reservierung ist empfehlenswert, aber in der Nebensaison nicht immer erforderlich. Geöffnet von 11 bis 22 Uhr, Tel. 742-7588, oder gebührenfrei 1-888-384-8810, 2100 Hoone Road, Koloa/Hi, www.brenneckes.com.

■**Beach House,** gute Lage, denn das Dinner zum fast schon garantierten Sonnenuntergang kann wirklich ein Erlebnis sein. Die Küche war früher mehrfach preisgekrönt und ist auch heute noch durchaus gut, wenngleich die Gerichte nicht gerade billig sind. Das Dinner zum Sonnenuntergang mit Palmen direkt im Vordergrund ist bei Preisen von $ 26–50 für einen Hauptgang durchaus ein Erlebnis, wenn man einen Tisch an der offenen Schiebetür mit Blickrichtung Westen ergattert. An einem Tisch im Innern des Restaurants kommt gleich sehr viel weniger Flair rüber, zumal die Gäste im Innern viel mehr Eindrücke über das hektische Kellnerleben sammeln können. Wer einen der guten Plätze am offenen West!-Fenster haben möchte, sollte mindestens eine Woche im Voraus reservieren. Die Mehrheit der weiblichen Beach-House-Gäste trägt ein Kleid, und maximal 5 % der Männer trägt eine kurze Hose. Die Speisekarte mit Preisen ist auf der

Website abgebildet. 5022 Lawai Road, Koloa/Hi, Tel. 742-1424, www.the-beach-house.com.

■ **Keoki's Paradise,** hat sich auf Fisch und Seafood spezialisiert. Zu dem Restaurant, das Pacific-Rim-Küche serviert, gehört auch eine schöne Terrasse sowie ein üppig bewachsener Garten mit einem Teich, sodass ein tropisch anmutendes Ambiente entsteht. Das *Keoki's Paradise* (Tel. 742-7534) befindet sich quasi auf dem Gelände des *Timeshare Outrigger Kiahuna Plantation.* Die Preise der Hauptgänge beginnen im Bereich $ 30.

■ Für **Selbstverpfleger** gibt es in Poipu einen recht teuren *General Store* und in Old Koloa Town einen *Big Save Supermarket.*

Waimea Canyon und Kokee State Park

Bei gutem Wetter ist dieser Teil der Insel sicher **einer der großen Höhepunkte** einer Hawaii-Reise. Die Straße bis zum Puu o Kila Lookout ist zwar nur etwa 20 Meilen lang, aber sie führt in eine ganz andere Welt.

Waimea Canyon

Ein paar hundert Meter westlich vom *Captain Cook Monument* in Waimea biegt vom Highway 50 sofort hinter der weißen Baptistenkirche rechts *(mauka)* der **Waimea Canyon Drive** (Hwy 550) ab. Diese enge, aber gut geteerte Straße trägt zwar, wie der in Kekaha beginnende Highway, die offizielle Straßennummer 550, aber ein entsprechendes Schild

ist nirgends zu sehen. Bereits nach kurzer Fahrt schraubt sich die Straße steil den Berg hinauf. Schon bieten sich auf der rechten Seite die ersten Ausblicke auf den Waimea Canyon. Aber Vorsicht: Auch wenn es nicht so aussieht, gibt es hier Gegenverkehr. Man sollte lieber öfter anhalten, als aus dem fahrenden Auto in den Canyon zu schauen. Selbst die Straße hier ist faszinierend. Die Farbe des Teers steht in direktem Kontrast zur hellen, roten Erde, aus der immer wieder einzelne, abgestorbene Baumriesen in den tiefblauen Himmel ragen.

Entlang der Straße gibt es eine Vielzahl von **Aussichtspunkten.** Am *Waimea Canyon Lookout* sowie am *Puu Hina Hina Lookout* sollte man unbedingt anhalten und zur Aussichtsplattform hinaufgehen. Spätestens hier wird klar, warum *Mark Twain* den Waimea Canyon als den „Grand Canyon des Pazifiks" bezeichnete. Die Form- und Farbenvielfalt erinnert an den großen Bruder in Arizona. Annähernd jede warme Farbe ist im Canyon vertreten: Je nach Sonneneinstrahlung erscheinen die schroffen, stark erodierten Felsen in einer Farbenpalette von Orange über Rot bis Braun. Dazwischen wieder das satte Grün der überwucherten, steilen Felswände, die aus den oft im Canyon vorhandenen Nebelschwaden herausragen.

Wenn man auf dem Hinweg Pech hat und der Canyon im Nebel liegt, dann sollte man am Rückweg die Aussichtspunkte noch einmal anfahren, denn das Wetter wechselt hier schnell. Während morgens Gegenlicht herrscht, hat man nachmittags die Sonne im Rücken. Vor allem am späten Nachmittag wirken die Schatten neben den intensiv angestrahlten Felswänden besonders imposant.

Vormittags ist es am Waimea Canyon in der Regel ziemlich ruhig. Die ersten Touristenbusse kommen meist kurz vor Mittag an. Dann drängt sich ein Menschenschwall ans Geländer, schießt seine Erinnerungsfotos, und kaum 15 Minuten später ist wieder Ruhe eingekehrt.

Kokee State Park

Um in puncto Wetter flexibel reagieren zu können, ist es sinnvoll, im *Kokee State Park* zunächst nicht an der Lodge anzuhalten, sondern geradeaus auf der Hauptstraße weiterzufahren bis zum Ende der Straße am *Puu o Kila Lookout*. Auf dem Weg zum Lookout befinden sich in der Nähe der Straße Einrichtungen der *NASA* (Weltraumbehörde der USA), die der Satellitenkommunikation dienen. Im Rahmen des *Apollo-Projekts* waren diese Anlagen ein wichtiger Knotenpunkt für die Kommunikation mit den Raumschiffen. Eine Besichtigung ist leider nicht möglich.

Die Luft am **Puu o Kila Lookout** ist sogar im Sommer erfrischend, oft kühl. Der Blick von hier oben, aus 1256 m Höhe über dem Meeresspiegel, durch das **Kalalau Valley,** ein Hängetal, das mit einer Stufe zum Meer hin abschließt, dürf-

Waimea Canyon/Kokee State Park

leale für kurze Zeit wolkenfrei von der Küste aus zu sehen. Selbst bei stärkstem Nebel sollte man sich hier oben etwas Zeit nehmen. Vielleicht hat sich der Nebel schon zwei Minuten später zur Hälfte verzogen und den Blick auf das Tal freigegeben.

Kokee Lodge Museum

Wenn Dauernebel herrscht, empfiehlt es sich, die 3,5 Meilen zurück zur *Kokee Lodge* zu fahren, das informative Museum (9–16 Uhr, Eintritt frei, eine Spende von mindestens $ 1 pro Person wird erbeten, www.kokee.org) zu besuchen und sich dem späten Frühstück oder frühen Lunch (recht preisgünstig) zu widmen. Danach kann man bei Bedarf einen zweiten Versuch am *Puu o Kila Lookout* unternehmen.

Rückweg

te zum Schönsten gehören, was die Natur zu bieten hat – wenn das Wetter mitspielt. Sollte gerade wieder einmal (wie sehr oft) dichter Waschküchen-Nebel herrschen, dann schauen Sie auf das Schild rechts vom Geländer, um zu erfahren, woher die ganze Feuchtigkeit kommt: Knapp zehn Kilometer entfernt liegt der **Waialeale, der regenreichste Punkt der Erde.** Über 12.000 mm Niederschlag fällt hier pro Jahr; das ist mehr als 10-mal so viel wie beispielsweise in München und gut 300-mal so viel wie am trockensten Punkt der USA, dem Death Valley in Kalifornien. Nur ein- bis zweimal im Jahr ist der Gipfel des Waia-

Für den Rückweg bietet es sich an, auf dem Hauptzweig des Highway 550 namens *Kokee Road* bis hinunter nach Kekaha und von da aus weiter nach Hanapepe zu fahren. Inklusive *Waimea Canyon Cliff Trail* schafft man es sicher, ohne Stress und Hetze gerade rechtzeitig zum Dinner im Restaurant zu sein.

◁ Blick in den Waimea Canyon

Wanderungen

Waimea Canyon Cliff Trail

Wer gerne eine Wanderung unternehmen möchte, der sollte sich im Museum nach dem Zustand des *Waimea Canyon Cliff Trail* erkundigen. Der etwa 4-stündige *Trail* (zwei Std. hin, zwei Std. auf demselben Weg zurück) führt zu einem Aussichtspunkt, der einen exzellenten Rundblick über den Waimea Canyon ermöglicht. Die Wanderung stellt außer Trittfestigkeit und etwas Kondition keine besonderen Anforderungen. Lediglich beim Überqueren des Flusses direkt oberhalb des Wasserfalls ist Vorsicht geboten. Bei Hochwasser kann es an dieser Stelle sehr gefährlich werden.

Der Startpunkt zur Wanderung liegt etwa bei MM 14,1 am Highway 550 – und zwar an der Stelle, an der die Schilder *End State Highway* und *Kokee State Park* stehen. Auf der dem Canyon abgewandten Straßenseite gibt es Parkplätze. Von hier aus führt ein nur mit einem Allradfahrzeug sicher befahrbarer Weg (man will schließlich auch wieder auf die Straße zurückkommen) zunächst nach unten, um dann nach einer Rechtskurve in einen Wanderweg überzugehen.

Awaawapuhi Nualolo Trail

Sehr lohnend, aber auch recht anstrengend ist eine Wanderung auf dem *Awaawapuhi Nualolo Trail*. Diese sechs- bis siebenstündige Wanderung lässt sich nur als Tagestrip realisieren, weil der Weg manchmal extrem rutschig ist und die Gehzeiten sich deshalb eventuell auf zehn Stunden ausdehnen können. Um eine Sicherheitsreserve und gutes Licht zum Fotografieren zu haben, sollte man die Wanderung bei trockenem Weg (vorher im *Kokee Museum* nachfragen) zwischen 9 und 10 Uhr beginnen. Dann sind das Awaawapuhi- und das Nualolo-Valley bei der Besichtigung in vollem Licht; am Nachmittag ergeben sich dann

Kauais Regenwald

Wer Kauais **üppigen Regenwald** in der Nähe des regenreichsten Punkts der Erde sieht, der vermutet sicherlich auch einen fruchtbaren, nährstoffreichen Boden unter all diesen Pflanzen. Erstaunlicherweise ist die Erde in diesem Gebiet jedoch sehr nährstoffarm und sie ist gar nicht in der Lage, eine derartige Fülle von Pflanzen zu versorgen. Ein Team von Wissenschaftlern des Department of Geography an der University of California in Santa Barbara unter der Leitung von *Dr. Oliver Chadwick* hat beweisen können, dass die Nährstoffe für den Regenwald vom Wind herangeweht wurden. Der hier in der Regel wehende Westwind transportiert düngende Phosphorverbindungen aus der etwa 10.000 km entfernten Wüste *Takla Makan*, die im Westen Chinas gelegen ist, bis nach Kauai. *Dr. Chadwick*, der sich vor allem auf die Wechselwirkungen von mineralischen und organischen Substanzen mit Erde, Atmosphäre, Wasser und Vegetation spezialisiert hat, geht davon aus, dass dieses Prinzip auch für andere Regenwälder der Erde gilt. Winde bringen demzufolge Nährstoffe aus der Sahara bis in die Regenwälder des Amazonas.

Waimea Canyon und Kokee State Park

oft eindrucksvolle Lichtspiele entlang der Küste.

Frühaufsteher, die bereits kurz nach Sonnenaufgang mit der Wanderung beginnen, treffen meist auf ein wolkenfreies Awaawapuhi- und Nualolo-Tal, denn erst gegen 9 Uhr zieht der Morgennebel in die hängenden Täler, der sich gegen Mittag oft wieder zu großen Teilen verzieht. Allerdings brauchen Sie mit dem Wetter etwas Glück, denn die Nähe zum Waialeale und die Nordlage wirken sich hier oben recht stark aus: Oft herrscht Nieselregen am Beginn des Wanderweges, während unter Umständen die beiden hängenden Täler in schönstem Sonnenlicht liegen.

Ausgangspunkt der Wanderung ist die *Kokee Lodge.* Es empfiehlt sich, dort das Auto abzustellen, denn hier endet der *Nualolo Trail.* Von der *Lodge* aus trampt man am besten die gut 1,5 Meilen bis hinauf zum Beginn des *Awaawapuhi Trails.* Der *Trailhead* liegt kurz hin-

Awaawapuhi Valley

ter dem Sattel der Straße zwischen *Lodge* und *Puu o Kila Lookout* etwa 20 m hinter dem MM 17 auf der dem Meer zugewandten Seite.

Der Weg steigt zu Anfang etwas an, fällt aber bereits nach kurzer Zeit wieder ab. Teilweise wandert man förmlich durch einen grünen Tunnel, denn die Vegetation ist hier aufgrund des vielen Nieselregens sehr dicht. Nach etwa 5 km Fußweg (und 450 Höhenmetern Abstieg) wird man bei gutem Wetter mit einem fantastischen Anblick belohnt. Der Weg endet auf zwei exponierten Aussichtspunkten, die gut 450 bis 600 m über dem Talboden liegen und einen einmaligen Blick sowohl auf das Awaawapuhi- sowie das Nualolo-Tal mit ihren steilen, grünen Wänden als auch auf das Meer bieten. Vielleicht erkennen Sie auch diese Landschaft wieder, denn dort unten wurden bereits einige Kinofilme (z.B. „King Kong") gedreht.

Gehen Sie nicht zu dicht an den Rand der steilen Felsen! Man rutscht sehr leicht auf den losen Steinen aus.

Zurück geht es ein kurzes Stück auf demselben Weg. Bereits nach 500 m zweigt nach rechts der 3,5 km lange **Nualolo Cliff Trail** ab. Er führt um das Nualolo Valley herum und bietet immer wieder Ausblicke auf das hängende Tal. Leider ist der *Nualolo Cliff Trail* derzeit in einem 800 m langen Abschnitt **geschlossen,** weil ein Teil des Weges wegerodiert und das Begehen momentan wirklich **lebensgefährlich** ist. Bis der Trail wieder sicher begehbar ist, können Jahre vergehen, weil vor den Reparaturarbeiten zuerst eine Art aufwendiges Umweltgutachten notwendig ist. Aktuelle Infos finden Sie unter www.hawaiistateparks.org/hiking/kauai. Am Ende die-

ses Trails (s.u.) sollte man unbedingt noch einen Abstecher (800 m einfach) nach rechts zum **Nualolo-Lookout** am *Lolo Vista Point* machen, denn er bietet einen herrlichen Blick auf die Küste.

Auf dem *Nualolo Trail* geht es dann wieder durch dicht wuchernden Wald etwa 6 km weit gut 450 Höhenmeter hinauf bis zur *Kokee Lodge*. Die mit dem Efeu verwandten, in diesem Bereich alles überwuchernden Pflanzen namens *Bananenpoka* wurden von den Weißen auf die Hawaii-Inseln gebracht. Mittlerweile drohen sie, einen Großteil der ursprünglichen hawaiianischen Buschvegetation, zu ersticken.

Aufgrund der **Teilsperrung** des *Nualolo Cliff Trails* sind somit derzeit für dieses Terrain **zwei Teilwanderungen** notwendig: Während der *Nualolo Trail* am *Lolo Vista Point* einen sehr schönen Blick über die Küste liefert, ermöglicht der *Awaawapuhi Trail* genauso schöne, aber eben ganz andere Einblicke in das *Awaawapuhi Valley.*

Pihea-Alakai Trail

Vom *Puu o Kila Lookout* am Ende der Straße startet ein dritter, lohnenswerter Wanderweg: der *Pihea Trail* mit Anschluss an die *Alakai-Sümpfe*. Je nach Lust, Laune und Ausrüstung kann man hier eine Stunde oder einen ganzen Tag (meist gut fünf Stunden bis zum *Kilohana Viewpoint* und zurück) mit Wandern verbringen.

Bei fast jedem Wetter ist zumindest der Weg zum Aussichtspunkt *Pihea* machbar. Die Aussicht lohnt die Mühen sicherlich, wenn nicht das ganze Tal in

Waimea Canyon und Kokee State Park

Wolken liegt. Hier oben lebt eine Vielzahl hawaiianischer Vögel, die man sicherlich zu Gehör und mit viel Glück auch zu sehen oder sogar vor die Kamera bekommt.

Der weitere Weg, über den *Pihea* hinaus, ist schwerer und erforderte früher die Bereitschaft, bis über die Knöchel im Morast zu versinken. Mittlerweile sind weite Teile des Weges mit Holzstegen versehen und nur noch auf dem ersten Stück des Wanderweges (vom Puu o Kila Lookout bis zum Pihea) ist es ab und zu rutschig und schlammig. Man sollte sich im *Kokee Museum* auf jeden Fall über die Wegverhältnisse informieren. Unabhängig davon, wie weit man hineinwandert, geht es stets auf dem gleichen Weg wieder zurück.

Vom Ende der Straße führt der *Trail* zunächst auf einem breiten Weg an den Klippen entlang. Früher wurde einmal damit begonnen, die Straße vom *Puu o Kila Lookout* aus noch weiter fortzuführen; das Projekt wurde allerdings bald eingestellt. Nach etwa 1,8 km führt ein Stichpfad nach links auf den Aussichtspunkt *Pihea*.

Etwa ab diesem Pfad fällt der Wanderweg zu den *Alakai-Sümpfen* hin (nach Süden) ab; ca. 1 km nach der Abzweigung stößt er auf den *Alakai Swamp Trail,* der nach links (Osten) weiterführt. In den Sümpfen haben endemische Vögel überlebt, die man lange Zeit hindurch für ausgestorben hielt. Dies war nur möglich, weil einerseits der Zutritt zum Gebiet der gut 25 km² großen *Alakai Swamps* (die größten Sümpfe Hawaiis) für den Menschen so schwierig ist und andererseits die Moskitos (es gibt sie in Hawaii erst seit der Ankunft *Captain Cooks*) und damit die von ihnen übertragenen Krankheiten nicht bis in diese Gegend vordringen. Auch die Pflanzenwelt hat auf diesem nahrungsarmen, sauren Sumpfboden Ungewöhnliches zu bieten. Die *Ohia Lehua*, eine ur-hawaiianische Pflanze, die auf den anderen Inseln zu gut 10 m hohen, rotblühenden Bäumen heranwächst, erreicht hier gerade einmal die 10-cm-Marke. Ihre Blüten ziehen sich grau, manchmal rötlich am Boden entlang. Wer genau hinsieht, wird auch Sonnentau, eine insektenfressende Pflanze, und viele, nur hier vorkommende Pflanzen entdecken. Ein typisches Beispiel für diese endemischen Pflanzen ist das Riesen-Buschveilchen *(Viola Kauensis),* das bis zu zwei Meter hoch wird. Da sein hölzerner Stengel nicht tragfähig genug ist, lehnt sich dieses Veilchen an andere Pflanzen an.

Der *Alakai Swamp Trail* führt meist auf Holzbrettern knapp 5 km durch den Sumpf bis zum Aussichtspunkt *Kilohana*. Vorausgesetzt, das Wetter spielt mit, können die Blicke von dort über das Wainiha-Tal hinweg bis zur Bucht von Hanalei schweifen. Die Aussicht ist dann einzigartig und äußerst spektakulär. Um wieder zurückzufinden, sollte man unbedingt auf dem Weg bleiben. Die alte Regel, derzufolge man zum Verlassen eines Sumpfes lediglich einem Wasserlauf bergab folgen muss, ist hier nicht sinnvoll, da die unzähligen Bäche in Wasserfällen an hohen Klippen enden.

Sehr oft ist das Sumpfgebiet in Wolken gehüllt. Die Luft ist extrem feucht, man nähert sich dem Waialeale, dem regenreichsten Punkt der Erde. Wer den *Alakai Swamp Trail* gegangen ist, der wird sicherlich ein sehr individuelles Hawaii-Erlebnis mit nach Hause bringen, das weit über Strand und Hula hinausgeht.

Ost- und Nordküste

Von Lihue bis Kilauea

Wailua-Falls

Von Lihue aus führt der Kuhio Highway (Nr. 56) nach Norden. Sehr lohnend ist ein Abstecher über die knapp drei Meilen lange Stichstraße Nr. 583 durch die Felder zu den **Wailua-Wasserfällen.** Die Abzweigung liegt in einer Senke, ist aber gut ausgeschildert. Die Doppelwasserfälle sind gut 25 m hoch und stürzen in einen runden Pool mit grün überwucherten Felswänden.

Hanamaulu Beach Park

Außer einem nicht immer ganz einladenden Hanamaulu Beach Park (gute Bademöglichkeit) hat der direkt am Highway 56 gelegene **Ort Hanamaulu** nur wenig zu bieten.

Lydgate State Park

Zehn Autominuten weiter nördlich befindet sich bei Milemarker 5,6 der Lydgate State Park, mit der **Zufluchtsstätte** *Hauola Place of Refuge* der alten Hawaiianer, die hier morgens gegen 4.30 Uhr oftmals ihre Lieder singen. Der Park ist schön, aber die *City of Refuge* auf Hawaii Big Island ist erheblich aufschlussreicher. Näheres zum Thema steht dort im Kapitel „Westküste". Da der Strand hier großflächig von Riffen geschützt ist, kann man hier oft noch schwimmen, wenn die Wellen an anderen Stränden der Ostküste schon zu groß geworden sind.

Wailua River

Noch etwas weiter nördlich überquert der Kuhio Highway den **Wailua-Fluss.** Unmittelbar vor dem Fluss zweigt nach links, also zur Bergseite hin, die Straße zur *Wailua Marina* ab. Von hier aus starten Bootstouren den Wailua-Fluss hinauf bis zur *Fern Grotto*, der **Farngrotte.** Diese *Wailua River Cruises* werden von *Smith's Motor Boat Service* (Tel. 821-6895) um 9.30, 11, 14 und 15.30 Uhr, bei Bedarf auch öfter, veranstaltet. Die Teil-

Ost- und Nordküste 189

Kauai

nahme an dem etwa eineinhalbstündigen Ausflug kostet für Erwachsene $ 20 und für Kinder $ 10 (s. Exkurs „Eine Fahrt auf dem Wailua-River").

Opaekaa Falls

Direkt nördlich der Brücke über den Wailua-Fluss zweigt nach links, also bergwärts *(mauka)* der Highway 580 ab. Nach etwa zwei Meilen auf dieser Straße erreicht man rechts den Parkplatz der **Opaekaa-Wasserfälle,** die sich um die Mittagszeit am besten fotografieren lassen. Der Name „Opaekaa" bedeutet in etwa „herumwirbelnde Shrimps". Früher tummelten sich diese Tierchen im Becken des Wasserfalls.

Kamokila Hawaiian Village

Überquert man die Straße, dann hat man einen schönen Blick in das Tal des Wailua Rivers und auf das Kamokila Hawaiian Village (Tel. 822-3350). Es handelt sich dabei um ein **restauriertes hawaiianisches Dorf,** das über die steile Abfahrt erreichbar ist. Mit bescheidenen Mitteln versuchten einige wenige Leute, das Dorf wiederherzurichten. Der Eintritt beträgt $ 5 für eine Self-Guided-Tour. Ohne große Showeffekte erhalten Besucher einen Einblick in die traditionelle Lebensweise der Hawaiianer bei den Führungen durch das Geburtshaus, Versammlungshaus, Exekutionsstätten, Tempel und mehr. Das Kamokila Village ist täglich außer sonntags von 9 bis 16 Uhr geöffnet und diente als Drehort für den Film „Outbreak" mit *Dustin Hofman:* Kamokila Village ist im Film die

Siedlung in Afrika, die niedergebrannt wurde, um das Virus zu töten.

Hier besteht auch die Möglichkeit, für $ 35 ein Kajak zu mieten und auf dem Wailua River in Ruhe die Landschaft zu genießen bzw. binnen 15 bis 30 Minuten zur **Fern Grotto** (Farngrotte) zu paddeln.

Keahua Arboretum

Bei klarer Sicht auf die Berge lohnt es sich, auf der Stichstraße 580 noch ein paar Kilometer weiter *mauka* (bergwärts) zu fahren, bevor Sie wieder auf den Highway 56 zurückkehren. Vom Parkplatz *Opaekaa* bis zum Keahua Arboretum, einem nicht gerade spektakulären **Park,** sind das etwa 5,1 Meilen. Interessanter ist der weitere Verlauf der Straße, die auf einer schlechten *Dirt Road* (kein Versicherungsschutz bei Miet-Pkw!) durch eine Furt hindurch ins Inselinnere führt. Ca. 1,5 Meilen hinter dem Arboretum erreicht man einen beeindruckenden **Aussichtspunkt** mit einem Panoramablick auf das zentrale Bergmassiv.

Coconut Grove

Direkt im Bereich der Einmündung des Hwy 580 auf den Hwy 56 liegt an der Küstenstraße ein Coconut Grove, also ein kleiner **Wald,** der aus Kokos-Palmen besteht.

◁ Wailua Falls von der Straße aus gesehen. Versuchen Sie erst gar nicht dorthin zu gelangen, wo die Wanderer stehen!

3

Eine Fahrt auf dem Wailua-River

Den Fahrpreis für die Bootsfahrt habe ich bezahlt; ich müsste noch 45 Minuten warten, bis das nächste Schiff fahre, versichert mir die nette Dame an der Kasse. Doch plötzlich dringen Geräusche vom Parkplatz herüber: Zwei Reisebusse mit Japanern und einige Teilnehmer einer Pazifik-Kreuzfahrt sind angekommen. Kaum zehn Minuten später sind wir alle an Bord des Boots (oder doch Schiff – bei gut 100 Plätzen?), und die Reise zur Farngrotte beginnt.

Ein echter Hawaiianer im original Hawaii-Hemd ergreift das Mikrofon und ruft ein ursprüngliches *Aloha Ladies and Gentlemen!* in die Runde. Keine Antwort. Schon bekommen wir unsere erste Lektion in Hawaiianisch: *Aloha*, das heißt „Herzlich willkommen", „Guten Tag", „Liebe", „Alles Gute" und so weiter. Und wenn der Mann am Mikrofon *Aloha* ruft, dann haben wir mit dem gleichen Wort zu antworten. Die Dolmetscherin übersetzt ins Japanische. Leises Kichern in der Runde.

Der Hawaiianer unternimmt einen zweiten Versuch: *Alooo-ha* und die einstimmige Antwort der Fahrgäste: *Alooo-ha. Wonderful* kommentiert der Herr am Mikrofon und heißt uns im Namen des Kapitäns herzlich willkommen.

Wir erfahren, dass wir auf dem einzigen schiffbaren Fluss Hawaiis unterwegs sind, während neben uns ein Wasserskiläufer spritzend seine Kehrtwende Richtung Meer macht. Der Schiffsmotor wird lauter und stinkt noch mehr, denn jetzt geht es volle Kraft voraus flussaufwärts Richtung Farngrotte. Und damit es den Passagieren auf der Fahrt nicht zu langweilig wird, entpuppt sich der Mann am Mikrofon als Conférencier: Mit einem beneidenswerten Dauerlächeln erzählt er uns mehr über *beautiful Hawaii*.

Nach drei Minuten tiefgehender Information kommen auch Ukulele und Gitarre zum Einsatz: „Hula-Musik" steht auf dem Programm – und zwar genau der Sound, den wir bereits von zu Hause her kennen; Pop-Musik mit Hawaii-Effekt, also von der echten Hula-Tradition, wie sie auch heute noch in Hawaii gepflegt wird, meilenweit entfernt. Während des zweiten Songs beginnt eine junge Dame, lustlos einen Hula vorzutanzen. Der Chef-Animateur lächelt in sein Mikrofon, dass es jetzt für alle an der Zeit sei, gemeinsam Hula zu tanzen. 70 Japaner, 30 Personen im Kreuzfahrt-Outfit und einige Einzeltouristen beginnen mit dem Hüftschwingen. Nach fünf Mi-

Waipouli und Kapaa

Nach ein paar Minuten Fahrt auf dem Hwy 56 erreichen Sie Waipouli, das Städtchen, das den *Coconut Marketplace*, ein großes Einkaufs- und Restaurantzentrum, beherbergt. Jeweils am Mittwoch und Freitag um 17 Uhr sowie Samstag um 13 Uhr finden auf der Showbühne im *Marketplace* kostenlose Hula-Tanz-

vorführungen statt. Hier bietet sich eine der wenigen Möglichkeiten, einen Hula bei Tageslicht zu sehen. Mittlerweile sind Waipouli und das weiter nördlich gelegene Kapaa zu einer beachtlichen Ansammlung von Hotels, Restaurants, Supermärkten und sonstigen Läden angewachsen.

Am nördlichen Ortsende macht das Schild des *Hawaiian Visitor's Bureau* auf

nuten anstrengendem Tanz haben wir uns für den Rest der Fahrt eine Hula-Pause verdient. Die Musiker beginnen, japanische Volkslieder zu spielen – es kommt langsam Stimmung auf.

Der Motor wird leiser, wir legen an. Nach einer kurzen Belehrung, dass der nun folgende Spaziergang über einen sehr rutschigen Pfad gehe und wir unbedingt vorsichtig gehen sollten, verlassen wir das Boot. Der durchgehend betonierte Weg verläuft geradewegs durch den Urwald. Im Unterholz begegnen wir einigen buntgefiederten wilden Hühnern (diese Spezies gibt es seit *Captain Cook* in Hawaii).

Plötzlich lichtet sich der Urwald, die Farngrotte ist direkt vor uns. Von allen Teilen der Decke hängen die hübschen, fein strukturierten Farne herunter. Die Luft ist angenehm kühl, aber feucht. Unser Animateur dirigiert uns auf eine Tribüne in der Grotte. Jetzt ohne Verstärker klärt er uns mit besonders sanfter und gefühlsbetonter Stimme darüber auf, dass wir uns an einem sehr romantischen Ort befänden – ein Ort, der ideal für eine Trauung sei. Jedes Jahr gäben sich hier unter Farnen Hunderte von Paaren das Ja-Wort. Das Schifffahrtsunternehmen organisiere die gesamte Hochzeit: von der Bootsfahrt über das Festessen und die musikalische Untermalung bis hin zum Fotografen, der das Geschehen bei Bedarf auch per Video dokumentiert.

Allen Hochzeitspaaren spielten die Musiker den *Original Hawaiian Wedding Song*. Als besondere Aufmerksamkeit der Schiffsmannschaft spielen und singen sie dann speziell für uns eben dieses Hochzeitslied. Viele Augen fangen zu glitzern an. Einige Amerikanerinnen zücken ihre Taschentücher. Ein Japaner wischt sich die Feuchtigkeit unter dem Auge ab – und stellt sich einen Meter weiter nach rechts, in der Hoffnung, nicht nochmals einen der dicken Tropfen von der Grottendecke aufzufangen.

Kaum ist der Applaus verhallt, begeben wir uns wieder zurück zum Schiff. Im Eiltempo schippert uns der Kapitän den Fluss hinunter. Auf die Musik müssen wir verzichten, damit die Teilnehmer der nächsten Gruppe wenigstens auf der Rückfahrt noch schnell zum Hula-Tänzer ausgebildet werden können. 25 Minuten nach dem Hochzeitslied sind wir wieder an unseren Autos.

Über viele Jahrzehnte hinweg liefen die Touren nach diesem Muster ab, aber mittlerweile dürfen die Besucher nicht mehr in die Grotte sondern nur noch vor die Grotte, weil nach sehr starken Regenfällen Steinschlaggefahr besteht. Besucher und Musikanten betrachten die Grotte jetzt von einer Holzplattform aus, aber die Stimmung ist nach wie vor so wie in diesem Essay beschrieben, der für die erste Auflage dieses Buches entstand.

den **Sleeping Giant** aufmerksam. Es handelt sich dabei um eine Bergformation, die mit einer gehörigen Portion Fantasie an einen schlafenden Riesen erinnert.

Kilauea

Gute zwölf Meilen weiter nördlich liegt die Ortschaft Kilauea. Von hier aus führt eine Stichstraße zum **Kilauea Lighthouse** am nördlichsten Punkt der erschlossenen Hawaii-Inseln. Der im Jahr 1913 erbaute Leuchtturm war einst bekannt dafür, die größte in einem Leuchtturm eingebaute Linse zu besitzen. Aber nicht die technische Einrichtung des Leuchtturms, sondern das um ihn herum befindliche **Naturschutzgebiet** *Kilauea Wildlife Refuge* ist hier die tatsächliche

Ost- und Nordküste

Attraktion. Sieben von der Ausrottung bedrohte Vogelarten brüten in diesem Gebiet. Vor der Küste tummeln sich je nach Jahreszeit Delfine, Seelöwen, grüne Schildkröten, manchmal kann man auch Wale beobachten.

Die größten Vögel sind die **Albatrosse,** die oftmals nur ein paar Meter über die Köpfe der Besucher hinwegsegeln. Sie sind meist nur in den Wintermonaten anzutreffen, weil sie sich im Sommer bevorzugt an den Midway-Inseln (nördlicher Ausläufer der hawaiianischen Inselkette) aufhalten.

Im **Visitor Center** besteht die Möglichkeit zur kostenlosen Ausleihe von Ferngläsern, wenn man seinen Reisepass hinterlegt. Außerdem kann man sich dort genauer über die Vögel informieren oder mit einschlägiger Literatur über die Tierwelt Hawaiis eindecken. In dieser Gegend nisten zahlreiche Vögel, unter ihnen auch der Staatsvogel Hawaiis, die *Nene.*

■ **Kilauea Point National Wildlife Refuge,**
Kilauea Rd., Kilauea,
Tel. 828-0168 oder 828-1413;
unbedingt vorher anmelden!
Öffnungszeiten: Dienstag bis Samstag 10–16 Uhr,
Eintritt: $ 5 pro Person

Bei der Rückfahrt nach Kilauea lohnt ein Blick in die hübsch angelegten Vorgärten und ihre exotische Pflanzenwelt.

Essen und Trinken

Vor allem in Kapaa gibt es aufgrund der großen Konkurrenz für hawaiianische Verhältnisse relativ preiswerte Restaurants bei durchweg guter Qualität. Die besten Restaurants an der Ostküste befinden sich zum Teil in den Hotels. Diverse *Fast-Food*-Restaurants (vom *Hamburger* über den *Buffalo Burger* bis zur Pizza) ergänzen das Programm.

■ Ein sehr ungewöhnliches *Hamburger*-orientiertes Restaurant ist **Bubba's Hawaii** (www.bubba burger.com), das früher unter den beiden Mottos „We cheat tourists, drunks and attorneys" (Wir betrügen/beschwindeln Touristen, Betrunkene und Anwälte) sowie „Where the food's hot, the service is cold, and the music's too DAMN LOUD!" (Wo das Essen heiß, der Service kalt und die Musik VERDAMMT ZU LAUT ist!) warb. Die *Hamburger* sind nicht billig und ziemlich fleischlastig, und etwas Wartezeit sollte man mitbringen. Vor allem auf Amerikaner hat *Bubba's* eine magische Anziehungskraft.

▷ Wandgemälde im Tiki Tacos Restaurant

Ost- und Nordküste

In Kapaa finden Sie *Bubba's Hawaii* beim Kapaa Beach Park mit Blick auf die Straße über den Park Richtung Meer, in Hanalei unübersehbar in der Ortsmitte, und eine Niederlassung gibt's im *Kukuiula Shopping Village* in Poipu auf der Südseite der Insel.

■ Im **Kountry Kitchen** serviert die manchmal nicht optimal gelaunte Bedienung typisch amerikanische Hausmannskost, die eine Prise hawaiianisch angehaucht ist. Das unscheinbare Restaurant auf der *Mauka*-Seite (bergwärts) des Kuhio Hwy in Kapaa ist vor allem recht preisgünstig, aber nicht schlecht.

■ Im Kauai Village Marketplace befindet sich das **Papaya's Natural Foods** (Tel. 823-0190). In dem integrierten Café gibt es nicht gerade preisgünstige vegetarische Bio-Küche. Das Sortiment des dazugehörenden Bioladens unterscheidet sich erheblich von einem entsprechenden Laden in Europa – allein schon aufgrund der Unmengen an verschiedenen Vitaminen und Nahrungs-Ergänzungsmittel in Tabletten- bzw. Kapsel-Form. Sonntags geschlossen.

MEIN TIPP: Direkt am Highway 56 befindet sich schräg gegenüber vom *ABC Store* das **Café Java Kai** (etwa bei der Einmündung des Highway 581), wo Sie hervorragenden Kaffee in vielen Variationen, frisch gepresste Säfte, Smoothies sowie Salate und andere Gerichte bekommen. Der Espresso kommt aus Kauai, und kostenloses Wifi gibt es auch.

■ Quasi auf der Rückseite des *Java Kai Cafés* (Zugang über die Kukui Street) liegt **Rainbow Living Foods** – ein vegetarisches Rohkost-Restaurant (zum Mitnehmen: *Take-out*), das ausschließlich auf Kauai angebaute Bio-Agrarprodukte verarbeitet und sowohl vegane als auch glutenfreie Kost anbietet, aber auch Milkshakes. Montags bis freitags von 10 bis 17 Uhr und samstags von 10 bis 15 Uhr geöffnet.

■ Rund um die Einmündung des Highways 581 in den Hwy 56 finden Sie noch mehrere Restaurants und Kneipen. Das **Olympic Café** (exakt gegenüber vom *ABC Store*), hat zwar einen griechisch anmutenden Namen, aber eine sehr internationale Speisekarte, die von *Thai Food* über italienische Pasta bis zum amerikanischen Nudelgericht *Fettuchini Alfredo* und Burgern sowie Fischgerichten reicht. Nach dem Essen laden die Bekleidungs- und Souvenirläden in diesem Bereich zum Bummeln ein.

MEIN TIPP: Täglich von 11 Uhr bis 20.30 Uhr gibt es bei **Tiki Tacos** in Kapaa gutes mexikanisches *Fast-*

142ha av

Food, bei dem die Tortillas „garantiert ohne genmanipulierten Mais" (ergo: GMO-free) hergestellt werden. Die frischen Tacos sind reichlich und bieten ein ausgezeichnetes Preis-Leistungsverhältnis. Das Personal in diesem mexikanischen Schnellimbiss gehört der *Grassroots*-Bewegung (hier etwa: Öko-Bewegung) an und engagiert sich für gentechnikfreie Agrartechnik.

Tiki Tacos befindet sich im *Waipouli Complex* (neben Prudential, NICHT Waipouli Plaza) *mauka* (auf der Bergseite) schräg gegenüber von der *Chevron*-Tankstelle etwa 1,8 Meilen nördlich der Brücke über den Wailua River bzw. 100 m nördlich von *Taco Bell.*

Lemon Grass Grill and Seafood & Sushi Bar

Die kreative *Pacific-Rim-Küche* versteht es, alles unter einen Hut zu bringen. Das nicht sehr große Restaurant *Lemon Grass Grill and Seafood & Sushi Bar* hat zudem eine offene Sushi-Bar, in der der Meister den ganzen Abend das Messer schwingt und *Nigiri Sushi, Cut Rolls, Hand Rolls, Sashimi* sowie *Sushi Combos* fertigt und geschmackvoll anrichtet. Die sehr schmackhaften Gerichte haben allesamt moderate Preise, und das *Lemongrass Seafood Stew* ist sehr zu empfehlen! Ebenso eine Platzreservierung! Auf der Website des Restaurants gibt es oft Gutscheine zum Ausdrucken, mit denen man 15 % Rabatt bekommt.

■**Lemon Grass Grill and Seafood & Sushi Bar,**
4-885 Kuhio Highway,
50 m nördlich des Kauai Village
Marketplace Kapaa,
Tel. 821-2888,
www.lemongrasshawaii.com

(Marisa Robles-Consée)

Von Kilauea bis Kee Beach

Bereits kurz vor Kilauea ändert der Highway 56 seine Richtung; er führt jetzt nicht mehr nach Norden, sondern nach Westen.

Princeville

Ein paar Kilometer hinter dem **Princeville Airport** liegt bei Princeville das *Princeville Center,* ein Einkaufszentrum mit dem letzten großen Supermarkt der Nordküste, diversen Läden, Restaurants und der letzten Tankstelle (meist ca. 50 Cent pro Gallone teurer als die Tankstellen in Lihue) auf dem Weg nach Westen. Am *Princeville Center* zweigt *makai* (Richtung Meer) eine Straße zum *St. Regis Princeville Resort* und einer daneben liegenden Anlage mit Ferienwohnungen ab. Die unbebaute Fläche wird von zwei 18-Loch-Golfplätzen dominiert. Sowohl von der pompös gestalteten Eingangshalle des *St. Regis* als auch von dem darunter liegenden Restaurant aus genießt man einen wunderbaren Blick über die Bucht von Hanalei auf die steil dahinter aufragenden Klippen der Na-Pali-Küste.

Hanalei Valley

Fast gegenüber der Einfahrt zum *Princeville Center* befindet sich der *Hanalei Valley Lookout.* Die besten Lichtverhältnisse zum Fotografieren herrschen spätnachmittags, wenn die Berge ihren Schatten auf die glitzernden Tarofelder werfen.

In den 50er Jahren des 19. Jahrhunderts versuchte ein Mann namens *Robert Wyl-*

lie im Tal von Hanalei eine Kaffeeplantage zu errichten. Nach dieser ersten misslungenen Aktion versuchte man es mit Zuckerrohr und Viehzucht. Danach pflanzten hier die Chinesen Reis an. Seit den 1930er Jahren bauen einige Bewohner wie vor vielen hundert Jahren im Tal von Hanalei die Taropflanze an. Obwohl innerhalb der letzten 200 Jahre die Tarofelder und die natürlichen Feuchtgebiete im Tal auf weniger als 5 % der ursprünglichen Fläche dezimiert wurden, kommt mittlerweile etwa die Hälfte der Produktion von *Poi* (Paste aus Taro) für ganz Hawaii aus Hanalei. Ein Teil des Tals bildet seit 1972 das *Hanalei National Wildlife Refuge,* in dem verschiedene hawaiianische Vögel in Ruhe nisten können. Das Betreten dieses Naturschutzgebietes ist nur mit einer Genehmigung gestattet.

Der Highway 56 führt jetzt hinunter zum Hanalei River, der auf einer einspurigen Bogenbrücke überquert wird.

Hanalei

Diese Brücke ist gleichzeitig die Grenze zwischen dem touristisch mit großen Hotels erschlossenen Kauai und dem ursprünglicheren Teil der Insel. Die Ortschaft Hanalei (*Hanalei* bedeutet „das Städtchen, in dem Leis hergestellt werden") präsentiert sich verträumt.

Für Fans alter Häuser ist das aus dem Jahr 1837 stammende **Missionshaus Waioli** recht interessant (Öffnungszeiten: Di, Do und Sa von 9 bis 15 Uhr, an Feiertagen geschlossen; Eintritt frei; Tel. 245-3202).

Die Attraktion in Hanalei ist jedoch die große Bucht mit ihrem weiten Sandstrand: eine der **schönsten Sandbuchten**

Hawaiis. In westlicher Richtung schließt sich mit dem **Lumaha'i Beach** ein Traumstrand an, der durch den Film „South Pacific" bekannt wurde. Im Winter erkennt man nur wenig von der Sandbucht, da die riesigen Wellen bis nahe an die Vegationsgrenze „herandonnern".

Höhlen

In vielen Kurven, über einspurige Brücken und durch eine Furt hindurch geht es auf der Straße weiter zum Kee Beach. Ziemlich am Ende der Straße, gegenüber vom *Haena Beach County Park*, liegt *mauka* (auf der Bergseite) die **Maniniholo Dry Cave,** eine Höhle, die zu einem kurzen Spaziergang einlädt. Nur ein paar hundert Meter weiter Richtung Westen befindet sich ebenfalls direkt am Highway die **Waikanaloa Wet Cave** sowie etwa 150 m höher die **Waikapalae Wet Cave,** in denen jeweils noch kleine, meist sehr klare Wasserpfützen stehen. Wenn etwa zwischen 11 und 13 Uhr die Sonnenstrahlen auf das Wasser fallen, ergeben sich eigenartige Stimmungen.

Etwa eine halbe Meile vor dem Ende der Straße zweigt nach links die Stichstraße zum **Limahuli Garden** ab, der sich in Terrassen das Tal hinauf erstreckt. Hier sind endemische und polynesische Pflanzen gut erklärt und vor herrlicher Kulisse schön angepflanzt. Vor dem Besuch sollte man sich unbedingt mit Mückenspray einsprühen.

■ Di–Sa 9.30–16 Uhr, Eintritt: $ 20, http://ntbg.org/gardens/limahuli.php.

Weitere Strände

Nach sehr kurzer Fahrt gelangt man bei Milemarker 9 zum **Haenaa Beach Park.** Schöner ist der **Tunnels Beach,** dessen Zugang bei Milemarker 8,6 (bei Hausnummer 5772) liegt. Es handelt sich hierbei um **einen der besten Schnorchelplätze Kauais,** der aber auch bei (Wind-) Surfern geschätzt wird. Seinen Namen verdankt er den zahlreichen Unterwasserhöhlen. Sehr schön – wenn auch nicht klassisch – sind auch die **Sonnenuntergänge** am Tunnels Beach.

Bei Milemarker 10 erreichen Sie das Ende der Straße mit dem ab 10 Uhr morgens meist überfüllten Parkplatz von Kee Beach.

Essen und Trinken

■ Das **St. Regis Princeville Resort** hat sowohl eine gute, leider nicht gerade billige Küche, als auch eine herrliche Aussicht auf die Bucht von Hanalei und die Na-Pali-Küste. Nur an ganz wenigen Punkten Hawaiis besteht die Möglichkeit, vor einer derart erhabenen Kulisse zu speisen. Während die Hotelmanager vor allem das Dinner bewerben, eignet sich das gute und reichhaltige Frühstücksbüfett (knapp $ 30) am besten zum Genießen der Aussicht im *Makana Terrace* (Tel. 826-9644), wenn morgens die Wolkenschwaden aus den Klippentälern ziehen und die Sonne immer größere Teile der Steilküste anstrahlt. Auch abends ist es stimmungsvoll, aber man blickt leicht geblendet gegen die Sonne.

■ Exzellente Steaks und abends eine gute Salatbar gibt es in **CJ's Restaurant** im *Princeville Center.* Trotz schönem Paniolo-Ambiente („Cowboy" heißt in Hawaii „Paniolo") können sich auch die Fischgerichte sehen lassen. Tel. 826-6211 oder 826-6212.

■ Gut und günstig ist das Mittag- und Abendessen bei **Hanalei Mixed Plate** auf der *Mauka*-Seite

(bergwärts) des Kuhio Hwy fast schon im „Zentrum" Hanaleis. Vom Fleischliebhaber bis zum Veganer ist für jeden etwas erhältlich. Neben den *Plate Lunches* gibt es auch Sandwiches, Burger, Salate und *Hot-Dogs,* wobei die Burger in den Varianten *Beef* (Rindfleisch), *Kauai Buffalo* (Büffelfleisch), *Garden* (Vegetarisch) oder *Tempeh* (frittierte Sojabohnen, ursprünglich indonesisch) erhältlich sind. Eilige verzehren die Mahlzeit auf den Stühlen des Restaurants, aber Genießer nehmen ihr Essen mit an den nächsten Strand. Tel. 826-7888.

■ Im Zentrum Hanaleis liegt das *Ching Young Shopping Center* auf der *Makai*-Seite (dem Meer zugewandt) des Highways mit kleinem Supermarkt. Direkt gegenüber befindet sich der **Harvest Market.** Zu diesem Bioladen gehört auch eine sehr empfehlenswerte Smoothie-Salat-Bar. Wer die alternative Szene Nord-Kauais kennenlernen möchte, sollte einen Blick auf das schwarze Brett des Ladens werfen.

■ 50 m vor dem „Einkaufszentrum" befindet sich *makai* das mit Surfbrettern dekorierte **Restaurant Kalypso** (Tel. 826-9700), das zwischen 11 und 21 Uhr geöffnet hat. Zur Dinnerzeit stehen die Touristen hier regelmäßig Schlange. Es herrscht eine lockere Atmosphäre zum recht soliden Essen.

▷ Hanalei Bay vom Helikopter aus gesehen

Na-Pali-Küste

Kauai

■ Schräg gegenüber, im **Ching Young Village** gibt es diverse Essensmöglichkeiten von *Hanalei Pizza* über *L & L Hawaiian BBQ* bis zum kleinen Supermarkt.

■ Gute vegetarische, oft sogar vegane Küche, aber auch Fisch bzw. Meeresfrüchte (aber kein Fleisch oder Geflügel) bietet das **Postcards** in Hanalei. Viele Zutaten sind Bio-Produkte, und oftmals stammen die Gemüse/Früchte von Kauai. Auf chemische Zusatzstoffe verzichtet das *Postcards* ganz. Die Bananen, Papayas, Avocados und Limetten werden im eigenen Garten geerntet und sind „natürlich" bio.

Das *Postcards* befindet sich direkt am Highway 56 im ersten Gebäude auf der *Mauka*-Seite (dem Berg zugewandt) nach der Brücke ins Hanalei-Valley (gegenüber von Kayak Kauai) und ist täglich von 18 Uhr bis 21 Uhr geöffnet. Vor allem in der Hauptsaison sollte man unbedingt reservieren unter Tel. 826-1191.

Schon seit dem *Hanalei Valley Lookout* hat man sie ständig vor Augen: die steilen Klippen der Nordküste. Nach dem hawaiianischen Wort *Pali* für Steilklippe erhielt die Nordküste Kauais den Namen *Na Pali*. Jede verbale Beschreibung dieser einzigartigen Landschaft ist unvollständig. Nachdem Sie dort waren, werden Sie wissen, warum sie den Beinamen *The most spectacular coastline of the world* (die schönste Küstenlinie der Welt) trägt.

Nach Tausenden von Kilometern setzt die Na-Pali-Küste den Pazifikwellen den

ersten nennenswerten Widerstand entgegen. Deshalb prallen hier mit die höchsten Wellen von ganz Hawaii ans Land. Im Winter sind sie manchmal 10 Meter hoch, im Sommer jedoch mit ein bis zwei Metern Höhe recht bescheiden. Mehr über die nicht-touristischen Aspekte dieser Steilküste finden Sie unter www.napali.org.

Wanderung

Auf der Bergseite des Parkplatzes von Kee Beach beginnt der Haena Kalalau Trail, der auch **Na Pali Trail** genannt wird. Er folgt einem bereits einige hundert Jahre alten Pfad, auf dem schon die alten Hawaiianer zu ihren Feldern und Siedlungen in den Seitentälern der Nordküste gingen. Nach elf Meilen, also knapp 18 km, endet der *Trail* im Kalalau-Tal. Die gesamte Strecke lässt sich binnen 7 bis 9 Stunden Gehzeit (einfach) bewältigen. Vor allem im Sommer kann die Wanderung wegen der äußerst hohen Luftfeuchtigkeit und der vielen Höhenmeter sehr anstrengend sein.

Ausrüstung

Gute Ausrüstung ist **unbedingt erforderlich:** Regenbekleidung, feste Schuhe mit gutem Profil (wenn es nass wird, sind die Wege glitschig) und Wasser-Entkeimungstabletten sollte man mitnehmen. Da sich manchmal Langfinger an den über Nacht abgestellten Autos zu schaffen machen, empfiehlt es sich, dort nichts zurückzulassen. Im *Storage Room* des Hotels, in dem man danach wohnt, ist das Gepäck sicherer untergebracht.

Zeitplanung

Wegen der oft **schnell wechselnden Witterung** empfiehlt es sich, mindestens einen, möglichst sogar zwei Reservetage nach dem vorgesehenen Ende der Wanderung auf Kauai einzuplanen, weil es öfter vorkommt, dass durch das Anschwellen eines Flusses der Rückweg blockiert ist und man somit eine Zeit lang festsitzt.

Genehmigung

Im Einzelnen gliedert sich die Wanderung in **drei Abschnitte.** Während der Teil von Kee Beach über Hanakapiai und zu den Hanakapiai Falls bis nach Hanakoa (das sind immerhin knapp 10 km einfach plus diverse Auf- und Abstiege) auch für Tagestouristen zugänglich ist, darf man sich (auch tagsüber) jenseits von Hanakoa nur noch mit einer gültigen Genehmigung aufhalten. Diese kostenlose *Permit* (Genehmigung) bekommt man im State Building in Lihue oder im Internet. Da allerdings nur wenige Wanderer pro Tag auf dem Trail zugelassen sind, sollte man sich mindestens ein halbes Jahr vor dem gewünschten Wandertermin anmelden.

Die Erteilung eines *Permits* kann maximal ein Jahr im Voraus erfolgen. Es sind hierzu unbedingt Kopien der Reisepässe aller Wanderer einzuschicken, denn „No ID – No Permit" prangt in großen Lettern auf einem Schild im DLNR-Büro (DLNR: *Department of Land and Natural Ressources*) des State Buildings – so lautet auch das Credo des zuständigen Beamten. Aktuelle Infos sind im Internet erhältlich unter:

■ www.hawaiistateparks.org/parks/kauai
(anschließend *Na Pali Coast State Wilderness Park*
auswählen)

Camping

Entlang des *Trails* gibt es **drei Campingplätze:** *Hanakapiai, Hankoa* und *Kalalau.* Insgesamt darf jeder Besucher bis zu
fünf Nächte im Park verbringen. Pro
Person und Nacht kostet das Camping
trotz der primitiven Verhältnisse $ 20.
Diese Gebühren werden für Instand-
haltungsarbeiten in den State Parks verwendet.

Wasser

Wasser ist durch die hohe Nieder-
schlagsmenge an der Nordküste überall
reichlich in Form von Bächen und Rinn-
salen vorhanden, sollte aber zur Sicherheit **stets abgekocht** oder mit chemischen Mitteln **gereinigt** werden.

1. Etappe

Für den Abschnitt **von Kee Beach bis
Hanakapiai Valley** mit etwa 3 km Länge
benötigt man etwa 1 bis 1½ Std. Bereits
nach 10 bis 15 Minuten beschwerlichen
Anstiegs erreicht man einen Aussichtspunkt mit grandiosem Blick über die gesamte Küste. Gutes Schuhwerk ist auch
hier unabdingbar.

Achtung: Das Hanakapiai Valley mündet in einen sehr schönen Sandstrand, an
dem das **Baden** allerdings vor allem im
Winter **lebensgefährlich** ist. Der Autor
weiß von mindestens einem Deutschen,

der hier in der starken Strömung ertrun-
ken ist; die Warnschilder stehen also
nicht nur zum Spaß da. Der sehr einfache Campingplatz liegt ein paar Meter
vom Strand entfernt.

Lohnend ist der nochmals 3 km lange
Seitenweg das Tal hinauf, der durch
dichten Busch zu den **Hanakapiai Falls**
führt. **Achtung:** Wegen *Flash-Flood-Ge-
fahr* (plötzlich auftretendes extremes
Anschwellen des Baches nach Regenfällen) sollte man den Weg nur bei ruhigem
Wetter gehen, denn man muss den Bach
auch einmal überqueren. Aufgrund der
Steinschlaggefahr ist das Baden im Pool
des Wasserfalls nicht zu empfehlen. Für
den Weg Hanakapiai Beach – Hanakapia
Falls und zurück sollte man nicht unter
dreieinhalb Stunden Gehzeit einplanen,
weil die stehende, schwüle Luft im Tal
automatisch das Gehtempo herabsetzt.

2. Etappe

Die Etappe **vom Hanakapiai Valley bis
Hanakoa Valley** mit etwa 6,5 km Länge
beansprucht 2½ bis 3 Stunden Gehzeit.
Nach einem zunächst steilen Anstieg
kreuzt der Weg zwei kleine Hängetäler
(also Täler, die mit einem deutlichen Ab-
sturz in ein anderes Tal oder, wie hier,
ins Meer münden) namens Hoolulu und
Waiahuakua, bevor er ins Hanakoa Valley führt. Der Campingplatz befindet
sich hier auf alten, überwucherten Stein-
terrassen etwa 150 Höhenmeter über
dem Meer. Ein gut 500 m langer Pfad,
der *Hanakoa Falls Trail,* führt zu den
Hanakoa-Wasserfällen, die sich in Kas-
kaden die Klippen hinab ergießen.

3. Etappe

Für den letzten, 8 km langen Abschnitt **von Hanakoa bis Kalalau** benötigt man etwa 3 bis 4 Stunden Gehzeit. Je weiter man nach Westen kommt, umso trockener wird die Gegend. Im Kalalau-Tal lädt dann ein gut 3 km langer Weg zu einer Wanderung auf dem **Kalalau Valley Trail** ein. Für Hin- und Rückweg sollte man etwa 2½ Stunden einplanen. Der Weg endet an einigen kleineren Bade-Pools, durch die der Kalalau-Bach hindurchfließt.

Wem die Wanderung zu anstrengend ist (oder wer keine *Permit* hat), der kann auch mit dem **Schlauchboot** an der Küste entlangfahren (siehe „Aktivitäten").

Strände

Alle Strände auf Kauai sind **kostenlos** zugänglich (außer einem kleinen militärischen Teil im Westen). Rettungsschwimmer *(lifeguard on duty)* gibt es nur an ganz wenigen Stränden. Vor einem Strandbesuch sollte man sich bei Einheimischen erkundigen, ob der ausgewählte Strand zurzeit sicher ist. In der Nähe von Felsen und bei vermuteten Unterströmungen sollte man immer sehr vorsichtig sein.

Um die Auswahl zu erleichtern, enthält die folgende Aufzählung nur die schönsten **Beach Parks**.

Strände im Süden und Westen

Die Einheimischen besuchen gerne die Strände westlich von Kekaha an der Südküste, an denen es öfter wirklich schöne

Hanakapiai Beach im Sommer

Sonnenuntergänge zu sehen gibt. Vor allem am Wochenende herrscht hier oftmals Trubel.

Wegen des vorherrschenden Sonnenscheins gehören **Brennecke Beach** und **Poipu Beach** für die Touristen zu den beliebtesten Stränden Kauais, ideal zum Schwimmen, Bodysurfen, Boogie-Boarding und Schnorcheln. Während an der Nordküste die Wellen im Winter höher sind als im Sommer, ist es in Poipu Beach genau umgekehrt. Trotzdem kann man hier normalerweise das ganze Jahr über baden.

Polihale Beach Park

Einer der schönsten Strände Kauais ist der Polihale Beach Park im äußersten Westen. Polihale ist zwar der längste Strand der Insel, aber nur über *Cane Haul Roads* (Straßen für Zuckerrohr-Lkw: rot, dreckig, ungeteert, staubig) erreichbar, die mitten durch die Felder führen.

Weil die Straßenverhältnisse (für Mietwagen kein Versicherungsschutz) viele Besucher abschrecken, geht es auf dem riesigen Strand an Werktagen meist ruhig zu. Süßwasserduschen, Toiletten, überdachte Picknicktische und ein Campingplatz sind vorhanden. **Vorsicht!** Polihale ist **kein ausgesprochener Badestrand.** Bei hohen Wellen ist Schwimmen hier sehr gefährlich.

Von Polihale aus erstreckt sich ein weiterer gut 20 Kilometer langer Sandstrand entlang der Südwestküste der Insel. Wenn am südlich anschließenden militärischen Sperrgebiet des *Barking Sands Airfield* keine Übungen stattfinden, kann man meist nach dem Vorzeigen des Rei-

sepasses mit dem Auto durch das Sperrgebiet bis an den Strand fahren, an dem sich gute Surf-Möglichkeiten bieten.

Kekaha Beach Park

Am Highway 50 westlich von Kekaha markiert der Kekaha Beach Park das südwestliche Ende dieses **langen Sandstrandes.**

Salt Pond Beach Park

Etwa ein Kilometer westlich von Hanapepe liegt der Salt Pond Beach Park (Abzweigung am westlichen Ortsausgang von Hanapepe ist beschildert, dann direkt hinter dem *Veteran's Cemtary* rechts abbiegen), in dem vor allem am Wochenende sehr viele Einheimische Erholung vom Alltagsstress suchen. Meist bestehen hier **gute Bademöglichkeiten,** manchmal sind auch Surfer zu sehen. Süßwasserduschen, Toiletten, überdachte Picknicktische und ein Campingplatz sind vorhanden. Im Park stehen Kokospalmen, die bei schönen Sonnenuntergängen einen reizvollen Vordergrund abgeben.

Poipu Beach Park und Brennecke Beach

Der Poipu Beach Park und der angrenzende Brennecke Beach werden primär von den Gästen der nahe gelegenen Hotels und Condos aufgesucht. Süßwasserduschen und Toiletten sind vorhanden. Das ständig gute Wetter lockt viele Sonnenanbeter – manchmal sogar

Robben – an, die sich sonnen. Westlich der Sandbank am Brennecke Beach bietet sich eine für Kauai **sehr gute Schnorchelmöglichkeit** in ruhigem Wasser an.

Kurz nach der Zufahrt zur Lobby des *Hyatt Regency Kauai* zweigt zum Meer hin eine kleine, öffentliche Straße ab, die zu einem **State Beach Park** führt. Die Abzweigung liegt genau dort, wo rechts eine gemauerte Wand steht, auf der *Poipu Beach Resort* steht. Dieser neu angelegte Strandpark bietet Kaltwasserduschen (etwas versteckt im linken hinteren Eck des Kokos-Wäldchens) sowie sehr gute Möglichkeiten zum Boogie-Boarding. Den kühlen Drink und andere Erfrischungen gibt's im angrenzenden *Hyatt-Hotel*.

Strände im Osten

Die meisten Strände entlang der Ostküste laden zu einem Spaziergang ein, bieten aber aufgrund der selbst im Sommer starken Brandung und wegen der Unterströmungen **kaum Möglichkeiten zum Schwimmen.**

Kalapaki Beach

In einer geschützten Bucht in der Nähe des Hafens Nawiliwili bei Lihue liegt der Kalapaki Beach. Hier herrschen meist das ganze Jahr über gute Bedingungen zum Schwimmen und Surfen. Auch Anfänger im Windsurfen kommen auf ihre Kosten. Toiletten und Süßwasserduschen sind vorhanden. Das *Marriott Kauai Hotel* und das *Anchor Cove Shopping Center* liegen in unmittelbarer Nähe, aber auch der Containerschiff-

Hafen von Nawiliwili (siehe Stadtplan von Lihue).

Hanamaulu Beach Park

In der Bucht des Hanamaulu Beach Parks, nördlich von Lihue, bestehen meist gute Schwimmöglichkeiten. Überdachte Picknicktische, Süßwasserduschen, Toiletten und ein Campingplatz sind vorhanden. Die Zufahrt erfolgt vom Highway 56 bei Milemarker 2 nahe der Shell-Tankstelle.

Lydgate State Park

Je nach Intesität von Wind und Wellen, bietet sich auch der Lydgate State Park zum Schwimmen an. Picknicktische und Toiletten sind vorhanden.

Kapaa Beach Park

In erster Linie für die Gäste der zahlreichen Hotels und Ferienwohnungen im Großraum Kapaa ist der Kapaa Beach Park ein sehr beliebtes Ziel. Überdachte Picknicktische, Süßwasserduschen und Toiletten sind vorhanden. Im Sommer herrschen oft gute Möglichkeiten zum Schwimmen.

Anahola Beach Park

Zwischen Kapaa und Kilauea gelegen bietet der Anahola Beach Park von Frühjahr bis Herbst gute Schwimm- und Schnorchelmöglichkeiten. Vom Wasser aus fällt der Blick über den Strand auf die grün überwucherten Makaleha Mountains. Toiletten und Süßwasserduschen sind vorhanden.

Strände im Norden

Die Nordküste ist ein Kapitel für sich. Während sich die meisten Strände der Nordküste im Sommer gut zum Schwimmen eignen, sind sie im Winter aufgrund der hohen Brandung zum Baden und Schnorcheln viel zu gefährlich. Lediglich im Anini Beach Park bestehen an ruhigen Tagen auch im Winter gelegentlich Möglichkeiten zum Schwimmen. Selbst im Sommer sollte man an der Nordküste unbedingt innerhalb des Riffs bleiben, weil im Bereich der Riffkante und weiter draußen oft **tückische, unkalkulierbare Strömungen** herrschen.

Kalihiwai Beach

Ziemlich genau eine halbe Meile westlich der *Shell*-Tankstelle in Kilauea zweigt vom Highway 56 die Kalihiwai Road ab, die schließlich nach 1,1 Meilen zum ruhigen Kalihiwai Beach führt. Hier bieten sich gute Bademöglichkeiten am flachen Sandstrand oder im Fluss. Seitdem die Brücke zerstört ist, muss man, um weiter zum Anini Beach Park zu gelangen, die gleiche Strecke wieder zurückfahren.

Anini Beach Park

Relativ abgelegen und gut geschützt liegt der große Anini Beach Park.

Schwimmer, Schnorchler und Anfänger im Windsurfen kommen hier voll auf ihre Kosten. Picknicktische, Toiletten, Süßwasserduschen sowie ein Campingplatz sind vorhanden. Die Anfahrt erfolgt auf dem Highway 56 von Kilauea aus Richtung Hanalei. 0,2 Meilen nach der Flussüberquerung im Taleinschnitt zweigt kurz vor dem Erreichen des Sattelpunktes der Straße nach rechts der zweite Arm der Kalihiwai Road ab. Nach weiteren 0,2 Meilen biegt dann von der Kalihiwai Road links die Anini Road ab, die nach etwa 1 Meile zum Strand hinunter führt. Nach weiteren 0,4 Meilen erstreckt sich hinter der ersten kleinen, weißen Brücke der Anini Beach Park. Den Campingplatz findet man hinter der dritten weißen Brücke.

Lumahai Beach

In der weit geschwungenen Bucht von Hanalei mit ihren weiten Sandstränden ist das Schwimmen leider meist zu gefährlich. Der westliche Teil der Bay geht in **einen der schönsten Strände Kauais** über, in den Lumahai Beach. Hier wurden bereits einige berühmte Filme gedreht. Am bekanntesten ist wohl „South Pacific". Lumahai ist nur über kleine Schleichwege zu Fuß zu erreichen. Das Auto muss direkt am Straßenrand abgestellt werden. Der einfachste Zugang führt direkt vor der Brücke über den Lumahai River *(MM 5,9, gegenüber vom emergency phone)* hinunter zum Strand.

Den schöneren Teil des Strandes erreicht man über den Pfad, der etwa bei MM 4,8 von der Straße zum Strand führt. In diesem relativ steilen Strandabschnitt sind aber wiederum die Wellen etwas größer.

Lumahai führt zusammen mit Hanakapiai die **traurige Statistik** der Strände Kauais an, an denen die meisten Menschen ertrinken.

Strand bei Wainiha

Derzeit noch relativ unbekannt ist ein Strand zwischen Horali und Kee Beach: Etwa bei MM 4 zweigt in einer scharfen Linkskurve des Hwy 56 bei einem Schild mit der Aufschrift *Danger.* „No Life Guards. Swim at your own risk" ein Pfad ab, der sich nach wenigen Metern gabelt. Der linke Teil führt zu einem erhöhten Aussichtspunkt, von dem aus man vor allem vormittags einen herrlichen Blick über die nächsten drei Strände auf die dahinterliegende Steilküste hat. Der rechte Teil des Weges führt hinunter zum Strand.

Tunnels Beach

Ziemlich unbekannt, aber schön gelegen ist der Tunnels Beach, der auch gute Schnorchelmöglichkeiten bietet. Man erreicht ihn am einfachsten, indem man das Auto am Haena Beach County Park abstellt und etwa 10 Minuten am Strand entlang Richtung Osten geht. Der Name stammt übrigens nicht von den im Winter hier donnernden Wellen, sondern von den dem Riff vorgelagerten Unterwasserhöhlen.

Kee Beach

Am Ende des Highways 56 liegt der *Kee Beach,* der in den Sommermonaten viele Schwimmer und Schnorchler anlockt. Süßwasserduschen und Toiletten sind vorhanden. Die Aussicht auf die Na-Pali-Küste ist traumhaft schön. Achtung, manchmal werden hier auch tagsüber Autos aufgebrochen! Spätestens ab 11 Uhr wird es sehr eng auf dem Parkplatz.

Aktivitäten

Rundflüge über die Insel

Fast ein Muss auf Kauai ist ein Inselrundflug mit dem **Hubschrauber** (s. Exkurs „Hubschrauberflüge in Hawaii"). Mittlerweile ist das Preisniveau für einen Rundflug bei knapp über $ 200 (plus Steuern und Trinkgeld) angekommen. Außerdem wurden aufgrund der heute recht zahlreichen Hubschrauberflüge die minimalen Abstände des Hubschraubers zum Boden und zur Seite heraufgesetzt, sodass ein vor dem Jahr 2000 durchgeführter „Heliflug" ein doch etwas anderes Flugerlebnis bot als heute. Dennoch lohnt sich nach Meinung des Autors ein Rundflug über Kauai nach wie vor.

Wer den etwa 55-minütigen Flug wählt, der bekommt das wohl beste Preis-Leistungs-Verhältnis, denn bei diesem Flug stehen die vier großen Highlights, der Waimea Canyon, das Kalalau-Tal, die Na-Pali-Küste und der Waialeale auf dem Programm. Augen auf beim Preisvergleich: Neben dem Flugpreis kommen stets noch die Steu-

Übersichtskarte S. 168   **Aktivitäten**   205

ern sowie teilweise auch ein *Fuel Surcharge* (Treibstoffzuschlag) und/oder *Airport Surcharges* (Start-/Landegebühren) hinzu. Nach dem Flug erwartet der Pilot ein freiwilliges Trinkgeld *(Tip)* in Höhe von $ 20 pro Passagier.

Selbstverständlich gibt es gegen entsprechende Bezahlung auch **längere Flüge**. Und wer es ganz exklusiv will, kann sich einen Hubschrauber mit Pilot gleich für ein paar Stunden chartern.

Diese Rundflüge werden von verschiedenen **Unternehmen** angeboten. Die aktuellen Anbieter schalten jeweils in den Werbezeitschriften *Kauai Gold* und *This Week* Anzeigen. Der *Beach and Activities Guide* enthält eine Aufstellung der Anbieter und ihrer Flugrouten mit Fluggerät, Dauer und Preis. Weil diese Infos kostenlos vor Ort erhältlich sind, enthält die folgende Liste nur eine kleine Auswahl von Unternehmen. Ein Vergleich der Preise und Flugrouten lohnt sich.

Die Rundflüge starten von unterschiedlichen Abflugstellen.

Von **Lihue Airport** aus starten:

■ **Blue Hawaiian Helicopters,**
Tel. 1-800-745-2583 (gebührenfrei),
www.bluehawaiian.com
Das Unternehmen betreibt meist mindestens drei Hubschrauber auf Kauai. Auf der Homepage können Sie den Blick aus dem Helicopter des Typs *Ecostar* sowie auf den Heli per 360-Grad-Rundumsicht genießen. Bei Vorausbuchung im Internet gibt es einen saftigen Rabatt, der die Flugpreise wieder auf das im Wettbewerb übliche Niveau absenkt.

■ **Jack Harter,**
Tel. 245-3774,
1-888-245-2001 (gebührenfrei),
www.helicopters-kauai.com
Jack Harter hängt meist die Türen des Helis aus. Nachfragen!

■ **Sunshine Helicopters,**
Tel. 270-3999 oder
gebührenfrei 1-866-501-7738,
www.sunshinehelicopters.com
Der *Ecostar* kommt auch hier zum Einsatz.

■ **Safari Air Tours,**
Tel. gebührenfrei: 1-800-326-3356,
www.safarihelicopters.com

■ **South Sea Helicopters,**
Tel. 245-2222 oder 1-800-367-2914

■ **Island Helicopters,**
Tel. 245-8588 oder 1-800-829-5999,
www.islandhelicopters.com

Vom **Port Allen Airport** bei Hanapepe im Süden aus startet:

■ **Birds of Paradise,**
Tel. 822-5309, www.birdsinparadise.com
Dieses Unternehmen bietet Flüge mit dem Ultraleicht-Flugzeug sowie mit dem Drachen und die dazugehörigen Kurse an.

Flüge zur Nachbarinsel Niihau

Mit etwa $ 400 p./P. sind die Halbtagesausflüge per Helikopter zur Nachbarinsel Niihau sicherlich nicht gerade das Passende für jedes Budget, aber sie bieten nun mal die einzige Möglichkeit, die „verbotene Insel" (siehe dazu auch Inselkapitel „Niihau") zu betreten. Der Hubschrauber landet am Strand. **Eine Erkundung der Insel ist nicht gestattet,** sodass nur Baden auf dem Programm steht.

■ **Niihau Helicopters,**
Tel. 1-877-441-3500 (gebührenfrei),
www.niihau.us

Hubschrauberflüge in Hawaii

Die **besten Plätze** im Hubschrauber zum Schauen und Fotografieren sind natürlich am Fenster, der allerbeste Platz vorne am Seitenfenster. Die Platzverteilung erfolgt beim Einsteigen entsprechend dem Gewicht, ein Hinweis darauf, dass man gerne einen Fensterplatz hätte, ist aber manchmal von Erfolg gekrönt, allerdings ohne Anspruch auf einen bestimmten Platz.

Die einzelnen Unternehmen fliegen mit verschiedenen Hubschrauber-Typen. Wichtig bei der Auswahl des Unternehmens sind dabei vor allem drei Punkte:

■ **Wie viele Sitze hat der Hubschrauber?**

Ein Hubschrauber mit vier Passagiersitzen bietet nämlich jedem Passagier einen Fensterplatz: zwei vorn neben dem Piloten und zwei links und rechts hinten. Ein Hubschrauber mit sechs Sitzen bietet vorn und hinten jeweils zwei Fensterplätze. Weil hier die Rückbank erhöht ist, haben aber auch die Passagiere in der Mitte der Rückbank eine relativ gute Sicht, ja man hat von den Mittelplätzen hinten sogar eine Art Panorama-Erlebnis. Nur zum Fotografieren sind dieses Plätze praktisch ungeeignet.

■ **In welchen Hubschraubern hat man die beste Sicht?**

Eine wunderbare Panoramasicht haben die Passagiere in Hubschraubern des Typs *Ecostar* vom Hersteller *American Eurocopter*. Die in Europa entwickelten Hubschrauber fliegen relativ leise und ruhig. Auf den Inseln nutzen nur *Blue Hawaiian Helicopters* und *Sunshine Helicopters* dieses Fluggerät. Die Sicht durch die nach außen gewölbten Plexiglasscheiben ist wirklich hervorragend; beim Fotografieren kommen dadurch allerdings leichter Reflexe ins Bild.

Tipp: Wer trotzdem viel fotografieren möchte, sollte ein dunkles T-Shirt ohne auffällige Aufdrucke tragen, um die Reflexionen etwas zu reduzieren.

Einige Hubschrauberunternehmen bieten das Video des Flugs, auf dem man auch die Originalkommentare der Piloten sowie Teile der Funkverkehrs mithören kann, als **Kauf-DVD** an.

■ **Wie viele Hubschrauber hat das Unternehmen?**

Je kleiner ein Unternehmen, um so günstiger ist oft der Flug. Wenn allerdings der Pilot plötzlich erkrankt oder aus anderen Gründen der Flug gestrichen werden muss, dann gibt es keinen Ersatzflug. Bei großen Unternehmen fliegt mehrmals pro Stunde eine Maschine ab, und ein eventuell gestrichener Flug wird erheblich flexibler aufgefangen.

■ **Wie hoch ist der Treibstoffzuschlag (Fuel Surcharge) oder die Start/Landegebühren?**

Oftmals schlagen die Firmen am Ende noch schnell $ 30 oder mehr auf den Flugpreis auf.

Ausflüge und Aktivitäten im und auf dem Wasser

Bootstouren

Die interessanteste Art, die **Na-Pali-Küste** vom Wasser her kennen zu lernen, ist die Fahrt in einem motorisierten Schlauchboot oder einem Motorboot.

Nach dem französischen Hersteller dieser widerstandsfähigen Schlauchboote (mindestens fünf separate Luftkammern machen sie so gut wie unsinkbar) werden sie manchmal als *Zodiacs* bezeichnet. Bequemer geht es mit dem Katamaran oder Segelschiff.

Im Sommer gibt es verschiedene **Routen.** Die *Zodiacs* fahren bei ruhiger See auch in die Wasserhöhlen an der Na-

Aktivitäten | 207

Kauai

■ **Wie sicher ist ein Hubschrauberflug?**

Der **Sicherheitsstandard** der Hubschrauber in den USA entspricht dem der Flugzeuge.

■ **Wie bucht man einen Flug?**

Bei der Vorausbuchung im heimischen Reisebüro oder im Internet sind die Touren teilweise günstiger.

Manche Unternehmen bieten auch die Möglichkeit, mit **abmontierten Türen** zu fliegen, was zwar ideal zum Fotografieren ist, aber auch den Nervenkitzel erhöht.

Problematisch an den ganzen Hubschrauberflügen ist die **Lärmbelästigung.** Wer sich an der Nordküste Kauais umsieht, wird ab und zu Aufkleber mit der Aufschrift „Stop Helicopter Flights. Stop Noise Pollution" finden. Bei einer Wanderung auf dem Na-Pali-Trail bekommt jeder diesen Fluglärm live zu spüren und überlegt sich dann vielleicht, ob und wie oft er diesem Vergnügen frönen soll.

Für viele Nationalparks der USA (auch für den Haleakala auf Maui) laufen derzeit Projekte, in denen festgestellt werden soll, wie der Lärmteppich verringert werden kann, den Hubschrauber und Kleinflugzeuge erzeugen.

Pali-Küste hinein und legen Stopps fürs Schnorcheln und Schwimmen an sehr schönen, abgelegenen Stränden ein.

Für jeden, der es sich erlauben kann, ist eine solche Tour (bei ruhigem Wetter) eine schöne Abrundung des Kauai-Erlebnisses. Die **Preise** liegen bei über $ 130 für den Halbtages- und $ 180 für den „Ganztages"-Ausflug inkl. Landung in der Bucht Nualolo Kai.

Im **Winter** ist die Fahrt mit dem Schlauchboot nur etwas **für absolut seefeste Naturen.** Etwa von November bis Februar sind die Wellen derart hoch, dass die Touren sogar öfter ausfallen müssen. Dafür bestehen von Ende Dezember bis Anfang April durchaus Chancen, Wale zu sehen. Auch wenn auf den Prospekten stets eine Walfluke vor der Na-Pali-Küste zu sehen ist und viele Reiseführer von einem angeblichen Walreichtum vor der Küste Kauais schwärmen, bestehen die besten Möglichkeiten zur Walbeobachtung vor der Insel Maui, weil die Wale im Winter zwischen den Inseln Maui, Lanai und Molokai ihre Jungen zur Welt bringen.

Verschiedene Unternehmen bieten meist recht ähnliche Bootstouren auf Kauai an, bei denen oft auch Delfine und Meeresschildkröten zu sehen sind. Wie immer lohnen sich **Preis- und Leistungsvergleiche** (Dauer, mit oder ohne Lunch bzw. Getränke, Schnorchelausrüstung etc.). Meist gibt es eine Vormittags- und eine Nachmittagstour, manchmal noch eine *Sunset-Cruise* zum Sonnenuntergang. Vormittags ist das Wasser am ruhigsten, nachmittags kommt oft etwas Wind auf.

Auch gut Vorgebräunte sollten auf dem Wasser, selbst bei bewölktem Himmel, unbedingt eine Sonnencreme mit einem hohen Schutzfaktor von mindestens 30 verwenden, um sich die Unannehmlichkeiten eines **Sonnenbrands** zu ersparen.

Anbieter von Bootstouren

■ **Na Pali Riders,**

Tel. 742-6331, www.napaliriders.com

Das Unternehmen bietet Schlauchbootfahrten ab Waimea an.

Aktivitäten

3

Aktivitäten

■ **Captain Sundown,**
Tel. 826-5585, www.captainsundown.com
Captain Sundown fährt mit dem Segel-Katamaran ab Hanalei.

■ **Catamaran Kahanu,**
Tel. 645-6176 oder gebührenfrei 1-888-213-7711, www.catamarankahanu.com
Katamaran ab Port Allan bei Waimea.

■ **Liko Kauai Cruises,**
Tel. 338-0333 oder gebührenfrei 1-888-732-5450, www.liko-kauai.com
Während die anderen Unternehmen erst seit Kurzem die Häfen der Südküste als Ausgangspunkt nutzen, fährt *Liko Kauai Cruises* schon seit über zehn Jahren ab Waimea.

■ **Na Pa Li Explorer,**
Tel. 338-9999 oder gebührenfrei 1-877-335-9909, www.napaliexplorer.com
Verschiedene Boote ab Waimea, Port Allen und Hanalei.

■ Einen recht guten Eindruck von den Erlebnissen einer Sommer-Tour entlang der Na-Pali-Küste (ab Waimea) erhält man unter der kommerziellen Adresse www.napali.com von **Captain Andy's** mit Buchungsmöglichkeit (Tel. 1-800-535-0830).

Während die in Hanalei ansässigen Firmen den Küstenabschnitt abfahren, den man erwandern kann und der auch vom Hubschrauber aus zu sehen ist, eröffnen die Touren von Waimea aus einen neuen Blickwinkel. Von der trockenen Südwestküste bis hin zu den üppig überwucherten Felsen der Nordküste. Nach Meinung des Autors sind diese Touren die beste Ergänzung für diejenigen, die nach einem Hubschrauberflug noch Zeit, Lust und Geld für eine Bootstour haben.

Anbieter von Kajaktouren

■ **Outfitters Kauai,**
Poipu, Tel. 742-9667
oder gebührenfrei 1-888-742-9887,
www.outfitterskauai.com
Vermietet Kajaks und Fahrräder. Bietet auch Rad- und Wandertouren im Waimea Canyon sowie See-Kajak-Touren an der Südküste sowie an der Na-Pali-Küste an.

■ **Wailua River Kayak Adventures,**
Wailua River State Park, Tel. 822-3388, www.kayakwailua.com
Kajakvermietung, geführte Touren.

■ **Island Adventures,**
Tel. 246-6333, www.islandadventureskauai.com
Geführte Touren, die weit mehr bieten als nur Kayaken.

■ **Alii Kayaks,**
Lihue, Tel. 241-7700 oder gebührenfrei
unter 1-877-246-2544, www.aliikayaks.com
Verschiedene geführte Touren.

◁ Ziplining mit Princeville Ranch Adventures

■ Eine sehr **preisgünstige Alternative** für Kajaker, die auf eigene Faust den Wailua River erkunden wollen, ist der Verleiher am *Kamokila Village* bei Kapaa, der pro Person $ 35 berechnet.

Ziplining

Sehr angesagt sind die geführten Ziplining-Touren – **eine Art Seilbahn-Fahrt,** bei der man in Klettergurten sitzt und dabei über Kauais dichten Wald gleitet – und zwar teilweise mit **bis zu 50 km/h.** In Zentraleuropa ist Ziplining eher als *Flying Fox* bekannt. Über zehn verschiedene Seile sind derzeit gespannt, und die Touristen haben die Auswahl unter mehreren Touren, die etwa ab $ 120 (teilweise inklusive Lunch) zu haben sind. Wer maximal etwa 125 kg wiegt, keine Rückenprobleme hat und etwas Mut mitbringt, der dürfte hier ein sehr individuelles, aber äußerst reizvolles Hawaii-Erlebnis mit nach Hause nehmen – vor allem an der besonders grünen Nordküste.

Das Ziplining im Süden der Insel bleibt mehr auf Baumhöhe, während man im Norden (Princeville) eher über weite Täler schwebt und das fantastische Panorama der Nordküstenberge vor Augen hat.

■ **Princeville Ranch Adventures,**
Princeville, Tel. 826-7669 oder gebührenfrei 1-888-955-7669,
www.adventureskauai.com
oder www.princeville ranch.com.
Eine schöne Mischung aus Wanderung, Baden im Pool vor einem Wasserfall sowie acht Zipline-Fahrten über und durch üppig überwucherte Schluchten der Nordküste.

■ **Kauai Backcountry Adventures,**
Hanamaulu, Tel. 245-2506
oder gebührenfrei 1-888-270-0555,
www.kauaibackcountry.com
■ **Outfitters Kauai,**
Poipu, Tel. 742-9667
oder gebührenfrei 1-888-742-9887,
www.outfitterskauai.com
■ **Island Adventures,**
Tel. 246-6333,
www.islandadventureskauai.com
Geführte Touren, Lihue.

Tubing

Auf dem amerikanischen Kontinent ist es schon lange angesagt und in Neuseeland sowieso. Es war also nur eine Frage der Zeit, bis das *Inner Tubing* (kurz *Tubing*), also das **Dahingleiten auf Wasserläufen** in einem **Lkw-Autoreifen** auch in Hawaii angeboten wird. Kauai ist dafür mit seinen Bewässerungskanälen in schöner Landschaft geradezu prädestiniert. So werden die Ende des 19. Jahrhunderts zur Bewässerung der Zuckerrohrfelder geschaffenen Ditches auch nach der Aufgabe der Zuckerrohr-Industrie auf Kauai sinnvoll genutzt.

Es handelt sich bei dem dreistündigen Trip um eine relativ ruhige Fahrt, die etwas mehr bietet als ein „Lazy River" in einem Vergnügungsbad, denn die Ditches führen auch durch Tunnels und über Miniatur-Wasserfälle. Daher bekommt jeder Teilnehmer auch leihweise eine Stirnlampe. Am Ende der für gut $ 100 buchbaren Tubing-Aktion gibt's dann noch ein gemeinsames Picknick.

■ **Kauai Backcountry Adventures,**
Hanamaulu, Tel. 245-2506

oder gebührenfrei 1-888-270-0555,
www.kauaibackcountry.com

Gerätetauchen

Im Winter ist das Gerätetauchen in den Gewässern um Kauai aufgrund der hohen Brandung nur sehr bedingt möglich. Außerdem ist das Wasser rund um Kauai wegen der vielen Flussmündungen (Süßwasser und Sediment) meist nicht so klar wie z.B. auf Maui oder Big Island. An guten Tagen reicht die Sicht aber 30 m weit. Viele Tauchschulen bieten **Scooter Dives** (mit einem Unterwasser-Antriebsgerät: *DPV – Diver Propulsion Vehicle*) getreu dem Motto „Why kick when you can fly" (Warum denn mit den Flossen schlagen, wenn man fliegen kann).

■ **Bubbles Below,**
Kapaa, Tel. 332-REEF (332-7333)
oder gebührenfrei 1-866-524-6268
Bubbles Below bietet von Mai bis September auch zweimal pro Woche Ganztages-Tauchausflüge ab Port Allen/Waimea zu den senkrecht abfallenden Riffkanten von Niihau und Lehua Island an. Diese Trips dauern 11 bis 12 Stunden. Drei gut geplante Tauchgänge *(deepest dive first)* kosten inkl. Komplett-Equipment, Lunch und Getränken etwa $ 280. Dieser Trip ist nur für erfahrene Taucher geeignet, die ihren Safety-Stop auch freischwebend absolvieren können, während sie von Haien beobachtet werden. Nach dem letzten Tauchgang geht's dann noch gut 2 Std. über meist recht raue See zurück.

Unter www.bubblesbelowkauai.com erhält man einen erstklassigen Eindruck, viele Infos, aber auch Bilder und Videos zu den einzelnen Tauchplätzen.

■ **Dive Kauai,**
Kapaa, Tel. 822-0452
oder 1-800-828-3483

Das Unternehmen bietet unter www.divekauai.com auch eine recht gute Beschreibung der wesentlichen Tauchplätze Kauais.

■ **Fathom Five Divers,**
Koloa, Tel. 742-6991
oder 1-800-972-3078,
www.fathomfive.com
Auch *Fathom Five* hat Tauchausflüge nach Niihau im Programm (maximal 6 Taucher pro Boot) – allerdings für stolze $ 370!

■ **Sea Sports Divers,**
Koloa, Tel. 742-9303
oder 1-800-685-5889,
www.seasportdivers.com
Seasport Divers bietet auch täglich kostenlosen Tauchunterricht im Pool an – und zwar mit dem legitimen Hintergedanken, dass man anschließend einen (nicht mehr kostenfreien) *Introductory Dive* im offenen Meer bucht. Auf diese Art und Weise machte der Autor seinen ersten Tauchgang – allerdings nicht in Hawaii. Dienstags und freitags fährt *Seasport Divers* auch nach Niihau.

Schnorcheln

Nur im Süden der Insel im Bereich Poipu gibt es ganzjährig recht gute Möglichkeiten zum Schnorcheln *(Snorkeling)*. Nähere Informationen siehe auch Kapitel „Strände".

Schnorchelausrüstungen werden nicht selten vom Hotel oder den Veranstaltern von Bootstouren zur Verfügung gestellt.

Snuba

Auf Snuba, eine Art Zwischending zwischen Schnorcheln *(Snorkeling)* und Gerätetauchen *(Scuba)*, hat sich der folgende Anbieter spezialisiert:

□ Übersichtskarte S. 168

Aktivitäten

■ **Snuba Tours of Kauai,**
Poipu, Tel. 823-8912,
www.snubakauai.com

Surfen und Windsurfen

Viele Hotels verleihen Surfbretter und *Boogie-Boards* (kurze Bretter) an ihre Gäste. Während im Winter vor allem das Surfen (nur für Profis, bei bis zu 10 m hohen Wellen) angesagt ist, findet auch das Windsurfing in Hawaii immer mehr Anhänger. Hauptsaison sind dafür die Monate März bis Oktober.

Wer sich eine **Ausrüstung** ausleihen oder an einem **Windsurf-Lehrgang** teilnehmen möchte, der wendet sich am besten an das *Activities Desk* seines Hotels oder an eine der folgenden Firmen:

■ **Windsurf Kauai,**
Hanalei, Tel. 828-6838,
www.windsurf-kauai.com
■ **Margo Oberg's Surfing School,**
Poipu, Tel. 332-6100 oder 639-0708,
www.surfonkauai.com
  Margo Oberg war in der Zeit von 1968 bis 1981 siebenmal Surf-Weltmeisterin.

Beliebt bei Windsurfern (vom Anfänger bis zum Profi) ist der **Anini Beach.**

Hochseefischen

Auch ohne Angelschein kann man ab $ 160 (für 4 Stunden) pro Person an einer **Fishing Cruise** auf dem Meer teilnehmen und sich dem *Big Game Fishing* widmen. Ausrüstung und Köder stellt der Kapitän.

■ **Deep Sea Fishing,**
Tel. 634-8589,
www.deepseafishingkauai.com

Aktivitäten auf dem Land

Radfahren

Folgende Unternehmen verleihen Fahrräder auf Kauai ab ca. $ 25 pro Tag:

■ **Outfitters Kauai,**
Koloa, Tel. 742-9667,
www.outfitterskauai.com
  (Eigene Bike-Touren).
■ **Kauai Cycle and Tour,**
Kapaa, Tel. 821-2115,
www.bikehawaii.com/kauaicycle
  Vermietet ab $ 15.

Allrad-Fahrzeuge

Fahrten mit *ATVs* (bei uns als *Quad* bezeichnet) vermietet:

■ **Kipu Ranch Adventures,**
Tel. 246-9288,
www.kiputours.com

Reiten

Sowohl an der Südküste (in Poipu) als auch an der Nordküste bieten Reitställe (auch für Anfänger) *Horseback Riding* ab etwa $ 100 für zwei Stunden im Sattel an.

■ **CJM Country Stables,**
Poipu, Tel. 742-6096, www.cjmstables.com
■ **Esprit de Corps,**
Kapaa, Tel. 822-4688, www.kauaihorses.com

Unterkunft

■ **Princeville Ranch Stables,**
Princeville, Tel. 826-6777 oder 826-7473,
www.princevilleranch.com
■ **Silver Falls Ranch,**
Kilauea, Tel. 828-6718,
www.silverfallsranch.com

Filmtour

Die wohl ungewöhnlichste Tour Kauais
wandelt auf den Spuren der Filmindus-
trie und fährt die „Movie Sites" (Dreh-
orte) auf Kauai an. Je nach Tour kostet es
$ 90 oder $ 295 (inkl. Helikopterflug und
mehr). Eine sehr ausführliche Beschreibung finden Sie im Internet unter:

■ **www.hawaiimovietour.com,**
Tel. 822-1192 oder gebührenfrei:
1-800-628-8432

Unterkunft

Am flexibelsten ist man sicherlich, wenn
man eine Unterkunft im Bereich Lihue/
Kapaa bucht. Falls man länger auf Kauai
bleiben möchte, kann es allerdings auch
reizvoll sein, sich ein paar Tage sowohl
im Norden (Princeville/Hanalei) als
auch im Süden (Poipu) einzuquartieren.

Hotels

Die Hotels der Insel konzentrieren sich
auf **vier Zentren:**

■ **Lihue/Nawiliwili**
■ **Wailua/Kapaa**

■ **Poipu Beach**
■ **Princeville/Hanalei**

In allen vier Hotelzentren stehen Hotels
der Oberklasse als auch der Mittelklasse
zur Verfügung. In Lihue finden Sie auch
einige sehr einfache **Motels.**

■ Zu den besten Hotels der Insel zählen neben dem
Kauai Marriott Resort & Beach Club (früher ein
Westin-Hotel) bei Nawiliwili auch das **Hyatt
Regency Kauai** in Poipu sowie das **St. Regis Resort** und das **Westin** (jeweils in Princeville), wobei
das *Westin* hier gut ausgestattete, große Ferienwohnungen in Pseudo-Hotelumgebung bietet.

Im Bereich Kapaa

■ **Courtyard Kauai,**
650 Aleka Loop, Kapaa/Hi
Tel. 822-3455 oder gebührenfrei in den USA 1-888-
236-2427 beziehungsweise gebührenfrei in Deutschland 0800 85 44 22
www.marriott.de (und dann nach *Kauai* suchen).

In Laufweite zum Coconut Marketplace mit seinen zahlreichen Geschäften und Restaurants liegt
das *Courtyard Kauai,* das mit seiner luftigen Lobby
nichts mit den „Out-of-the-Box"-Courtyards in
typisch amerikanischer Motel-Fertigbauweise zu
tun hat, die ansonsten auf dem US-Festland zahlreich zu finden sind. Das zur *Marriott*-Kette gehörende Hotel bietet ein rundum gutes Preis-Leistungsverhältnis (oft unter $ 150) an einem schönen
langen Strand. Achtung: In den meisten Tarifen
kommt noch eine obligatorische Resortgebühr in
Höhe von $ 20 hinzu, in der aber unter anderem
zwei Mai-Tais (Cocktails) enthalten sind. Die *Ocean-
front Rooms* sind oft lange im Voraus ausgebucht.

▷ Auf einem Privatbalkon im Whaler's Cove Resort

Unterkunft

■ **Kauai Beach Resort,**
Tel. gebührenfrei 1-866-971-2782,
www.aquaresorts.com (dort nach *Kauai* suchen)
  Das zur *Aqua*-Kette gehörende Hotel bietet bei Buchung drei Monate im Voraus bereits für $ 150 schöne Zimmer an. Eine *AAA-Rate* bekommt jedes *ADAC*-Mitglied, denn der *AAA* ist das amerikanische Pendant zum *ADAC*.

■ **International Hostel,**
Tel. 823-6142 (nahe bei *Bubba's*),
www.kauaihostel.com
  Für $ 30 gibt's im Schlafsaal ein Dach für die Nacht.

In Lihue

■ **Garden Island Inn,**
3445 Wilcox Road,
Kalapaki Beach, Lihue,
Tel. gebührenfrei 1-800-648-0154 oder 245-7227,
www.gardenislandinn.com
  Ganz in Strandnähe, aber auch in der Nähe des Hafens Nawiliwili.

■ **Kauai Inn,**
Tel. 245-9000
oder gebührenfrei 1-800-808-2330,
www.kauaiinn.com

  In der Nähe von Nawiliwili, aber ruhiger gelegen als die Hotels am Hafen. Vermittelt auch *Condos* (Ferienwohnungen) und *Bed & Breakfast* in Poipu.

Bed & Breakfast/ Ferienwohnungen

An der Südküste

■ **Whaler's Cove Resort,**
2640 Puuholo Road, Poipu/Hi
Tel. 742-7251
oder gebührenfrei 1-800 225-2683
www.whalerscoveresort.com
  Aus insgesamt 39 Ferienwohnungen, die durchweg mindestens 130 m² groß sind, besteht das *Whaler's Cove Resort*. Es handelt sich dabei um individuell und rundum gut eingerichtete Eigentumswohnungen, die sich in optischer und praktischer Hinsicht sehen lassen können. Da keine Klimaanlage vorhanden ist, herrscht nachts zwar wohltuende Ruhe, aber andererseits kann es dadurch im Juli/August auch eher unangenehm heiß sein. Während das *Whaler's Cove Resort* für Paare oftmals jenseits des persönlichen Budgetwunsches angesiedelt ist, kann es für Familien oder zu-

143ha av

sammen reisende Paare hochattraktiv sein – allein schon aufgrund der wunderbaren Aussicht, der gut ausgestatteten Küche, des riesigen Wohnzimmers sowie des großzügigen Balkons, von dem aus man schöne Sonnenuntergänge bewundern kann.

■ **Classic Cottages,**
2687 Onu Place,
P. O. Box 901, Kalaheo, Hi 96741
(zwischen Hanapepe und Poipu),
Tel. 332-9201, www.classiccottages.com
    Teilweise Zimmer für $ 50.

■ **Kalahea Hale,**
2777 Wawae Road,
Kalahea, Hi 96741
(zwischen Hanapepe und Poipu),
Tel. 332-8100

■ **Ellie's Vacation Rentals,**
1960 Muku Place Koloa, Hi 96756,
Tel. 635-0054
oder gebührenfrei 1-800-779-8773,
www.koloa-landing.com

■ **Hale Kua,**
4896-E Kua Road,
P. O. Box 649, Lawai, Hi 96765
(im Landesinnern nordwestlich von Poipu),
Tel. 332-8570 oder
gebührenfrei 1-800-440-4353,
www.halekua.com

■ **Hale Puka'Ana** (House of the Sunset),
Kekaha (Südwestküste),
Tel. 652-6852,
www.KekahaKauaiSunset.com

An der Nordostküste

■ **Hale O. Kale,**
P. O. Box 108,
Anahola, Hi 96703
Tel. 822-5754 oder 651-2679

■ **Hanalei Inn,**
Tel. 826-9333 oder

gebührenfrei 1-877-445-2824,
www.hanaleiinn.net

Dieses am Westrand von Hanalei gelegene Mini-Hotel richtet sich an alternatives Publikum. Die sehr einfach eingerichteten Zimmer sind rundum sauber.

Hütten/Cabins

Es besteht die Möglichkeit, sogenannte *Cabins* im zwar regenreichen, aber sehr schönen **Kokee State Park** zu mieten. Auf einer Höhe von 1000 m über dem Meeresspiegel wird es auch im Sommer nachts angenehm kühl. Die wenigen kleinen Ferienwohnungen mit Feuerstelle, voll ausgerüsteter Küche und warmen Duschen stehen mitten im Wald und bieten daher keine Fernsicht.

Campingplätze

Auf Kauai gibt es **drei Arten von Campingplätzen** (Campgrounds) – *State Parks*, *County Parks* und zwei private Campingplätze.

Die beiden mit dem Auto erreichbaren *State Parks* mit Campingmöglichkeit sind der **Polihale State Park** an der Westküste und der (regenreiche) **Kokee State Park** am Waimea Canyon. Erheblich größer ist die Auswahl bei den *County Parks*.

Der erste private *Campground*, das *Camp Naue* des *YMCA* (Tel. 826-6419), liegt an der Nordküste bei Haena. Der zweite private Campingplatz gehört zum *Camp Sloggett* im Kokee State Park, das auch ein Hostel betreibt: Nur für Hardcore-Individualisten auf dem Ultra-Low-Budget-Trip! Mit $ 15 pro Nacht im Zelt oder im Bunkhouse ist es eine güns-

tige Bleibe. Möglichst nur mit einem Allradfahrzeug dorthin fahren.

■ **www.campingkauai.com**

Sehr schön sind die folgenden Campingplätze:

■ **Polihale Beach Park,**
   (ziemlich trocken)
■ **Kokee State Park,**
   (fast täglich Regen)
■ **Haena County Beach Park,**
   (direkt an der Straße, Nähe Kee Beach)
■ **Anini County Beach Park,**
   (etwas abseits, aber sehr großzügig angelegt)
■ **Salt Pond County Beach Park,**
   (meist trocken)

Auf allen Campingplätzen gibt es Kaltwasserduschen (Wassertemperatur ca.
23 °C). Duschen mit warmem Wasser
findet man allerdings auf keinem öffentlichen Campingplatz Hawaiis.
   Um auf einem öffentlichen Campground zu übernachten, benötigt man
eine **Genehmigung.** Sowohl bei *State
Parks* als auch bei *County Parks* ist das
Erlangen einer Camping-Genehmigung
(Camping Permit) relativ aufwendig. Für
die *State Parks* erhalten Sie die *Permit* im
State Building (2. Obergeschoss = *3rd
floor)* im Zentrum Lihues von Montag
bis Freitag (an Feiertagen geschlossen)
innerhalb der Bürozeiten (8–16 Uhr).
Camping in *State Parks* kostet $ 18 pro
Campsite (bis 6 Personen) und Nacht.

■ **http://dlnr.hawaii.gov/dsp/camping-lodgi
ng/kauai**

Die *County Parks* sind in erster Linie für
die Inselbewohner gedacht, und Besu-

chern aus dem Ausland wird das Camping in den Parks trotz offizieller Diskri-
minierungsfreiheit nicht unbedingt erleichtert.
   Aktuelle Infos im Internet unter:

■ www.kauai.gov/Government/Departments/Com
munityAssistance/RecreationAgency/CampingInfor
mation/tabid/176/Default.aspx.

Die Zeltübernachtung im *County Park* ist
für $ 25 pro Zelt (bis zu 5 Personen) und
Nacht zu haben. Die passenden **Permits**
gibt es an vier verschiedenen Orten, die
jeweils unter der Adresse www.kauai.gov
aufgelistet sind. Die meisten Parks sind
von Dienstagmorgen bis Mittwoch-
mittag gesperrt. Nähere Informationen
gibt's im County Building (4444 Rice
Street, Suite 105, Lihue, Tel. 241-4463).
   Aus unerklärlichen Gründen haben
die öffentlichen Campingplätze an manchen, nicht vorhersehbaren Tagen **geschlossen.** Oftmals heißt es *booked out*
(ausgebucht). Auch wenn auf dem Campingplatz für europäische Verhältnisse
noch Platz für eine ganze Schulklasse
wäre, darf man dort das Zelt nicht hin-
zustellen.
   Übrigens: Wer einfaches Camping-
zubehör wie beispielsweise Ersatzteile
für Coleman-Lampen oder Planen benötigt, der wird im *WAL-Mart* von
Lihue am Kuhio-Highway fündig.

Überblick | 219

Aktivitäten | 279

Die Hamakua-Küste | 268

Hawaii Volcanoes National Park | 237

Hilo und Umgebung | 255

Infrastruktur | 224

Kailua-Kona | 226

Von Kona über die Südspitze
  zum Vulkan | 229

Mauna Kea | 260

Die nördliche Kona-Küste | 272

Puna District | 248

Strände | 277

Unterkunft | 284

4 Hawaii Big Island

Big Island bietet als größte Hawaii-Insel quasi alle Naturschönheiten der anderen Inseln auf einer Insel: vom Meer bis auf über 4200 m. Mit dem Vulkan im/am Hawaii Volcanoes National Park packt die Insel noch ein weiteres Highlight obendrauf.

◁ Bei Wanderungen, Boots- und Hubschraubertouren bietet Big Island (fast schon garantiert) derartige Ausblicke

HAWAII BIG ISLAND

Diese Insel trägt zu Recht den Namen „Hawaii", denn hier findet man quasi all das, was die gesamte Inselkette auszeichnet – von der Natur etwas abgewandelt – auf einer Insel. Darüber hinaus gibt es hier noch die beiden **„höchsten Berge der Erde"** und einen **aktiven Vulkan,** der nicht nur ein beeindruckendes Schauspiel liefert, sondern auch dafür sorgt, dass die Insel ständig weiter wächst. Hawaii Big Island bietet (auch) **Wüste** und **tropischen Regenwald** sowie **herrliche Strände** in vielen Farben.

Übrigens: Big Island ist wirklich **groß** – im Sinne von *big, large, huge, (tall)* und vor allem von *great!*

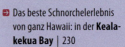

NICHT VERPASSEN!

- Das beste Schnorchelerlebnis von ganz Hawaii: in der **Kealakekua Bay** | 230
- Vulkanismus hautnah im und am **Hawaii Volcanoes National Park** | 237
- Rundgang durch die **Thurston Lava Tube** | 241
- Vom gigantischen Regenwald zu herrlichen Tide-Pools im **Puna District** | 248
- Der höchste Berg der Welt: **Mauna Kea** | 260
- Kurzwanderung in einer stockdunklen **Lavahöhle** (Saddle Road) | 264
- Die Straße durch den Regenwald an der **Hamakua-Küste** und **Akaka Falls** | 268, 269
- **Weiße, grüne** und **schwarze Sandstrände** (Westküste und South Point) | 277

Diese Tipps erkennt man an der **gelben Hinterlegung.**

> Am South Point weht ständig der Wind – und zwar meist aus östlicher Richtung

Überblick

In diesem Kapitel geht es um die Insel mit dem Namen „Hawaii". Weil sie gleichzeitig auch die größte Insel des Hawaii-Archipels ist, wurde ihr der **Beiname „Big Island"** (große Insel) und auch „Hawaiis Island of Adventure™" gegeben. Big Island ist nicht nur größer als alle anderen Inseln Hawaiis zusammen, sondern auch die vielseitigste Insel. Hier finden Sie vom Prinzip her alle Landschaftsformen der gesamten Inselkette. Wüste und Regenwald, grün überwucherte Steilküste und Kraterlandschaft, die beiden höchsten Berge der Erde (vom Bergfuß am Meeresgrund aus gemessen), riesige Rinderfarmen, ein aktiver Vulkan sowie Strände mit weißem, schwarzem oder grünem Sand sind nur einige Highlights der Insel.

Viele interessante Informationen über Big Island erhalten Sie unter **www.gohawaii.com/Bigisland** (offizielle Website).

Big Island hat eine maximale Nord-Süd-Ausdehnung von gut 149 km und eine Breite von bis zu 122 km bei einer Fläche von 10.473 Quadratkilometern, also etwa die Hälfte Hessens, gut viermal

Big Island Süd

Keahole Airport

1 Kalaoa

Honokohau (Palani Jct.)

Hualalai 2521 m

Militärisches

Sperrgebiet

Anschluss Seite 260

Saddle Road 220

272 Kaloko Honokohau

227 Hulihee Palace

226 **2** Kailua-Kona

Holualoa

Kealakekua

3 Captain Cook

4

Captain Cook Monument

279 Kealakekua Bay

5 Napoopoo

Amy Greenwell Garden

St. Benedict's Painted Church

230

Puuhonua Pt.

Keokea

230 Puuhonua o Honaunau National Historical Park

245 Mauna Loa Observatory

243 Mauna Loa 4169 m

237 Hawaii

Mauna Loa Cabin

Hawaii Belt Road

K O N A

Kipahoehoe Nat. Area Res.

C O A S T

3000	
2000	
1000	
500	
200	
0 m	

Hoopuloa

Hoomau Ranch

Punaluu

Mamalahoa Hwy.

Hawaii Belt Road

236 Naalehu

Manuka Natural Area Reserve

Kahuku Ranch

Humuhumu Point

235 Ka Lae (South Point)

279 Green Sands Beach

Kaulana Bay

Kilauea Krater

0 — 1 km

Mauna Loa Rd.

Tree Molds

11 Sulphur Banks

Steam Vents

Crater Rim Rd.

Volcano Art Center

7 Kilauea Visitor Center

6

Volcano Village

Hawaiian Volcano Observatory, Museum

1243 m

Kilauea Iki Trail

Kilauea Iki Crater

Devastation Trail

Thurston Lava Tube

Halemaumau Crater

▲ 1109 m

Keanakakoi Crater

Chain of Craters Rd.

Wegen vulkanischer Aktivitäten wohl dauerhaft gesperrt

■ **Essen und Trinken**
9 Thai Thai Restaurant
12 Café Pesto
13 Hilo Bay Café
14 Ken's House of Pancakes

■ **Einkaufen**
16 Prince Kuhio Shopping Center

so groß wie das Saarland oder ein Viertel der Schweiz. Hier leben und arbeiten knapp 178.000 Menschen. Big Island ist um einiges größer als alle anderen Hawaii-Inseln zusammen.

Big Island ist auch die am weitesten südlich gelegene Insel, sodass das Südende von Big Island auch gleichzeitig der südlichste Punkt der USA ist — nahezu 800 km weiter südlich als Key West, der südlichste Punkt auf dem Kontinent.

Die gesamte Insel wird von den beiden Vulkanmassiven des **Mauna Loa** (4169 m) im Süden und des **Mauna Kea** (4205 m) im Norden geprägt. An den Hängen des Mauna Loa schuf die Lava den 1248 m hohen Berg **Kilauea** im Osten sowie den 2521 m hohen Berg Hualalai im Nordwesten. Der Schildvulkan Mauna Kea geht auf seiner Nordwestseite in das Bergmassiv der Kohala-Mountains über, deren höchste Erhebung bei 1670 m liegt.

Die Westküste trägt auch den Namen **Kona Coast,** während die Nordküste als **Hamakua Coast** bezeichnet wird.

Klima

Die Berge, vor allem aber Mauna Loa und Mauna Kea, sind die Hauptverantwortlichen für die Unterteilung in **zwei verschiedene Klimazonen,** denn sie halten sämtliche aus dem Nordosten kommende Wolken ab und sorgen dafür, dass es an der Nordostküste äußerst regenreich ist, während es an der *Kona Coast* genannten Westküste manchmal das ganze Jahr über nicht regnet. Die Hochebene (Sattel) zwischen dem Mauna Loa und dem Mauna Kea ist oft wolkenverhangen, sodass zuweilen in Kona (Westküste) die Sonne scheint, während im Sattel die Wolken festhängen, in Hilo ein Wolkenbruch vom Himmel kommt und die Gipfel der beiden hohen Berge in gleißendem Sonnenlicht über dem Wolkenmeer thronen.

Entsprechend extrem sind die **Temperaturunterschiede:** Auf den Gipfeln von Mauna Kea und Mauna Loa klettert das Thermometer auch im Sommer tagsüber nur wenige Grade über den Gefrierpunkt bei sehr trockener Luft. Nachts friert es dort oben. In Kona sowie vor allem im weiter nördlich gelegenen Waikoloa wiederum können die Temperaturen tagsüber bis auf gut 35 °C ansteigen. Pauschal gesagt, ist es im Küstenbereich meist angenehm warm und dabei im Westen trocken, im Osten teilweise eher schwül. Während im Westküs-

---

Kulinarische Events

Wer möchte, kann seinen Urlaub so planen, dass ein Besuch eines kulinarischen Events auf Hawaii Big Island möglich wird. Weitere Infos unter:

- www.farmtoursnorthkohala.com
- www.punaculinaryfestival.com
- www.konakohalachefs.org

Rauchverbot!

Im Hawaii County und damit auf der gesamten Insel Big Island herrscht ein generelles Rauchverbot an **Stränden,** in **Parks** und in anderen *Recreational Facilities* (etwa: Einrichtungen, die der Erholung dienen) inklusive den zugehörigen **Parkplätzen.** Wer an diesen Orten beim Rauchen erwischt wird, muss $ 100 Strafe zahlen.

tenbereich zwischen Kona und Waikoloa das Wort „Regen" fast schon ein Fremdwort ist, hat Hilo den Ruf, die regenreichste Stadt der ganzen Inselkette zu sein. Im Bereich des Vulkans (im Nationalpark am Kilauea) sind die Temperaturen einige Grad niedriger, und es herrscht öfter ein kühler Wind.

◩ Am frühen Vormittag kann man die Akaka Falls oft ganz allein genießen

Zeitplanung

Wie auf keiner anderen Insel ist auf Big Island der Zeitbedarf von der Lage des gewählten Hotels abhängig. Für ein „Abhaken" der wichtigsten Sehenswürdigkeiten dürften ohne Ankunfts- und Abfahrtstag vier Tage reichen: ein Tag am Vulkan, ein Tag für die Nordostküste, ein Tag für die Südküste und ein Tag für die Westküste. Wie auch bei den anderen Inseln sind in dieser Zeitangabe weder Badetage noch längere Wanderungen, noch irgendwelche Aktivitäten wie etwa Hubschrauberflüge berücksichtigt.

Auf keiner Insel ist die Zeitplanung so schwer wie auf Big Island, denn aufgrund der (für Hawaii) großen Entfernungen kann man nicht „mal schnell" auf die andere Seite der Insel fahren.

Eine **Inselumrundung,** etwa von Kona über Hawi, Waimea, Hilo, Volcano und

Naalehu zurück nach Kona lässt sich bei einer reinen Fahrzeit von etwa 7½ Stunden wohl kaum an einem Tag bewältigen. Selbst die kleinere Variante von Kona über Hilo, Volcano und Naalehu zurück nach Kona schlägt mit etwa 6½ Stunden reiner Fahrzeit zu Buche, sodass kaum Zeit für Besichtigungen bleibt. Sogar beim Tagesausflug von Kona über Hilo zum Vulkan *(Visitor Center)* muss man bei zügiger Fahrt gut sechs Stunden im Auto verbringen.

Sorgfältige Planung ist daher auf Big Island besonders wichtig, wobei vor allem im Bereich des Vulkans ein Zeitpuffer nützlich ist, um auf die sich ständig ändernden Umstände und Naturereignisse (Vulkaneruption etc.) etwas flexibler reagieren zu können. Wenn der Vulkan gerade „spuckt" (und das tut er meistens), dann sollte man sich dieses Naturereignis nicht entgehen lassen, denn nirgendwo sonst auf der Welt ist die Beobachtung von flüssiger Lava so sicher möglich wie in Hawaii.

Wer sechs bis zehn Tage auf der Insel bleibt, der hat auch Zeit für Wanderungen, Schnorcheltouren, einen Heli-Flug über die flüssige Lava oder für eine Schneeballschlacht bzw. fürs Skifahren auf dem Mauna Kea (nur im Winter, am besten Ende Januar/Anfang Februar).

Vorschlag zur Wahl der Unterkunftsorte

Der Autor empfiehlt, nach Kona zu fliegen, ein paar Tage an der Westküste zu bleiben (Schnorchel-Kajaktour in Kealakekua, Puuhonua, Kona City etc.) und anschließend über die Südspitze und den Vulkan in den Puna District oder

nach Hilo zu fahren, um dort ein neues Quartier für die nächsten Tage zu beziehen. Von dort aus bieten sich Tagesausflüge an: ein Tag am Highway 137, ein Tag im/am Waipio Valley und an der Hamakua-Küste, die in den einzelnen Fahrtrichtungen jeweils unterschiedlich wirkt, sowie eventuell noch ein Zusatztag am Vulkan beziehungsweise in Hilo. Danach bietet sich eine Fahrt auf den Mauna Kea an. An der Kona-Küste – eventuell im äußerst sonnensicheren Norden zwischen Kona Airport und Kawaihae – können Sie zum Abschluss die Sonne und das Meer genießen sowie eventuell noch einen Ausflug in die Kohala Mountains unternehmen.

Infrastruktur

Straßen

Die touristisch wichtigen Straßen sind **fast alle in gutem Zustand** und geteert. Nur ein Teil der Straße auf den Mauna Kea ist ungeteert. Für die Fahrt auf den Mauna Kea benötigen Sie einen Geländewagen. Beim Befahren der South Point Road erlischt für die meisten Mietwagen der Versicherungsschutz.

Flughäfen

Trotz der beachtlichen Ausdehnungen von Big Island gibt es dort nur **drei Flughäfen:** Hilo, Kona und Kamuela/Waimea. Während der Flughafen von Kamuela/Waimea (MUE) mittlerweile für Touristen keine wesentliche Rolle mehr

Entfernungen von Kona

	über Highway	Entfernung (Meilen)	Fahrzeit ca. (Std:Min)
Kona Airport		9	0:20
Waikoloa Beach		22	0:40
Hawi	270	52	1:15
	190, 250	63	1:40
Pololu Valley Lookout	270	58	1:30
Waimea (Kamuela)	190	40	1:00
	19	45	1:00
Honokaa		55	1:20
Hilo	19	100	2:15
	Saddle Road	81	1:55
	11	125	4:15
Puuhonua		22	0:30
Naalehu		60	1:40
South Point		67	2:00
Vulkan (Visitor Center)	11	97	2:30
	19	128	3:00
Mauna Kea Gipfel		70	2:15

Entfernungen von Hilo

		Entfernung (Meilen)	Fahrzeit ca. (Std:Min)
Lava Tree State Monument		24	0:40
Vulkan (Visitor Center)		28	0:45
Punaluu Black Sands Beach		55	1:20
Naalehu		65	1:35
South Point		84	2:10
Kona	19	100	2:15
	Saddle Road	81	1:55
	11	125	4:15
Akaka Falls		17	0:30
Honokaa		45	1:00
Kaimu Beach Park	130	50	1:05
Waipio Valley Lookout		55	1:15
Waimea		55	1:15

spielt, herrscht auf den Flughäfen Hilo (ITO) und Kona (KOA) reger Betrieb.

Flugverkehr zwischen den Inseln
Von Honolulu aus werden die Hilo (ITO) und Kona (KOA) jeweils mit insgesamt mehr als zehn Flugpaaren (je ein Flug in beide Richtungen) pro Tag angeflogen. Auf den Strecken OGG – KOA (Kahului/Maui-Kona) sowie OGG – ITO (Kahului/Maui-Hilo) fliegen täglich jeweils zwei Flugpaare.

Verkehrsmittel

Zum **Mietwagen** gibt es für Individualreisende keine Alternative, denn das Bussystem ist primär auf die Bedürfnisse der Pendler ausgelegt. Einwegmieten zwischen Kona und Hilo sind mit Aufpreis von $ 20–50 möglich.

Die Benutzung des **Hele-On-Busses** kostet $ 2 pro Fahrt. An der gewünschten Haltestelle kann man den Busfahrer durch Winken zum Halten auffordern.

■ www.heleonbus.org

Kailua-Kona

Früher hieß Kailua-Kona lediglich Kailua, aber um Verwechslungen zu vermeiden, wurde das polynesische Wort für die windabgewandte Seite (Lee-Seite), nämlich *Kona,* angehängt. Mittlerweile wird der alleinige Gebrauch des Wortes **Kona** als Ortsname immer populärer.

Kailua-Kona ist das **touristische Zentrum** der Insel, denn durch die fast hundertprozentige Sonnenschein-Garantie herrschen hier ideale Voraussetzungen. Der **Großraum Kona** steht hinter Honolulu (Oahu) und Kaanapali/Lahaina (Maui) auf Platz drei in der Beliebtheitsskala der Touristen. Während sich die einfacheren Hotels und die der Mittelklasse im Stadtgebiet von Kailua-Kona befinden, stehen die Luxusherbergen *Kona Village Resort, Four Seasons, Mauna Lani Resort* und *Mauna Kea Beach Hotel* oder Ober- und Luxusklasse-Hotels wie *Hilton Waikoloa Village* und *Waikoloa Beach Marriott Resort* bis zu 30 Meilen nördlich der Stadt Kailua-Kona.

223ha av

Hafen

Zentrum von Kona ist der parallel zum Meer verlaufende **Alii Drive,** dessen Hauptzufahrt die Palani Road (ab dem Schnittpunkt der Highways 11, 19 und 190) ist. An einem Sonntag im Monat (etwa zwischen dem 15. und dem 20.) von 13 bis 18 Uhr ist der Alii Drive für Fahrzeuge gesperrt und nur für Fußgänger zugänglich. Vor dem *Hulihee Palace* gibt es dabei kostenlos Live-Musik. Vor allem im Bereich der **Kailua Bay** stehen Restaurants und Bars recht dicht beieinander. Am **Kailua-Pier** liegen Ausflugsboote und Hochseejachten vor Anker. Dort beginnt und endet jedes Jahr der weltberühmte **Ironman-Triathlon.** Mittlerweile hat der neu angelegte **Honokohau Harbor** dem alten *Kailua-Pier* den Rang abgelaufen. In beiden Häfen kann man um 11.30 und um 15.30 Uhr beim Wiegen der frisch gefangenen Fische zusehen.

Kona ist derzeit in einem regelrechten **Mantarochen-Fieber.** Mehr über die *Manta Rays* erfahren Sie nicht nur bei diversen Touren (siehe „Tauchausflüge"), sondern auch im Internet unter www.mantarayshawaii.com. Außerdem können Sie von der Terrasse des *Sheraton-Hotel* in Kona aus abends die *Manta Rays* beobachten, die von starken Scheinwerfern indirekt angelockt werden. Die Kleinsttierchen im Wasser wandern zum Licht, und die Rochen folgen ihrer Nahrung.

Hulihee Palace

Entlang des Alii Drive stehen mehrere historische Gebäude, so zum Beispiel der *Hulihee Palace* (Tel. 329-1877). Der zweistöckige Palast wurde 1838 vom damaligen Gouverneur der Insel, *John Adams Kuakini,* gebaut. Etwa zwischen 1870 und 1880 diente das Gebäude König *David Kalakaua* als Sommerpalast. Dienstag bis Samstag kann man das Gebäude und die dort ausgestellten antiken Möbel zwischen 10 und 15 Uhr (außer an Feiertagen) für $ 5 besichtigen – entweder per selbstgeführter Tour mit einer auch in deutscher Sprache erhältlichen Broschüre oder während einer der zahlreichen geführten Touren.

Kirchen

Die aus dem Jahr 1836 stammende **Mokuaikaua Church** (gegenüber vom Palace) ist die älteste Kirche von ganz Hawaii. Als die Missionare hier im Jahre 1820 an Land gingen, bauten sie bereits an der gleichen Stelle ein Gotteshaus, das durch die aus Korallenstein gefertigte Mokuaikaua Church ersetzt wurde.

Ein typisches Beispiel für die Manipulationsmöglichkeiten bei der Aufnahme von Postkarten finden Sie am Südende des Alii Drive mit der **St. Peter's Church.** Auf den Postkarten erscheint sie als idyllisch und abseits von aller Zivilisation gelegen. In Wirklichkeit steht sie direkt am hier stark befahrenen Alii Drive mit einer Hotelanlage im Hintergrund.

◁ Am Alii Drive in Kona

Ironman Triathlon

Der Ironman Triathlon gilt als der **härteste Triathlon der Welt,** der über die weltweit üblichen Distanzen geht.

Beim Startschuss früh morgens um 7 Uhr beginnt das Rennen im Hafen von Kona mit einer 3,8 km langen Schwimmstrecke. Anschließend folgt das 180-km-Radrennen bis an die Insel-Nordspitze in Hawi. Zuletzt absolvieren die Teilnehmer eine knapp 42 km lange Laufstrecke. Rund 17 Stunden haben die Sportler für die Gesamtstrecke Zeit; die Besten schaffen es in etwa acht. Dabei werden jedes Jahr rund 600 Flaschen Sonnencreme von den rund 1800 Teilnehmern verbraucht und insgesamt etwa 200.000 Becher geleert.

Nur die besten Sportler können sich überhaupt für den jedes Jahr im Oktober stattfindenden *Ironman* qualifizieren. 2011 war der 51-jährige Berliner *Thomas Ibach* unter den besten 50 Athleten in der Altersklasse ab 50 Jahren.

■**Ausführliche Infos** gibt's im Internet unter www.ironman.com. Die Homepage ist optisch sehr effektvoll gestaltet. Wer den *Ironman* besuchen will, sollte unbedingt die FAQs (*Frequently Asked Questions,* oft gestellte Fragen) lesen.

Der Ironman wird nur noch vom **Ultraman** übertroffen, der die üblichen Triathlon-Distanzen mehr als verdoppelt.

Am ersten Tag des *Ultramans* stehen 10 km Schwimmen im Meer an. Gleich im Anschluss folgt die erste Radetappe von 150 km. Am zweiten Tag sind 280 km mit dem Rad bergauf und bergab zu fahren. Am dritten und letzten Tag müssen die Athleten die doppelte Marathondistanz durchlaufen. Nur wenige Sportler wagen diese Strapaze.

Einkaufen

Etwas höher am Hang finden Sie in Kona **mehrere Einkaufszentren,** die allesamt vom Queen Kaahumanu Highway (11/19) aus erreichbar sind: *Walmart* und *Safeway* (mit Post) über die Henry Street am Hwy 11, das *North Kona Shopping Center* (*Macys* etc.) über den Makala Boulevard Richtung Berg *(mauka)* sowie *Sports Authority* und *Target* auf der *Makai*-Seite (zum Meer hin) des Hwy 19. *Sports Authority* ist der größte Sportartikel-Laden auf der Insel: vom Wassersport über Golf, Radfahren, Laufen bis zum Angeln, Jagen und Gewichtheben gibt es hier fast alles. *Target* ist für seine meist günstigen Preise bei einfacher Präsentation bekannt – von Arzneimitteln und Drogerieartikeln über Getränke und Knabberzeug bis zu Kleidung, Spielzeug, Elektro-Kleingeräten und hier im *Aloha Corner* auch Hawaii-Souvenirs.

Essen und Trinken

Wer gut und doch recht günstig essen gehen möchte, ist mit den folgenden Restaurants sicherlich gut bedient:

■Bei **Kona Taeng On Thai** (Tel. 329-1994) im *Kona Inn Shopping Village,* 75-5744 Alii Drive in Kailua-Kona gibt es gute, preisgünstige Thai-Küche. Es liegt im 1. Stock des Einkaufszentrums, Reservierung empfehlenswert.

■ Etwa 500 m südlich vom *Hulihee Palace* liegt direkt am Meer das Restaurant **Huggo's** (75-5828 Kahakai Road, Tel. 329-1493, www.huggos.com), dessen Gastraum im Wesentlichen auf Stelzen über dem Felsstrand ganz nah beim Alii Drive liegt. Das Ambiente ist sehr schön und die Küche eher gehoben, aber nicht total überteuert. So kostet beispielsweise *Huggo's* spezielles *Teriyaki Steak* knapp $ 30, und ein frisches Fisch-Hauptgericht unter $ 40. Von 16 (sonntags 17) bis mindestens 22 Uhr (Freitag/Samstag bis 1 Uhr) ist die Cocktail Lounge geöffnet, von 17 bis 21 Uhr (Freitag/Samstag bis 22 Uhr) auch der *Dining Room* (das Restaurant).

■ Fast schon ein Muss für Bierliebhaber ist ein Besuch im Pub der **Kona Brewing Company** (75-5629 Kuakini Highway in Kailua Kona, Tel. 334-2739, www.konabrewingco.com), in dem man auch gut amerikanische Pizza, Sandwich und Salate essen kann. Der Pub ist 11–21 Uhr geöffnet, am Wochenende bis 22 Uhr. Um 10.30 und um 15 Uhr können Sie täglich auf einer kostenlosen Brauerei-Führung erfahren, wie das *Liquid Aloha* entsteht – getreu dem Werbeslogan „Visit the source of Liquid Aloha".

Die Brauerei liegt etwas versteckt: Von Norden kommend vom Highway 19 rechts in die Kaiwi Street abbiegen, dann die dritte Straße links: Pawai Place bis ganz hinten durchfahren. Wer von Kona-„City" auf dem Hwy 19 kommt, hat am Makala Blvd. (bei *Sports Authority*) eine Wendemöglichkeit.

■ Den vielleicht schönsten Sonnenuntergang der Kona Coast können Sie von der Restaurant-Terrasse des **Waikoloa Beach Marriott Resort** 30 km nördlich von Kailua-Kona aus genießen: Der Blick über die Lagune und die Palmen ist sehr sehenswert. So macht Cocktail-Schlürfen wirklich Spaß – leider aus dem Plastikbecher!

Ansonsten finden Sie am Alii Drive rund um den *Hulihee Palace* diverse Kneipen und Restaurants, die nicht selten den Namen/Besitzer wechseln, aber oft bei gemütlichem Ambiente zumindest zu einem Kaltgetränk einladen.

Von Kona über die Südspitze zum Vulkan

Big Island

Im Vergleich zu den sonst eher kurzen Fahrstrecken auf den Inseln braucht man in dem Abschnitt südlich von Captain Cook/Kealakekua etwas „Sitzfleisch".

Amy Greenwell Garden

Wer an der urhawaiianischen Flora interessiert ist, der sollte einen Stopp im **Amy B.H. Greenwell Ethnobotanical Garden** einplanen, denn dort gibt es endemische (einheimische) sowie von den Polynesiern nach Hawaii mitgebrachte Pflanzen: Von Taro und Kukui über Banane bis zur seltenen *Alula*-Pflanze, die sonst nur an einem Hang in Molokai wächst. Zumindest eine etwa 30-minütige *self-guided Tour* mit guten Fotomöglichkeiten ist für jeden empfehlenswert.

Etwa eine halbe Meile südlich der Einmündung des Hwy 160 in den Hwy 11 zweigt beim Milemarker 110 (etwa 200 m nördlich vom *Manago Hotel*) eine kleine Auffahrt *mauka* (zur Bergseite hin) in den Garten ab.

■ **Amy B.H. Greenwell Ethnobotanical Garden,**
Tel. 323-3318,
www.bishopmuseum.org/greenwell/
Geöffnet Di–Sa 9–16 Uhr; Eintritt $ 7, um 13 Uhr gibt es jeweils geführte Touren ohne Aufpreis.

4

Essen und Trinken

Nur zum Dinner (17–21 Uhr) hat das bei Milemarker 112,6 auf der Bergseite *(mauka)* gelegene **Keei Café** geöffnet. Dort sitzt man im einladenden Ambiente, umrahmt von Werken lokaler Künstler. Die vegetarischen Salate sind dabei genauso empfehlenswert wie der *Catch of the Day* (tagesfrischer Fisch) oder die wahlweise mit Tofu oder Hähnchenfleisch erhältlichen *Fajitas*. Auch bei der Pasta hat man die Wahl zwischen Chicken und Tofu. Auch das Ribeye-Steak kann sich sehen lassen. Wenn es frischen *Ahi* (Gelbflossen-Thunfisch) auf dem Markt gibt, zaubert der Koch daraus ein hervorragendes *Sashimi* (roher Fisch in Scheiben). Viele Gäste loben auch das im Ofen gebackene Lamm mit Rotwein-Minze-Sauce. Das alles gibt es zu sehr zivilen Preisen (Salat $ 7, Pasta bzw. *Fajitas* $ 15 und das Lamm sowie der frische Fisch knapp unter $ 30). **Achtung:** Das Restaurant akzeptiert keine Kreditkarten.

■ **Keei Cafe**
79-7511 Mamalaloa Hwy, Kealakekua
Tel. 322-9992

Ein großer Wegweiser markiert etwa bei Milemarker 103,9 des Highway 11 den Abzweig auf den Hwy 160 nach **Puuhonua o Honaunau.** An diesem Punkt empfiehlt es sich, den Highway 11 zu verlassen und auf der breiten Straße Richtung Meer zu fahren. Wegen ihrer vielen künstlich bewässerten Blumen am Straßenrand trägt sie auch den Namen *Avenue of Flowers.*

Nach etwa einer Meile weist ein Marker des Hawaiian Visitors Bureau den Weg nach rechts zur **St. Benedict's Painted Church,** einer hübschen, bunt bemalten Kirche, die in ihrer Art – zusammen mit der *Star of the Seas Church* bei Kaimu – einmalig ist. Von der Kirche geht's auf demselben Weg zurück zu der Straße hinunter zum Meer.

Puuhonua o Honaunau

Der Einfachheit halber nennen die Amerikaner Puuhonua o Honaunau (Zufluchtsstätte von Honaunau) lediglich *place of refuge* oder auch *city of refuge.* Es handelt sich dabei um eine Kultstätte der alten Hawaiianer, die bereits bei einem Aufenthalt von einer knappen Stunde einen guten Überblick über die Lebensweise im Hawaii vor der Ankunft *Captain Cooks* gibt. Der Eintritt kostet $ 5 pro Fahrzeug (www.nps.gov/puho).

Auf dem Gelände der *City of Refuge* findet man nachgebaute Relikte aus der Zeit vor der Ankunft der Europäer vom Auslegerkanu über Häuser, Felszeichnungen, das *Konane-Spiel* bis zum Tempel, dem *Heiau.* In der Bucht tummeln sich oft Wasserschildkröten.

Kealakekua Bay

Der schnellste Weg zurück nach Kona führt dieselbe Strecke wieder zurück und auf dem Hwy 11 nach Norden. Die schönere Route ist jedoch die direkte Verlängerung des Hwy 160 an der Küste entlang. Nach vier Meilen auf einer schmalen Teerstraße sind der Ort *Napoopoo* und die *Kealakekua Bay* erreicht, in der **Captain Cook** am 14. Februar 1779 von den Hawaiianern umgebracht wurde. Das entsprechende Denkmal steht unterhalb der Klippen an der anderen Seite der Bucht.

Die Kealakekua Bay ist ein *State Underwater Park Marine Life Conservation*

District, eine Art **Unterwasser-Natur-schutzgebiet.** Es handelt sich dabei um einen der wenigen Plätze auf der Welt, an denen noch Populationen der Delfin-Art *Spinner Dolphins* leben. Sie schwimmen in dieser geschützten Bucht bis nahe an den Strand, ruhen sich aus, paaren sich, bringen Junge auf die Welt und ziehen sie groß.

Hier, vor allem im Nordteil der Bucht in der Nähe des *Captain-Cook-Denkmals,* und in Molokini (vor Maui) existieren die **besten Schnorchelmöglichkeiten** der ganzen Inselkette. Der Strand im Bereich Napoopoo ist ausgesprochen klein und nicht besonders hübsch. Um von hier aus zum Schnorchelrevier zu gelangen, muss man etwa

Puuhonua o Honaunau – Zuflucht für Tabubrecher

Das **Sozialsystem** der alten Hawaiianer wurde durch sogenannte *Kapus* (Verbote, Tabus) geregelt. Kam beispielsweise ein Normalsterblicher einem Häuptling zu nahe, so verletzte er dabei eine Kapu-Regel genauso, wie wenn er seinen Schatten auf das Palastgelände fallen ließ. Es gab damals viele Kapus für alle Lebensbereiche. Auch etwa das gemeinsame Speisen von Frauen und Männern an einem Tisch war verboten.

Das Nichtbeachten eines Kapus wurde mit dem Tod bestraft, weil der Bruch eines solchen Verbots als **Beleidigung der Götter** angesehen wurde. Die Leute glaubten, dass die Götter alle Kapu-Verstöße scharf ahnden würden – und zwar in Form von Lava-Eruptionen, Flutwellen, Hungersnöten und Erdbeben. Aus reinem Selbstschutz heraus verfolgte daher das ganze Volk jemanden, der ein Kapu gebrochen hatte, und tötete ihn.

Für alle, die gegen ein Kapu verstoßen hatten, gab es nur eine Rettung: die **Zufluchtsstätte,** zum Beispiel die von *Honaunau.* Es gab noch

weitere Zufluchtsstätten *(Puuhonua)* auf anderen Inseln, aber nur diese wurde restauriert. Das Problem bestand darin, dass die Stätte der Rettung nur schwimmend von der wilden Nordseite her erreicht werden konnte.

Wer es schaffte, bis hier hinein auf den geheiligten Boden vorzudringen, der musste sich einer **Absolutionszeremonie** unterziehen, die oftmals stundenlang dauerte. Danach war dem Gesetzesbrecher verziehen, und er konnte wieder als normales Mitglied der Gesellschaft leben.

Es war aber auch eine Zufluchtsstätte für alle Kinder, Alte und Kranke, die dadurch bei einem **Stammeskrieg** dem Gemetzel entkommen konnten, denn Krieg bedeutete damals die komplette Auslöschung des anderen Stammes. Selbst besiegte Soldaten kamen hier bis zum Ende des Krieges in Sicherheit.

Puuhonua o Honaunau war somit für viele der Beginn eines neuen Lebens, war und ist nach wie vor eine **heilige Stätte** für die Hawaiianer.

Puuhonua o Honaunau

0 ▬▬▬ ▬▬▬ 100 m © REISE KNOW-HOW 2016

Hawaii/13

Privat-
grundstück

2

3

Keoneele
Bucht

4

1

Visitor
Center

Parkplatz

6

5

9

10

17

12

8

7

Heleipalala-Teich

11

13

14

16

15

Legende zur Karte Puuhonua o Honaunau

1 Palace Grounds Einst standen hier mit Gras gedeckte Hütten der Stammes-
häuptlinge – ein Bereich, der für fast alle Hawaiianer *Kapu* war.

2 House Models Diese Modelle zeigen die Haustypen und ihren Aufbau: Das
größere Haus wurde von den Häuptlingen genutzt, das kleine-
re diente als Vorratshaus. Für das Grundgerüst wurde Ohia-Holz
benutzt. Mit Ti-Blättern und Pili-Gras wurde das Dach gedeckt.

3 Konane Dieser Stein ist das Spielfeld für das „hawaiianische Schach-
spiel" namens *Konane*. Ziel des Spieles ist es, den letzten Zug
zu machen. Die genauen Spielregeln bekommt man in englischer Sprache im Visitor Center.

4 Kanoa Diese Aushöhlungen im Stein wurden vielleicht zum Färben
von Netzen und Kleidungsstücken benutzt, vielleicht aber auch
zum Herstellen von Salz oder zum Zerstampfen von Lebens-
mitteln.

5 Tree Mold Ein von der Lava eingeschlossener Baum, der jetzt verrottet
ist (siehe Vulkanismus).

6 Keoneele Diese Bucht diente einst als Landeplatz für die königlichen
Kanus und war für die breite Masse der Hawaiianer tabu. Der
im Wasser stehende *Kii* (Holzfigur) markierte vermutlich die
Kapu-Grenze.

7 Heleipalala	In diesem Fischteich wurden die draußen auf dem Meer gefangenen Fische speziell für die Häuptlinge bereitgehalten.
8 The Great Wall	Diese massive, exakt aneinander gefügte Mauer trennt die Palastgebäude von der eigentlichen Zufluchtsstätte.
9 Hale o Keawa Heiau	Was man hier sieht, ist die Rekonstruktion des *Hale o Keawe Heiaus* (Tempel). Das Original diente als Mausoleum für 23 Häuptlinge. Nach dem alten polynesischen Glauben gab die *Mana* genannte spirituelle Kraft der Häuptlingsgebeine der Zufluchtsstätte zusätzlichen Schutz. Die kleine Holztür am Boden ist der einzige Zugang. Lebensmittelopfer wurden auf der *Lele* genannten, erhöhten Plattform dargebracht.
10 Puuhonua	Dies ist der eigentliche Zufluchtsplatz, auf dem sich Frauen und Kinder, besiegte Krieger und Kapu-Brecher aufhielten.
11 Alealea Heiau	Auf dieser Plattform stand vermutlich ein weiterer Tempel namens *Alealea Heiau*.
12 Keoua Stone	Gemäß einer von *Mark Twain* überlieferten Legende war dieser Stein der bevorzugte Ruheplatz des Häuptlings *Keoua*. Die sechs kleineren Löcher im umliegenden Fels könnten als Halterung für einen Sonnenschutz gedient haben.
13 Kahumanu Stone	Der Legende zufolge soll sich unter diesem Felsen die Lieblingsfrau von König *Kamehameha I*, Königin *Kaahumanu* nach einem Ehestreit versteckt haben. Danach, so heißt es, lebten beide glücklich und zufrieden bis an ihr Lebensende.
14 Papamu	Dies ist das Original eines Steines, wie er für das *Konane-Spiel* verwendet wurde.
15 Old Heiau	Es wird angenommen, dass dieser Steinhaufen aus den Überresten des ältesten *Heiaus* in *Honaunau* besteht.
16 Petroglyph	Die in den Felsen geritzte Figur eines Menschen mit erhobenen Armen und gespreizten Beinen ist nicht ganz leicht zu erkennen.
17 Halau	Diese Dächer mit A-förmiger Rahmenstruktur dienten als Arbeits- und Lagerplatz.

einen Kilometer durch die (ruhige) Bucht schwimmen oder mit dem **Kanu/Kayak** hinüber fahren (sehr empfehlenswert, siehe auch Exkurs „Kajaktour"). Daher bevorzugen die meisten Besucher eine Bootsfahrt von Kona bis ins Schnorchelrevier.

Wer will, kann auf einem rutschigen Pfad binnen etwa zwei Stunden (zurück: ca. 2½ bis 3 Std.) vom Ort **Captain Cook**

Kajaktour

Ein absolutes Highlight (bei dem hier fast immer herrschenden schönem Wetter) ist eine **Kayaktour durch die ruhige Kealakekua Bay.** Wer mit dem eigenen Wasserfahrzeug (Kayak etc.) zum anderen Ende der Bay fahren möchte, braucht eine Permit, die allerdings bei den Kayakverleihern nach einer Unterweisung erhältlich ist. Das Anlanden ist rund um das Monument verboten und wird mit einer Strafe belegt, damit niemand auf die Korallen tritt. Lediglich spezielle geführte Touren dürfen an einer bestimmten Stelle die Kayaks an Land bringen, was aber keinen besonderen Mehrwert bringt.

Besonders schön (aber auch teurer) ist eine **geführte Tour** – und zwar besonders am Vormittag, denn nachmittags ist die See oft welliger. In einer geschützten Bucht südlich der Kealakekua Bay im Kanu machen die Tourenteilnehmer meist ihre ersten Paddelerfahrungen im Zweier-Kajak. Mit den passenden Anweisungen hat man auch als absoluter Kayak-Neuling rasch den Dreh raus, und schon geht's Richtung *Captain Cook Monument.*

Oft kommen die die *Spinner-Delfine* aus eigenem Antrieb ganz in die Nähe der Kayaks. Immer wieder sehen Kayakfahrer die *Spinner-Delfine* mit einer Drehung um die eigene Achse (eben mit *Spin*) aus dem Meer springen – und zwar manchmal in weniger als zehn Meter Entfernung. An keiner anderen Stelle der Hawaii-Inseln – von der Ausnahme Molokini einmal abgesehen – hat der Autor derart vielfältige Riffe mit einer reichen Korallen- und Fischwelt beim Schnorcheln gesehen. Zwar ist das vor Maui gelegene Molokini auch schön, aber der Massenbetrieb mit manchmal bis zu zehn Booten nimmt Molokini das Flair, und die Unterwasserwelt leidet dort ebenfalls unter diesem Massenansturm. Wie wohltuend ruhig ist da doch die Kajak-Schnorcheltour in der Kealakekua Bay.

Nach dem Schnorcheln heißt es, aus dem Wasser zurück ins Kayak zu kommen, was dem Laien oft immens schwer vorkommt, aber mit der richtigen Technik ist auch der Wiedereinstieg ins Kayak aus dem Wasser leicht. Für den Autor war diese Kayaktour eines der ganz großen Highlights an den Küsten Hawaiis.

■ **Adventures in Paradise,**
Tel. 323-3005, www.bigislandkayak.com
(vermietet auch Kayaks)
■ **Kona Boys,**
Tel. 328-1234, www.konaboys.com
■ **Aloha Kayak,**
Tel. gebührenfrei 1-877-322-1444,
www.alohakayak.com.

aus zu Fuß bis zum **Captain-Cook-Denkmal** absteigen, darf aber nicht vom Land aus ins Wasser gehen, weil man sonst auf die Korallen treten würde.

Bei der Weiterfahrt zum Highway 11 kommt man an mehreren **Kaffee-Röstereien** vorbei. Die Straße führt weiter bergauf zum Hwy 11, der im weiteren Verlauf über Captain Cook und Kealakekua nach Kona führt.

Highway 11 nach Süden

Für die Fahrt um die Südspitze empfiehlt es sich, die passende Tagesverpflegung inklusive Getränke mitzunehmen. Der letzte besser sortierte Supermarkt Richtung Süden ist der *KTA Supermarkt* im *Keahou Shopping Center* (bei Milemarker 117,5 die Kamehameha III Road ca. eine Meile Richtung Küste). Alternativ bietet sich der **Safeway Supermarkt** in Kona (bei Milemarker 122 etwa 200 Meter die Henry Street den Berg hinauf; neben *Wal Markt*) an, wo Sie sich ein „Custom Sandwich" mit genau den Zutaten anfertigen lassen können, die Sie möchten (auch *KTA*).

Auf der Strecke von Kona nach Kealakekua sowie auch im weiteren Verlauf kann man am Highway 11 im Herbst zahlreiche Schilder mit der Aufschrift „Buying Cherry" sehen, die darauf hindeuten, dass sich hier Aufkäufer für *Cherries* (wie eine Kirsche aussehende **Kaffeebohnen**) befinden. Die Kaffeeernte findet von Anfang September bis Anfang Dezember statt, und zwischen Kona und der Südküste führt der Hwy 11 durch zahlreich Plantagen, in denen die Farmer Macadamia-Nüsse und Kaffee anbauen. Macadamia-Pflanzen tragen übrigens erst nach sieben Jahren Früchte. Im weiteren Verlauf windet sich die Straße in unzähligen Kurven an der Küste entlang. Erst in der Nähe des Milemarkers 85 wird die Straßenführung wieder gerade.

Einsamer Strand

Bei MM 79,3 zweigt zum Meer hin eine Stichstraße ab, die nur mit einem Allradfahrzeug befahrbar ist. Die holperige Piste über die teilweise noch recht raue Lava strapaziert die Reifen erheblich und fordert die volle Aufmerksamkeit der Person am Steuer, und Mobiltelefone funktionieren hier meist nicht. Nach 5,7 Meilen (Fast-)Geradeausfahrt beziehungsweise gut 30 bis 45 Minuten Fahrzeit gelangt man zu einem recht netten schwarz-grünen Sandstrand in einer

Bucht (links), während rechts vom Straßenende ein schöner Gezeiten-See *(Tide-Pool)* liegt.

Wenn Sie vom äußersten Ende dieser Lava-Piste wieder etwa 0,3 Meilen zurückfahren, zweigt nach links (Westen) eine fast parallel verlaufende Piste ab, die sich nach 200 m (nicht schon nach 70 m!) automatisch nach links windet. Kurz hinter der gelben Schranke sollten Sie sich einen Parkplatz für Ihr Allradfahrzeug suchen. Nach knapp 30 Minuten Wanderung auf der Piste macht diese eine Linkskurve, und Sie sehen direkt aufs Meer. An dieser Stelle biegt rechts eine weitere „Straße" ab, die binnen weniger Minuten hinunter zum Strand führt. Der beste Einstieg zum Strand erfolgt am Ende bei den Pflanzen (**GPS:** W 150 50 37.6, N 19 1 14.05). Das Grün der hier unerwartet mitten in der Lavawüste vorhandenen Vegetation, der (heiße!) schwarze und der grüne Sand sowie die teils roten Felsen und das türkis- bis tiefblaue Meer stehen in einem faszinierenden Kontrast zur dunklen Lava. Unter der Woche haben Sie diesen herrlichen, leider fast schattenlosen Strand meist ganz für sich allein.

Ka Lae (South Point)

Bis zum Abzweig der South Point Road aus führt der Highway 11 zunächst auf relativ gerader Straße durch ziemlich eintöniges Gebiet nach Südosten. Kurz hinter dem Milemarker 70 zweigt die etwa 12 Meilen lange, in größeren Teilen einspurige South Point Road ab. Vorbei an den Resten von Windkraftanlagen führt die enge, aber durchgehend geteerte Straße in ein flaches, windzerzaustes

146ha av

Gebiet, das eher an Norddeutschland erinnert als an Hawaii. Am Ende der Straße, die im letzten Teil sehr holperig ist, liegt der **Ka Lae** genannte **South Point,** der südlichste Punkt der USA.

Etwa eine halbe Meile nördlich des South Point zweigt in Richtung Osten eine Teerstraße ab, die zunächst durch eine aufgelassene Ansiedlung und über eine holperige Dirt Road innerhalb von 300 m zum Meer hinunter führt. Hier in der **Kaulana Bay** beginnt der Wanderweg zum **Green Sands Beach** (Papakolea Beach), dem grünen Sandstrand. Innerhalb von ca. 75 Minuten (ein Weg, denselben Weg zurück) führt der Trail auf 3,5 km immer an der Küste entlang in Richtung Norden. Schließlich kommt links ein Felshügel in Sicht, der auf der linken Seite orangebraun ist und nach rechts hin immer mehr ins Graue abfällt. Wenn man vor dem Felsen und der dazugehörigen Bucht steht, blickt man bereits auf den grünen Sandstrand. Seine Farbe verdankt der Strand den winzigen **Olivinkristallen,** die vulkanischen Ursprungs sind. Spätestens an dieser Stelle müssen auch die Fahrer von Allradfahrzeugen ihr Vehikel verlassen. Jetzt muss man sich einen Weg suchen, wie man etwa 1,50 m tiefer gelangt, um dann auf dem schmalen, gut begehbaren Pfad binnen 3 Min. hinunter zum Strand zu laufen. Zwar ist der Sand mit vielen grünen Körnern durchsetzt, aber nicht leuchtend grün, sondern eher dunkelgrün.

Vom Abzweig der South Point Road aus sind es ca. fünf Meilen bis **Naalehu,** ein Ort, der sich mit dem Attribut „südlichste Gemeinde der USA" schmückt. Außer einem Supermarkt sowie dem *Punaluu Bake Shop* (schräg gegenüber vom Park bei MM 63,9) hat die Ortschaft allerdings nur wenig zu bieten. Wer will, kann sich hier ein sehr einfaches Lunch (vor allem Gebäck und Kaffee) kaufen und dieses 15 Minuten später an einem schwarzen Sandstrand essen.

Der Highway führt ab jetzt wieder in nördlicher Richtung, und etwa bei Mile-

In der Kealakekua Bay bieten sich die vom Gesamterlebnis her besten Schnorchelmöglichkeiten von ganz Hawaii

4

Hawaii Volcanoes National Park

Big Island

marker 56,5 erreichen Sie die Ninole Loop Road, die nach 1,2 Meilen auf eine kurze Stichstraße zum **schwarzen Sandstrand** von Punaluu führt. Beim Zurückfahren können Sie am Ende der Stichstraße auch nach rechts über die Ninole Loop Road, die dann zur Punaluu Road wird, zum Highway 11 und dann bei den riesigen Bougainvillea-Sträuchern nach rechts Richtung Norden fahren.

Die nächsten 27 Meilen führen auf gerader Straße zum **Hawaii Volcanoes National Park,** den man bei Milemarker (MM) 25,5 auf 1127 m Seehöhe erreicht.

Nirgendwo sonst auf der Welt hat man die Möglichkeit, den Vulkanismus ohne nennenswerte Gefahren derart hautnah kennen zu lernen wie im und um den *Hawaii Volcanoes National Park* (www. nps.gov/havo) auf Big Island. Weil der Gasgehalt der hawaiianischen Lava sehr gering ist, kommt es hier praktisch nie

Kona Coffee

Das Gebiet südlich von Kona – vor allem rund um Kealakekua – ist das **Coffee Country** von Hawaii, denn hier gibt es über 700 Kaffee-Farmen, von denen die meisten kleine Familienbetriebe sind. Bei einem erheblichen Teil der Kaffee-Farmer handelt es sich um Akademiker, die aus der üblichen Tretmühle des (amerikanischen) Arbeitslebens ausgestiegen sind.

Kona Coffee gilt als einer der **besten und seltensten Kaffees der Welt,** der in europäischen Feinkostläden für fast 100 € pro Kilogramm verkauft wird, aber auf Big Island für weniger als $ 40/kg erhältlich ist. Erheblich günstiger ist verschnittener Kaffee (z.B. 10 % Kona Coffee, 90 % sonstiger Kaffee). Wahre Kenner kaufen nur 100 % Kona Coffee, obwohl sie auch die Kaffees, die auf den anderen Hawaii-Inseln angebaut werden, sehr zu schätzen wissen.

Eine aktuelle Liste der Farmen, die Sie auch besichtigen und bei denen Sie im Direktverkauf shoppen können, finden Sie unter www.kona coffeefest.com in der Rubrik *Driving Tour,* und

dann auf *Map* klicken. Das **Kona Coffee Festival** findet alljährlich Anfang November statt – und zwar mit Konzerten, Festzug, Laternen-Parade, Farm- und Betriebsbesichtigungen, Kaffeebohnen-Pflück-Wettbewerb, Ausstellungen, kulturellen Veranstaltungen sowie Kaffee- und Essensständen etc.

Auf der *Edge of the world* genannten Kaffee- und Macadamianuss-Farm von *Dr. Kurt Weigelt* (seine Vorfahren stammen aus Deutschland, und er kann sich auf Deutsch unterhalten), der hier mit seiner Frau, einer Japanerin, wohnt, können Sie sogar übernachten. Recht interessant ist auch *Kurt Weigelts* Werdegang vom promovierten Politikwissenschaftler zum Kaffeebauern mit etwa 2000 eigenen Kaffebäumen: www.myspace.com/kurtattheedge. Das recht geschmackvoll eingerichtete **Haus des Edge of the World** liegt in etwa 360 m Höhe – eine sehr angenehme Klimazone – über der Kealakekua Bay und verfügt über große geräumige Zimmer: Etwa zweimal pro Woche führt Kurt seine Gäste durch den Garten und gibt viele Infos zu Flora (inkl. Kaffee und Macadamia-Nüsse) und Fauna: www.konaedge.com, Tel. 328-7424 oder gebührenfrei 1-800-328-7424.

zu gefährlichen Explosionen, sondern lediglich zu sanften Eruptionen. Das macht den Vulkan kalkulierbar und damit, bei entsprechender Vorsicht für Touristen, sicher. Am 21. Mai 2010 „feierte" der Vulkan Kilauea den 10.000sten Tag kontinuierlicher Eruptionsaktivität, denn am 3. Januar 1983 begann der **Puu Oo** am Rand des Kilaueas mit seiner Dauer-Eruption. Er ist damit der weltweit am längsten permanent aktiv eruptierende Vulkan.

Anfang 2008 wurde der Vulkan etwas aktiver als in den 20 Jahren zuvor. Jetzt kommt aus dem Halemaumau-Krater im Kilauea eine Rauch/Dampfwolke, sodass je nach Windrichtung und Intensität auch einmal die eine oder andere Straße im/am Vulkan gesperrt werden muss, um das Einatmen giftiger Gase zu verhindern. Seit dem Sommer 2008 kommt es immer wieder zu massiven *Plumes* (Rauchwolken) am Kilauea. Vor einem Besuch am Vulkan sollten Sie sich daher stets aktuell auf der Homepage des Nationalparks informieren. Dort sind auch die neusten Warnungen und Straßensperrungen aufgeführt: www.nps. gov/havo/index.htm, Tel. 985-6000 beziehungsweise 985-6178. Die brandaktuellen Infos findet man unter der Homepage des Nationalparks (s.o.).

Die Besucherzahlen des Parks bewegen sich zwischen 1,2 Mio. und 2,7 Mio. Besuchern pro Jahr.

Herzstück des Parks ist der riesige **Kilauea-Krater.** Hier gründete *Thomas A. Jaggar* im Jahr 1912 das nach ihm benannte Observatorium, in dem er die meisten bekannten Methoden zur Vorhersage von Vulkanausbrüchen entwickelte. Auch heute noch ist Big Island das internationale Zentrum der Vulkan-

forschung. Die hier gewonnenen Erkenntnisse haben bereits vielen Menschen das Leben gerettet. So wurde beispielsweise die Eruption des Pinatubo im Jahr 1991 mit Hilfe von in Hawaii entwickelten Methoden rechtzeitig vorhergesagt (s. a. „Geografie/Vulkanismus").

Die Amerikaner nannten den Hawaii Volcanoes National Park oft liebevoll **drive-in volcano,** denn hier konnte man mit dem Auto in die *Caldera* (Vulkankessel) des Vulkankraters Kilauea hineinfahren. Bereits bei einer Fahrt auf der Crater Rim Road merkt man immer wieder, dass man sich auf vulkanischem Boden befindet. An mehreren Stellen wurde die Straße im Nationalpark von frischen Lavaeruptionen begraben, sodass eine neue Trasse über die frischen Lavaschichten hinweg angelegt werden musste.

Da seit März 2008 wieder Gase aus dem Halemaumau-Krater austreten, sind nur noch **Teile der Crater Rim Road befahrbar:** Ab dem Jaggar Museum bis zum Abzweig des Crater Rim

▷ Die Einheimischen nennen den Kilauea oft „Drive-In-Vulcano". Dieser Blick vom Hubschrauber auf den Parkplatz am Halemaumau-Krater erklärt, warum: Der Halemaumau-Krater befindet sich innerhalb des riesigen Kilauea-Kraters. Seit 2008 dampfen allerdings giftige Gase aus dem Innern des Halemaumau-Kraters, sodass die Straße derzeit nicht befahren werden darf

Drive ist die Straße gesperrt, weil diese Gase gesundheitsgefährdend sind. Sobald der Vulkan hier keine Gase mehr ausstößt, soll der Kilauea wieder zu einem echten drive-in-volcano werden, aber das kann noch dauern. Den aktuellen Status finden Sie stets aktuell im Internet unter http://www.nps.gov/havo/planyourvisit/index.htm.

Visitor Center

Die Zufahrt zum Nationalpark erfolgt zwischen Milemarker 28 und 29 am Highway 11. Bevor man nach dem Bezahlen der Eintrittsgebühr ($ 15 pro Auto, 7 Tage gültig) die Rundfahrt beginnt, sollte man zum *Visitor Center* beim Eingang (geöffnet 7.45 bis 17 Uhr) gehen und sich über die aktuellen Eruptionen bzw. die Straßenlage informieren. Selbst für Besucher ohne Englischkenntnisse sind die im *Visitor Center* zu jeder vollen Stunde gezeigten Filme von Eruptionen sehr interessant. **Spartipp:** Für $ 25 gibt es den „Hawaii Tri-Park Annual Pass", der ein Jahr lang kostenlosen Eintritt in den Haleakala National Park (Maui), den Hawaii Volcanoes National Park sowie Puuhonua o Honaunau (auch auf Hawaii Big Island) ermöglicht.

Volcano House

Vom *Visitor Center* aus führt ein Fußweg zum *Volcano House,* einem Hotel direkt am Kraterrand. Die Sternstunden des *Volcano House* waren etwa um 1900, denn damals konnte man vom Hotelzimmer aus den rotflüssigen Lavasee im Krater beobachten. Auch in den 1970er Jahren bot sich für ein paar Tage ein beachtliches Schauspiel im Krater. Mittlerweile ist die Lava im Krater erkaltet, und der Ausblick bietet daher nur Farbvariationen in Grau und Schwarz.

Das *Volcano House* ist **Hawaiis ältestes Hotel,** denn hier diente ab 1846 zu-

Hawaii Volcanoes National Park

nächst eine Grashütte als Herberge. 1877 errichtete man an gleicher Stelle das erste Holzhaus, das aber 1940 abbrannte. Da man einige verkohlte Holzstücke des alten offenen Kamins „retten" konnte, die im neuen *Fireplace* wieder entzündet wurden, behauptete das Hotel, seit mehr als 130 Jahren eine durchgehend genutzte Feuerstelle zu haben. Nach so langer Nutzung stand eine Rundum-Renovierung an. Nach gut drei Jahren Arbeitszeit ist das *Volcano House* seit Ende 2013 wieder geöffnet. Die Zimmer sind einfach und zweckmäßig, aber nicht gerade preisgünstig, wobei die Buchung über *Aqua* ((www.aquaresorts.com)) erfolgt.

In einem ehemaligen Gebäude des *Volcano House* neben dem *Visitor Center* befindet sich das **Volcano Art Center,** eine Art Kunstgalerie mit durchaus sehenswerten, wenn auch nicht immer billigen Exponaten.

Volcano Village

Bevor man den Nationalpark erreicht, liegt rechts von Hilo kommend (*mauka*, also im Landesinnern) vom Highway 11 an der Old Volcano Road das *Volcano Village*, in dem man nicht nur ein Postamt, verschiedene Unterkünfte und Restaurants, sondern auch zwei Tankstellen sowie zwei *General Stores* (Minimärkte) findet. Achtung: Die Läden schließen früh – meist schon gegen 18 Uhr. Die Old Volcano Road verläuft etwa parallel zum Hwy 11 und mündet (von Hilo kommend) noch vor dem Abzweig zum Nationalpark wieder in den Hwy 11.

Wie entsteht eine Lavaröhre?

Oft kommt es vor, dass fließende Lava an ihrer Oberfläche erkaltet, sodass sich auf der heißen Lava eine relativ kühle, feste Schicht aus Lavagestein bildet. Wenn dieser Lavafluss in einer Rinne aus erkaltetem Lavagestein erfolgt und sich ein solcher Deckel auf der flüssigen Lava bildet, entsteht eine Lavaröhre. Versiegt schließlich der Lava-Zustrom, so fließt die heiße Lava durch den Tunnel ab – eine hohle Lavaröhre ist entstanden. Die Decken vieler Röhren stürzen bereits nach kurzer Zeit wieder ein, weil sie so dünn sind. Überall in Hawaii kann man die eingestürzten Decken ehemaliger kleiner Lavaröhren entdecken. Bei der *Thurston Lava Tube* ist die Decke besonders dick, sodass hier keine Einsturzgefahr besteht – genauso wie bei der *Kaumana Cavern* am Highway 200 (Saddle Road).

Essen und Trinken

■ Ein wirklich gutes Abendessen kann man in der **Kilauea Lodge** zu sich nehmen, aber mit über $ 40 pro Person sollte man inkl. Getränken schon rechnen. Eine Reservierung ist sinnvoll. *Kilauea Lodge* (im *Volcano Village*, 19-3948 Old Volcano Road) Tel. 967-7366.

■ Sehr empfehlenswert für das Abendessen ist das **Restaurant Thai Thai** (Tel. 967-7969, 19-4084 Old Volcano Road) täglich außer mittwochs von 12 bis 20.30 Uhr), das ebenfalls an der Old Volcano Road im *Volcano Village* bei der ersten Tankstelle (von Hilo aus) liegt. Das Ambiente ist, gelinde gesagt, sehr schlicht und etwas gewöhnungsbedürftig, aber das Essen wirklich ausgesprochen gut, und die Preise sind sehr zivil – absolut empfehlenswert. Wer in Europa gerne sehr scharf isst, der dürfte hier die Würzstufe „Medium" als erträglich empfinden. Möglichst nicht nach 19 Uhr kommen.

□ Übersichtskarte S. 220 | **Hawaii Volcanoes National Park** | 241

Big Island

■ Von *Tsunami Salads* über *Seismic Sandwiches*, *Crater Bowls* und *Cinder Cone Sides* bis zu *Lava Plate Lunches* und *Magma Mini Meals* reicht das Spektrum auf der klassisch-us-amerikanisch-orientierten Lunch-Speisekarte des **Lava Rock Cafés** (19-3972 Old Volcano Road im *Volcano Village*), doch es handelt sich nur um eine recht einfache Burgerbraterei. Immerhin gibt es hier kostenloses WLAN für die Gäste.

Am Krater des Kilauea

Die folgende Beschreibung entspricht einer Fahrt gegen den Uhrzeigersinn auf der **Crater Rim Road.**

Sulphur Banks und Steam Vents

Nur etwa 300 m hinter dem Visitor Center zweigt nach rechts eine Stichstraße zu den *Sulphur Banks* (Haakulamanu) ab. Es handelt sich dabei um schwefelüberzogene, dampfende und stinkende Hügel. Hier lädt ein ca. 1,5 km langer „Wanderweg" zu einem Rundgang ein. Etwa einen Kilometer weiter tritt an den *Steam Vents* heißer Dampf aus der Erde aus.

Volcano Observatory

Sehr lohnenswert ist ein Stopp am *Hawaiian Volcano Observatory* mit dem angegliederten **Thomas A. Jaggar Museum.** Hier kann man sich intensiv über die Entstehung der Inselkette, den Vulkanismus, seine Erforschung und den derzeitigen Stand der Erkenntnis informieren. Die Crater Rim Road jenseits des Museums ist wegen den gefährlichen vulkanischen Dämpfen geschlos-

sen, sodass der Halemaumau-Krater nicht erreichbar ist.

Thurston Lava Tube

Fährt man vom Visitor Center aus im Uhrzeigersinn auf der **Crater Rim Road,** so windet sich die Straße zwischen Volcano House und dem Abzweig zur Chain of Craters Road in engen Kurven durch einen beeindruckend schönen, dicht bewachsenen Wald, der

Vulkanismus auf Big Island

Schöne Bilder, aktuelle Infos und wissenschaftliche Hintergrundinformationen zum Thema „Vulkanismus auf Big Island" finden Sie auf folgenden **Internet-Seiten** und den entsprechenden Links bzw. unter der **Telefon-Nummer:**

■ Sehr aktuelle Infos und Newsletter der *US Geological Survey,* die das *Hawaiian Volcano Observatory* unterhalten:
http://hvo.wr.usgs.gov/volcanowatch/
■ *Hawaii Volcano Observatory:*
http://hvo.wr.usgs.gov/
■ Hawaii Volcanoes Nationalpark:
www.nps.gov/havo
■ *Eruption Update* (neuste Infos zu den Eruptionen): **Tel. 985-6000**
■ Eigentlich für Kinder gedacht, aber deswegen auch für Anfänger besser geeignet. Verständlich erklärt und mit über 250 faszinierenden Bildern versehen: Wie funktioniert eigentlich ein Vulkan? Zahlreiche Bilder von Eruptionen:
http://www.geology.sdsu.edu
■ Sagenhafte Fotos rund um den Vulkan finden Sie auf der Homepage von *Brad Lewis:*
www.volcanoman.com

4

hauptsächlich aus großen **Baumfarnen** und Ohia-Bäumen besteht. An der *Thurston Lava Tube (Nahuku)* sollten Sie unbedingt anhalten, um den 20-minütigen Rundweg durch die riesige Lavaröhre zu gehen. Die Baumfarne im Eingangsbereich der Höhle dürften die größten auf der nördlichen Erdhalbkugel sein. Es handelt sich dabei um die Farnarten *Amau* und *Hapuu*. Ein besonderes Erlebnis ist es, nach Einbruch der Dunkelheit hierher zu kommen, wenn die Vögel mit ihrem Gesang eine geradezu ohrenbetäubende Lautstärke erzeugen.

Wer eine starke Taschenlampe dabei hat, kann die Lava Tube auch über den Rundweg hinaus erkunden. Dazu muss man am Ausgang links durch die Tür gehen. Bis zum Ende sind es etwa 400 Meter, die allerdings nicht so touristengerecht ausgebaut sind wie der erste Teil (Sie werden somit nicht explizit aufgefordert, ihre *Shades* (Sonnenbrille) abzunehmen, wenn Sie diesen Teil der Höhle betreten. **Danger!**). Ein Blick auf die Tafel am Eingang erklärt den Verlauf der Höhle.

Am Beginn des Rundweges erklärt eine Tafel die **Entstehung von Lavaröhren.** Direkt vom Geländer neben dieser Tafel ergeben sich besonders beeindruckende Bilder, wenn ein auf dem Weg laufender Mensch als Größenvergleich die riesigen Dimensionen der Baumfarne verdeutlicht.

Devastation Trail

Der *Devastation Trail* ist am schönsten, wenn Sie ihn ab dem Puu Puai Overlook aus gehen. Für Hin- und Rückweg benötigen Sie auf diesem fast ebenen Wanderweg etwa 30 bis 45 Minuten.

Bei seiner Eruption im Jahr 1959 wurden aus dem nahe gelegenen Vulkankrater *Kilauea Iki* erhebliche Mengen Bimsstein *(pumice)* fast 600 m hoch in die Luft geschleudert. Große Teile des

www.fotolia.de © Tanguy se Saint Cyr

Ohia-Waldes wurden dabei bis zu drei Meter hoch bedeckt. Zum Erstaunen der Wissenschaftler erholten sich die noch herausragenden Ohia-Bäume nach einigen Jahren, obwohl sie sowohl Blätter als auch Rinde bei der Eruption verloren hatten. Beim Wandern auf den Holzbrettern des *Devastation Trails* erkennt man, wie die Flora systematisch ihr Terrain zurückerobert. Je weiter man sich vom Krater entfernt, um so grüner wird es; je mehr man sich dem Krater nähert, um so bizarrer wird die auf den ersten Blick eher unwirtliche Gegend.

◿ Nirgendwo sonst kommt man bei gut kalkulierbarem Risiko nach Rücksprache mit den Rangern so dicht an die Lavaströme heran wie am Kilauea. Derart aktive Lavaflüsse waren allerdings in den letzten Jahren nicht zugänglich.

◁ Der Zugang zur Thurston Lava Tube. Sehen Sie den Touristen?

Bei der Straßensperre zweigt links die Chain of Craters Road ab, die nach 19 Meilen endet.

Mauna Loa

Noch innerhalb der Parkgrenzen, aber außerhalb der *Fee Area* (der Bereich, in dem Eintritt gezahlt werden muss) zweigt gut zwei Meilen nach dem Kassenhaus des Nationalparks vom Highway 11 die Mauna Loa Road ab. Dort führt ein Abstecher zu den **Tree Molds.** Ähnlich wie beim *Lava Tree State Monument* (siehe „Puna District") entstanden diese Formationen durch flüssige Lava, die sich über Bäume hinwälzte. Allerdings bedeckte die Lava hier die ganze Fläche und erkaltete dann. Die eingeschlossenen Bäume verfaulten, und zurück blieben die Rindenabdrücke in tiefen Löchern.

Knapp eine Meile weiter beginnt der etwa zwei Kilometer (1 Stunde) lange

4

Rundweg durch den **Kipuka Puaulu** genannten „Vogelpark". Das hawaiianische Wort *Kipuka* steht für Inseln aus älterem Gestein, die von jüngeren Lavaströmen umgeben sind. Oftmals sind diese Kipukas bewaldet, während das umliegende Gestein noch brach liegt. Auf der älteren, höher gelegenen Schicht konnte sich nämlich im Lauf der Zeit ein fruchtbarer Boden und damit ein vielfältiger Pflanzenbestand entwickeln.

Im Kipuka Puaulu finden Sie viele **ur-hawaiianische Pflanzen** dicht beieinander, sodass sich der Rundweg vor allem aufgrund der vielfältigen Vegetation lohnt. Die dort ansässigen hawaiianischen Vögel wie zum Beispiel *Elepaio, Apapane* und *Amakihi* sind zwar fast ohne Unterbrechung zu hören, aber so gut wie nie zu sehen. Ein entsprechender Trailguide (englischsprachige Broschüre über den Rundweg) ist im *Visitor Center* erhältlich.

In ihrem weiteren, sehr kurvigen Verlauf windet sich die Mauna Loa Road den Hang hinauf durch den Wald bis zum Beginn des *Mauna Loa Trails* auf 2031 m. Nach wenigen Minuten auf diesem Wanderweg zum Gipfel kommt bereits ein Aussichtspunkt, für den allein sich allerdings die mühevolle Anfahrt nicht lohnt.

Wanderung auf den Mauna Loa

Hier beginnt die relativ mühsame Wanderung auf den Mauna Loa, die normalerweise mindestens **zweieinhalb Tage** beansprucht. Am ersten Tag geht es auf einem 11 km langen Weg über 1000 m den Berg hinauf bis zur 3076 m hoch gelegenen *Red Hill Cabin,* einer einfachen,

unbewirtschafteten Holzhütte mit Matratzenlager. Der zweite Tag der Wanderung ist anstrengend, denn es heißt nicht nur, die 18 Kilometer Strecke und knapp 1100 m Höhendifferenz bis zum 4169 m hoch gelegenen Gipfel zurückzulegen, sondern auch, den gleichen Weg wieder zurück zur Hütte zu gehen. Man sollte dabei mit 12 bis 14 Stunden Gehzeit rechnen. Am dritten Tag erfolgt der Abstieg von der *Red Hill Cabin* bis zum Auto.

Man sollte **unbedingt beachten,** dass für die Wanderung in diesen Höhen eine **Akklimatisierung** sehr wichtig ist. Es gibt zwar die Möglichkeit, in der *Mauna Loa Cabin* auf knapp 4000 m Höhe zu übernachten, aber zum einen muss man dann noch mehr Gepäck (warmer Schlafsack, Kocher etc.) ganz nach oben tragen, und zum anderen klagen viele Gipfelbesucher über **Höhenbeschwerden,** da sie erst wenige Tage zuvor noch auf Meereshöhe waren. Eine Übernachtung in dieser Höhe ist dann eher eine Last als eine Erleichterung. Will man auf seiner Hawaii-Reise sowohl den Haleakala auf Maui als auch den Mauna Loa besteigen, so empfiehlt es sich, den Maui-Besuch *vor* die Mauna-Loa-Besteigung zu legen, da man sich dann bei Wanderungen am Haleakala schon an die Höhenluft gewöhnen kann und dann am Mauna Loa, obwohl dieser 1100 m höher ist, wesentlich weniger Höhenbeschwerden verspürt. Außerdem wirkt die „Mondlandschaft" des Haleakala für den, der die Vielfalt und Weite der Lavafelder am Mauna Loa erlebt hat, nicht mehr so faszinierend, obwohl der Haleakala wirklich sehr sehenswert ist.

Wer körperlich sehr fit ist, drei Tage Zeit hat und bereit ist, die Strapazen auf

sich zu nehmen, dem bietet die Wanderung nicht nur Blicke auf weite Lavaflächen, sondern auch das Gefühl, den **zweithöchsten Berg der Erde** erstiegen zu haben (immer vom Fuß des Berges 5000 Meter unter dem Meeresspiegel aus gerechnet).

Der Weg ist zwar technisch nicht schwierig, birgt aber aufgrund der extremen Höhe und der so gut wie immer mangelhaften Akklimatisation sowie **extremen Wetterbedingungen** (auch im Sommer kann es hier schneien und stark winden) einige Gefahren. Aus diesem Grund ist die Besteigung des Gipfels nur mit einer **speziellen Permit** gestattet, die man im *Visitor Center* frühestens einen Tag vor der Besteigung kostenlos erhält.

Ein anderer Weg führt vom 3350 m hoch gelegenen **Observatorium** vom Norden her zum Gipfel. Man erreicht die Straße zum Observatorium über die *Saddle Road* (Hwy 200). Dieser Weg ist zwar kürzer als der oben beschriebene, aber auch steiler. Höhenfeste Wanderer mit sehr guter Kondition können auf diesem Weg eventuell den Gipfel an einem Tag besteigen und wieder zum Auto zurückkehren.

Mauna Loa. 4169 m. Geschafft!

Chain of Craters Road

Wie der Name *Chain of Craters* schon sagt, wurde die Straße so gebaut, dass sie die am Straßenrand liegenden Krater wie eine Kette aneinander reiht. Das Befahren der Chain of Craters Road ist kein Highlight, weil Wanderungen aufgrund der giftigen Vulkangase nicht möglich sind. Lediglich der Wechsel von angenehm kühlen Temperaturen oben zur schwülen Hitze am Meer ist nach wie vor beeindruckend. Das Besondere an dieser Straße ist die Tatsache, dass sie in den letzten Jahren immer wieder von der **Lava überflossen** und damit immer kürzer wurde. Meist hat man sogar die Möglichkeit, in der Nähe des Straßenendes die flüssige Lava ins Meer fließen zu sehen. Manchmal ist es sogar möglich, bis auf wenige Meter an die **Lavaströme** heranzugehen. Man sollte (ohne die Wanderung zum *Puu Huluhulu*) einen halben Tag, möglichst einen Nachmittag einplanen.

Die folgende Beschreibung folgt der Straße vom Abzweig am *Crater Rim Drive* hinunter zum Meer.

Nach etwa 2,5 Meilen zweigt nach rechts die Hilina Pali Road (Stichstraße, 9 Meilen einfach) ab, die keine zusätzlichen Sehenswürdigkeiten bietet und damit nur für Besucher mit viel Zeit von Interesse ist. Der Campingplatz an dieser Straße ist ausgesprochen klein, und es gibt hier kein Trinkwasser. Manchmal ist der Campingplatz aus Sicherheitsgründen geschlossen.

Knapp 1,5 Meilen weiter führt nach links eine kurze Stichstraße zum Parkplatz am **Mauna-Ulu-Krater.** Hier beginnt eine zweistündige **Wanderung** (5 km für Hin- und Rückweg; 75 Min.

hin, 45 Min. zurück) über Lavaflüsse aus den Jahren 1973 und 1974 bis in die Nähe des **Puu-Huluhulu-Kraters.** Vom Gipfel des Aschekegels hat man einen guten Ausblick auf den Kilauea, den Mauna Loa, den Mauna Kea sowie auf den derzeit hochaktiven Krater, den **Puu Oo.**

Im weiteren Verlauf der Straße ergeben sich bis hinunter zum Meer vor allem in den Nachmittagsstunden reizvolle Kontraste zwischen der Lavawüste, dem tiefblauen Ozean und der aufsteigenden Dampfwolke, die von der ins Meer fließenden Lava erzeugt wird. Ein kurzer Stopp lohnt sich am **Holei Sea Arch,** einem schwarzen, natürlichen Steinbogen im Meer.

Flüssige Lava

Direkt hinter dem *Holei Sea Arch* liegt das Ende der Straße, von dem aus sich eine Wanderung zur flüssigen Lava oder zur ins Meer fließenden Lava anbietet – ein Erlebnis, das wohl niemand so schnell vergisst. Man muss sich in der Ranger-Station nach der **aktuellen Lage** erkundigen. Bei Redaktionsschluss floss in diesem Bereich keine Lava ins Meer, aber die Situation kann sich am Vulkan rasch ändern.

Manchmal sind bestimmte Wege **nur für wenige Stunden** für Touristen zugänglich. Die von den Rangern ausgewiesenen Wege sind ziemlich sicher – aber nur diese. Wirklich sicher ist man auch innerhalb der Absperrungen auf diesen Wegen nicht, sagen die Ranger. Wer sie verlässt, bringt sein Leben in Gefahr, denn manchmal fließt ein Lavastrom unter einer dünnen, scheinbar stabilen Kruste unsichtbar Richtung

Hawaii Volcanoes National Park

Meer. Die Liste der Horrorstories von Touristen, welche die Gefahren des Vulkanismus unterschätzten, ist lang. Zur Verdeutlichung ein Ereignis aus dem Jahr 1995. Damals flutete eine besonders hohe Welle eine kleine Mulde, in der gerade eine Touristin außerhalb der als „sicher" deklarierten Zone stand. In einigen Rissen im Boden heizte sich das Wasser auf und kochte innerhalb weniger Sekunden. Die Touristin wurde gerettet und konnte nach einem Krankenhausaufenthalt von einem halben Jahr sogar wieder laufen.

Sicherheitshinweise

Weil Vulkane für die meisten Besucher ein absolutes Neuland darstellen, sind sich fast alle Touristen der Gefahren eines Vulkans nicht ausreichend bewusst. Daher sollte man die **Hinweis- und Verbotsschilder** genauestens beachten:

■ **Vog** heißt der vulkanische Smog, auf den Inseln. Es handelt sich hierbei um eine Kombination verschiedener (Rauch-) Gase mit Staub/Asche und Feuchtigkeit in der Luft. Die im Vog oft vorhandenen Schwefelverbindungen sind deutlich riechbar. Als der Vulkan beispielsweise Anfang April 2008 besonders heftig Gase ausstieß, war der Vog auch in Hilo sowie entlang der Hamakua-Küste noch spürbar, ja selbst in Honolulu war es *hazy* (dunstig). Menschen mit Problemen der Atmungsorgane (Asthma etc.) sollten den Vog unbedingt meiden.

2008 haben die Behörden eine **Evakuierung des Volcano Village** und des Nationalparks in Betracht gezogen, weil die Konzentration giftiger Gase aufgrund der ungünstigen Windrichtung damals dort sehr hoch war.

Die Bauern der Insel mussten im Sommer 2008 einen **massiven Ernteausfall** hinnehmen, dessen Kosten oftmals im sechsstelligen Bereich liegt. Vor allem die Gärtner im Süden der Insel berichteten über Ausfälle von etwa 50 % bei der Blumenernte.

■ **Methangas,** das in einer heranfließenden Lavafront unsichtbar eingeschlossen ist, kann explodieren und dabei heiße Lava und Steine mehrere Meter weit in alle Richtungen schleudern. Daher nicht zu nahe herangehen.

■ Die **Dampfwolken,** die beim Einfließen der heißen Lava ins Meer entstehen, enthalten **Salzsäuregas** (HCl) und Salzsäuretröpfchen sowie vulkanische, glasähnliche Partikel. Dadurch sind besonders die Atmungsorgane, die Augen und die Haut gefährdet; also gebührenden Abstand halten.

■ Das von der Lava neu geschaffene Land am Meer ist instabil und kann jederzeit ohne vorherige Anzeichen einstürzen bzw. ins Meer herabstürzen. Oft handelt es sich dabei um weit in das Meer hineinragende **Überhänge.** Das Betreten dieser Überhänge ist lebensgefährlich und hat bereits einige Opfer gefordert.

■ Die Lavafelder bieten **keinen Schatten.** Daher sollte man Sonnenbrille, Sonnenhut, Sonnencreme und genügend Wasser (ein Liter pro Kopf für drei Stunden) im Gepäck haben. Wer nachmittags geht, sollte auch eine, besser zwei starke **Taschenlampen** einpacken, denn es wird schnell dunkel. Da die schwarze Lava so gut wie kein Licht reflektiert, kann die Taschenlampe nicht stark genug sein. **Wanderschuhe** oder zumin-

Big Island

4

dest geschlossene Schuhe sind hier ein absolutes Muss, **lange Hosen** trotz der Hitze durchaus empfehlenswert. Die Lava ist sehr scharfkantig und beansprucht auch stark die Sohlen der Wanderschuhe. Wer einmal in kurzen Hosen mit dem Unterschenkel an der erkalteten Lava entlang gestreift ist, der weiß, warum hier lange Hosen sehr empfehlenswert sind. Man sollte aus diesem Grund nicht so dicht an die flüssige Lava herangehen.

Und noch ein offizieller **Sicherheitstipp:** Bebt die Erde, sollte man sofort *mauka* (landwärts) laufen – wegen der **Tsunami-Gefahr.** Ob man dazu die Absperrungen überschreiten darf oder erst zehn Meilen die Straße zurückfahren soll, sagt einem allerdings keiner.

Wenn man dann noch die **Anweisungen der Ranger** beachtet, kann eigentlich nichts mehr schief gehen. Vor einem liegt eines der größten Naturschauspiele unseres Planeten.

Puna District

Über die Highways 11 und 130, sowie 132 gelangen Sie von Hilo aus in den Puna District – ein Gebiet, in dem die Grundstückspreise aufgrund der Lavaüberflutungen und der hohen Gefahr weiterer Eruptionen zum Teil stark gefallen sind. Im Bereich Puna haben viele Aussteiger und Sekten, aber auch sehr arme Menschen eine Heimat gefunden. Mittlerweile ist Puna zu einer der beliebtesten **Gay-Enklaven** der USA geworden, was die Immobilienmakler gleich als Geheimtipp an entsprechende Klien-

tel zu vermarkten wissen. Nachdem die Hippies und Aussteiger in Puna die Grundlagen für eine hohe Toleranz gegenüber persönlichen Lebensweisen förmlich zementiert haben, genießt nunmehr auch die *Gay Community* (primär südlich des MacKenzie State Parks) diese Toleranz im Puna District. Gleichzeitig steigen permanent die Standards (und damit auch die Preise) bei den Unterkünften, Geschäften und Restaurants. Allerdings sind die dort stehenden Häuser durchweg nicht gegen Vulkanausbruch versichert, weil die Versicherungsgesellschaften entweder gar keine entsprechenden Policen mehr abschließen oder aber die Prämien in illusorischer Höhe angesiedelt haben. Mittlerweile hat sich der Puna District zu einem regelrechten Geheimtipp entwickelt, weil es dort einerseits diverse Naturschönheiten und andererseits auch die erforderliche touristische Infrastruktur gibt.

Der **Hurrican Iselle** sorgte im August 2014 zwar dafür, dass im Puna District viele Strom- und Telefonmasten umknickten, aber die Natur hat alles gut überstanden, und die Infrastruktur ist längst repariert.

Im Herbst 2014 näherte sich ein **Lavafluss** gefährlich nahe dem Ort Pahoa und dem Highway 130, der verkehrstechnischen Lebensader des Puna District. Letztendlich kam der Lavafluss kurz vor dem Highway 130 zum Stehen.

Der Puna Distrikt bietet unter der Woche gute Möglichkeiten, ein paar Tage richtig auszuspannen, aber am Wochenende sowie an Feiertage sind die Strände wegen der hervorragenden Bade- und Schnorchelmöglichkeiten ziemlich stark bevölkert. Wer möchte, kann mit einem Lunchpaket im Auto die Ge-

Puna District 249

Big Island

gend erkunden und sich dafür beispielsweise im **Einkaufszentrum von Pahoa** (in der Nähe der *Aloha*-Tankstelle, die meist zu den günstigsten Tankstellen der Insel gehört) bei *Subway* ab 6 Uhr morgens mit einem Sandwich versorgen oder im Supermarkt nebenan einkaufen. Wer keine Badeschuhe für die *Tide Pools* (Gezeiten-Seen) oder den Champagner Pool hat, kann bei **Long's Drugs** in *Pahoa* für ein paar Dollar einfache *Reef Shoes* erwerben.

Lava Tree State Monument

In einem riesigen Straßentunnel liegt (bei Fahrtrichtung zum Meer auf der linken Seite des Hwy 132) das sehenswerte Lava Tree State Monument, ein Park mit seinen bizarren, über zwei Meter hohen schwarzen **Steinsäulen,** die in den Himmel ragen.

Im Jahr 1790 floss hier sehr heiße Lava durch einen Wald aus *Ohia-Bäumen.* Die in den Bäumen gespeicherte Feuchtigkeit sorgte dafür, dass die Lava an der Baumrinde erkaltete. Da die Lava nur kurz und schnell über dieses Gebiet hinwegfloss, blieb die an den Baumstämmen erkaltete Lava dort kleben und hinterließ dadurch mit Lava überzogene Bäume. Die Bäume verfaulten mit der Zeit, aber die Lavahülsen stehen immer noch. An manchen Stellen kann man im Innern eines solchen Lava-Baumes sehr gut die Struktur der Rinde erkennen.

Sämtliche Pflanzen in diesem teilweise grün überwucherten Park sind erst in den letzten 200 Jahren gewachsen – auf der fruchtbaren Lava. Schön (und ruhig) ist es hier am frühen Morgen vor 8 Uhr, wenn die Vögel ein Konzert geben.

Nordöstlich von den Lava Trees lag früher der Ort **Kapoho,** der bei einer Eruption im Jahr 1960 von der flüssigen Lava vernichtet wurde. Der gesamte Großraum Kapoho ist auch heute noch von diesem großflächigen Ausbruch geprägt. Bei der Weiterfahrt vom Lava Tree State Monument auf dem Hwy 132 Richtung Meer erkennt man diese neuen Lavafelder gut; sie beginnen bei der scharfen Rechtskurve, wobei die leichten Hügel jeweils über einen Lavafluss führen. Mitten in diesem Lavafeld steht schließlich ein Stopschild an der Straße. An dieser Stelle biegt nach rechts der Highway 137 ab, der auch Kalapana Kapoho Road genannt wird. Wer möchte, kann bei diesem Stopschild (Kreuzung Hwy 132/137) geradeaus weiter auf dem Highway 132 fahren. Für Mietfahrzeuge heißt es, beim Cape Kumuhahi Lighthouse zu parken.

Champagner Pool

0,1 Meilen vor dem Leuchtturm, der eher wie ein Funkmast aussieht, zweigt etwa nach Süden eine Dirt Road (hier: Straße auf der Lava) ab, auf der es per Pedes binnen 30 Minuten zum Champagner Pool und auf dem gleichen Weg wieder zurück geht. Die Lava ist hier so **scharfkantig** und mit spitzen Steinen durchsetzt, dass selbst bei einem *Jeep Wrangler* **Reifenpannen** vorprogrammiert sind. Spätestens bei der Rückgabe des Fahrzeugs würde der Vermieter für die auf dieser „Straße" verursachten Reifendefekte kräftig zur Kasse bitten. Festes Schuhwerk ist somit sinnvoll.

Nicht einmal 0,2 Meilen nach dem Verlassen des Hwy 132 müssen Sie nach

4

Puna District — 251

rechts (ergo: NICHT zum Meer hin) gehen. Der Rest des Weges erklärt sich von selbst, wenn man versucht, etwa parallel zum Meer zu gehen. So gelangen Sie zu einem braunen Sandstrand. In dem poolähnlich gefassten Inlet am rechten Ende des Strands (Beginn bei den Palmen) befindet sich der warme Champagner Pool. Das Wort „Champagner" ist ziemlich übertrieben, denn nur an manchen Stellen sieht man einzelne Blasen aufsteigen. An den gelben Stellen, an denen an die hohe Temparatur angepasste Algen leben, tritt heißes Wasser aus dem Lavagestein aus. Das gesamte natürliche Warmbadebecken ist komplett von Privathäusern umschlossen, sodass ein Zugang von der Straße (Laimana Road) nicht legal möglich ist, aber da alle Strände Hawaiis öffentlich sind, dürfen Sie von der Meerseite aus in diese Art Bucht hineinschwimmen. Badeschuhe sind hier sehr ratsam.

Kapoho Tide Pools

Etwa 1,5 Meilen von der Kreuzung zum Highway 132 entfernt zweigt vom Highway 137 kurz vor dem Milemarker 9 bei einigen Palmen nach links zum Meer hin der **Kapoho Kai Drive** ab, dem Sie bis zum Ende folgen, um dann links in die Waiopae Road abzubiegen. Nach nicht einmal einer halben Meile sehen Sie rechts ein paar Parkplätze (mit Aufforderung, eine geringe Parkgebühr zu zahlen). Sie stehen direkt vor den sehr schönen *Tide-Pools,* die eine für Hawaii sehr große **Korallenvielfalt** in weiß, gelb, orange, blau und teilweise auch rote aufweisen. Bitte die Korallen nicht berühren! Am schönsten sind die Pools bei einem hohen Gezeitenstand (*High Tide,* siehe dazu auch www.hawaiitides. com), weil man dann leicht von Pool zu Pool schnorcheln kann. **Achtung:** Badeschuhe sollte man mitnehmen und beim

Big Island

Highway 137

In der Nähe des Highway 137 liegen einige Sehenswürdigkeiten. Die Beschreibung folgt dem Hwy 137 von der Kreuzung mit dem Highway 132 bis nach Kaimu (beim Hwy 130). Es handelt sich um eine recht **abwechslungsreiche Fahrt,** die mit den entsprechenden Schnorchel/Bade- und Foto-Stopps schnell einen kompletten Tag beansprucht. Aus Sicherheitsgründen sollten besonders entlang dieser Straße keine Wertsachen sichtbar im Auto zurückgelassen werden, aber ansonsten sind keine besonderen Zusatzprobleme zu erwarten.

◁ Der Hwy 132 im Puna District ist rund um den Lava Tree State Park ein regelrechter Straßentunnel

4

Schnorcheln unbedingt auf ausreichenden Sonnenschutz für den Rücken und die Beine achten. Die Rückfahrt erfolgt auf dem gleichen Weg zum Highway 137.

Ahalanui Park

Jenseits vom Kapoho Kai Drive führt der Hwy 137 zunächst schnurgerade durch karge Lavalandschaft und dann wieder zurück ins Grüne. Kurz nach der leichten Rechtskurve liegt links die Ausfahrt und 100 m weiter die Einfahrt zum Parkplatz des Ahalanui Parks, der jeden zweiten Mittwoch im Monat geschlossen ist. Es handelt sich hierbei um einen befestigten natürlichen **Meerwasser-Thermalteich** (*Natural Ocean Thermal Pond*) mit permanentem Wasseraustausch. Meist ist sogar ein Rettungsschwimmer anwesend. Duschen sind vorhanden – genauso wie zahlreiche deutlich in die Jahre gekommene Hippies.

Isaac Hale Park

Kurz nach der S-Kurve des Hwy 137 zweigt beim *4-Way-Stop* zum Meer hin die kurze Stichstraße zum Parkplatz des Isaac Hale Beach Parks ab, der allerdings nur für **Surfer** und deren Zuschauer von Interesse ist. Auch hier gibt es Duschen. Von der Bootsrampe dieses Parks aus starten auch die **Lava Ocean Tours**.

Der Highway 137 führt weiter etwa parallel zur Küste, aber wer am Stopschild rechts abbiegt, gelangt über die schöne *Pahoa-Pohoiki Road* wieder in die Nähe des *Lava Tree State Monuments*.

McKenzie State Park

In seinem weiteren Verlauf scheint der Hwy 137 regelrecht in einem **Tunnel aus grünen Pflanzen** zu verlaufen, wobei es über zahlreiche kleine Kuppen (Lavafluss) hinweggeht. Die Zufahrt zum McKenzie State Park ist deutlich markiert. Im Park donnern selbst bei ansonsten ruhiger See die Wellen an die 10 bis 15 m hohen Klippen.

Kehena Black Sand Beach

Beim Milemarker 19 befindet sich auf der *Makai*-Seite der Straße (Richtung Meer) ein Parkplatz, auf dessen linker Seite ein **kurzer Wanderweg** zum *Kehena Black Sand Beach* führt. Zum Baden ist der hübsche Strand auf Grund der starken Unterströmung jedoch nicht geeignet; man sollte maximal bis zu den Knien ins Wasser gehen. Nacktbaden wird hier quasi offiziell toleriert, wobei die Nackten meist erheblich über 50 Jahre alt sind, während sich die jüngeren Besucher eher für die strandüblichen Textilien entscheiden. Wer einen nackten Yogi beim Kopfstand oder einen nackten Flötenspieler sehen möchte, der ist hier richtig. Am Wochenende wabert oft eine Marihuanadampf-Wolke durch die Bucht.

Kaimu

Der Highway 137 wurde in diesem Bereich nach den Lavaeruptionen von 1955 lediglich neu geteert, allerdings nicht begradigt, sodass die Fahrt bis Kaimu teilweise an eine Fahrt in der Berg- und

Puna District

Talbahn erinnert. Kurz hinter dem Mile-marker 22 erkennt man, wie der Lava-fluss aus dem Jahr 1990 hier die Land-schaft veränderte. Früher befand sich hier in einem Kokospalmenwald der fei-nerkörnige schwarze Sandstrand namens **Kalapana Black Sand Beach,** den die Lavamassen mit einer 15–20 m dicken Schicht überzogen. Am Ende der Straße lohnt sich ein Spaziergang, bei dem Sie binnen nicht einmal 10 Minuten zu dem **neuen schwarzen Sandstrand** gelangen, an dem die Anwohner Kokospalmen gepflanzt haben, um den Strand zu sta-bilisieren.

Jeden Freitagabend ist hier am Ende der Straße bei **Uncle Robert** etwas los, und manchmal geht richtig die Post ab. Da kann es schon einmal vorkommen, dass der Nachbar auf der Bierbank den Touristen zu einem Spezial-Zigarettchen mit seltsamem Duft einlädt, während eine Live-Band auf zwei Ukulelen, E-Gitarre, Schlagzeug, Kongas und Bongos spielt und dabei die Liedtexte von einem Tablet abliest. Zu den Klängen von Reg-gae, hawaiianischer Musik, Country und Blues tanzen die Einheimischen – von 2 bis 80 Jahre – in Flipflops. Teilweise klingt es mehr wie bei einer Jam-Session, bevor dann eine Dame aus dem Publi-kum auf die Bühne geht und ein paar Lieder ins Mikrofon röhrt, während 30 Minuten später ein Tourist mit Gitarre auf der Bühne sitzt und dazu singt – be-gleitet von der Band, die sich systema-tisch einklinkt. Dazu gibt es Getränke zu sozialen Preisen (eine Flasche einheimi-sches Bier für $ 2), und wer früh genug da ist, kann auch etwas zu Essen kaufen.

Kurz vor dem Ende der Straße führt der Highway 130 wieder zurück nach Pahoa.

Kurz nach dem Verlassen des Hwy 317 zweigt nach links die **Chain of Craters Road** ab, die bis 1990 hinauf in den Na-tionalpark führte und jetzt nicht einmal 2 Meilen weiter bereits von der erkalte-ten Lava überflossen ist. Am Ende dieses Teils der Chain of Craters Road gibt es eine **Lava Viewing Area,** wo man nach kurzer Wanderung bis zum 21.8.2013 die flüssige Lava ins Meer fließen sehen konnte. So plötzlich wie der Lavastrom versiegte, so plötzlich kann er auch wie-der zu Tage treten. Den aktuellen Status der Eruption finden Sie unter http://hvo.wr.usgs.gov/activity/kilaueastatus.php. Da die Lava auch manchmal den Weg über den Parkplatz der Schaulustigen nimmt, kann es hier immer wieder zu Veränderungen kommen. Die schwefel-haltigen Wasserdampfwolken sind bei einer Eruption weithin zu sehen. Je nach Aktivität des Vulkans, die sich oft inner-halb von 2 Stunden verändert, kann dies ein bombastisches Schauspiel sein. Neh-men Sie auf jeden Fall eine **starke Ta-schenlampe** (plus eine Ersatzlampe) für den Rückweg mit.

Beim Milemarker 20 hat rechts von der Straße die im Innern bunt bemalte **Star oft the Sea Church** eine neue Bleibe gefunden, nachdem die Mit-glieder der Gemeinde sie 1990 gerade noch vor der herannahenden Lava retten und schließlich hierher transportieren konnten.

Bootstour zur Lava

Vor allem außerhalb des Winters – im Winter herrscht relativ hoher Seegang – sind die 2½-stündigen Bootstouren zur Lava eine interessante Alternative. An

Big Island

4

der Stelle, an der die Lava ins Meer fließt, verbleiben die Boote etwa 45 Minuten lang. Manchmal kommt das Boot erstaunlich nah an die Lava heran. Bei Preisen von $ 180 pro Person ist ein **Hubschrauberflug** nicht viel teurer, aber bei einer Bootstour spürt und hört man die Lava besser als wenn man darüber schwebt.

■ **Lava Ocean Adventures,**
Tel. 966-4200,
www.lavaoceanadventures.com.
Führt auch Wanderungen direkt an die rote heiße Lava durch.

Essen und Trinken

In **Pahoa Town** gibt es zahlreiche Restaurants sowie einen Supermarkt. Die Restaurants und das Café liegen alle an einem 500 m langen Teil der Straße durch den alten Ortskern und haben meist nur bis 21 Uhr die Küche geöffnet.

■ Einen guten Kaffee – inklusive aufgeschäumter Milch in diversen Varianten – erhält man im **Sirius Café** gegenüber vom *7Eleven*. In dem Café erfahren Sie am Info-Board auch mehr über Reiki, Yoga, Massagen am Meer und vieles mehr, was in dieser Gegend so los ist.
■ Recht gut und günstig ist das einfache Restaurant **Ning's Thai Cuisine,** das aber keine alkoholischen Getränke ausschenkt.
■ Viele Einheimische sind der Meinung, dass **Kaleo's Bar & Grill** die beste Küche der Ostküste hat, aber der Autor schätzt das durchaus gute Restaurant bei Weitem nicht so hoch ein, weil die *Pacific-Rim*-Gerichte oftmals in äußerst merkwürdigen Kombinationen auf den Teller kommen. Die Steaks (ab $ 22) sind zweifelsohne rundum gut, aber der frische Fisch (oft zwei verschiedene Sorten) ist in manchen der vier Zubereitungsarten durchaus gewöhnungsbedürftig. Je nach Kundenwunsch wird der Fisch „Coconut Crusted", „Volcano Spiced", „Sesame Crusted" oder „Sauteed" (gebraten) serviert, wobei letzteres recht lecker war. *Coconut Crusted* heißt, dass der Fisch in einer kokoshaltigen Panade gewälzt und anschließend frittiert wurde. Für den Geschmack sorgt dann eine scharfe Sauce, die wie Fertigsauce im Asia-Laden schmeckt. *Volcano Spicy* ist derart scharf (der Autor mag normalerweise scharfe Gerichte), dass der Fisch komplett in den Hintergrund tritt, und zum *Sesame Crusted Fish* gehört eine Wasabi-Vinaigrette, die so scharf ist, dass vom – im Prinzip durchaus guten – Fisch fast kein Eigengeschmack mehr übrigbleibt. Die Salate sind ordentlich und die Nudelgerichte – wie fast immer in den USA – nicht gerade fettarm. Dennoch sollte man bei *Kaleo's* möglichst (und am Wochenende immer) reservieren unter Tel. 965-5600.

▷ Hinweis auf Schutzraum bei Tsunamis

Hilo und Umgebung

Hilo hat aus touristischer Sicht nur wenig zu bieten. Die Stadt ist jedoch wegen ihres Flughafens, des großen Einkaufszentrums, des Verwaltungszentrums und ihrer Nähe zum Vulkan von großer Bedeutung für Big Island. Angeblich ist Hilo die Stadt mit den meisten Niederschlägen der gesamten USA.

Bereits zweimal wurde Hilo von einem **Tsunami,** einer durch ein Seebeben ausgelösten, riesigen Flutwelle, heimgesucht. Bei dem Tsunami im Jahr 1946 starben knapp 100 Menschen durch die gut 15 Meter hohe Flutwelle, bei dem Tsunami von 1960 kamen trotz Vorwarnung über 50 Menschen ums Leben. Beide Male wurden auch viele Häuser in Ufernähe zerstört.

In den Jahren 1935 und 1942 drohten herbeifließende Lavamassen, Hilo unter sich zu begraben. Der Vulkanologe *Thomas A. Jaggar* ließ daraufhin die Lavaströme von der US-Luftwaffe mit Erfolg bombardieren, um die heißen Massen umzuleiten.

Verkehrsführung

Vom Vulkan kommend zweigt der Highway 19 bei einer Chevron-Tankstelle nach rechts ab und führt den Durchgangsverkehr am Meer entlang. Wer nach Downtown Hilo (beispielsweise zum **Tsunami-Museum** oder ins *Café Pesto*) und/oder zum Highway 200 möchte, der muss hier auf der Kamehameha Avenue weiter geradeaus Richtung Downtown fahren und darf nicht rechts dem Highway 19 folgen, denn vom Hwy 19 besteht im weiteren Verlauf ein Linksabbiege-Verbot.

Lyman Museum

Wer sich für die Geschichte Hawaiis interessiert, sollte einen Besuch im *Lyman House Memorial Museum* (Tel. 935-50 21, www.lymanmuseum.org, $ 10), 276 Haili Street – Ecke Kapiolani Street) in Downtown Hilo einplanen. Das Haus wurde im Jahr 1839 von Missionaren erbaut und ist werktags von 10 bis 16.30 Uhr geöffnet. Bei einer Führung erfahren Sie mehr über Geografie, Biologie, Vegetationszonen und entsprechende Tiere/ Pflanzen sowie über die Geschichte der ethnischen Volksgruppen auf den Hawaiianischen Inseln.

Tsunami Museum

Das in einem ehemaligen Bankgebäude (das übrigens dem Tsunami 1964 standhielt) untergebrachte *Tsunami Museum* sieht es als seine Mission an, umfangreich über die **Naturkatastrophe Tsunami** zu informieren, sodass künftig „kein Hawaiianer mehr durch einen Tsunami ums Leben kommen" soll. Darüber hinaus, lassen sich anhand von Computer-Simulationen selbst Tsunamis kreieren und deren Auswirkungen nachverfolgen. Im ehemaligen Tresorraum ist das Kino untergebracht. Nicht nur Augenzeugen-Berichte, sondern auch Film-

Merrie Monarch Festival

Das *Merrie Monarch Festival* ist eine Veranstaltung von den Bewohnern Hawaiis für die Bewohner Hawaiis. Zu Ehren des *Merrie Monarch,* des Königs *David Kalakaua,* der von 1874 bis 1894 die Inselgruppe regierte, findet es jedes Jahr in der Osterzeit statt. *Kalakaua* war bekannt für seine Liebe zu Musik, Gesang und Tanz. Eine seiner kulturellen Heldentaten war die offizielle Rehabilitation und die Förderung des Hula. Das Tanzen des Hula war 1825 von Königin *Kaahumanu* auf Drängen der Missionare verboten worden (siehe Kapitel „Geschichte").

Kalakaua förderte die Wiedergeburt des Hula, indem er eine königliche Hulaschule gründete und finanzierte, deren Schüler jeden Abend auf dem Gelände des neu erbauten *Iolani Palace* in Honolulu ihre Künste zeigten. „Der Hula ist die Sprache des Herzens und daher der Herzschlag des hawaiianischen Volkes", stellte König *Kalakaua* fest.

Auf dem Festival werden sowohl der *Hula Kahiko* (alter Hula) als auch der *Hula Auwana* (moderner Hula) getanzt. Der Vorverkauf der Eintrittskarten beginnt viele Wochen vor der Veranstaltung. Binnen Kurzem sind alle Karten für die allabendlich im *Edith-Kanakaole-Stadium* stattfindenden Hula-Wettbewerbe vergriffen, aber 2014 war der Eintritt zum „Wednesday Night Hoike") kostenlos, wobei die Tickets auf einer *first-come-first-serve*-Basis vergeben wurden. Die wichtigsten Wettbewerbe werden live im Fernsehen übertragen. Auch tagsüber finden in manchen Hotels Hula-Vorführungen statt. An einem Tag findet die *Royal Parade* statt, ein bunter Umzug durch die Kamehameha Avenue.

■ **Infos** unterww.merriemonarch.com, Tel. 935-9168

Hilo und Umgebung

Big Island

material rund um die Geschehnisse von 1964 werden dort vorgeführt.

● **Pacific Tsunami Museum,**
130 Kamehameha Avenue,
Hilo, HI 96721,
Tel. 935-0926, www.tsunami.org
  Das Museum befindet sich an der Ecke Kamemeha/Kalakaua Ave. (direkt gegenüber des Kress-Gebäudes) und ist Montag bis Samstag 9–16 Uhr geöffnet (außer 4. Juli, Thanksgiving, 24./25.12., Silvester und Neujahr). Eintritt: Erwachsene $ 8.

Fischmarkt

Jeden Werktagmorgen herrscht ab etwa 7.30 Uhr am *Suisan Fish Market* (Ecke Banyan Drive/Lihiwai Street) lebhaftes Treiben, wenn mit bellenden Lauten und „Pidgin-Englisch" die frisch gefangenen Fische versteigert werden. Ein Besuch lohnt sich vor allem wegen der besonderen Atmosphäre.
  Nach dem Besuch des Fischmarkts bietet sich ein kurzer Spaziergang durch die unmittelbar daneben liegenden **Liliuokalani Gardens** mit Pagoden, orientalischen Brücken und einem Teehaus sowie auf **Coconut Island** und durch den Banyan Drive an.

Merrie Monarch Festival

Einmal im Jahr erwacht Hilo zu vollem Leben – und zwar jedesmal im April, wenn eine Woche lang das *Merrie Monarch Festival* stattfindet (siehe auch gleichnamigen Exkurs).

Imiloa

Das **Astronomie-Zentrum** Imiloa (das bedeutet „Entdeckung neuen Wissens") in Hilo bringt gemäß dieser Devise seinen Besuchern gleich zwei Sichtweisen der Entstehung unserer Erde näher: die Urknall-Theorie sowie die hawaiianische Sichtweise. Hauptattraktion des Zentrums ist das Planetarium (120 Plätze), das seinen Besuchern Projektionen mit 360-Grad-Blicken auf das Firmament ermöglicht. Der Eintritt für das von Dienstag bis Sonntag 9–17 Uhr geöffnete *Imiloa Astronomy Center of Hawaii* liegt bei $ 18.

● 600 Imiloa Place,
Hilo, Tel. 969-9700,
www.imiloahawaii.org

Einkaufen

Die besten Einkaufsmöglichkeiten von ganz Hilo bestehen im und rund um das **Prince Kuhio Shopping Center.**

● **Infotelefon:** 959-3555;
Öffnungszeiten: Mo–Fr 9.30–21 Uhr,
Sa 9.30–19 Uhr, So 10–18 Uhr,
direkt an der Ostseite des Highways 11
(Ecke Puainako Street)

Essen und Trinken

● Ganz in der Nähe des Liliuokalani Gardens befindet sich mit dem **Hilo Bay Café** (123 Lihiwai Street, Hilo, Tel. 935-4939, www.hilobaycafe.com) ein empfehlenswertes Restaurant, das von vielen Einheimischen (inklusive Studenten) regelmäßig besucht wird. Obwohl das werktags von 11 bis 21

Hilo und Umgebung

Uhr und sonntags von 17 bis 21 Uhr geöffnete Restaurant definitiv im unteren Preisbereich (viele Gerichte sind auch beim Dinner unter $ 15 zu bekommen) angesiedelt ist, werden äußerst schmackhafte Speisen serviert. Wer kreative Küche bevorzugt, die möglichst Bio-Produkte *(organically grown)* verwendet, der is(s)t hier richtig – sowohl der Fleischliebhaber als auch der Vegetarier. Vom Vulkan kommend geht es ganz kurz nach dem Beginn des Hwy 19 unmittelbar vor der ersten Brücke rechts in die Lihiwai Street.

■ **Ken's House of Pancakes** befindet sich an der Kreuzung der Highways 11/19 in Hilo. Spezialität des *Family-Style Restaurants* sind die hervorragenden *Buttermilk Pancakes* (Buttermilch-Pfannkuchen) sowie die *Belgian Waffles* (belgische Waffeln). Darüber hinaus gibt es auch Steaks, Sandwiches, panierten Fisch etc. Kulinarische Höhenflüge sind zwar nicht zu erwarten, aber das Preis- Leistungs-Verhältnis dieser amerikanischen Standardkost stimmt; und schnell geht es auch (24 Std. tägl.).

■ **Café Pesto** (308 Kamehameha Avenue, Hilo, Tel. 969-6640, kurz vor der *Shell*-Tankstelle, www.cafepesto.com) heißt ein in einem „historischen" Gebäude in der Nähe des Tsunami-Museums in Downtown Hilo gelegenes Bistro, das täglich von 11 bis 21 Uhr (freitags und samstags bis 22 Uhr) gelungene italienisch-hawaiianische Komposition serviert. Mittags gibt es preisgünstige „Specials" – häufig einheimischer, fangfrischer Fisch für ca. $ 15. Sehr beliebt sind auch der Bio-Salat *(organic salad)* und die üppigen Pizzen. Die Desserts dürften auch für die meisten Zentraleuropäer ein Genuss sein. *Café Pesto* bietet das wohl beste Preis-Leistungs-Verhältnis im gesamten Großraum Hilo.

Wasserfälle

Nicht einmal zwei Meilen von der Hilo Bay entfernt liegen die **Rainbow Falls,** bei denen sich ein Besuch vor allem zwischen 8.30 und 9.30 Uhr lohnt, gegen 9 Uhr kommen die Tourbusse. Dann ist (wenn die Sonne scheint) der Regenbogen am schönsten. Man fährt dorthin von der Bay (Hwy 19) aus auf dem Highway 200 Richtung Berge. Der Abzweig des Hwy 200 (hier Waianuene Ave) liegt – vom Vulkan kommend – am Ende der Kamehameha Ave. Nach etwa 1,3 Meilen auf dem Hwy 200 zweigt nach rechts die Waianuene Avenue ab, von wo aus die Rainbow Falls ausgeschildert sind. Wenn Sie die Waianuene Avenue gut 1,5 Meilen weiterfahren, gelangen Sie über die Peepee Falls Rd. zu den **Peepee Falls**

und den nur noch schlecht sichtbaren **Boiling Pots,** die wegen ihres intensiv, aber kalt sprudelnden Wassers „Kochtöpfe" genannt wurden.

Nani Mau Gardens

Etwa vier Meilen vom Schnittpunkt der Highways 19 und 11 entfernt befinden sich auf der Ostseite des Highways 11 in der 421 Makalika Street in Hilo die Nani Mau Gardens (Tel. 959-3500, täglich 10–16 Uhr, www.nanimaugardens.com, $ 16 Eintritt). Es handelt sich dabei um einen speziell für Touristen hergerichteten Garten, der gute Fotografiermöglichkeiten von tropischen Pflanzen bietet. Ein Höhepunkt ist dabei sicherlich das **Orchideenhaus.**

Rainbow Falls

Big Island Nord

Mauna Kea

Um auf den Mauna Kea zu gelangen, benötigen Sie ein **Allradfahrzeug** (*4WD*). Leider gibt es in **Kona** und **Hilo** jeweils nur einen *4WD*-Vermieter, der das Befahren des Mauna Kea explizit gestattet:

■ **Harpers Car & Truck Rental** in Hilo sowie in Kona, Tel. für beide 969-1478, jeweils am Flughafen. *Harpers* ist auch gebührenfrei von außerhalb Big Islands erreichbar unter 1-800-852-9993, www.harpershawaii.com.

Harpers vermietet gut gewartete Fahrzeuge. Der Autor hat bereits mehrmals ein Allradfahrzeug bei *Harpers* gemietet und war immer sehr zufrieden. Man muss inklusive Steuern und Versicherung mit $ 160 pro Tag für einen 4WD rechnen.

4

Andererseits sieht man am Gipfel massenhaft ganz normale **SUVs** und **Jeeps** der internationalen Autovermieter. Rein betriebs- und fahrtechnisch ist die Fahrt auf den Gipfel für die Standard-SUVs kein Problem mehr, versicherungstechnisch jedoch sehr wohl, weil auf ungeteerten Straßen kein Versicherungsschutz besteht. Wer bereit ist, ein akzeptables Risiko einzugehen, der kann sich auf Big Island beim internationalen Autovermieter (*Alamo, Avis, Budget, Dollar, Hertz* usw.) einen SUV für die gesamte Zeit auf Big Island mieten und auf das Auto von *Harpers* verzichten, aber der Autor haftet ausdrücklich nicht! Auch wenn es technisch meist möglich ist, sollten Sie mit einem **normalen Pkw nicht auf den Mauna Kea fahren:** Auf dem steilen Weg nach oben über die Schotterpiste hält ein Pkw den Verkehr auf, und beim Bergabfahren läuft beim

4

Mauna Kea

Pkw auch im ersten Gang leicht die Bremse heiß.

Informationen zum Straßenzustand erhalten Sie unter Tel. 935-6268 oder unter http://kiloaoloa.soest.hawaii.edu/current/road-conditions, bzw. www.ifa.hawaii.edu/info/vis/visiting-mauna-kea.html.

Weil man die warmen „Strand"-Temperaturen gewohnt ist, ist es auf dem Gipfel bitterkalt. Man kann gar nicht warm genug angezogen sein, und auch die Handschuhe und die Mütze sollten winddicht sein.

Saddle Road bis zum Sattel

Sowohl von Kona als auch von Hilo aus erfolgt die Anfahrt zum Mauna Kea über die **Saddle Road** (Hwy 200). Die letzten *Facilities* (Supermärkte, Tankstellen etc.) auf dieser Strecke gibt es in Hilo bzw.

Waimea/Kona. Die Saddle Road wurde mittlerweile exzellent ausgebaut. Besonders beeindruckend ist auf der Saddle Road der allmähliche **Wechsel der Vegetation** bei einer Fahrt von Hilo aus bis auf den Sattel in 2000 m Höhe, denn man fährt dabei vom tropischen Regenwald über grüne Weideflächen und Trockengebiete bis in die Lavawüste. Die folgende Beschreibung (inklusive Temperaturen) gilt für einen schönen Tag im Frühling oder Herbst.

In Hilo beginnt die Saddle Road (Hwy 200) von Norden am Hwy 19 kommend an der ersten Straße rechts hinter der Stahlbrücke, vom Vulkan kommend am Ende der Kamehameha Ave. Schon der Milemarker 3 befindet sich 200 m über

Mauna Kea

Tipps für den Mauna Kea-Besuch

Bei einer Fahrt auf diesen Berg gelangt man innerhalb von weniger als drei Stunden von Meereshöhe bis auf 4205 m Höhe. Nirgendwo sonst können Sie eine solche Höhendifferenz auf dem Landweg in dieser Zeit bewältigen. Das Problem ist nicht die Höhe selbst, sondern die schnelle **Bewältigung der Höhendifferenz,** die ganz nebenbei auch noch mit einem signifikanten Temperaturwechsel einhergeht. Daher haben fast alle Besucher keine Erfahrung im Umgang mit einem derart plötzlichen Höhenwechsel. Zur Vermeidung von Unwohlsein und von gesundheitlichen Schäden sollte man die folgenden Tipps befolgen:

■ **Schwangere** sollten nicht auf den Mauna Kea fahren;

■ 24, besser 48 Std. vor und 12 Std. nach der Fahrt **nicht Gerätetauchen** (SCUBA);

■ 48 Stunden vorher **nicht** oder zumindest viel weniger **rauchen;**

■ viel **Flüssigkeit** trinken (Wasser, Fruchtsaft, aber kein Alkohol, keine *Sodapops* wie Cola etc.);

■ **nicht überanstrengen** und nur langsam bewegen (diesen Aspekt unterschätzt fast jeder);

■ man muss sich **warm halten;** der meist starke Wind kühlt schnell aus, die Temperaturen liegen oft nur knapp über dem Gefrierpunkt bei starkem Wind, daher unbedingt sehr warme Bekleidung mitnehmen. Bewährt hat sich – auch in punkto Packmaß und Gewicht – neben Skihandschuhen und -Mütze auch die Kombination aus Skiunterwäsche, langer Hose, Fleecejacke und Weste mit winddichter (Regen-)Jacke plus winddichter (Regen-)Hose.

■ man sollte auf dem Hin- und Rückweg eine mindestens 30-minütige **Pause** am Visitor Center auf 2700 m Höhe einlegen;

■ man sollte am Vortag **blähende Speisen** und **Getränke** (z.B. Bohnen, Kohl, Getränke mit Kohlensäure) meiden;

■ man sollte möglichst 24 Stunden nach dem Gipfelbesuch **keinen Langstreckenflug** unternehmen.

Wer am Gipfel aus dem Wagen steigt, verspürt erst ein etwas flaues Gefühl in der Magengegend, das ist ganz normal. Die klare trockene Luft, die unberührte Kraterlandschaft und das Gefühl, auf dem höchsten Berg der Erde (4205 m über dem Meeresspiegel, ca. 5000 m darunter) zu stehen, wird einen sicherlich dafür entschädigen.

■ Bei starken Kopfschmerzen oder heftiger Übelkeit sollte man so schnell wie möglich wieder in tiefere Regionen hinabfahren.

P.S.: Die Mitarbeiter der Observatorien fahren jeden Tag teilweise sogar von Hilo aus bis hier hinauf und haben keine Probleme. Weitere Infos erhält man vom *Mauna Kea Observatory Support Center* in Hilo unter Tel. 935-3371.

Mehr über das **Wetter** auf dem Mauna Kea (inklusive über 20 Webcams) finden Sie unter http://kiloaoloa.soest.hawaii.edu/current/cams/index.cgi.

---

dem Meer. Bei Milemarker 4,1 auf etwa 400 m Seehöhe lohnen die **Kaumana Cavern** genannten Lavahöhlen einen Stopp. Gegenüber vom Parkplatz befindet sich der Zugang zu den Höhlen. Wer hinter der steilen rutschigen Treppe rechts geht, gelangt über etwas schwierigeres Gelände etwa 50 m tief in die Höhle. Wer sich hinter der Treppe allerdings links hält, der stößt nach den ersten 20 m und einmal intensivem Bücken auf eine bestens begehbare Höhle in der Größe eines U-Bahn-Schachts, die sich sehr weit erstreckt und am anderen Ende auf Privatgelände endet. Unbedingt **zwei starke Taschenlampen** mitnehmen, denn die schwarze (und braune) Lava schluckt immens viel Licht.

Ab 850 m Seehöhe wird der Highway bei Milemarker 11 richtig breit, und kurz hinter dem Milemarker 14 gelangt man auf über 1000 m Höhe. Wenn die Temperatur in Hilo 30 °C beträgt, sind es auf 2000 m Höhe beim Abzweig zum Mauna Loa oft nur noch knapp über 20 °C. Die reine Fahrzeit von Hilo bis zum Abzweig beträgt knapp 40 Minuten.

Weitere 10 bis 15 Minuten benötigen Sie für die Strecke bis zum **Onizuka Center** auf 2829 m Höhe, wo die Temperatur dann schon eher bei nur noch 15 °C liegt, während der Wind für ein zusätzliches Auskühlen sorgt.

Beim täglich von 9 bis 22 Uhr geöffnete *Visitor Information Center* (VIS) des **Onizuka Center for International Astronomy** (OCIA, Tel. 961-2180, www.ifa.hawaii.cdu/info/vis) empfiehlt es sich, eine Pause einzulegen und warme, winddichte Kleidung anzuziehen. Oftmals hat man hier auch die Möglichkeit, durch ein 11-Inch-Teleskop (11 Inch sind etwa 28 cm Durchmesser) mit Filter die Sonne und die Sonnenflecken zu beobachten. Zwischen 18 und 22 Uhr, wenn keine Besucher mehr am Gipfel sein dürfen, können die Besucher am OCIA dann die Sterne durch drei Teleskope betrachten: ein 16-Zoll-Teleskop (Meade LX-200; 40 cm Durchmesser), ein 14-Zoll-Celestron-Teleskop (35 cm Durchmesser) sowie ein 11-Zoll-Celestron-Teleskop. Am Samstagabend gibt es meist besondere

Programme, die dann jeweils aktuell im Internet auf der Homepage angekündigt werden.

Samstags und sonntags veranstaltet das VIS um 13 Uhr (Ankunftszeit, anschließend Akklimatisierung) **Summit Tours** (Ausflüge zum Gipfel) im eigenen (Miet-) Fahrzeug, bei denen zwei **Observatorien** besichtigt werden. Die Weiterfahrt zum Gipfel ist nur mit Allrad-Fahrzeugen gestattet.

Vom *Visitor Information Center* bis zum Gipfel sind es noch 8½ Meilen. Unmittelbar oberhalb des Visitor Information Centers beginnt der steile, ungeteerte Teil der Straße.

Binnen weiterer 20 Minuten gelangen Sie auf eine Höhe von ca. 3930 m (11 °C, erheblicher Wind), wo sich bei Milemarker 6,4 rechts ein geteerter Parkplatz mit Trockentoilette befindet. Wer möchte, kann hier parken und auf dem Trail auf der anderen Straßenseite zum kleinen **Lake Waiau** wandern, der auf einer Höhe von 3970 m liegt, aber in den letzten Jahren massiv zu einer großen Pfütze geschrumpft ist. Obwohl diese Wanderung zu einem der höchstgelegenen Seen der USA nur etwa 700 m Strecke und 40 Höhenmeter umfasst, sollte man auf Grund der Seehöhe, der schnellen Anfahrt ab Meereshöhe binnen nicht einmal 90 Minuten und des raschen Temperaturwechsels sehr langsam gehen. Der Wanderweg beginnt beim Schild „No Swimming, No Watercrafts". Ohne winddichte warme Kleidung inklusive Mütze sollte man hier gar nicht erst losgehen.

Ab einer Höhe von 4050 m sind die **Observatorien** zu sehen, und bei Milemarker 8 haben Sie gerade die 4200-m-

Marke überfahren. 40 Allradfahrzeuge von Individualtouristen und nochmal knapp 20 Tour-Kleinbusse sind hier oben keine Seltenheit.

Nach einigen Meilen Schotterstraße geht diese wieder in eine bis zum Gipfel asphaltierte Straße über. Wer sich oben am Abzweig rechts hält, kann vom höchsten Punkt der Straße aus zunächst ein Stück bergab und dann binnen 10 bis 15 Minuten auf den eigentlichen Gipfel wandern. Oft lohnt sich auch der Anblick des **Sonnenuntergangs.**

Auf dem Mauna Kea gibt es eine Besonderheit der Tierwelt, nämlich ein Insekt, das trotz des allnächtlichen Frosts

Eine geführte Tour auf den Mauna Kea

Pünktlich um 15.30 Uhr holt mich der Guide von *Hawaii Forest and Trails* im Hotel bei Kona ab. Bei 29 °C fühle ich mich in T-Shirt, Shorts und Sandalen sehr wohl, aber bevor ich in den Allradbus mit 12 Plätzen einsteige, ziehe ich mir doch lieber etwas Warmes über, denn der Bus ist selbstverständlich auf das Niveau der Kühltheken eines amerikanischen Supermarkts runtergekühlt. Der Fahrer, der in dem Thema „Recreational Parks and Outdoor Education" graduiert hat und gleichzeitig auch als Reiseleiter und Stewart fungiert, erzählt in sehr schnellem Virgina-Amerikanisch viel Interessantes über die Natur und den Mauna Kea.

Auf einer alten Schaffarm oberhalb des Sattels hat der Touroperator zwei Zelte aufgebaut, in denen er gegen 16.45 Uhr das Dinner serviert: Beef oder Veggie Stew, dazu Muffins, Wasser, Kaffee oder Tee. Hier sehe ich zum ersten Mal Kaffee in Kaffeebeuteln, die man wie Teebeutel in den Becher hängt.

Auf der Schotterstraße vor dem Gipfel werden wir auf den durchaus bequemen Bussitzen reichlich durchgeschüttelt. Etwa 10 Minuten vor Sonnenuntergang erreichen wir den Gipfel, und wir genießen in den dicken Leih-Parkas bei ca. 2° C das Farbenspiel rund um die langsam untergehende Sonne. Ich freue mich über mein Sweatshirt unter dem Parka sowie über die Mütze und die Handschuhe, die ich extra aus Deutschland mitgebracht habe, um sie genau dieses eine Mal auf der gesamten Reise zu tragen.

Oben auf dem Gipfel ist genügend Zeit, den Sonnenuntergang zu fotografieren oder den Erklärungen des Guides zu lauschen. Natürlich ist hier oben keine idyllische Ruhe zu erwarten, denn mehrere Touroperator und diverse Privatfahrer sind mit Allradfahrzeugen zum Sonnenuntergang auf den Gipfel gefahren.

Nach Einbruch der vollständigen Dunkelheit geht es zurück bis zum Visitor Center, wo wir unter den fachkundigen Erläuterungen des Guides bei Keksen und Tee durch ein großes Teleskop zur Sternenbeobachtung schauen – aufgrund der klaren, sauberen Luft ein toller Anblick! Vergleichbares habe ich nur einmal in Neuseeland im Fjordland gesehen. Kurz vor Mitternacht kann ich vor dem Hotelzimmer bei über 20 Grad diese Höhentour noch einmal auf mich wirken lassen. Das Geld für die Tour ist gut angelegt.

Axel Rösner

hier oben lebt. Der etwa 4 mm lange **Waikua-Käfer** überlebt, weil er eine Art Frostschutzmittel in seinem Körper hat. Als Nahrung dienen ihm andere Insekten, die der Wind in diese Höhen trieb und hier erfrieren ließ. Der Waikua-Käfer saugt diese toten Insekten aus.

Observatorien

Durch die klare Luft (keine Industrie und nur kleine Städte in der Nähe), die Dunkelheit (die Küstenstädte liegen so weit unten, dass sie die Beobachtungen kaum stören) und die gute Anbindung (Flughafen Hilo) sind ideale Bedingungen für eine professionelle Himmelsbeobachtung gegeben; daher wurde auf dem Mauna Kea eine Vielzahl von Observatorien gebaut. Hier oben stehen einige die größten Teleskope der Welt.

Am 11. Juli 1991 herrschte eine **totale Sonnenfinsternis.** Damals war auf dem Mauna Kea kaum ein freies Plätzchen zu finden. Überall waren zusätzliche Messapparaturen installiert, überall warteten Reporter auf das spektakuläre Ereignis.

In den Observatorien gibt es nur wenig zu sehen, weil die meisten Messungen digital ausgewertet werden. Die Sensoren sind fest mit den Teleskopen verbunden, und es besteht praktisch nie die Möglichkeit, einen Blick durch das Fernrohr zu erhaschen. Für 1,2 Mrd. Dollar wollen amerikanische und kanadische Konsortien bis 2018 das weltweit größte und fortschrittlichste optische Teleskop auf dem Mauna Kea errichten: das **TMT (Thirty Meter Telescope).** Dieses Teleskop soll eine zehnmal bessere räumliche Auflösung bieten als das Hubble-Teleskop im Orbit (www.tmt.org).

Nur zwei Observatorien verfügen auch über eine **Besucher-Galerie** – nämlich das *Keck I Telescope* und das *Subaru Telescope.* Das Erstgenannte befindet sich ziemlich in der Mitte der Rundstraße am Gipfel und ist leicht zu erkennen, denn die beiden Teleskop-Dome von *Keck I* und *Keck II* sehen aus wie Zwillings-Kugeln. Im Keck-Observatorium gibt's ein Video sowie diverse andere Infos und – nicht ganz unwichtig – **Toiletten.** Aber außer dem Teleskop selbst oder einigen Kühlbehältern ist selbst für Experten nur wenig zu sehen. Geöffnet von Montag bis Freitag von 10 bis 16 Uhr.

Ebenfalls zugänglich ist das Subaru Teleskop (www.naoj.org). Unter http://suba rutelescope.org/Information/Tour/Summit/index.html erfahren Sie alles über die 30-minütigen Touren, die mindestens eine Woche zuvor gebucht werden müssen. Die Anreise erfolgt auch hier in Eigenregie.

Die Leitung des *Institute for Astronomy der University of Hawaii* hat seit 2011 übrigens der deutsche Astrophysiker *Dr. Günther Hasinger.*

Eine halbe Stunde nach Sonnenuntergang müssen alle Besucher den Gipfel verlassen, wenn sie nicht schon vorher in wärmere Gefilde geflüchtet sind, was bei einer durchschnittlichen Tages-Temperatur von + 4 °C nicht zu verdenken ist.

Wer nicht mit dem Allradfahrzeug zum Gipfel fahren möchte, kann dies für ca. $ 200 pro Person in einem **Allrad-Kleinbus** tun (siehe auch Exkurs „Eine geführte Tour auf den Mauna Kea"):

■ **Hawaii Forest & Trail Ltd.,**
Kona, Tel. 331-8505
oder gebührenfrei 1-800-461-1993,
www.hawaii-forest.com

- **Arnott's Lodge & Hiking Adventures,**
Hilo, Tel. 969-7097, www.arnottslodge.com
- **Paradise Safaris,**
Kona, Tel. 322-2366
oder gebührenfrei 1-888-322-2366,
www.maunakea.com

Skifahren

In den Monaten Januar bis März liegt meist **Schnee** auf dem Mauna Kea. Unverbesserliche können dann sogar Skifahren. **Lifte** gibt es jedoch keine (siehe „Aktivitäten").

🔺 Die klare Luft mitten im Pazifik lockt die Astronomen aus aller Welt auf den Mauna Kea

Die Hamakua-Küste

Ein etwa 50 Meilen langer Abschnitt der Nordküste zwischen Hilo und dem Waipio Valley trägt den Namen **Hamakua Coast.** Der Highway 19 führt an der Küste entlang und bietet immer wieder schöne Ausblicke. Der nördlichste, noch bequem zugängliche Punkt der Hamakua Coast ist das **Waipio Valley.**

Pepeekeo Scenic Drive

Südlich von **Honomu** zweigt vom neuen Highway 19 der alte Highway 19 ab, der jetzt als *Pepeekeo Scenic Drive* ausge-

Die Hamakua-Küste   269

Big Island

schildert ist. Die schmale Straße führt durch dichten tropischen Regenwald zum **Hawaii Tropical Botanical Garden** und wieder zurück zum Hwy 19. Dieser botanische Garten (Tel. 964-5233, Erwachsene $ 15 Eintritt, Kinder unter 16 Jahren $ 5, Einlass 9–16 Uhr) ist vor allem für die interessant, die sonst keine Wanderungen durch tropischen Regenwald unternehmen.

Den **virtuellen Rundgang** und mehr gibt's unter www.htbg.com.

Akaka Falls

Bei Meile 13,4 zweigt zur Bergseite hin eine 3½ Meilen lange Stichstraße zu den **Wasserfällen** ab. Bei einem Wald von Verbotsschildern beginnt der leicht begehbare Rundweg durch den tropischen Dschungel. Unter bis zu 10 Meter hohem Bambus hindurch, vorbei an Heliconia, wildem Ingwer, Bougainvillea und vielen anderen, hier regelrecht wuchernden Pflanzen, geht es zu den 35 m hohen **Kahuna Falls** und den von Postkarten bekannten, knapp 130 m hohen **Akaka Falls.** Dieser 30- bis 45-minütige Rundweg ist ein Muss für jeden Besucher dieser Region. Wer fotografieren will, sollte unbedingt vormittags kommen, denn nachmittags liegen die Akaka Falls im Schatten. Eintritt: $ 5 pro Auto.

Auf dem Highway 19 bieten sich entlang der Straße Einblicke in die **Seitentäler,** die *Gulches* genannt werden. Die wohl schönste *Gulch* mit riesigen afrikanischen Tulpenbäumen liegt bei Meile 18,2. Vor allem bei hohem Wasserstand ist das Seitental bei MM 16,2 noch besonders sehenswert. Das beste Licht zum Fotografieren herrscht am Vormittag.

Zipline

Mitten im Regenwald der Hamakua-Küste veranstaltet *Zip Isle* **Zipline-Touren** vorbei an diversen Wasserfällen des *World Botanical Garden.* Für die sieben Ziplines schlug das Unternehmen z.T. regelrechte Schneisen durch den Wald, und manchmal geht's auch über bunte

Hawaiian Vanilla Company

MEIN TIPP: Trotz des Umwegs von gut 20 Minuten lohnt sich ein Lunch-Stopp bei der *Hawaiian Vanilla Company* auf knapp unter 600 m Seehöhe. Besonders empfehlenswert zum Lunch sind die speziellen warmen Sandwiches mit Bio-Salat, wobei alles mit etwas **Vanille** gewürzt ist. Das klingt zwar ungewöhnlich, schmeckt aber ausgezeichnet. Auch die hausgemachte Limonade (Zitronenwasser mit wenig Zucker und etwas Vanille) dürfte vielen Zentraleuropäern gefallen. Und beim Eis schmeckt man, dass es handgemacht ist. Die Besichtigung der **Vanille-Farm** selbst war zumindest für den Autor keine echte Attraktion.

Die **Anfahrt** ist etwas schwierig, bietet aber auch schöne Blicke: Hinter Honokaa biegt man kurz nach dem Milemarker 37 rechts in die Pohakea Road ab, auf der man etwa drei Meilen lang den Berg hinauf fährt, um dann an der ersten Kreuzung rechts in die Paauilo Mauka Road zu fahren. Durch ein kleines Wäldchen und über eine Steinbrücke geht es bis zu einer alten Shell-Tankstelle. 100 m weiter befindet sich in einem gelben Gebäude das Restaurant der

■ **Hawaiian Vanilla Company,**
Tel. 776-1771
oder gebührenfrei 1-877-771-1771,
www.hawaiianvanilla.com

4

Blumen hinweg oder unter Mango-Bäumen hindurch.

■ **Zip Isle,**
Tel. 963-5427
oder gebührenfrei 1-888-947-4753,
www.zipisle.com.

Wer Ruhe sucht, der ist im **Laupahoehoe Beach Park** richtig. Tische, Bänke und WCs sind vorhanden, aber praktisch keine Touristen. Ab und zu spielt hier eine Band live ihre Songs mitten im Grünen. Ein Campingplatz mit fließendem Wasser und einfachen Sanitär-Anlagen gehört auch dazu. Die passende *Camping-Permit* gibt's im *County Building* in Hilo.

☑ Joe, einer der letzten Einwohner des Waipio Valleys beim Taroanbau

Waipio Valley

Das Waipio Valley gilt als **Wiege der hawaiianischen Kultur,** denn hier sollen sich die ersten polynesischen Siedler niedergelassen haben. Es wird auch als *Valley of the Kings* (Tal der Könige) bezeichnet, weil es über viele Jahre hinweg das Regierungs- und Kulturzentrum von Hawaii war.

Als im Jahr 1823 die ersten Weißen hierher kamen, lebten noch etwa 1500 Menschen in dem fruchtbaren Tal, dem größten von ganz Big Island. Mittlerweile sind es nicht einmal mehr 50 Bewohner, die hier im Tal Taro und andere Pflanzen anbauen. Sie leben meist in sehr einfachen Verhältnissen ohne Elektrizität und ohne Leitungswasser.

Wenn man das Tal **auf eigene Faust** besucht, dann hat man eine gute Chance, ein sehr ursprüngliches Stück Hawaii

Die Hamakua-Küste

Big Island

kennen zu lernen. Die Kapu-Schilder (Betreten verboten) sollte man allerdings mit Rücksicht auf die Privatsphäre der Einwohner unbedingt beachten.

Vom **Aussichtspunkt** am Ende des Highway 240 aus hat man einen wunderschönen Ausblick auf das Waipio Valley.

Eine steile, nur von Allradfahrzeugen (*Four Wheel Drive, 4WD*) befahrbare Straße führt hinunter zum Talboden. Rein fahrtechnisch ist die angeblich „steilste Straße der USA" gut befahrbar, wenn man den *4WD* in Stellung 4L schaltet, um so eine Untersetzung zu haben und die Differentialsperre zu aktivieren. Vom Lookout bis zum sehr schönen schwarzen Strand sind es 1,7 Meilen. Da die Verleiher von *4WDs* das Befahren des Tals verbieten, bleiben nur zwei Alternativen für die Besichtigung: Entweder binnen 30 bis 40 Minuten hinunterlaufen (bergauf: 45–60 Min.) oder an einer **geführten Tour im Allrad-Kleinbus** oder **auf Pferden** teilnehmen. Die Straße (= Wanderweg) im Tal führt z.T. mitten durch den Waipio-Fluss bis zu einem Aussichtspunkt auf den etwa 400 m hohen **Doppelwasserfall** Hiilawe Falls. Insektenschutzmittel ist unbedingt erforderlich.

Das folgende Unternehmen bietet **motorisierte Touren** an:

■ **Waipio Valley Wagon Tours,**
Tel. 775-9518,
www.waipiovalleywagontours.com
Für $ 60 pro Person in der Pferdekutsche ins Tal und hinauf.

Geführte Ausritte ins Waipio Valley bieten die folgenden Unternehmen an (2½ Std. Reiten für etwa $ 90):

■ **Naalapa Stables,**
Tel. 775-0419,
www.naalapastables.com
■ **Waipio Ridge Stables,**
Tel. 775-1007,
www.waipioridgestables.com
Das Unternehmen reitet am Talrand entlang.
■ **Waipio Ride the Rim,**
Tel. 775-1450, oder gebührenfrei 1-877-775-1450,
www.ridetherim.com.

Eine alternative Möglichkeit, das Waipio Valley von oben zu betrachten, ist eine **ATV-Tour** mit *Waipio Ride*. Wie der Name schon sagt, geht es (primär durch den Wald) am Rand des Tals entlang zu einigen Aussichtspunkten. Hier geht es zu 99 % um den Fahrspaß auf dem *ATV*.

Waimanu Valley

Es besteht auch die Möglichkeit, eine **Wanderung** in das nördlich gelegene Waimanu Valley zu unternehmen. Der zick-zack-förmige Weg in das unbewohnte Paralleltal ist bereits vom **Waipio Valley Lookout** aus zu erkennen. Da man für die einfache Wegstrecke vom Parkplatz am *Lookout* bis ins Waimanu Valley 9 bis 10 Std. Gehzeit einkalkulieren muss, ist eine Campingübernachtung nötig. Die dafür erforderliche kostenlose Erlaubnis (*Permit*) erhält man bei:

■ **Division of Forestry and Wildlife,**
19 E. Kawili Street, Hilo, HI 96720,
Tel. 974-4221,
http://dlnr.hawaii.gov/dofaw/contact

Im Waimanu Valley endet der Weg ohne Möglichkeit, von hier aus bis zum Pololu Valley weiter zu wandern.

4

Die nördliche Kona-Küste

An der Kreuzung mit dem Highway 190 in Kona geht der Highway 11 direkt in den Highway 19 über. Etwa drei Meilen nördlich dieser Kreuzung zweigt zum Meer hin eine Stichstraße zum **Honokohau Harbor** ab, der von der Bedeutung her dem Kailua-Pier den Rang abgelaufen hat. Viele Bootstouren starten von hier aus – vor allem die Angelfahrten mit den Hochseejachten. Das Meer vor Kona ist ein berühmtes Angelgewässer für den *Blue Marlin*. Täglich um 11.30 Uhr und um 15.30 Uhr können Sie beim Abwiegen der Fischkolosse zuschauen.

☐ Kaloko Honokohau bietet jedem etwas: dem Kulturfreund viele Petroglyphen (Felszeichnungen) …

Kaloko Honokohau

Der vom Highway 19 zum Hafen abzweigende Kealakehe Parkway teilt sich am Honokohau Harbor. Wer hier rechts abbiegt und bis zum Ende beim *Kona Sailing Club* fährt, kann auf einem Schotterplatz parken und von hier aus direkt in den interessantesten Teil des **Kaloko Honokohau National Historical Park** gelangen. Der Eingang ist eindeutig mit einem Nationalpark-Service-Schild gekennzeichnet.

Von hier sind es nicht einmal 5 Minuten Fußweg bis zur *Aiopio Fishtrap*, wo fast immer **Schildkröten** zu sehen sind. Allein schon der Strand beziehungsweise der gesamte Küstenstreifen sind sehr schön – vor allem in den letzten 90 Minuten vor Sonnenuntergang, aber eigentlich handelt es sich hier um einen Park, in dem Sie mehr über die alten Hawaiianer erfahren können. Wer bei

den Toiletten in Strandnähe den *Ala Hele Ike Hawaii* genannten *Trail* Richtung Visitor Center geht, stößt bald auf einen Boardwalk, von dem aus exzellente Möglichkeiten bestehen, viele **Petroglyphen** (Felszeichnungen) der alten Hawaiianer zu betrachten. Vor 9 Uhr und nach 15 Uhr sind die Petroglyphen am besten sichtbar.

Detaillierte **Infos** zum Park gibt es im *Visitor Center,* das 0,5 Meilen nördlich des Kealakehe Pkwy liegt und von 8.30 bis 16 Uhr besetzt ist, oder unter www.nps.gov/kaho.

Flughafen

Etwa 7 Meilen nördlich von Kailua-Kona liegt der **Keahole Airport,** auch **Kona Airport** genannt. Er wird von *Hawaiian Airlines* viele Male täglich angeflogen. Es gibt hier kein Terminal, sondern nur Unterstände und überdachte Wege; alles ist herrlich offen.

Lavawüste

Die weiteren gut 25 Meilen bis zum Hafen von Kawaihae führen durch schwarze Lavawüste – ein Bild, das überhaupt nicht in gängige Hawaii-Klischees passen möchte. Mitten in dieser Wüste befinden sich immer wieder grüne Oasen, deren sattes Grün sich deutlich von dem Schwarz und Braun der Lava abhebt.

… und dem Naturfreund fast immer Wasserschildkröten

Unterkunft

■ In einer solchen Oase mit künstlicher Bewässerung steht der Hotelkomplex des **Hilton Waikoloa Resort.**

Als im Jahr 1986 mit dem Bau der Anlage begonnen wurde, wuchs hier nicht einmal die anspruchsloseste Kaktee. Zwei Jahre später bei der Eröffnung (damals hieß das Hotel noch *Hyatt Regency Waikoloa*) waren unzählige Löcher in das Lavagestein geschlagen worden, in die die einzelnen Pflanzen hineingesetzt wurden – allein über 1500 Kokospalmen, die für über 1,5 Mio. Dollar extra eingeflogen wurden; von den Kosten für die sattgrüne Einrahmung der 54 Löcher auf den zugehörigen Golfplätzen gar nicht zu reden. Um die künstliche Erlebniswelt mit kleiner Eisenbahn, Fährschiffchen, exotischen Pflanzen, Vögeln und Delfinen kennen zu lernen, muss man nicht unbedingt dort nächtigen. Einerseits werden geführte Touren angeboten, andererseits kann man das „Ersatzparadies", wie es vom *Wall Street Journal* genannt wurde, auch auf eigene Faust erkunden. Es gibt sogar Menschen, die hier vom „Disneyland Hawaiis" sprechen. Man fährt dazu vom Highway 19 bei Milemarker 76 ab zum *Anaehoomalu Beach* und folgt der Straße; bis zu den *Kings Shops* (links), wo man parken kann. Von hier aus fährt für $ 4 pro Fahrt ein Shuttlebus zum Hotel.

Neben diversen Restaurants und wirklich schön gestalteten Gartenanlagen bietet das Hotel neben dem Hilton-Standardprogramm für die Gäste eine sehr ansprechende Poolanlage mit Rutschen, Wasserfällen etc.

www.hiltonwaikoloavillage.com

◨ Kona Airport – alles open air

Die nördliche Kona-Küste 275

Big Island

Hapuna und Spencer Beach Park

Etwas nördlich bei MM 69 zweigt links die Straße zum *Hapuna Beach State Park* ab. Dieser zeichnet sich durch exzellente Picknickmöglichkeiten und durch seinen knapp einen Kilometer langen Bilderbuch-Sandstrand aus. Viele halten ihn deshalb für den schönsten *Beach Park* Big Islands. Am Kiosk kann man Snacks und Getränke kaufen, auch Surfbretter und Schnorchelausrüstung leihen – allerdings zu gesalzenen Preisen.

Wem der Trubel am *Hapuna Beach* zu groß ist, für den geht's im *Spencer Beach State Park* (an der Kreuzung der Highways 19 und 270 auf den Hwy 270 fahren, dann nach ca. 300 m links ab Richtung Meer) etwas ruhiger zu. Auch dieser Park zählt zu den schönsten der Insel. Wenn am *Mauna Kea Beach* Wellen sind, dann ist das Wasser am gut 100 m langen *Spencer Beach* oft noch ruhig. Hier gibt es viele Picknicktische, die am Wochenende schon früh belegt sind, sowie zahlreiche, ordentliche Duschen (die wohl besten in einem State Park der Inselkette). Etwas störend ist der Blick auf die Hafenanlagen.

Puukohola Heiau

Direkt neben dem Spencer Beach State Park liegt der (über einen Fußweg am Meer oder per Auto erreichbare) hawaiianische **Tempel** Puukohola Heiau mit zugehörigem *Visitor Center,* wobei der Tempel von Besuchern nicht betreten werden darf. Auf Schautafeln gibt es diverse Hintergrund-Infos u.a. zur Geschichte dieses Kriegstempels, den Kö-

nig *Kamehameha der Große* in den Jahren 1790 und 1791 aufgrund einer göttlichen Prophezeiung erbauen ließ. Diese sagte voraus, dass ihm durch den Tempelbau die Eroberung und Vereinigung aller acht Inseln gelinge.

Manchmal finden hier Tanzveranstaltungen statt, bei denen man echten Hula kennenlernen kann.

Vom Südrand des Zeltplatzes aus beginnt ein mit Holzpflöcken bestens markierter Wanderweg entlang der Westküste. Besonders schön sind die ersten beiden Meilen dieses *Ala Kahakai Trail* genannten, etwa 6 km langen Küstenwanderwegs, der über den Mauna Kea Beach und den Golfplatz des Mauna Kea Beach Hotels bis zum Hapuna Beach führt.

Die weitere Strecke am Hwy 270 bietet bis **Hawi** außer dem *Lapakahi State Historical Park* keine besonderen Höhepunkte. Bei der recht großen Parkanlage, zu der auch ein *Visitor Center* gehört, handelt es sich um ein 600 Jahre altes historisches Fischerdorf.

Essen und Trinken in Kawaihae

Am **Kawaihae Harbour** gibt es im *Shopping Center* einige Restaurants (61-3665 Hwy 270, Kawaihae):

MEIN TIPP: **Café Pesto** (Tel. 882-1071, www.cafe pesto. com) Die Filiale des gleichnamigen Bistros in Downtown Hilo serviert täglich von 11 bis 21 Uhr (freitags und samstags bis 22 Uhr) gelungene italienisch-hawaiianische Komposition in hübschem Ambiente. Mittags gibt es preisgünstige „Specials" – häufig einheimischer, fangfrischer Fisch für ca. $ 15. Sehr beliebt sind auch der Bio-Salat *(organic salad)* und die üppigen Pizzen. Die Desserts dürften

4

auch für die meisten Zentraleuropäer ein Genuss sein. *Café Pesto* bietet das wohl beste Preis-Leistungs-Verhältnis an der nördlichen Kona Coast.

■ **Kohala Burger & Taco** (Tel. 880-1923) serviert genau das, was der Name sagt, zu zivilen Preisen. Hier schmeckt's erheblich besser als bei den klassischen Burger-Fast-Food-Ketten; vielleicht liegt's am hormon- und antibiotikafreien Rindfleisch?

■ Die **Seafood Bar** (Tel 880-9393) liefert solide Mainstream-Küche (Seafood, Fisch und Steaks) und ist täglich von 11 Uhr bis mindestens 22 Uhr geöffnet. Zum Restaurant gehört eine nette Bar, in der täglich von 15 bis 18 Uhr sowie ab 21.30 Uhr *Happy-Hour* ist, während der das Bier $ 4 und die Mai Tais $ 5 kosten.

■ Ansonsten gibt es in den Hotels am Hwy 19 viele (meist teure) Restaurants, aber auch in den **King's Shops** (www.kingsshops.com, gehobener) und am **Queens Market Place** (www.queensmarketplace. net, preisgünstiger, inklusive *Food Court* mit *Subway, Starbucks* etc.) in **Waikoloa** (Abzweig vom Hwy 19 bei Milemarker 76) sowie in den **Shops at Mauna Lani** (Abzweig bei Milemarker 73,5). In den *Shops at Mauna Lani* befindet sich unter anderem ein **Ruth's Chris Steak House,** das zwischen 17 und 22 Uhr wirklich herausragend gute Steaks serviert. Man sollte aber eine Gesamtrechnung von $ 100 pro Person einplanen. Zur *Happy Hour* zwischen 17 und 18 Uhr gibt's ein 3-Gänge-Menü für $ 50. Ohne Reservierung unter www.ruthscris hawaii.com oder telefonisch unter 887-0800 sind oft alle Tische besetzt.

In den *Shops at Mauna Lani* befindet sich auch das vegetarische Restaurant **Under the Bodhi Tree,** das auch vegane, glutenfreie und rohe Speisen anbietet. Die Früchte und das Gemüse stammen von der Insel. Beim Innendesign setzt das Restaurant auf Recycling: Die Wand besteht aus optisch aufgemöbelten ehemaligen Transportpaletten, und die Einrichtung umfasst reparierte/hergerichtete Stühle und Tische verschiedener Art. Für $ 20 gibt es hier täglich von 7 bis 19 Uhr eine ordentliche Portion. www.underthebodhi.net, Tel. 895-2053.

Der Nordwesten und die Kohala-Berge

Etwa zwei Meilen östlich von Hawi liegt **Kapaau,** eine Ortschaft, die mit dem Attribut **„hawaiianische Westernstadt"** am besten beschrieben ist. Die alten Fassaden bröckeln ab, und das einstmals hübsche Städtchen macht von der Straße aus einen eher verwahrlosten Eindruck.

Ein kleiner Spaziergang entlang der **Hauptstraße** lohnt sich durchaus, denn dieser Teil der Insel ist vom Massentourismus bisher verschont geblieben.

Auf der Bergseite steht eine schön restaurierte **Statue von König Kamehameha,** die der Statue in Honolulu gleicht und eine interessante Geschichte vorweisen kann (siehe Honolulu). In der Nähe von Kapaau wurde *Kamehameha* nämlich geboren.

Zwischen Hawi und dem Pololu Valley wohnen viele Aussteiger, die das normale amerikanische Leben satt haben und fröhlich in den Tag hineinleben. Wenn Sie etwas Zeit mitbringen, ergeben sich hier oft interessante Gespräche.

Pololu Valley

Der Ausblick vom *Pololu Valley Lookout* entspricht dem typischen hawaiianischen Nordküsten-Anblick: Steilküste. Kurz hinter dem Sattel der Straße bietet sich ein alternativer Ausblick auf die Nordküste – oft sogar mit einigen grasenden Pferden im Vordergrund.

Ein rutschiger Pfad führt innerhalb einer knappen halben Stunde bis hinunter zum **schwarzen Strand.** Der Aufstieg zur anderen Talseite führt direkt durch

Privatgelände und ist verboten. Die vielen Kapu-Schilder sind nicht zu übersehen, und außerdem ergeben sich über eine weite Strecke hinweg keine besonderen neuen Ausblicke.

Kohala Mountains

Eine Fahrt auf dem Highway 250 über die Kohala-Berge bietet ein **außergewöhnliches Hawaii-Erlebnis.**

Auf 1086 m Höhe über dem Meeresspiegel liegt der Sattel der Straße über die Kohala Mountains. Ab jetzt wechselt die Szenerie ständig: Hier von grünen Wiesen überzogene Hügel wie im Allgäu, dort dunkle, kleine Seen, die an die Maare der Eifel erinnern, und direkt am Straßenrand riesige **Opuntien** (Kakteen). Bei gutem Wetter sehen Sie auch die Berge Mauna Kea und Mauna Loa sowie den dazwischenliegenden Sattel, aber auch die Strände der Resort-Hotels an der Westküste (Kona Coast).

Die Weiden links und rechts des Hwy 250 gehören zum **Kohala Ranch** genannten Teil der *Parker Ranch,* der größten Ranch der USA, die sich noch in Privatbesitz befindet.

In der Ortschaft **Waimea,** postalisch **Kamuela** genannt, ist der Einfluss der *Parker*-Familie nicht zu übersehen. Das fängt schon beim Ortsnamen an. *Kamuela* ist nämlich das hawaiianische Wort für *Samuel,* und *Samuel Parker* war der Sohn des Ranch-Gründers *John Palmer Parker*. Die Gründung erfolgte im Jahr 1847. König *Kamehameha* beauftragte *Parker* damals, die wilden Rinder zu kontrollieren, die als Nachfahren der etwa 60 Jahre zuvor von dem Briten *George Vancouver* auf die Insel gebrachten und mit der Zeit verwilderten Kühe zahlreich waren.

Mit Hilfe von Cowboys, die *Parker* von Mexiko hierher brachte, gelang es ihm, die Rinder einzufangen und zu zähmen. Diese Mexikaner wurden von den Hawaiianern als Ableitung des Wortes *Espanolos* sogleich **Paniolos** genannt. Mittlerweile ist das Wort *Paniolo* der hawaiianische Ausdruck für Cowboy.

Ende August findet alljährlich das große **Parker Ranch Round-up Club Rodeo** statt. Auf der *Parker Ranch* sind auch verschiedene Aktivitäten vom Reiten bis zur Jagd möglich. Außerdem gibt es im *Parker Ranch Store* laut Eigenwerbung „authentische Western-Bekleidung und Lebensmittel aus hawaiianischer Produktion". Tel. 887-1046 oder gebührenfrei 1-800-262-7290, www.parkerranch.com.

In Waimea gibt es ein Shoppingcenter mit Supermarkt, Fast-Food-Läden etc.

Strände

Auch auf Big Island gibt es einige sehr schöne Strände – die meisten davon an der **Westküste.** Soweit nicht anders angegeben, stehen an allen im Folgenden (entlang der Westküste von Nord nach Süd) aufgeführten Stränden Kaltwasserduschen und Toiletten.

Samuel Spencer Beach Park

Der schönste weiße Strand liegt im Samuel Spencer Beach Park in der Nähe des Schnittpunktes der Highways 270 und 19. Das Wasser ist ruhig, und einige Bäume bieten sogar ein schattiges Plätzchen. Beim Schnorcheln sieht man kaum lebendige Korallen und nur wenige Rifffische, dafür aber oftmals Meeresschildkröten.

Mauna Kea Beach

Eine herrliche 500-m-Bucht mit wunderbarem feinen **weißen Sandstrand** und sogar einigen Schattenplätzen finden Sie am Mauna Kea Beach beim Milemarker 68,1 des Hwy 19. Der Zugang zum Strand erfolgt über das Hotelgelände. Sagen Sie an der Schranke einfach „We want to go to the beach", um einen kostenlosen Parkschein zu bekommen. Folgen Sie dem *Mauna Kea Beach Drive* bis zum Ende, wo der Parking Attendant Ihren Parkschein entgegennimmt, und parken Sie auf einem der 40 Public-Beach-Parkplätze. Von hier aus sind es nur knapp 5 Minuten Fußweg bis zum Strand mit sehr guten Duschen und ordentlichen Toiletten. Einheimische werden Sie hier kaum treffen, dafür umso mehr Touristen, von denen fast alle im sehr guten aber auch hochpreisigen *Mauna Kea Beach Hotel* wohnen.

Hapuna Beach Park

Zwei Meilen südlich des Schnittpunktes der Highways 270 und 19 liegt bei Milemarker 69 **der längste weiße Sandstrand der Insel.** Meist wachen Rettungsschwimmer über das ruhige Wasser. Ein Imbissstand sorgt für das leibliche Wohl.

Waikoloa Beach Park

Auch hier ist die See ruhig. An dem in der Anaehoomalu Bay (eigene Ausfahrt vom Hwy 19 bei Milemarker 76) links neben dem *Waikoloa Marriott* und dem *Hilton Waikoloa* gelegenen Strand besteht die Möglichkeit, Wassersportgeräte auszuleihen. Windsurfer sind oft zu sehen.

Kealakekua Bay

Wenig einladend sieht der Strand der Kealakekua Bay bei Napoopoo aus, obwohl sich hier sehr gute Schwimmmöglichkeiten bieten. Erheblich schöner präsentiert sich die andere Seite der Bucht, die allerdings praktisch nur vom Boot aus zugänglich ist. Im Nordteil der Bucht befindet sich **eines der besten Schnorchelreviere von ganz Hawaii.**

Green Sands Beach (Papakolea Beach)

Nur zu Fuß erreicht man diesen **grünen Strand** vom South Point aus (Wegbeschreibung siehe Südküste). Dort gibt es zwar weder Toiletten noch Duschen, aber für eine Erfrischung und *Boogie-Boarding* ist der Strand gut geeignet. Aufgrund der Brandung ist Schwimmen nur in begrenztem Umfang möglich.

Punaluu Beach Park

Abseits der Hotels liegt der Punaluu Beach Park nordöstlich von Naalehu. Im ufernahen Bereich bietet der **schwarze Sandstrand** gute Schwimmöglichkeiten. Hier tummeln sich oft Meeresschildkröten.

Darüber hinaus gibt es Strände in unmittelbarer Nähe der Hotels, die jedoch manchmal stärker frequentiert sind.

Aktivitäten

Rundflüge über die Insel

Seit 1983 hat der Vulkan Kilauea eine Dauer-Eruption. Seitdem ist ein **Flug über die flüssige Lava** auf Big Island ein planbares Ereignis. Nirgendwo sonst kann man mit einem derart geringen Risiko das Naturschauspiel so hautnah erleben wie bei einem Hubschrauberflug über die flüssige Lava. Außerdem bekommt man ein Gefühl für das Ausmaß der letzten Vulkaneruptionen, ihr Ver-

◁ Von der Einfahrt zum Waikoloa Beach aus erscheint der 4205 m hohe Mauna Kea gar nicht so hoch

nichtungspotenzial und ihre Fähigkeit, neues Land zu schaffen.

Im Normalfall sieht man flüssige Lavamassen, die sich langsam Richtung Meer wälzen, die Dampfwolke beim Einfließen ins Meer und sogenannte Fenster. Dabei handelt es sich um Löcher in der Decke von Lavaröhren, durch die man direkt auf die rotglühende Lava blickt. Der Kontrast zwischen dem tiefen Schwarz und dem leuchtend heißen Rot ist unbeschreiblich. Je nach Aktivität kann man eventuell auch einen Blick in den Lavasee des derzeit aktiven Vulkankraters namens **Puu Oo** werfen. Die Helikopterfirmen geben keine Garantie, dass diese Naturphänomene auch zu sehen sind, sagen aber ehrlich, was am Vortag oder bei einigen Flügen vorher zu sehen war. Der Autor hat viele Flüge in mehreren Jahren mit verschiedenen Unternehmen mitgemacht und war stets begeistert. Da die Lava-Aktivitäten in der letzten Zeit abgenommen haben, empfiehlt der Autor konkret nachzufragen, ob zum Buchungszeitpunkt flüssige Lava zu sehen ist und die Buchung davon abhängig zu machen. Eine Vorbuchung in Europa über einen Veranstalter ist daher für den Lava-Flug eher nicht ratsam.

Die beste **Flugzeit** ist in den frühen Vormittags- und den späteren Nachmittagsstunden. Die **Preise** liegen zwischen $ 150 und $ 350 je nach Abflugpunkt, Dauer, Unternehmen und Abflugzeit.

Falls eine besonders starke Eruption auftritt, bei der z.B. Lava senkrecht in die Luft geschleudert wird, sind die Helikopter sofort ausgebucht. Ansonsten reicht eine **Buchung** etwa zwei bis drei Tage im Voraus.

Darüber hinaus bieten manche Unternehmen auch **Flüge über die gesamte Insel** an. Aufgrund der Größe von Big Island sind diese Flüge sehr teuer und bieten im Vergleich zu einem Flug auf Kauai weniger Attraktionen für's Geld.

Hubschrauberflüge

Allgemeines zum Thema Hubschrauberflüge in Hawaii steht im Kapitel „Kauai, Aktivitäten".

Flüge zum Vulkan beginnen in der Regel in Hilo. Flüge ab Kona sind meist erheblich teurer. Teilweise gibt es „Internet-Specials". Personen die über 120 kg wiegen müssen zwei Plätze buchen.

Rundflüge kann man mit folgenden **Unternehmen** buchen:

■ **Tropical Helicopters,**
(ab Hilo oder Kona) Tel. 961-6810 oder gebührenfrei 1-866-961-6810, www.tropicalhelicopters.com

Während der Vulkan-Standard-Trip hier ab Hilo ab $ 160 erhältlich ist, gibt es für $ 210 gar den Spezialflug unter dem Motto „Feel the Heat – The ultimate Doors Off Experience" (Spüren Sie die Hitze – Das ultimative Erlebnis ohne Türen). Nicht nur Fotografen – mit warmer, winddichter Kleidung ausgestattet – werden von diesem Flug begeistert sein. Da „Feel the Heat" nicht so oft stattfindet, sollte man eine Woche zuvor bereits wegen eines Termins anfragen.

■ **Sunshine Helicopters,**
Tel. 270-3999 oder gebührenfrei 1-866-501-7738, www.sunshinehelicopters.com

Das Unternehmen bietet von Hilo aus Flüge zum Vulkan und über die ganze Insel an. Wer per Internet bucht, erhält den Flug oft schon für $ 169.

■ **Blue Hawaiian Helicopters,**
Tel. 961-5600 (ab Hilo), www.bluehawaiian.com

Das größte Unternehmen in Hilo bietet die aktuelle Tour als Video und stellt die Touren im Internet als (HD-)Video vor.

■ **Safari Helicopters,**
(Ab Hilo), gebührenfrei unter Tel. 1-800-326-3356, www.safariair.com

Dieses Unternehmen inseriert immer wieder in den überall erhältlichen Werbebroschüren. Wer den mit der Anzeige verbundenen Coupon mitbringt, kann teilweise sogar für $ 100 mit von der Partie sein. Auch wer im Internet voraus bucht, erhält Rabatt. Im Web gibt's auch ein schönes Spiel (siehe „Kauai").

■ **Hawaii Helicopters,**
www.hawaiihelicoptertours.com

Dieses Unternehmen vermittelt Hubschrauberflüge auf allen Inseln.

Ausflüge und Aktivitäten im und auf dem Wasser

Die Wassersportaktivitäten auf Big Island beschränken sich auf den Großraum **Kona** sowie auf die **Kohala-Küste** südlich von Kawaihae.

Bootstouren, Whale Watching und Schnorcheln

Während im Winter auch das **Whale Watching** möglich ist, konzentrieren sich die Aktivitäten in den anderen Jahreszeiten vor allem auf das Schnorcheln. Das meistangesteuerte Ziel ist die Kealakekua Bay.

Die **Tourlänge** variiert zwischen 2½ und 5 Stunden. Meist werden auch Lunchpakete serviert. Soweit nichts anderes angegeben ist, handelt es sich um Ausflugsboote oder Katamarane mit 20 bis 50 Plätzen, teilswerden Touren auf Segelbooten angeboten.

Alle nachstehend mit **Sternchen*** aufgelisteten Unternehmen verleihen meist auf ihren Trips **kostenlos** eine **Schnorchelausrüstung.**

■ **The Body Glove Boat*,**
Tel. 326-7122,
oder gebührenfrei 1-800-551-8911,
www.bodyglovehawaii.com

■ **Captain Dan McSweeny's Adventures,**
Tel. gebührenfrei 1-800-942-5376,
www.ilovewhales.com
(im Winter nur Whalewatching)

■ **Captain Beans' Cruises,**
Tel. 329-2955
(eine Art polynesische Dinnershow auf See)

■ **Captain Zodiac*,**
Tel. 329-3199, www.captainzodiac.com
(nimmt minimal 4, maximal 16 Personen auf seinen Schlauchboot-Touren mit. Im Winter als Kombination: Schnorcheln und Whalewatching)

■ **Fair Wind**
Snorkeling & Diving Adventures*,
Tel. 322-2788
oder gebührenfrei 1-800-677-9461,
www.fair-wind.com

Neben den üblichen Tagestouren bietet Fair Wind auch einen nächtlichen Schnorchel- bzw. Tauch-Trip mit den Mantarochen an. Von der Keauhou Bay in Kona fährt der Katamaran *Hula Kai* kurz vor Sonnenuntergang mit bis zu 40 Passagieren binnen weniger Minuten zum mitten im Wasser gelegenen *Manta Village*. An dieser Stelle tummeln sich die Mantarochen, weil sich hier besonders viel Plankton befindet, das den Rochen als Nahrung dient. Während maximal sechs Taucher am Boden verharren, schauen die Schnorchler von oben auf die Rochen. Unterwasser-Scheinwerfer locken das Plankton an und sorgen für die Beleuchtung. Die Tour dauert ca. 2½ Std. Wenn die Mantas kommen (und das ist meistens der Fall), ist diese Tour ein tolles Erlebnis!

■ **Kamanu Charters***,
Tel. 329-2021, www.kamanu.com
Ein Katamaran, der auch wirklich segelt.
■ **Sea Quest Snorkel & Raft Adventure***,
Tel. 329-7238,
www.seaquesthawaii.com
■ **Atlantis Submarine**,
Tel. 329-6626
oder gebührenfrei 1-800-548-6262,
www.atlantisadventures.com
Bietet eine Fahrt im U-Boot an.

Die Westküste Big Islands bietet nördlich von Kona viele Möglichkeiten, Wassersport zu betreiben, und dabei geht es viel ruhiger zu als auf Maui

Kajakfahren

Siehe dazu Exkurs „Kajaktour".

Gerätetauchen

Neben Molokini und Lanai (erreichbar ab Maui) zählen die Tauchreviere im Bereich Kona-Waikoloa zu den besten der Inselkette. Eine Bootsausfahrt mit zwei Tauchgängen *(Two-Tank Dive)* ist für ca. $ 100 (inklusive Equipment) zu haben.

■ **Big Island Divers**
(Kona) Tel. 329-6068
www.bigislanddivers.com
Es werden nur 6–8 Taucher ins Boot genommen. Neben den Vormittags-Tauchgängen können Sie 2x pro Woche auf Nachttauchgänge gehen – auch auf einen *Manta Ray Night Dive*.
■ **Kona Diving Company**
www.konadivingcompany.com,
Tel. 331-1858 oder gebührenfrei 1-866-463-4836

□ Übersichtskarten S. 220, 260   **Aktivitäten**

Big Island

Surfen und Windsurfen

Auf Big Island hat der Autor nur am **Waikoloa Beach Park** Vermieter von (Wind-)Surfbrettern gesehen. Big Island ist das klassische Angelparadies; zum Surfen gehen die meisten Besucher allerdings nach Maui oder Oahu.

Hochseefischen

Big Island ist das Sportangel-Zentrum von Hawaii. Aus allen Teilen der Welt kommen die Angler hierher, um einen **Blue Marlin** (Schwertfisch) oder einen Thunfisch mit Rekordgewicht aus dem Wasser zu ziehen. Vor allem der Blue Marlin geht in den Gewässern vor Kona in beachtlichen Größen an den Haken. Das größte gefangene Exemplar dieser Schwertfisch-Art soll über 600 kg gewogen haben. Ab $ 650 für den halben Tag kann man das Boot mit Kapitän chartern.

Falls Sie auf Big Island zum *Big Game Fishing* waren, dann senden Sie dem Autor doch bitte einen kurzen Bericht darüber an: info@reise-know-how.de.

■ **Tropical Sun Sportfishing,**
Tel. 960-5900,
www.alohakonafishing.com
■ **Omega Sportfishing,**
Tel. 325-7593, 325-7859 oder 987-9199.
Das Boot wird von *Klaus Kropp,* einem ausgewanderten Deutschen, gesteuert.
■ **Reel Action Light-Tackle Sportfishing,**
Tel. 325-8611
■ **„Sea Wife" Fishing Charters,**
Tel. 329-1806,
www.seawifecharters.com

Parasailing

■ **UFO Parasail,**
Tel. 325-5836,
www.ufoparasailing.com

Aktivitäten auf dem Land

Radfahren

■ **Chris Bike Adventures,**
Tel. 326-4600
■ **Kona Bike Tours,**
Tel. 329-2294
■ **Mauna Kea Mountain Bikes,**
Tel. 885-2091
■ **Velissimo,**
Tel. 327-0087
www.cyclekona.com
Bietet diverse Fahrradtouren auf der Insel an.

Geführte Wanderungen

■ **Hawaii Forest and Trail,**
Tel. 322-8881,
www.hawaii-forest.com

Reiten

■ **Dahana Roughriders,**
Tel. 356-1800 (Waimea)
oder gebührenfrei 1-888-349-7888,
www.dahanaranch.com
■ **Kohala Trailriding,**
Tel. 889-6257 (Kohala-Berge, am Hwy 250)
■ **Waipio on Horseback,**
Tel. 775-7291 (Waipio-Valley),
www.waipioonhorseback.com

Aktivitäten

4

Skifahren am Mauna Kea

■ **Ski Association of Hawaii,**
www.hawaiisnowskiclub.com.
   Auf seiner Website weist der Skiklub sehr informativ auf die Problematik des Schnee-Skifahrens auf Hawaii hin.
■ **Hawaii Ski Guides,**
Tel. 885-4188, www.skihawaii.com.
   Kommerzielle Touren ab $ 250 (plus Tax) pro Person sowie Ski- und Snowboardverleih.

Falls Sie auf Big Island zum (Schnee-) Skilaufen waren, dann senden Sie dem Autor doch bitte einen kurzen Bericht darüber an: info@reise-know-how.de.

Unterkunft

Zur **Wahl der Standorte** Ihrer Unterkunft finden Sie zu Beginn des Kapitels über Big Island nähere Infos.

Hotels

Die Hotels der Insel konzentrieren sich in zwei Zentren und zwar im **Großraum Kona** an der Westküste (einzelne Anlagen nördlich davon) sowie in **Hilo** an der Nordostküste (vor allem entlang des Banyan Drive).

   Während in Hilo die Hotels der unteren Kategorien bis zur gehobenen Mittelklasse zu finden sind, findet man an der Westküste vor allem Häuser der Mittel- bis Ober- bzw. Luxusklasse.

   Zu den besten Häusern der Insel zählen die Resorts nördlich von Kona. In Waikoloa, wo die beiden Hotels *Hilton*

Waikoloa Resort und *Waikoloa Beach Resort* stehen, befindet sich der sonnenreichste Punkt der Insel, wenn nicht gar von ganz Hawaii. In den letzten Jahren fiel hier so gut wie überhaupt kein Niederschlag. Selbst wenn im 30 km entfernten Kona ein Platzregen heruntergeht, scheint hier die Sonne.

   Darüber hinaus stehen auch **Unterkünfte im Bereich des Vulkans** und im **Puna District** zur Verfügung. Das *Volcano House* direkt am Rand des Kilauea-Kraters sowie vor allem die *Kilauea Lodge* im vier Meilen entfernt gelegenen *Volcano Village* sind oft ausgebucht, eine zeitige Reservierung empfiehlt sich also.

■ **Kilauea Lodge** (ab $ 170)
Tel. 967-7366, www.kilaualodge.com.
   Die *Kilauea Lodge* ist die beste Unterkunft am Vulkan. Sowohl die Zimmer als auch die Badezimmer sind sehr geräumig. Das wirklich gute Frühstück ist inklusive. Mitten im Garten steht zwischen den Farnen ein *Hot Tub* (Whirlpool).
   Weitere Adressen am Vulkan siehe auch Kapitel „Am Vulkan".
■ **Hilo Seaside Hotel,**
126 Banyan Drive, **Hilo,**
Tel. 935-0821
oder gebührenfrei 1-800-560-5557,
www.seasidehotelshawaii.com
   Sehr einfaches Hotel an der Kreuzung von Highway 19 und Highway 11 (siehe auch im allgemeinen Teil: Unterkunft/Hotels)
■ **Hale Kai Hawaii,**
111 Honolii Place, **Hilo,**
Tel. 935-6330,
www.halekaihawaii.com
   Dieses B&B liegt am Rande der Hilo Bay gut 2 Meilen nördlich von Hilo City.
■ **Kona Seaside Hotel,**
5646 Palani Road, **Kona,**
Tel. 329-2455

Übersichtskarten S. 220, 260 | **Unterkunft** 285

oder gebührenfrei 1-800-560-5558,
www.seasidehotelshawaii.com

Einfaches Hotel an der Kreuzung zum Alii Drive im absoluten Zentrum (siehe auch „Praktische Tipps/ Unterkunft/Hotels").

Bed & Breakfast etc.

In den Bereichen Kona, Hilo, am Vulkan und im Puna District gibt es einige Alternativen zur Übernachtung im Hotel:

Kona

MEIN TIPP: **Edge of the world,**
www.konaedge.com,
Tel. 328-7424 oder gebührenfrei 1-800 660-8491 (siehe Exkurs „Kona Coffee").

Günstiges aber schönes B&B mitten in einer Kaffeeplantage gelegen.

■ **The Rainbow Plantation,**
P.O. Box 122,
Captain Cook, HI 96704,
Tel. 323-2393,
gebührenfrei vom US-Festland:
Tel. 1-800-494-2829,
www.rainbowplantation.com

Die Inhaber sprechen auch Deutsch.

■ **Merryman's Bed & Breakfast,**
P.O. Box 474,
Kealakekua, Hawaii 96750,
Tel. 323-2276

■ **Areca Palms Estate Bed and Breakfast,**
P.O. Box 489,
Captain Cook, Kona, HI 96704,
Tel. 1-800-545-4390 (gebührenfrei, nur Reservierungen), 323-2276,
www.konabedandbreakfast.com

■ **Bears' Place Guest House,**
72-1071 Puukala Road, Kailua-Kona,

Tel. 990-1383 (Handy) oder 325-7563,
www.bearsplacekona.com

Dieses B&B liegt am Hang nördlich von Kona am Hwy 190 etwas jenseits von Kalaoa; bis Kona sind es knapp 20 Meilen/30 Minuten. Die Besitzer (*Anne Stockel* und ihre Tochter *Nanette*) sprechen auch Deutsch.

■ **Patey's Place,**
75-195 Ala-Ona Ona,
Kailua-Kona 96740,
Tel. 326-7018.

Ähnlich wie *Arnott's Lodge* in Hilo,
www.hawaiihostelsguide.com/Big_Island/Kona/ Hostels/Koa_Wood_Hale_-_Pateys_Place.php

Puna District

MEIN TIPP: **Hale Moana B & B**
Tel. 965-7015,
www.bnb-aloha.com

Das mitten im tropischen Paradies auf etwa 250 m Seehöhe gelegene *Hale Moana* ist der ideale Ausgangspunkt für Touren zum Vulkan, in den Puna District sowie an die Hamakua-Küste, wenn man nicht ständig die Unterkunft wechseln möchte. Es ist abseits vom Verkehr (aber zügig erreichbar) mitten in einem ruhigen Garten gelegen, in dem man praktisch nur die Natur hört: abends Frösche, morgens Vögel. Während es nachts oft regnet, scheint am Morgen meist die Sonne, bevor sich die Wolken am Spätnachmittag wieder zuziehen – tropisch eben.

Die Besitzerin *Petra Wiesenbauer* ist eine ausgewanderte Deutsche, die ihre Insel bestens kennt und die Gäste mit vielen Tipps versorgt sowie jeden Morgen um 8.30 Uhr ein hervorragendes abwechslungsreiches Frühstück serviert. Die insgesamt vier Zimmer beziehungsweise Apartments sind geschmackvoll eingerichtet und in tadellosem Zustand. Auch die Küchen der Ferienwohnungen sind wirklich gut ausgestattet. Es gibt zwar am Vulkan durchaus B&Bs in der gleichen Preiskategorie, aber

Big Island

Unterkunft

4

Unterkunft

bei der Qualität der Ausstattung (manchmal uralte, abgewohnte abgestoßene Möbel) und auch des Frühstücks gibt es gewaltige Unterschiede. Nach Meinung des Autors bietet das *Hale Moana* das beste Preis-Leistungs-Verhältnis der ganzen Ostküste.

Am Vulkan

Mehrere kleine Betreiber mussten ihre B&Bs am Vulkan schließen bzw. verkaufen, weil durch den *Vog* (vulkanischer Smog) viele Besucher ausblieben. Die durchschnittlichen Preise für ein Doppelzimmer pro Nacht beginnen bei $ 100; zum Teil inklusive Frühstück.

■ **The Chalet Kilauea Collection,**
Tel. 967-7786
oder gebührenfrei 1-800-937-7786,
www.volcano-hawaii.com
  Vermittelt Unterkünfte in unterschiedlichen Kategorien.
■ In der Nähe des Nationalparks liegt das **Kipuka Cottage,** das durch seine außergewöhnliche Architektur in Kombination mit geschmackvoller Farb- und Möbelauswahl wohltuend aus dem amerikanisch-hawaiianischen Mainstream heraussticht. Fast zu schade für nur eine Nacht. Weitere Infos im Internet http://kipuka-cottage.squarespace.com.

Hilo

■ **Wild Ginger Inn,**
100 Puueo Street, Hilo, Hawaii 96720,
Tel. 935-5556
oder vom Kontinent: 1-800-882-1887,
http://wildgingerinnhilo.com
■ **Arnott's Lodge,**
98 Apapane Road, Hilo, Hawaii 96720,
Tel. 969-7097, 1-800-368-8752,
www.arnottslodge.com

Arnott's Lodge ist eine Mischung aus B & B und Jugendherberge. Den Liegeplatz für den eigenen Schlafsack gibt's für $ 30 pro Person und Nacht, das Doppelzimmer für knapp $ 50. Es gibt einen *Tenting Lawn*, also einen Zeltplatz.

Hamakua-Küste

■ **Suds' Acres Vacation Rental,**
P.O. Box 277,
Paauilo, Hawaii 96776,
Tel. 776-1611 oder 776-1592
oder 1-800-735-3262
■ **Palms Cliff House Inn,**
Tel. 1-866-964-6076 (gebührenfrei),
www.palmscliffhouse.com
  Ein (im positiven Sinne!) sehr ungewöhnliches *Bed & Breakfast* ist das ruhig gelegene *Palms Cliff House Inn* in der Nähe der Akaka Falls mit seinen acht jeweils sehr großen, hochwertig eingerichteten Gästezimmern. Das Frühstück ist hervorragend, zumal die frischen Ananas aus dem eigenen Garten hinter dem Haus stammen. In einigen Räumen sind sogar private Whirlpools vorhanden, von denen aus man im Winter oft die Wale in der Bucht beobachten kann.

Camping

Mit Einschränkungen ist Camping auf Big Island durchaus möglich. Es gibt dort zwar eine Vielzahl von Campingplätzen, aber nicht alle sind besonders idyllisch oder ruhig gelegen. Auch die sanitären Einrichtungen lassen oft mehr als zu wünschen übrig, und frisches Trinkwasser muss in vielen Parks selbst mitgebracht werden.

Dennoch ist die Übernachtung auf vier Plätzen empfehlenswert. Sie verfügen über Wasser und akzeptable Sanitäreinrichtungen, die drei Plätze am Strand sogar über Kaltwasserduschen.

Die Übernachtung auf dem Platz im Nationalpark kostet einen kleinen Betrag und ist nur mit entsprechender *Permit* möglich. Die unbedingt notwendige Erlaubnis für die *State Parks* gibt's für $ 6 pro Nacht und Nase. Das Prozedere zum Erlangen dieser Erlaubnis hat sich öfter kurzfristig geändert. Camping in *State Parks* kostet mittlerweile generell $ 21 pro Person und Nacht.

Vor Ort gibt es folgende **Anlaufstellen**:

Für alle Parks

■ **Department of Parks and Recreation County of Hawaii,**
101 Pauahi Street, Suite 6,
Hilo, Hawaii 96720,
Tel. 961-8311

■ **Namakani Paio Campground**
Der Campingplatz im *Hawaii Volcanoes National Park* liegt unmittelbar am Hwy 11, etwa vier Meilen südwestlich vom Visitor Center. Der kleine, schön im Wald gelegene Platz ist bekannt für häufigen Nieselregen – meist in der zweiten Nachthälfte oder am Morgen. Hier oben ist es erheblich kühler als an der Küste. Morgens kann es hier durchaus 10 °C kühl sein. Ein Campsite kostet je nach Lage $ 10 oder $ 15 pro Nacht. Allerdings war der Campingplatz bei Redaktionsschluss bereits seit geraumer Zeit aus Sicherheitsgründen gesperrt. Infos finden Sie unter www.nps.gov/havo, und dort auf „Plan your Visit" und „Camping" klicken.

■ **Punaluu County Beach Park**
Am ziemlich einsam in unmittelbarer Nähe des schwarzen Strandes gelegenen Campingplatz von Punaluu sollte man ausschließlich windfeste Zelte aufstellen. Hier scheint tagsüber fast immer die Sonne. Etwas störend ist manchmal die hohe Luftfeuchtigkeit.

■ **Spencer Beach County Park**
Dieser Campingplatz war früher einmal der Treffpunkt der Aussteiger, die hier in einer Gegend, in der das Wort „Regen" fast ein Fremdwort ist, auf Dauer wohnten. Weil diese Camper bekannt waren für ihre lautstarken Feste, hatte der Park früher einen eher schlechten Ruf.

Das hat sich längst geändert, denn Wachpersonal sperrt um 22 Uhr die Parkzufahrt ab und kontrolliert die *Camping Permits*. Aufgrund des ausgesprochen schönen Strandes ist der Spencer Beach Park einer der besten und einer der beliebtesten Campingplätze von ganz Hawaii.

■ **Keokea Beach County Park**
Ziemlich weit abseits liegt dieser Campingplatz ganz im Norden der Insel. Von hier bis nach Kona muss man mit gut 80 Minuten Fahrt rechnen. Vom Campingplatz aus ist das Meer nicht sichtbar. Dazu muss man zuerst über einen kleinen Hügel klettern. Wegen der starken Brandung und der Strömungen ist Schwimmen hier nicht zu empfehlen, und wegen der Nordküstenlage regnet es hier öfter. Manchmal gibt es für den Ruhe suchenden Touristen am Wochenende Probleme mit Einheimischen, die mit viel Krach nachts noch Feste feiern.

■ **State Parks**
Die Campingplätze in den *State Parks* lassen sich **online** reservieren: https://hawaiicounty.ehawaii.gov/camping/welcome.html.

Manta Ray vor der Westküste nördlich von Kona

Überblick | 291

Aktivitäten | 306

Infrastruktur | 293

Rund um die Insel | 296

Strände | 306

Unterkunft | 306

5 Molokai

Auf Molokai heißt es, gleich zwei Gänge zurückzuschalten. Aufgrund der nur relativ schwach ausgebildeten touristischen Infrastruktur ist hier alles noch viel ursprünglicher – und tolle Natur gibt's noch obendrauf.

◁ Die Nordküste Molokais ist bis auf einen kleinen Teil eine reine Steilküste. Im Hintergrund ist die vorgelagerte Halbinsel Makanalua (Kalaupapa) zu sehen

MOLOKAI

Die Meinungen über Molokai gehen stark auseinander: Die einen lieben es, weil es dort nur eine **sehr schwach etablierte touristische Infrastruktur** gibt, die anderen mögen es aus exakt den gleichen Gründen überhaupt nicht. Wer nach Molokai reist, der sollte nicht nur einen, sondern gleich zwei Gänge herunterschalten, denn hier geht alles sehr entspannt zu. Wer für eben schnell drei Tage nach Molokai fährt/fliegt, der wird sicherlich die touristischen Highlights mehr als ausgiebig kennenlernen können, aber andererseits wird vielleicht dabei auch ein gewisses Gefühl von Langeweile aufkommen, weil in Molokai wirklich gar nichts los ist – und das kann (muss aber nicht) äußerst faszinierend sein.

NICHT VERPASSEN!

- Ein Dorf als Inselhauptstadt: **Kaunakakai** | 296
- Vorbei an Fischteichen zum **Halawa Valley** | 298
- Blick auf die Halbinsel Maukanalua und die Steilküste vom **Kalaupapa Lookout** aus | 301
- Wilde Natur im **Kamakou Preserve** | 303

Diese Tipps erkennt man an der **gelben Hinterlegung.**

Überblick

Auf Molokai geht es ruhig und gemächlich zu. Wer **Ruhe** in angenehmer Umgebung bei akzeptablen Preisen sucht, kommt auf der Insel mit dem Beinamen *The friendly Island* (die freundliche Insel) sicherlich auf seine Kosten.

◩ Molokais Nordküste
ist von steilen Klippen geprägt

Infos
- **www.gohawaii.com/molokai**
  offizielle Seite der *Molokai Visitors Association*
- **www.visitmolokai.com**
  kommerzielle, aber gut bestückte Seite
- **www.molokai.com**
  nicht immer ganz aktuelle, recht individuell gestaltete Kommerz-Seite
- **http://molokai-aloha.com**
  sehr umfangreiche Link-Sammlung zu vielen verschiedenen Themen

Molokai ist auch die Insel, die von der **Mentalität** her dem ursprünglichen Hawaii am nächsten kommt. Das könnte sich allerdings in den nächsten Jahren

Molokai

- **Übernachtung**
1 Papohaku County Beach Park
2 Kenanikai Resort
3 Hotel Molokai
4 One Alii County Beach Park
5 Puu o Hoku Ranch

beachtlich ändern, wenn die *Molokai Ranch* ihre touristischen Expansionspläne wahr macht. Da die entsprechenden Pläne jedoch bereits seit gut zehn Jahren bestehen und bisher nie umgesetzt wurden, bleibt Molokai wohl noch eine Weile viel ursprünglicher als der Rest von Hawaii.

Molokai liegt zwischen Maui und Oahu; nach Maui sind es 14 km, nach Oahu 47 km und nach Lanai ebenfalls 14 km. Zusammen mit Lanai befindet sich Molokai etwa in der Mitte der acht Hauptinseln. Mit einer Gesamtfläche von 676 Quadratkilometern ist es die fünftgrößte Insel des Archipels. Damit ist Molokai etwas kleiner als das Bundesland Hamburg (748 km^2). Die langgestreckte Insel weist eine maximale Ausdehnung in Ost-West-Richtung von 61 km und in Nord-Süd-Richtung von 16 km auf. Hier leben knapp 8000 Einwohner. Ein Teil sind Pendler, die täglich mit der Fähre zur Arbeit nach Maui fahren oder (in sinkender Anzahl) zur Arbeit nach Honolulu fliegen. Wie auch Lanai gehört Molokai zum **Maui County**, dem Bezirk Maui. Gerade einmal 52.000 Besucher kamen im Jahr 2010 auf die Insel.

Höchster Berg ist der **Kamakou** mit 1512 m Höhe. An der Nordküste befindet sich in der Nähe des **Umilehi Point** die **höchste Meeresklippe der Welt** mit einer über 1000 m hohen, senkrechten Wand. Der langgestreckte Teil der Insel besteht aus zwei schlafenden Vulkanen. Die **Kalaupapa-Halbinsel** entstand durch einen separaten, erheblich späteren Vulkanausbruch. Während Ost-Molokai bergig ist, zeichnet sich der Westen durch eine relativ flache Landschaft aus. Im Westen befinden sich auch die schönen Strände.

Obwohl Molokai über einige schöne Strände, unter anderem den längsten

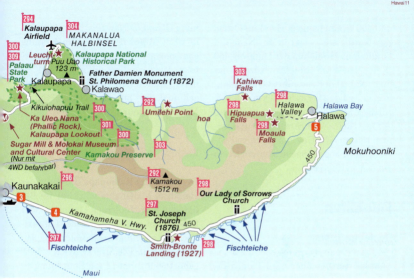

weißen Strand von ganz Hawaii, verfügt, sind nur wenige Möglichkeiten zum Baden im Meer vorhanden. Daher entfällt das Unterkapitel Strände.

Die **touristische Infrastruktur** ist kaum entwickelt. Zwar weisen die Hotels den für ihre Preiskategorie üblichen (oder gar einen besseren) Standard auf, aber es gibt hier kaum Veranstalter von Aktivitäten.

Klima

Während Molokais Nordküste meist wolkenverhangen ist, zeigt sich die Westküste fast immer in strahlendem Sonnenschein. Je weiter man von Westen nach Osten kommt, um so üppiger wird die Vegetation, und es regnet deutlich häufiger. Vor allem im bergigen, östlichen Drittel der Insel sind Niederschläge keine Seltenheit.

Zeitplanung

Auf Molokai fällt die Zeitplanung leichter als auf den anderen Inseln. Man benötigt jeweils etwa einen Tag für die Tour zum **Halawa Valley** und für die **Halbinsel Kalaupapa (Makanalua)**. Bei einem Bad an den Stränden der Westküste kann man den Tag ausklingen lassen. Alle weiteren Tage dienen dann als Bade- und Ruhetage.

Infrastruktur

Straßen

Lebensader von Molokai sind die im Hauptort **Kaunakakai** aufeinander treffenden Highways 460 (Maunaloa Hwy zum Halawa Valley) im Westen und 450 (Kamehameha Hwy) im Osten. Zur Nordküste zweigt in der Nähe des **Flughafens Hoolehua** der Highway 460 (Kalae Hwy) ab. Eine Stichstraße namens Kaluakoi Road führt vom Maunaloa Hwy zu den Stränden der Westküste. All diese Straßen sind geteert. Es gibt auf der Insel keine Verkehrsampeln und keinen *McDonald's*. Das einzige einer Fast-Food-Kette angehörige Restaurant ist ein *Subway* in Kaunakakai.

Flughäfen

Hoolehua Airport

Molokai verfügt über zwei Flughäfen. Für den Flugverkehr zwischen den Inseln ist nur der Hoolehua Airport (Flughafen-Code: MKK) von Bedeutung. Er kann von Propellermaschinen und kleinen Jets angeflogen werden. Da es keine Tankstelle für Flugzeuge in Hoolehua gibt und die Landebahn für Langstreckenflugzeuge zu kurz ist, wird die Insel nicht nonstop vom Festland angeflogen, aber es gab immer wieder Bestrebungen, dieses Infrastruktur-„Manko" zu beseitigen. Die im MKK-Verkehr eingesetzten Turboprop-Maschinen nehmen aus Gewichts- und Platzgründen nur Normgepäckstücke, aber nur eingeschränkt Sondergepäck (Kajaks, Surfboards, Fahrräder etc.) mit.

Flugrouten

Dreimal täglich fliegt *Empire Airways* mit 50-sitzigen Propellermaschinen des Typs ATR-42 unter einer *Hawaiian-Air*-Flugnummer (mit der Zusatzbezeich-

nung *Ohana by Hawaiian*) von Honolulu nach Molokai, wobei die Buchung ganz normal über *Hawaiian Airlines* erfolgt. *Mokulele* fliegt mit erheblich kleineren Maschinen, dafür aber knapp zehnmal am Tag die Strecke HNL – MKK und retour.

Kalaupapa Airfield

Der **Flugplatz Kalaupapa** (LUP) auf der Halbinsel Makanalua wird nur im Bedarfsfall von Hoolehua, Honolulu oder Kahului aus mit Charter- oder Lufttaxi-Diensten angeflogen. Ein fester Flugplan besteht nicht. Die Strecke MKK – LUP gehörte mit ihren 14 km Entfernung zu den fünf kürzesten Linienflugstrecken, bevor *Pacific Wings* diesen Liniendienst mit einstellte.

Hafen und Fähre

Der Hafen von Molokai liegt in **Kaunakakai.** Von hier aus startet mehrmals pro Woche eine Fähre **nach Lahaina** auf **Maui** (Fahrzeit: 90 Minuten). Der Fahrpreis beträgt knapp $ 70 (oneway) inklusive zwei Handgepäckstücke; zusätzliches Gepäck schlägt mit jeweils $ 15 pro Stück zu Buche (bis 45 kg). **Achtung:** Die Fähre nimmt keine Gegenstände mit, die länger als 9 ft (etwa 2,70 m) sind.

■ **Infos:** Tel. 667-9266, www.molokaiferry.com

Das Problem der Fährverbindung ist weniger das relativ kleine Schiff, das bei starkem Seegang die Wellenbewegungen voll mitmacht, sondern mehr die Logistik drumherum sowie die damit verbun-

Entfernungen von Kaunakakai

	Entfernung (Meilen)	Fahrzeit ca. (Std:Min)
Kapukahehu Beach	25	0:45
Kaluakoi Resort	20	0:30
Mauna Loa	17	0:25
Hoolehua Airport	7	0:10
Palaau State Park	11	0:20
Halawa Valley	27	2:00

denen **Kosten:** Da eine Automiete für 5 Tage meist genauso viel kostet wie für eine Woche, kann es sinnvoll sein, den Mietwagen zwei Tage ungenutzt am Hafen in Lahaina auf Maui stehen zu lassen. Diverse Parkplätze bieten hier bis zu 72 Stunden Parken für $ 35 an. In punkto Stressfreiheit dürfte diese Variante (Auto auf Maui parken und mit der Fähre sowie kleinerem Gepäck nach Molokai fahren) mittlerweile gegenüber einer Flugverbindung für die meisten Reisenden vorteilhafter sein.

Verkehrsmittel

Mietwagen

Das einzig sinnvolle Verkehrsmittel für Individualreisende, die die Insel erforschen möchten, ist der **Mietwagen.** Von den großen Vermietern hat nur *Alamo* eine Niederlassung auf Molokai – und zwar am Flughafen. Eine Alternative zu den Autovermieter-Ketten ist der lokale Anbieter *Island Kine* in Kaunakakai (Tel. 336-0670 oder 336-0017, www.molokai-car-rental.com). **Achtung:** Versicherun-

gen schon bei der Buchung genau prüfen! Da schon so mancher Mieter auf *Dirt Roads* (ungeteerte Straßen) die Fahrzeuge beschädigt hat, sollte man den Wagen auf Molokai vor jeder Anmietung auf Schäden (auch auf der Unterseite) untersuchen und diese dokumentieren lassen. Bei Rückgabe empfiehlt es sich, eine Bestätigung der Schadenfreiheit einzuholen.

Bei entsprechender Reservierung und einer vorherigen Rückbestätigung holen die Autovermieter auf Molokai ihre Kunden mittlerweile am Hafen ab bzw. bringen sie zurück.

Wer allerdings die Fähre früh morgens nimmt, muss das Fahrzeug am Abend vorher zurückgeben und am Abend sowie am Morgen mit dem Taxi fahren. Nach entsprechender mündlicher Vereinbarung kann man auch das Auto zum Flughafen bringen und den Schlüssel im Auto stecken lassen. Die Vermieter praktizieren dies hier öfter, und anscheinend kommt es nicht zu Problemen, aber ein gewisses Restrisiko bleibt. Andererseits sperren viele Bewohner Molokais niemals ihre Haustüren ab …

Vom Flughafen zur Fähre chauffiert *Heli Mai Taxi* (Tel. 336-0967, www.mo

lokaitaxi.com) die Gäste inklusive Gepäck nach vorheriger Reservierung für etwa $ 27.

Praktisch ist die Buchung eines **Komplettpakets** aus Fähre, Übernachtung und Mietwagen – z.B. über die Internetseite der Fähre (www.molokaiferry.com).

Wer seinen Urlaub mit einigen ruhigen Tagen im Hotel am Strand ausklingen lassen möchte, der kann sich mit dem Taxi oder dem eventuell vorhandenen Hotel-Shuttlebus vom Flughafen abholen bzw. dorthin zurück bringen lassen.

Rund um die Insel

Für Ausflüge empfiehlt sich stets die Mitnahme eines **Lunchpakets,** denn nur in Kaunakakai und Maunaloa sowie den Hotels gibt es Läden oder Restaurants.

Kaunakakai und Umgebung

Kaunakakai wird offiziell als **Hauptstadt** von Molokai bezeichnet. In Wirklichkeit ist Kaunakakai ein Dorf im Wildweststil, in dem sich Fuchs und Hase gute Nacht sagen. Ein paar Läden, eine Bäckerei, ein paar sehr einfache Restaurants, ein Münzwaschsalon, Feuerwehr, Polizei, Post, Tankstelle, ein kleines Verwaltungsgebäude, ein Mini-Krankenhaus und dazu einige Wohnhäuser – das ist Kaunakakai.

▷ Farmers Market in Kaunakakai

Einkaufen

Die wohl besten Einkaufsmöglichkeiten Molokais gibt es in **Kaunakakai:** Lebensmittel im *Friendly Market,* Obst und Gemüse bei *Outpost Health Food* und Alkoholika bei *Molokai Wine and Spirits.*

Essen und Trinken

Im **Laden** von *Outpost Health Food* (Tel. 553-3377) könnte man fast den winzig kleinen *Lunch Counter* übersehen, sollte man aber nicht. Hier gibt es qualitativ hochwertige, sehr kreative Sandwiches für Vegetarier und Pseudo-Meat-Lovers. Die rein vegetarische Küche bietet für jeweils um die $ 5 auch 100 % vegetarischen „Turkey", „Chicken" oder „Meatloaf" (normalerweise ein Fleischkloß, also Hackfleisch mit Gewürzen, ähnlich unserem „Falschen Hasen") an. Leider nur Sonntag bis Freitag von jeweils 9 bis 15 Uhr geöffnet.

Samstags ab 8 Uhr findet in Kaunakakai ein **Farmers Market** statt.

Sehenswertes

In der Nähe der Hafenmauer wohnte einst König *Kamehameha* in einem Gebäude namens **Malama.** Am westlichen Ortsausgang steht ein **Wald aus Kokospalmen,** und gegenüber liegt die **Church Row** – eine Ansammlung kleiner Kirchen verschiedener Glaubensrichtungen.

Schräg gegenüber der Tankstelle am Highway 460 in Kaunakakai befindet sich neben der Zufahrt zum Hafen das Büro der **Molokai Visitors Association** (Tel. 553-3876).

Nachtleben

Östlich von Kaunakakai liegt zwischen Meer und Straße das urige Hotel *Molokai* (Tel. 553-5347, www.hotelmolokai.com), in dem auch die Einheimischen gerne auf einen Drink oder zum Essen einkehren. Im zu allen Seiten hin offenen Restaurant *Hula Shores* gibt es für $ 20 das Dinner (Lunch unter $ 10) zu Live-Musik. Pünktlich um 18 Uhr findet das *Torch Lighting* (anzünden der Fackeln) statt, danach beginnt die allabendliche musikalische Unterhaltung – freitags übrigens mit richtig guter hawaiianischer Musik, ansonsten eine eher internationale Musik mit (leicht) hawaiianischen Elementen. Im Hotel Molokai findet quasi das Nachtleben der Insel statt.

Von Kaunakakai zum Halawa Valley

Südküste

Entlang der Südküste kann man immer wieder **Steinwälle** im Meer entdecken, die etwa die Form eines Rechtecks mit abgerundeten Ecken haben und eine Diagonale von bis zu einem Kilometer aufweisen. Es handelt sich dabei um **Fischteiche,** die vermutlich bereits im 13. Jahrhundert von den polynesischen Siedlern angelegt wurden.

Etwa zehn Meilen östlich von Kaunakakai steht auf der *Makai*-Seite (zum Meer hin) die **St. Joseph Church,** eine der beiden Kirchen, die *Father Damien*

Father Damien

Ende des vorletzten Jahrhunderts war Molokai bekannt für seine große Lepra-Kolonie. Am 6. Januar 1866 wurden die ersten Aussätzigen auf der Halbinsel Makanalua (übersetzt: *das gegebene Grab*) isoliert. Im Jahr 1873 kam der belgische Priester *Father Damien de Veuster* auf die Halbinsel, um sich um die Kranken zu kümmern, die bis dahin in sehr schlechten sozialen, hygienischen und sanitären Verhältnissen lebten. Weil erst in den 40er Jahren des letzten Jahrhunderts mit den Sulfonamiden und den Antibiotika ein Mittel gegen Lepra (im Englischen auch *Hansens's Desease* genannt) erfunden wurde, war die Halbinsel für die Aussätzigen sozusagen ein Gefängnis auf Lebenszeit. *Father Damien* half den Kranken, mit ihrer Situation fertig zu werden, und leitete sie an, mit ihm gemeinsam Fel-der zu bestellen und Häuser, eine Kirche sowie eine Wasserversorgung zu bauen.

1889 starb *Damien* an den Folgen der Krankheit im Alter von nicht einmal 50 Jahren. Die amerikanische Literatur spricht daher oftmals vom „Märtyrer von Molokai". Im Juni 1995 erfolgte in Brüssel die Seligsprechung *Father Damiens* durch *Papst Johannes Paul II.* im Rahmen seines Belgienbesuches und am 11.10.2009 die Heiligsprechung durch *Papst Benedict XVI.*

Ende 2011 lebten nur noch rund 15 Menschen auf der Halbinsel – die meisten von ihnen zwischen 50 und 80 Jahre alt. Weil durch die modernen Medikamente keine Ansteckungsgefahr mehr besteht, können sie die Halbinsel nach Belieben verlassen, aber auch wieder zurückkehren. Im Jahr 1980 wurde Makanalua zum *National Historic Park* erklärt und damit unter die Verwaltung des Innenministeriums in Washington gestellt (Tel. 567-6802, www. nps.gov/kala).

(zur Person s. gleichnamigen Exkurs) Ende des letzten Jahrhunderts baute.

Etwas weiter westlich, ganz in der Nähe der Kirche, erinnert ein unspektakuläres **Denkmal** an *Ernest Smith* und *Emory Bronte*, die hier im Jahre 1927 nach einer Crashlandung an Land gingen. Ihnen gelang es, den ersten Flug von Kalifornien nach Hawaii durchzuführen.

Kurz darauf passiert man die *mauka* (landeinwärts) gelegene **Our Lady of Sorrows Church,** ebenfalls von *Father Damien* gegen Ende des 18. Jahrhunderts erbaut.

Im weiteren Verlauf der Straße eröffnet sich nach ca. 7 Meilen der Blick auf **Mokuhooniki,** eine Felsinsel, die im zweiten Weltkrieg als Bombenziel diente.

Halawa Valley

Schließlich wird die Straße immer enger und windet sich zum **Halawa Valley Lookout** und von dort aus hinunter ins Halawa Valley. Es handelt sich dabei um das einzige der Nordküsten-Täler im Osten Molokais, das mit dem Auto erreichbar ist.

Wanderung

Ein paar hundert Meter vor der Küste beginnt neben einer kleinen Kapelle der Wanderweg zu den 75 m hohen **Moaula Falls** sowie den kleineren **Hipuapua Falls.** Die Wanderung führt an überwucherten Terrassen mit ehemaligen Tarofeldern, Guavenhainen und Ingwerpflanzen vorbei. Das Monopol auf diese Wanderung hat die *Molokai Fish & Dive Company* (siehe „Aktivitäten"). Die Tour dauert insgesamt 5 Stunden. Bei der Wanderung handelt es sich um einen *Cultural Hike.* Da der *Guide* nicht nur fest in der hawaiianischen Kultur verwurzelt ist – er baut z.B. im Halawa Valley Taro an – sondern auch ein guter Erzähler, dürften Freunde der hawaiianischen Kultur hier wirklich auf ihre Kosten kommen.

Westküste

Maunaloa

Von Kaunakakai führt der Highway 460 durch relativ unattraktive Weidegebiete Richtung Westen bis nach Maunaloa. Der noch ziemlich verschlafene Ort befindet sich fest in der Hand der **Molokai Ranch** bzw. von *Molokai Properties Limited,* die über ein Drittel der Inselfläche besitzen. Da die Entwicklungsbzw. Baupläne der *Molokai Ranch* nicht genehmigt wurden, schloss *Molokai Properties Limited* schließlich im Jahr 2008 die gesamte Ranch: ein herber Verlust für die Touristen und ein Desaster für den Arbeitsmarkt der Insel, weil der größte Teil der Jobs auf der Insel als Cowboy/Paniolo, Buchhalter, Kellner, Empfangsdame, Koch, Hausmeister, Fahrer, Tourguide etc. verloren ging.

In Maunaloa befindet sich die *Big Wind Kite Factory,* ein **Drachen-Laden** mit angegliederter Manufaktur, in der man den Drachenbauern bei ihrer Arbeit über die Schulter schauen kann. Tel. 552-2364, www.bigwindkites.com.

Knapp zwei Meilen vor Maunaloa zweigt vom Hwy 460 die Kaluakoi Road ab, die zum seit Jahren geschlossenen *Kaluakoi Resort* an der Westküste führt, dessen Golfplatz und Hotelanlage sichtbar verwildert und damit aufgrund des morbiden Charmes schon wieder fast sehenswert ist.

Strand

Vom *Kaluakoi Resort* aus geht es auf enger, aber geteerter Straße mehr oder minder parallel zur Westküste Richtung Süden bis zur **Kaunala Bay.** An mehreren Stellen zweigen Stichstraßen zum Strand hin ab – so auch zum **Papohaku Beach,** dem mit knapp 5 km Länge **größten weißen Sandstrand der Inselkette.** Wegen der starken Brandung ist Baden hier allerdings nur im Sommer möglich – und dann auch nicht immer. Dafür kommen die Surfer um so mehr auf ihre Kosten. Fährt man die Straße bis zum Ende, kommt man an einen relativ geschützt gelegenen kleinen Strand, an dem auch gute Bademöglichkeiten bestehen. Im Gegensatz zu den benachbarten Stränden gibt es hier keine Duschen.

Nordküste

Vier Meilen westlich von Kaunakakai zweigt der Highway 470 vom Maunaloa Hwy in nördlicher Richtung ab.

Kualapuu und Coffees of Hawaii

Nach zwei Meilen erreicht man Kualapuu, den zweitgrößten Ort der Insel.

An der Kreuzung zum Highway 480 sind die Gebäude der Kaffeeplantage nicht zu übersehen. Hier wurde innerhalb weniger Jahre eine der jüngsten Kaffeeplantagen Hawaiis aus dem Boden gestampft, wobei das Unternehmen vom Anbau über die Röstung bis zum Verkauf alles in Eigenregie durchführt. Zwischen 8 und 17 Uhr haben Sie die Möglichkeit, im Rahmen einer *Self-Guided Tour* einen Blick auf die **Kaffeeproduktion** zu werfen und mehr über die Geschichte des Kaffees auf Hawaii zu erfahren. Im *Plantation Store* kann man die beiden hier angebauten Kaffeesorten probieren, *Merchandising*-Produkte der Kaffee-Plantage und Kunstwerke von über 30 einheimischen Künstlern bewundern.

Im angegliederten **Restaurant** kann man ein *Lunch* einnehmen.

■ **Coffees of Hawaii, Inc.,**
Kualapuu,
Tel. 567-9023,
gebührenfrei: 1-800-709-BEAN,
www.coffeesofhawaii.com

Sugar Mill und Molokai Museum and Cultural Center

Fährt man weiter Richtung Norden, liegt nach zwei Meilen linkerhand die *Rudolph Wilhelm Meyer Sugar Mill*. Mit einer jährlichen Maximalproduktion von 50 t war sie von 1878 bis 1889 Hawaiis kleinste **Zuckerfabrik.** War die Anlage zu Beginn des Wiederaufbaus 1972 nicht viel mehr als eine Ruine, so sind die Muli- und dampfbetriebenen Maschinen heute wieder voll funktionsfähig und können auf einer geführten Tour (täglich außer Sonntag) besichtigt

werden. Der Mühle angeschlossen ist das **Molokai Museum and Cultural Center,** das sich in ständig wechselnden Ausstellungen vor allem mit der Geschichte der Insel auseinandersetzt. Hier gibt es auch Informationen über Wanderungen auf Molokai.

■ **Molokai Museum and Cultural Center,**
Tel. 567-6436,
geöffnet Montag bis Samstag
von 10 bis 14 Uhr,
Eintritt: $ 3 (Kinder/Jugendliche bis 18 J. $ 1)

Palaau State Park

Am Ende des Hwy 470 liegt bereits bei MM 5,7 der Parkplatz des Palaau State Parks. Von hier aus führen kurze Pfade zum Phallic Rock und zum Kalaupapa Lookout.

Der **Phallic Rock** (Phallus-Felsen) trägt seinen Namen zu Recht, allerdings sollen die alten Hawaiianer bei der Formgebung noch etwas nachgeholfen haben. Um diesen Stein ranken sich verschiedene Sagen. Während der einen Sage zufolge eine Frau beim Berühren des Steines augenblicklich schwanger wird, ist der Felsen einer anderen Sage zufolge in der Lage, unfruchtbare Frauen

▷ Phallic Rock

und Männer wieder fruchtbar zu machen. Rund um den Felsen finden Sie weitere Steingebilde mit ungewöhnlichen Formen.

Der zweite Pfad führt vom Parkplatz zum **Kalaupapa Lookout,** von dem man einen guten Ausblick auf die ehemalige Leprakolonie hat. Die Ortschaft Kalaupapa liegt am Westrand der Halbinsel Makanalua, direkt unterhalb der hier 600 m hohen Steilküste. Oft wird auch die gesamte Halbinsel (und nicht nur die Ortschaft) als **Kalaupapa Peninsula** bezeichnet.

Purdy's Natural Macadamia Nut Farm

Fährt man in Kualapuu nach Westen auf den Highway 480 ab, so biegt nach ca. einer Meile in Hoolehua direkt vor der *High School* eine Straße nach rechts ab, an der *Purdy's Natural Macadamia Nut Farm* liegt. Bei einem Rundgang kann man sich hier über den Anbau der *Macnuts* kundig machen und die Nüsse sowie Macademiablüten-Honig probieren.

■ **Purdy's Natural Macadamia Nut Farm,** Tel. 567-6601, www.molokai.com/eatnuts, geöffnet Montag bis Freitag von 9.30 bis 15.30 Uhr, samstags von 10 bis 14 Uhr.

Hoolehua

Folgt man dem Highway 480 weiter nach Westen, gelangt man nach kurzer Zeit an die Kreuzung mit der Verbindungsstraße zum Highway 460. An dieser Straße liegt das **Postamt von Hoolehua,** das mit einer etwas ungewöhnlichen **Aktion**

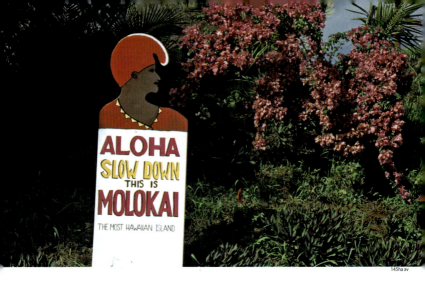

für Aufsehen sorgt: Die US-Touristen werden hier ermuntert, ihre Urlaubsgrüße nicht auf gewöhnlichen Postkarten, sondern auf Kokosnüssen zu versenden. Und damit man sich nicht die Mühe machen muss, selbst Kokosnüsse zu sammeln, bekommt man sie im Postamt gratis ausgehändigt. *Smiles guaranteed* versichert der Werbezettel des Postamts. Diese Idee „Made in Molokai" fand so großen Anklang, dass sie auch auf den anderen Inseln kopiert wurde.

▷ Auf Molokai scheinen die Uhren langsamer zu ticken

Moomomi Bay

Kurz hinter der Kreuzung wird der Highway 480 zur *Dirt Road*. Folgt man ihm bis zum Ende, gelangt man zur Moomomi Bay. Selbst bei Trockenheit ist diese Straße wegen ihres mehr als nur schlechten Zustands kaum ohne Allradfahrzeug befahrbar. Nach Ansicht des Autors lohnen sich Aufwand und Strapazen für einen Besuch der Bucht nicht. Darüber hinaus erlauben auch die Autovermieter das Befahren dieser *Dirt Road* nicht.

Täler der Nordküste

Die Nordküste selbst ist auf dem Landweg unzugänglich. Von der Seeseite her sind einige Täler in beschränktem Umfang begehbar. Je nach Tal steht man nach 50 bis 300 m Fußweg vor den steilen Felswänden. In den oberen Teilen einiger Wände konnte eine Pflanze namens **Alua** überleben. Um die *Alua* vor dem Aussterben zu bewahren, kommen einmal jährlich Wissenschaftler hierher, die sich an den Felsen abseilen, um die in Felsnischen sitzenden letzten *Aluas* zu bestäuben.

Sehr beeindruckend ist auch ein **Hubschrauberflug** entlang der Nordküste und zum **höchsten Wasserfall, Kahiwa Falls** (530 m hoch), **der Inselkette.** Derartige Flüge werden von Maui aus durchgeführt, sind aber alles andere als preisgünstig.

Kamakou Preserve

Vom Mauna Loa Highway (Hwy 460) zweigt bei MM 3,8 direkt beim Schild *Homelani Cemetry* eine Straße ins Landesinnere ab, die unmittelbar hinter dem Friedhof zur *Dirt Road* und im weiteren Verlauf zu einer regelrechten Holperpiste wird. Diese definitiv nur mit einem guten Allradfahrzeug (Jeep etc.) befahrbare „Straße" führt zu einem ganz anderen Molokai: in das *Kamakou Preserve*, das die Einheimische nur als **Nature Reserve** bezeichnen.

Das *Kamakou Preserve* ist zu größten Teilen noch im gleichen Zustand wie vor der Ankunft der ersten polynesischen Siedler. Hier leben im Regenwald unter anderem die *Pueo* genannte **hawaiianische Eule,** der *Apapane* (Vogel mit sehr langem Schnabel zum Aussaugen des Blütennektars) und die Spinnenart *Happy Face Spider*.

Auf der 16,8 Meilen langen Piste vom Hwy 460 bis zum Trailhead verändert sich die Landschaft entscheidend. Im trockenen unteren Teil, der früher einmal meist landwirtschaftlich genutzt wurde, bestimmen *Kiawe*-Bäume und von den Siedlern mitgebrachte Gräser die Landschaft, die allesamt sehr anfällig für Buschfeuer sind. 5,6 Meilen hinter dem Abzweig vom Highway gelangt man in das *Molokai Forest Reserve* mit seinen

118ha av

hohen Pinien-, Eukalyptus- und Eisenholzbäumen. Diese Bäume wurden in den 1930er Jahren gepflanzt, um den Wasserhaushalt der Insel zu verbessern, nachdem Nutztiere wie Rinder und Ziegen im 19. Jh. die ursprüngliche Vegetation stark vermindert hatten. 9,7 Meilen nach dem Verlassen des Highways liegt auf einer Seehöhe von etwa 1082 m der *Waikolu Lookout,* zu dem auch eine *Picnic Area* gehört.

Bei idealen Pistenverhältnissen erreichen Sie nach gut einer Stunde Fahrzeit das Ende der Piste. Dort beginnt der *Maunahui-Makakupaia-Trail* – ein schmaler *Boardwalk,* der in den Regenwald führt und schließlich einen Blick in das **Pelekunu-Tal** ermöglicht, das auf der Meeresseite fast 1000 m senkrecht abfällt. Ohne Stopps dauert die ausgesprochen schöne Wanderung bis zum „Aussichtspunkt" ca. 45 Minuten, zurück 30 Minuten. Wer schon auf Kauai war und die Wanderung auf dem *Pihea-Trail* und in die *Alakai-Sümpfe* gemacht hat, der wird hier nicht viel Neues entdecken. Wie auch auf Kauai ist es Glückssache, ob man einen Blick durch die Wolken erhaschen kann oder nicht.

Erkundigen Sie sich vor der Abfahrt unbedingt über den Zustand der Piste; während oder nach Regenfällen kann man leicht im Schlamm stecken bleiben.

An jedem ersten Samstag im Monat findet für eine Kleingruppe von 8 Personen eine **geführte Wanderung** durch das *Kamakou Nature Preserve* statt. Treffpunkt ist am Flughafen Molokai. Inklusive Transport im Allradfahrzeug kostet die Teilnahme an solch einer Wanderung nur $ 25. Eine Anmeldung ist erforderlich unter Tel. 553-5236 oder unter hike_molokai@tnc.org.

Touren auf der Halbinsel Makanalua und Kalaupapa

Geführte Touren

Ohne ausdrückliche Sondergenehmigung darf man sich auf Makanalua nur im Rahmen einer **geführten Gruppe** bewegen. Meist sind in jeder Gruppe ein paar *Independent Hikers* (Wanderer), ein paar Teilnehmer, die auf dem Rücken eines Mulis herunterkamen, und ein paar, die mit dem Flugzeug die 15 km Luftlinie zwischen den beiden Flughäfen zurücklegen. Touren finden jeweils montags bis samstags, aber nicht am Sonntag statt (Mindestalter: 16 Jahre).

Diese folgenden Unternehmen bieten Touren an (eine Reservierung ist dringend erforderlich):

■ **Molokai Mule Ride** bringt Sie per pedes, per Muli, per Flugzeug oder in einer Kombination daraus nach Makanalua, anschließend Rundfahrt. Die Preise beginnen bei $ 70 (hinein und heraus wandern; offizielle Warnung des Unternehmens: *Hikers should be in above average physical condition.*) Die Fly-in-and-Fly-Out-Tour kostet dann schon $ 250. Tel. 567-6088 oder gebührenfrei: 1-800-567-7550, www.muleride.com.

■ **Damien Molokai Tours,** per Flugzeug oder per pedes nach Makanalua, anschl. Rundfahrt. Die Tour kostet für Wanderer $ 70 cash. Tel. 567-6171.

Diese etwa vierstündigen Touren wandeln auf den Spuren *Father Damiens*, der sich auf der Halbinsel liebevoll für die dort isolierten Aussätzigen einsetzte. Ziele der Tour sind unter anderem die **Kirche St. Philomena** sowie der **Kalawao Park.** Wer Molokai einen Besuch abstattet, sollte diese Tour auf keinen Fall auslassen.

Unterwegs auf der Halbinsel Makanalua

Als Wanderer haben wir uns für die Alternative *Hike Down* entschieden und sind rechtzeitig vor dem vereinbarten Termin um 10 Uhr am Treffpunkt. Um 10.30 Uhr kommt er schließlich: ein alter, klappriger, blau überstrichener Schulbus. Der Fahrer und *Tourguide* entschuldigt sich, der Bus hätte nicht anspringen wollen. Er weist uns alle darauf hin, dass wir die Menschen hier nur mit deren ausdrücklicher Genehmigung fotografieren dürfen. Es geht los. Nach ein paar hundert Metern stoppt das Gefährt für einen geführten Museumsbesuch.

Danach beginnt die eigentliche Fahrt – zunächst auf den höchsten Berg, den knapp über 100 m hohen *Puu Uao.* Plötzlich passiert es: Der Motor hat Feuer gefangen und muss mit Getränken gelöscht werden; einen Feuerlöscher gibt es nicht.

Während wir die Aussicht entlang der steilen Nordküste Molokais genießen, holt der Fahrer einen Ersatzbus, dessen Sitzpolster zu gut der Hälfte mit Klebeband repariert sind. Aus dem Fahrersitz steht die Metallfederung heraus, der Schaltknüppel hat keinen Griff, und der Türschließ-Mechanismus wird von einem Gummiseil gehalten.

Aber dieser Bus fährt – ständig schaukelnd – über einen Feldweg mit vielen Löchern, hinunter in den Ostteil der Insel zur Kirche *St. Philomena*, erbaut von *Father Damien*. Unten angekommen, nehmen wir in den ersten Bankreihen Platz. Unser Fahrer erzählt uns viel über *Father Damien* und seine Aktivitäten.

Einsteigen. Wir werden noch einige hundert Meter weitergeschaukelt bis zum Aussichtspunkt im Kalawao Park mit dem berühmten Blick entlang der Nordküste. Atemberaubend. Allein dieser Blick ist die Tour wert. Jeder packt sein Lunchpaket aus, und es entwickeln sich lebhafte Gespräche.

Der Fahrer blickt auf seine Uhr und wird hektisch. Denn um 15.30 Uhr geht das Flugzeug zurück zum Flughafen Hoolehua. Mit erheblich höherer Geschwindigkeit als zuvor werden wir bis zum anderen Ende der Halbinsel geschüttelt, vorbei am riesigen Friedhof zwischen dem Ort Kalaupapa und dem Flughafen. Der Bus fährt neben das Rollfeld, und die Flugpassagiere gehen über den Rasen zum Flugzeug – ohne Check-in, ohne Sicherheitskontrolle. Der Pilot begrüßt sie und sammelt die Tickets ein.

Schließlich werden die Wanderer bis zum Fußpunkt des Wanderwegs nach oben gefahren. Der *Tourguide* fährt langsam an seinem Haus vorbei, deutet auf drei blaue Busse, die von hohem Gras umwuchert sind und meint: „Meine Touren finden immer statt. Ich habe genügend Ersatzbusse."

■ **Anmerkung:** Der Essay wurde für die Erstauflage dieses Buches im Jahr 1993 verfasst. Auch heute noch läuft die Tour in diesem Rahmen mit den klapperigen Bussen ab. Allerdings stehen jetzt ein paar Busse mehr im hoch wuchernden Gras und zudem fährt der Bus nicht mehr die Stichstraße zur höchsten Erhebung der Halbinsel. Als der Autor den Tourguide ein paar Jahre später fragte, warum es nicht mehr bis ganz hinauf geht, meinte dieser: „Ich möchte nicht noch einen Bus ruinieren."

Anreise

Es gibt drei Möglichkeiten, nach **Makanalua** zu gelangen:

● hinab- und wieder hinaufwandern

Der **Wanderweg** beginnt an der Stelle, an der der Highway 470 in den Parkplatz des Palaau State Park übergeht.

● auf dem Rücken eines Mulis hinab- und wieder hinaufgeschaukelt werden

● von **Hoolehua** auf die Halbinsel und zurück fliegen.

Strände, Aktivitäten

Ob Wassersport (Tauchen, Schnorcheln, Angeln, Kajaken), Radfahren, Reiten, Wandern oder Sportschießen (Tontauben, Bogen sowie Paintball): stets ist die *Molokai Fish & Dive Company* in Kaunakakai der Ansprechpartner auf der Insel.

■ **Molokai Fish & Dive Company**
Tel. 553-5926, www.molokaifishanddive.com
■ **Molokai Outdoors Activities** (Tel. 553-4477 oder gebührenfrei 1-877-553-4477) befindet sich direkt auf dem Gelände des *Hotel Molokai*. Das Unternehmen verleiht so ziemlich alles, was man im Wasser sinnvoll nutzen kann, führt diverse Touren und Kurse durch, arrangiert aber vom Transfer bis zum Komplettpaket auf Wunsch so gut wie alles. www.molokai-outdoors.com.
■ **Dayna Mosher** (Tel. 553-5663 oder 658-1717) vermietet Kajaks und Fahrräder, veranstaltet aber auch Touren.
■ **Captain Mike Holmes** (Tel. 567-6789, www. molokaifishing.com) wiederum hat sich auf Aktivitäten auf dem Meer spezialisiert.

Unterkunft

Hotels

Die einzigen Hotels der Insel befinden sich im Bereich **Kaunakakai.** Hierbei handelt es sich um das 1962 erbaute und 2007 renovierte *Hotel Molokai,* das über die Website www.aquaresorts.com buchbar ist. Das direkt am Hwy 450 gelegene Hotel hat seinen ganz eigenen Charme und passt vom Gesamteindruck her bestens auf die Insel. Allerdings würde der Autor dem Hotel maximal 2½ Sterne geben – und nicht 3½ Sterne wie es die Hotel-Homepage verspricht. Bis 22.30 Uhr gibt es jeden Abend Live-Musik, die man aufgrund der Bauweise in jedem der 53 Zimmer auch bei geschlossenen Türen und Fenstern problemlos genießt.

Am **Westende an der Kaluakoi Road** gibt es in der knapp 20 Meilen westlich von Kaunakakai gelegenen Eigentumswohnanlage *Kenanikai* noch einige schöne Ferienwohnungen (buchbar z.B. über www.bebackhawaii.com) sowie **bei MM 20 am Highway 450** die weit abseits gelegene *Puu o Hoku Ranch* (www. puuohoku.com). Hinzu kommen noch einige Condos (Ferienwohnungen), die im Wesentlichen unter http://visitmolokai.com/accommodations.php aufgeführt sind, sich aber in ihrem Zustand (Renovierungsstatus) zum Teil stark voneinander unterscheiden – und zwar auch innerhalb einer Anlage.

Camping

Auf Molokai gibt es vor allem **drei akzeptable Campingplätze.** Alle drei verfügen über Trinkwasser, sanitäre Einrichtungen und Kaltwasserduschen.

County Parks

Der schönste *Campground* liegt im zentral gelegenen **One Alii County Beach Park** gut drei Meilen von Kaunakakai entfernt direkt zwischen Hwy 450 und dem Meer. Die Nützlichkeit des riesigen dortigen Pavillons haben auch die Einheimischen erkannt, sodass dieser besonders am Wochenende oft vermietet ist; Camper haben dann natürlich das Nachsehen. Trotzdem ist der *One Alii* die erste Wahl unter den Campingplätzen auf Molokai, zumal er durch seine Nähe zum Polizeipräsidium und die damit einhergehende häufige Polizeipräsenz wohl auch der sicherste Campingplatz der Insel ist.

Hula etwas ursprünglicher

Auf Molokai geht es stets äußerst geruhsam zu bis auf eine Ausnahme: Jeweils am 3. Samstag im Mai ist die ganze Insel (zusammen mit Besuchern von anderen Inseln) auf den Beinen, denn dann findet das Fest **Molokai Ka Hula Piko** statt, was übersetzt *Molokai, das Zentrum des Tanzes* heißt. Wer zu dieser Zeit Molokai besucht, sollte sehr rechtzeitig Flüge bzw. die Fähre sowie die Unterkunft reservieren.

Beim Molokai Ka Hula Piko feiern alle im Papohaku Beach Park ganz im Westen der Insel die **Geburt des Hula.** Feiern heißt hier Musik, Gesang und Hula, Essen und Trinken sowie Kunsthandwerk, Spiele und jede Menge Leis.

Der Legende zufolge, zog *Laka,* die Göttin des Hula, einst von Insel zu Insel und lehrte allen Interessierten den Hula, bei dem jede Bewegung eine spirituelle Bedeutung hat. Je nach Legende gebar Laka den Hula förmlich oder sie erfuhr von ihrer Schwester Kapo, wie der Hula getanzt wird. Am meisten verbreitet ist die Legende der Geburt des Hula, und diese Geburtsstätte namens *Kaana* liegt am Heiligen Hügel **Puu Nana** auf Molokai – etwa auf halbem Weg zwischen Flughafen und Maunaloa. Man sagt, dass die Überreste von Laka an einem geheimen Ort in der Nähe des Hügels versteckt sind.

Nicht nur die Geburtstagsfeier am Papohaku Beach Park ist ein einmaliges Erlebnis, sondern auch die sehr früh morgens stattfindende feierliche Zeremonie, wenn die Tänzer im Sternenlicht den ersten Hula tanzen. In den Tagen vor dem Fest gibt es meist auch einstimmende Vorträge.

Im Gegensatz zum **Merrie Monarch Festival** auf Hawaii Big Island handelt es sich beim Molokai Ka Hula Piko nicht um einen Wettbewerb. Es geht einzig und allein darum, sich am Hula zu erfreuen – und das kann für uns Touristen auch etwas enttäuschend sein, denn schließlich ist hier nichts perfekt inszeniert. Vieles ereignet sich auf diesem Volksfest halbspontan, und organisatorisch läuft so manches getreu den Mottos „Slow down, this is Molokai" und „Dabeisein ist alles", sodass es für Europäer schon eher leicht chaotisch wirken kann. In letzter Zeit fand das Fest bereits mehrfach in Kaunakakai statt.

Ebenfalls sehr schön ist der **Papohaku County Beach Park.** Er befindet sich an der Westküste in der Nähe der Kaluakoi Road direkt am längsten Strand der Inselkette. Auf dem Gelände leben zahlreiche verwilderte Katzen, was einen gravierenden Nachteil mit sich bringt: besonders abends erinnert der über den Wiesen liegende Duft an ein bekanntes Lied von *Helge Schneider* …

Die für die beiden *County Parks* erforderliche **Camping Permit** erhält man für $ 5 bzw. $ 8 pro Person im County Building in Kaunakakai beim *Department of Parks and Recreation* (Tel. 553-3204).

Das *Pauole Center* (Ainoa Street, Kaunakakai) befindet sich direkt neben Feuerwehr und Polizei. Wenn das Büro geschlossen ist, sollte man sich unbedingt bei der Polizei als Camper registrieren

234ha av

Unterkunft 309

Palaau State Park

In dem am Ende des Hwys 470 gelegenen *Palaau State Park* gibt es einen schönen Campingplatz. Da der Park in 500 m Höhe liegt, ist es etwas kühler als in den Beach Parks. Größter Nachteil ist wohl, dass der Zeltuntergrund recht uneben ist. **Permits** ($ 18 pro Zeltplatz und Nacht für maximal 6 Personen) erhält man vom *Department of Agriculture* in Hoolehua (im Gebäude des *Molokai Water Systems* am Hwy 480). Reservierungen sind auf der Website https://camping.ehawaii.gov/camping/all,details,1685.html möglich.

Weitere Campingmöglichkeiten gibt es hier:

■ Ein Campingplatz ohne Trinkwasser, aber mit Toiletten und Picknicktischen, der nur mit Allradfahrzeugen erreichbar ist, befindet sich im **Molokai State Forest Reserve** am Rande des Waikolu Valley. *Permits* gibt's unter Tel. 984-8100.
■ Der fast schon am Ostende der Insel gelegene **Waialua Pavilion and Campground** gehört der *Waialua Congregational Church*. Weitere Infos und *Permits* unter Tel. 558-8150 bzw. vacate@aloha.net.

lassen. Sowohl der *Park Ranger* als auch die Polizei kontrollieren mit Vorliebe die *Camping Permits* – letztere auch nachts.

Die aktuellen Details finden Sie unter www.co.maui.hi.us, dann auf „Departments-Parks & Recreation-County Parks Listing" und „Molokai" klicken.

Die maximale **Aufenthaltsdauer** beträgt 3 aufeinander folgende Nächte pro Park, insgesamt max. 14 Tage pro Jahr.

< Halbinsel Makanalua

Überblick | 313
Aktivitäten | 322
Infrastruktur | 315
Rund um die Insel | 318
Unterkunft | 323

6 Lanai

Lanai bietet den Touristen vor allem zwei Luxushotels, einen 36-Loch-Golfplatz und schöne Natur.

◁ Der Munro Trail bietet ein kontrollierbares Mini-4WD-Abenteuer für einen Tag: Das Fahrzeug ist nur zu Fahrtbeginn noch so sauber

LANAI

Lanai präsentiert eine **schöne Natur** in Kombination mit einer **luxuriösen Hotellerie.** Wer bereits die anderen vier/fünf Hawaii-Inseln besucht hat und nur wegen der Natur nach Lanai fährt, der muss schon auf fast extreme Feinheiten achten, um hier noch Neues zu entdecken, zumal die Natur auf Lanai nicht solche Extreme geschaffen hat wie auf den anderen Inseln. Wer aber einfach seine Ruhe haben und auf erstklassigen Plätzen **Golf** spielen möchte, der ist hier goldrichtig.

> „Garden of the Gods"

NICHT VERPASSEN!

- Schwimmen am **Hulopoe Beach** | 320
- Jeep- oder Mountainbike-Fahrt auf dem **Munro Trail** zum **Lanaihale** | 321
- **Garden of the Gods** | 322

Diese Tipps erkennt man an der gelben Hinterlegung.

Überblick

Auf Lanai geht es außerhalb der beiden großen Hotels **ruhig und gemütlich** zu.

Seit den 1920er Jahren gab auf Lanai der **Ananasanbau** den Ton an: Auf 65 Quadratkilometern, was 18 % der Inselfläche entspricht, betrieb die *Dole Fruit Company* die größte Ananasplantage der Welt. Das brachte der Insel den Beinamen *Pineapple Island* (Ananasinsel) ein. Anfang der 1990er wurde der Ananasanbau jedoch mangels Rentabilität aufgegeben, und auf den einstigen Ananasfeldern grasten danach die Rinder. Heute besitzt der Milliardär *Larry Ellison,* der CEO (Vorstandsvorsitzende) des Softwareunternehmens *Oracle,* 98 % der Insel. Seinem Unternehmen *Pulama Lanai* gehören sowohl die beiden Luxushotels als auch das Hotel *Lanai* und damit sämtliche Hotels auf der Insel und zusätzlich zwei Golfplätze. Daher verwundert es nicht, dass Lanai heute den Beinamen *Private Island* (Privatinsel) trägt.

Der einzige wirklich bedeutende Wirtschaftsfaktor auf der Insel ist somit der **Tourismus.** Die beiden aufwendig, ausgesprochen geschmackvoll gestalteten und frisch renovierten **Hotels der Four-Seasons-Gruppe** (*Four Seasons* betreibt die Hotels), die *Lodge at Koele* im kühleren Hochland am Ortsrand von Lanai

6

Lanai

City sowie das *Manele Bay Hotel* an der Hulopoe Bay spielen dabei ganz klar die Hauptrolle, aber *Pulama Lanai* hat Mitte 2014 auch das alteingesessene *Hotel Lanai* gekauft, sodass als Alternative nur noch einige *Bed & Breakfasts* zur Verfügung stehen. Die beiden **Golfplätze** *Challenge at Manele* und *Experience at Koele* zählen zu den zehn besten Hawaiis und sind damit ein weiterer Magnet für die 55.000 Besucher, die im Jahr 2014 auf die Insel kamen.

Pulama Lanai plant ein drittes Resorthotel auf der Insel zu bauen – und zwar in Kahalepalaoa zwischen Komoku und Halepalaoa an der Ostküste. Bei all seinen Renovierungs- und Bauaktivitäten setzt *Pulama Lanai* auf **ökologische Prinzipien:** von der Photovoltaik-Technologie über umweltfreundliche Abfallbeseitigung bis hin zur Meerwasserentsalzungsanlage für die Trinkwassergewinnung.

Wer die gediegene Gastlichkeit eines Luxus-Kettenhotels abseits der Hektik der Tourisumus-Zentren sucht, der kommt auf Lanai sicherlich auf seine Kosten. Im Vergleich zu dem Aufwand, der mit dem Besuch einer weiteren Insel verbunden ist, lohnt sich nach Ansicht des Autors ein mehrtägiger Lanai-Besuch nur, wenn man die anderen Inseln bereits kennt oder sich in einem Luxushotel entspannen will.

Auf Lanai sind nur allerdings **wenige Strände** mit Möglichkeiten zum Baden im Meer vorhanden, der eindeutig schönste und einzige bedeutende davon ist der Strand des *Manele Bay Hotels* an der Hulopoe Bay. Das Kapitel „Strände"

6

entfällt somit. Abgesehen von den Hotel-
aktivitäten ist eine touristische Infrastruktur kaum entwickelt.

Mit einer Gesamtfläche von 361 km²
ist es die sechstgrößte Insel des Archipels
und damit die kleinste für Touristen zugängliche Insel. Damit ist Lanai noch
kleiner als Deutschlands kleinstes Bundesland Bremen (404 km²). Die Insel
weist eine maximale Ausdehnung in
Ost-West-Richtung von 29 km und in
Nord-Süd-Richtung von 21 km auf. Hier
leben knapp 3200 Einwohner – fast alle
in oder nahe bei der einzigen Ansiedlung der Insel, der etwa in der Inselmitte
auf 550 m Höhe gelegenen Ortschaft
Lanai City.

Das **Fremdenverkehrsamt** von Lanai
ist über www.gohawaii.com/lanai erreichbar.

Klima

Nur rund um den höchsten Berg der Insel, den 1027 m hohen Lanaihale, sammeln sich die Wolken. Abgesehen vom
Munro Trail, einem nur mit dem Geländewagen befahrbaren Weg, herrscht in
allen für Touristen zugänglichen Teilen
der Insel, vor allem aber im Westen, fast
immer **Bilderbuchwetter,** denn die
meisten Niederschläge regnen sich bereits an den (höheren) Bergen von Molokai und Maui ab.

Zeitplanung

Um die Sehenswürdigkeiten von Lanai
zu erkunden, genügt bei gutem Wetter
ein langer Tag: morgens, bevor noch
Wolken aufziehen, auf den **Munro Trail**

(wenn er nicht durch den Regen unpas-
sierbar wurde), danach zum **Baden** in
die **Hulopoe Bay,** mittags eine kurze
Rundfahrt durch **Lanai City,** dann zum
Shipwreck Beach, und eine Stunde vor
Sonnenuntergang zum **Garden of the
Gods.** Liegt man gut in der Zeit oder ist
der *Munro Trail* nicht passierbar, lohnt
sich noch ein Besuch bei den **Luahiwa
Petroglyphs** (Felszeichnungen) und die
Fahrt zum **Polihua Beach.** Inklusive
Fährüberfahrt, Mietwagen-Übernahme
und -Rückgabe kann man so einen herr-
lichen Action-Tag ab/bis Maui erleben.

Infrastruktur

Straßen

Drei Straßen auf der Insel sind in gutem,
geteertem Zustand: der **Kaumalapau
Highway** (Hwy 440) vom Hafen Kaumalapau über den Flughafen nach Lanai
City, die **Manele Road** (ebenfalls Hwy
440) von Lanai City zur Hulopoe bzw.
Manele Bay und die **Keomuku Road**
(Hwy 430) von Lanai City zur Nordküste. Das Verkehrsaufkommen auf Lanai
ist sehr gering, auch auf diesen Hauptstraßen.

Dirt Roads

Alle anderen Straßen der Insel sind echte
Dirt Roads (ungeteerte Straßen). Das
Befahren dieser *Dirt Roads* ist nur mit
Geländewagen möglich. Der dabei un-
weigerlich aufgewirbelte rote Staub setzt
sich nicht nur in alle Ecken des Fahr-

zeugs, sondern auch in die Kleidung, in Ohren, Nase etc. Weil der rote Staub von Lanai sich nicht vollständig aus Textilien entfernen lässt, empfehlen sich für den Action-Tagestrip nach Lanai ältere Kleidungsstücke (und vor allem nichts Weißes) und Schuhe.

Flughafen

Lanais Flughafen verfügt über ein Flughafengebäude und eine Rollbahn, auf der auch kleine Düsenflugzeuge (gerade so) starten und landen könnten. Täglich fliegen *Island Air* und *Hawaiian Airlines* Lanai von Honolulu aus mit Propellermaschinen an.

Da am Flughafen keine Mietwagen zur Verfügung stehen, sollte man sich schon vor dem Flug nach Lanai um einen **Transfer zur Unterkunft** bzw. zum Autovermieter kümmern. Beim *Manele Bay Hotel* und der *Lodge at Koele* ist dies nicht notwendig, da deren Busse bei jeder Landung die Gäste mit Gepäck am Flughafen abholen.

Verkehrsmittel

Es gibt auf Lanai **keine öffentlichen Verkehrsmittel.**

Geländewagen

Das einzig sinnvolle Verkehrsmittel für Individualreisende, die die Insel erforschen möchten, ist ein Geländewagen ($ 150 pro Tag); mit einem normalen Pkw kommt man auf Lanai nicht weit. Wer allerdings seinen Urlaub mit ein paar ruhigen Tagen im Luxushotel ausklingen lassen möchte, der kann sich auch mit dem Hotel-Shuttlebus vom Flughafen abholen bzw. dorthin zurück bringen lassen.

Der einzige große **Mietwagen-Verleiher** auf der Insel ist *Dollar Rent a Car* (www.dollarlanai.com). Die Jeeps sind trotz höherem Preis in einem erheblich schlechteren Zustand als dies sonst bei großen Vermietern wie *Dollar Rent a Car* üblich ist. Trotz Beulen, staubhaltigen Sitzen (dieser Staub lässt sich ein-

Entfernungen von Lanai City

	Entfernung (Meilen)	Fahrzeit ca. (Std:Min)
Flughafen	4,5	0:10
Kaumalapau Harbor	7,5	0:20
Manele Bay	8	0:30
Shipwreck Beach	9,5	0:45
Garden of the Gods	6,5	0:30

fach nicht vollständig entfernen) und nur laut schließenden Türen sind die Fahrzeuge in der Regel technisch in Ordnung. Eine Überprüfung bei Anmietung schadet dennoch nicht. Dafür weiß der Vermieter auch, dass man auf Lanai mit dem Jeep wirklich über *Dirt-Roads* fährt. Der Transport vom Hafen zum Vermieter in Lanai City und retour kostet ein paar Dollar zusätzlich pro Person.

Achtung: Auch mit einem Allrad-Fahrzeug ist das Befahren von Strandbereichen schwierig. Ohne entsprechende Erfahrung sollten Sie auch mit dem *4WD* nicht auf den Strand fahren, um ein Festfahren zu verhindern.

Fähre von Maui

Binnen einer Stunde legt die Passagierfähre *Expeditions* fünfmal am Tag die Strecke zwischen dem Hafen von Lahaina/Maui und der Manele Bay auf Lanai zurück. Auch ganze Pakete aus Überfahrt, Transport und Übernachtung sind erhältlich. Die Überfahrt kostet $ 30 (one way), Tel. 661-3756 oder gebührenfrei: 1-800-695-2624, www.go-lanai.com.

Spätestens hier erkennt man, warum die Autovermieter das Befahren des Strands von Lanai strikt verbieten

Rund um die Insel

Lanai City

Der Name „City" ist irreführend, denn das Wort „Dorf" kennzeichnet die einzige größere Ortschaft der Insel erheblich besser. Viele Jahre lang bildeten zwei Restaurants, die nur tagsüber geöffnet haben, einige *General Stores* und Souvenirshops, ein *Family Store,* der Möbel verkauft und Videos/DVDs verleiht, eine Münzwäscherei, ein Kino und eine Tankstelle neben Postamt, Krankenhaus und Verwaltungsgebäude den Stadtkern. Die Stadt wurde 1924 gegründet, um den Plantagenarbeitern Wohn- und Einkaufsmöglichkeiten zu bieten.

Einkaufen

Das Warenangebot ist sehr beschränkt, und die meisten Läden scharen sich im Bereich des **Dole Parks.** Symptomatisch für Lanai dürfte die Tatsache sein, dass es mehr **Galerien** als Lebensmittelläden gibt, während die Öffnungszeiten eher an Deutschland als an die USA erinnern. Hinzu kommen noch ein paar mehr oder weniger originelle Souvenir-Shops sowie zwei Bekleidungsläden, die auch Sonnenmilch und ähnliche „Sundries" verkaufen. Samstags geht es beim Wochenmarkt am Dole Square von 7 Uhr bis Mittag recht lebendig zu.

Cafés und Restaurants

Die außerhalb der Hotels befindlichen Restaurants auf Lanai sind alle sehr einfach, kommen über einen (besseren) **Fast-Food-Level** nicht hinaus und akzeptieren nur Bargeld.

■ **Café 565** bietet eine Mischung aus italienischer und philippinischer Küche an. Die „565" stammt übrigens von den ersten drei Ziffern aller Telefonnummern auf Lanai. Das *Café 565* hat beispielsweise die Telefonnummer 565-5687. Es ist nur Montag bis Freitag von 10 bis 15 Uhr sowie von 17 bis 18 Uhr geöffnet.

■ Bei **Lanai Coffee Works** können Sie montags bis samstags zwischen 6 und 16 Uhr drinnen oder draußen auf dem *Lanai* (Terrasse/Veranda) einen guten Kaffee in diversen Zubereitungs- und Geschmacksvarianten trinken und dazu ein Sandwich essen.

■ Im **Blue Ginger Café** nehmen viele Einwohner gerne ihr Frühstück ein. Beim Lunch essen die Einheimischen hier besonders gerne die *Mahimahi*-Sandwiches. Täglich von 6 bis 20 Uhr geöffnet.

▷ Shipwreck Beach

■ Als „New York Deli and Bistro … Lanai Style" preist sich **Pele's Other Garden** an, das Montag bis Freitag von 10 bis 14 Uhr sowie von 17 bis 20 Uhr geöffnet ist. Es gibt sogar einen Bio-Salat aus Lanai. Beim preisgünstigeren Lunch bestimmen Pizza, Sandwiches und Salate die Speisekarte, die Sie sich unter www.pelesothergarden.com vorab anschauen können.

■ Täglich außer Mittwoch erhalten Sie bei **Canoes Lanai** klassische amerikanisch-hawaiianische Küche in Form von Frühstück und Lunch – und zwar von 6.30 bis 13 Uhr.

■ Mittwoch bis Sonntag serviert das *Hotel Lanai* in seinem Restaurant **Lana'i City Grille** von 17 bis 21 Uhr Dinner, freitags auch mit Livemusik.

Edlere Gerichte zu (äußerst) gesalzenen Preisen erhalten Sie in den beiden Luxushotels.

Dole Park

In der Ortsmitte liegt als Oase der Ruhe inmitten einer sowieso schon ruhigen Ansiedlung der Dole Park, der von hohen Norfolk-Pines eingerahmt wird.

Aufgrund seiner Lage in der Mitte der Insel, am Schnittpunkt der Straßen, dient Lanai City als Ausgangspunkt für Ausflüge zu allen Zielen der Insel.

Nordküste

Shipwreck Beach

Vom Ende des geteerten Teils der Keomoku Road führt eine etwa eine Meile lange *Dirt Road* nach links (Richtung Nordwesten) an der Nordküste entlang bis zur Ruine eines alten **Leuchtturms.**

In diesem Bereich findet man mehrere sehr einfache **Felsbilder,** wenn man den weißen Markierungen folgt.

Nach etwa zehn Minuten Wanderung am Strand entlang sieht man in der Ferne ein **Schiffswrack** aus dem Wasser ragen. Allerdings handelt es sich bei diesem Wrack bei Weitem nicht um das einzige; besonders in der Zeit unmittelbar nach dem Zweiten Weltkrieg wurden hier viele Schiffe, für die man keine Verwendung mehr hatte, versenkt. Zum Baden ist dieser Strand schlecht geeignet, aber er wimmelt nur so von kleinen Krebsen und anderem Getier, das sich in den *Tidepools* (Gezeiten-Seen) heimisch fühlt. Auch **Schildkröten** tummeln sich hier oft. An sehr windigen Tagen wird einem aber auch dies durch umherwehenden Sand vergällt.

Am Ende der Keomoku Road führt auch nach rechts (Richtung Südosten) eine *Dirt Road*, die jedoch landschaftlich nichts Besonderes bietet. Die Fahrt wird selbst mit dem Jeep immer schwieriger, sodass der Reiz dieser Strecke vor allem in der Jeepfahrt selbst liegt. Die einfache Fahrt vom Ende der Teerstraße bis zur **Geisterstadt Keomoku** dauert etwa eine Stunde. Keomoku ist leicht an der hübsch renovierten Kirche rechts direkt neben der Piste zu erkennen. Einst als Arbeiterstadt für eine Zuckerrohrplantage entlang der Küste gegründet, hatte Keomoku zu seiner Blütezeit gegen Ende des vorletzten Jahrhunderts nahezu 2000 Einwohner. Der Zuckerrohranbau scheiterte jedoch am Wassermangel (zur Produktion von 1 kg Zucker werden ca. 2000 l Wasser benötigt). Auch mit dem Anbau von Baumwolle und Alfalfa-Sprossen hatten die Bewohner nur wenig Glück.

Ab Anfang des letzten Jahrhundert betrieb die Familie *Gay* hier eine Ranch, die jedoch 1954 aufgegeben wurde. Die Ranch-Arbeiter zogen nach Lanai City, um für *Dole* zu arbeiten, und seither ist Keomoku eine Geisterstadt.

Etwa zwei Meilen weiter liegt ein Ort namens **Halepalaoa** (auch Kahalepalaoa genannt), an dem 1829 die damals siebzigjährige *Königin Kaahumanu* zu den Bewohnern von Lanai predigte, um sie zum Christentum zu bekehren. Später wurde hier ein Hafen zur Verschiffung des Zuckerrohrs nach Maui errichtet. Auch ein *Heiau* sowie ein japanischer Friedhof sind hier zu finden. Am Strand landen die Boote des **Club Lanai,** der täglich Badegäste und Wassersportler von Maui herüberbringt. Nach weiteren knapp 5 Meilen durch nicht sonderlich attraktives Gelände erreicht man das Ende der *Dirt Road* in **Naha,** wo der strandige Küstenabschnitt allmählich in eine Felsküste übergeht. Hier gibt es einen historischen Fischteich, und auch heute noch ist der Ort bei den Einheimischen beliebt zum Fische fangen. Vom Ende der Teerstraße (Keomoku Road) bis hierher sollte man etwa zweieinhalb Stunden für die einfache Strecke einplanen – eine Strecke, die zwar mit geschichtsträchtigen Orten gespickt ist, auf der aber mangels wirklicher Sehenswürdigkeiten das Geländewagenfahren fast zum Selbstzweck wird.

Die Süd- und Westküste

Hulopoe Bay

Die Hulopoe Bay (am Ende der Manele Road) mit dem gleichnamigen Strand liegt unmittelbar unterhalb des *Manele Bay Hotels.* In der Bucht bieten sich hervorragende Schnorchel- und Bademöglichkeiten in überwiegend ruhigem Wasser. Die *Tide Pools* der Bucht zeigen eine Vielfalt an maritimen Kleinlebewesen.

Außerdem kann man hier sehr oft auch Delfine *(Spinner Dolphins)* beobachten. Die Bucht und das angrenzende Gewässer gehören zu einer *Marine Life Conservation Area,* also einem Unterwasser-Naturschutzgebiet. **Hulopoe Beach** gilt als der schönste Strand der Insel und ist als einziger gut fürs Baden geeignet. Die Nachbarbucht, **Manele Bay,** dient als Hafen für kleine Boote und Jachten.

Kaumalapau Harbor

Der **Hafen** von Kaumalapau dient heute zur Versorgung der Insel. Ursprünglich wurde er zum Abtransport der geernteten Ananasfrüchte angelegt.

Im Inselinnern

Luahiwa Petroglyphen

Biegt man an der Manele Road von Lanai City kommend in die erste *Dirt Road* auf der linken Seite ein und hält sich auch dann stets links, gelangt man zu den 34 Felsblöcken mit den Petroglyphen von Luahiwa. Die **Felszeichnungen** stammen aus verschiedenen Geschichtsepochen; da sie sehr empfindlich sind, sollte man sie möglichst nicht berühren.

Munro Trail

Der *Munro Trail,* eine oft als *Jeep Trail* bezeichnete *Dirt Road,* führt von der Manele Road (Beginn gegenüber einer aus dem Boden ragenden Wasserversorgungs-Installation), auf den **Lanaihale** (mit 1027 m die höchste Erhebung Lanais) und endet am Friedhof von Lanai City. In welche Richtung man den *Trail* am besten befährt, darüber sind sich die Einheimischen nicht ganz einig. Der Autor bevorzugt aber den Beginn am Friedhof. Es ist auf jeden Fall empfehlenswert, vormittags zu fahren, da am Lanaihale tagsüber oft Wolken aufziehen. Neben dem *Garden of the Gods* bietet der *Munro Trail* die **schönsten Landschaften der Insel,** denn im Verlauf der Strecke hat man immer wieder faszinierende Blicke, denn vom Lanaihale aus kann man bei gutem Wetter die Inseln Oahu, Molokai, Maui, Kahoolawe, Molokini und Hawaii Big Island sehen.

Der *Trail* ist mit Zu- und Abfahrt etwa **zwölf Meilen** lang; man sollte mindestens zwei Stunden dafür einplanen. Wenn es geregnet hat, ist die Strecke unpassierbar, in Zweifelsfällen gibt der Autovermieter Auskunft.

Beim MM 1 des „Highway" 430 zweigt *mauka* (zum Berg hin) die Cemetry Road ab, wo der 12,8 Meilen lange *Munro Trail* beginnt. Unmittelbar hinter dem Friedhof geht es links weiter. Nach 2,5 Meilen kommt links ein Aussichtspunkt mit schönem Blick auf Molokai und Maui, aber der eigentliche Trail geht rechts weiter. Zum Teil verläuft er exakt oben auf dem Berggrat entlang.

Es soll **Mountainbiker** geben, die sich auf Maui ein Rad leihen, die erste Fähre nach Lanai nehmen, auf dem Munro Trail zum Lanaihale fahren und abends mit der letzten Fähre zurückkehren. Falls Sie einen solchen Trip durchführen, freut sich der Autor über einen kleinen Bericht mit Foto (Fahrrad u. Fahrer am 1027 m hohen Lanaihale) an info@reise-know-how.de.

Geld regiert die Welt: Bill Gates auf Lanai

Bill Gates, Chef des Software-Riesen *Microsoft* und einer der reichsten Männer der Welt, heiratete Anfang 1994 auf Lanai und verbrachte dann seine Flitterwochen auf der Insel. Nach Angaben eines Lanai-Bewohners lief dieser Besuch unter recht ungewöhnlichen Umständen ab. Die folgenden Zeilen basieren auf den Schilderungen dieses Einheimischen:

Um zu verhindern, dass ungeladene Gäste den Aufenthalt des Superreichen stören bzw. überhaupt auf die Insel gelangen können, mietete *Bill Gates* unter anderem jedes Zimmer auf der Insel an und charterte sämtliche Hubschrauber. Als schließlich dennoch ein Reporter auftauchte, wurde er wegen unerlaubten Betretens festgenommen und im Gefängnis festgehalten, obwohl er sich auf *public land,* also auf öffentlichem Gelände befand. Ein paar Tage diskutierten die Inselbewohner heftig über diese besondere Form der Freiheitsberaubung, aber mit einem Schlag herrschte absolute Stille. Es ging daraufhin das Gerücht um, dass *Bill Gates* diesen Reporter mit einer sehr stattlichen Summe abgefunden hat, um einerseits keine negativen Schlagzeilen zu machen (wer die amerikanischen Medien kennt, der weiß, mit welcher Vorliebe sie derartige Fälle breittreten) und andererseits eine Anklage vor Gericht zu verhindern. Der Reporter dürfte für den Rest seines Lebens ausgesorgt haben.

Garden of the Gods

Der *Garden of the Gods* (Garten der Götter, hawaiianisch: *Kanepuu* oder auch *Keahiakawelo*) ist der **landschaftlich schönste Teil Lanais.** Am reizvollsten ist er in den letzten Stunden vor Sonnenuntergang, wenn Steine und Erde im warmen Abendlicht ihre Farbtönung ändern. Auch in den frühen Morgenstunden sind die erodierten Lavaformationen hübsch. Über die ungeteerte Polihua Road erreicht man den „Garten der Götter" von Lanai City aus innerhalb einer halben Stunde. Auf dem Weg dorthin kommt man durch eines der letzten ursprünglichen Waldgebiete Hawaiis.

Polihua Beach

Die Weiterfahrt zum Polihua Beach ist nur für Freunde des **Allradfahrens** in rauhem Gelände ein Genuss. *Polihua Beach* bietet zwar einen hübschen Blick Richtung Molokai, ist aber wegen seiner Brandung und dem oft starken Wind zum Schwimmen nicht gut geeignet, und man sollte sich davor hüten, mit dem Jeep auf den Strand zu fahren, auf dem viele **Seeschildkröten** ihre Eier ablegen.

Aktivitäten

Buchungen

■ Die in Lahaina/Maui ansässige Firma **Trilogy** bietet Katamaranausflüge mit Möglichkeit zum Schnorcheln sowie Tauchausflüge an (Tel. 1-888-MAUI-800, 1-888-225-MAUI, www.sailtrilogy.com).

■ Das **Adventure Lanai Ecocentre** (Tel. 565-7373, www.adventurelanai.com) bietet eine Palette vom Mountainbike über Quad-ATV oder Jeep, vom Kajak bis zur Tauchausrüstung an. Gäste werden von der Fähre abgeholt.

Unterkunft

Hotels

Bis 1989 war das **Hotel Lanai** mit seinen zehn Zimmern nicht nur das einzige Hotel der Insel, sondern auch das einzige Restaurant, das zum Dinner geöffnet hatte. Dann kam 1990 die am Stadtrand von Lanai City gelegene **Lodge at Koele** mit gut 100 Zimmern direkt neben dem Golfplatz *Experience at Koele* hinzu. Seit 1991 thront direkt über dem Strand der Hulopoe Bay das luxuriöse **Manele Bay Hotel** mit 250 Zimmern, ebenfalls an einem Golfplatz, der *Challenge at Manele* gelegen. In diesen Hotels auf Lanai zu übernachten gilt in den USA als exklusiv, weil diese zur *Four-Seasons-Gruppe* gehörenden Hotels bewusst auf das Hochpreis-Segment setzen: www.fourseasons.com (dann bei „Select a Destination" eines der beiden Hotels auf Lanai eingeben). In Phasen schwacher Belegung sind die Zimmer allerdings durchaus erschwinglich, während die Preise in Restaurant und Bar gesalzen bleiben.

Lanai hat sich aufgrund dieser Hotelstruktur zum **Luxus-Reiseziel** entwickelt. Das *Hotel Lanai* zog daraufhin nach, renovierte Anfang der 1990er Jahre im Inneren grundlegend, entfernte die alte Zimmereinrichtung aus den 1920er Jah-

ren und hob den Preis für ein Doppelzimmer von $ 60 auf $ 100 an. Nach Abschluss der zweiten Renovierung im Jahr 2007 kosten die Zimmer mittlerweile ab $ 160 inkl. Continental-Breakfast.

Mittlerweile hat der Besitzer der beiden Luxushotels auch das **Hotel Lanai** gekauft, sodass er jetzt quasi das Hotelmonopol auf der Insel hat.

■ **Hotel Lanai,**
Tel. 565-7211 oder
gebührenfrei 1-877-ONLANAI,
www.hotellanai.com

Privat-Unterkunft

■ **Dreams Come True,**
Lanai City, Tel. 565-6961 oder
gebührenfrei 1-800-566-6961,
   Doppelzimmer $ 160 pro Nacht; für $ 640 kann man auch die komplett mit Küche etc. ausgestattete Villa mieten, die maximal acht Personen Platz bietet. Im üppig bewachsenen Garten gedeihen diverse Blütenpflanzen und Früchte (Banane, Limone, Avocado, Papaya u. a.). Die Eigentümer bieten auch Tauch- und Kajak-Touren an. Für $ 100/Tag kann man einen Jeep leihen. In letzter Zeit kommt es allerdings vermehrt zu negativen Äußerungen der Gäste, die hier übernachteten.

NIIHAU UND KAHOOLAWE

Niihau

Im Jahr 1864 kaufte die Schottin *Elizabeth Sinclair* die gesamte Insel Niihau von König *Kamehameha V.* Seitdem ist diese Insel in **Privatbesitz** – mittlerweile im Besitz der Familie *Robinson*, die Niihau als letztes Refugium des ursprünglichen Hawaiis erhält. Die etwa 200 Inselbewohner sprechen auf der Insel nur Hawaiianisch und sind durchweg polynesischen Ursprungs. Englisch wird als Pflicht-Fremdsprache an der Schule gelehrt. Um eine weiterführende Schule zu besuchen, müssen die Kinder in ein Internat auf einer der anderen Inseln.

Verbotene Insel

Für Bewohner der anderen Hawaii-Inseln und für Touristen ist der Besuch von Niihau verboten, um die kulturelle Ursprünglichkeit nicht zu stören. Daher wird Niihau auch *The Forbidden Island* und *The Private Island* genannt.

Obwohl Niihau mit einer maximalen Ausdehnung in Ost-West-Richtung von 10 km und in Nord-Süd-Richtung von 29 km bei einer Fläche von 180 Quadratkilometern die kleinste der sieben bewohnten Hawaii-Inseln ist, befindet sich auf ihr dennoch der größte See der Inselkette: der flache, etwa 3 Quadratkilometer große **Halalii Lake.** Während langer Trockenzeiten trocknet der See manchmal aus. Im Gegensatz zur 27 km entfernten Insel Kauai ist Niihau nämlich ziemlich niederschlagsarm. Höchste Erhebung ist der 390 m hohe **Berg Paniau,** dicht gefolgt vom 313 m hohen Kaali und dem 310 m hohen Kaeo.

Wirtschaft

Haupterwerbszweig ist die **Schaf- und Rinderzucht,** gefolgt vom **Frucht- und Gemüseanbau** sowie der Herstellung von **Muschelketten.** Diese *Niihau Shell Leis* sind sehr kostbar und auf den sechs Hauptinseln eher in den Auslagen der Juweliere als in den Souvenirläden zu finden.

Infrastruktur

Auf Niihau gibt es keine Elektrizität, keine Wasser- und Abwasserleitungen, keine geteerten Straßen, keine Autos, keinen Flugplatz, ja nicht einmal eine Polizei. Als Verbindung zur Außenwelt dient eine Telefonleitung. Zur Fortbewegung dienen Pferde und einfache Fahrräder. Wer die Insel verlassen möchte, ist auf einen Hubschrauber oder ein gechartertes Boot angewiesen.

Das einzige Dorf heißt **Puuwai** und liegt in der Mitte der Westküste. Verwaltungstechnisch gehört Niihau zu Kauai, aber auf der Insel gibt es keinen Vertreter der öffentlichen Verwaltung (*State, County* etc.). Eine Ausnahme in puncto Elektrizität gibt es jedoch: In der kleinen Schule steht ein solarbetriebener Computer des Herstellers *Apple.*

Von Kauai aus gibt es einige Touren zu dieser Insel. Nähere Infos unter „Aktivitäten" im Kapitel „Kauai".

Lehua Island

Knapp einen Kilometer nördlich von Niihau ragt die sichelförmige Insel Lehua Island aus dem Meer. Die unbewohnte, aus den Resten einer eingestürzten Kaldera bestehende Insel hat eine Landfläche von ungefähr 1,2 km² und ist ein **Vogelschutzgebiet.**

Kahoolawe

Als *Captain Cook* Hawaii „entdeckte", sollen auf Kahoolawe mehrere Siedlungen existiert haben. Mittlerweile lebt niemand mehr auf der vor Maui gelegenen, 117 km² großen Insel.

Zeitweise diente Kahoolawe als **Strafkolonie** und als **Gefangeneninsel.** Danach wurde die Insel so lange als Weideland benutzt, bis sie regelrecht kahl gefressen war, woraufhin Anfang des letzten Jahrhunderts wieder aufgeforstet wurde.

Dennoch hat in einem abgelegenen Teil von Kahoolawe eine extrem seltene Pflanze namens *Ka palupalu o Kanaloa* (übersetzt: Die Freundlichkeit von Kanaloa, *lateinisch:* Kanaloa kahoolawensis) überlebt. An den *Aleale Puuloae* genannten Klippen konnten sich zwei dieser Pflanzen halten.

Militärisches Sperrgebiet

Die *US Navy* (Marine) nutzte Kahoolawe seit dem Zweiten Weltkrieg als **Zielscheibe für Bomben, Granaten und Raketen.** Mit der Eingliederung Hawaiis als 50. Bundesstaat in die USA fiel die Insel offiziell unter die Verwaltung der *Navy*.

Mitte der 1970er Jahre eskalierte der immerwährende, bis dahin leise **Protest der Hawaiianer** gegen die Annexion Kahoolawes durch die Militärs in einer

formalen Besetzung der Insel durch einige junge Hawaiianer. Die Besetzer wurden abgeführt und wegen unerlaubten Eindringens in ein militärisches Sperrgebiet verhaftet. Wachgerüttelt durch diese Aktion, setzten sich immer mehr Bürger und Politiker für einen Stopp der Bombenabwürfe, die Rückgabe der Insel an den Staat von Hawaii und eine Beseitigung der Bombenspuren ein.

Anfang 1981 wurde die gesamte Insel in das **National Register of Historic Places** als archäologisches Gebiet mit 544 dokumentierten archäologischen bzw. historischen Stätten aufgenommen, aber erst knapp neuneinhalb Jahre später stellte das Militär auf Anregung des damaligen Präsidenten *George Bush* (senior) die Bombardierung der Insel ein.

Rückgabe an Hawaii

Die Proteste haben sich gelohnt: Am 12. November 2003 übergab die *US Navy* am Iolani Palace in Honolulu in einer feierlichen Zeremonie offiziell die Hoheit über die Insel an den Staat Hawaii. Seitdem überwacht die *Kahoolawe Island Reserve Commission* den Zugang zu der Insel.

Bis die Insel jedoch für Touristen zugänglich wird, dürften noch einige Jahre vergehen. Zumindest darf etwa einmal im Monat eine kleine Besuchergruppe auf die Insel – ein Anfang. Details hierzu finden Sie im Internet unter www.kahoolawe.org und www.protectkahoolaweohana.org.

◁ Die besten Tauchgründe Hawaiis sind vor Kahoolawe, Lanai und Molokini

△ Für die Unabhängigkeitsbewegung Hawaiis ist die Rückgabe von Kahoolawe ein wichtiger erster Schritt

Ausreisebestimmungen | 331
Einreisebestimmungen | 331
Elektrizität | 371
Finanzen | 338
Flug nach Hawaii | 344
Flüge zwischen den Inseln | 350
Fotografieren | 371
Gesundheit | 336
Informationen | 330
Vorbuchung des Mietwagens | 355
Unterkunft | 358
Versicherungen | 334

8 Praktische Reisetipps

◁ Auch dieses Foto entstand auf Hawaii: Auf etwa 4000 m Seehöhe in der Nähe des Lake Waiau

Informationen

Touristische Information

Fremdenverkehrsamt

Die **Hawaii Tourism Authority** *(HTA)* wird in Deutschland von der Firma *Lieb Management & Beteiligungs GmbH* repräsentiert:

■ **Hawaii Tourism Authority Europe,**
Lieb Management & Beteiligungs GmbH,
Bavariaring 38,
D–80336 München,
Tel. 089 689063855,
www.gohawaii.com/de

Informationen zu Hawaii aus dem Internet

Die folgenden URLs führen zu den offiziellen Websites der **Visitors Bureaus** (Fremdenverkehrsbüros) in Hawaii:

■ www.gohawaii.com
■ www.gohawaii.com/Oahu
■ www.gohawaii.com/Maui
■ www.gohawaii.com/Kauai
■ www.gohawaii.com/Big-Island
■ www.gohawaii.com/Molokai
■ www.gohawaii.com/Lanai

Die **offizielle Reise- und Tourismus-Website der USA** www.visittheusa.de liefert hingegen keine wesentlichen zusätzlichen Infos zu den Inseln.

Ganz wichtig

Es gibt zwar die beiden offiziellen Hauptsaison-Zeiten (Juli und August sowie Mitte Dezember bis Anfang Januar), aber in der Praxis wird es auch nicht selten zu anderen Zeiten eng, sodass dann kurzfristig (und das kann durchaus 6 Wochen vorher heißen) kein Flug und keine Unterkunft mehr zu bekommen sind. Nach Ansicht des Autors ist es vor allem von Ende November bis nach Ostern sinnvoll, **so früh wie möglich zu buchen,** wenn man unbedingt auf einen bestimmten Flug will oder in eine richtig „schnuckelige" Privat-Unterkunft möchte. Eine 08/15-Unterkunft lässt sich allerdings oft auch noch sehr kurzfristig organisieren und irgendein Flug für zwei Personen innerhalb eines Zeitfensters von zwei bis drei Tagen findet sich meist auch etwa eine Woche vorher.

Sehr oft vergisst man bei der Reise-Organisation die amerikanischen Feiertage und spezielle Veranstaltungen, die zu der gewünschten Reisezeit auf den Inseln stattfinden. Wenn beispielsweise Anfang Dezember der Honolulu Marathon beginnt, dann sind die Flüge nach/von Honolulu schon lange im Voraus ausgebucht. Ähnlich verhält es sich beim Ironman-Triathlon in Kona/Big Island im Oktober. Analoges gilt bei diversen kleineren und größeren Veranstaltungen vom Football-Match über das Kajak-Rennen bis zum Hula-Festival.

Führerschein

Offiziell genügt in den USA der deutsche, österreichische oder schweizer Führerschein. Es empfiehlt sich jedoch,

Ein- und Ausreisebestimmungen

Praktische Reisetipps

zusätzlich den **Internationalen Führerschein** (*International Driver's Licence*) mitzunehmen, wenn Sie dort ein Fahrzeug steuern möchten und nicht den neuen Euro-Führerschein in Kreditkartenformat besitzen. Beim Autovermieter, bei Verkehrskontrollen oder einem Unfall kommen die Amerikaner mit der *International Driver's Licence* besser zurecht als mit dem in deutscher Sprache abgefassten Papier. Die roten Euroführerscheine oder die Führerscheine im Scheckkartenformat stellen jedoch kein Problem mehr dar.

Erhältlich ist der Internationale Führerschein beim Ordnungsamt jeder Gemeinde oder bei der zuständigen Kfz-Zulassungsstelle gegen Vorlage von Personalausweis und Führerschein (Passfoto und ca. 15 € mitbringen).

Achtung: Der **Internationale Führerschein** gilt nur in Kombination mit dem nationalen Führerschein. Reisende müssen somit zusätzlich zum Internationalen Führerschein auch die nationale Fahrerlaubnis bei sich tragen.

Ein- und Ausreisebestimmungen

Botschaften und Konsulate

Der beste und aktuellste Kontakt erfolgt **über das Internet** unter http://de.usem bassy.gov (Deutschland), http://austria. usembassy.gov (Österreich) und http:// bern.usembassy.gov (Schweiz). Der nor-

male Hawaii-Tourist wird jedoch wohl kaum direkten Kontakt mit der Botschaft bzw. den Konsulaten aufnehmen müssen. Adressen siehe Kapitel „Unterwegs in Hawaii".

Reisepapiere

Reisepass

Für die Einreise in die USA (und damit nach Hawaii) ist ein maschinenlesbarer Reisepass (Deutsche/Österreicher: der bordeaux-farbene Europa-Pass) erfor-

---

Einreisebestimmungen USA

Die Angaben in dieser Auflage des Buches haben den Stand vom März 2016. Die aktuellen Einreise-Bestimmungen sollten kurz vor Reise-Buchung bzw. -Antritt noch einmal auf der Homepage der **US-Embassy** (s.o.) oder besser noch unter www.dhs.gov/how-do-i/visit-united-states eingesehen werden. Auf der Unter-Website https://esta.cbp.dhs.gov/esta/ wird unter anderem die gesamte Einreiseprozedur erklärt – auch auf Deutsch. Dies gilt besonders für Reisende, die nicht in einem klassischen Reisebüro buchen, sondern z.B. direkt über das Internet.

Alle Reisenden ohne gültiges Visum müssen sich vorab über das Internet spätestens drei Tage (besser einige Wochen) vor Abflug beim *ESTA (Electronic System for Travel Authorization)* registrieren. Die Fluggesellschaften bekommen dann vor dem Check-In per *ESTA* grünes Licht für alle Passagiere, die einreisen dürfen. Bei der Einreise werden auch **Abdrücke aller zehn Finger** genommen. Es ist geplant, später auch einmal eine Kontrolle der Fingerabdrücke bei der Ausreise aus den USA vorzunehmen.

8

derlich, der noch mind. 6 Monate nach beabsichtigtem Abreisedatum aus den USA gültig sein sollte. Der Personalausweis ist bei USA-Reisen unbrauchbar.

Minderjährige Reisende

Jedes **Kind** benötigt seinen **eigenen Reisepass.** Kindereinträge im Reisepass eines Elternteils sind seit 2012 nicht mehr gültig.

ESTA und Visum

Seit der Abschaffung der Visumpflicht für deutsche, österreichische und schweizer Staatsbürger stellt die Einreise in die USA und damit nach Hawaii bei einer Aufenthaltsdauer von maximal drei Monaten im Rahmen des *Visa Waiver Program (VWP)* kein wesentliches Problem mehr dar, wenn man sich nicht länger als 90 Tage in den USA aufhält. Allerdings ist eine Registrierung per *ESTA (Electronic System for Travel Authorization)* erforderlich. Diese Registrierung muss im Internet erfolgen – und zwar unter **https://esta.cbp.dhs.gov.** Wer dann auf dieser Internetseite oben im grünen Balken „Deutsch" anklickt, kann die Prozedur auf Deutsch durchlaufen. Diese sogenannte *ESTA*-Anmeldung kostet $ 14 und ist nur per Kreditkarte zahlbar. Die *ESTA*-Registrierung gilt für zwei Jahre oder bis zum Gültigkeitsende des Reisepasses. In den meisten Fällen sieht man bereits weniger als 30 Minuten nach Beginn der Anmeldeprozedur die individuelle *ESTA*-Registrierungsnummer auf dem Bildschirm, und diese sollte man sich ausdrucken. **Achtung:** Ohne erfolgreiche *ESTA*-Registrierung oder gültiges Visum darf die Fluggesellschaft niemanden an Bord eines Flugzeugs in die USA lassen! Wer länger als 90 Tage bleiben will, braucht allerdings ein **Visum,** in Amerika *Visa* genannt. Die Beantragung eines Visums für die USA kostet viel Zeit und Geld (90 €). Auf der Homepage der amerikanischen Botschaft (s.o.) finden Sie die nötigen Details.

Wer aufgrund der Reisedauer ein Visum braucht, sollte telefonischen Kontakt mit dem zuständigen Generalkonsulat aufnehmen. Da die meisten Hawaii-Besucher meist nur wenige Wochen in den USA verbringen, wird das Thema hier nicht näher behandelt.

Einreiseerlaubnis

Selbst eine gültige *ESTA*-Registrierung oder Visum im Pass ist keine Garantie für eine Einreiseerlaubnis in die USA.

Tipp zu Reisepapieren

Machen Sie sich **Fotokopien** der wichtigsten Papiere und bewahren Sie sie getrennt von den Originalen auf.

Noch sicherer ist es, die wichtigen Dokumente am heimischen PC zu scannen und digitalisiert im eigenen **E-Mail-Postfach** zu lagern. Wer möchte, kann die Daten verschlüsselt ins Postfach hochladen. Allerdings sollte man dabei daran denken, dass das Verschlüsselungsprogramm auch auf dem Rechner vorhanden sein muss, mit dem man die Daten abruft – und die Schlüssel-Zeichenfolge sollte man natürlich im Kopf haben. So haben Sie praktisch von jedem Internet-Zugang aus mit Ihrem Passwort Zugriff auf Kopien Ihrer Dokumente.

Ein- und Ausreisebestimmungen

Praktische Reisetipps

Ob man einreisen darf, entscheidet der *Immigration Officer* (Beamter der Einwanderungsbehörde) bei der Ankunft in den USA. Das hört sich schlimmer an, als es ist. Wer ordentlich gekleidet (ein sauberes T-Shirt mit unpolitischer Aufschrift gilt als durchaus „ordentlich") und gepflegt bei der Einreise *(Immigration)* auftritt, höflich die Fragen beantwortet und über ein Rückflugticket (Ausdruck der Ticketbestätigung) verfügt, der dürfte bei der Einreise keine Schwierigkeiten bekommen. Wichtig ist es , bereits im Vorfeld der Reise – spätestens eine Woche vor Abflug – über die Fluggesellschaft oder das Reisebüro die **Adresse der ersten Übernachtungsstätte** nach der Einreise in die USA an die amerikanischen Behörden zu übermitteln.

Zollvorschriften bei der Rückeinreise nach Europa

Bei der Wiedereinreise in die **EU/Schweiz** gelten verschiedene Freigrenzen, Verbote und Beschränkungen. Die wichtigsten Freigrenzen für die Einreise im Flug- und Seeverkehr sind:

- **Alkohol:** (ab 17 Jahren) 1 Liter Spirituosen über 22 Vol.-%, 4 Liter nicht schäumende Weine, 16 Liter Bier.
- **Tabakwaren:** (ab 17 Jahren) 200 Stück Zigaretten oder 100 Stück Zigarillos oder 50 Sück Zigarren oder 250 g Rauchtabak.
- **Andere Waren:** zur persönlichen Verwendung oder als Geschenk im Wert von 430 Euro pro Person. Reisende bis 15 Jahren: 175 Euro. Für Einreise in die Schweiz: 300 SFr pro Person.

Bei **Überschreitungen** dieser Mengen- und Wertgrenzen müssen die Waren angemeldet und versteuert werden. Hierbei fallen Abgaben von 15 % bzw. 17,5 % des Kaufpreises (bis 700 Euro Warenwert) an. Bei Kaufpreisen über 700 Euro liegen die Abgaben zwischen 19 % und 35 %. Hohe Abgaben fallen bei Zigaretten und Spirituosen an. Als **artengeschützte Produkte** gelten z.B. Korallen (auch am Strand gefunden), einige Schnecken- und Muschelarten, Schlangen- und Krokodilleder, Elfenbein, Schildkrötenteile, Whisky mit eingelegter Kobra, Tierfelle, Kakteen, Orchideen und bestimmte Kaviarsorten. Bei **Arzneimitteln** ist die Menge eines üblichen 3-Monatseigenbedarfs erlaubt. Anabolika ist in jedem Fall verboten. **Markengefälschte Produkte aller Art** für den eigenen Gebrauch und als Geschenk sind in geringer Stückzahl erlaubt. **Drogen,** auch Kleinmengen sowie Hanfsamen, Kokatee und Kokablätter, sind verboten. Gegebenenfalls auch im Ausland gekaufte starke Schmerz- und Beruhigungsmittel. **Feuerwerkskörper** sind einfuhrverboten. Für **Lebensmittel** wie Fleisch, Wurst, Käse, Milchprodukte und Eier aus nicht EU/EFTA Ländern gilt ein generelles Einfuhrverbot. Für die Mitnahme von **Haustieren** gelten besondere Veterinärvorschriften. **Barmittel** über 10.000 Euro (Schweiz: 10.000 SFr) sind dem Zoll bei Aus- und Einreise schriftlich anzumelden.

Nähere Informationen

- **Deutschland:** www.zoll.de
- **Österreich:** www.bmf.gv.at
- **Schweiz:** www.ezv.admin.ch

8

Versicherungen

Egal welche Versicherungen man abschließt, hier ein Tipp: Für alle abgeschlossenen Versicherungen sollte man die **Notfallnummern** notieren und mit der **Nummer der Versicherungspolice** gut aufheben. Bei Eintreten eines Notfalles sollte die Versicherungsgesellschaft sofort telefonisch verständigt werden.

Auslandskrankenversicherung

Die Kosten für eine ärztliche Behandlung in den USA werden von den gesetzlichen Krankenversicherungen in Deutschland und Österreich nicht übernommen, daher ist der Abschluss einer privaten **Auslands- krankenversicherung unverzichtbar.**

Damit Sie ein Gefühl für die Kostenstruktur im amerikanischen Gesundheitswesen bekommen, hier nur ein Beispiel: Eine Magenspiegelung kostete vor einigen Jahren für Privatpatienten in Deutschland etwa 130 €, in den USA allerdings schon damals ungefähr $ 1000. Vor allem die Kosten im Krankenhaus sind in den USA exorbitant hoch.

Wichtig ist auch, dass im Krankheitsfall der **Versicherungsschutz über die vorher festgelegte Zeit hinaus** automa-

Vorweihnachtszeit in Hawaii

Versicherungen 335

tisch verlängert wird, wenn die Rückreise nicht möglich ist.

Schweizer sollten bei ihrer Krankenversicherungsgesellschaft nachfragen, ob die Auslandsdeckung auch für die USA inbegriffen ist. Sofern man keine Auslandsdeckung hat, kann man sich bei *Soliswiss* (Gutenbergstr. 6, 3011 Bern, Tel. 031-3810494, www.soliswiss.ch) über mögliche Krankenversicherer informieren.

Angesichts der hohen Arzt- und Krankenhauskosten in den USA ist **unbedingt** auf **Vollschutz ohne Summenbegrenzung** zu achten.

Außerdem sollte geprüft werden, ob im Falle einer schweren Krankheit oder eines Unfalls die Kosten eines **Rücktransports** übernommen werden.

Aufgrund der immens hohen Kosten im Krankheitsfall sollten Touristen auch über eine entsprechende Liquidität verfügen, z.B. $ 20.000 sofort bezahlen zu können, wenn beispielsweise eine Operation durchgeführt werden muss. Solange die Kostenfrage nicht geklärt ist, gibt es oft andere Notfälle, die leider dringend Vorrang haben und daher zuerst behandelt werden müssen, lautet sonst leicht die offizielle Erklärung.

Wer zu solch beachtlichen Vorleistungen nicht in der Lage ist (oft beträgt z.B. der Spielraum bei Kredikarten nur ca. 2500 €), der sollte unbedingt eine **Reisekrankenversicherung mit Sofortkostenübernahme** wählen.

Zur Erstattung der Kosten benötigt man ausführliche **Quittungen** (mit Datum, Namen, Bericht über Art und Umfang der Behandlung, Kosten der Behandlung und Medikamente).

Andere Versicherungen

Ob es sich lohnt, weitere Versicherungen abzuschließen wie eine Reiserücktrittsversicherung, Reisegepäckversicherung, Reisehaftpflichtversicherung oder Reiseunfallversicherung, ist individuell abzuklären. Gerade diese Versicherungen enthalten viele **Ausschlussklauseln,** sodass sie nicht immer sinnvoll sind.

Die **Reiserücktrittsversicherung** für 35 bis etwa 200 € ist nur sehr bedingt sinnvoll, und auch die **Reisegepäckversicherung** lohnt sich seltener, da meist nur der Zeitwert nach Vorlage der Rechnung ersetzt wird. Wurde eine Wertsache nicht im Safe aufbewahrt, gibt es bei Diebstahl auch keinen Ersatz. Kameraausrüstung und Laptop dürfen beim Flug nicht als Gepäck aufgegeben worden sein. Gepäck im unbeaufsichtigt abgestellten Fahrzeug ist ebenfalls nicht versichert. Die Liste der Ausschlussgründe ist endlos ... Überdies deckt häufig die Hausratsversicherung schon Einbruch, Raub und Beschädigung von Eigentum auch im Ausland. Falls das Gepäck verloren geht, während es unter der Obhut der Fluggesellschaft ist, erfolgt in der Regel eine Erstattung zu einem Pauschalpreis pro kg – mehr als 1000 € pro Koffer gibt es aber so gut wie nie.

Kreditkarteninhaber

Inhaber von Kreditkarten sollten prüfen, ob sie auf Auslandsreisen begrenzter Dauer (meist bis sechs Wochen pro Reise) mit Zahlung der Jahresgebühr nicht automatisch **krankenversichert** sind (möglicherweise sogar einschließlich mitreisender Familienangehöriger).

Praktische Reisetipps

8

Anbieter

Praktisch jedes **Reisebüro,** aber auch diverse Filialbanken, Volks-/Raiffeisenbanken und Sparkassen halten Formulare für den Abschluss einer Reisekrankenversicherung bereit. Unabhängig vom Alter und Geschlecht des Reisenden lassen sich zu geringen Tagessätzen Versicherungsverträge bis zu einem Jahr Dauer abschließen. Der Vertragsabschluss ist denkbar einfach und kann auch noch in letzter Minute erfolgen.

Versicherungspaket

Häufig ist die Krankenversicherung im Paket mit Gepäckversicherung, Unfallversicherung und Reisehaftpflicht zu haben. Diese Kombinationsversicherung erhalten Sie in der Regel auch in den Reisebüros – allerdings meist in Verbindung mit einer **Reise-Rücktrittskosten-Versicherung.** Die Kosten dieser Reise-Rücktrittskosten-Versicherung sind hoch, wenn man bedenkt, in welchen speziellen Fällen die Versicherung wirklich zahlt (und dann, je nach Police, manchmal nur die Hälfte der Stornokosten). Fragen Sie bei der Buchung nach den eventuellen Stornokosten und vergleichen Sie diese mit der entsprechenden Versicherungsleistung und der dafür aufzubringenden Prämie. Versicherungen und Reisebüros verdienen gut daran. Eine gute, stets aktualisierte Übersicht finden Sie bei der Stiftung Warentest unter www.test.de.

Gesundheit

Sie brauchen in Hawaii weder Angst vor Tropenkrankheiten noch vor giftigen Tieren zu haben. Auch vorbeugende Impfungen sind nicht notwendig. Trotzdem sollten Sie sich die folgenden Hinweise durchlesen, um im Krankheitsfall nicht ganz hilflos dazustehen.

Angaben zu Gesundheitsvorsorgemaßnahmen und zu möglichen aktuellen Gesundheitsrisiken siehe auch im Kapitel **„Reise-Gesundheits-Informationen"** im Anhang dieses Buches oder unter **www.crm.de.**

Ärzte und Zahnärzte

Wie bereits erläutert, sollten Sie für den Fall einer in Hawaii notwendigen Behandlung in puncto Versicherung und Liquidität unbedingt vorsorgen. Es gibt leider immer wieder Fälle, in denen die Behandlung auch im Notfall verzögert oder sogar abgelehnt wird, wenn unklar ist, wie und ob sie bezahlt werden kann – selbst wenn offiziell in Notfällen jedem geholfen werden muss.

Aufgrund der Vielzahl der Touristen werben die Kliniken und Ärzte sogar in den Info-Broschüren. Das Hotelpersonal hilft, einen Arzt- oder Zahnarzttermin zu vereinbaren. Relativ zwecklos ist der Versuch, ohne Termin in einer Praxis *(Doctor's Office)* vorzusprechen; daher vorher besser telefonisch anmelden. Telefonnummern finden Sie in den Gelben Seiten *(Yellow Pages)* unter *Medical Doctors.*

Gesundheit 337

Apotheken

Reine Apotheken *(Pharmacies)* findet man in Hawaii außerhalb von Waikiki selten. Vielen Drogerien *(Drugstores)* oder Supermärkten ist eine Apothekenabteilung zugeordnet. Dort erhalten Sie die rezeptfreien Medikamente per Selbstbedienung. Die rezeptpflichtigen Arzneimittel gibt es an einer Sondertheke für Rezepte *(Prescriptions)*.

Medikamente

Eine kleine **Reiseapotheke** kann man in Hawaii in *Drugstores* und Supermärkten per Selbstbedienung mit rezeptfreien Medikamenten relativ preiswert komplettieren. Dazu gehören in den USA auch manche Medikamente, die bei uns verschreibungspflichtig sind, wie z.B. Antibiotika- oder Kortisonsalben. Andererseits gibt es in den USA aber auch einige Medikamente nur auf ärztliches Rezept, die bei uns im Freiverkauf rezeptfrei erhältlich sind, wie Cremes gegen Herpes-Bläschen am Mund. Benötigt man **rezeptpflichtige Medikamente,** ist es gut, nicht auf amerikanische Ärzte angewiesen zu sein. Außer in Notfällen kommen Touristen nur sehr schwer ohne persönliche Beziehungen kurzfristig an Arzneimittel. Die Mitnahme eines Vorrats an benötigten Medikamenten für den Eigenbedarf ist somit ratsam.

Drogerieartikel

Seife, Zahnpasta, Haarwaschmittel, Hautcreme und Sonnenschutzmittel sind in Hawaii relativ teuer. Waschlo-

tions, Duschgel etc. sind drüben lange nicht so verbreitet wie hier und kaum oder nur sehr teuer zu bekommen. Lediglich **Sonnenschutzmittel** mit einem Faktor weit über 20 sind etwa genau so teuer wie Markenartikel in Europa. Aufgrund der starken Sonneneinstrahlung in Hawaii sollte ein Lichtschutzfaktor von mindestens 20, besser 30 auch für vorgebräunte Personen Pflicht sein. Personen mit heller Haut brauchen einen Sonnenblocker.

Insektenschutz

Gegen Mücken und andere Quälgeister helfen Essenzen aus europäischer Produktion kaum. Mit amerikanischen Mitteln hält man sich die meisten Biester hingegen gut vom Leib. Vor allem auf Kauai sowie in den tropischen Wäldern können die **Sandflöhe** und andere Plagegeister ohne entsprechendes Gegenmittel ein zum Teil heftig juckendes, wochenlang anhaltendes „Souvenir" zur Folge haben. Insektenspray, Lotions etc. gibt es in jedem Supermarkt oder *Drugstore,* aber auch in vielen kleinen Läden.

Klimaanlagen

Die überall anzutreffenden Klimaanlagen *(Air Conditioning,* kurz: A/C) sind wegen der recht hohen Temperaturen bei hoher Luftfeuchtigkeit einerseits eine Wohltat, andererseits wird maßlos übertrieben. Nicht selten empfängt den Besucher von Restaurants, Banken und Einkaufszentren ein eisiger Wind.

Hotelzimmer besitzen fast ausnahmslos eine A/C, die vor allem in preisgüns-

Praktische Reisetipps

8

tigen Häusern sehr lautstark arbeitet. Bei nächtlicher Schwüle hat man die Wahl zwischen schweißtreibender Wärme oder dem Lärm der Anlage. Nur in Hotels der gehobenen Kategorie findet man Klimaanlagen mit Thermostat-Regelung. Ansonsten wird die A/C oft digital betrieben: on oder off.

Jedes **Mietfahrzeug** verfügt bei den großen Autovermietern über eine Klimaanlage, deren Betrieb etwa einen Extra-Liter pro 100 km schluckt. Oft fährt man mit etwas Fahrtwind angenehmer und gesünder – vor allem auf Besichtigungstouren, bei denen alle 5–10 Minuten das Auto verlassen wird. Viele Personen finden es bei Fahrzeugen mit Klima-Automatik angenehm, die Klimaanlage zwar einzuschalten, aber die Temperatur im Fahrzeug auf etwa 25 °C zu stellen.

Rauchen

Sehr zum Leidwesen der Zigarettenindustrie wird das Rauchen in den USA und damit auch in Hawaii systematisch eingeschränkt. Wer sich ohne Rückfrage bei den Umstehenden eine Zigarette anzündet, muss mindestens mit einem höflichen, aber äußerst bestimmten Hinweis rechnen, dass Rauchen hier nicht erwünscht ist. In praktisch allen Bereichen des öffentlichen Lebens (Flughäfen, Banken etc.) herrschen ausgedehnte **Rauchverbote,** denn Rauchen ist in allen „umschlossenen oder teilumschlossenen Anlagen/Einrichtungen" verboten. Rauchverbot herrscht somit nicht nur in allen Gebäuden, sondern auch in Stadien, Unterständen etc. Außerdem müssen Raucher mindestens 6 m Abstand halten von Türen, Fenstern etc. Aller-

dings dürfen Hotels/Motels bis zu 20 % ihrer Zimmer als Raucherzimmer ausweisen. Auf Big Island ist das Rauchen sogar am Strand untersagt.

Alle inneramerikanischen und somit auch alle innerhawaiianischen Flüge sind **Nichtraucherflüge.**

Im Notfall

Überall lautet die **Telefon-Notrufnummer** für Notfälle aller Art *(Emergencies)* **911** – auch bei Anrufen vom Handy.

Finanzen

Banken

Banken finden Sie in den Touristenzentren zur Genüge. Alle akzeptieren die gängigen Dollar-Reiseschecks und zahlen meist gegen Abzug einer Gebühr den Nennwert aus. Normalerweise verlangen sie dabei die Vorlage des Passes. Das gilt ebenso für die Auszahlung von Bardollars gegen Kreditkarte *(Cashing).* Die Mehrheit der Banken akzeptiert hierbei *Mastercard* und *VISA,* schickt die

Wechselkurse

1 US$	=	0,88 €
1 €	=	1,14 US$
1 US$	=	0,96 CHF
1 CHF	=	1,03 US$

Stand: April 2016

Kunden aber bevorzugt an den Geldautomaten *(ATM)*.

Die **Öffnungszeiten** sind montags bis freitags von 9 bis 14 oder 16 Uhr durchgehend. Orientieren Sie sich bitte am Verhalten der Kunden.

Kreditkarten

Ohne Kreditkarte (möglichst mehrere) sollte kein Tourist mehr in die USA reisen. Dieses universelle Zahlungsmittel spielt im alltäglichen Geschäftsleben der USA eine viel stärkere Rolle als im deutschsprachigen Europa.

So verlangen praktisch alle **Autovermieter,** dass die stets fällige Kaution für den Wagen per Kreditkarte hinterlegt wird. Darüber hinaus wird manchmal auch von jedem zusätzlichen Fahrer ein Kreditkartenabdruck verlangt. Wer ohne Kreditkarte ein Auto mieten möchte, der bekommt trotz vorbezahltem Gutschein meist kein Fahrzeug mehr ausgehändigt.

Allein schon aus diesem Grund ist mindestens eine Kreditkarte im Gepäck **Pflicht.** Außerdem können Sie damit in Hotels, vielen Geschäften und Restaurants bezahlen, und darüber hinaus ist sie als **Reserve für Notfälle** gut geeignet. Oftmals wird beim Bezahlen die Frage *Cash or Charge?* (Bargeld oder Kreditkarte?) gestellt.

Gold- und Platinkarten

Über Vor- und Nachteile der einzelnen Kreditkarten kann man diskutieren, denn es gibt viele Varianten – zumindest was *Visa* und *Mastercard* angeht. Vor allem in den Gold- und Platinkarten sind oft diverse **Versicherungen** eingeschlossen (bitte lesen Sie die Versicherungsbedingungen genauestens durch!), wobei eine Verkehrsmittel-Unfallversicherung (gilt für Flugzeug, Auto, Bahn etc.) bei den Gold- und Platinkarten praktisch zum Standard gehört. Generell gilt: sämtliche Versicherungen gelten nur, wenn die gesamte Leistung mit der entsprechenden Karte bezahlt wird/ wurde.

Zur Abschätzung der effektiven Gesamtkosten beim Zahlen mit Kreditkarte lohnt ein Blick auf die Homepage der *Stiftung Warentest* unter www.test.de.

Bezahlen mit Karte

In Hawaii können alle bekannten Kreditkarten genutzt werden: *American Express, Diners Club, Mastercard* und *Visa.*

Praktische Unterschiede zwischen den einzelnen Karten zeigen sich bei ihren Einsatzmöglichkeiten. Fluggesellschaften, die großen Autovermieter, bessere Hotels sowie exklusive Restaurants und noble Läden akzeptieren zwar alle vier Karten. Wer jedoch eine besonders universell einsetzbare Kreditkarte will, der kommt um eine *Mastercard* oder eine *Visa*-Karte nicht herum, denn diese beiden Karten werden in Hawaii praktisch an jeder Tankstelle, in so gut wie jedem Buchladen, jedem Hotel, jedem Restaurant (oft auch bei Fast Food), jedem Souvenirladen, bei jedem Autovermieter, ja sogar von den meisten Supermärkten akzeptiert.

Beim **Bezahlen per Kreditkarte** ist es auch in Hawaii üblich, dass die Vertragsunternehmen der Kreditkarten-Organisationen die vorgelegte Karte bei jedem Zahlungsvorgang überprüfen.

Der Karteninhaber erhält eine Kopie, die er mit den in Rechnung gestellten Beträgen überprüfen kann.

Wichtiger Vorteil der Zahlung per Karte ist die Zugrundelegung eines Wechselkurses, der je nach Bank und Kreditkarte zwischen dem Kurs für Reiseschecks und dem Sorten-Verkaufskurs liegt. Einzelne Banken verlangen sogar deutlich mehr. Genaues Hinschauen beim Kleingedruckten lohnt sich in diesem Fall immer.

Achtung! Wichtig beim Ausfüllen des Kreditkartenbelegs: Eine „1" ist nur ein senkrechter Strich (|). Wer nicht aufpasst, bekommt eventuell statt $ 100 einen Betrag von $ 700 abgebucht. Bei handgeschriebenen Belegen ist stets nur der unter „Total" eingetragene Betrag relevant. In den USA ist nach wie vor die Unterschrift beim Bezahlen mit Kreditkarte angesagt, weil der integrierte Chip in diesem Land praktisch nie ausgelesen und somit auch keine PIN abgefragt wird.

Bargeld gegen Karte

Jede Bank der USA verfügt über einen **Geldautomaten** (ATM, Automatic Teller Machine). Sehr viele dieser Geldautomaten (stehen auch im Eingangsbereich der Supermärkte) nehmen eine Kreditkarte an.

Geldkartengebrauch an Geldautomaten

■ Die Abhebungen am Automaten funktionieren wie bei uns nur mit der persönlichen **Geheimzahl.** Zur Barauszahlung muss die Taste *Withdrawal* (Geld mitnehmen) gedrückt werden. Will man per Maestro(EC-)-Karte Geld abheben, geht dies an Geldautomaten mit dem Maestro-Zeichen – und das trägt auf Hawaii praktisch jeder Geldautomat genauso wie das Visa-Zeichen. Außerdem muss man bei Maestro-Karten mitunter als nächsten Schritt „From Savings" (etwa „aus Sparguthaben") wählen. Aufgepasst: Bankkarten mit dem **V PAY-Logo** funktionieren nicht außerhalb Europas.

■ Ob und wie hoch die **Kosten für die Barabhebung** sind, variiert sehr je nach kartenaustellender Bank und je nach Bank, bei der die Abhebung erfolgt. Man sollte sich daher vor der Reise bei seiner Hausbank informieren, mit welcher Bank sie vor Ort zusammenarbeitet und auch bei www.geld-abheben-im-ausland.de die Konditionen für die Kreditkarten vergleichen, mit denen man im Ausland gebührenfrei Bargeld abheben kann. Grundsätzlich vorteilhafter als eine Barabhebung ist das bargeldlose Zahlen im Geschäft mit der Kreditkarte.

■ Oft besteht eine **Höchstgrenze** für Barabhebungen von $ 500 bis 1000 pro Woche.

■ Darüber hinaus gibt es die (teure) Möglichkeit, unter Vorlage des Reisepasses **Bargeld am Bankschalter** per Kreditkarte zu bekommen.

■ Mittlerweile verlangen die Geldautomaten-Betreiber vor Ort in der Regel eine **Transaktionsgebühr,** die bei Automaten an einem Bankgebäude meist geringer ist als bei einem Automat im Supermarkt etc. Außerdem ist der maximale Auszahlungsbetrag bei *ATMs,* die nicht zu einem Bankgebäude gehören, oft auf $ 200 pro Transaktion beschränkt. Wer somit $ 200 (meist in zehn Scheinen à $ 20) am Automaten „zieht", bekommt in Europa dann etwa $ 203 berechnet. Die eventuell fälligen Auslandsgebühren der europäischen Bank (siehe oben) kommen dann noch hinzu.

■ Es gibt mittlerweile eine Art **Renaissance des Bargelds:** So mancher kleine Tourveranstalter – vor allem Familienunternehmen – gewährt bei Barzahlung einen erheblichen Abschlag. Die Kreditkarte dient dann nur als Garantie zur Reservierung, wenn vor Ort bar bezahlt wird.

Finanzen 341

Verlust

Bei **Verlust einer Kreditkarte** siehe Kapitel „Unterwegs in Hawaii – Information und Hilfe/Notfälle".

Bargeld und Reiseschecks

Bargeld

Auch wenn immer wieder behauptet wird, die USA seien zu einer Gesellschaft des Plastik-Geldes geworden, ist Bargeld *(Cash)* noch lange nicht aus der Mode gekommen.

Der **Bar-Umtausch** ausländischer Währungen (Euro, CHF, kanadische Dollar…) in US$ ist nur mit immensen Kursverlusten im erheblichen zweistelligen Bereich und gegen hohe Gebühren möglich. Daher: nur Kreditkarten, Travellerschecks und US$-Bargeld zum Bezahlen auf den Inseln mit auf die Reise nehmen.

US-Dollar-Banknoten aller Nennwerte (die Scheine lauten auf 1, 2, 5, 10, 20, 50 und 100 Dollar) unterscheiden sich nicht in der Größe und weisen alle dieselbe Farbgebung auf: Zahlseite grauschwarz und Rückseite grün (daher der Begriff Greenback für die Dollarwährung). Speziell beim Herausgeben ist daher mehr Aufmerksamkeit als hierzulande geboten. Bisher gibt es von der 5-, 10-, 20- und 50-Dollar-Note bereits eine „buntere" Version, aber auch die 100-Dollar-Note sollen über kurz oder lang in einer mehrfarbigen Version in den Verkehr kommen. Der größte im freien Handel sinnvoll zu nutzende Schein ist die 50-Dollarnote. Hunderter werden oft nicht akzeptiert.

Münzen gibt es in der Stückelung 1, 5, 10, 25 und 50 Cents. Die 50-Cents-Münze ist ebenso selten wie die vorhandene 1-Dollar-Münze. Für das Hartgeld haben sich in den USA folgende umgangssprachlichen Bezeichnungen eingebürgert:

Nickel	5 Cents
Dime	10 Cents
Quarter	25 Cents

Der Dollar wird auch gerne als **Buck** bezeichnet.

Die wichtigste Münze ist der **Quarter,** man benötigt ihn nicht nur zum Telefonieren sondern auch für Automaten jeder Art. Seit einigen Jahren bringen einige US-Staaten jedes Jahr einen Quarter im neuen Design auf den Markt. Viele dieser Münzen landen in den Alben der Sammler, aber viele auch in den Geldbeuteln der Touristen.

Reiseschecks

Reiseschecks *(Traveller Cheque, TC)* waren in den USA eine sehr praktische Angelegenheit, wenn sie auf US-$ ausgestellt sind. Durch die zunehmende Verbreitung von Kreditkarten und Geldautomaten haben die *TCs* mittlerweile eine geringere Bedeutung als noch vor zehn Jahren, sind aber nach wie vor recht weit verbreitet. *TCs* in US$ sind in Europa bei fast allen Geldinstituten erhältlich.

Reiseschecks bieten folgende **Vorteile:**
■ Sie sind zu einem erheblich **günstigeren Kurs** (meist Devisenbriefkurs plus 1 %) erhältlich als Bargeld. Je nach Dollarkurs sind TCs bis zu 5 €-Cents pro $ 1

Praktische Reisetipps

8

Finanzen

billiger als Cash, allerdings verlangen einige Banken höhere Gebühren.

■ *TCs* sind in voller Höhe gegen Verlust **versichert** (siehe unten).

■ *TCs* werden wie Bargeld **ohne Abzug** akzepiert.

■ *TCs* werden beim Kauf zum **Tageskurs** verrechnet. Wer somit beispielsweise bei einem $/€-Kurs von $ 1,50/1 € (man erhält somit $ 1,50 für einen Euro) seine *TCs* kauft, sie aber erst einsetzt, wenn der Dollar auf 0,90 € (man erhält $ 0,90 für einen Euro) steht, dessen Urlaub ist eben entsprechend „günstiger". Wie sich der Dollar entwickelt, ist natürlich reine Spekulationssache.

■ Übrig gebliebene *TCs* werden unter Vorlage der Kaufquittung von dem Institut, bei dem sie erworben wurden, jederzeit zum Tageskurs zurückgenommen.

Stückelung

Traveller Cheques in einer Stückelung von $ 50 (eventuell auch $ 20) haben sich bei Hawaiireisen als geeignet herausgestellt. Oft wird beim Einlösen eines Reiseschecks eine *ID (Identification)* wie zum Beispiel der Reisepass, Personalausweis oder der Führerschein verlangt.

Das Einlösen von *TCs (Cashing)* kann auch **am Bankschalter** erfolgen, dann wird aber oft eine (manchmal recht hohe) Gebühr berechnet.

Die Reisekasse

Die beste Vorsorge für die Reise besteht aus einer **Mischung aller drei Zahlungsmittel,** wobei es darauf ankommt, wie die Reise gestaltet ist.

Einen gewissen Barbestand für die ersten Ausgaben in Hawaii (ggf. bereits im Flugzeug) sollte man unabhängig von der ansonsten bevorzugten Zahlungsweise auf jeden Fall dabeihaben. Und zwar in relativ kleinen Scheinen bis maximal $ 50. Mit größeren Banknoten gibt es gelegentlich Probleme bei der Annahme. Ein guter Vorrat an 1-Dollar-Noten darf nicht fehlen. Denn die braucht man für Trinkgelder und kleine Ausgaben vom Moment des Betretens amerikanischen Bodens an. Ebenfalls praktisch sind ein paar Quarter.

Einmal im **Hotel** angekommen, kann man nach dem Einchecken fragen, ob die Rezeption einen oder mehrere Reiseschecks zu Bargeld macht oder wo sich der nächste Geldautomat *(ATM)* befindet. Wer stets auf genügend Bargeld achtet, der ist in Hawaii bei einer individuellen Pauschalreise (Flüge, Mietwagen bzw. Hotels zu Hause buchen und bezahlen) mit folgender Mischung gut gerüstet: ein Viertel bis ein Drittel der kalkulierten Bar-Ausgaben in Form von *TCs* (oder besser: auf einer separaten, für Bargeld-Abhebungen genutzten Kreditkarte) mitnehmen und den Rest mittels Kreditkarten mit ausreichendem monatlichen Limit bezahlen.

> Aktivitäten wie z.B. ATV-Touren, also Fahrten mit einem Quad wie auf diesem Foto beim Waipio Valley auf Big Island, zahlt man am besten per Kreditkarte

Trinkgeld

In der amerikanischen Dienstleistungsgesellschaft ist das Trinkgeld, das **Tip**, fester Bestandteil des Entlohnungssystems – und zwar nicht nur in der Gastronomie oder im Taxigewerbe. Ein *Tip* wird durchaus auch im besseren Hotel von den diversen dienstbaren Geistern erwartet und sogar im Supermarkt (!) ist die kleine Entlohnung üblich, wenn der höfliche junge Mann hinter der Kasse beim Einpacken behilflich ist.

So klare Regeln für die **Höhe** des *Tip* wie im Restaurant (siehe Kap. „Essen und Trinken") gibt es nicht. Münzgeld reicht selten aus, eine Dollarnote muss es selbst bei kleinen Handreichungen schon sein, möchte man indignierte Reaktionen vermeiden. Der *Bell-Boy* (Kofferträger) im Hotel erwartet mindestens 2 Dollar pro Gepäckstück, beziehungsweise bei zwei Gepäckstücken eher $ 5.

Der Taxifahrer erwartet 15 % des Fahrpreises (sowie ein paar Dollar obendrauf, wenn er zusätzliche Arbeit mit dem Gepäck hat), und die oft chronisch unterbezahlten „Zimmermädchen" *(Housekeeper)* benötigen $ 1 bis $ 2 pro Zimmer und Nacht, um zumindest einigermaßen finanziell über die Runden zu kommen. Auch andere Hotel-Services

(*Concierge* etc.) erwarten ein bis zwei Dollar *Tip,* wenn Sie sich länger als 15 Sekunden mit einem Gast beschäftigt haben. Beim *Valet Parking* sind $ 2 pro Fahrt (natürlich plus Parkgebühren) üblich, und auch die *Guides* bei Aktivitäten sind auf *Tips* in Höhe von 10 bis 15 % des Nennpreises der Aktivität angewiesen. Bei einem $-80-Trip sollte man „seinem" *Guide* z.B. noch $ 10 als *Tip* geben. Im Restaurant können Sie die *Tips* (15–18 % der Summe) mit auf die Kreditkartenrechnung setzen, aber in allen anderen Fällen ist *Cash* und damit ein ständiges Bargeld-Management mit stets genügend kleinen Scheinen gefragt.

Steuern

Auf alle Preise wird eine Art **Mehrwertsteuer** (*Sales Tax*) in Höhe von mindestens 4 % aufgeschlagen. Bei Hotels kommt noch eine *Acomodation Tax* von ca. 13–14 % hinzu.

Der Flug nach Hawaii

Überblick

Die Buchung eines Fluges nach Hawaii ist an sich eine unkomplizierte Angelegenheit, denn etwa 99 % der europäischen Hawaii-Besucher fliegen per **Linienmaschine.** Sehr selten kommen Chartermaschinen zum Einsatz.

Da der Flug nach Hawaii immer **über den nordamerikanischen Kontinent** führt, sind Hawaii-Flüge preislich an die Saisonzeiten Nordamerikas gebunden. Anfang Juni werden die Flüge dann in der Regel 250 bis 600 € teurer, aber Mitte August wieder günstiger. Ende September/Anfang Oktober sinkt der Preis erneut. Die günstigen Flüge erhält man meist ab Ende Oktober bis Mitte April, wobei zwischen dem 10. Dezember und 10. Januar mit Preisaufschlägen gerechnet werden muss.

Drei Hauptüberlegungen bestimmen jeweils die Buchung:

■ der **Flugpreis** (oft unabhängig von der Hochsaison in Hawaii, aber abhängig von der Hochsaison auf dem amerikanischen Kontinent oder in Neuseeland) – und zwar inkl. Gebühren, Steuern, *Service-Fees,* Kerosinzuschlag und (wichtig!) Gepäckkosten.

■ die **Verfügbarkeit** von Sitzplätzen zum gewünschten Flugtermin.

■ die **Flugroute** und damit die Bequemlichkeit der Verbindung (Umsteigeverbindungen, manchmal müssen sogar Zwischenübernachtungen in Kauf genommen werden).

Für Klimabewusste

Bei einem **Hin- und Rückflug** in der Touristenklasse von Zentraleuropa nach Hawaii mit einer Zwischenlandung in den USA werden je nach Flugroute pro Passagier zwischen 8500 und 10.000 kg klimaschädliches CO_2 frei. Ein einzelner innerhawaiianischer Flug schlägt mit 30 kg (z.B. HNL – LIH oder HNL – OGG) bis 60 kg (HNL – KNA oder HNL –ITO) CO_2 zu Buche. Details unter www.umweltbundesamt.de/klimaschutz/index.htm.

Wer sein CO_2-Gewissen beruhigen möchte, kann dies mit einer **Ausgleichszahlung** bei www.atmosfair.de tun. Hier wird anhand der Flugstrecke der CO_2-Ausstoß pro Person ermittelt. Eingehende Gelder werden in zahlreiche Klimaschutzprojekte investiert.

Preise

Ein Flug von Zentraleuropa nach Hawaii kostet in der Wochenmitte meist um 1200 €. Zur Hauptsaison oder bei kurzfristigerer Buchung können die Preise durchaus auf knapp 2000 € für die Passage in der Touristenklasse ansteigen, andererseits gibt es aber auch zu bestimmten Zeiten manchmal Flüge ab knapp unter 1000 €.

Wer versucht, vier Wochen vor Beginn der Sommerferien noch einen Hawaii-Flug zu ergattern, der wird es zum einen schwer haben, überhaupt noch einen Platz in den Maschinen zu bekommen und zum anderen – vor allem bei den schnellen Verbindungen – oft nochmals ein paar Hundert Euro zusätzlich pro Person auf den Tisch legen müssen.

Günstigere Jugend- und Studententickets gibt es z.T. für alle jungen Leute bis 29 Jahre bzw. Studenten bis 34 Jahre.

Vor der endgültigen Buchung sollten Sie auch die **Kosten des Gepäcktransports** in den Flugpreis mit einkalkulieren. Für Flüge, die in einem Ticket (z.B. Hamburg HAM – FRA – SFO – HNL und Rückflug von Kahului/Maui OGG – LAX – FRA – HAM) gebucht sind, gilt für sämtliche Einzelstrecken dieses Tickets (bislang) die Gepäckregelung des Transatlantik-Tickets.

In Deutschland gibt es von **Frankfurt** aus die häufigsten Verbindungen nach Hawaii. Tickets für Flüge von und nach anderen deutschen Flughäfen sind bei manchen Fluggesellschaften erheblich teurer, sodass es für Deutsche in preislicher Hinsicht attraktiver sein kann, mit dem *Rail-and-Fly-Ticket* per Bahn nach Frankfurt zu reisen.

Wer seine Vielflieger-Meilen (z.B. von *Miles & More*) in ein Flugticket nach Hawaii umwandeln will, der sollte sehr langfristig vorausplanen.

Prinzipiell gilt: Je günstiger das Flugticket, um so schwieriger oder teurer werden **Änderungen** des Fluges.

Flugverbindungen

Ein Flug von Europa nach Hawaii ist stets anstrengend – nicht nur wegen der Zeitverschiebung von elf oder zwölf Stunden. Unter 16 Stunden reiner Flugzeit ist selten etwas möglich. Daher lohnt es sich, nach einer **bequemen Verbindung** Ausschau zu halten. Es soll in diesem Zusammenhang nicht um den Service an Bord gehen, sondern vielmehr um die effektiv benötigte Zeit vom

Jet Lag –
Probleme mit der Zeitverschiebung

Ärzte definieren Jet Lag als „die Summe sämtlicher subjektiver **Befindlichkeitsstörungen,** die durch Zeitverschiebung eintreten", stellen aber auch fest, dass Jet Lag keine Krankheit ist.

Die innere Uhr befindet sich im Zwischenhirn und wird auch SCN *(supraiasmatischer Nucleus)* genannt. Es dauert einige Tage, bis die Umstellung der inneren Uhr abgeschlossen ist, und es ist dementsprechend ganz normal, wenn man nach einer solchen Reise nicht oder nur schlecht schlafen kann. Die Anpassung der inneren Uhr an die Ortszeit verläuft mit einer Geschwindigkeit von ein bis drei Stunden pro Tag.

Bei der Beachtung einiger Regeln fällt die Zeitumstellung leichter, denn die Symptome des Jet Lags treten dann nicht so stark auf:

■ So früh wie möglich an die **Zeit im Zielland** anpassen. Im obigen Beispiel hieße das, dass man beim Abheben in Frankfurt ruhig schlafen sollte, denn dann beginnt in Honolulu ja gerade die Nacht. Auch im weiteren Verlauf des Transatlantik-Fluges empfiehlt es sich somit zu schlafen. Von der Ankunft an der Westküste der USA bis zur Ankunft im Hotel sollte das Schlafen vermieden werden, denn dann herrscht Tag in Hawaii. Auf dem Rückweg von Hawaii nach Europa möglichst erst auf dem Transatlantikflug schlafen.

■ Die **Schlafzeiten** in den ersten drei Nächten nach der Zeitumstellung auf etwa 8 Stunden beschränken. Sonst besteht die Gefahr, dass man nach einem „erholsamen" Schlaf von vielleicht 10 oder 12 Stunden in der nächsten Nacht partout nicht einschlafen kann.

■ Nach der Zeitumstellung in der ersten Woche tagsüber nicht schlafen und möglichst viel im Freien aufhalten, denn **Sonnenlicht** erleichtert das Wachbleiben und die Zeit-Kompensation. Zu empfehlen ist für Honolulu eine Wanderung am Vormittag.

■ Im Flugzeug wenig oder besser gar keinen **Alkohol** trinken, stattdessen Fruchtsäfte und vor allem viel Wasser. **Schlaf- und Aufputschmittel** meiden.

■ Zur Vermeidung des *Economy Class Syndrom* (Thrombose aufgrund des engen Sitzabstands in Kombination mit Bewegungsmangel) sollte man möglichst einmal pro Stunde im Gang umher gehen oder zumindest gymnastische Übungen machen. Eine der bestmöglichen Vorbeuge-Übungen ist die Venenpumpe: Dazu krallt man zunächst die Zehen am Boden fest, hebt die Hacken an und zieht die Wadenmuskulatur an. Anschließend wieder alle Muskeln entspannen. Etwa zehn mal wiederholen. Bei jedem dritten Mal sollte man dabei auch noch das Gesäß anheben, um einen Blutstau in der Leiste zu vermeiden. Durch das Aktivieren der Muskeln drückt man nämlich auf die Venen und befördert das Blut weiter. Zur Förderung der Blutzirkulation sollte man viel trinken (keinen Alkohol).

■ Oftmals kommt die **Verdauung** nach der großen Zeitverschiebung nicht so recht in Gang. Wer im Flugzeug vegetarisches Essen bestellt (spätestens drei Tage vor Abflug) und im Zielland ballaststoffreiche Kost zu sich nimmt, tut sich damit einen größeren Gefallen …

■ Gegen den Jetlag hilft auch, auf dem US-Festland einen kurzen Zwischenstopp zu machen und z.B. nach dem Interkontinental-Flug eine Nacht in LAX oder SFO im Flughafen-Hotel zu verbringen, und erst am Morgen früh weiter zu fliegen.

Der Flug nach Hawaii 347

Wohnort bis zum Zielflughafen (meist Honolulu auf Oahu) und umgekehrt beim Rückflug sowie die damit verbundenen Auswirkungen auf das körperliche Wohlbefinden *(Jet Lag).*

Nur-Umsteigeverbindungen

Da es weder Nonstop- noch Direkt-Verbindungen von Europa nach Hawaii gibt, müssen Europäer stets auf dem amerikanischen Festland oder in Kanada umsteigen. Dabei wird auf dem ersten Flughafen, auf dem die Maschine landet, die **Einreiseprozedur** in die USA vollzogen. Zwischen Ankunft und Weiterflug sollten Sie drei Stunden Zeitpuffer einplanen.

Bei *Delta Airlines* geschieht die Einreise *(Immigration)* meist in Atlanta oder New York, bei *American Airlines* meist in Chicago oder Dallas, bei *United Airlines* meist in Chicago, Denver, Newark (bei New York), Houston (Texas), Washington DC oder San Francisco und bei *Lufthansa* (Hawaii-Flüge) meist in Los Angeles, San Francisco oder Denver.

Das **Gepäck** wird anschließend im International Terminal wieder auf ein Förderband gelegt und damit automatisch zum Anschlussflugzeug nach Hawaii befördert, wenn es bereits in Europa bis nach Honolulu (erkennbar an der Aufschrift „HNL" auf dem Gepäckabschnitt) oder gar auf eine Nachbarinsel durchgecheckt wurde. Der Anschlussflug ist dann ein Inlandsflug *(Domestic Flight)*, bei dem keine Einreise-Passkontrollen mehr stattfinden, wohl aber ID-Checks (Vergleichen der Namen auf der Bordkarte und im Pass) beim Boar-

ding. In amerikanischen Flughäfen sind in der Regel die Inlandsflüge in einem anderen Terminal als die Auslandsflüge untergebracht. Nach der Einreiseprozedur (stets mit dem gesamten Gepäck!) muss somit meist auch noch das Terminal gewechselt werden. Allerdings haben die meisten größeren Fluggesellschaften direkt hinter der Zollkontrolle sogenannte *Baggage Drop-Offs* eingerichtet. Es handelt sich hierbei um Förderbänder, auf die man sein durchgechecktes (s. Gepäckabschnitt) Gepäck selbst hinauflegt. Man muss lediglich darauf achten, dass man das Förderband der Fluggesellschaft des Anschluss-Fluges nutzt. Wer z.B. von Frankfurt nach Los Angeles mit *Lufthansa* und dann unter *Lufthansa*-Flugnummer weiter nach Honolulu (HNL) fliegt, der muss sein Gepäck in Los Angeles meist auf das *United*-Band legen, denn der Weiterflug erfolgt trotz LH-Flugnummer im sogenannten *Code-Sharing* mit einer *United*-Maschine (erkennbar an dem Vermerk *operated by United* auf dem Ticket). Dadurch ergeben sich meist Umsteigezeiten von mindestens zwei, zum Teil sogar drei bis vier Stunden.

Allianzen

Drei Systeme beherrschen den Markt für den direkten Flug von Europa nach Honolulu und retour: Die *Star Alliance* mit den Fluggesellschaften LH *(Lufthansa)*, UA *(United)*, SK *(Scandinavian)*, AC *(Air Canada)*, NZ *(Air New Zealand)*, LX *(Swiss)* und OS *(Austrian)*, das *Sky Team* mit DL *(Delta)*, AF *(Air France)* und KL *(KLM)* sowie *One World* mit AA *(American Airlines)* und BA *(British Airways)*.

Praktische Reisetipps

8

Kleines „Flug-Know-how"

Check-in

Nicht vergessen: Ohne einen gültigen **Reisepass** und ohne vorherige **elektronische Reisegenehmigung** kommt man nicht an Bord eines Flugzeuges in die USA. Auch **Kinder** benötigen einen **eigenen Reisepass.**

Bei den meisten internationalen Flügen muss man zwei bis drei Stunden vor Abflug am Schalter der Fluggesellschaft eingecheckt haben. Je nach Fluggesellschaft kann man das in der Regel ab 23 Stunden vor dem Flug zuhause im Internet erledigen und muss am Flughafen nur noch die ausgedruckte Boardkarte mit Barcode nach unten auf den Scanner legen und sein Gepäck an dem entsprechenden Schalter abgeben. Reist man nur mit Handgepäck kann man je nach Fluggesellschaft nach einer kurzen Prüfung gleich durch die Schranke in den Boardingraum.

Das Gepäck

In der **Economy Class** darf jeder Passagier meist ein Handgepäckstück bis zu 7 kg in die Kabine mitnehmen (nicht größer als 55 x 40 x 20 cm) und zusätzlich ein Gepäckstück bis zu 23 kg einchecken. In der **Business Class** sind es pro Person meist zwei Handgepäckstücke (insgesamt nicht mehr als 12 kg) und ein Gepäckstück bis zu 30 kg zum einchecken. Man sollte sich vor dem Ticketkauf über die Bestimmungen der jeweiligen *Airline* informieren.

Beim Packen des **Handgepäcks** sollte man darauf achten, dass man Getränke oder vergleichbare Substanzen (Gel, Parfüm, Shampoo, Creme, Zahnpasta, Suppe, Käse, Lotion, Rasierschaum, Aerosole etc.) nur in geringen Mengen bis zu jeweils 100 ml mit ins Flugzeug nehmen darf. Diese Substanzen muss man **separat** in einem durchsichtigen Plastikbeutel (z.B. Gefrierbeutel) transportieren, den man beim Durchleuchten in eine der bereit stehenden Schalen auf das Fließband legen sollte. Durch die Personenkontrolle läuft man stets ohne Gürtel – soweit dieser eine Schnalle aus Metall hat – und ganz ohne Schuhe.

Aus Sicherheitsgründen dürfen **Nagelfeilen, Messer** und **Scheren** aller Art, also auch Taschenmesser, nicht im Handgepäck untergebracht werden. Diese gehören ausschließlich ins aufzugebende Gepäck. Auch leicht entzündliche Gase in Sprühdosen (Schuhspray, Campinggas, Feuerzeugfüllung), Benzinfeuerzeuge und Feuerwerkskörper etc. dürfen nicht im Koffer oder dem Handgepäck transportiert werden.

Wer sein **Gepäck verschließen** möchte, der sollte darauf achten, dass das Schloss *„TSA certified"* ist, was an dem Schriftzug „TSA" und/ oder einem breiten Sechseck mit vier roten Balken und einem weißen Quadrat im Innern erkennbar ist (siehe www.tsa.gov/traveler-information/baggage-locks). Alle anderen verschlossenen Schlösser (auch festeingebaute) werden in den USA fast immer geöffnet und sind danach unbrauchbar.

So kann es durchaus vorkommen, dass ein Flug mit *Sky Team* von Berlin TXL nach Paris CDG mit AF erfolgt, während DL den Weiterflug über Atlanta (ATL) nach Honolulu (HNL) übernimmt. Auf dem Rückweg ist es dann vielleicht eine Kombination aus AF und KL über Amsterdam (AMS). Nach einem Transatlantikflug mit der LH geht es dann mit UA oder AC weiter nach Hawaii.

Der Flug nach Hawaii 349

Praktische Reisetipps

An Bord

Bei Langstreckenflügen lohnt es sich durchaus, auch einen Blick auf die **Bestuhlungspläne** zu werfen. Wer in der Economy-Klasse den Mittelplatz einer Fünferreihe einer (mittlerweile recht betagten) Boeing 777 oder einer DC-10/MD-11 erwischt, der dürfte nur wenig Bewegungsfreiheit haben …

In der Touristenklasse wurde der **Service** an Bord bei allen amerikanischen Fluggesellschaften stark zurückgefahren. Die Essensportionen sind oft lachhaft klein und stets mit sehr starken Budget-Beschränkungen kalkuliert, was Auswirkungen auf die Qualität hat. Daher empfiehlt es sich, zumindest für den Flug über den Pazifik im Sicherheitsbereich des Umsteigeflughafens zu speisen oder dort ein Sandwich zu erwerben, um es im Flieger zu essen. Diverse amerikanische Fluglinien bieten auf längeren Flügen (z.B. über den Pazifik nach Hawaii) Sandwiches bzw. einen Salat für jeweils knapp $ 10 an.

Alkoholische Getränke kosten bei amerikanischen Fluglinien auch auf der Transatlantikstrecke grundsätzlich Geld: die Dose Bier in der Regel $ 6. Zumindest Wasser gibt es bei allen *Airlines* auf Nachfrage praktisch unbegrenzt.

Die **Bezahlung** der Getränke/Mahlzeiten kann an Bord von amerikanischen Fluglinien mittlerweile meist nur noch mit **Kreditkarte** erfolgen.

Kurzer Stopover

Eine Unterbrechung der Flugverbindung für weniger als 24 Stunden gilt nicht als (meist aufpreispflichtiges) *Stopover*. Wer z.B. mit einer Spätnachmit-tagsmaschine von Frankfurt oder München in San Francisco landet, kann dort im Flughafenhotel erstmal ausschlafen und dann am folgenden Vormittag früh per BART (S-Bahn; www.bart.gov, www.sfmuni.com) in die Stadt fahren, während das Gepäck im Hotel bleibt. Am späten Nachmittag steht der Weiterflug nach Hawaii auf dem Programm. Für Erkundungen in Los Angeles benötigt man ein Auto.

Gabelflug

Amerikanische Fluglinien wie *United, Delta, American* bieten die Möglichkeit des Gabelfluges. Man fliegt dann z.B. von Europa nach Honolulu und kehrt von Kahului auf Maui wieder zum europäischen Ausgangsflughafen zurück. Damit spart man sich einen innerhawaiianischen Flug. Gabelflüge sind meist auch innerhalb der jeweiligen Flugallianz möglich.

Tipp: Bevor Sie buchen, sollten Sie sowohl die Zeit als auch die Gesamtkosten (inklusive evtl. Zugkosten zum/vom Abflughafen, Zwischenübernachtung auf dem amerikanischen Kontinent, Gepäck etc.) von Ihrer Wohnung und zurück berücksichtigen.

Buchung

Für die Tickets der Linienfluggesellschaften kann man bei folgendem zuverlässigen Reisebüro meistens günstigere Preise als bei vielen anderen finden. Sie buchen auch gerne Ihre „Billigflieger"-Tickets für Sie :

8

Jet-Travel, In der Flent 7, 53773 Hennef (Sieg), Tel. (02242) 868606, www.jet-travel.de unter der Auswahl "Flüge".

Last-Minute

Wer sich erst im letzten Augenblick für eine Reise nach Hawaii entscheidet, kann Ausschau nach Last-Minute-Flügen halten, die von einigen Fluggesellschaften mit deutlicher Ermäßigung ab etwa 14 Tage vor Abflug angeboten werden, wenn noch Plätze zu füllen sind. Diese Last-Minute-Flüge lassen sich nur bei Spezialisten buchen:

L'Tur, www.ltur.com, Tel. 00800 21212100 europaweit.
Lastminute, www.lastminute.de, (D-)Tel. 089-17923040.
5 vor Flug, www.5vorflug.de, (D-)Tel. 089-710454109, (A)-Tel. 0820 203 085.
Holiday Check, www.holidaycheck.at.

Flüge zwischen den Inseln

Von der Ausnahme Maui – Lanai, bzw. Maui – Molokai abgesehen ist das Flugzeug derzeit noch die einzige Verbindung zwischen den Inseln (s. Kapitel „Die unabhängige Hawaiireise, Transportmittel"). Die **Flugzeit** liegt jeweils zwischen 15 und 45 Minuten.

Preise

Innerhawaiianische Flüge *(Inter Island Flights)* sind in den letzten Jahren erheblich **teurer geworden.** Tickets für die „Rennstrecke" HNL – OGG (Honolulu – Kahului/Maui) gibt es ab ca. $ 80, von Kona/Big Island (KOA) nach Lihue/Kauai (LIH) sind meist mindestens $ 100 fällig – und das jeweils nur bei einer Buchung lange im Voraus. Kurzfristige Buchungen in der Touristenklasse schlagen mit über $ 100 (Kurzstrecken wie z.B. HNL – OGG) bzw. $ 135 bis knapp $ 200 (z.B. LIH – KOA) zu Buche.

Fast alle innerhawaiianischen Flugtickets gelten nur für eine Fluggesellschaft. Die Unternehmen erkennen die vom Konkurrenten ausgegebenen Flugscheine nicht an.

Airlines

Sowohl *Hawaiian Airlines* (HA) als auch *Island Air* (WP) bieten jeweils ein dichtes Flugnetz. Vor allem auf den Strecken von Honolulu nach Kahului/Maui,

Linienflugnetz

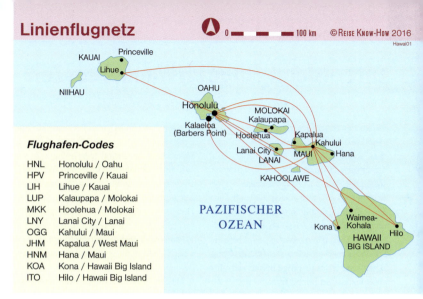

Flughafen-Codes

HNL	Honolulu / Oahu
HPV	Princeville / Kauai
LIH	Lihue / Kauai
LUP	Kalaupapa / Molokai
MKK	Hoolehua / Molokai
LNY	Lanai City / Lanai
OGG	Kahului / Maui
JHM	Kapalua / West Maui
HNM	Hana / Maui
KOA	Kona / Hawaii Big Island
ITO	Hilo / Hawaii Big Island

Lihue, Hilo bzw. Kona gibt es je bis zu 25 Flugpaare täglich.

Da die Flugkapazitäten zwischen den Inseln nach dem 11. September 2001 durchweg um etwa 50 % gestrichen und im Jahr 2008 *Aloha Airlines* nach 61 Jahren in Konkurs ging sowie die innerhawaiianische Fluglinie *go!* im April 2014 den Betrieb einstellte, sind die Maschinen jetzt häufig ausgebucht. Früher war eine Umbuchung meist kein Problem, heute heißt es oftmals „Sorry, we are booked-out."

Islandair (WP)

- **Auf Oahu:** Tel. 484-2222
- **Von den Nachbarinseln:**
Tel. 1-800-652-6541 (gebührenfrei)
- **Vom amerikanischen Kontinent:**
Tel. 1-800-323-3345 (gebührenfrei)
- www.islandair.com
- **Propellermaschinen**
(Turboprops des Typs DASH-8) à 37 Sitze

Hawaiian Airlines (HA)

- **Auf Oahu:** Tel. 838-1555
- **Von den Nachbarinseln:**
Tel. 1-800-882-8811 (gebührenfrei)
- **Vom amerikanischen Festland/Kanada:**
Tel. 1-800-367-5320 (gebührenfrei)
- www.hawaiianair.com
- Fliegt mit **Jets**
(Boeing 717 à 123 Sitze)

Mokulele Airlines

Die kleine Fluggesellschaft *Mokulele* behauptet sich wacker im schwierigen Umfeld und fliegt mit ihren Propellermaschinen des Typs *Cessna Grand Caravan* neben Honolulu (HNL), Kona (KOA) und Kahului (OGG) vor allem kleinere Flughäfen an.

- www.mokuleleairlines.com
Tel. (gebührenfrei) 1-866 260-7070
oder von Europa aus: Tel. +1 (808)270-8767.

Inter-Island-Flüge im Wandel der Zeit

Beim ersten Hawaii-Besuch des Autors (im Jahr 1988) lief innerhawaiianisches Fliegen noch nach echter Hang-Loose-Mentalität ab: Zwar gab es einen offiziellen Flugplan, aber niemand schien sich darum zu kümmern, dass die Maschinen auch pünktlich abfliegen. Warum auch: Es gab drei Fluggesellschaften (*Hawaiian Airlines* und *Aloha Airlines* sowie deren damalige Tochtergesellschaft *Aloha Island Air*), und bei allen Dreien lief der Flugbetrieb offensichtlich erheblich lockerer ab als auf dem US-Kontinent, ohne dass die Passagiere eine Alternative hatten. Andererseits funktionierte der Flugbetrieb dennoch bestens, nur machte eben niemand Druck.

Die Tickets waren eigentlich Fluggutscheine (s. Foto), denn auf ihnen standen die Namen der Inseln und man umkreiste je eine Insel im „Leaving-from"- sowie im „Destination"-Teil, trug den eigenen Namen sowie die Flugnummer ein – natürlich gerne auch mit Bleistift – und so übergab man das Dokument beim Check-In. Binnen Sekunden überreichte der Check-In-Agent die Bordkarten und die Gepäckabschnitte.

Zur Gepäckabfertigung gab es vorgedruckte durchnummerierte Anhänger mit Airport-Codes (ohne Flug-Nr. oder Passagier-Name), wobei jeder Flughafen eine eigene Farbe hatte. Das Gepäck wurde einfach in die nächste Maschine eingeladen, die zum entsprechenden Flughafen flog, obwohl der Passagier ggf. erst auf die (über) nächste Maschine dorthin gebucht war.

Wenn man z.B. von Kauai über Honolulu nach Kahului flog, dann kam es öfter vor, dass eine Minute nach der Ankunft in der Abflughalle von HNL eine Durchsage des folgenden Typs zu hören war: „Aloha Ladies and Gentleman. Wir haben noch 15 freie Plätze auf unserem nächsten Flug nach Kahului. Wenn Sie mitfliegen möchten, dann gehen Sie bitte jetzt zu Gate 3. Mahalo." So kam es, dass der Aufenthalt in HNL statt einer Stunde oft nur 2 Minuten betrug. Bei der Ankunft war das Gepäck meist schon da.

Mit den **Sicherheitsvorschriften** nahm man es bei Inter-Island-Flügen damals auch nicht so genau. Auf Molokai machte sich oft niemand die Mühe, die Metalldetektoren einzuschalten, und auf Lanai wurde der Autor einmal aufgefordert, über die Waage in den für die Angestellten reservierten Bereich zu steigen und von dort über eine Seitentüre direkt zum Flugzeug zu gehen.

Konkurrenz belebt und verändert das Geschäft

Im Jahr 1990 scheiterte ein Versuch, *Aloha Airlines* und *Hawaiian Airlines* Konkurrenz zu machen: *Discovery Airways* stellte nach nur wenigen Monaten den Flugbetrieb ein. Als sich Mitte 1993 neue Konkurrenz für die angestammten Inter-Island-Airlines am fernen Horizont abzeichnete, starteten diese eine Service- und Pünktlichkeitsoffensive.

Im Oktober 1993 nahm *Mahalo Air* den Flugverkehr zwischen den Inseln auf. Der Newcomer versuchte zu Anfang mit allen Mitteln, Marktanteile zu gewinnen. Nach einem Preiskampf zog sich *Mahalo Air* 1995 aus dem Geschäft zurück.

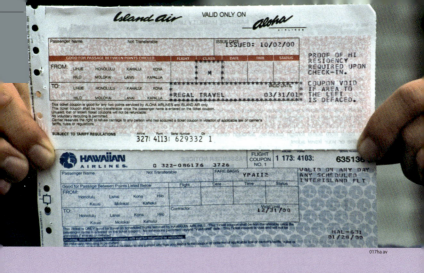

Dennoch hatten *Discovery Airways* und *Mahalo Air* den Konkurrenzgeist von *Aloha* und *Hawaiian Airlines* geweckt. So führte *Aloha Airlines* 1999 eine **Zufriedenheits-Garantie** ein.

Die schrecklichen Ereignisse des 11. September 2001 sorgten auch dafür, dass Fliegen innerhalb Hawaiis mittlerweile genau so standardisiert abläuft wie jeder Flug in den USA. Gleichzeitig bekamen HA und AQ massive Finanzprobleme.

Am 9. Juni 2006 kam mit *go!* eine neue Konkurrenz für die angestammten Inter-Island-Carrier AQ und HA auf den Markt – und zwar mit Ticketpreisen von $ 39 im ersten Betriebsquartal (bzw. $ 59 retour) bei entsprechender Vorausbuchung.

Es kam zu einem Preiskampf, in dem bis Ende 2007 meist Tickets für $ 39 zu haben waren, aber *go!* warb auch immer wieder mit Ticketpreisen von sage und schreibe $ 1.

Schon bevor *go!* den Betrieb aufnahm, hatten *Hawaiian* (HA) und *Aloha* (AQ) finanzielle Schwierigkeiten, die jeweils in der Insolvenzanmeldung endeten, aber durch die Chapter-11-Regelung des US-Insolvenzrechts konnten die Airlines weiter bestehen.

Da aufgrund der Krise mit den US-Immobilienkrediten kein Geldinstitut mehr zu einer erneuten Finanzspritze bereit war, meldete *Aloha Airlines* nach 61 Jahren Betrieb am 20. März 2008 endgültig Insolvenz an.

Für die Touristen und das *Hawaii Tourism Board* begannen jetzt die Probleme, denn nicht nur 400.000 bereits verkaufte AQ-Tickets waren jetzt ungültig. Aloha beförderte bis dato täglich 8000 bis 9000 Menschen zwischen den Inseln. Diese Transportkapazität fehlten von einem Tag auf den anderen, sodass viele Touristen zunächst auf den Nachbarinseln festsaßen. Die Situation war gelinde ausgedrückt äußerst turbulent.

Nach mehreren Wochen war dann der Flugbetrieb wieder normal, allerdings mit verringerter Kapazität.

Noch im Jahr 2010 zahlte man für die etwa 400 km von Kona/Big Island nach Lihue/Kauai genauso viel wie für die 100 km von Oahu nach Molokai, nämlich etwa $ 70. Mittlerweile sind die Flugpreise streckenabhängig. Im Jahr 2011 führten alle Inter-Island-Airlines entfernungsabhängige Tarife ein, sodass je nach Strecke mindestens $ 80 oder $ 110 fällig sind.

Zum 1. April 2014 stellte auch *go!* nach einer längeren Phase mit unzuverlässigem Flugbetrieb (Verspätungen von 4 Std. waren keine Seltenheit) den Betrieb ein, sodass *Hawaiian Airlines* jetzt ein Quasi-Monopol hat.

Fluggepäck

Aufgegebenes Gepäck kostet stets extra und darf nur bis zu 23 kg pro Koffer/Tasche wiegen, wenn es nicht richtig teuer werden soll. Bei *Inter-Island*-Flügen mit *Hawaiian* schlägt das erste Standard-Gepäckstück mit $ 25, das zweite mit $ 35 zu Buche. Die Bezahlung erfolgt beim Check-In. Auf Oahu erfolgt das Check-In für Hawaiian durchgehend an **Check-In-Automaten,** die auch bei nur wenigen Gramm Übergewicht keine Gnade kennen.

Da die Fluggesellschaften den **Gepäcktransport als Einnahmequelle** entdeckt haben, achten sie mittlerweile sehr genau auf das Handgepäck. Was auch nur minimal über den maximalen Abmessungen beziehungsweise über dem Maximalgewicht liegt, kostet meistens extra – selbst wenn es eventuell mit in die Kabine genommen werden darf.

Der Autor empfiehlt, bei Flügen nach/von Molokai und Lanai sowie bei anderen Flügen in Propellermaschinen (vor allem bei *Island Air* und *Mokulele*) möglichst nur kleines Gepäck mitzunehmen oder besser gleich die Fähre zu nutzen.

◹ Hawaiian Airlines ist mit den 15 Kurzstrecken-Jets die größte Fluggesellschaft der Inselkette

Tipps zu den Flügen

■ Mehrmals am Tag bilden sich lange Schlangen vor dem *Check-In* und den Sicherheitskontrollen für die innerhawaiianischen Flüge, weil nicht genügend Kapazitäten vorhanden sind. Es ist daher mittlerweile ratsam, wirklich **zwei Stunden vor Abflug** am Check-In zu sein.

■ Aufgrund der wesentlich geringeren **Flughöhe der Propellermaschinen** haben Sie auch bei bewölktem Himmel eine sehr gute Sicht.

Bei Flügen in kleineren Maschinen, insbesondere bei *Island Air* und *Mokulele* (Turboprops) ist der **Platz im Gepäckraum beschränkt,** sodass nicht immer alle Gepäckstücke mit an Bord kommen. In diesem Fall kommt das Gepäck mit einer späteren Maschine, und es liegt in der Verantwortung des Passagiers, dieses nach Ankunft am Flughafen abzuholen (keine Hotelzustellung!).

Vorbuchung des Mietwagens

Fahrer

Wer bei den großen Autovermietungen einen Wagen anmietet bzw. fahren will, der muss **mindestens 21 Jahre** alt sein; teilweise gibt es Ausnahmen, die recht teuer bezahlt werden müssen.

Für jeden Fahrer **unter 25** müssen in der Regel Aufschläge von $ 8 bis 20 pro Tag, Auto und Insel bezahlt werden. Manche Autovermieter lassen Fahrer unter 25 gar nicht erst ans Steuer.

Zusätzliche Fahrer müssen im Mietvertrag eingetragen sein, sonst erlischt der Versicherungsschutz. Für den Eintrag eines jeden zusätzlichen Fahrers wird in Hawaii eine Gebühr erhoben. In der Höhe dieses Betrages unterscheiden sich die Vermieter erheblich. Manche verlangen $ 3 bis 5 pro Tag und Mietvertrag, andere eine Pauschale von $ 10 bis 25 pro Mietvertrag (und damit pro Insel). Auf jeder Insel wird für jedes Fahrzeug ein Mietvertrag ausgestellt. Es lohnt sich auf jeden Fall, die einzelnen Pakete der Veranstalter genau zu vergleichen, denn eine Sonderleistung (zweiter Fahrer, Tankfüllung, Kindersitz etc.) ist beim einen Veranstalter im Preis enthalten, beim anderen nicht. Jeder schnürt hier sein individuelles Paket.

Kaution

Die Kaution muss immer per **Kreditkarte** gestellt werden – auch bei Vorausbezahlung des Fahrzeugs von zu Hause aus. Auch wenn einige Reiseveranstalter schreiben, dass die Kaution auch anders entrichtet werden kann, empfiehlt sich unbedingt eine Kreditkarte.

Versicherungen

Haftpflicht

Die vorgeschriebene **Mindest-Haftpflicht-Versicherungssumme** beträgt in Hawaii gerade einmal lächerliche $ 25.000. Nur diese Basis-Versicherung ist im reinen Mietpreis enthalten.

Durch Zahlung einer **Zusatzversicherung** (*LIS – Liability Insurance; EP – Ex-*

tended Protection und anderen) von etwa $ 8 bis 12 pro Tag und Mietvertrag lässt sich die Versicherungssumme in Hawaii auf meist $ 1 Mio erhöhen. Bei den in Amerika horrenden Schadenersatzforderungen von Unfallopfern ist die Summe von $ 25.000 nur ein Tropfen auf den heißen Stein und eine Erhöhung der Versicherungssumme unter allen Umständen anzuraten.

Der Autor empfiehlt daher, den Mietwagen schon von Europa aus **bei einem europäischen Reiseveranstalter** zu buchen, bei dem die erweiterte Haftpflichtversicherung in Höhe von mindestens 1 Million Euro bereits im Preis eingeschlossen ist. Bei Unternehmen wie *DERTOUR, ADAC Reisen* und *Meiers Weltreisen* sowie *FTI* ist die erweiterte Haftpflichtversicherung im Mietpreis enthalten. Auch die großen Autovermieter wie *Avis, Hertz* etc. bieten entsprechende Komplettpakete an.

Achtung: Einige Veranstalter haben die erweiterte Haftpflichtversicherung wieder aus ihren Mietwagenangeboten herausgenommen, was nach Ansicht des Autors einen signifikanten Rückschritt darstellt – und das nur, um mit einem auf den ersten Blick niedrigeren Basispreis „glänzen" zu können.

Vollkasko

Da die Autovermieter nach etwa 5 bis 24 Monaten die Wagen wieder abstoßen, ist auch eine Vollkaskoversicherung *(CDW – Collision Damage Waiver; LDW – Loss Damage Waiver)* empfehlenswert. Die meisten Reiseveranstalter bieten deshalb Miettarife inkl. Vollkaskoversicherung an (z.T. ohne Selbstbeteiligung). Vor Ort

kostet die CDW/LW in der Regel nie unter $ 9,95, meist eher $ 14–19.

Achtung: Der Versicherungsschutz erlischt bei **grober Fahrlässigkeit.** Dieser Tatbestand wird bereits beim Befahren von für Mietwagen verbotenen Straßen (alle ungeteerten Straßen, den *Dirt Roads)* erfüllt. Diese Straßen sind zum einen auf den Karten der Autofirmen speziell gekennzeichnet, werden aber auch in den Inselkapiteln erwähnt.

Unfall

Die vor Ort angebotene **Insassen-Unfallversicherung** *(PAI – Passenger Accident Insurance)* ist in der Regel überteuert im Verhältnis zur relativ niedrigen Versicherungssumme (um $ 30.000). Der Abschluss einer entsprechenden Reise-Unfallversicherung von zu Hause aus deckt diesen Fall mit ab und ist außerdem erheblich billiger. Selbstverständlich gilt die private Unfallversicherung mit weltweiter Gültigkeit auch in Hawaii.

Wagentypen und -klassen

Alle Wagen der großen Autovermieter verfügen in Hawaii über **Automatikgetriebe** und **Klimaanlage.**

Viele Autovermieter arbeiten eng mit einem Hersteller zusammen. Während *Avis* öfter Wagen von *General Motors (Chevrolet)* im Programm hat, sind es bei *Hertz* eher Fahrzeuge von *Ford.*

Bei der Buchung wird kein Wagentyp, sondern eine **Wagenklasse** reserviert, die vom Kleinwagen (*Opel-Corsa*-Größe) bis zum *Cadillac* reichen. Beliebt sind *Convertibles* (Cabrios) und *SUVs.*

Cabrios und SUVs

Von Europa aus sind *Convertibles* meist teuer. Wer aber gerne einmal für ein paar Tage ein Cabrio hätte, der kann beim Vermieter vor Ort meist das Fahrzeug nach ein paar Tagen noch in ein *Convertible* umtauschen – gegen Gebühr als Aufpreis zum in Europa bezahlten Mietwagenpreis.

Da Kleinwagen *(Subcompact, Compact)* in großer Anzahl vorhanden sind, ist das Spekulieren auf ein größeres Fahrzeug (wenn die Kleinwagen bereits vermietet sind) in Hawaii außerhalb der Hauptsaison selten von Erfolg gekrönt. Die **SUVs** *(Sports Utility Vehicle)* sind in den preisgünstigeren Kategorien reine Straßenfahrzeuge und damit nur bedingt geländetauglich, wenngleich sie auf Grund ihrer erhöhten Bodenfreiheit für Hawaii fast immer ausreichend sind. Lediglich die ganz großen *4WD*-Fahrzeuge *(Allrader)* wie zum Beispiel der **Jeep Wrangler** sind für echte *4WD*-Pisten geeignet, wenngleich auf diesen Pisten dann kein Versicherungsschutz besteht.

Buchung

Wie bereits im Kapitel „Haftpflicht" begründet, würde der Autor in jedem Fall den Mietwagen für eine Reise nach Hawaii Big Island, Kauai, Maui und Molokai bereits **in Europa** vorbuchen und bezahlen. Dies gilt ebenso für einen Abstecher zur Besichtigung von Lanai. Wer nur ein paar Tage Luxus-Hotel-Urlaub will, der braucht für Lanai keinen Wagen.

Vor der Buchung empfiehlt sich ein Vergleich der **Gesamtpreise.** Diese setzen sich zusammen aus:

- **Wagenmiete**
- **Vollkasko-Versicherung** (Selbstbeteiligung?)
- **erweiterte Haftpflichtversicherung** (Höhe?)
- **eventuelle Gebühren für den zusätzlichen Fahrer**
- **eventuelle Gebühren für Fahrer zwischen 21 und 25**
- **Kosten der mittlerweile oft obligatorischen ersten Tankfüllung** (auch bei Kurzmieten).

Wer in Deutschland über die Reiseveranstalter den Mietwagen bucht, erhält einen Mietwagen-Gutschein *(Voucher)*, der vor Ort eingelöst wird – ohne dass zusätzliche Kosten anfallen. Die Kreditkarte dient dabei nur als Sicherheit.

Wer allerdings vor Ort einen Wagen bucht und diesen mit Kreditkarte bezahlt, der muss damit rechnen, dass Steuern und Abgaben *(Sales Tax, Road Tax, Local Tax)* den ursprünglich vereinbarten Preis um fast 25 % erhöhen.

Bedenken Sie bei der Reservierung, Übernahme und Rückgabe die Flugzeiten. In der Regel akzeptieren die Autovermieter zwar eine **verspätete Rückgabe** bis zu 30 Minuten *(30 minutes grace time)* nach vereinbarter Rückgabe ohne Aufpreis auf die Fahrzeugmiete, aber für jede angefangene 24 Stunden wird meist bei Bezahlung vor Ort die Versicherung für einen weiteren ganzen Tag fällig.

Auf Oahu ist normalerweise auch **kurzfristig** (ein Abend vorher) ein Mietwagen ab Flughafen oder Waikiki zu bekommen. Die günstigen Angebote gibt es allerdings nur bei rechtzeitiger Buchung (3 bis 7 Tage im Voraus).

Für die **Buchung per Telefon** (mittlerweile eher unüblich) oder **Internet** benötigen Sie Ihre Kreditkartennummer. Der Vermieter bestätigt die Reservierung mit einer *Confirmation Number,* die Sie bei der Ausstellung des Mietvertrags parat haben sollten.

Benzinkosten

Aufgrund der hohen Benzinpreise (topaktuell unter www.honolulugasprices. com; Preise pro Gallone; auf den Nachbarinseln oft gut 10 % mehr) kann es sich eventuell auch lohnen, **vom Heimatland aus ein Mietwagenpaket zu buchen,** bei dem die erste Tankfüllung im Preis enthalten ist und der Mietwagen mit leerem Tank zurückgegeben werden kann. Ein *Compact* (Kleinwagen) oder *Midsize Car* (Mittelklassewagen) hat einen Tankinhalt von etwa 50 l/12 Gallonen und verbraucht auf Hawaii 8 bis 10 l/ 100 km.

Vermieter

Die gebührenfreien Rufnummern der wichtigsten **Autovermieter** *(Rent a Car Companies):*

- ■ **Alamo** 1-800-327-9633, www.goalamo.com
- ■ **Avis** 1-800-331-1212, www.avis.com
- ■ **Dollar** 1-800-554-3875 und
  1-800-432-2290, www.dollar.com
- ■ **Hertz** 1-800-654-3131, www.hertz.com

Tipp: Bei Anmietung eines Fahrzeugs in Waikiki und Rückgabe am Flughafen oder umgekehrt wird meist eine **Drop Charge** genannte Zusatzgebühr von etwa $ 20 erhoben, die allerdings billiger als eine Taxifahrt von Waikiki zum Flughafen ist. Die Gebühr lässt sich unter Umständen einsparen, indem man mit dem Bus *(Airporter Bus* oder *The Bus* Linie 19 und Linie 20) zum Flughafen rausfährt und dort das Auto holt.

Sonderfall Honolulu

Auf Oahu empfiehlt sich **nur für eine Inselrundfahrt** ein Mietwagen, da er in Honolulu nur hinderlich ist und signifikante Aufwendungen für Parkgebühren nach sich zieht. Da die meisten europäischen Veranstalter Mietwagen erst ab drei Tagen vermieten, ist eine entsprechende Reservierung von Europa aus über die meisten Veranstalter nicht möglich.

Unterkunft

Hotels

Überblick

Hotels konzentrieren sich unübersehbar jeweils in der Nähe der Strände, meist an der Westküste. Zwischen den einzelnen Hotelklassen liegen Welten: hier das Einfach-Hotel, dort das Luxushotel mit einer Infrastruktur wie in *Disneyland.* Die meisten Hotels in Hawaii sind recht schön bis sehr schön, was sich natürlich auch im Übernachtungspreis niederschlägt.

Fast jedes Hotel verfügt über mindestens ein **Restaurant** und eine **Bar,** oft auch über die günstige Alternative zum Restaurant, den *Coffee Shop.*

Auto: Die Qual der Wahl

Wie überall in Nordamerika, stehen bei den Vermietern große Fahrzeugflotten zur Verfügung. Hier ein paar Tipps aus der Praxis für die Praxis:

Die Vernunftlösung

Die Straßen auf Hawaii sind für nordamerikanische Verhältnisse relativ **schmal.** Parkplätze stehen zwar an den Highlights zur Verfügung, aber dennoch ist es durchaus sinnvoll, bei 2 Personen mit normalem Gepäck vor allem auf Oahu ein kleineres Fahrzeug zu wählen. In Honolulu kämpft man mit viel Verkehr und wenigen Parkplätzen, die im Zentrum und in Waikiki recht teuer sind. Richtung North Shore und *Polynesian Cultural Centre* fährt man an sonnigen Wochenenden auch durchaus im leichten Stau und kämpft um die Parkplätze.

Auf den anderen Inseln ist es zwar nicht so voll, jedoch sind die Straßen eng und kurvig. Somit bietet sich ein Fahrzeug der Kategorie *Compact* oder bestenfalls ein *Intermediate* an.

Der Traum

Der Traum des Urlaubers aus dem verregneten Mitteleuropa ist das **Cabrio,** in Nordamerika *Convertible* genannt. Aufgrund geringerer Fahrstrecken als auf dem Festland sowie durch das gemütliche Fahren ist ein Cabrio eine tolle Sache, wenn man es denn auch bezahlen mag. Der ultimative Traum ist das *Mustang Cabrio;* wer wollte nicht schon immer einmal dieses legendäre Modell fahren: mit dem klassischen Sound und dem unverwechselbaren Design, in schneeweiß oder knallrot. Auch den *Mustang* kann man bei manchen Vermietern explizit buchen; oft bucht man aber nur ein „Convertible" und damit irgendein Cabrio-Modell.

Die Alternative

Sie möchten nicht nur auf den Straßen fahren, auf denen alle unterwegs sind? Sie möchten mehr sehen als die anderen? Sie möchten überall hinkommen und die ganz einsamen Strände besuchen? Die Berge erklimmen? Dann mieten Sie doch einen **SUV** (Allrad-Fahrzeug). Eine finanziell akzeptable Alternative bieten die Autovermieter mit den Jeepmodellen an. Der Klassiker ist der 2-türige **Jeep Wrangler mit Faltdach:** *Offroad* und *Convertible* in einem. Beim Offroad-Fahren erhalten Sie dabei gleichzeitig gratis eine Panade mit Staub in allen Farben, die sich oft nicht mehr ganz entfernen lässt. Außerdem ist das Gepäck nicht vor Diebstahl geschützt. Den 2-türigen Wrangler gibt es auch mit Hardtop. Dieses Modell lässt sich komplett abschließen; bei Bedarf kann das Dach im Kofferraum bleiben, aber die Montage ist etwas mühsamer.

Bei viel Gepäck müssen Sie die Rückbank umklappen und haben ihr Gepäck im Nacken. Auch das lässt sich lösen: *Jeep* baut den *Wrangler* nun auch als Viertürer mit verlängertem Radstand (und in der Praxis geringerer Bodenfreiheit), sodass das gesamte Gepäck im Kofferraum Platz findet. Auch dieses Modell ist mit Faltdach oder *Hardtop* erhältlich. Beim Anmieten müssen Sie somit die Mitarbeiter der Autovermietung davon überzeugen, dass Sie genau das eine oder andere Modell benötigen.

Für uns war der *Jeep* ein guter Kompromiss, und *Offroad* fuhren sich beide Jeep-Modelle auf fast allen Pisten sehr gut. Eines sollten Sie jedoch beachten: Die Vermieter schließen **Offroad-Fahrten** im Mietvertrag von der Versicherung aus. Wenn Sie den Wagen beschädigen, obliegt die Schadensregulierung Ihnen – und das kann ganz schön teuer werden.

Axel Rösner

Die **Innenausstattung** der Hotelzimmer zeichnet sich durch weitgehende Uniformität aus: Je nach Größe des Raums ein französisches Bett *(King-/Queensize)* oder zwei davon, gegenüber ein Schränkchen, auf dem der Fernseher thront, in der Ecke zwei Sessel plus Tischchen. Man schläft zwischen zwei Laken unter einer Wolldecke, deren Zustand lediglich in billigen Unterkünften manchmal zu wünschen übrig lässt.

Bis in die Preisregion $ 150 pro Zimmer drücken sich Preisunterschiede meist nur durch die Zimmergröße, die Qualität der Ausstattung und die Art der hawaii-typischen Dekoration, aber nicht durch zusätzliches Mobiliar aus. Erst in der Ober- und Luxusklasse sieht die Möblierung individueller aus.

Ein eigenes **Bad, Farbfernseher** und die **Klimaanlage** (nicht bei Häusern in Höhenlagen) gehören selbst in einfachen Quartieren zur Grundausstattung der Hotelzimmer. Da aufgrund der meist vorherrschenden Einfachverglasung keine Wärmedämmung vorhanden ist, muss die Klimaanlage fast ununterbrochen laufen (und damit Geräusche abgeben), wenn das Zimmer kühl sein soll.

Preise

Ein vernünftiges Hotelzimmer ist ab etwa $ 80, meistens ab $ 100 pro Nacht zu haben – und zwar unabhängig davon, ob eine oder zwei Personen darin übernachten.

In der **Preisklasse unter $ 80** muss man meist (erhebliche) Abstriche in puncto Schlafkomfort und Sauberkeit in Kauf nehmen. Unter $ 40 werden normalerweise keine Zimmer vermietet.

Der überwiegende Teil der Unterkünfte liegt im Bereich $ 90 bis 250 pro Nacht und Zimmer.

Bei Listenpreisen unter $ 100/Nacht spricht man in Hawaii von „Budget Accomodation", bei $ 101 bis 250 von *Standard Accomodation,* bei $ 251 bis 500 von *Deluxe Accomodation* und über $ 500/Zimmer und Nacht von *Luxury Accomodation.* Nach oben existieren kaum Grenzen. Der Listenpreis für die Präsidenten-Suite im *Hilton Waikoloa Resort* liegt z.B. bei gut $ 3000 pro Nacht.

Wer schon in Las Vegas war, der kennt bereits eine **Resort Fee** genannte Zusatzgebühr in Höhe von meist $ 15 bis $ 20, die viele Hotels zusätzlich pro Zimmer und Nacht vor Ort als *Hospitality Fee* oder unter ähnlichen Namen erheben. Dafür sind dann kostenloses WLAN, Ortsgespräche und/oder ähnliche Kleinigkeiten im Preis enthalten.

Auch innerhalb einzelner **Luxushotels** gibt es Preisunterschiede, die von der Lage des Zimmers abhängen. Für den Meerblick muss man meist erheblich tiefer in die Tasche greifen als für den Gartenblick im untersten Stockwerk, bei dem eventuell hohe Sträucher für ganztägigen Schatten vor dem Fenster sorgen.

Viele Hotels auf den Inseln verfügen über ein **Spa** (Wellness-Oase).

Buchung

Während der Flug nicht früh genug gebucht werden kann, genügt es bei den Mittelklasse-Hotels meist, etwa acht Wochen vor Reisebeginn zu buchen. Allerdings sind in der Hauptsaison die schönsten Zimmer (Meerblick) der Luxushotels schon früh ausgebucht.

Unterkunft

Da Hawaii von den meisten Besuchern nur für kurze Zeit (ca. 1 Woche) besucht wird, leisten sich viele Touristen die Unterkunft in einem relativ noblen Hotel. Entsprechend hoch ist das Angebot an **Hotelzimmern der oberen Klasse** und der Luxusklasse. Wohl nirgendwo auf der Welt stehen außerhalb von Las Vegas und Dubai so viele Luxushotels derart dicht beieinander.

Ein typisches Merkmal der meisten **preisgünstigeren Hotels** besteht darin, dass sie einige Gehminuten vom Strand entfernt liegen. Wer dies in Kauf nimmt und auf Luxus wenig Wert legt, der kann viel Geld sparen, zumal alle Strände Hawaiis öffentlich sind.

Reiseveranstalter kaufen den Hotels große Zimmerkontingente ab, und so sind die Hotelzimmer von der unteren Mittelklasse bis zur Luxusklasse fast immer aufgrund dieses Mengenrabatts erheblich billiger, wenn man sie bereits daheim über einen Reiseveranstalter bucht. Nur bei ganz einfachen Häusern hat man vor Ort die Chance, einen ähnlich günstigen Preis wie zu Hause zu ergattern. **Preisvergleiche** zwischen den Reiseveranstaltern lohnen sich immer, denn für das gleiche Hotel zahlt man bei einem anderen Veranstalter oder bei der Internet-Direktbuchung oft weniger. Achtung: Einige Veranstalter verlangen einen Buchungszuschlag, wenn man nur einige wenige Übernachtungen, aber keine Flüge, Mietwagen, etc. bucht. In letzter Zeit gibt es aber vermehrt sehr preisgünstige Buchungsmöglichkeiten direkt bei den Hotels; ein Vergleich zwischen dem Angebot der Veranstalter und dem Endpreis (inkl. *Local Taxes, Accomodation Taxes* etc.) vor Ort ist daher immer angesagt.

Internet-Buchung

Besonders hilfreich ist das Internet. Ein guter Startpunkt für die Suche einer Unterkunft vom Bed & Breakfast bis zum Luxushotel ist die Seite des **hawaiianischen Fremdenverkehrsamts,** bei der Sie eine Suchmaschine mit Eingabemöglichkeit eines Preislimits verwenden können:

- **www.gohawaii.com**

Auch die individuellen **Homepages der Inseln** bieten eine Fülle von Informationen zum Thema Unterkunft und entsprechende kommerzielle Links:

- **Oahu:** www.gohawaii.com/Oahu
- **Maui:** www.gohawaii.com/Maui
- **Kauai:** www.gohawaii.com/Kauai
- **Big Island:** www.gohawaii.com/Big-Island
- **Molokai:** www.gohawaii.com/Molokai
- **Lanai:** www.gohawaii.com/Lanai

Die Inseln selbst sind zwar relativ klein, dennoch sollten vor der Entscheidung für ein bestimmtes Hotel auch die **Anfahrtstrecken** zu Besichtigungen mit in Betracht gezogen werden. Wer beispielsweise auf Kauai im *Princeville Resort* an der Nordküste wohnt, aber vor allem Wanderungen im Kokee State Park plant, der muss die jeweils gut zweistündige An- und Abfahrt in seinem Zeitplan berücksichtigen (siehe dazu auch Inselbeschreibungen).

Für die **erste Nacht** nach einer Direktanreise aus Europa sollten Sie auf jeden Fall ein Hotel in Waikiki buchen. Es kann ungemein beruhigend sein, nach dem langen Flug eine feste Anlaufstelle zu haben.

Vor einer Buchung sollten Sie sich stets den **Endpreis** nach Steuern und Gebühren bestätigen lassen, um zu verhindern, dass später bei der Endabrechnung auf einmal Reinigung-, Parkplatz-, Check-In- oder Internet-Kosten verlangt werden, über die man zuvor nicht informiert war. Die *Resort Fee/Hospitality Fee* in Höhe von etwa $ 20 pro Tag kommt bei den Hotels automatisch hinzu. Wer direkt beim Hotel bucht, muss diese *Resort Fee* zusätzlich zum Zimmerpreis bezahlen, während diese Gebühr bei Veranstalter-Buchungen in der Regel bereits enthalten sind – zumindest wenn es im Kleingedruckten erwähnt ist.

Wer **kurzfristig** ein Quartier sucht, sollte sein Glück auch am Flughafen ver-

Unterkunft 363

206ha av

ist es jedoch normalerweise, das Hotel bereits mindestens vier oder besser acht Wochen vor Anreise zu buchen, denn dann gibt's meist zusätzlich 15 bis 20 % Rabatt.

Die Firma *Aqua* sorgt „nur" für das Management und die Vermarktung der einzelnen Hotels beziehungsweise *Condos* (Ferienwohnungen) sowie die Einhaltung von vordefinierten Qualitätsstandards. Dadurch ist das Leistungs- und Preisspektrum sehr groß und reicht von zahlreichen Hotels im Budget-Bereich über diverse Standard-Häuser bis zur Deluxe-Unterkunft. Der Vorteil bei *Aqua* besteht darin, dass man sich selbst bei einer Budget-Unterkunft wie dem *Aqua Waikiki Pearl* darauf verlassen kann, dass die Zimmer stets sauber und ordentlich sowie mit guten Matratzen ausgestattet sind, was im Budget-Bereich ansonsten bei Weitem nicht immer der Fall ist. Schließlich hat *Aqua* auch einen guten Ruf zu verlieren, der bis in den Deluxe-Bereich ragt.

■ **Aqua Hotels and Resorts,**
Reservierung: Tel. 924-6543
oder gebührenfrei 1-866-971-2782,
www.aquaresorts.com

suchen. Dort befinden sich vor allem jenseits von Oahu in Prospekt-Ständern Werbezettel einiger Unterkünfte.

In den zahlreichen Hotels der **Aqua-Kette,** die Zimmer in allen Preislagen jenseits des Super-Luxus-Segments anbietet, findet man außerhalb der Hochsaison oft kurzfristig noch ein freies Hotelzimmer oder Appartment. Günstiger

◁ Vor allem auf Kauai, Maui und Big Island gibt es auch großflächig angelegte Unterkünfte, die meist nur aus wenigen Einheiten (Apartments) bestehen. Das Foto zeigt das Mahina Surf auf Maui

Auch die **Outrigger-Kette** (www.out rigger.com) verwaltet zahlreiche Hotels auf den Inseln, wobei die preisgünstigeren Hotels unter dem Namen *Ohana-Hotels* firmieren.

In Kahului/Maui, Hilo/Big Island und Kona/Big Island steht jeweils ein Hotel aus der „einzigen Hotelkette, die sich in hawaiianischem Besitz befindet", so der Werbeslogan. Es handelt sich dabei um das **Maui Seaside Hotel,** das **Hilo Seaside Hotel** und das **Kona Seaside Hotel,** die allesamt ab $ 100 akzeptable Zimmer anbieten. Die Einrichtung ist recht einfach, und zum Teil verfügen Sie nur bei Wahl einer etwas teureren Zimmerkategorie über eine Klimaanlage (besonders im Sommer sehr angenehm).

Die Lage der Häuser ist mit „verkehrsgünstig" wohl am besten beschrieben, denn sowohl die Aussicht als auch die Nachtruhe lassen manchmal doch etwas zu wünschen übrig (www.seasidehotels hawaii.com). Details finden Sie in den Unterkunfts-Kapiteln der Inseln.

Zwei Tipps: Selbst wenn man nur eine Bleibe für die kommende Nacht sucht, sollte man die anvisierte Unterkunft stets zuerst im Internet aufsuchen und dann eventuell auch telefonisch kontaktieren. In der Regel lässt sich damit ein besserer Preis oder ein Rabatt *(Discount)* erzielen. Außerdem spart es Zeit fürs Umherfahren und man erhält *Directions* (Hinweise zum Anfahrtsweg).

Eine weitere Möglichkeit, in der Nebensaison eine Unterkunft zu finden, besteht darin, an einer Tankstelle oder in einem kleinen Lebensmittelladen zu fragen. Oft erhält man dort wertvolle Tipps, oder der Inhaber des Ladens ruft persönlich bei der Unterkunft (B&B) an. Da *Local Calls* (Ortsgespräche) in Hawaii von Privatanschlüssen aus kostenlos sind, ist dieser Einsatz für den Touristen eher als Service für gute Tank- bzw. Lebensmittel-Kunden zu sehen.

Steuern

Alle Preisangaben sind netto, hinzu kommen die **Hotelsteuer,** die ca. 13–14 % beträgt, sowie oftmals die **Resort Fee.**

Frühstück

Bei einer Buchung vor Ort ist selten – außer beim B&B – ein Frühstück im Preis enthalten. In den meisten besseren Hotels gibt es üppige Frühstücksbüfetts, an denen man sich ab etwa $ 15 (meist $ 17 bis 25, teilweise bis über $ 30) bedienen und nach Herzenslust sattessen kann. Manchmal besteht die Möglichkeit, nur ein *Continental Breakfast* am Buffet einzunehmen und durch das Weglassen der warmen Speisen etwas Geld zu sparen.

Gepäckträger

In der Regel bringt ein *Bell Boy* genannter Kofferträger die Gepäckstücke aufs Zimmer. Für diesen Service sind zwei Dollar pro Gepäckstück üblich, bei schweren oder sperrigen Teilen etwas mehr, bei zwei Gepäckstücken eher $ 5. Achtung: Der *Bell Boy* wechselt kein Geld. Man sollte sich daher spätestens beim Bezahlen des Transfers vom Flughafen zum Hotel mit Ein-Dollar-Noten eindecken.

Privat-Unterkünfte

Bed & Breakfast

Eine Übernachtungsform, die man in Hawaii im Vergleich zu Hotels noch selten, aber immer öfter antrifft, ist *Bed & Breakfast* (Übernachtung mit Frühstück, kurz *B&B*) in Privathäusern und Pensionen. Bei Besuchern aller Altersgruppen erfreut sich *Bed & Breakfast* in letzter Zeit steigender Beliebtheit. Vereinzelt bietet diese Unterkunftsform Einblicke in das Alltagsleben auf den Inseln sowie kurzfristige Buchungsmöglichkeiten.

Die Zimmer sind in der Regel in sehr kleinen Häusern (oft ohne Klimaanlage) untergebracht und nicht in einem unpersönlichen Hotelblock.

Wegbeschreibung

Da die Zimmer/Bungalows/Apartments/ B&Bs in den meisten Fällen etwas abseits der Küste liegen, befinden sie sich oft 100 bis 500 oder gar 1000 m über dem Meeresspiegel, sodass die Klimaanlage in der Regel auch nicht erforderlich ist. Aufgrund dieser (teilweise auch sehr ruhigen) Lage abseits der Massen sind diese Häuser nicht immer leicht zu finden, sodass sich empfiehlt, rechtzeitig nach einer Wegbeschreibung *(directions)* zu fragen. Wer das gesuchte Quartier partout nicht findet, sollte telefonisch den Vermieter um Hilfe bitten. Auf das Navigationsgerät kann man sich dabei nicht immer verlassen. Fragen Sie daher sicherheitshalber stets nach den *Directions*.

Preis

Beim Preis bieten Privat-Unterkünfte nur manchmal Vorteile gegenüber Hotels. Rechnen Sie je nach Lage und Komfort mit etwa $ 100 bis 200 pro Nacht und Doppelzimmer, in selteneren Fällen auch etwas weniger. Der Durchschnittspreis liegt zwischen $ 100 und 150.

Während *Traveller Cheques* fast immer akzeptiert werden, ist das bei Kreditkarten nur teilweise, aber zunehmend häufiger, der Fall.

In der Regel wird ein **Mindestaufenthalt** von drei (manchmal auch nur zwei) Nächten verlangt.

Mini-Apartments und Cottages

Mittlerweile ist vieles, was sich Bed & Breakfast nennt, gar keine echte Frühstückspension mehr. Vielmehr haben die meisten Vermieter eine *Kitchenette* (kleine Selbstversorger-Küche) eingebaut und bieten dafür kein Frühstück mehr an. Etwa 80 % aller privaten Unterkünfte verfügen heute über einen eigenen Eingang, eigenes Bad und Kochgelegenheit, sind somit eine Art Mini-Apartment, sodass Begriffe wie *Private Vacation Rental* oder *Cottage* wohl passender wären.

Wer eine Ferienwohnung mit Küche hat, sollte überlegen, ob sich der Aufwand des Kochens **bei häufigem Inselhüpfen** lohnt: Die Standardausstattung (Salz/ Pfeffer/Öl/Butter/Mehl/Eier etc.), aber auch andere Dinge gibt es im Supermarkt nur in großen Packungen, und ehe man sich versieht, wechselt man Unterkunft oder gar Insel.

Die meisten Küchen sind eigentlich nur fürs komfortable Frühstücken oder das Zubereiten eines Salats ausgelegt: Gute Pfannen und Töpfe sind selten, während die amerikanisch-riesigen Herde auch in teuren Häusern oft nur sehr eingeschränkt funktionieren. Darüber hinaus fehlen oft die nützlichen Kleinigkeiten. Andererseits enthält aber praktisch jede Küche oder Kitchenette eine Spülmaschine (meist inkl. einiger Reinigungs-Tabs), und sehr oft auch eine Mikrowelle.

Wenn allerdings, wie beispielsweise im *Westin Princeville* auf Kauai oder im *Mahina Surf* und im *Hale Pau Hana*, beide auf Maui, gasbetriebene Outdoor-Grills zur Verfügung stehen, dann kann das Grillen von Steaks bzw. Fisch etc. eine echte Alternative zum Restaurant sein, zumal das Dinner im Freien bei dieser Atmosphäre wirklich Spaß macht.

Ein klassisches Bed & Breakfast ist trotz des teilweise niedrigeren Komforts (z.B. Gemeinschafts-Bad) mittlerweile eher teurer als ein Ferien-Apartment von privat. Der Grund dafür dürfte zum einen in der Atmosphäre und den damit verbundenen Kontaktmöglichkeiten liegen und zum anderen schlicht und einfach Marketing-Gründe haben, denn echtes B&B ist nun mal angesagt. Achtung: Auch manche Hotels nennen sich Bed & Breakfast.

Wer heute in Hawaii ein B&B neu aufmacht, der darf nichts Selbstgekochtes anbieten, denn Kochen dürfen die Inhaber nur für ihre Gäste, wenn sie ein **lizenziertes B&B** sind, und eine Lizenz ist nur mit erheblichen Auflagen zu bekommen. Die Lizenz beinhaltet diverse strenge Auflagen wie beispielsweise eine separate Gästeküche (Hygiene-Verordnung), ausgewiesene Parkplätze etc. Wenn man somit nicht genau aufpasst,

erhält man in einem B&B nur abgepacktes Gebäck und Obst.

Viele Privat-Vermieter sind tagsüber berufstätig, sodass sie nur am Abend telefonisch persönlich erreichbar sind; tagsüber ertönt dann nur der Anrufbeantworter. Auch bei den B&Bs/Apartments/Cottages sollte man möglichst bereits drei Monate im Voraus buchen, denn die schönsten Unterkünfte bzw. die echten Schnäppchen sind generell am schnellsten vergriffen. Wer kurzfristig bucht, bekommt sehr oft nur noch zweite oder gar dritte Wahl.

Eine Leserin schrieb: „Wir haben auf den Inseln viele ausgefallene Privat-Unterkünfte gesehen: echte Baumhäuser, exotische Bambushäuser, japanische Teehäuser, echte *Shacks* (einfache Hütten), *Artist Cottages* (von Künstlern individuell gestaltete Häuschen/Hütten) und mehr. Die Leute lassen sich hier viel einfallen, und wer einmal so Ferien macht, der will nie mehr ins Motel.“

Vermittler

Im Reisebüro ist die Auswahl der Privat-Unterkünfte meist ziemlich dürftig. Wer somit in einem B&B, Cottage oder Ähnlichem übernachten möchte, muss **Eigeninitiative** zeigen. Zwar bietet das Internet hier hervorragende Möglichkeiten, aber es ist auch sehr zeitaufwendig, stets das Kleingedruckte lesen zu müssen. Viel Arbeit spart, wer von Europa aus direkt an einen Vermittler von Privat-Unterkünften herantritt, der auf den Inseln zu Hause ist. Obwohl die Vermittler von Provisionen leben, zahlt man bei ihnen in der Regel nicht mehr als bei einer Direktbuchung.

Unterkunft   367

Praktische Reisetipps

Eine kleine **Bitte des Autors:** Schreiben Sie uns, welche Erfahrungen Sie mit Vermittlern gemacht oder wenn Sie eine besonders ausgefallene Unterkunft gefunden haben. Ein Dreizeiler per E-Mail genügt: info@reise-know-how.de.

Nachstehend eine kleine Auswahl an Vermittlern von Privatunterkünften:

● **BeBack Hawaii,**
3429 Kanaina Avenue, Honolulu, Hawaii 96815, Tel. 732-2921, Mobil +1 808 222-1895
www.beback.com (auch deutschsprachig), www.bebackhawaii.smugmug.com

Brigitte Baccus, die Inhaberin von *BeBack Hawaii,* ist Deutsche, wohnt aber seit 1974 mit ihrem Mann in Hawaii. Sie bietet bei Bedarf sogar den Komplettservice bis zum Hochzeitspaket, kennt die Bedürfnisse der deutschen Besucher und berät ihre Kunden umfassend und mit sehr viel Hawaii-Erfahrung. Teilweise sind *Brigitte Baccus'* Paketangebote (Hotels, Mietwagen, Inter-Island-Flüge) günstiger als die Angebote der europäischen Veranstalter, was bei hawaiianischen Unternehmen sehr selten ist. Reservierung und ca. 15–20 % Anzahlung kann per Kreditkarte erfolgen. Die Restzahlung an die Unterkunft erfolgt meist mit Bargeld oder *Traveller Cheques,* weil sehr viele Privatvermieter keine Kreditkarten nehmen. (Inter-Island-)Flüge und Mietwagen bezahlt man bei Ihr fast immer mit Kreditkarte.

● **Bed & Breakfast Hawaii,**
PO Box 449, Kapaa, HI 96746, Tel. (gebührenfrei) 1-800-733-1632 oder 822-7771, www.bandb-hawaii.com

● Der ausgewanderte Deutsche *Chris Wininger* lebt auf Maui und vermittelt **Ferienwohnungen** auf Maui. Da er auf der Insel lebt, ist er über praktisch alle Details bestens informiert. Seine beiden Websiten sind beide auf Deutsch verfasst: www.mauifewo.com www.himaui.com

Meist genügt ein Blick in die **Yellow Pages** *(Gelben Seiten),* um weitere Bed & Breakfast-Unterkünfte zu finden.

Eine wahre Fülle an Unterkünften liefert die **Homepage des hawaiianischen Fremdenverkehrsverbands** unter „Accomodations":

● **www.gohawaii.com**

Weitere Unterkünfte

Condos

Die *Condominiums* oder *Condos* genannten Apartments (Studios) bzw. **Ferienwohnungen** erfreuen sich vor allem bei den Amerikanern großer Beliebtheit. In der Regel verfügen sie über eine voll eingerichtete Küchenecke inklusive Geschirr, Töpfen, Herd und Kühlschrank im Wohnzimmer sowie ein oder mehrere Schlafzimmer. Es handelt sich dabei um individuell eingerichtete Eigentumswohnungen, die dann weitervermietet werden. Es ist erstaunlich, wie unterschiedlich die einzelnen *Condos* bei gleichem Grundriss innerhalb einer Anlage ausgestattet und möbliert sein können. Einige europäische Reiseveranstalter haben mittlerweile auch *Condos* in ihr Programm aufgenommen. Die oben aufgeführten Vermittler *Brigitte Bacchus* und *Chris Wininger* haben zum Teil auch derartige *Condos* in ihrem Programm.

Cabins

Cabins, eine Art **Blockhütte,** stehen nur an wenigen Stellen: im Kokee State Park auf Kauai, im Hawaii Volcanoes National

8

Park auf Hawaii Big Island und im Waianapanapa State Park auf Maui. Es handelt sich dabei um (sehr) einfache und preisgünstige Unterkünfte ohne Komfort abseits der großen Touristenzentren, die meist lange im Voraus ausgebucht sind. Nähere Hinweise dazu finden Sie im entsprechenden Inselkapitel.

Backpacker's Hostels

Auf einigen Inseln stehen mit den Backpacker's Hostels relativ preisgünstige Übernachtungsmöglichkeiten zur Verfügung. Die Quartiere sind meist mehr als nur einfach, aber im Mehrbettzimmer schon ab $ 30 pro Nacht zu haben, (mit eigenem Schlafsack).

Camping

Camping in Hawaii

Wer in Hawaii Campingplätze wie auf dem amerikanischen Kontinent vermutet, der irrt. Von wenigen Ausnahmen in den Nationalparks abgesehen, handelt es sich ausschließlich um *Walk-in Campgrounds,* bei denen das Auto am Parkplatz bleibt, das Zelt aber auf einer für Fahrzeuge gesperrten Wiese steht.

Folgende Faktoren haben den Autor bei verschiedenen Reisen beim Camping gestört:

■ Die **Reservierung** von Campingplätzen ist trotz Internet relativ aufwendig, und oft sind die schönen Plätze bereits

Unterkunft

alle lange im Voraus ausgebucht (vor allem an Wochenenden).

■ Die **sanitären Einrichtungen** sind häufig sehr dürftig, werden aber regelmäßig (meist täglich) gereinigt.

■ An den Plätzen in Strandnähe treffen sich nicht nur an Wochenenden die Einheimischen zu **lautstarken Festen,** bei denen trotz Verbots Alkohol konsumiert wird, wodurch der Lärmpegel ständig steigt. Bitten um Ruhe stoßen oft nur auf Ablehnung oder auf Aggression. Auf Hawaii Big Island hat man sich dieses Problems bereits angenommen, am Spencer Beach Park dürfen sich nach 22 Uhr nur noch Camper aufhalten. Wachpersonal sorgt für die Einhaltung dieser Regel.

■ Durch die vielen innerhawaiianischen Flüge muss **die Ausrüstung** oft verstaut, herumgetragen und eingecheckt werden. Da die *Airlines* damit nicht gerade zaghaft umgehen und sich ein Zelt mit Isomatte und Schlafsack schlecht im Hartschalenkoffer verstauen lässt, leidet die Ausrüstung erheblich unter einer Hawaii-Reise. Weil in Hawaii Camping relativ unüblich ist, gibt es nur sehr beschränkte Möglichkeiten, vor Ort entsprechende Ausrüstung nachzukaufen.

■ Während die eigentlichen Zelte selten einem **Diebstahl** zum Opfer fallen, wechseln allerdings Schlafsäcke und Isomatten, die tagsüber im Zelt liegen, manchmal unfreiwillig den Besitzer. Um diesbezüglich auf Nummer Sicher zu gehen, kommt man um das allmorgendliche Einpacken der gesamten Ausrüstung nicht herum.

■ Da Camper nur relativ wenig Geld auf den Inseln lassen, ist man an ihnen in Hawaii generell nicht besonders interessiert. Auch das **Image** der Camper-Touristen ist rundum schlecht. Wer in Hawaii campt, wird meist als Aussteiger angesehen. Dementsprechend aufwendig ist es, eine Erlaubnis zu bekommen. Die Campingplätze existieren wohl nur noch, weil die Einheimischen hier gerne (primär am Wochenende) ausspannen.

Wen dies nicht beeindruckt, der kann auf Kauai, Maui, Molokai und Hawaii Big Island preisgünstig an teilweise sehr schön gelegenen Plätzen übernachten. Auf Lanai gibt es nur einen sehr kleinen, aber recht schönen Campingplatz, der möglicherweise von der Bildfläche verschwinden soll. Auf Oahu sollten Sie aus Sicherheitsgründen nicht campen!

◁ Lanikai Beach im Westen Oahus

Campingplätze

Campgrounds in County Parks liegen meistens direkt am Meer. Viele verfügen über einen eigenen Strand und sind oft sehr schön, manchmal sogar traumhaft gelegen. Sie sind meist mit Kaltwasserduschen ausgestattet und verfügen teilweise über sogenannte *Pavillons* (überdachte Tische und Bänke).

Pro Person und Tag kostet die Übernachtung meist $ 6. In den meisten Parks darf man nur einmal für bis zu 5 Nächte innerhalb von 30 Tagen campen. Teilweise variieren diese Regeln kurzfristig ohne ersichtlichen Grund.

Die Buchung selbst und die Erteilung einer *Camping Permit* (Genehmigung) ist teilweise umständlich. Ohne *Permit* darf hier nicht gecampt werden; die Kontrollen finden manchmal mitten in der Nacht oder frühmorgens statt. Die Details stehen jeweils in den Kapiteln der einzelnen Inseln.

■**Campgrounds in State Parks** sind nur auf Kauai, Maui sowie eventuell auf Molokai interessant. Auf Hawaii Big Island liegen die *State Parks* mit Campingmöglichkeit in einer eher unsicheren Gegend.

In *State Parks* ist pro Nacht eine Gebühr von $ 18 pro *Family Campsite* (bietet Platz für bis zu 10 Personen) fällig. Allerdings gelten ähnlich einschränkende Regeln wie bei *County Parks*. Die Buchung kann für alle Inseln auf einmal in einem *State Building* vorgenommen werden oder im Internet erfolgen. Ohne *Permit* darf auch hier nicht gecampt werden. Das Procedere und die Regeln ändern sich öfter. Die jeweils aktuell gültige Regelung erfährt man nur im Internet unter: www.hawaiistateparks.org. Die Hinweise in den Unterkunfts-Kapiteln der einzelnen Inseln sind von daher nur als Momentan-Aufnahme zum Zeitpunkt des Redaktionsschlusses zu sehen. Eine Ausnahme bildet der *Haena-Kalalau-Trail*, auf den im Kapitel Kauai ausführlich eingegangen wird. Der Popularität dieses Wanderweges ist es wohl auch zu verdanken, dass Reservierungen für *State Parks* nunmehr per Kreditkarte möglich sind.

■**Campgrounds in National Parks.** Sowohl auf Maui als auch auf Hawaii Big Island existieren in den Nationalparks jeweils zwei recht schöne Campingplätze mit akzeptablen sanitären Einrichtungen. Die Übernachtung kostet hier $ 10 bzw. $ 15 pro Platz und ist auf jeweils maximal 3 Tage innerhalb von 30 Tagen limitiert.

■**Private Campgrounds.** Auf Kauai und Maui gibt es recht akzeptable private Campingplätze, auf denen die Zelte allerdings ziemlich dicht beieinander stehen. Die Kosten liegen zwischen $ 10 und 16 pro Person und Nacht. Der große Vorteil dieser Plätze besteht darin, dass sich meist noch ein Plätzchen findet, selbst wenn die anderen Campgrounds bereits voll sind.

■Vom **wilden Campen** rät der Autor ab, denn wildes Campen heißt in Hawaii meist Campen auf einem Privatgrundstück, was wiederum von den Besitzern nicht sehr geschätzt wird. Die Polizei weiß, dass die Grundbesitzer das wilde Campen nicht mögen und hält diesbezüglich die Augen offen.

Fotografieren

Filme und Speicherkarten

Die Möglichkeiten zum Kauf von Kleinbildfilmen sind auf Hawaii mittlerweile sehr beschränkt. Nehmen Sie Ihren gesamten **Film- und Akkubedarf** von Europa mit. Von **digitalen Medien** kann man sich in den Touristenzentren oftmals Abzüge machen lassen. Speicherkarten sind auf den Inseln meist etwa doppelt so teuer wie in Deutschland.

Foto-Ausrüstung

Um in Hawaii vernünftige Bildresultate zu erzielen, ist ein **UV- oder Skylightfilter** für alle Kameras (auch digitale) ratsam.

Die **Preise** für Fotoapparate, Videokameras und Zubehör sind in Hawaii mindestens so hoch wie in Europa, meist höher. Die **Auswahl** ist oft sehr dürftig und geht selten über einfachere Digitalkameras hinaus.

Preisgünstiger ist es meist, im **Versandhandel** das entsprechende Material zu bestellen und sich dieses per Lieferservice, z.B. *FedEx,* ins Hotel schicken zu lassen, bezahlt wird per Kreditkarte.

Wichtig ist, dass das Akkuladegerät für die Kamera auch mit 110 V arbeitet (siehe Kapitel „Elektrizität") und über den passenden Netzadapter verfügt.

Elektrizität

Hawaii verfügt über ein Wechselstromnetz mit einer **Spannung von 110-125 V** und einer Frequenz von 60 Hertz. Geräten, die sich auf 110/125 V umschalten lassen, schadet der Frequenzwechsel von 50 auf 60 Hz nicht. Rasierapparate laufen etwas schneller.

Föhn, Rasierapparat, Akku-Ladegerät und andere elektrische Geräte lassen sich dort nur betreiben, wenn sie von 230 V auf 110 V umstellbar sind oder ausdrücklich für den gesamten Spannungsbereich von 100 bis 240 V ausgewiesen sind. Das ist mittlerweile bei den meisten neuen Schaltnetzteilen beispielsweise für Laptops, Handys, Tablets und Akkuladegeräte der Fall. Dennoch sollte man die Ausrüstung rechtzeitig vor Abflug auf ihre 110-Volt-Tauglichkeit überprüfen.

Achtung: Nach der Rückkehr bei Bedarf unbedingt **auf 230 V zurückstellen,** sonst droht der Totalausfall. Ein Aufkleber am Stecker zur Erinnerung hat sich sehr bewährt.

Darüber hinaus ist ein **Adapter** für den Stecker erforderlich, der möglichst schon aus Europa mitgebracht werden sollte, weil Adapter erfahrungsgemäß in Hawaii nur schwer zu beschaffen sind, eine große Auswahl bietet hier *Radio Shack.* Adapter sind in Europa in Travel-Shops und vielen Kaufhäusern zu haben.

Bevölkerung | 407

Geologie | 374

Geschichte | 392

Kultur | 409

Medien | 417

Natur Hawaiis | 381

Sitten und Eigenheiten | 418

Wirtschaft | 400

Vulkanismus | 374

9 Land und Leute

◁ Tänzerin beim Luau
im Royal Lahaina Resort auf Maui

Geologie und Vulkanismus

Geologische Geschichte

Lange Zeit hindurch konnte man sich die Entstehung der Inselkette Hawaii nicht recht erklären. Erst die Theorie, die von *J. Tuzo Wilson* im Jahr 1963 aufgestellt wurde, ordnete alle Phänome in einem neuen Zusammenhang. *Wilsons* Theorie gilt heute als Erklärung für die Entstehung der Inselkette und für den Vulkanismus in Hawaii. Um sie nachvollziehen zu können, sollen zwei Teilaspekte näher erläutert werden:

Hot Spot

Die geologische Geschichte Hawaiis ist eng verknüpft mit dem Vulkanismus, ja sie ist sogar ein Musterbeispiel für die Entstehung von Inseln vulkanischen Ursprungs. Hawaiis Vulkanismus geht auf einen sogenannten *Hot Spot* (heißer Punkt) zurück. Es handelt sich dabei um eine Stelle, an der der obere Erdmantel besonders dünn ist. Daher kann das heiße Magma aus dem Erdinnern relativ nahe an die äußere Erdkruste gelangen, wodurch diese an einem Punkt aufgeschmolzen wird. Dieses Aufschmelzen nehmen wir als Vulkanismus wahr, denn dabei tritt flüssiges Magma aus dem Erdinnern nach außen. Sowie das Magma das unterirdische Rohrleitungssystem, durch das es an die Erdoberfläche gelangt, verlassen hat, spricht man nicht mehr von Magma, sondern von Lava.

Bereits vor etwa 80 Mio. Jahren begann im Bereich der Hawaii-Inseln die erste Lava genau an der Stelle aus dem Erdinneren zu fließen, an der sich jetzt die Südostküste von Hawaii Big Island befindet. Nach einigen Hunderttausend Jahren erreichte die Lava schließlich die Erdoberfläche: Die erste Hawaii-Insel war geboren. Diese Stelle, dieser *Hot Spot* ist also geostationär, d.h. immer genau an der gleichen Stelle der Erdkugel. Wieso aber gibt es dann nicht einen großen Vulkan, sondern eine ganze Inselkette?

Plattentektonik

Die Erdkruste besteht nicht aus einem einzigen Stück, sondern aus einzelnen Kontinentalplatten, die auf dem unteren Erdmantel (er besteht aus flüssigem, sehr heißem Magma, das unter hohem Druck steht) „schwimmen". So gibt es eine europäisch-asiatische Kontinentalplatte, eine antarktische, eine indo-australische, eine pazifische, eine nordamerikanische und eine südamerikanische Kontinentalplatte. Diese Platten bewegen sich. Man geht davon aus, dass die Kontinente einstmals zusammenhingen und sich dann von einander lösten. Dieser Prozess der **Kontinentalverschiebung** – von *Alfred Wegener* bereits 1912 als Theorie aufgestellt und inzwischen durch zahlreiche Beweise gesichert – wird auch als Plattentektonik bezeichnet.

Sehr viele Vulkane entstehen an Stellen, an denen zwei Kontinentalplatten aufeinandertreffen oder sich voneinander entfernen. Das ist zum Beispiel auf Big Island der Fall. Bei Hawaii liegt der Sachverhalt anders, denn die Inseln lie-

Plattentektonik und Hot Spot

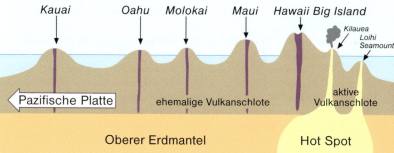
Schematische Skizze

gen mitten auf der pazifischen Platte. Hierbei handelt es sich um Hot-Spot-Vulkanismus.

Entstehung der Inselkette

Über den geostationären *Hot Spot* gleitet die pazifische Kontinentalplatte mit einer Geschwindigkeit von etwa 10 cm/Jahr Richtung Nordwesten. Das Magma, das durch den Hot Spot ausgeworfen wird, bildet tief unter dem Meeresspiegel beginnende **Lavaberge**. Die Spitzen dieser Berge kennen wir als die Inseln von Hawaii.

Aufbau

Ein Blick auf die genaugenommen knapp 5000 km lange Inselkette von Hawaii zeigt, dass die Inseln wie an einer Schnur aufgereiht sind, was sich jetzt leicht erklären lässt: Irgendwann, nachdem eine Insel geboren war, war ihre Entfernung zum Hot Spot wegen der Kontinentaldrift so groß, dass die unterirdischen Magmazuflüsse verstopften, weil sie erkalteten. Stattdessen suchten sich die austretenden Magmaströme neue, leichtere Wege: Ganz langsam wuchs eine neue Insel.

Die so gebildete Inselkette beginnt an den Aleuten im Norden und macht an einer Stelle einen gut sichtbaren Knick. Wissenschaftler schließen daraus, dass vor etwa 40 Mio. Jahren die pazifische Kontinentalplatte ihre Driftrichtung änderte.

Erosion

Die Erosion durch Wind und Wasser sorgte dafür, dass die Inseln sich veränderten. Sie formte die Oberfläche, sorgte für die Entstehung der fruchtbaren Vulkanerde und schuf damit die Grundlage für pflanzliches und später auch tierisches Leben.

Dieser Erosionsprozess schreitet aber stetig voran, er zerstört die Inseln mit der Zeit auch wieder; genauer gesagt, die Erosion sorgt für das langsame Abtragen der Inseln. Die ältesten Inseln Hawaiis (von den Aleuten bis zum Knick in der Inselkette) sind schon gar nicht mehr

Geologie und Vulkanismus

sichtbar, weil sie bis unter den Meeresspiegel abgetragen sind, und die nordwestlichen Inseln (Midway Islands, French Frigate Islands) sind nur noch sehr flach. Daher bezeichnet man im Normalfall nur noch den etwa 2500 km langen, sichtbaren Teil der Inseln, nämlich von Midway bis Big Island, mit dem Namen Hawaii; im touristischen Sinn sind mit „Hawaii" sogar nur die südlichsten acht Inseln gemeint. Je weiter man nach Südosten kommt, um so höher ragen die einzelnen Inseln aus dem Meer empor, denn die Inseln im Nordwesten sind am ältesten und die Inseln im Südosten am jüngsten, sie liegen direkt in der Nähe des *Hot Spot*.

Gipfelhöhen

Während zum Beispiel die höchste Erhebung Kauais immerhin schon 1598 m über dem Meeresspiegel liegt, hat der Berg Haleakala auf der gut 300 km südöstlich gelegenen Insel Maui bereits eine Höhe von über 3057 m. Auf der jüngsten Insel der Kette, Hawaii Big Island, stehen auch die beiden höchsten Berge Hawaiis: der 4169 m hohe Mauna Loa und der 4205 m hohe Mauna Kea. Unter dem Meeresspiegel setzen sich diese Berge noch einmal über 5000 m tief fort. Mit einer Höhe von etwa 9000 m vom Fuß bis zum Gipfel sind sie damit die höchsten Berge der Erde.

Meeresstraßen zwischen den Inseln

zwischen	Name	Breite (km)
Niihau und **Kauai**	**Kaulakahi** Channel	27
Kauai und **Oahu**	**Kauai** Channel*	115
Oahu und **Molokai**	**Kaiwi** Channel *	47
Molokai und **Lanai**	**Kalohi** Channel	14
Lanai und **Maui**	**Auau** Channel	14
Molokai und **Maui**	**Pailolo** Channel	14
Lanai und **Kahoolawe**	**Kealaikahiki** Channel	29
Kahoolawe und **Maui**	**Alalakeiki** Channel	11
Maui und **Hawaii**	**Alenuihaha** Channel	48

Am 24. April 2010 stellte der Australier *Chris Palfrey* einen neuen Rekord auf, als er den **Kaiwi Channel** (s.o.) zwischen Molokai und Oahu binnen 12 Stunden, 53 Minuten und 15 Sekunden durchschwamm. Er war die zwölfte Person, die den Kanal erfolgreich bewältigte.

Gleichzeitig mit ihm begann seine Frau *Penny Palfrey* (eine 47-jährige Großmutter, wie die Lokalzeitung betonte) damit, den **Kauai Channel** (s.o.) zu durchschwimmen, musste aber nach 12 (von erwarteten 40) Stunden aufgeben, weil sie mit Quallen in Kontakt gekommen war.

9

Loihi Seamount

Big Island wächst noch, denn hier besteht noch eine Verbindung zur „Magmapipeline" vom *Hot Spot*. Währenddessen wächst wenige Kilometer südlich von Big Island, genau oberhalb des *Hot Spot*, bereits ein neuer Vulkankegel. Hier entsteht die Insel Loihi *(Loihi Seamount)*, die sich mittlerweile schon weit mehr als 4000 m über dem Meeresgrund erhebt. Sie muss nicht einmal mehr 1000 Höhenmeter wachsen, bis sie aus dem Meer auftaucht – aber das dauert noch mindestens tausend Jahre. Wahrscheinlich wird Loihi keine neue Insel werden, sondern ein Teil von Big Island.

Vulkane

Nur auf Hawaii Big Island gibt es einen aktiven Vulkan, den **Kilauea.** Alle Vulkane nördlich von Maui gelten als erloschen, der Haleakala, Mauna Loa und Mauna Kea als schlafend.

Wissenschaftliche Beobachtungen am Kilauea

Aufgrund des sehr geringen Gasgehaltes der hawaiianischen Lava kommt es hier praktisch nie zu gefährlichen Explosionen, sondern lediglich zu relativ sanften Eruptionen, die dann aber ziemlich lange andauern.

Im Lava Tree State Park

Glossar zum Vulkanismus

Ash	Asche
Caldera	Caldera (von span. „Kessel"; eingestürzter Vulkankrater)
Cinder	Schlacke
Cinder Cone	Kegelförmiger Berg aus Schlacke
Crater Rim	Kraterrand
Kilauea	Derzeit aktiver, sichtbarer Vulkan auf Hawaii Big Island
Kipuka	Eine von einem Lavafluss verschonte Stelle an einem Berghang; meist eine grüne Insel inmitten einer Lavawüste
Kupaianaha	Einer der derzeit aktivsten Vulkankrater des Kilauea-Massivs (meist Ausgangspunkt für unterirdische Lavaflüsse)
Lava Bomb	Lavabombe (ein großer Lavabrocken, der *en bloc* herausgeschleudert wurde)
Lava Tree	Ein Baum, dessen Rinde von schnell vorbeifließender Lava bedeckt wurde. Der Baum stirbt meist. Zurück bleibt ein schwarzer Lavaschlot.
Lava Tube	Lavahöhle (siehe „Big Island": „Entstehung einer Lava Tube")
Obsidian	Obsidian (sehr harte Lava; sieht aus wie schwarzes Glas)
Pele	Vulkangöttin von Hawaii
Pele's hair	Peles Haar: Extrem dünne, spröde Fäden erkalteter Lava. Die Fäden sind fast so dünn wie Haare.
Pillow Lava	Kissen-Lava
Pit Crater	Kleiner Krater (meist innerhalb eines Kraters), der kleiner als die Gipfelcaldera ist
Plume	Rauchwolke

Vulkanausbruch

Am 2. Januar 1983 begann **einer der längsten Vulkanausbrüche** seit Menschengedenken. An diesem Tag begann der Vulkan **Kilauea** kurz nach Mitternacht mit einer Eruption, die bis heute andauert, manchmal stärker und manchmal schwächer. Allein die Lavaströme dieses Ausbruchs haben weit über 100 Quadratkilometer Land bedeckt sowie die Insel um etwa 130 Hektar vergrößert. Viele Häuser wurden dabei vernichtet und viele Menschen wurden obdachlos.

Vulkanforschung

Für die Wissenschaftler ist der Kilauea mit seiner Dauereruption jedoch ideal, denn sie haben die Möglichkeit, den Vulkanismus am „lebenden Modell" zu erforschen. Daher hat sich Hawaii als das internationale Zentrum der Vulkanforschung etabliert. Bereits im Jahr 1912

Pumice	Bimsstein (sehr leicht und porös)
Puu Oo	Name von einem der derzeit aktivsten Vulkankrater des Kilauea-Massivs (kleiner Schlot, meist dampfend)
Rift Zone	Spalte (Austrittsgebiet der Lava; manchmal fließt die Lava von der Riftzone aus unterirdisch weiter)
Ropy Lava	Stricklava
Seamount	Berg unterhalb der Meeresoberfläche (meist: Loihi, die derzeit im Entstehen begriffene Insel südlich von Big Island)
Shield Volcano	Schildvulkan (typisches Beispiel: die weit ausladenden Hänge von Mauna Kea oder Mauna Loa)
Spatter Cone	Lavakegel, der durch unregelmäßig (mal jede Sekunde, mal mit fünf Sekunden Abstand oder in längeren Intervallen) herausgeschleuderte flüssige Lava entsteht
Steam Vent	Dampfendes Loch im Boden (der Dampf entsteht, wenn Grundwasser auf heißes Magma trifft)
Sulphur	Schwefel
Sulphur Banks	Schwefelhügel
Tree Mold	Loch in erkalteter Lava, in dem einstmals ein Baum stand, der von der flüssigen Lava umspült wurde und dann verfaulte. Oft ist die Rindenstruktur noch sichtbar.
Vog	Abkürzung für Volcanic Smog: eine Kombination verschiedener (Rauch-) Gase mit Staub/Asche und Feuchtigkeit in der Luft. Die im Vog oft vorhandenen Schwefelverbindungen (auch Schwefelsäure bzw. Schwefligsäure) sind deutlich riechbar. Menschen mit Problemen der Atmungsorgane (Asthma etc.) sollten den Vog unbedingt meiden.

gründete *Thomas A. Jaggar* das Vulkanforschungs-Observatorium von Hawaii. *Jaggar* gilt als einer der Gründerväter der modernen Vulkanologie. Die in Hawaii gesammelten Erkenntnisse haben beispielsweise dazu beigetragen, die Eruption des Pinatubo, die 1991 auf den Philippinen stattfand, vorherzusagen. Damit konnten viele Menschenleben gerettet werden. Insgesamt leben in der Nähe aktiver Vulkane über 500 Mio. Menschen, die allesamt von den Erkenntnissen aus Hawaii profitieren können.

Lava

Bei einer Vulkanexplosion werden oftmals viele verschiedene Stoffe aus der Erde herausgeschleudert: Lava, Bimsstein, Schwefel …

Die Lava selbst kann mit Geschwindigkeiten von über 50 km/h fließen. Meist treffen Sie in Hawaii auf zwei grundverschiedene Formen von Lava: *Pahoehoe-Lava* und *Aa-Lava*. Beide Wörter stammen aus dem Hawaiianischen und werden nachstehend erklärt.

www.fotolia.de © John Penisten

Pahoehoe-Lava

Die Oberfläche der Pahoehoe-Lava (siehe Foto) verfügt über eine ziemlich **glatte, durchgehende Haut.** In heißem Zustand fließt Pahoehoe-Lava relativ zügig. Oft bildet sich auf dem heißen Lavafluss eine erstarrte, aber noch heiße Oberfläche. In vielen Fällen ergeben sich entweder Kissenformen (Kissen-Lava, *pillow lava*) oder weich aneinander gelegte, aufeinander geschobene kreisförmig angeordnete Wellen (Strick-lava, *ropy lava*).

Aa-Lava

Wenn Pahoehoe-Lava erkaltet und dabei einen Teil ihrer eingeschlossenen Gase abgibt, kann sich Aa-Lava bilden. Deren Oberfläche ist **sehr rau.** Der Name Aa soll von den Polynesiern stammen, die beim (Barfuß-)Laufen über die erkaltete Aa-Lava „aaah-aaah" gerufen haben sollen. Aa-Lava bewegt sich sehr langsam, aber fast unaufhaltsam vorwärts, wobei an der Vorderfront immer wieder Brocken abbrechen und herabfallen. Von Laien wird die in der Aa-Lava steckende Gewalt aufgrund ihrer sehr geringen Fließgeschwindigkeit leicht unterschätzt.

Farbe

Erstarrte Lava hat je nach chemischer Zusammensetzung eine unterschiedliche Farbe zwischen tiefschwarz und dunkelbraun. Je heller (gelber, weißer) flüssige Lava ist, um so heißer ist sie. Rote Lava ist somit weniger heiß als oran-

Pahoehoe-Lava in Action

gefarbene Lava. Als Richtlinie gilt: Gelbe Lava ist etwa 1100 °C heiß, orangefarbene Lava etwa 900 °C, und hellrote Lava etwa 700 °C.

Temperaturen

In Hawaii liegen die Temperaturen der für Touristen sichtbaren Lava im Bereich der Chain of Craters Road meist um die **1000 °C bis 1200 °C.**

Lava kühlt bedeutend langsamer ab, als man meist vermutet. Auch 14 Tage nach einer Eruption ist das Gestein oft noch immens heiß. Ein 100 m tiefer Lavasee, der sich beispielsweise im Kilauea-Iki-Krater formte, hatte auch sieben Monate nach seiner Bildung erst eine sechs Meter dicke, feste Kruste.

Die Natur Hawaiis

Überblick

Isolierte Lage

Aufgrund der isolierten Lage Hawaiis entwickelten sich hier Pflanzen- und Tierarten, die nirgendwo sonst auf der Welt zu finden sind. Die Biologen gehen davon aus, dass Samen, Sporen und Insekten mit Zugvögeln sowie teilweise auch mit dem Wind auf die Inselgruppe kamen. Allerdings musste die riesige Distanz von der nächsten Inselgruppe bzw. vom nächsten Festland zunächst einmal überwunden werden. Auf der fruchtbaren Vulkanerde breiteten sich die Pflanzen dann relativ schnell aus.

Entwicklung neuer Pflanzen und Tiere

Pflanzen und Tiere benötigen etwa 70.000 Jahre, um sich zu verschiedenen Arten (Spezies) zu entwickeln. Da Hawaii über 70 Mio. Jahre alt ist, hatte die Natur somit genügend Zeit dafür. Sie konnte sich ungestört entwickeln und eine gigantische Vielfalt hochspezialisierter Lebewesen hervorbringen. In den Regenwäldern der Inselkette entdeckten die Botaniker beispielsweise über 90 Abarten der *Lobelia* – eine Pflanze, die ursprünglich aus Südostasien stammt. Vermutlich wurden die ersten Lobeliasamen von einem Hurrican auf die Inseln geweht.

Vor etwa 10 bis 20 Mio. Jahren kam wohl eine kleine Population von nordamerikanischen Finken auf die Inselgruppe. Aus ihnen entwickelten sich im Laufe der Zeit die knapp 50 verschiedenen Arten von Kleidervögeln. Aus einer Schmuckfliegenart wurden mindestens 800 verwandte Arten, aus etwa 100 Insektenarten wurden über 10.000 verschiedene Arten. Eine davon ist die seltene *Pinao,* die größte Libelle der Welt. Sie kommt nur noch im geschützten Teil des Haleakala National Park auf Maui vor.

Artenreichtum

Dieser Artenreichtum setzte sich in vielerlei Weise fort, so ziemlich in jeder ökologischen Nische entwickelten sich eigene, optimal angepasste Arten. Die meisten Tiere hatten keine natürlichen Feinde, denn in Hawaii gab es nur zwei Säugetierarten: eine Fledermausart und die vom Aussterben bedrohte Mönchs-

Die Natur Hawaiis

robbe. So sind beispielsweise viele der hawaiianischen Vogelarten Bodenbrüter. Etwa ein Viertel aller Tierarten der USA kommt nur in Hawaii vor. Gut 95 % der Pflanzenarten sollen in Hawaii vor der ersten Ankunft von Menschen endemisch gewesen sein.

Ankunft der Polynesier

Vor etwa 1600 Jahren kamen die Polynesier auf die Inseln. Da auf den einsamen Pazifikinseln ursprünglich keine Pflanzen wuchsen, die Menschen als Nahrung dienen konnten, brachten die Polynesier ihr eigenes Saatgut, ihre Setzlinge und ihre Haustiere, Schweine und Hühner, mit nach Hawaii. Um Felder für den Ackerbau und die Viehzucht zu bekommen, rodeten diese ersten Siedler kleine Landstriche und sorgten damit für einen ersten, noch relativ unbedeutenden Eingriff in die Ökologie Hawaiis. Schon damals wurden aber bereits einige Vogelarten ausgerottet.

Regenwälder

Die Regenwälder waren für die Polynesier allerdings nicht nutzbar. Deshalb überließen sie diese den Göttern. Ökologisch gesehen wurden die Regenwälder somit von den Polynesiern fast nicht angetastet. Aber eben nur fast, denn für die hawaiianischen Herrscher galt der Federmantel als Symbol der Macht wie bei uns die Krone oder das Zepter. Für eine solche prachtvolle Federrobe mussten ca. 80.000 Kleidervögel sterben. Im **Bishop Museum** auf Oahu sind solche Federmäntel ausgestellt.

Ankunft der Weißen

Der eigentliche, entscheidende Eingriff in das Ökosystem Hawaii erfolgte mit der Ankunft der ersten Weißen **Ende des 18. Jahrhunderts,** denn mit ihnen folgte eine Invasion von Tieren, Pflanzen und Krankheiten, die auf der Inselgruppe bisher fremd waren. So fraßen die Rinder die Landschaft kahl und sorgten damit für eine drastische Dezimierung des Regenwaldes. Nutzpflanzen wie Zuckerrohr und Ananas veränderten mit ihren zahlreichen, groß angelegten Plantagen nachhaltig das Bild der Insel.

Auf Hawaii lebten vor der Ankunft der Weißen keine Reptilien, aber mehr als 10.000 Insektenarten, die endemisch oder zumindest einheimisch waren. Knapp 30 % davon sind ausgestorben und weitere 50 % sind vom Aussterben bedroht.

Starke Erosion

Der Regenwald war noch in der Lage gewesen, die Niederschläge fast vollständig zu binden und kontinuierlich an Bäche und Flüsse abzugeben, die Plantagen und kahlgefressenen Hänge aber schafften das nicht mehr. Als Folge nahm die Erosion zu. Bei jedem größeren Regen färben sich daher die mit Erde angefüllten Flüsse braun. Diese mit Erde versetzten Flüsse fließen ins Meer, was bei innerhawaiianischen Flügen entlang der Küste oft nicht zu übersehen ist: Das tiefblaue Wasser ist dann in Küstennähe rotbraun gefärbt. Dieser Schlamm setzt sich auch auf die Korallen im Meer und nimmt ihnen das lebensnotwendige Sonnenlicht, was zum Sterben ganzer Korallenriffe führt.

Die Natur Hawaiis 383

Riffe und Meer

Insgesamt betrachtet sind die Riffe Hawaiis **nicht so stark geschädigt** wie beispielsweise die Riffe der Karibik, aber die Einwirkungen des Menschen und seiner „Errungenschaften" zeigen dennoch deutliche Spuren, von denen die erosionsbedingte Sedimentablagerung nur ein Aspekt ist.

Das Meer ist nicht nur **wärmer** und **saurer** geworden, sondern **sein Pegel steigt auch an,** während Abfälle aus dem Schifffahrtsbetrieb, eindringende fremde Tier- und Pflanzenarten *(Alien Marine Species),* Überfischung (auch für Aquarien) sowie die Küstenbebauung und der Tourismus für weitere Einwirkungen sorgen.

Die NOAA *(National Oceanic and Atmospheric Admimistration)* hat 2008 ermittelt, dass etwa drei Viertel von 55 untersuchten Riff-Spezies der Hauptinseln Hawaiis mindestens in einem kritischen Zustand sind.

So sollen jetzt beispielsweise mit einem *Super Sucker* genannten **Riesenstaubsauger** in der Kaneohe Bay (Oahu) Algen abgesaugt werden, die nicht aus Hawaii stammen, um so den Seeigeln und anderen Tieren zu helfen.

Überwucherung

Selbst so einfache Pflanzen wie die Brombeere können die ursprüngliche Vegetation bedrohen, denn die Brombeere wuchert zu riesigen Hecken und erstickt damit nicht selten andere Pflanzen. Ein typisches und rein optisch wunderschönes Beispiel für diese Überwucherung finden Sie z.B. auf Kauai im oberen Teil des Nualolo-Trails, wo die Bananenpoka sich mit efeuähnlichen Blättern an den Bäumen hochrankt.

Hawaiianische Wildschweine

Die kleinen, dunkel gefärbten Schweine der Polynesier paarten sich mit den großen, hellen Schweinen der Weißen. Ihre Nachkommen, die hawaiianischen Wildschweine, fraßen die Regenwälder selbst in Regionen kahl, die von den Rindern gemieden wurden. Mittlerweile richtet kein anderes Tier auf Hawaii so viel Schaden auf den Inseln an wie die über 100.000 wild lebenden Schweine. Auch verwilderte Ziegen und die teilweise bewusst von Jägern ausgesetzten Axishirsche setzen der ur-hawaiianischen Pflanzen- und Tierwelt zu.

Ratten und Mäuse

Kleintiere wie Ratten und Mäuse betätigten sich als Nesträuber bei zahlreichen Bodenbrütern. Die ebenfalls von den Europäern nach Hawaii importierten Ameisen vernichteten die meisten Insekten in den Tälern. Auch die Krankheiten der Europäer machten vielen Vogelarten zu schaffen.

Etwa die Hälfte der in Hawaii endemischen Vogelarten ist bereits ausgerottet, die andere Hälfte stark gefährdet.

Neue Eindringlinge

Ein großes Problem sind mittlerweile die ursprünglich aus Puerto Rico stammenden, meist nur etwa 2,5 cm großen

Land und Leute

9

Coqui-Frösche. Vor allem auf Big Island gibt es große Coqui-Kolonien, die sich sehr lautstark bemerkbar machen. Auf Maui, Kauai, Molokai und Lanai sind die Coqui-Populationen (noch) kleiner, auf Oahu hingegen nur recht begrenzt vorhanden. Die Experten befürchten, dass die Coquis hawaiianische Insekten-Populationen gefährden und mit hawaiianischen Vögel in Nahrungskonkurrenz treten können.

Bergland

Nur die höher gelegenen Regenwälder stellen eine Art letztes Refugium der urhawaiianischen Pflanzen und Tiere dar. Je höher man den Berg hinaufkommt, um so ursprünglicher wird die Flora und Fauna. Auf Kauai handelt es sich dabei um die **Alakai-Sümpfe** und den Bereich des **Waialeale.** Auf Maui existiert im Bereich des Oberlaufs des Oheo-Flusses am Osthang des Haleakala ein schwer zugängliches Naturschutzgebiet, das außerdem nur mit einer Sondergenehmigung betreten werden darf. Selbst Wissenschaftler haben Schwierigkeiten, eine solche Genehmigung zu bekommen.

Inseln im Nordwesten

Ebenfalls zur Inselkette Hawaii gehören die etwa 600 km nordwestlich knapp oberhalb des Wendekreises des Krebses gelegenen **French Frigate Shoals,** eine Inselgruppe, die zu allen umliegenden Inseln einen Mindestabstand von 100 km hat. Diese flachen Inseln dienen als Rückzugsgebiet für einige stark gefährdete Tierarten. Früher einmal vom Militär genutzt, ist sie mittlerweile zu einem Tierparadies geworden, in dem sich auch eine Vielzahl von Meeresvögeln tummelt. Das Betreten ist nur mit Sondergenehmigung erlaubt.

Mönchsrobben

Auf den French Frigate Shoals leben einige der letzten Mönchsrobben *(Monachus schauinslandi, Hawaiian Monk Seals)* – eine nur in Hawaii vorkommende Robbenart, die von Fachleuten als die engste lebende Verwandte der Ur-Robbe angesehen wird. Man nimmt an, dass sich die Tiere innerhalb der letzten 15 Mio. Jahre nicht verändert haben, weshalb man sie als **„Lebendes Fossil"** bezeichnet. Der strenge Artenschutz der Mönchsrobben zahlt sich aus, denn mittlerweile sieht man mit viel Glück einmal ein entsprechendes Tier am Touristenstrand. Da die Tiere unberechenbar und teilweise sogar angriffslustig sind, sollte man sich ihnen maximal auf 30 m nähern und sich unter keinen Umständen zwischen ihnen und dem Meer aufhalten, denn die Tiere wissen, dass sie im Meer sicher sind. Wenn ein Mensch ihnen diesen Fluchtweg „versperrt", dann können sie sehr ungehalten reagieren. Wer die Tiere stört, riskiert eine Strafe von bis zu 5 Jahren Haft. Der *NMFS (National Marine Fisheries Services)* freut sich über einen Anruf, wenn man Mönchsrobben gesehen hat. Tel. 983-5715 (Honolulu) oder 278-5121 (Maui).

Während die Karibische Mönchsrobbe als ausgestorben gilt, leben noch um die 100 **Hawaiianische Mönchsrobben** auf den Hauptinseln sowie etwa 1100 dieser

Die Natur Hawaiis 385

Land und Leute

Tiere auf den praktisch unbewohnten Inseln im Nordwesten Hawaiis, in dem *Marine National Monument*. Mönchsrobben sind die einzigen Robben, die ganzjährig in tropischen und subtropischen Gewässern leben. Sie sind die am meisten bedrohte Spezies in den USA.

Auf der größten dieser Inseln, French Frigate Island, nisten auf 1 km Strandlänge etwa 60 % der gesamten Population von **Grünen Hawaiianischen Meeresschildkröten** *(Hawaiian Green Turtle)*. Diese Tierart ist älter als die Dinosaurier, wird aber von Menschen (primär „Gourmets" und „Souvenirjäger", die dem Panzer nachstellen) zusehends bedroht.

Naturschutz

Auf den Inseln laufen inzwischen viele **Projekte** zum Schutz der noch vorhandenen Natur. Dazu gehört auch die Ausweisung von totalen Schutzzonen. Andere Beispiele dafür sind die Einzäunung des Haleakala zum Schutz vor verwilderten und wilden Tieren sowie die systematische Jagd nach Wildschweinen.

Hierbei kommt es jedoch bereits wieder zu **Interessenskonflikten** zwischen den Naturschützern, welche die Wildschweine gänzlich ausrotten wollen, und den Jägern, die ihrem Hobby auch in Zukunft weiterhin nachgehen wollen.

Eine sicherlich einzigartige Aktion zum **Erhalt einer Art** findet jedes Jahr auf Molokai statt. Früher einmal sorgte eine bestimmte Insektenart für die Bestäubung der Alula-Pflanze, die auch *Brigamia* genannt wird. Die Alula wächst nur an der höchsten Steilküste der Erde am Nordrand von Molokai in einer extrem unzugänglichen Umgebung. Einmal pro Jahr seilen sich Naturschützer zu den wenigen verbliebenen Pflanzen am Steilhang ab, entnehmen den Blütenstaub und bringen ihn mit feinen Pinseln auf die Stempel einer anderen Alula-Pflanze auf. Hier übernimmt nun der Mensch die ursprüngliche Arbeit einer mittlerweile leider ausgestorbenen Insektenart.

Wasserverbrauch

Ein anderer ökologischer Aspekt wird allzuoft verschwiegen: der Tourismus. Aufgrund des hohen Wasserverbrauchs der Touristen wird die Wasserversorgung immer schwieriger. Die West Maui Mountains sind gleich nach dem Waialeale auf Kauai das regenreichste Gebiet unseres Planeten. Trotzdem herrscht an den nur wenige Kilometer davon entfernten Touristenorten wie Lahaina und Kaanapali bereits eine leichte Wasserknappheit.

An der Nordwestküste von Maui dürfen mittlerweile keine neuen Hotels mehr gebaut werden, weil die Wasserversorgung ansonsten nicht mehr gewährleistet wäre.

Vor allem die in Hawaii wirklich perfekt grünen **Golfplätze** verbrauchen Unmengen von Wasser. Golfplätze sind ebenso wie Ananas- und Zuckerrohrfelder reine Monokulturen, die wiederum zum Artensterben beitragen. Da das äußerst knappe Wasser in der Tourismusindustrie mehr Ertrag bringt als in der Landwirtschaft, werden mehr und mehr Plantagen geschlossen.

Der Autor hat trotz intensiver Bemühungen in Hawaii bisher nur selten

9

Die Natur Hawaiis

Kläranlagen entdeckt. Es lässt vermuten, dass die Abwässer oft direkt ins Meer geleitet werden. Nach Angaben der US-Umweltbehörde *EPA* wurden im Jahr 2004 die Abwässer von 35 % der Bevölkerung Hawaiis in Kläranlagen behandelt; 1972 waren es nur 6 %.

Dieser Kurzausflug in die Ökologie Hawaiis hat Sie vielleicht erschreckt und lässt Sie unter Umständen annehmen, dass die Pflanzen- und Tierwelt Hawaiis mittlerweile arm an Arten ist. Dem ist nicht so, denn sie wurde „lediglich" ärmer an ur-hawaiianischen Arten.

Während die Tierwelt zu Lande nicht soviel zu bieten hat, sorgen die importierten tropischen Pflanzen für eine prachtvolle Pflanzenwelt, die in schillernden Farben und Formen zu einem positiven Urlaubserlebnis entscheidend beiträgt. Hawaii lebt trotz seiner ökologischen Probleme – in einer beeindruckenden Vielfalt.

Die Pflanzenwelt

Importierte Pflanzen

Auf allen Inseln finden Sie importierte tropische Pflanzen, die nun in Hawaii heimisch sind. Das Spektrum reicht vom Afrikanischen Tulpenbaum (engl. *African Tulip Tree*) und Anthurium *(Anthurium)* über Bromelia *(Bromeliad)*, Frangipani (in Hawaii: *Plumeria*), Helikonie *(Heliconia)*, Hibiscus *(Hibiscus)*, Orchidee *(Orchid)* und Strelizie *(Bird of Paradise)* bis hin zur Wasserlilie *(Water Lily)*.

Weniger bekannt sind die von den Polynesiern eingeführten Nutzpflanzen sowie einige ur-hawaiianischen Pflanzen.

Ohia-Lehua-Bäume

Überall auf den Inseln stehen die hier endemischen *Ohia-Lehua-Bäume* (Höhe je nach Standort zwischen 50 cm und über 20 m). Sie gehörten zu den ersten Pflanzen, welche im Südpazifik enge Verwandte haben: der bekannteste ist der *Pohutukawa,* der neuseeländische Weihnachtsbaum.

Silberschwert

Das Silberschwert (engl. *Silversword,* hawaiianisch *Ahinahina,* lat. *Argyroxiphium sandwicense)* gehört zu den seltensten Pflanzen der Erde. Es wächst praktisch nur im **Haleakala-Krater** auf Maui. Einige wenige Exemplare sollen auch in den West Maui Mountains sowie an Mauna Kea und Mauna Loa wachsen. Genauso wie unsere Sonnenblumen und Chrysanthemen gehört es zur Gattung der *Compositae*. Die Pflanze benötigt für ihr Wachstum 5 bis 20 Jahre, bis sie etwa 100 bis 500 Einzelblüten treibt, die auf einem ein bis zweieinhalb Meter hohen Stamm gedeihen. Nach dem Abwurf der Samen stirbt die Pflanze, denn jedes Silberschwert blüht nur einmal. Die schönsten Exemplare wachsen entlang des Sliding Sands Trail am Haleakala.

Schraubenbaum

Der Schraubenbaum (engl. *Screw Pine,* hawaiianisch *Hala,* lat. *Pandanus)* kommt in vielen Arten auf allen Inseln Polynesiens vor. Auch in Hawaii gibt es mehrere endemische Arten. Vom Stamm zweigen mehrere zeltartig auf-

Die Natur Hawaiis

strebende Stelzenwurzeln ab, die manchmal an Mangroven erinnern, mit diesen aber nichts gemein haben. Pandanusbäume werden Sie in allen Küstenbereichen entdecken. Besonders schöne Exemplare stehen an der Na-Pali-Küste auf Kauai. Wenn die Früchte reif sind, fallen orange- und gelbfarbene Fruchtteile herunter. Die Früchte selbst ähneln entfernt einer Ananas. Da sie von Touristen oft mit Ananas verwechselt wurden, wird der Schraubenbaum von den Einheimischen gelegentlich *Tourist Pineapple* (Touristen-Ananas) genannt.

Kukui

Kukui nennen die Hawaiianer eine Pflanze, die wohl von den ersten Polynesiern mit auf die Inseln gebracht wurde. Die auch als *Candle Nut Tree* (Kerzennuss-Baum) bezeichnete Pflanze lieferte früher das Brennmaterial für die „Laternen" der Hawaiianer und ist der Staatsbaum von Hawaii.

Ti-Pflanze

Die Ti-Pflanze kam ebenfalls mit den Polynesiern nach Hawaii und ist auf allen Inseln vertreten. Die Blätter dienten früher (und auch heute noch) zum Einwickeln von Fleisch beim Kochen im Erdofen. Sorgsam aufgefädelt fungieren sie in seltenen Fällen (beispielsweise bei guten Hula-Shows) als Rock der Hula-tänzerinnen. Am Wegesrand sowie am Rand des Halemaumau-Kraters kann man öfter in Ti-Blätter eingewickelte Steine oder Früchte sehen. Der Sage nach beruhigt das die Götter und sorgt

dafür, dass sie den Menschen wohlgesonnen sind.

Banyan-Baum

Der immergrüne Banyan-Baum wurde von den weißen Einwanderern auf die Inselgruppe gebracht. *Banyan Trees* gehören zur Gattung der Maulbeerbäume und wachsen sehr schnell. Der Baum verfügt über viele Luftwurzeln, die dann zum Boden wachsen und zu richtigen Stützstämmen für die weit ausladende Krone werden. Besonders schöne Exemplare stehen am Banyan Drive in Hilo auf Hawaii Big Island, am Iolani Palace in Honolulu/Oahu sowie in Lahaina auf Maui. Letzterer ist der älteste Banyanbaum der Inselgruppe. Er wurde 1873 gepflanzt.

Norfolk-Tanne

Besonders auf Lanai (in Lanai City) ist die Norfolk-Tanne *(Norfolk-Pine)* zahlreich vertreten. Die von weißen Missionaren auf die Inseln gebrachten Tannen sind aber auch auf anderen Inseln zu sehen.

Farne

Primär rund um den Kilauea-Krater sowie im Oheo-Teil des Haleakala-Nationalparks kommen die hawaiianischen Farne mit Namen *Amau* und *Hapuu* vor. Die endemischen Farne werden bis zu fünf Metern hoch. Im Deutschen bezeichnet man sie auch als *Bischofsstab-Farne.*

Zuckerrohr in Hawaii

Der Anbau von Zuckerrohrpflanzen hatte auf den Inseln eine lange Tradition. Als *James Cook* im Jahr 1778 die Inselkette „entdeckte" und in Kauai an Land ging, berichtete er bereits von Zuckerrohrfeldern, die um die Tarofelder herumgepflanzt waren. Höchstwahrscheinlich hatten die Polynesier bereits bei ihrer ersten Landung vor etwa 1000 Jahren die Zuckerrohrpflanze zusammen mit anderen Nutzpflanzen an Bord ihrer Auslegerboote. Die ersten Zuckerrohrpflanzen verbreiteten sich vermutlich vor etwa 10.000 Jahren aus Neuguinea in andere Teile der Welt. Hawaiianer und andere Völker des Südpazifiks verzehrten den Zucker übrigens ganz anders als wir, sie kauten einfach die süßen Pflanzenstangen, so wie es auch heute in vielen Ländern der Dritten Welt üblich ist.

Die erste erfolgreiche Anpflanzung von Zuckerrohr (engl.: *sugar cane*) für die industrielle Zuckerherstellung begann 1835 im Bereich Koloa auf Kauai. 1837 wurden für 200 Dollar die ersten zwei Tonnen Rohrzucker exportiert. Aus den 20 Hektar Anbaufläche im Jahr 1835 sind bis Mitte des 20. Jahrhunderts etwa 88.000 Hektar geworden, die sich auf 14 Plantagen verteilten. Die größten Anbaugebiete waren damals auf Kauai zwischen Polihale und Kapaa, im zentralen und westlichen Teil Oahus, in Central

Maui und an der Hamakua-Küste von Hawaii Big Island.

Während der Walfang zurückging, expandierte die Zuckerproduktion. Bis in die 1960er Jahre war *Sugar Cane* neben dem Militär der größte Erwerbszweig. Vor allem aus Asien (Japan, Philippinen, China) wanderten im letzten Jahrhundert Tausende von Arbeitern mit ihren Familien ein, die sich ihren Lebensunterhalt in der Zuckerindustrie, meist als Feldarbeiter, verdienten.

Aus Hawaii stammte einmal etwa ein Drittel des gesamten Rohrzuckers *(Cane Sugar)* der USA und damit etwa ein Zehntel des US-Zuckerbedarfs. Die hawaiianische Zuckerindustrie produzierte mehr Zucker pro Hektar als irgendeine andere auf der Welt, und das auch noch mit der kürzesten Arbeitszeit pro Tonne.

In Hawaii braucht das Zuckerrohr zwei Jahre, um zu reifen. Auf einem Hektar Land wuchsen 225 Tonnen Zuckerrohr, die zu etwa 25 bis 30 Tonnen raffiniertem Rohrzucker verarbeitet wurden. Zur Herstellung von einem Kilogramm Rohrzucker benötigte man die gigantische Menge von zwei Tonnen Wasser, die über spezielle Bewässerungssysteme aus den Bergen herbeitransportiert wurde.

Kurz vor der Ernte zündeten die Arbeiter die Zuckerrohrfelder an. Das schnelle, heiße und

Taropflanze

Auch die *Taropflanze*, zu deutsch: Wasserbrotwurzel, kam mit den Polynesiern auf die Inseln. Die stärkehaltigen Knollen, im Rohzustand giftig, dienten den Hawaiianern als Grundnahrungsmittel.

Sie wurden gegart und zerstampft, bis das pink- bis violettfarbene **Poi** entstand, das auch heute noch bei echten (und nur bei echten!) Hawaiianern sehr beliebt ist. Die Blätter wurden gekocht und als Gemüse gegessen. Mittlerweile ist die Pflanze seltener geworden, obwohl ver-

Die Natur Hawaiis 389

weithin sichtbare Feuer brannte jeweils nur für wenige Minuten, sorgte aber dafür, dass das Unkraut verbrannte. Da reifer Rohrzucker etwa 70 bis 75 % Wasser enthält, ist das Feuer für ihn unschädlich.

Seit etwa 1965 ist der Tourismus der Wirtschaftsfaktor Nummer eins, und die Zuckerproduktion sank seitdem ständig. Im ersten Jahrzehnt des neuen Jahrtausends schlossen die Zuckerrohrplantagen auf Oahu und auf Kauai, sodass nur noch auf Maui einige kleine Plantagen bewirtschaftet werden. Die letzte Ernte auf Kauai fand im August 2010 statt. Ursprünglich war geplant, auf der Insel eine Ethanol-Produktion zu errichten – Rum wird schließlich auch aus Zuckerrohr gebrannt –, aber diese Pläne wurden mittlerweile ad acta gelegt.

Es sieht so aus, als ob die Zuckerrohr-Plantagen nur deshalb geschlossen wurden, weil das Land und vor allem das Wasser für touristische Zwecke (Golfplätze, Hotels, Swimming-Pools etc.) gebraucht wird, mit denen sich eine höhere Rendite erzielen lässt.

Die meisten ehemaligen Zucker-Plantagen auf Kauai bauen mittlerweile für Agrarkonzerne gentechnisch manipulierte Pflanzen an. Aufgrund der Abgeschiedenheit im Pazifik ist die Wahrscheinlichkeit einer zufällige Verbreitung genmanipulierten Saatguts sehr gering. Die Inseln sind somit eine Art riesiges Outdoor-Quarantänelabor (siehe auch Exkurs „Wirtschaftsfaktor Gentechnik").

wilderter *Taro* immer wieder entlang von Flussläufen zu sehen ist. Das größte *Tarofeld* befindet sich im Hanalei Valley auf Kauai. Aber auch an der Nordküste Mauis (z.B. im Kcanae Arboretum) sowie im Waipio-Tal (auf Big Island) werden Sie auf *Taro* stoßen.

Ananas

Weiße Einwanderer brachten die ersten Ananaspflanzen nach Hawaii, aber die Ananas blieb lange Zeit hindurch eine Frucht der Privilegierten. Erst als *James Dole* im Jahr 1901 in Hawaii mit dem systematischen Anbau der Ananas (engl. *Pineapple*) begann, wurde die Frucht zu einem erschwinglichen Massengut. Mit Hilfe der von seinem Mitarbeiter *Ginaca* entwickelten Maschine gelang es ihm, die Ananas maschinell dosengerecht zu zerschneiden und die Dosenananas in alle Welt zu verschicken. *Dole* kaufte Anfang der 1920er Jahre die Insel Lanai und machte sie zu einer großen Ananasplantage. Mittlerweile ist der Anbau von Ananas wirtschaftlich nicht mehr interessant, die Ananasfelder auf Lanai wurden zu Rinderweiden umfunktioniert und die Ananasfabrik in Honolulu geschlossen. In Südostasien lassen sich die Früchte erheblich billiger anbauen und verpacken. Nur noch auf Oahu existieren einige kleine Felder – wohl aus Imagegründen und nicht zuletzt wegen der Touristen.

Weitere Informationen hierzu finden Sie im Exkurs „Wirtschaftsfaktor Gentechnik".

Kaffee

Im Jahr 1813 brachte *Don Francisco de Paula y Marin*, Spanisch-Übersetzer und Arzt von *König Kamehameha dem Großen*, die ersten Kaffeepflanzen nach Hawaii, aber erst 1828 oder 1829 pflanzte der Missionar *Samuel Ruggles* die ersten Arabica-Bäume (Kaffepflanzen der Sorte *Arabica*) in **Kealakekua** südlich von Ko-

Land und Leute

9

Die Natur Hawaiis

na (Big Island), die aus Setzlingen dieser auf Oahu wachsenden Kaffeepflanzen gezogen wurden. 1840 gab es die erste schriftliche Erwähnung des Kaffeeanbaus im Bereich Kona. Seither bauen Familienbetriebe (über 700) im Bereich Kona auf Big Island Kaffee an, sodass sich der Name *Kona Coffee* eingebürgert hat. Es gibt auf fast allen Inseln kleine Kaffeeplantagen, aber jeweils keinen großindustriellen Anbau.

Gefahr durch Miconia

Dem Regenwald droht mit der aus Südamerika eingeschleppten **Miconiapflanze** große Gefahr. Die Miconia wird bis zu 15 m hoch und beschattet die anderen Pflanzen derart stark, dass sie kein Licht mehr zum Wachsen bekommen und absterben. Tückisch daran ist die Tatsache, dass die Samen der Miconia winzig klein sind. Daher sollten Sie vor Wanderungen ins Hinterland jenseits der Standardpfade stets gründlich die Schuhe reinigen, um ein Einschleppen der Miconia zu verhindern.

Kanalua

Insgesamt wurden auf Hawaii 45.000 Pflanzenarten gefunden, zu denen auch die seltenste Pflanze der Welt zählt: die Kanalua. Von ihr gibt es nur noch **ein einziges Exemplar,** weil das Züchten nicht möglich ist.

▷ Roter Kardinal

Weitere Infos zum gefährdeten Ökosystem Hawaii finden Sie unter www.hear.org.

Die Tierwelt

Vögel

Hawaiis freilebende Tierwelt konzentriert sich auf zwei Gruppen von Lebewesen: Vögel und Meeresbewohner. Vor allem die Regenwälder bieten einer Vielzahl von Vögeln ein letztes Refugium. 93 % der ursprünglichen Hawaiianischen Vögel sind gemäß einer Studie aus dem Jahr 2010 (www.stateofthebirds.org) in ihrer Existenz mittelstark oder hochgradig durch Klimaveränderungen gefährdet. Leider bekommen die Touristen diese Vögel nur selten zu Gesicht – aber durchaus zu Gehör. Beispiele dafür sind der Hosmer Grove Trail am Eingang des Haleakala National Park auf Maui sowie der Kipuka Puaulu im Hawaii Volcanoes National Park auf Hawaii Big Island. Die besten Erklärungen dieser Vogelwelt erhalten Sie von den Rangern der Nationalparks und in den Ausstellungen der Visitor Centers.

Nene

Die *Nenes* sind sicherlich die berühmtesten Vögel Hawaiis. Die mit unseren Gänsen verwandte *Nene (Branta sandvicensis)* kommt nur in Hawaii vor und dort fast ausschließlich im Haleakala National Park auf Maui und im Hawaii Volcanoes National Park auf Hawaii Big Island. Ihre Heimat sind die kargen Lavafelsen. Nur mit Hilfe spezieller Programme konnten die *Nenes* vor dem Aussterben gerettet werden. Die größten Chancen, eine *Nene* zu sehen, hat man im Haleakala – hier vor allem im Bereich der Holua Cabin am Halemauu Trail sowie am Trailhead dieses Wanderwegs. Überall auf den Inseln herrscht ein absolutes Fütterverbot für *Nenes*.

Roter Kardinal

Immer wieder wird Ihnen der Rote Kardinal begegnen, ein manchmal zutraulicher Vogel mit tiefrotem Gefieder. Der Rote Kardinal gehört zu den wenigen Vögeln Hawaiis, die man unter normalen Umständen auch zu sehen bekommt.

Meerestiere

An den **Riffen Hawaiis** leben über 600 Riff-Fischarten. Davon sind etwa 150 verschiedene Arten endemisch. Außerdem leben in den Inselgewässern relativ viele Mantarochen mit Spannweiten von bis zu 4,50 m, aber nur ganz wenige Stachelrochen.

Buckelwale

Das große Highlight der Unterwasserwelt sind die Buckelwale, die hier überwintern. Sie paaren sich in den Gewässern Hawaiis und bringen dort ein Jahr später auch ihre Jungen zur Welt. Die beste Stelle zur Beobachtung von Walen ist der Kanal zwischen Maui und Lanai. Ausgangspunkt dieser *Whale-Watching-Tours* ist Lahaina. Näheres hierzu im Kapitel „Maui".

Wasserschildkröten

In den letzten Jahren haben sich die Populationen der Wasserschildkröten (*Sea Turtles*, hawaiianisch *Honu*) wieder

www.fotolia.de © Antoine Perroud

etwas vergrößert, sodass vor allem die Chance, eine grüne Hawaiianische Wasserschildkröte zu sehen, wieder recht groß ist. Vom Land aus bieten sich vor allem an der Westküste von Big Island immer wieder gute Beobachtungsmöglichkeiten. Bei einem Bootsausflug ist die Wahrscheinlichkeit noch größer. Die bis zu 200 kg schweren Tiere verdanken ihren Namen der grünen Farbe ihres Körperfetts. Zur Paarung sowie zur Eiablage schwimmen sie von ihren Futterplätzen an den hawaiianischen Hauptinseln bis zu 1500 km weit Richtung Nordwesten auf die nordwestlichen Hawaii-Inseln, hauptsächlich nach French Frigate Island.

Recht gering ist allerdings die Chance, eine *Hawksbill Sea Turtle* (hawaiianisch *Ea*) zu Gesicht zu bekommen, denn sie sind sehr selten geworden – wenn überhaupt, dann am wahrscheinlichsten in den Gewässern von Molokai und Hawaii Big Island.

Die bis zu 750 kg schweren *Leatherback Sea Turtle* (Lederrücken-Wasserschildkröte) wird öfter in den Gewässern zwischen den Inseln gesehen, aber diese Tiere legen ihre Eier nicht in Hawaii ab. Es handelt sich hierbei um die einzigen Wasserschildkröten, die keine harte Schale besitzen.

Eine Liste mit Links zum Themengebiet Geologie/Flora/Fauna/Umwelt finden Sie im Anhang.

> Hawaiianer mit einer rituellen Haube

Geschichte

Die ersten Menschen in Hawaii

Die Hawaii-Inseln wurden erst relativ spät besiedelt. Über den genauen Zeitpunkt streiten sich die Wissenschaftler. Die einen behaupten, dass die ersten Siedler etwa im Jahr 800, nach neueren Hinweisen wohl eher im Jahr 1000 n. Chr. von den Marquesas-Inseln im Südpazifik nach Hawaii kamen. Andere glauben, dass die erste Besiedelung Hawaiis erst zwischen 200 und 400 n. Chr. stattfand – vom ebenfalls im Südpazifik gelegenen Tonga oder Samoa aus.

Polynesier

Einig sind sich die Gelehrten darüber, dass die ersten Menschen in Hawaii Polynesier waren, die über 1000 Jahre vor den ersten Weißen dort eintrafen. Sie legten eine Strecke von mindestens 3500 km über das offene Meer mit Auslegerbooten zurück, auf denen sie auch Nutzpflanzen und Haustiere mitführten.

Navigation

Zu einer Zeit, als sich europäische Seefahrer kaum außer Sichtweite der Küsten trauten, um nicht von der Erdscheibe herunterzufallen, begaben sich die Polynesier auf bis zu sechs Wochen lange Fahrten über den Pazifik. Besonders erstaunlich sind ihre guten Navigationskenntnisse. Höchstwahrscheinlich nutzten die Polynesier ihre Kenntnisse über den Sternenhimmel und den Lauf der Sonne in Verbindung mit der Beobachtung des Meeres (Färbung, Strömung etc.) und des Himmels. Die Nähe von Land erkannten sie an bestimmten Vögeln und Wolkenformationen. Diese Pionierleistung der Seefahrt – immerhin mehr als 1000 Jahre vor *Christoph Kolumbus* – wird leider oft vergessen.

Über diese ersten Bewohner der Inselgruppe ist nur sehr wenig bekannt.

Das alte Hawaii

Zweite Besiedlung

In einer zweiten Besiedelungswelle um 1000 n. Chr. kamen die Polynesier von den Gesellschaftsinseln (Tahiti) nach Hawaii, unterdrückten oder töteten die damaligen Ureinwohner und gründeten eine Gesellschaft, die allgemein als das „alte" Hawaii bekannt ist. Wenn in diesem Buch also vom „alten" Hawaii die Rede ist, wird Zeit und Kultur nach der zweiten Besiedelungswelle gemeint.

Aufgrund der „Reiselust" der Polynesier, die vermutlich durch Platzmangel auf ihren alten Heimatinseln ausgelöst wurde, sind alle Völker Polynesiens miteinander verwandt: Die Ureinwohner von Hawaii, den Marshall-Inseln, von Tahiti, Samoa, Tonga, den Cook-Inseln sprechen ähnliche Sprachen und pflegen ähnliche Traditionen.

Nähere Infos über die Besiedelung durch die Polynesier finden Sie bei der *Polynesian Voyage Society*:

■ http://pvs.kcc.hawaii.edu

Herrscher

Das **Leben im alten Hawaii** war hoch entwickelt und beruhte auf einer Art Kastensystem, an dessen Spitze die *Alii* (Häuptlinge und Könige) standen. Den *Alii* fast ebenbürtig waren die *Kahuna* (Priester). Die *Kahuna* sorgten für die Einhaltung der *Kapus* (Gesetze) und hatten die Funktion eines Medizinmannes inne.

Diese *Kapus* waren sozusagen das moralische Gerüst des Staates. Wer gegen ein Kapu verstieß, wurde zumindest aus der Gesellschaft ausgeschlossen, wenn nicht gar zum Tode verurteilt. Wenn ein Ausgestoßener es schaffte, eine *Puuhonua* genannte Zufluchtsstätte zu erreichen, war er gerettet (s. Kapitel „Hawaii Big Island").

UREINWOHNER_hsa

Bauern

An den unteren Hängen der Gebirge legten die Hawaiianer Felder an, die durch ein ausgeklügeltes System bewässert wurden, denn jeder Tropfen Trinkwasser war eine Kostbarkeit und durfte nicht verschwendet werden.

Fischer

Die Fischer benutzten Netze, Angeln und besonders konstruierte Kanus. Um die Fischarten nicht auszurotten, gab es von Zeit zu Zeit Fangverbote. Darüber hinaus hatten sie Fischteiche mit einem raffinierten System von Schleusen angelegt, sodass praktisch stets frischer Fisch verfügbar war.

Handwerk

Die Verwendung von Metallen oder Edelsteinen war in Hawaii unbekannt.

Die Häuptlinge wurden an ihren Umhängen und Gewändern erkannt, die kunstvoll mit Federn geschmückt waren. Einer der Stoffe, *Kapa,* wurde aus der inneren Rinde des Maulbeerbaumes gewonnen und nach einer langwierigen Bearbeitung in verschiedenen Farben gefärbt, die selbst aus Beeren, Früchten und Baumrinde hergestellt wurden.

Glaube

Es gab zahlreiche Götter, und es gab keinen Tag, der nicht einem Gott geweiht war. Von den Göttern, die eine einzelne Familie beschützten, bis zu den großen Göttern, die in heiligen Zeremonien angebetet wurden – der Glaube an die Kraft des Übernatürlichen war allgegenwärtig.

Musik und Tanz waren weit mehr als nur Unterhaltung. Poetische Gesänge überlieferten die hawaiianische Geschichte. Jedes Wort, jeder Vers, jede Bewegung erzählte von den alten Zeiten.

Alle Hawaiianer fühlten sich als *Ohana* – als eine **große Familie,** und alle fühlten sich zu *Aloha,* der Zuneigung und der Anteilnahme am Mitmenschen, sowie zu *Kokua,* der allgegenwärtigen Hand, die stets hilft, verpflichtet.

Kämpfe

Natürlich skizziert diese Darstellung den Idealzustand, auch in Hawaii gab es kriegerische Auseinandersetzungen. Aber die Hawaiianer waren durch die jahrhundertelange Isolation äußerst schlecht vorbereitet auf den Umgang mit fremden Bräuchen, Sitten und besonders Krankheiten.

Die Ankunft der Weißen

James Cook

Mitten in das wohlgeordnete Gesellschaftssystem platzte am 18. Januar 1778 der britische Seefahrer Captain *James Cook,* der Hawaii nur durch Zufall entdeckte, denn damals war er mit seinen Schiffen *Discovery* und *Resolution* auf der Suche nach der Nordwest-Passage. Dieses Datum leitete eine neue Phase der Geschichte Hawaiis ein. Die Hawaiianer verehrten *James Cook* anfangs

Geschichte

als Gott und bereiteten ihm in der Bucht von Waimea auf Kauai einen großartigen Empfang.

Nach seinem Auftraggeber und Förderer, dem britischen *Earl of Sandwich*, nannte *Cook* die Inselgruppe **Sandwich-Inseln.** Er fertigte auch die ersten Karten von Hawaii an.

Cook tauschte Ziegen und Schweine sowie europäische Nutzpflanzen wie Zwiebeln oder Melonen gegen frische Vorräte ein **und brachte damit die ersten Pflanzen und Tiere der westlichen Welt auf die Inseln.** Außerdem kamen mit den Seefahrern auch blinde Passagiere wie zum Beispiel Moskitos, Flöhe oder Ratten.

Der Kapitän war sich der Tragweite seiner Entdeckung bewusst und kannte auch die Auswirkungen, als er in sein

Captain Cook

Logbuch schrieb: „Wir führen unsere Bedürfnisse ein und unsere Krankheiten." Seine Matrosen verkehrten trotz ausdrücklichen Verbots (mit Androhung des Auspeitschens!) rege mit den hawaiianischen Frauen und sorgten damit für das **Einschleppen von Geschlechtskrankheiten** in Hawaii. Die damals tödlichen Krankheiten dezimierten das Volk innerhalb von 75 Jahren um ca. 80 % von etwa 300.000 auf rd. 60.000 Einwohner.

Zweite Reise

Captain Cook brach von Hawaii aus nach Norden auf und kehrte Mitte Januar 1779, also knapp ein Jahr später, mit einem teilweise ramponierten Schiff zu einem zweiten Besuch nach Hawaii zurück. Diesmal ging er in der Kealakekua Bay an der Westküste von Hawaii Big Island vor Anker. Die anfänglich große Freude über die Ankunft *Cooks* verschwand zusehends. Mitte Februar 1779 wurde *Cook* dann bei einem Handgemenge von Hawaiianern getötet, als er versuchte, ihren Häuptling zu entführen, um damit die Herausgabe eines gestohlenen Beibootes zu erzwingen.

Handelsstützpunkt

Im Jahr 1785 lief das erste Handelsschiff die Hawaii-Inseln an, und es folgten eine Reihe von See- und Kaufleuten, die Hawaii als Stützpunkt für Pazifikreisen nutzten. Bald schon wurde Hawaii zu einer **wichtigen Station,** um Schiffe aus aller Welt mit Proviant zu versorgen, bevor sie weitersegelten.

Monarchie und Mission

Kamehameha I.

Zu Beginn des 19. Jahrhunderts vereinigte der berühmte König *Kamehameha I.* (*Kamehameha der Große;* wenn nur von *Kamehameha* die Rede ist, ist *Kamehameha I.* gemeint. Kamehameha heißt: „der Einzige"), der bei *Captain Cooks* Ankunft noch ein junger Krieger war, durch zahllose, blutige Kriege alle Inseln zu einem Königreich. Bis dahin hatte jede Insel noch einen oder mehrere Herrscher. Seine Regierung war ein Versuch, das überlieferte *Kapu-System* vergangener Zeiten zu bewahren und vor den Einflüssen des Neuen zu beschützen. Als er Mitte 1819 in Kailua-Kona starb, starb mit ihm endgültig das alte Hawaii. Etwa vier Monate nach seinem Tod trafen die ersten Walfänger in Hawaii ein.

Ende des Kapu-Systems

Königin *Kaahumanu* übernahm daraufhin gemeinsam mit *Kamehameha II.* (*Liholiho*) die Regierung. Ihre erste Amtshandlung war die Abschaffung des *Kapu-Systems,* um allen, insbesondere den Frauen, mehr Freiheiten zu ermöglichen. Die Götterbilder wurden verbrannt, die heiligen Plätze zerstört und die strenge soziale Hierarchie abgeschafft.

So waren die Inseln in einer Phase der kompletten Umstrukturierung, aber auch der religiösen Entwurzelung, als Ende März/Anfang April des Jahres 1820 das erste Schiff mit strenggläubigen Missionaren aus Boston/ Neuengland in Hawaii eintraf – beseelt von dem Vorsatz,

Geschichte 397

Land und Leute

alle Menschen im **christlichen Glauben** zu erziehen. Die Missionare erreichten einige ihrer Ziele, indem sie Schulen und Kirchen errichteten und dem Königshaus als Berater zur Seite standen.

1823 fuhren *Kamehameha II.* und seine Frau *Kamamalu* nach England. Noch bevor sie mit *König Georg* zusammentreffen konnten, starben sie und ihr Gefolge an einer für Europäer harmlosen Krankheit, wahrscheinlich der Grippe.

Nachfolger wurde sein jüngerer Bruder *Kauikeaouli,* der sich *Kamehameha III.* nannte. Da *Kamehameha III.* damals erst knapp 10 Jahre alt war, lag die Regierungsgewalt fast ausschließlich bei seiner Stiefmutter Königin *Kaahumanu,* die sich erst spät taufen ließ und zum Christentum bekannte. Kaum wussten die Missionare, dass die Regentin auf ihrer Seite steht, schon holten sie im Jahre 1825 zu einem Rundumschlag aus. Während sie bisher die Nacktheit der Hawaiianer als notwendiges Übel geduldet hatten, war das Nackt-Sein von nun an eine große Sünde. Die Geburtsstunde der luftigen hawaiianischen Kleidung, vor allem des Muumuus (ein wallendes, leichtes und weites Kleid) war gekommen. Sie erreichten sogar, dass *Kaahumanu* den altehrwürdigen **Hulatanz** verbieten ließ. Die Begründung lautete damals, der Tanz sei obszön, ein Akt des Abscheus und gotteslästernd.

Verfassung

Unter dem Einfluss der Missionare führte *Kamehameha III.* schließlich im Jahr 1840 die erste Verfassung Hawaiis ein, die auf amerikanischen und europäischen Vorbildern basierte. Außerdem wurden die Wahlen zum ersten Parlament durchgeführt und ein Gerichtshof eingesetzt.

Souveränität

1843 erkannten Frankreich, Großbritannien und die USA die Souveränität Hawaiis an. Im Jahr 1845 schließlich verlegte der König seinen Regierungssitz von Lahaina nach **Honolulu.**

Walfang

Ab 1820 war der Walfang der dominierende Wirtschaftsfaktor auf den Inseln. Teilweise sollen über 400 Schiffe im Jahr den Hafen von Lahaina angelaufen haben. Auch die Walfänger übertrugen bei ihren Landgängen eine Vielzahl von Krankheiten wie Grippe, Masern, Syphilis etc. auf die Hawaiianer(innen), die meist daran starben. Als Ende der 1840er Jahre jedoch die Walbestände derart massiv dezimiert waren, dass der Walfang nicht mehr lukrativ war, fand das große Tiergemetzel zwischen 1850 und 1860 ein allmähliches Ende.

Landreform

1850 trat die **zweite Phase** der Landreform in Kraft. Von nun an durften auch Ausländer ohne Einschränkungen Land kaufen und und es für immer als Grundbesitz behalten. Diese Landreform kam gerade zur rechten Zeit, denn sie ermöglichte den Ausländern, große Ländereien aufzukaufen, um darauf Zuckerrohr anzubauen.

9

Zuckerrohranbau

Innerhalb weniger Jahre mauserte sich der Zuckerrohranbau zum Hauptfaktor der hawaiianischen Wirtschaft (siehe auch Exkurs „Zuckerrohr in Hawaii"). Die einheimische Bevölkerung war durch die eingeschleppten Krankheiten stark dezimiert. Außerdem war ihnen Arbeit gegen Bezahlung nicht nur unbekannt, sondern sogar völlig unverständlich: Das regelmäßige Erscheinen am Arbeitsplatz zu festgelegten Zeiten, aber auch die Pflicht, innerhalb dieser Zeiten volle Leistung zu bringen und danach wieder (damals allerdings nur sehr wenig) Freizeit zu haben, konnten sie aufgrund ihrer Kultur bzw. Lebensweise nicht in die Praxis umsetzen. Aus diesem Grund heuerten Regierung und Plantagenbesitzer ausländische Arbeitskräfte aus China, Japan, den Philippinen, Thailand, Portugal und anderen Teilen der Welt an. Diese hatten die Möglichkeit, nach Ende ihres Vertrages in ihre Heimat zurückzukehren, doch viele zogen es vor, in Hawaii zu bleiben und in der neuen Heimat Wurzeln zu schlagen.

Parallel dazu ging die Zahl der Ur-Hawaiianer stark zurück, was die Regierung alarmierte, sodass **Gesundheit und Erziehung** zu einem Hauptanliegen wurden. Unter *Kamehameha IV.*, der eigentlich *Alexander Liholiho* hieß und der Neffe des verstorbenen *Kamehameha III.* war, wurden damals viele Schulen und Krankenhäuser gebaut.

Ende der Monarchie

Als *Kamehameha IV.* im Jahr 1863 im Alter von nicht einmal 30 Jahren starb, trat sein älterer Bruder *Lot Kamehameha* die Thronfolge als *Kamehameha V.* an. Als dieser 1872 im Alter von knapp über 40 Jahren als Junggeselle starb, war das Ende der *Kamehameha-Dynastie* gekommen. Zum nächsten König wurde daraufhin *William C. Lunalilo (Prince Bill)* gewählt, der allerdings bereits nach knapp einjähriger Amtszeit verstarb. Da auch er Junggeselle war, mussten die Abgeordneten wiederum einen Nachfolger wählen: *David Kalakaua* wurde Anfang 1874 König von Hawaii. Kalakaua erhielt den Beinamen *Merry Monarch* (fröhlicher Monarch), setzte sich für den Erhalt kultureller Traditionen ein und hob das 1825 verhängte Hula-Verbot auf.

Als *Kalakaua* 1891 verstarb, wurde seine Schwester *Liliuokalani* die erste Königin Hawaiis. Unter dem Einfluss der Plantagenbesitzer und mit amerikanischer Unterstützung wurde *Queen Liliuokalani* 1893 gestürzt und schließlich 1894 die **Republik Hawaii** ausgerufen.

Hawaii im Fokus der USA

Annexion

Im Jahr 1897 unterzeichneten fast 22.000 echte Hawaiianer – über die Hälfte der (Halb-)Hawaiianer, die in diesem Jahr in einer Volkszählung ermittelt wurden – eine Petition, die sich gegen die Annexion der Inseln durch die USA aussprach. Ungeachtet dessen wurde Hawaii nur rund 1 Jahr später offiziell von den USA annektiert. Im Juni 1900 wurde Hawaii dann zu einem Territorium der USA, und der ehemalige Präsident der Republik Hawaii, *Sanford Dole,* wurde der erste Gouverneur der Inselkette. Schon

Geschichte 399

wenige Jahre später wurde im Parlament von Hawaii nicht mehr Hawaiianisch, sondern Englisch gesprochen.

Hawaii wurde amerikanisiert, wenn auch die 154.000 Einwohner zählende **Bevölkerung** damals noch sehr heterogen war: 30.000 Hawaiianer, 10.000 Teil-Hawaiianer, 27.000 Europäer, darunter 18.000 Portugiesen, und 87.000 Asiaten (26.000 Chinesen und 61.000 Japaner).

Hawaii als amerikanischer Armeestützpunkt

Die Amerikaner bauten **Pearl Harbor** aus und machten den Hafen zum Stützpunkt ihrer Pazifikflotte. Mit den **Schofield Barracks** auf Oahu etablierten sie ihren größten ständigen Armeestützpunkt.

Angriff auf Pearl Harbor

Am Sonntag, dem 7. Dezember 1941, griffen die **Japaner** Pearl Harbor, den Stützpunkt der US-Pazifikflotte, an und sorgten damit für die Beteiligung der USA am Zweiten Weltkrieg. (Nähere Details hierzu stehen im Kapitel „Oahu"; einen historischen Einblick liefert der Exkurs „Der Angriff auf Pearl Harbor".)

Hawaii als amerikanischer Bundesstaat

Am 21. August 1959 erklärte Präsident *Eisenhower* Hawaii offiziell zum 50. Bundesstaat der USA, nachdem Alaska kurz vorher der 49. Staat der USA geworden war. Im gleichen Jahr flogen die ersten Düsenflugzeuge die Strecke zwischen dem Festland und Hawaii. Damit verkürzte sich die Flugzeit ab San Francisco oder Los Angeles auf weniger als die Hälfte, nämlich auf knapp 4½ Stunden.

Gouverneure von Hawaii im Wandel der Zeit

Im Jahr 1974 wurde mit *George Ariyoshi* der erste Amerikaner asiatischen Ursprungs zum Governeur von Hawaii gewählt, der sein Amt bis Ende 1985 ausübte, um es dann an *John Waihee* zu übergeben. Am 5. Dezember 1994 trat der Demokrat *Ben Cayetano* in Anwesenheit von *President Clinton* sein Amt als neuer Governeur des 50. US-Staates an. Mit *Linda Lingle* wurde 2002 erstmals eine Frau zum *Governor of Hawaii* gewählt, nachdem sie 1998 noch dem Demokraten *Ben Cayetano* unterlag. Zum ersten Mal nach 1962 war wieder ein(e) Republikaner(in) Gouverneurin. Nach zwei Amtszeiten (8 Jahren) wählte das Volk im November 2010 mit 58,2 % aller abgegebenen Stimmen den Demokraten *Neil Abercrombie* zum *Governor*. Seine Amtszeit endet im Dezember 2018.

Flagge

Hawaii war niemals Teil des britischen Empires, aber um seine Freundschaft mit den Briten zu zeigen, vielleicht aber auch als eine Art Bitte um britischen Schutz, machte König *Kamehameha I.* den britischen Union-Jack zum linken oberen Teil der hawaiianischen Flagge.

Land und Leute

9

Wer die hawaiianische Flagge seitenverkehrt hisst (*Union Jack* unten), zeigt damit seine Unterstützung für die Unabhängigkeitsbewegung.

Mittlerweile besinnen sich einige der Ur-Hawaiianer auf ihre Wurzeln und versuchen, Hawaii **friedlich von den USA abzuspalten** bzw. die Selbstständigkeit des hawaiianischen Volkes zurückzubekommen oder zumindest das Bewusstsein für das ursprüngliche Hawaii zu vergrößern. Dem „sanften Tourismus" gegenüber, bei dem eine umsichtige Begegnung der Kulturen im Vordergrund steht, scheinen sie recht aufgeschlossen zu sein.

Wer mehr wissen möchte, der sollte bei http://hawaii-nation.org das elektronische Hawaii-Surfen beginnen.

Wirtschaft

Im Jahr 2012 betrug **Hawaiis Bruttosozialprodukt** $ 72,4 Milliarden. Auf die Wohnbevölkerung umgerechnet liegt Hawaii damit etwa 7 % über dem US-amerikanischen Durchschnitt. Ca. 16 % trug der Tourismus direkt, rd. 12 % das US-Verteidigungsministerium zum Bruttosozialprodukt bei. 2012 lebten auf Hawaii 10,8 % (Gesamt-USA: 14,9 %) der Bevölkerung unterhalb der Armutsgrenze.

Achtung: Im folgenden Kapitel finden Sie teilweise Zahlen, die über fünf Jahre alt sind, weil manche Daten nur alle fünf oder zehn Jahre erhoben und dann erst nach über einem Jahr Bearbeitungsdauer veröffentlicht werden. Daten, die das Militär betreffen, geben die offiziellen Stellen teilweise nur mit vielen Jahren Zeitverzögerung heraus.

Energieerzeugung

Hawaii erzeugte 2012 86,7 % seiner elektrischen Energie mit fossilen Brennstoffen und 13,7 % mit erneuerbaren Energiequellen, wobei etwa 1,2 % aus Geothermie, 0,9 % aus Wasserkraft, 2,5 % aus Windkraft und 8,6 % aus Biogas stammen. Erstaunlicherweise spielen Solarkollektoren immer noch keine wesentliche Rolle. Immerhin gibt es den *Solar Roof Act* aus dem Jahr 2008, demzufolge fast jedes neue Eigenheim jetzt sein warmes Brauchwasser per Solarthermie erzeugen muss. Mittlerweile sind immerhin 80.000 Solar-Wasserheizer auf den Dächern der Inselkette installiert.

Hawaii hat sich allerdings im Rahmen der *Hawaii Clean Energy Initiative* auf die Fahnen geschrieben, bis zum Jahr 2030 seinen Energieverbrauch um 30 % zu senken, mindestens 40 % seiner elektrischen Energie aus erneuerbaren Energiequellen zu beziehen und den Verbrauch von Erdölprodukten (Benzin und Diesel) für den Verkehr auf dem Boden (Pkw und Lkw) um 70 % zu verringern.

Zumindest bei der „Erzeugung" der elektrischen Energie bescheinigt sich die Regierung des Staats auf dem richtigen Weg zum Zwischenziel zu sein, demzufolge im Jahr 2020 25 % der elektrischen Energie aus erneuerbaren Energiequellen stammen sollen.

So gibt es bereits konkrete Pläne, rund um Pearl Harbor ein **300-MW-Solarkraftwerk** zu bauen, das 10 % des

Wirtschaft 401

Energiebedarfs auf der Insel Oahu decken könnte. Dieses Projekt steht in direkter Konkurrenz zum sogenannten *Big Wind Project,* das vielleicht einmal den auf Maui oder Lanai per **Windkraft** erzeugten Strom über ein Unterseekabel nach Oahu transportieren soll. Einer Studie zufolge könnten auf Maui und Big Island 1500 MW elektrischer Energie aus Geothermalkraftwerken gewonnen werden. Big Island „erzeugt" bereits seit den 1980er Jahren etwa 20 % seiner elektrischen Energie mittels Geothermie. Längerfristig soll die **Geothermie** auf Big Island 50 MW Leistung liefern und mehr als 50 % zur Stromerzeugung beitragen.

Jede Lieferung von neuen **Elektroautos** schafft es auf die Titelseiten der lokalen Zeitungen. Die Regierung fährt mit gutem Beispiel voran: So nutzt z.B. das Kauai County fünf E-Fahrzeuge des Typs *Nissan Leaf.*

Atomkraftwerke gibt es nicht. Dafür hat Hawaii seinen Anteil erneuerbarer Energiequellen binnen acht Jahren verdoppelt, wobei die 200-Mio.-Dollar-Investition in eine Windfarm auf Maui 2006 zu einer Vervierfachung der Stromerzeugung aus Windkraft sorgte.

Über 90 % der **fossilen Brennstoffe** sind Ölprodukte, der Rest meist Kohle.

Im Jahr 2013 kostete eine Kilowattstunde Strom für Privatabnehmer auf den Inseln im Durchschnitt 35 Cent (2010 waren es noch 28 Cent) – in Honolulu weniger und auf den Nachbarinseln (teils erheblich) mehr, wobei der typische Haushalt in Hawaii etwa 600 kWh pro Monat verbraucht.

Arbeitgeber

2012 arbeiteten insgesamt 605.300 Beschäftigte außerhalb des Agrarbereichs, aber nur 6800 in der Landwirtschaft. 107.000 waren im Bereich Freizeit und Tourismus tätig, 126.300 erhielten ihre Einkünfte von der Regierung. Etwa 50.000 Unternehmen waren 2010 auf Hawaii aktiv, von denen 33.243 ihren Firmensitz auf den Inseln haben und damit als „Hawaiian Companies" gelten. 52 % dieser Unternehmen haben weniger als fünf, 95 % weniger als 50 Angestellte.

Landwirtschaft

Jahrzehnte lang war der Anbau von Zuckerrohr Hawaiis Wirtschaftsfaktor Nummer 1. Im Jahr 1901 kam mit der Gründung der **Hawaiian Pineapple Company** durch *Jim Dole* noch der Ananasanbau hinzu. *Dole* sorgte damit maßgeblich für den Aufbau des zweitwichtigsten Industriezweigs der Inseln. Im Jahr 1903 verpackte er die ersten hawaiianischen Ananas in Dosen. Aus der anfänglichen Jahresproduktion von knapp 2000 Kisten entwickelte sich die weltgrößte Ananasproduktion. *Dole* schaffte es, die einstmals königliche Frucht der breiten Masse zugänglich zu machen. Ohne den Ingenieur *Henry Ginaca,* der in *Doles* Auftrag die nach ihm benannte **Ginaca-Maschine** erfand, wäre dieser Siegeszug der Ananas um die Welt nicht möglich gewesen, denn diese Maschine schälte und entkernte die Ananas vollautomatisch. Nach dem automatischen Schneiden in Scheiben sortierten Frauen die Scheiben in die

Land und Leute

9

Wirtschaftsfaktor Gentechnik

Als Ende der 1990er Jahre große Teile der Papaya-Plantagen auf Big Island einem Virus zum Opfer fielen, schlug gleichzeitig die Geburtsstunde der **Biotechnologie** auf Hawaii, sodass bald über 50 % der Bauern im Süden von Big Island die gegenüber den Viren resistente **Rainbow-Papaya** anpflanzten – die weltweit erste gentechnisch veränderte Frucht- und Baumart.

Die anfängliche Gentechnik-Euphorie ist jedoch wieder verflogen. Da die Rainbow-Papayas aus Hawaii einerseits preislich nicht mit Billig-Früchten aus Mitttelamerika konkurrieren können und Japan als einer der ursprünglichen Hauptabnehmer hawaiianischer Früchte den Import transgener (etwa: „genmanipulierter") Papayas nicht gestattete, stehen wieder vermehrt konventionelle Papayas auf den Feldern. Nachdem die Japaner seit September 2011 den Import genetisch manipulierter Rainbow-Papayas gestatten, wittern die GMO-Fans jetzt wieder Multimillionen-Dollar-Umsätze, sodass die Karten derzeit komplett neu gemischt werden.

Inzwischen hat sich das *Pacific Basin Agricultural Research Center* genannte landwirtschaftliche Forschungszentrum in Honolulu unter der Leitung des Rainbow-Papaya-„Erfinders" *Dr. Dennis Gonsalves* auf die gentechnische Veränderung tropischer Pflanzen wie Ananas, Papaya, Kaffee, Taro und Zuckerrohr spezialisiert.

Ideale Bedingungen

Aufgrund der günstigen klimatischen Bedingungen wurde Hawaii zur **weltweit größten Experimentierumgebung für gentechnisch veränderte Pflanzen.** So ist es nicht verwunderlich, dass auch Saatgut-Giganten wie *Dupont, Monsanto, Syngenta* etc. mittlerweile auf Hawaii aktiv sind – allerdings nicht im Bereich der tropischen Früchte, sondern mit Grundnahrungsmitteln wie Soja und Mais. Mit derartigen transgenen Pflanzen führten sie viele Tausend Freilandversuche durch. Hawaii dürfte nach Ansicht von Experten mittlerweile das **weltweit wichtigste Freilandlabor** für gentechnisch veränderte Pflanzen sein.

Im Upcountry von Maui produziert beispielsweise Monsanto rund 400 verschiedene gentechnisch veränderte Maisarten für viele unterschiedliche Klimazonen. Man erkennt sie an den kleinen Tüten, die von oben auf die Pflanzen gestülpt sind. Hawaii ist nämlich das ideale Anbaugebiet, weil es hier möglich ist, 3 bis 4 Pflanzengenerationen pro Jahr zu produzieren, während

Dosen. Heute hat der Anbau von Zuckerrohr und Ananas keinerlei wirtschaftliche Bedeutung mehr in Hawaii – wohl aber die Gentechnik (siehe dazu auch Exkurs „Wirtschaftsfaktor Gentechnik").

Im Jahr 2009 verkauften Hawaiis Bauern **Agrar- und Tierprodukte** im Wert von 595,4 Millionen Dollar, die sich folgendermaßen aufteilen (in Millionen Dollar, Zahlen bis auf eine Ausnahme aus 2009): Zucker 44; Blumen und Gärt-

in Europa oder auf dem US-Festland nur eine Generation pro Jahr wächst – und zwar bei gleichen Rahmen- und Gesetzesbedingungen wie auf dem US-Festland.

Da die Bio-Tech-Industrie mittlerweile zu den größten Arbeitgebern der Inselkette zählt, auf der Jobs nicht immer leicht zu bekommen sind, erstickt Kritik an der gentechnischen Veränderung oft sehr schnell im Keim. Die Proteste gegen GMOs (*Genetically Manipulated Organisms*, genetisch manipulierte Organismen) flackern dennoch immer wieder auf – und zwar selbst auf Molokai, das seit der Schließung der Molokai Ranch unter extremer Arbeitslosigkeit leidet.

Taro: mehr als eine Frucht

Als im April 2006 bekannt wurde, dass auch Taro, *die* Nahrungspflanze der Hawaiianer, gentechnisch verändert und patentiert wurde, **mehrten sich die Proteste,** sodass sich die Gentechnik-Gegner Hawaiis zusammenschlossen. Taro gilt auf Hawaii nun einmal als heilige, allgemein und für jedermann zugängliche Pflanze. Gemäß der traditionellen hawaiianischen Abstammungslehre war der erste Hawaiianer eine Totgeburt. Nach seiner Beerdigung wurde er zur Taro-Pflanze, die heute das Volk ernährt.

Es ist somit nicht verwunderlich, dass die Patentierung dieser Pflanze für einen allgemeinen Aufschrei sorgte, sodass eine Bewegung entstand, die es als einen Angriff auf die hawaiianische Kultur sieht, dass eine Pflanze, die bisher allen gehörte, plötzlich Eigentum eines einzelnen Konzerns und von diesem vermarktet wird.

Nach Protesten gegen die Aktivitäten der Universität von Hawaii im Bereich der grünen Gentechnik ruhen die Gentechnik-Projekte mit hawaiianischen Taro-Pflanzen, aber sie wurden nur auf später verschoben, bis ein „entsprechender Dialog mit der hawaiianischen Gemeinschaft zustande kommt und auch deren Standpunkt berücksichtigt wird".

Die Wurzelknolle der Taropflanze verarbeiten die Hawaiianer zu Nahrung *(Poi)*. Die Helfer erhalten die Stängel als Geschenk, und durch Einpflanzen dieser Stängel können sie sich selbst eigene Taropflanzen ziehen. Wenn jetzt diese Pflanzenteile wegen der Patentierung nicht mehr als Geschenk weitergegeben werden dürfen, dann lassen sich wesentliche Elemente der hawaiianischen Tradition nicht mehr leben, während es gleichzeitig zu materiellen Interessenskonflikten kommt. Auf Big Island ist der Anbau von Gen-Taro illegal.

Kaffee

Der Verband der Kaffeezüchter an der Kona-Küste verhinderte, dass die Universität von Hawaii Freilandversuche mit gentechnisch veränderten Kaffeepflanzen durchführte, sodass es nicht zu einer Kontamination der Pflanzen in freier Natur kam.

nereierzeugnisse 80,1; Saatgut 222,6 (siehe Exkurs); Macadamia-Nüsse 29,4; Kaffee 27,8; Rinder 28,9; Milch 7,5. Die letzte zum Ananas-Anbau veröffentlichte Zahl, 73,7 Millionen Dollar, stammt aus dem Jahr 2006. Hinzu kommen 70 kleine und mittelständische Aquakultur-Farmen, die im Jahr 2009 32,3 Millionen Dollar erwirtschafteten: von 420.000 Millionen Dollar Umsatz mit Schalentieren bis 17 Millionen Dollar mit Algen.

Militär

Etwa zeitgleich mit der Kommerzialisierung des Ananas-Anbaus begannen die Amerikaner, ihre ersten Truppen auf den Inseln zu stationieren. Mit etwa 49.000 offiziell im Jahr 2012 auf Hawaii stationierten Soldaten, die sich allerdings teilweise auch auf Einsätzen im Ausland befinden, sowie etwa 20.000 Zivilangestellten ist das Militär mit Abstand der größte Arbeitgeber auf der Inselkette. Im Jahr 2006 wurden 4,8 Mrd. Dollar für insgesamt 97.500 Militärangehörige und deren Familien erwirtschaftet.

2009 gab die US-Regierung 25,5 Milliarden Dollar auf Hawaii aus, und 2010 zählten insgesamt 38.755 Menschen zum militärischen Personal. Hinzu kommen 34.800 Zivilangestellte. Wenn man überlegt, dass der gesamte Einzelhandel auf allen Inseln im Jahr 2010 in Summe „nur" 24,3 Milliarden Dollar umsetzte, zeigt sich die immense Bedeutung des Militärs – allerdings primär auf Oahu. Im Juni 2011 veröffentlichte *RAND National Defense Research Institute* nach 48 Jahren erstmals wieder eine Studie unter dem Motto „Wieviel tragen die Ausgaben des Militärs zur Wirtschaft Hawaiis bei?" und kam dabei zu dem Ergebnis, dass die Streitkräfte mit 6,5 Milliarden Dollar über 18 % der Gesamtausgaben auf den Inseln verantworten. Die direkten und indirekten Effekte auf die Wirtschaft belaufen sich auf 11 bis 12,2 Milliarden Dollar. Zwar kam die Studie zu dem Schluss, dass Hawaii die Heimatbasis für 75.473 Menschen (Aktive, Nationalgarde und Reserve sowie Zivilangestellte) im Verteidigungsbereich war, aber sie erklärte gleichzeitig, dass

die *military jobs* zwischen 2007 und 2009 von 91.000 auf 101.000 anstiegen. Dabei blieben 93,8 % der Militär-Ausgaben auf Oahu, während 4,6 % nach Kauai, 1,2 % nach Big Island und 0,4 % nach Maui gingen. Diese Zahlen spiegeln exakt die militärische Bedeutung der einzelnen Inseln wider.

Auf Hawaii hat *USPACOM (U.S. Pacific Command)* seine Basis, eine der sechs Streitkräfte-Einheiten *(Unified Combat Commands)* der USA. Diese Einheit ist für über 50 % der Erdoberfläche zuständig, denn das Aufgabengebiet reicht vom Nordpol bis zur Antarktis sowie von der amerikanischen Westküste bis zur Westküste Indiens, ist aber größtenteils mit Wasser bedeckt. Inklusive Zivilangestellten sind *USPACOM* etwa 325.000 Menschen unterstellt, etwa ein Fünftel der Belegschaft der US-Streitkräfte. Zur US-Pazifikflotte, die im Übrigen nur einen Teil von der Einheit ausmacht, gehören neben fünf Flugzeugträgern auch 180 Schiffe sowie 1500 Flugzeuge.

Seit 2007 gibt es auch ein **Atom-U-Boot,** das den Namen *Hawaii* trägt. Allerdings ist dieses, für schnelle Angriffe ausgelegte U-Boot der Virginia-Klasse in Gronton/Connecticut stationiert. Dafür wurde damals das Atom-U-Boot *Honolulu* ausgemustert.

Import/Export

Hawaiis **Freihandelszone,** die *United States Foreign Trade Zone No. 9,* gehört zu den erfolgreichsten Freihandelszonen der ganzen USA. Im Jahr 2009 schlugen hier 237 Unternehmen Waren im Wert von fast 7 Milliarden Dollar um. Der Export aus Hawaii in andere Länder (also nicht in die USA) betrug 2009 jedoch lediglich 474 Millionen Dollar.

Tourismus

In den 1920er Jahren begannen die ersten ernsthaften Bemühungen um eine Belebung des Tourismus in Hawaii. 1927 wurde der erste, erfolgreiche Nonstop-Flug vom Festland auf die Inseln durchgeführt, woraufhin *Pan Am* im Jahr 1936 den ersten kommerziellen Linienverkehr vom Festland nach Hawaii aufnahm.

Der **Hotel**-**Bauboom** in Waikiki setzte langsam ein. Die **Touristenströme** folgten. 1967 besuchten erstmals mehr als eine Million Touristen die Inselgruppe. Am 3.3.1970 landete mit einem Jumbo Jet der *PanAm* der erste Großraum-Jet in Honolulu, schon 1972 war die zweite Million erreicht, und 1986 wurde gar die Fünf-Millionen-Grenze überschritten. Mittlerweile hat sich die Anzahl der Besucher bei über 7 Millionen pro Jahr eingependelt. Da in den 1960er und -70er Jahren ein gewaltiger **Bauboom** herschte, war vor allem Honolulu mit seinen Hotel-Hochhäusern für diese gigantischen Besuchermassen gerüstet. Aber auch auf den Inseln Maui, Big Island, Kauai und Molokai entstanden in den 1970er Jahren die Resorthotels. Gleichzeitig verlor die Landwirtschaft wirtschaftlich immer mehr an Bedeutung.

Mittlerweile hat sich der Tourismus und die direkt damit verbundenen Dienstleistungen als der bei Weitem **größte Wirtschaftszweig** etabliert. Während die Landwirtschaft 1990 noch knapp 590 Millionen Dollar Umsatz erwirtschaftete, waren es 2005 nur noch etwa 206 Millionen Dollar. Unangefochtener Umsatz-Spitzenreiter ist der Tourismus, der 2006 mit 12,4 Milliarden Dollar den größten Anteil an der Wirtschaft der Inselkette hatte, nämlich über 21 % des Bruttosozialprodukts von Hawaii.

Etwa ein Viertel der 580.000 Beschäftigten auf den Inseln arbeitete im Jahr 1990 in der Hotelbranche und deren Zulieferbetrieben. 1997 war es bereits fast ein Drittel, nämlich 31,6 % (= 180.000) von insgesamt 570.000. 2001 hingegen sackte die Anzahl der für die Tourismus-Industrie Beschäftigten auf knapp über 154.000 ab, womit der Tourismus etwas mehr als 20 % der Bevölkerung ernährt.

Im Jahr 2012 nahm der Staat 21,8 % seiner Steuern als direkte oder indirekte Folge des Tourismus ein. 2014 (neuere endgültige Daten gab es leider bis Ostern 2016 noch nicht) kamen 8,184 Mio., 2015 wohl **8,533 Mio. Besucher** nach Hawaii. Auf den Inseln hielten sich im Jahr 2014 durchschnittlich 205.433 Besucher ständig auf: 96.013 auf Oahu, 54.446 auf Maui, 30.008 auf Hawaii Big Island, 23.589 auf Kauai, 758 auf Molokai und 618 auf Lanai.

Etwa 67,8 % der Besucher kommen aus **Nordamerika** (6,4 % absolut aus Kanada), 18,5 % aus Japan, etwa 4,5 % aus dem restlichen Asien (2,0 % aller Besucher kamen aus China), 4,5 % aus Australien und Neuseeland, 2,5 % aus Mittel- und Südamerika sowie 1,7 % aus Europa, wobei die durchschnittliche Verweildauer rund 9,2 Tage betrug. Europäer blieben 2014 im Schnitt 13,2 Tage, die 43.940 Deutschen (entspricht 0,5 aller Besucher) gar 14,8 Tage auf den Inseln. Vor allem auf Lanai, Oahu und Maui dürfte der wirtschaftliche Anteil des Tourismus noch um einiges höher liegen. Experten schätzen, dass dort gut 80 % der Beschäftigten direkt oder indirekt vom Tourismus leben.

Einkommen

2013 lag der Medianwert des **Haushaltseinkommens** auf Hawaii nach Angaben des US Census Bureau bei $ 67.492 (USA gesamt: $ 53.046) und das durchschnittliche Einkommen pro Kopf der Bevölkerung $ 29.227 (USA gesamt: $ 28.051). Der im Kapitel „Militär" erwähnten RAND-Studie zufolge, erhielt ein im aktiven Dienst (active-duty) tätiger Militärangestellter im Jahr 2009 durchschnittlich $ 74.900, ein Zivilangestellter des DOD (US-Verteidigungsministerium) jedoch nur $ 37.400.

Der **Mindestlohn** beträgt seit Mai 2014 $ 10,10 pro Stunde. Damit war Hawaii einer der allerersten US-Staaten überhaupt, der Präsident Obamas Ziel umsetzte, den Mindestlohn zu erhöhen, der zuvor auf den Inseln etwa sieben Jahre lang $ 7,25 betrug. Die **Arbeitslosigkeit** der zivilen Beschäftigten lag 2012 bei 5,8 %; im County Honolulu (Oahu) war sie mit 5,2 % niedriger, in den Counties Kauai (7,4 %), Maui (6,3 % inkl. Molokai und Lanai) und Hawaii (8,3 % auf Big Island) höher.

Immobilienpreise

Ein großes Problem für die Einheimischen sind die explodierenden Immobilienpreise auf den Inseln. Bereits Anfang der 1980er Jahre begannen japanische Investoren, ihr Geld in Hawaii anzulegen. Mitte der 1980er Jahre kauften sie in großem Stil Immobilien auf der Inselgruppe, womit sie die Preise in gigantische Höhen trieben. Die meisten Hotels sind direkt oder indirekt in japanischem Besitz. Viele Bewohner Hawaiis haben daher mittlerweile Schwierigkeiten, erschwinglichen Wohnraum zu finden.

Das *Honolulu Board of Realtors* (etwa: Maklervereinigung) veröffentlicht im Juli 2014 einen Medianwert für den **Preis eines Einfamilienhauses** von $ 683.500 und für ein **Condominium** (Eigentumswohnung) von $ 351.750. Noch 2010 betrug der Medianpreis für Einfamilienhäuser $ 595.000 sowie für Condos $ 308.750, was damals schon einem Preisanstieg von 3,5 % beziehungsweise 2,6 % gegenüber 2009 entsprach.

Auf allen Inseln boomte 2013 der Immobilienmarkt, wobei die Medianpreise für Einfamilienhäuser/Condominiums in den ersten 11 Monaten des Jahres 2013 signifikant anstiegen: in Honolulu um 3,2 % (Häuser)/4,8 % (Condos), auf Maui um 14,0 %/6 %, auf Kauai um 16,9 %/2,4 % und auf Hawaii Big Island gar um 17,1 %/4,1 %.

Die **Mietpreise** für ein Apartment in Honolulu sind die zweithöchsten in den USA: gleich hinter San Francisco. Ein Drei-Zimmer-Apartment in Honolulu kostete Anfang 2010 durchschnittlich $ 1700 Miete pro Monat. Durchschnittlich gab die Bevölkerung Hawaiis im Jahr 2011 $ 1308 pro Monat und damit 34.4 % ihres Einkommens nur für die Miete aus.

▷ Tänzer des Luaus im Grand Wailea Resort; die Herren machen das Shaka-Zeichen

Bevölkerung

Zusammensetzung

Echte **Hawaiianer** sind selten geworden. Von den 1,39 Millionen Bewohnern Hawaiis (Stand 2012) sind nur noch etwa 10.000 Menschen Hawaiianer mit rein polynesischem Ursprung. Etwa 25 % der Bevölkerung galten 2009 allerdings statistisch gesehen als Hawaiianer. Gut 20 % der Bevölkerung sind Weiße, etwa 18 % Japaner, 10 % Filipinos und 4,2 % Chinesen. Die restlichen Bewohner stammen überwiegend aus Ostasien und dem pazifischen Raum. Gemäß einer Statistik von 2008 haben 54 % der auf Hawaii lebenden Menschen asiatische Wurzeln. Damit ist Hawaii der einzige Staat der USA, dessen Bevölkerungsmehrheit asiatischen Ursprungs ist.

Vermischung

Noch vor etwa 150 Jahren waren über 95 % der Inselbewohner rein polynesischen Ursprungs. Der Trend hin zum **Schmelztiegel der Nationen** (wohl nirgendwo auf der Erde passt dieser Begriff besser als in Hawaii) setzt sich nach wie vor fort. Seit vielen Jahren sind etwa 50 % (2009: 53,1 %) aller neu geschlossenen Ehen gemischte Ehen – ein Prozentsatz, der als einmalig auf der Welt gilt. In den USA wird oft vom *Melting Pot,* dem Schmelztiegel, gesprochen. Während in den meisten Städten der USA aber die Eingewanderten an ihren alten Traditionen und Bräuchen festhalten und Angehörige anderer Völker in ihrem Privatleben kaum eine Rolle spielen, hat in Hawaii genau dieser Verschmelzungsprozess stattgefunden.

Eine klare Abgrenzung zwischen den einzelnen Volksgruppen ist somit nicht

Der berühmteste Sohn Hawaiis: Barack Obama

Nach dem zweiten Weltkrieg zog *Ann Dunham* als junge Frau mit ihren Eltern von Kansas nach Hawaii um. Dort traf sie vor nicht einmal 50 Jahren an der **University of Hawaii** auf den ersten schwarzen Studenten, der an der hier studierte: Der Kenianer *Barack Obama Senior* absolvierte dort 1960 mit Hilfe eines Stipendiums ein Wirtschaftsstudium. Die beiden heirateten 1961, und am 4. August 1961 wurde der mittlerweile weltweit bekannte *Barack Obama* im **Kapiolani Medical Center for Women & Children** in Honolulu geboren.

Aber bereits als der kleine *Obama* zwei Jahre alt war, ließen die Eltern sich wieder scheiden; *Barack Obama Senior* kehrte nach Kenia zurück und starb dort 1982 im Alter von 46 Jahren bei einem Autounfall.

Ann Barack heiratete schließlich wieder – und zwar den Indonesier *Lolo Soetoro,* der ebenfalls am East-West-Center studierte. *Barack Obama junior* wuchs zunächst in Hawaii auf. Als *Lolo Soetoro* 1969 kurzfristig das Visum entzogen wurde, übersiedelte die junge Familie nach Indonesien, wo Barack Obama unter dem Namen „Barry Soetoro" die Schule besuchte. Als er zehn Jahre alt war, schickte ihn seine Mutter (wohl auf seinen eigenen Wunsch hin) zurück zur Großmutter nach Hawaii, die bis zu ihrem Tod wenige Tage vor *Obamas* Wahl zum US-Präsidenten noch in ihrem Drei-Zimmer-Apartment im neunten Stock in der Beretania Street in Honolulu wohnte, in dem auch *Obama* bei seinen Großeltern aufwuchs. Nach Angaben von *Spiegel.de* erzählte *Obamas* Großvater den Touristen, *Obama* sei der **Urenkel König Kamehamehas des Großen,** woraufhin die Leute ihn höflich gefragt hätten, ob sie ein Foto von ihm machen durften.

Von der fünften Klasse an besuchte der hier *Barry* genannte Junge die elitäre *Punahou School,* wo er 1979 seinen Abschluss machte. Danach zog es ihn auf das Festland und den Rest der Geschichte kennen wir ja bereits …

Zumindest bisher waren die jährlichen Hawaii-Besuche zu Weihnachten bei *Obamas* Halbschwester und der kurz vor seiner Wahl zum Präsidenten verstorbenen Großmutter eine Tradition. 1999 schrieb er in der Punahou-Schulzeitung: „Mir ist klar geworden, wie viel Glück ich hatte, hier aufzuwachsen. Hawaiis Geist der Toleranz war vielleicht nicht perfekt, aber er war – und ist – real existierend. Die Gelegenheit, die Hawaii mir bot, eine Vielfalt von Kulturen in einem Klima des gegenseitigen Respekts zu erfahren, wurde zu einem integralen Teil meiner Weltanschauung sowie zu einer Basis der Werte, denen ich den höchsten Stellenwert einräume."

Als *Barack Obama* im Dezember 2006 auf Hawaii 14 Tage Urlaub machte, war er zwar bereits Senator, aber ein Urlauber unter vielen, weil er noch nicht der Präsidentschaftskandidat der USA war. Als er allerdings seinen Hawaii-Besuch im August 2008 plante, hatten bereits der *Secret Service* und die Sicherheitsleute fest das Zepter in der Hand.

Einen sehr interessanten Hintergrundbericht zu *Barack Obamas* Lebenslauf bis zur Präsidentschafts-Nominierung, in dem auch auf die prägende Zeit in Hawaii sowie in Indonesien eingegangen wird, veröffentlichte *www.spiegel.de* am 24.7.2008 unter dem Titel „Der Märchenprinz".

mehr möglich, und die oben gemachten prozentualen Anteile verkleinern sich immer mehr zugunsten einer bunt durcheinandergewürfelten Gesellschaft. In Hawaii dominiert mittlerweile weder eine Volksgruppe, noch gibt es eine echte Minderheit.

Jeder, der seinen Wohnsitz auf Hawaii hat, gilt unabhängig von seiner Herkunft/Sprache/Hautfarbe als **Kamaaina** (gesprochen: Kama-aina), was in etwa „Kind des Landes" bedeutet. Immer wieder gibt es Sonderpreise, sogenannte *Kamaaina Rates* für die Einheimischen. Als Nachweis dafür, dass man ein Kamaaina ist, dient eine *Hawaii Drivers Licence,* also der lokale Führerschein. Ursprünglich war mit Kamaaina aber jemand gemeint, der auf Hawaii geboren ist oder der schon lange auf der Inselkette lebt. *Barack Obama* wäre somit nach alter Definition ein Kamaaina, würde aber als Bürger von Washington DC theoretisch keine *Kamaaina Rate* bekommen.

Informationen über die **bevölkerungstechnischen Wurzeln** Hawaiis stehen auf der Internetseite www.hawaiianroots.com.

Aloha-Spirit

Wie überall in den USA sind die Menschen in Hotels, Restaurants und Geschäften sehr freundlich. Mit der ursprünglichen hawaiianischen Gastfreundschaft hat das wohl nur noch wenig zu tun – auch wenn das Fremdenverkehrsamt von Hawaii sich intensiv darum bemüht, Gastfreundschaft als wesentlichen Teil des *Hawaiian way of life* zu proklamieren. Oftmals spricht man in diesem Zusammenhang vom *Aloha Spi-*

rit, vom Aloha-Geist. *Aloha* bedeutet soviel wie Liebe, Zuneigung, ist aber auch ein Willkommens- und Abschiedsgruß. Ein Rest davon besteht aber doch. Alles ist nicht so hektisch wie sonst oft in den USA. Wer echten *Aloha-Spirit* kennen lernen möchte, der sollte sich viel Zeit lassen und mit den Einheimischen Kontakt aufnehmen. Mit entsprechendem Feingefühl können Sie Interessantes über das Alltagsleben, die Sorgen und Probleme, aber auch über die Familie und die Kultur der Hawaiianer erfahren. Im normalen Tourismus-Umfeld werden Sie allerdings praktisch keinen Unterschied mehr zum amerikanischen Festland feststellen.

Kultur

In einem Staat wie Hawaii ist es nicht möglich, von einer einheitlichen Kultur zu sprechen. Sie besteht in Hawaii vielmehr in der **Pflege der unterschiedlichen Kulturen** und deren Vermischung untereinander.

Von der ursprünglichen hawaiianischen Lebensart mit all ihren Bräuchen und Riten war nicht mehr viel übriggeblieben. Seit einigen Jahren jedoch ist eine deutlich spürbare **Rückbesinnung auf die alte hawaiianische Kultur** zu beobachten. Hula-Schulen sind angesagt, und der eine oder andere Erwachsene drückt wieder abends die Schulbank, um die hawaiianische Sprache zu erlernen. Schon vor einigen Jahrzehnten haben sich zwar einzelne hawaiianische Vokabeln im Umgangsenglisch etabliert (z.B. *Mahalo* – Danke, *Kapu* – Tabu oder *Wi-*

kiwiki – schnell, beeile dich), aber die Renaissance der hawaiianischen Sprache ist noch recht neu. (Weitere Vokabeln und Aussprachetipps finden Sie im Anhang diese Buches.)

Der Hula

Weil erst die Missionare eine Schriftsprache einführten, musste bis zum Ende des 18. Jh. ein anderes Medium zur Überlieferung der Sitten, Gebräuche, Sagen und Weisheiten dienen: der Hula und die Hula-Musik (s. Exkurs „Hula"). Der Hula war fester Teil der weltlichen und religiösen Kultur, wobei nicht jeder, sondern nur ausgewählte Personen den Hula tanzen durften. Für viele Einwohner der Inseln hat er heute schon fast wieder eine religiöse Bedeutung erlangt.

Das Hula-Ereignis des Jahres ist das **Merrie Monarch Festival** (www.merriemonarchfestival.org), das jedes Jahr eine ganze Woche lang um die Osterfeiertage herum in Hilo auf Big Island stattfindet. Hier den Hula tanzen zu dürfen, ist eine besondere Ehre. Die Karten für die Vorstellungen sind meist schon Monate im Voraus ausverkauft. An einem dieser Tage findet vormittags eine große

Hula-Parade in Hilo statt. Außerdem gibt es um die Mittagszeit in Hilo und am Vulkan **kostenlose Hula-Vorführungen:** echten Hula und keinen schmalztriefenden verkitschten Touristen-Hula.

Jeweils am 3. Samstag im Mai findet auf Molokai das Fest **Molokai Ka Hula Piko** statt, bei dem die Geburt des Hula gefeiert wird. Im Gegensatz zum Merrie Monarch Festival auf Hawaii Big Island handelt es sich beim Molokai Ka Hula Piko nicht um einen Wettbewerb (siehe Inselkapitel *Molokai*).

Aber auch beim alljährlich im Juli stattfindenden **Prince Lot Hula Festival** auf Oahu oder beim **Queen Liliuokalani Keiki Hula Competition** auf Oahu im August (Eintrittskarten sind ab Ende Juni erhältlich, schnell ausverkauft) herrscht großer Andrang.

Zu vielen Festen gehören als Rahmenprogramm auch **Hula-Vorführungen,** bei denen manchmal der Eintritt frei ist (wie z.B. in vielen Einkaufszentren).

Aloha Week

Ein bedeutender Höhepunkt im kulturellen Leben Hawaiis ist die 1946 erstmals veranstaltete **Aloha Week,** die auf allen Inseln gefeiert wird. Jedes Jahr im September herrscht dann besonders reges Leben auf den Straßen und in den Häusern: Hawaiianische Musik, Kanurennen und vieles mehr tragen neben den Hula-Tänzen zur Vielfalt bei.

Doch nicht nur der Hula ist sehenswert. Vor allem bei *Luaus* kommen auch Tänze aus allen Teilen Polynesiens zur Aufführung, besonders viel Beifall ernten die **Tänzerinnen aus Tahiti** oder auch die **Feuertänzer aus Samoa.**

Hula – Tanz und Gesang in Hawaii

Es gibt auf den Inseln zwei Arten von Hula, den *Hula Kahiko* und den *Hula Auwana*.

Der **Hula Kahiko** ist der alte Hula, also eine Interpretation eines alten Liedes. Er gilt als ein Geschenk der Götter. Die Tänzer tragen dabei über der Unterwäsche Röcke aus *Tapa* (ein Stoff, der aus der Rinde des Maulbeerbaumes gewonnen wird) sowie *Leis* um Stirn, Hals, Hand- und Fußgelenke. Diese *Leis* (Ketten) sind aus Walknochen oder Hundezähnen (meist um die Fußgelenke), aus Blumen (meist um Kopf, Hals, Stirn) und aus Farnen (meist um die Handgelenke) gefertigt. Die Hawaiianer singen und tanzen dabei zu den rhythmischen Lauten von *Pahu* (Trommel), *Puili* (aufgeschlitzte Bambusstöcke) und *Uliuli* (Kürbis- oder Kokos-Rassel mit Federn). Hula-Tänze wurden früher nur in sehr formellem Rahmen nach starren Regeln durchgeführt, denn es war ein heiliges Ritual zur Ehre der Götter sowie zum Lob der Schönheit der Inseln. Die Texte sind stets in hawaiianischer Sprache. Ursprünglich durften nur Männer den *Hula Kahiko* tanzen, der immer mehr an Bedeutung gewinnt, jetzt aber auch von Frauen getanzt wird.

Der **Hula Auwana** ist der neue Hula. Dabei tragen die Tänzerinnen und Tänzer Stoffgewänder (*Muumuus*, Aloha-Hemden etc.). Die Musik wird von der *Ukulele*, eventuell der (E-)Gitarre und anderen Instrumenten gespielt. Sie ist meist auch von Western-Elementen beeinflusst, die von den *Paniolos* (Cowboys) auf die Inseln gebracht wurden. Die Choreografie wird jeweils entsprechend der Musik erfunden, die Texte sind oft in Englisch.

Zurzeit gibt es eine **Vermischung** der beiden Hula-Arten: ein von Frauen getanzter *Hula Kahiko* mit langen Gewändern.

Musik

Wohl jeder von uns kennt den „typischen" **Hawaii-Sound.** Von 1935 an wurde hawaiianische Musik, angepasst an den aktuellen Zeitgeist, über 40 Jahre lang per Kurzwelle aus dem Moana Hotel am Waikiki Beach in die ganze Welt übertragen. Auf dem amerikanischen Festland waren diese *Hawaiian Calls* genannten Radiosendungen zeitweise derart beliebt, dass sie von etwa **750 Radiostationen** gleichzeitig ausgestrahlt wurden. Diese Radiosendungen inspirierten wiederum Komponisten und Produzenten der Musikbranche, die den Hawaii-Sound begeistert in ihre Werke integrierten. Mit diesen Hawaiiklängen, die wir aus der Musikbox, Filmen etc. kennen, hat die echte hawaiianische Musik allerdings nur sehr wenig gemeinsam.

◁ Ein Samoanischer Feuertanz ist fester Bestandteil eines Luaus, aber nicht immer kommen die Feuerkreise so eindrucksvoll rüber wie auf diesem Foto, das im Royal Lahaina Resort entstand

9

Traditionell

Zum Gesang kommen bei Hawaii-Musik nur die Klänge einfacher Instrumente wie z.B. *Ukulele* (Mini-Gitarre), akustische Gitarre, eventuell eine Flöte sowie diverse Schlaginstrumente wie *Uliuli*, eine ausgehöhlte Kokosnuss mit Federn, in die einige Nüsse, Steinchen oder Muscheln gefüllt wurden, und *Puili*, ein längsseits aufgeschlitzter Bambusstock. Selbst *Ukulele*, Gitarre und Flöte sind strenggenommen schon wieder moderne Elemente.

Modern

Mit der Renaissance der hawaiianischen Kultur wurde auch die entsprechende Musik wiederentdeckt. Neben den alten, überlieferten Musikstücken haben auch neu geschriebene Werke die Gunst der Hörer erobert. Die bekanntesten Vertreter dieser modernen Musikrichtung, die sich an die alte Musiktradition anlehnt, sind die *Brothers Cazimero* und die *Makaha Sons of Niihau* sowie *Keali Reichel*.

Im Jahr 2010 schaffte es ein Hawaiianer sogar in die deutschen Charts: Eine hawaiianisch angehauchte Cover-Version von „Somewhere over the Rainbow" war im Oktober 2010 nämlich wochenlang die Nr. 1 in den deutschen Pop-Charts – und das, obwohl der Sänger dieses Lied bereits im Jahr 1993, also 17 Jahre zuvor, aufgenommen hatte. Mit über 300.000 verkauften Singles erreichte diese Produktion sogar Platinstatus. *Israel Kamakawiwoole* heißt der Interpret, der eine Zeit lang 343 kg auf die Waage brachte und unter dem Künstlernamen **IZ** (wird von den Deutschen oft falsch genauso ausgesprochen wie das Wort „easy", also „isi"; richtig ist die Aussprache als „is" mit langem „s") auftrat. *IZ*, der übrigens auch Gründungsmitglied der Gruppe *Makaha Sons of Niihau* ist, starb 1997 an den Folgen seines Übergewichts. Das Lied „Somewhere over the Rainbow" stammt ursprünglich aus dem Film „Wizard of Oz" (Zauberer von Oz), in dem es *Judy Garland* im Jahr 1939 sang. Mit *IZ's* sanfter

⌄ IZ

500ha jdM

Coupons: Ein echtes Stück Amerika – auch in Hawaii

Wenn man die einschlägigen Inselzeitschriften wie *Maui – This Week* etc. durchschaut, dann kann man den Eindruck bekommen, dass es in Hawaii viele Dinge und Dienstleistungen gibt, die fast umsonst sind, denn überall versprechen Coupons (Gutscheine) Vergünstigungen, die bis zur 50 %igen Ermäßigung für einen Hubschrauberflug reichen – allerdings nur wenn man ein zweites Ticket zum regulären Preis ersteht. Gerade bei Veranstaltungen sind die Preise schon im Hinblick auf Coupons oder ähnliche Rabatte festgelegt. Dabei handelt es sich keineswegs um eine echte Ermäßigung, sondern nur um einen Werbetrick, denn auf den tatsächlichen Endpreis wurde bereits bei der Kalkulation ein später „großzügig" gewährter Rabatt sowie eine Vermittlerprovision von 10 bis 20 % aufgeschlagen. Vor allem in Lahaina, Honolulu und Kona gibt es zahlreiche Stände und Büros, die sich *Tourist Information* nennen, aber fast ausschließlich auf die Buchung von Veranstaltungen spezialisiert sind und damit werben, manche Aktivitäten billiger als der Veranstalter Meist ist

eine Direktbuchung (möglichst per Internet oder Telefon) am günstigsten anzubieten.

Wenn es im Supermarkt um die Gewährung eines Rabatt aufgrund eines Coupons geht, herrscht strenge Prinzipienreiterei, denn Rabatt gibt's nur, wenn man auch einen Coupon an der Kasse abgeben kann, wobei als Hilfestellung im Supermarkt oftmals an der Kasse eine Werbeschrift mit den entsprechenden Coupons zum Selbstausreißen ausliegt. Zuvorkommend, wie die Kassierer(innen) oft sind, weisen sie den Kunden auf die Rabattmöglichkeit hin und reißen ihm dann gar noch den Coupon aus der Werbeschrift heraus. Dieses Verfahren ist in allen 50 amerikanischen Bundesstaaten üblich. Die innovative, zeitsparende Variante davon ist die *Maikai-Card*, die von der hawaiianischen Supermarktkette Foodland herausgegeben wird. Mit der *Maikai-Card* erhält man dann in sämtlichen Filialen dieses Unternehmens alle Coupon-Angebote auch ohne Coupon. Die KassiererInnen verleihen gerne die *Temporary Maikai-Card* an die Touristen.

Stimme und dem typischen Ukulelen-Sound klingt das Lied ganz anders als im Film. Auch *IZ's* Interpretation des Louis-Armstrong-Songs „What a wonderful world" war erfolgreich in Deutschland.

Vielen europäischen Touristen gefallen auch die Lieder von *Anelaikalani* sowie die *Memories of Hawaiian Calls*. Hawaii-Musik live über das Web gibt es beispielsweise bei **www.KKCR.org** 24 Stunden am Tag. Unter anderem liefert die

App **„Tune-In"** diverse Musik-Livestreams aufs Smartphone oder Tablet.

Die Lei

Wer „Hawaii" hört, denkt meist sofort an Strand, Hula-Musik und Blumenkränze. Die hawaiianischen **Blumenkränze,** *Lei* genannt, sind nicht nur kleine Kunstwerke, sondern auch Ausdruck der Lebensfreude. Leis haben ihren festen Platz im hawaiianischen Leben und werden zu allen möglichen Anlässen verschenkt und getragen: zur Begrüßung und zum Abschied, bei Taufen und bei Beerdigungen, bei Geburtstagsfeiern, Hochzeiten, Beförderungen, Schulfeiern – kurzum, es gibt immer einen Grund, eine Lei zu tragen. Zu besonderen Anlässen trägt eine beschenkte Person dann oftmals mehrere Leis übereinander.

Wenn nur von einer Lei die Rede ist, dann ist im Normalfall eine *Flower Lei* gemeint. Es gibt allerdings auch andere Leis, wie zum Beispiel *Shell Leis* (Muschel-Leis). Es finden auch Wettbewerbe statt unter dem Motto „Wer macht die schönste Lei?".

Früher wurde jeder Besucher, der die Insel besuchte, mit einer Lei begrüßt – ein Klischee, das aufgrund diverser Filme noch in den Hinterköpfen vieler Menschen steckt.

Im Zeitalter des Massentourismus ist die Begrüßung per Lei zwar nicht mehr Standard, aber immerhin lässt es sich arrangieren, und im Supermarkt gibt's auf den Inseln auch manchmal frische Leis zu Preisen über $ 10. Das Unternehmen *Speedishuttle.com* führt für $ 25 gerne eine „traditionelle Lei-Begrüßung" auf den vier Hauptinseln Hawaiis durch.

Die Filmindustrie entdeckt Hawaii

Mit Hilfe diverser Kino- und Fernsehfilme, die auf der Inselgruppe gedreht wurden, konnte die Popularität der Inselgruppe noch gesteigert werden. Schon fast legendär sind da Kino-Schmacht-fetzen wie „Blue Hawaii" mit *Elvis* in der Hauptrolle oder das Musical „South Pacific". Aber die meiste Publicity brachte wohl die Fernsehserie „Hawaii 5.0", die 1969 erstmals auf Sendung ging. Ab 1980 sorgte dann *Tom Selleck* mit „Magnum P.I." dafür, dass die Inselgruppe nicht in Vergessenheit geriet. Die bekanntesten Filme, die je in Hawaii gedreht wurden, sind *Steven Spielbergs Jurassic-Park*-Filme, die durch Kauais Landschaft geprägt sind.

Nachdem die Dreharbeiten für die Serie „Lost" im Mai 2010 abgeschlossen waren, kamen im Sommer 2010 die Drehteams für eine Neuauflage der Serie „Hawaii Five-0" nach Oahu, während gleichzeitig die Mediziner-Drama-Serie „Off the Map" aufgezeichnet wurde. Auch für die Filme „Soul Surfer", „Hereafter" (von *Clint Eastwood*), „The Descendants" (mit *George Clooney*) und „Pirates of the Caribbean: On Stranger Tides" (mit *Johnny Depp*) erfolgten umfangreiche Filmaufnahmen auf Hawaii. Der Film „The Descendants", der 2012 mit dem *Golden Globe* ausgezeichnet wurde, basiert auf dem Buch des hawaiianischen Autors *Kaui Hart Hemmings* und berichtet über die Krise einer Familie auf Hawaii. Viele Dreharbeiten hierfür erfolgten auf Kauai. Die neuen Staffeln von „Hawaii 5.0" wiederum werden fast ausschließlich auf Oahu gedreht.

Museen

Auf jeder Insel gibt es Museen, auf die in den Inselkapiteln hingewiesen wird. Eines jedoch ist ein Muss für völkerkundlich interessierte Besucher: das **Bishop Museum** in Honolulu auf Oahu. Es han-

Kultur 415

delt sich dabei um die größte anthropologische Sammlung des Pazifiks (siehe auch Kapitel „Oahu").

Feiertage und Feste

An Feiertagen bleiben Banken, Postämter und Verwaltungen geschlossen. Private Geschäfte müssen das Feiertagsgebot nicht beachten und locken ihre Kunden zum *Family Shopping*. Wer als Tourist nicht gerade Briefmarken braucht, bemerkt auf den Inseln den Feiertag so gut wie nicht: Die *Beach Parks* sind voller und einige wenige Attraktionen sind geschlossen. Lediglich am **25.12.** *(Christmas Day)*, am **1.1.** *(New Years Day)* sowie an **Thanksgiving** und manchmal auch am **4. Juli** (amerikanischer Unabhängigkeitstag) muss damit gerechnet werden, dass die meisten Museen und Attraktionen sowie auch Läden und teilweise Restaurants früher schließen beziehungsweise ganz geschlossen haben. An diesen drei Tagen ist somit eine sorgfältige Vorausplanung gefragt.

■ Das **Narzissen-Festival** *(Daffodil-Festival)* im Januar oder Februar findet im Anschluss an das chinesische Neujahrsfest statt. Höhepunkt ist die Wahl der Narzissen-Königin.

■ Im Frühjahr (Ende Februar bis Anfang April) findet für einige Tage das **Kirschblüten-Festival** *(Cherry-Bloom-Festival)* statt. Auch hier wird eine Kirschblüten-Königin gewählt.

■ Den **St.-Patrick's-Day** am 17. März feiern die Iren mit einer Parade durch Honolulu.

■ Am 1. Mai ist **Lei Day** (Blumenketten-Tag), der mit üppigen Ausstellungen von Blumen-Leis sowie mit Hula-Shows, Paraden und der alljährlichen Wahl der Lei-Königin gefeiert wird. An diesem Tag ist ein Besuch der Kamehameha-Statue am Iolani-Palast besonders lohnenswert (siehe Kapitel „Oahu").

■ Der **Kamehameha Day** am 11. Juni wird mit Paraden und Hulatänzen sowie Hula-Wettbewerben vor allem in Honolulu gefeiert.

Feste der Volksgruppen

In den **Sommermonaten** Juni bis August feiern verschiedene ethnische Gruppen ihre jeweils eigenen farbenfrohen, oft mit Paraden verbundenen Feste.

■ Den Höhepunkt des japanisch-buddhistischen **Bon-Odori-Festival** stellt die *Floating Lantern Ceremony* dar, bei der Tausende von farbigen Papierlaternen auf dem Ala Wai Canal in Honolulu schwimmen.

■ Im September findet die beliebte **Aloha Week** statt: eine ganze Woche Hula, hawaiianische Musik, Künstlervorführungen, Kanurennen und andere ur-hawaiianische Aktivitäten auf allen Inseln.

■ **Weihnachten** in Hawaii ist schon aufgrund der Temperaturen etwas anders als bei uns. Deshalb kommt der Weihnachtsmann auch nicht im Schlitten, sondern mit dem Ausleger-Kanu. Die Dekoration der Hotels, Einkaufszentren, Häuser und Straßen ist dann voll auf Weihnachten abgestimmt. Christbäume und Truthähne werden in großen Mengen vom Festland importiert, was auch die Fernsehanstalten ausführlich dokumentieren.

Land und Leute

9

Die wichtigsten Feiertage in Hawaii im Überblick

1. Januar	**New Years Day**	Neujahrstag, wie bei uns
3. Montag im Januar	**Martin Luther King Day**	Gedenktag für den ermordeten Prediger, wider den Rassenhass
3. Montag im Februar	**President's Day**	Washingtons Geburtstag, heute Feiertag zu Ehren aller ehem. Präsidenten
26. März	**Prince Kuhio Day**	Staatsfeiertag zu Ehren des Prinzen *Kuhio,* der fast König geworden wäre
Freitag vor Ostern	**Good Friday**	Karfreitag
Letzter Montag im Mai	**Memorial Day**	Tag zur Ehrung aller Gefallenen
11. Juni	**Kamehameha Day**	Staatsfeiertag mit Feiern und Umzügen zu Ehren von König *Kamehameha I.*
4. Juli	**Independence Day**	Unabhängigkeitstag, wichtigster Feiertag der USA, Umzüge und Paraden, Feuerwerk
3. Freitag im August	**Admission Day**	Staatsfeiertag zum Gedenken an den Eintritt Hawaiis in die amerikanische Staatenunion am 21. August 1959
1. Montag im September	**Labor Day**	Tag der Arbeit, wie bei uns der 1. Mai
2. Montag im Oktober	**Columbus Day**	Gedenktag für die Entdeckung Amerikas
11. November	**Veteran's Day**	Ehrentag für Veteranen der US-Armee
4. Donnerstag im November	**Thanksgiving**	Erntedankfest, das größte Familienfest der Amerikaner, an dem traditionell (auch in Hawaii) *Turkey* mit *Cranberries* gegessen wird
25. Dezember	**Christmas Day**	Nur **ein** Weihnachtstag, nicht so wichtig wie Thanksgiving

Medien 417

Weitere Feste

Dies ist nur eine kleine Auswahl mehr oder weniger bedeutender Ereignisse, von denen es auch recht verrückte Varianten gibt. Dazu gehört das **Great Hawaiian Rubber Duckie Race,** bei dem Ende März über 20.000 gelbe Plastikenten auf dem Ala Wai Canal in Honolulu um die Wette schwimmen.

Nähere Infos zu den Veranstaltungen erhalten Sie im *Calendar of Events,* der auf den Internet-Seiten des *Hawaii Visitors Bureau* zu finden ist (s. Kapitel „Information" bzw. www.gohawaii.com).

Medien

Printmedien

Tageszeitungen

In Hawaii erscheinen fünf Tageszeitungen, nur der *Honolulu Star Advertiser* (www.staradvertiser.com) ist auf allen Inseln erhältlich, richtet sich aber dennoch primär an die Bewohner Oahus. Daneben existieren auf den vier Hauptinseln noch kleinere Lokalblätter. Internationale Meldungen findet man in diesen Publikationen eher selten, wie übrigens auch Zeitungen wie die *Washington Post* und die *New York Times.*

Zeitschriften

Bei den Zeitschriften existiert ein breites Sortiment für alle denkbaren Bereiche. Es gibt natürlich jede Menge Blätter der seichten Unterhaltung. Über dieses Niveau gehen nur wenige Zeitschriften hinaus. Insgesamt ist das Zeitungs- wie Zeitschriftenangebot mit der europäischen Vielfalt und dem hierzulande gebotenen Standard nicht vergleichbar.

Printmedien in deutscher Sprache

Begeben Sie sich gar nicht erst auf die Suche nach halbwegs aktuellen deutschsprachigen Zeitschriften, es ist absolut zwecklos.

Radio und Fernsehen

Privatfunk

Über 100 Radiostationen, 25 Fernsehstationen und sechs Kabelfernseh-Anbieter machen sich gegenseitig Konkurrenz. Da alle Medien in privater Hand sind, wird das Programm, wie bei unseren Privatsendern auch, zur Finanzierung durch Werbung unterbrochen – allerdings erheblich öfter als bei uns und in einer Art und Weise, die manchmal zu Beginn gar nicht erkennen lässt, dass jetzt statt des eigentlichen Programms gerade Werbung läuft.

Niveau

Im Vergleich zu dem über die Sender laufenden Programmbrei wirkt das Angebot unserer öffentlich-rechtlichen Sender wie eine intellektuelle Wohltat. Selbst die deutschsprachigen Privatsender mit dem schlechtesten Ruf sind immer noch deutlich besser als die Fern-

Land und Leute

9

sehstationen in Hawaii. Die oft gelobten locker moderierten amerikanischen Nachrichten werden noch mit einer Prise *Aloha-Spirit* gewürzt, vermitteln aber selten mehr als Informationshäppchen. Sauber recherchierte Hintergrundberichte wird der aus deutschsprachigen Landen verwöhnte Besucher vermissen.

Themen

Die Inhalte sind stark auf **innerhawaiianische Ereignisse** konzentriert. Es entsteht der Eindruck, es geht zu 70 % um rein hawaiianische, zu 25 % um US-amerikanische Themen und nur zu 5 % um das Geschehen außerhalb der USA. International berichtenswert ist aber auch nur, was die Politik und Interessen der USA zumindest indirekt angeht (vor allem wenn US-Soldaten involviert sind). Auch der Nachrichtensender *CNN* (national) hat einen deutlich nationaleren Focus als „unser" *CNN international.*

Im Hotel

In vielen Hotels läuft zum normalen Fernsehprogramm auf einem Fernsehkanal die Beschreibung der Hoteleinrichtungen, auf einem anderen eine mit Werbung und *Product Placement* gespickte Vorstellung der Inselgruppe. In den Touristenzentren gibt es auf einem dritten Kanal noch Informationen über die unmittelbare Umgebung und entsprechende Ausflugsangebote.

Sitten und Eigenheiten

Dass Hawaii ein **Bundesstaat der USA** ist, erkennt man nicht nur an den über 20 Restaurants von *McDonald's* auf Oahu, sondern auch daran, dass man überall mit der amerikanischen Lebensart konfrontiert wird – aber stets vermischt mit einem kleinen Spritzer **Hang Loose.**

Dieser Begriff lässt sich je nach Sinnzusammenhang übersetzen: „Sieh's locker", „Entspanne Dich", „Nur nicht hasten" oder auch wörtlich „Hänge locker" (kommt oft in eindeutig zweideutigen Anspielungen bei Kommerzshows zur Anwendung).

Hang Loose ist **das** Motto in Hawaii, ein Motto, das von sämtlichen Tourismusbetrieben propagiert wird. Für Hang Loose gibt es auch ein „Shaka"-Symbol in der Zeichensprache: Der kleine Finger sowie der Daumen werden ausgestreckt und die mittleren drei Finger flach an die Innenhand gelegt, während die ganze Hand gedreht wird.

Kleidung

Hang Loose schlägt sich auch bei der Kleidung nieder: Überall trägt man kurze Hosen, ein T-Shirt oder ein Hawaii-Hemd, und selbst im vornehmsten Restaurant braucht außer dem Kellner fast niemand eine Krawatte zu tragen. Ein schickes Hawaii-Hemd, dazu eine lange, leichte Hose (nicht gerade eine verwaschene Jeans) und dazu ein ordentliches Jackett reichen vollauf, um bei

Heiraten in Hawaii

Bei Amerikanern und Japanern erfreut sich die Eheschließung auf den Inseln großer Beliebtheit. Findige Marketingmanager haben den Trend aufgegriffen und zu einem Extrageschäft in allen Preisklassen gemacht. Sehr beliebt ist es, sich in der **Farngrotte auf Kauai** das Ja-Wort zu geben, aber auch einige Hotels verfügen über eine eigene Hochzeitskapelle für die standesamtliche Trauung. Die gesamte Inszenierung des Spektakels obliegt dabei dem Hotel beziehungsweise dem entsprechenden Zeremonienmeister, der an wirklich alles denkt: vom Bänkelsänger bis zum Kirchenchor, von Hochzeitsfotos und der Videoaufzeichnung bis zur Fotokarte „Wir haben geheiratet" mit bereits aufgeklebter Briefmarke, von den Ringen bis zum Brautkleid.

Der Fantasie sind dabei kaum Grenzen gesetzt, denn Hawaii bietet sicherlich die ungewöhnlichsten Möglichkeiten zur Eheschließung außerhalb von Las Vegas: Wer gerne im Schnee auf 4200 m Höhe heiraten möchte, kann gegen entsprechende Bezahlung sicherlich auch dieses Arrangement organisieren lassen.

Da die standesamtliche Trauung in Hawaii in Europa anerkannt ist, haben einige Reiseveranstalter hierfür Arrangements im Programm, die an die Wünsche der Europäer angepasst sind.

Der früher notwendige Nachweis einer Rötelschutzimpfung für die Frau ist nicht mehr erforderlich. Für Paare ab 18 Jahren ist lediglich ein gültiger Reisepass nötig. Nähere Infos unter http://hawaii.gov/health/vital-records/vital-records/marriage/index.html.

Die deutsche Vertretung des Fremdenverkehrsamt von Hawaii bietet ein Infoblatt an, das auf die für Deutsche wichtigen Punkte eingeht.

Im Jahr 2015 kamen 1,5 % der Besucher auf die Inseln, um sich das Ja-Wort zu geben oder dabei mitzuzufeiern. Die Zahl der „Honeymooners", also der Paare, die ihre Hochzeitsreise in Hawaii verbringen, machte 2015 etwa 7,7 % der Gesamtbesucher aus. Daher gibt es direkt auf der Homepage des Fremdenverkehrsverbandes von Hawaii den Link „Weddings & Honeymoons" (www.gohawaii.com) – natürlich auch auf Japanisch.

---

einem exklusiven Dinner $ 150 pro Person auszugeben. In den einfacheren Restaurants, in denen pro Person „nur" etwa $ 40–50 für ein Abendessen anfallen, kann man durchaus auch in T-Shirt und kurzer Hose den Abend verbringen.

Fast überall gilt jedoch die Regel: *No shirt, no shoes, no service* (Wenn Sie kein Shirt/Hemd oder keine Schuhe anhaben, dann werden Sie auch nicht bedient).

Bei **Beschwerden** sollten Sie den **Supervisor** verlangen. Das Wort *boss* ist in diesem Zusammenhang unüblich und *chief* heißt (Indianer-)Häuptling.

Toiletten

Vorsicht bei der Suche nach Toiletten: Gehört es sich schon eigentlich nicht, nach *Toilets* zu fragen, wäre die Benutzung des umgangsenglischen Wortes *Loo* ein ganz böser Fauxpas. Toiletten in der Öffentlichkeit (Restaurants, Parks usw.) werden als *Restrooms* (to rest = ruhen) oder äußerstenfalls *Mens/Ladies Rooms* bezeichnet. In privaten Häusern handelt es sich auch bei der separaten Gästetoilette immer um einen *Bathroom*.

Ankunft | 422
Auf Hawaiis Straßen | 426
Einkäufe | 474
Essen und Trinken | 458
Information und Hilfe | 431
Internet | 435
Naturerlebnis | 442
Post | 435
Shows | 455
Strände | 441
Souvenirs | 474
Sport | 442
Telefon | 435
Unterwegs mit dem Auto | 423

10 Unterwegs in Hawaii

Sunset Dinner im Beach House auf Kauai

Ankunft

Zeitverschiebung

In Hawaii gibt es keine Sommerzeit. Je nach Jahreszeit beträgt die Zeitverschiebung von Deutschland nach Hawaii **elf** Stunden (MEZ, Winter in D) oder **zwölf** Stunden (MESZ, Sommerzeit in D).

Auf der Reise von Zentraleuropa über den amerikanischen Kontinent nach Hawaii „gewinnt" man durch die Zeitverschiebung diese elf oder zwölf Stunden, man muss die Uhr also zurückstellen und kann dieselbe Zeit noch einmal erleben. Umgekehrt „verliert" man natürlich Zeit beim Rückflug. Nähere Hinweise zum durch die Zeitverschiebung hervorgerufenen **Jet Lags** finden Sie im Kapitel „Flug nach Hawaii".

Zeitangaben

Zeitangaben werden mit am/pm versehen (lat. *ante/post meridiem,* also vor/nach Mittag). 10 Uhr vormittags heißt in Hawaii beispielsweise 10 am; 22 Uhr heißt dann 10 pm.

Datum

Wie überall in den USA lautet auch in Hawaii die Datumsschreibweise Monat/Tag/Jahr. Der 30. April 2016 schreibt sich demzufolge 04/30/16.

Einreiseformalitäten

Bevor man den Fuß auf amerikanischen, bzw. hawaiianischen Boden setzen kann, müssen zunächst die Einreisekontrolle *(Immigration)* und der Zoll *(Customs)* passiert werden. Für beide Instanzen gibt es bereits im Flugzeug Formulare, die sehr sorgfältig in Druckschrift und Großbuchstaben ausgefüllt werden sollten. Drei Punkte sind besonders wichtig:

- Die **Ziffer „1"** wird als senkrechter Strich geschrieben – wie bei einem Taschenrechner mit Digitalanzeige. Eine „1" europäischer Schreibweise mit einem schrägen Aufstrich interpretiert jeder Amerikaner (auch Beamte bei der Einreisebehörde und beim Zoll) als „7".
- Die Zeilen für „Adresse in den USA" im **Einreiseformular** dürfen keinesfalls leer bleiben. Sie muss der bereits vor Abreise in Europa im Umfeld des Flugtickets eingegebenen Adresse entsprechen.
- Der Zoll macht beim grünen Schildchen *(nothing to declare)* nur Stichproben und stempelt das Zollpapier. Am Ausgang ist dies abzugeben. Ohne **Zollstempel** bleibt die Tür zum gelobten Land verschlossen.

Bei **Mitbringseln** gibt es eine Wertbegrenzung von $ 100, und mehr als eine Flasche hochprozentigen Alkohol sollte man nicht dabeihaben.

Zollerklärung

Das scharfe Auge des Gesetzes schaut vor allem auf die schriftliche Zollerklärung. Dort darf um nichts in der Welt ein *YES* angekreuzt sein bei der Frage „Ich habe Früchte, Gemüse, Fleischwaren etc. dabei und war kürzlich auf einem Bauernhof." Die kategorische Antwort heißt *NO!* Landwirte kommen hier natürlich in einen Gewissenskonflikt, der letztendlich auf die persönliche Interpretation des Wortes „kürzlich" hinausläuft. Wer noch wursthaltige Marschverpflegung (gilt auch für Dosenwurst) oder Obst von daheim in der Tasche hat, muss alles spätestens jetzt entweder essen oder vernichten. Dies ist kein Scherz, sondern wird durch die amerikanische Seuchengesetzgebung verlangt. Zur Kontrolle laufen die Zollbeamten mit Schnüffelhunden *(Beagle Brigade)* an den Gepäckstücken vorbei. Verstöße werden meist schnell entdeckt und strikt geahndet.

Passkontrolle

Wird man endlich aus der Schlange der *Non Residents* zur Passkontrolle vorgelassen, kommt die Frage nach **Zweck und Dauer der Reise:** Ersteres ist entweder *Business, Tourism* oder *Visiting friends/relatives.* Bei der Einreise wird ein elektronischer Abdruck (also ohne Einsatz von Farbe) aller Finger genommen und ein Foto gemacht.

Die Dauer sollte eventuell für längere Zeit als geplant beantragt werden, um noch etwas Reserve zu haben.

Der untere Abschnitt des **Immigration-Papiers** wird in den Pass geheftet und bei der Ausreise wieder entnommen.

Vom Flugzeug zum Hotel

Wer nicht mit dem Taxi für knapp unter $ 40 zum Hotel im Stadtteil Waikiki fah-

ren möchte, kann für $ 12 pro Person (inklusive 2 Gepäckstücke, hin und retour $ 20) mit dem **Airport Shuttle** bis zum Waikiki-Hotel fahren. Näheres hierzu im Kapitel „Oahu, Flughafen".

Hotelbuchung

Für den, der noch nicht gebucht hat, sind die Hotel-Werbetafeln in den Ankunftshallen hilfreich. Über ein **kostenloses Telefon** *(Courtesy Phone)* erreicht man die angeschlossenen Häuser direkt und kann nach der Reservierung mit Taxi oder Airport Shuttle zum Hotel fahren. Das Unternehmen *Speedishuttle.com* führt derartige Fahrten auf allen vier Hauptinseln durch.

Unterwegs mit dem Auto

Übernahme des vorgebuchten Mietwagens

Auf den Inseln Kauai, Molokai, Maui und Hawaii Big Island ist es üblich, sofort nach der Landung einen Mietwagen zu übernehmen und diesen erst vor dem Rückflug zurückzugeben. Die gesamte touristische Infrastruktur der Inseln ist darauf ausgerichtet.

Die **Mietwagenfirmen** *(Rent a Car)* haben ihre Büros zum Teil am Flughafenterminal, oder aber man muss mit dem kostenlosen *Shuttlebus* des ge-

wünschten Vermieters zu dessen Vermietstation fahren.

Dort angekommen, heißt es nach dem obligatorischen Schlangestehen sowie dem Präsentieren von Kreditkarte, Führerschein und *Voucher* des Veranstalters nur noch, sich über die einzelnen **Zusatzleistungen** (primär *Versicherungen*) im Klaren zu sein und die Wagenpapiere zu unterzeichnen. Obligatorisch bei der Anmietung ist die **Frage nach dem Hotel**. Wer hier keinen Hotelnamen angeben kann, weil Camping auf dem Programm steht, hat in der Regel trotz vorbezahltem Auto-*Voucher* größte Schwierigkeiten, einen Wagen zu bekommen.

Check des Wagens

Der Schlüssel steckt meist schon, das Auto ist vollgetankt. Fertig. Niemand kommt auf die Idee, irgendetwas zu erklären. Wer genauere Auskünfte zur Bedienung des Wagens wünscht, der muss schon explizit fragen – das gilt für die Klimaanlage (A/C) genauso wie für den Tempomat (ACC, *Automatic Cruise Control*) und das Zündschloss. Alle eventuell auftretenden Warntöne schalten sich aus, wenn die Türen geschlossen und die Gurte eingerastet sind.

Es geht auch ohne Klimaanlage

Der Tacho und der „Kilometerzähler" sind auf Meilen/h (mph) bzw. Meilen geeicht, eine Meile = ca. 1,6 Kilometer.

Vor der Abfahrt sollte man eine **Inspektion rund ums Auto** durchführen und bereits vorhandene Schäden mit Gegenzeichnung des Vermieters schriftlich festhalten lassen. Auch die Kontrolle der Beleuchtungsanlage, der Scheibenwischer und der Scheibenwaschanlage kann nicht schaden. Wer ein Cabrio *(Convertible)* oder einen Jeep fährt, sollte das Schließen des Verdecks ausprobieren, um für einen Wolkenbruch gerüstet zu sein.

Hybrid- bzw. Automatikgetriebe

Falls Sie ein Hybridfahrzeug bekommen (Toyota Prius etc.), werden Sie nach dem Betätigen des Start-/Stop-Knopfes **kein Motorgeräusch** hören. Der Autor war in dieser Situation (mit Jetlag am Flughafen SFO) zunächst verwirrt und hat aus diesem Grund die folgenden praxisnahen Zeilen verfasst: Denken Sie sich einfach das Motorengeräusch und versuchen Sie nach entsprechender Gangvorwahl (vorwärts: D, rückwärts: R) sowie dem Lösen der Handbremse langsam loszufahren. Der Wagen bewegt sich fast geräuschlos mit elektrischem Antrieb (mit beachtlicher Beschleunigung) aus der Parklücke, und es dauert nicht lange, bis das „normale" Motorengeräusch zu hören ist.

Ein paar **Tipps** für alle, die noch nie ein Fahrzeug mit Schaltautomatik gefahren sind:

■ **Anlassen** des Fahrzeugs mit gedrückter Bremse in Schaltstellung „P" (oder evtl. „N").

■ Der **linke Fuß** wird zum Autofahren nicht benötigt. (Merksatz: „Das linke Bein ist tot.")

■ Zum **Anfahren** den rechten Fuß auf der Bremse lassen und den Gangvorwahlhebel mit der Hand in Schaltstellung „D" wechseln. Nach einer Sekunde den rechten Fuß von der Bremse nehmen. Auf ebenem Boden beginnt der Wagen dann langsam nach vorn zu rollen.

■ Zum **Fahren** nur Gas geben oder bremsen. Lediglich bei Gefälle (z.B. Haleakala auf Maui und Waimea Canyon auf Kauai) muss zurückgeschaltet werden, um die Motorbremse zu aktivieren.

■ Bei manchen Fahrzeugen lässt sich der **Zündschlüssel** erst abziehen, wenn der Gangvorwahlhebel in der Parkstellung „P" ist und eventuell sogar noch ein zusätzlicher Knopf an der Lenksäule gedrückt wird.

Musik im Auto

Praktisch jeder Mietwagen ist mit einem Radio und oft auch noch einem CD-Spieler ausgestattet. Die Fahrzeuge der gehobeneren Kategorien (jenseits von *Compact*) verfügen in der Regel auch über einen Aux-Eingang mit einem 3,5-mm-Klinkenstecker, sodass man mit einem entsprechenden, aus Europa mitgebrachten Standard-Adapterkabel die eigene Musik vom Handy/iPod/MP3-Player etc. über die Anlage im Auto wiedergeben kann. Immer häufiger ist jenseits der Compact-Klasse auch ein USB-Port, eine iPod/iPhone-Anbindung und/oder eine Möglichkeit zur Bluetooth-Verbindung mit dem Smartphone vorhanden.

Auf Hawaiis Straßen

Verkehrsregeln

Autofahren ist in Hawaii weit weniger stressig als in Europa. Außerhalb von Honolulu und den übrigen Touristenzentren sind geringe Verkehrsdichte, allgemein beachtete Geschwindigkeitsgrenzen, gut ausgebaute Straßen, Getriebeautomatik in praktisch allen Fahrzeugen sowie eine größere Gelassenheit der Autofahrer Gründe dafür.

Es wird **rechts** gefahren, und die wenigen andersartigen Verkehrszeichen erklären sich durch ihre Symbolik bzw. die eindeutigen Worte fast von selbst. Ein Umdenken des europäischen Autofahrers ist also diesbezüglich unnötig. Trotzdem sollten Sie sich folgende abweichende Regeln einschärfen:

Vorfahrt

In der Regel gibt es **keine vorfahrtgewährenden Verkehrszeichen.** Stehen an einer Kreuzung oder Einmündung in alle Fahrtrichtungen Stopzeichen (sogenannter *All-way stop*), dann bedeutet das „Wer zuerst kommt, fährt zuerst" – aber nicht im Sinne von „Es kommt kein anderer, ich habe Vorfahrt, also durch"! Dabei überqueren mehrere sich der Kreuzung nähernde Wagen diese nach einem kurzen Stopp in der Reihenfolge ihrer Ankunft. Das gilt auch bei aufgestautem Verkehr. Es gilt jeweils die Ankunft am Stoppbalken, nicht etwa die Ankunft am Ende der Schlange. Unklarheiten werden durch Zuvorkommenheit gelöst. Das Anhaltegebot gilt auch bei leeren Querstraßen und wird diszipliniert befolgt und von der Polizei aus einem Hinterhalt oft kontrolliert. Die Regel ist schärfer als „Rechts vor Links".

Ampeln

Zeigt eine Ampel rot, darf unter Beachtung der Vorfahrt des Querverkehrs **rechts abgebogen** werden, solange dies nicht ausführlich durch ein Schild *(No Turn on Red)* untersagt wird. Die **Lichterfolge** an der Ampel ist übrigens Grün-Gelb-Rot-Grün.

◁ Jawohl, Whoa ist hawaiianisch und heißt Stopp!

Auf Hawaiis Straßen

Unterwegs in Hawaii

Schulbusse

Die unübersehbaren **gelben Schulbusse** dürfen weder überholt noch vom Gegenverkehr (!) passiert werden, wenn sie anhalten und Kinder ein- oder aussssteigen. Warnblinkleuchten an allen vier Busecken und zum Teil auch ausgeklappte Stoppschilder markieren diese Stopp-Phase. Bei Zuwiderhandlung drohen drastische Strafen!

Überholen

Auf den wenigen mehrspurigen Straßen wird in Hawaii legal auch rechts überholt. Vor jedem Spurwechsel muss somit genau hingeschaut werden. Vor einer Ausfahrt oder Abzweigung ist das frühzeitige Einordnen anzuraten. **Achtung:** Manche Ausfahrten zweigen auch nach links von der „Autobahn" *(Interstate Highway)* ab.

Fahrstil

Auf Hawaiis Straßen fahren außerhalb von Oahu offensichtlich mehr Touristen als Einheimische. Dadurch läuft der Verkehr relativ **gemütlich** ab, weil ja alle auf Sightseeing-Tour sind. Man sollte allerdings mit **touristen-typischen Fehlern** rechnen: Auf eine leichte Vollbremsung des Vordermanns mit plötzlichem Ausscheren an den Straßenrand muss man stets gefasst sein, wie auf ein verbotenerweise direkt hinter einer engen Kurve parkendes Auto.

So manchem Zentraleuropäer ist die relativ defensive Fahrweise der Amerikaner im Urlaub zu langsam. In gewis-

sen Bereichen – so zum Beispiel von Maalea nach Lahaina auf Maui reiht man sich in die Schlange ein und bleibt dann die nächsten 12 Meilen hinter dem gleichen schleichenden Vordermann. *Hang-Loose* heißt das Motto: Immer schön locker bleiben.

Tempolimit

Von wenigen Ausnahmen auf den Autobahnen im Großraum Honolulu einmal abgesehen, gilt eine generelle Geschwindigkeitsbegrenzung von **maximal 55 mph** (55 Meilen pro Stunde, entspricht ca. 88 km/h). Ein spezielles Tempolimit innerhalb geschlossener Ortschaften gibt es nicht. Die Überwachung erfolgt durch in den Polizeiwagen installierte Radargeräte, die bei Bedarf aus dem fahrenden Auto heraus messen – auch bei Gegenverkehr. Wer am *Sheriff* zu schnell vorbeirast, hat ihn bald im Rückspiegel und wird sogleich zur Kasse gebeten.

Polizei

Um einen Autofahrer zu stoppen, überholt ihn die Polizei in Hawaii nicht etwa, sondern bleibt hinter ihm und betätigt kurz die Sirene und die rote Rundumleuchte, das unmissverständliche Zeichen zum **„Rechtsranfahren".** Nach dem Anhalten wartet der gestellte Übeltäter im Wagen auf den Polizisten. Alles andere könnte falsch gedeutet werden. Es ist auch nicht ratsam, unbedachte Bewegungen durchzuführen, etwa in der Absicht, die Papiere aus dem Handschuhfach zu holen. Der weit verbreitete Waffenbesitz in Amerika legt in solchen

10

Fällen die Vermutung von Widerstandsabsichten nahe. Am besten sorgt man lediglich dafür, dass der *Sheriff* von außen die Türe öffnen kann und lässt die **Hände am Lenkrad.** Diese Hinweise erscheinen übertrieben, gehören aber selbst in Hawaii zum allgemein akzeptierten Verhaltenskodex gegenüber der Polizei. Diese verhält sich in Kontrollsituationen sachlich-korrekt; nach dem ersten Abtasten und kooperativer Haltung des Touristen auch bei Übertretungen sogar eher freundlich. Wenn der Blick auf den internationalen Führerschein den Raser gar als Deutschen ausweist, dann können schon Sprüche wie *It's no German Autobahn* kommen, was allerdings die Geldstrafe in keiner Weise mindert.

Ganz falsch wäre die Eröffnung eines Streitgesprächs, selbst wenn der Polizist im Unrecht sein sollte. Das mag bei uns durchaus angehen, aber in den USA ist die ernsthafte Auseinandersetzung mit einem *Police Officer* in Anbetracht seiner erstaunlichen Machtbefugnis wenig ratsam. Die respektvolle Anrede lautet *Officer.* **In den Nationalparks** üben die *Parkranger* die Polizeigewalt (inklusive Geschwindigkeitskontrollen) aus.

Handy am Steuer

In Hawaii ist die „Nutzung mobiler elektronischer Geräte durch den Fahrer während des Betriebs eines Fahrzeugs" **verboten.** Ein Fahrzeug ist dann in Betrieb, wenn der Motor läuft. Eine Nutzung erfolgt, wenn der Fahrer das Gerät in der Hand hält. Daher sind Handytelefonate für die Fahrer genauso verboten wie das Fotografieren/Filmen mit Digitalkameras oder das Hantieren mit dem Handy-Navi. Wenn das Handy oder mobile Navi allerdings „installed" (befestigt, z.B. mit einem Saugnapf) ist und beim Telefonieren die Freisprecheinrichtung oder der Bluetooth-„Knopf-am-Ohr" zum Einsatz kommt, ist die Nutzung dieser Geräte gestattet.

Straßenkarten

Bei der Anmietung eines Fahrzeuges erhält man vom Vermieter stets einen **Drive Guide** der jeweiligen Insel, der neben viel Werbung, Coupons und touristischen Hinweisen auch eine oft nicht sehr übersichtliche, aber meist vollständige Zusammenstellung von Karten und Stadtplänen enthält. Außerdem sind in den übrigen Werbebroschüren wie *This Week, Gold* etc. (siehe Kapitel „Information") Karten abgedruckt, die mit denen des *Drive Guide* vergleichbar sind. Diese allesamt kostenlosen Karten reichen in der Regel für die Orientierung und das Fahren nach Karte in Verbindung mit diesem Buch aus.

Wer dennoch eine genauere Straßenkarte möchte, dem sei die *Rand-McNally*-Karte, die in jeder Buchhandlung auf den Inseln erhältlich ist, empfohlen. Die wohl genaueste touristisch interessante Karte von den Hawaii-Inseln (Maßstab 1:200.000) erscheint im Rahmen des *world mapping projects* im REISE KNOW-HOW Verlag.

Straßensystem

Eine durchgehende Autostraße, gleich welcher Qualität, trägt stets den Namen **Highway.** Eine Variante ist der *Interstate*

Highway, der mit unserer Autobahn vergleichbar ist. Ein solches mehrspuriges Schnellstraßennetz existiert lediglich im Einzugsbereich von Honolulu. Die anderen Straßen sind *State Highways,* also Landstraßen, die fast alle gut geteert sind. Im Jahr 2010 verfügte Hawaii über ein öffentliches Straßennetz von über 4395 Meilen (ca. 7074 km) Länge, inklusive der 89 Meilen Freeway (autobahnähnlicher Ausbau) auf Oahu sowie 172 Meilen ungeteerter Straßen. Obwohl Hawaii Big Island größer ist als alle anderen Inseln der Inselgruppe zusammen, gibt es dort nur 1466 Meilen öffentliche Straßen, auf der bevölkerungsreichsten Insel Oahu aber ein 1625 Meilen langes Straßennetz.

www.fotolia.de © iofoto

Orientierung

Wichtig bei der Orientierung ist die Nummer des *Highways* in Verbindung mit der prinzipiellen Himmelsrichtung, die sich allerdings auf einer Insel schnell ändern kann. So führt der *Highway 56* auf Kauai zunächst von der Inselhauptstadt Lihue aus nach Norden, ab der Ortschaft Kilauea dann nach Westen. Trotzdem heißt die offizielle Fahrtrichtung ab Lihue auf dieser Straße *North* – und zwar bis zum Ende.

An manchen Stellen dieses Buches finden Sie den Begriff **„MM"**, der für *Milemarker* steht. Da nach jeweils einer Meile ein neuer Milemarker am Straßenrand steht, können Sie sich mit Hilfe des Kilometerzählers am Auto leicht orientieren und z.B. versteckte Wanderwege besser finden. Die Highways und die wichtigen Nebenstraßen sind praktisch allesamt in den Navi-Karten enthalten, aber bei weitem nicht alle kleinen (Stich-)Straßen und Dirt Roads.

Dirt Roads

Viele *Dirt Roads* (Erdstraßen, ungeteerte Straßen) machen ihrem Namen alle Ehre. Entweder sind sie extrem staubig oder wahre Schlammlöcher. Sie sollten nur mit absoluter Vorsicht befahren werden. Manche dieser *Dirt Roads* waren sogenannte *Cane Haul Roads*. Darunter

In den beiden Nationalparks kommen die seltenen Nenes bis an die Straße

10

versteht man Privatstraßen, die nur für die Zuckerrohr-Lkw gebaut wurden. Beim Fahren auf *Dirt Roads* besteht in der Regel **kein Versicherungsschutz.** Während solche Straßen auf dem amerikanischen Kontinent oft zu verborgenen Naturschönheiten führen, ist das Befahren der hawaiianischen *Dirt Roads* meist den Aufwand nicht wert.

Tanken

An den meisten Tankstellen ist es mittlerweile üblich, direkt an der Zapfsäule mit **Kreditkarte** zu zahlen *(Pay at the Pump)* – mit Bargeld läuft teilweise gar nichts mehr. Dazu steckt man die Kreditkarte in den Kartenleser und zieht sie mit konstanter Geschwindigkeit wieder heraus. Anschließend wird man aufgefordert, die Benzinsorte zu wählen (nehmen Sie ruhig das billigste: 87 Oktan). Die Auswahl geschieht durch Drücken auf ein Feld einer Folientastatur mit der entsprechenden Aufschrift (87).

Nun ist der Zapfhahn zu entnehmen und im Tankstutzen des Fahrzeugs zu platzieren. Meist muss man noch die Pumpe aktivieren, indem man an der Stelle, wo man den Zapfhahn aus der Halterung gezogen hat, einen Hebel hochklappt, nach oben schiebt oder eine ähnliche Aktion ausführt. Das Tanken funktioniert jetzt wie bei uns – vorausgesetzt die Kreditkarte wurde gelesen und autorisiert.

Nach dem Tanken kommt die Frage, ob man einen Beleg möchte *(Receipt Yes/No)* und es empfiehlt es sich, auf Yes zu tippen. Teils erfolgt die Frage nach dem *Receipt* auch schon vor dem Abfüll-Vorgang. Der Beleg selbst wird nach dem Ende des Tankens gedruckt und muss unter leichtem Zug nach unten herausgezogen werden.

Viele Tankstellen haben von 7 bis 19 Uhr geöffnet. In den größeren Orten (Honolulu, Lihue, Kahului, Lahaina, Hilo, Kona) findet man 24h-Tankstellen.

Benzinpreise

Die Benzinpreise in Hawaii sind meist höher als auf dem amerikanischen Festland. Eine Gallone (ca. 3,8 l) unverbleiten Normalbenzins *(Regular Gas;* bleifrei = *unleaded)* kostet etwa 10–20 % mehr als auf dem US-Festland. Die aktuellen Preise erfahren Sie unter www.gasbuddy.com.

Panne

Alle Autovermieter geben ihren Kunden eine **Telefonnummer** mit auf den Weg, die bei Pannen oder Unfall angerufen werden muss. Außerhalb Oahus sind diese Telefone oft nur von 6 Uhr bis 22 Uhr besetzt.

⌖ Kostenlose Broschüren informieren seit Jahrzehnten über mögliche Aktivitäten

Information und Hilfe

Touristische Information

Schon bei der Ankunft am Flughafen sind sie nicht zu übersehen: die vielen kostenlosen **Informationsbroschüren,** die durch Werbung finanziert werden. Hierin findet man unter anderem Landkarten, die in Verbindung mit diesem Buch für eine touristische Erkundung ausreichen. Auf allen vier Hauptinseln (Oahu, Maui, Hawaii Big Island und Kauai) buhlen diverse Heftchen um die Gunst der Leser, wobei *This Week* (+ Inselname), (Inselname +) *Gold, Drive Guide* (+ Inselname), (Inselname +) *Magazine* und (Inselname +) *Beach Press* am weitesten verbreitet sind. Die Internet-Adressen der Online-Versionen finden Sie im Anhang.

Wenn die Preise für Aktivitäten/Unterkünfte etc. in diesen Publikationen sehr niedrig sind, dann steckt in vielen Fällen mehr dahinter: Nur nach dem Abschluss eines entsprechenden **Timeshare-Vertrags** wird der angegebene Preis gewährt. *Timeshare* ist nur mit äußerster Vorsicht zu genießen (siehe www.test.de), ist in der Regel mit sehr hohen Folgekosten verbunden und für Europäer zumindest auf Hawaii fast immer uninteressant.

Am Flughafen

Unmittelbar nach der Ankunft auf der jeweiligen Insel sollte man sich am Flughafen mit diesen Publikationen eindecken. Nur in Waikiki und Lahaina sind die Heftchen auch in Ständern am Straßenrand erhältlich. Mit etwas Übung kann man schnell die benötigte Information aus diesen zu 98 % aus Werbung bestehenden Broschüren herauslesen und bekommt damit einen Überblick über die vor Ort buchbaren **Touren** (Helikopter, Schlauchboot etc.), die **Restaurantszene** und **aktuelle Veranstaltungen.**

Information und Hilfe

Oft bekommt man mit den abgedruckten **Coupons** (Gutscheinen) einen teilweise beachtlichen Rabatt. Allerdings sind diese Coupons in der Regel an eine Kette von Bedingungen geknüpft (siehe dazu den Exkurs „Coupons").

Fremdenverkehrsamt

Sehr nützlich ist der vom *Hawaii Visitors Bureau* (HVB), dem Fremdenverkehrsamt von Hawaii, veröffentlichte **Calendar of Events,** in dem alle wichtigen Ereignisse vom *Aloha Ball Football Match* über den *Ironman Marathon,* das *Merry Monarch Hula Festival* bis hin zum *Whale Day* aufgelistet sind. Die aktuelle Version gibt es im Internet unter www.go hawaii.com (s.a. Kapitel „Information").

■ **Hawaii Visitors Bureau,**
2270 Kalakaua Avenue, Suite 801,
Honolulu, Hawaii 96815,
Tel. 923-1811

Wegweiser

Am Straßenrand steht oft das **HVB Warrior Sign,** ein vom *Hawaii Visitors Bureau* aufgestelltes Schild, das auf Sehenswürdigkeiten hinweist. Auch wenn die lokalen Medien die Schilder als optimal einstufen, sind sie eher als dezenter Hinweis oder als Wegweiser geeignet. Wo ein Schild steht, muss nämlich noch lange keine Sehenswürdigkeit sein. Die Vergabekriterien scheinen recht undurchsichtig. Fazit: Nicht überall, wo der *HVB Warrior* zu sehen ist, gibt's für den Touristen etwas Interessantes zu sehen.

Gelbe Seiten und Telefonbuch

Wie auch bei uns geben die *Yellow Pages* (Branchen-Fernsprechbuch) nützliche Tipps bei der Suche nach etwas Bestimmtem von A wie *Automobile Renting* (Autovermieter) über B wie *Bicycles* (Fahrräder) bis Z wie *Zoo.* Sowohl in den *Yellow Pages* als auch im Telefonbuch *(Phone Book)* finden Sie auf den ersten Seiten wertvolle Hinweise und Tipps – teilweise auch über Veranstaltungen.

Konsulate

Die diplomatischen Vertretungen des eigenen Landes in Hawaii sind für den Touristen normalerweise nur von Interesse, wenn „Not am Mann" ist, in erster Linie bei Verlust von Papieren. Soweit „lediglich" Reiseschecks und Kreditkarten abhanden gekommen sind, helfen die ausgebenden Organisationen und Eigeninitiative (siehe „Geldbeschaffung" im Notfall, weiter unten). Ist der Pass weg, lässt sich der Gang zum Konsulat nicht vermeiden (Konsulatsadressen der deutschsprachigen Länder siehe Kapitel „Ausweisverlust/ dringender Notfall".

Fotokopien

Sehr hilfreich in einem solchen Fall sind Fotokopien der abhanden gekommenen Unterlagen, die man schon zu Hause angefertigt haben sollte und dann tunlichst an einer anderen Stelle als die Originale aufbewahrt. Noch sicherer ist es, die wichtigen Dokumente ordentlich am heimischen PC zu scannen und im eigenen E-Mail-Postfach zu lagern. So hat man

Information und Hilfe

praktisch von jedem Internet-Anschluss aus mit dem entsprechden Passwort Zugriff auf Kopien des Dokumentes.

Nebenbei sei vermerkt, dass die Konsulate zwar zur Hilfe verpflichtet sind, aber in der Regel nur wenig Begeisterung für diese Aufgabe zeigen. Mit der Hilfeleistung verbundene eventuelle finanzielle Aufwendungen holt sich der Staat in der Heimat zurück.

Notfälle

Notruf 911

Für Notfälle, gleich ob man die Polizei, die Feuerwehr oder einen Notarztwagen rufen möchte, gibt es die landesweit identische Nummer 911, welche auch vom Handy aus erreichbar ist. Sollte die *Emergency Number* ausgefallen sein, tut es auch die Wahl der **0,** von der ein *Operator* weiter verbindet.

Autopanne

Bei einer Autopanne siehe Kapitel „Unterwegs mit dem Auto".

Hilfe der Polizei

Auch wenn der hawaiianische Arm des Gesetzes mit deutlich mehr Vollmachten ausgestattet ist und in der Ausübung seiner Pflichten im Konfliktfall härter durchgreift als sein europäisches Pendant, kann man die Polizei in Hawaii bei entsprechend freundlichcr Anrede und Nachfrage in Problemfällen meist sehr kooperativ und hilfsbereit erleben.

Verlust von Kreditkarten

Bei Verlust oder Diebstahl der Kredit- oder Maestro-(EC-)Karten sollte man diese umgehend sperren lassen. Für deutsche Maestro- und Kreditkarten gibt es die einheitliche **Sperrnummer 0049-116 116** und im Ausland zusätzlich 0049-30-40504050. Der *TCS* (Schweiz) betreibt einen eigenen Kartensperrservice; Infos unter Tel. 0844 888 111. Ansonsten gelten für österreichische und schweizerische Karten:

■ **Maestro/Bankomat,** (A-)Tel. 0043 1 204 8800; (CH-)Tel. 0041 44 2712230, **UBS:** 0041 800 888 601, **Crédit Suisse:** 0041 800 800488.
■ Für **MasterCard, VISA, American Express** und **Diners Club** sollten Österreicher und Schweizer sich vor der Reise die Rufnummer der kartenausstellenden Bank notiert haben.

Verlust von Reiseschecks

Nur wenn man den Kaufbeleg mit den Seriennummern der Reiseschecks sowie den Polizeibericht vorlegen kann, wird der Geldbetrag von einer größeren Bank vor Ort binnen 24 Stunden zurückerstattet. Also muss der Verlust oder Diebstahl umgehend bei der örtlichen Polizei und auch bei *American Express* bzw. *Travelex/Thomas Cook* gemeldet werden. Die Rufnummer für ihr Reiseland steht auf der Notrufkarte, die Sie mit den Reiseschecks bekommen haben.

Geldbeschaffung

Was tun, wenn Reiseschecks oder Dollars abhanden gekommen sind, ein Ersatz nicht beschafft werden kann und auch Kreditkarten fehlen?

Bei einem Anruf zu Hause bestehen verschiedene Möglichkeiten:

Wer dringend eine größere Summe ins Ausland überweisen lassen muss wegen eines Unfalles oder Ähnlichem, kann sich auch nach Hawaii über *Western Union* Geld schicken lassen. Für den Transfer muss man die Person, die das Geld schicken soll, vorab benachrichtigen. Diese muss dann bei einer *Western Union* Vertretung (in Deutschland beispielsweise bei der *Postbank*) ein entsprechendes Formular ausfüllen und den Code der Transaktion telefonisch oder anderweitig übermitteln. Mit dem Code und dem Reisepass geht man zu einer beliebigen Vertretung von *Western Union* in Hawaii (siehe unter www.westernunion.com), wo das Geld nach Ausfüllen eines Formulares binnen weniger Minuten ausgezahlt wird. Je nach Höhe der Summe muss der Absender eine Gebühr zahlen (2000 € in die USA kostet 14,90 € Gebühr).

■ Eine andere, eher exotische Möglichkeit ist der auf Dollar lautende **Namensbarscheck,** der per Luftpost nach Amerika geschickt werden muss. Die Einzelheiten sind am Bankschalter zu klären.

■ Darüber hinaus bieten manche Kreditkarteninstitute eine **Barauszahlung im Notfall,** auch wenn man seine Karte verloren hat *(Emergency Cash).*

Ausweisverlust/dringender Notfall

Wird der Reisepass oder Personalausweis im Ausland gestohlen, muss man diesen Vorfall generell bei der örtlichen Polizei melden. Darüber hinaus sollte man sich an die nächste diplomatische Auslandsvertretung seines Landes wenden, damit man einen Ersatz-Reiseausweis zur Rückkehr ausgestellt bekommt (ohne diese Ersatzpapiere kommt man nicht an Bord eines Flugzeuges – auch nicht auf eine Nachbarinsel!).

Auch in **dringenden Notfällen,** beispielsweise medizinischer oder rechtlicher Art, bei der Vermisstensuche, Hilfe bei Todesfällen, Häftlingsbetreuung oder Ähnliches sind die Auslandsvertretungen bemüht, vermittelnd zu helfen.

■ **Deutsches Generalkonsulat,** 1960 Jackson Street, San Francisco, California, Tel. 1-415-775-1061, www.san-francisco.diplo.de. In Hawaii selbst gibt es zurzeit aber keine Vertretung.

■ **Österreichisches Honorarkonsulat,** 2343 Oahu Ave, Honolulu, Hawaii, Tel. 393-3357, www.austriansinhawaii.com/consulate.

■ **Schweizerisches Konsulat,** 616 Kahiau Loop, Honolulu, Hawaii, Tel. 233-8982, honolulu@honrep.ch.

Post, Telefon und Internet

Post

Allen Unkenrufen zum Trotz funktioniert die amerikanische Post zuverlässig, aber nicht immer sehr schnell.

Porto

Brief- und Postkarten-Portokosten bewegen sich unterhalb des europäischen Niveaus. Briefe und Karten nach Europa gehen automatisch per Luftpost auf die Reise, wenn die dafür vorgesehenen „Air Mail Stamps" benutzt werden. Man sollte dabei mit einer Laufzeit von 10 Tagen für Briefe und Karten auf der Strecke Hawaii – Europa rechnen.

Briefmarken gibt's auch an Automaten in Supermärkten, Drugstores und Einkaufszentren – dort aber mit einem Aufschlag: Eine Briefmarke etwa mit dem Nennwert von 40 Cents kostet dann 50 Cents. Darüber hinaus ist die Stückelung dieser Automaten-Briefmarken auf inneramerikanische Verhältnisse zugeschnitten, sodass Post nach Europa damit meist überfrankiert werden muss.

Das Porto für eine Postkarte nach Zentraleuropa kostet $ 1,20 (Stand Ostern 2016).

Postämter

Postämter/Postfilialen befinden sich auch in kleinen Orten und sind zu den Schalterstunden (Zeiten etwa wie bei uns) geöffnet, an der aufgezogenen Nationalflagge leicht zu erkennen. Auch manche Supermärkte verfügen über eine Mini-Postfiliale, allerdings mit eingeschränkten Öffnungszeiten. In vielen

Postfilialen ist auch außerhalb der Öffnungszeiten ein Briefmarkenautomat zugänglich, wo man in der Regel auch die für Post nach Europa benötigten Marken ohne Aufpreis erhält.

Telefonieren über Festnetze

Das amerikanische Telefonsystem ist kompliziert und für den Touristen nicht so benutzerfreundlich, wie das Kritiker der in Europa noch bis vor wenigen Jahren monopolisierten Telekommunikation oft darstellen. Wer die Vielfalt der Dienstleistungs- und Endgeräte-Angebote durchschaut, kann auch in Hawaii erheblich preiswerter telefonieren als bei uns.

Vorwahl nach Hawaii

Der nordamerikanische Kontinent inklusive Hawaii, Mexiko und Kanada bildet telefontechnisch eine Einheit. Jeder Bundesstaat besitzt eine (oder bei dicht besiedelten Regionen mehrere) dreistellige Vorwahlnummer namens **Area Code.**

Der *Area Code* von Hawaii lautet 808. Die Vorwahl von Deutschland auf die Inseln lautet demnach 001-808.

Dieser ersten Vorwahl folgt eine zweite, ebenfalls dreistellige Ziffer, die sich auf die Insel oder einen bestimmten Inselteil bezieht. Die eigentliche Apparatnummer ist vierstellig. Bei Gesprächen über den *Area Code* hinaus (zum Beispiel von Kalifornien nach Hawaii) muss eine „1" vorweg gewählt werden.

Eine vollständige Rufnummer in Hawaii lautet demnach beispielsweise: 1-808-987-6543. Für ein Gespräch von einer Insel zur anderen muss ebenfalls eine „1" vorweg gewählt werden (z.B. 1-987-6543).

Vorwahl in Hawaii

Innerhalb einer Insel muss man lediglich die letzten sieben Ziffern wählen (z.B. 987-6543).

Telefontarife

Innerhalb einer Insel gelten alle Gespräche als Ortsgespräche, die am Münzfernsprecher zwei Quarter (50 US-Cents) für einige Minuten kosten. Ein Gespräch von

Post, Telefon und Internet

Insel zu Insel kostet mindestens $ 1,90. Anstelle des Ortsgesprächstakts gilt für die Gebühren dann der Minutentakt.

Internationale Gespräche

Über die Vorwahl 011 erhält man Zugang zum internationalen Netz. Mit
- **49** für **Deutschland,**
- **41** für die **Schweiz** und
- **43** für **Österreich**

und die um die Null reduzierte Ortsvorwahl lassen sich Verbindungen in die Heimat herstellen.

Münztelefon

In den relativ wenigen noch verbliebenen Telefonzellen in Hawaii *(Pay Phones)* ist die direkte Durchwahl, national wie international, mit Münzen nicht möglich. Internationale Ferngespräche lassen sich nur mit Hilfe eines **Operators** führen, wenn der Anrufer nicht im Besitz einer Telefon-Kreditkarte ist. Das Führen internationaler Telefongespräche mit Münzen ist ein mittelschweres, teures und aufwendiges Vergnügen, das akzeptable Englischkenntnisse verlangt. Für ein Gespräch von Hawaii nach Europa sind knapp 40 Münzen (teurer als vom amerikanischen Festland nach Europa) erforderlich, weil der Quarter die größte Münze ist, die von den Münztelefonen akzeptiert wird. Das Besorgen und Einwerfen der knapp $ 10 (soviel muss man als Pauschalpreis für 1 Sekunde bis 3 Minuten nach Europa veranschlagen) in Form von Hartgeld dauert seine Zeit …

Hoteltelefon

Sehr praktisch ist da natürlich der Anruf aus dem Hotel. Trotz Hotelzuschlägen kann man dabei noch günstiger wegkommen als bei der umständlichen Verwendung von Münzen. Kostenbewusste Telefonierer erkundigen sich vor Beginn des Gesprächs an der Rezeption nach den Preisen.

Vorwahl nach Hawaii

Sehr praktisch und preiswert ist es, eine amerikanische **Telefon(kredit)karte** zu besitzen. Weil jeder Inhaber eines Telefonanschlusses in den Vereinigten Staaten automatisch eine solche Karte erhält, ist das gesamte Telefonsystem bei der Abwicklung der Ferngespräche darauf vorbereitet. Der amerikanische Telefonkunde hat dabei stets die Auswahl unter mehreren Telefongesellschaften (*AT&T, Sprint* etc.). Das Telefonieren ist mit solch einer Karte erheblich billiger als mit Münzen und sehr problemlos. Nach der Direktwahl der Nummer (z.B. 01-49-69… für Frankfurt) fordert in der Regel eine Automatenstimme zum Eintippen der Telefonkarten-Nummer auf. Kurz darauf ist die Verbindung hergestellt, wenn sich nicht ein englischsprachiger Operator einschaltet – dann sind fundierte Englischkenntnisse gefragt.

Auf den Inseln gibt es aber auch viele verschiedene Telefonkarten zu kaufen, deren vorbezahltes Guthaben dann systematisch abtelefoniert wird. Die Preise für internationale Gespräche sind teilweise nur schwer herauszubekommen, aber man kann stets davon ausgehen, dass Telefongespräche per Telefonkarte

um einiges günstiger (oft Faktor 10 und mehr) sind als Gespräche mit Münzen oder vom Hotel aus. Nach dem Anwählen einer gebührenfreien 1-800-Rufnummer tippt man die entsprechende Kartennummer ein und erhält dann ein Freizeichen. Gewählt wird dann in der Regel wie von einem Privatanschluss aus: beispielsweise 011-49-69… für eine Nummer in Frankfurt/Main oder 1-*(area code)* … für eine Nr. innerhalb der USA.

Achtung: Manche **Hotels** berechnen für das Anwählen einer gebührenfreien Rufnummer (1-800-…) bis zu $ 5. Besser ein *Payphone* (Münzfernsprecher) benutzen, wenn die Anwahl von gebührenfreien Rufnummern nicht in der *Resort Fee* enthalten ist.

Bei der Vorwahl 1-800 schaltet sich kein *Operator* dazwischen, denn die Kosten gehen stets zu Lasten des Angerufenen. Sie sind mit den 0-800-Nummern in Deutschland vergleichbar. Das genaue Gegenteil sind 1-900-Nummern, für die neben der üblichen Gebühr der Telefongesellschaft eine Honorierung für den Angerufenen fällig wird: vergleichbar mit 0900-Nummern in Deutschland.

Telefonieren über Mobilfunknetze

In den USA und somit auch in Hawaii wird das Handynetz auf GSM 1900 MHz (und teilweise auch mit 850 MHz und 3G) betrieben. In Europa jedoch arbeitet das Handynetz mit 900/1800 MHz sowie 3G. Mittlerweile ist der größte Teil der ab 2007 produzierten europäischen

Post, Telefon und Internet

Handys für GSM 1900 geeignet, soweit es sich nicht um ein Modell aus dem allerniedrigsten Preissegment handelt.

Das heißt, dass man diese auch in Hawaii problemlos nutzen kann, allerdings geht es beim Telefonieren ganz schön ins Geld wegen der **internationalen Roaminggebühren.** Das gilt umso mehr für die Nutzung von Smartphone-Datapacks. Rechnungen mit vierstelligen Summen nach 14 Tagen Urlaub und täglich 20 MB pro Tag sind da keine Ausnahme! Solche Kosten kann man am besten umgehen, wenn man sich auf **SMS** beschränkt (der Empfang ist i.d.R. kostenfrei) oder über eine **kostenlose WLAN-Verbindung** E-Mails schreibt, *Skype* bzw. *Facetime* zum Telefonieren nutzt oder auch *Whatsapp* und andere kostenlose Bericht-Apps zur Kommunikation bevorzugt.

Die **Netzabdeckung** ist in den touristischen Gegenden, besonders in den populären Strandgegenden ausgezeichnet. An fast allen Küsten Hawaiis und auf dem Wasser im küstennahen Bereich herrschen sehr gute Empfangsbedingungen. **Achtung:** In den Bergen, vor allem in Tälern und sehr abgelegenen Gegenden zeigt das Display „no Signal". Während in Europa z.B. in den Alpen bewusst auf eine fast lückenlose Netzabdeckung *(Coverage)* geachtet wurde, um im Bedarfsfall schnell Hilfe herbeirufen zu können, ist ein Handy auf den meisten Wanderwegen Hawaiis nutzlos.

Recht gut ist die Netzabdeckung auf dem Meer – vor allem auf den Westseiten von Oahu, Maui und Big Island.

Folgende Gebiete sind **gut versorgt,** wenngleich immer aber wieder kleine Probleme mit der Netzabdeckung auftreten können:

■ **Oahu:** Hier herrscht in praktisch allen touristisch relevanten Bereichen eine gute Netzabdeckung.

■ **Maui:** West Maui von Kapalua bis Makena sowie das Central Valley (Kahului etc.) bis zum Haleakala inklusive Upcountry sind bestens versorgt (aber Achtung: die Straße nach Hana hat noch große Funklöcher).

■ **Kauai:** Zwischen der Hanalei Bay und Kekaha/Waimea praktisch der gesamte bewohnte Bereich. Besonders gut ist die Versorgung in Princeville, Kapaa, Lihue und Koloa.

■ **Big Island:** Die touristisch relevanten Bereiche sind im Wesentlichen gut abgedeckt. Lediglich bei der südlichen Inselumrundung gibt es im sehr ländlichen Bereich einige Lücken.

■ **Molokai:** Des „Großraum" Kaunakakai ist komplett abgedeckt.

■ **Lanai:** Nur rund um Lanai City und Manele May besteht oft guter Empfang.

Komfort

Wer die SIM-Karte seines **heimischen Netzbetreibers** benutzt, genießt den gleichen Komfort wie zu Hause: Das Telefonbuch bleibt unverändert, und man ist unter der gewohnten Rufnummer erreichbar. Am Ende des Aufenthalts gibt's dann zuhause die gewohnte Rechnung. Mit der eigenen SIM-Karte können Sie zudem in allen verfügbaren Netzen telefonieren: Wenn ein Netzbetreiber Versorgungsschwächen zeigt, dann können Sie gegebenenfalls im Netz des anderen Anbieters noch telefonieren.

Lokale SIM-Karte?

Auf Hawaii lohnt sich eine lokale SIM-Karte nur, wenn Sie viele nationale Gespräche führen und SMS versenden.

Weitere Infos im Internet zu diesen **Prepaid-Produkten** namens *Pay As You Go* und *GoPhone* unter www.t-mobile.com bzw. www.cingular.com. Ein möglicher ZIP-Code (Postleitzahl), der dabei benötigt wird, lautet 96815.

Spartipps

Wenn der Anrufer zu Hause eine **Festnetzflatrate** ins Ausland (z.B. *Country Flat* der *Deutschen Telekom*) hat, kann er Sie auch im Hotel auf Hawaii erreichen. Die Anrufe landen immer in der Telefonzentrale, sodass der Anrufer stets auf Englisch Ihren Namen sowie möglichst Ihre Zimmernummer nennen muss.

Gibt man per SMS die Festnetznummer des Hotels durch, kann man sich im Hotelzimmer günstig anrufen lassen – zweckmäßigerweise vom Festnetz aus.

Paradoxerweise ist ein inneramerikanisches **Gespräch zwischen den Inseln** bzw. auf das Festland in der Regel vom Handy aus billiger als mit Münzen.

Achtung! Ein Anruf per Handy bei 0-800-Nummern, die von öffentlichen Telefonen aus gebührenfrei sind, wird meist als inneramerikanisches Gespräch gebucht und kostet Geld.

Internet per WiFi

Am besten ist es, das eigene WiFi-fähige Notebook/Tablet/Smartphone nach Hawaii mitzunehmen und per WiFi (802.11, WLAN, Wireless LAN) drahtlos ins Internet zu gehen. So gut wie jedes Hotel auf den Inseln bietet mittlerweile einen schnellen Internetzugang an, der zumindest im Bereich der Hotel-Lobby sehr häufig kostenlos ist. Auch in diversen kleineren Restaurants sowie in Einkaufszentren kann man oft schon drahtlos online gehen.

Wer **unverschlüsselte** drahtlose Internet-Zugänge nutzt sollte sich darüber im Klaren sein, dass jeder Interessierte die Daten ohne besonderen technischen Aufwand **belauschen** kann. Auf Internet-Banking oder Onlineshopping sollte man in ungesicherten WiFi-Netzen möglichst verzichten. Alle Daten, die Sie nicht auf eine Postkarte schreiben würden, sollten Sie auch nicht unverschlüsselt über das (drahtlose) Internet übertragen. Weitere Informationen finden Sie in den Computerzeitschriften oder beispielsweise auf der Website der Zeitschrift **c't** unter www.heise.de.

▷ Mitten in Wohngebieten, auf Hotelgeländen oder an Highways finden Sie oft dieses Schild, das auf einen öffentlichen Strandzugang hinweist. In den meisten Fällen gibt es in der Nähe auch Parkmöglichkeiten

Strände

Offiziell gibt es in Hawaii insgesamt 283 Strände. Viele schöne Strände sind Teil eines *State Park* oder *County Park*. An den meisten gibt es sehr einfache Kaltwasserduschen.

Während ein Großteil der Touristen (vor allem Japaner) nur den **Hotelstrand** oder maximal noch den Strand des Nachbarhotels – Paradebeispiele hierfür sind Waikiki auf Oahu und Kaanapali auf Maui – besuchen, trifft man die Einheimischen fast ausschließlich in den **Beach Parks.** Auf den Hotelstränden haben Sie somit tagsüber keine Chance, allein zu sein, obwohl der Abstand zwischen den Sonnenanbetern doch erheblich größer ist als an den „Teutonengrills" in Europa. In bebauten Strandbereichen markiert das Schild *Shoreline Access* oder *Beach Access* den Zugang zum öffentlichen Strand.

Die bekannten Postkarten-Strände sind oft nicht einmal Beach Parks. Hierhin führen dann meist nur schmale Trampelpfade. Manche besonders entlegene Strände auf Kauai sind gar nur mit einem Boot bei ruhigem Seegang erreichbar. In den Inselkapiteln im zweiten Teil des Buches findet man im Abschnitt Strände nicht nur die bekannten und schönsten Strände, sondern auch viele Hinweise auf verschwiegenere Buchten sowie schwerer zugängliche, teilweise eher/nur per Boot erreichbare und daher oft menschenleere Strandabschnitte. Sie finden dort unter anderem Angaben zur Wegbeschreibung und Hinweise auf die jeweils möglichen Aktivitäten.

Gefährliche Strömungen

Im üblichen amerikanischen Schilderwald („Keine Tiere am Strand", „Müll gehört in die Mülltonne" etc.) gehen manchmal die Warnschilder regelrecht

unter. Das obligatorische *No lifeguard on duty. Swim at your own risk* (Keine Rettungsschwimmer im Dienst. Schwimmen auf eigene Gefahr) ist sehr oft zu finden. Weil sich aber auch an friedlich aussehenden Stränden oftmals tückische Unterströmungen befinden oder eine starke Brandung herrscht, sollten Sie diese **Warnungen sehr ernst nehmen!**

Bei Warnschildern wie *Danger, strong undertow* (Achtung, starke Unterströmungen), *No swimming* (Hier nicht schwimmen), *Swimming prohibited* (Schwimmen verboten) oder sogar *Death from drowning happens only once in a lifetime* (Tod durch Ertrinken passiert nur einmal im Leben) sollten selbst sehr gute Schwimmer dem Wasser fernbleiben.

Detaillierte Infos zu **Tidenständen, Wetter- und Surfbericht** sowie Hintergrundwissen finden Sie unter www.hawaiibeachsafety.org.

Siehe auch Kapitel „Weiterführende Infos aus dem Internet" im Anhang.

Strandregeln

Einem **Sonnenbrand** sollte man unbedingt mit einem geeigneten Sonnenschutzmittel vorbeugen. Vor allem am Strand ist selbst der Schutzfaktor 20 noch zu gering für „Bleichgesichter", die etwa dem europäischen Winter entfliehen.

Wie in allen Teilen der Vereinigten Staaten so sind auch in Hawaii **Obenohne-Baden** (topless bathing) oder gar **Nacktbaden** (nude bathing) absolut verpönt und verboten. Ausnahmen: An einigen wenigen Stellen wie dem Little Beach bei Kihei/Maui sowie am Red Sands Beach bei Hana/Maui wird es inoffiziell geduldet.

Am Strand herrscht generell **Alkoholverbot.**

Naturerlebnis und Sport

Viele der Naturschönheiten Hawaiis sind direkt mit dem Auto erreichbar. Klassische Beispiele dafür sind der Waimea Canyon und der Puu o Kila Lookout auf Kauai, der Haleakala und die Seven Pools auf Maui sowie der Kilauea-Vulkan (früher *Drive-in-Volcano* genannt) auf Hawaii Big Island. Im Gegensatz zu manchen Nationalparks im Westen der USA, an deren Aussichtspunkten sich die Fotografen drängeln, herrscht in Hawaii selbst an den spektakulärsten Plätzen meistens Ruhe. Je nach Insel kommt nur dann Hektik auf, wenn ein Tourbus zum Fotostopp anhält.

Einzelne Attraktionen sollte man nicht einfach abhaken, sondern sich Zeit nehmen und einige der zahlreichen Möglichkeiten für ein intensives Kennenlernen der Inselgruppe nutzen. Hierzu erhalten Sie in jedem Inselkapitel ausführliche Informationen und Hinweise.

Gärten

Abgesehen von den Sportangeboten, gibt es auf fast allen Inseln gepflegte Gärten mit vielen exotischen Pflanzen und angegliedertem Streichelzoo. Der Eintritt liegt jeweils zwischen $ 10 und $ 25 bei teilweise sehr guten Fotografiermöglichkeiten für Pflanzen.

Vorbuchung

In den meisten Fällen ist keine langfristige Vorbuchung von Aktivitäten notwendig. Die einzige Ausnahme beim Wandern ist der **Haena-Kalalau-Trail** auf Kauai, der oft schon Monate im Voraus ausgebucht ist. Engpässe gibt es auch bei außergewöhnlichen Naturereignissen. Beispielsweise sind bei Auftreten einer Sonnenfinsternis für diesen Termin auf Hawaii Big Island die Allradfahrzeuge zum Befahren des Mauna Kea schon lange im Voraus ausgebucht.

Was aber in den folgenden Abschnitten beschrieben wird, das können Sie meist nach Lust und Laune oder nach kurzfristiger Vorausbuchung (ein paar Tage bis 2 Wochen vorher) in Ihr Reiseprogramm aufnehmen, wenn Ihr Zeitplan es zulässt. Trotzdem ist es empfehlenswert, bereits bei der Planung der Reise zu berücksichtigen, auf welcher Insel Sie welche Aktivitäten unternehmen wollen.

Wandern

Auf allen Inseln gibt es mehrere Wanderwege *(Trails)*. Oft ist der *Trailhead* (Anfang des Wanderwegs) nur schwer zu finden und der Wegverlauf nicht immer ganz eindeutig. Deshalb sind viele Wanderungen mit den Zugängen zum *Trailhead* im Buch ausführlich beschrieben. Dafür wurden bewusst nur die Highlights unter den Wanderungen aus-

gewählt, die allerdings für einen vier- bis sechswöchigen Urlaub auf der Inselgruppe mehr als ausreichen dürften.

Die im Buch beschriebenen Wanderungen lassen sich im Normalfall mit entsprechender Kleidung und Schuhwerk problemlos auf eigene Faust durchführen.

Wanderwege

Die **bekanntesten** und **schönsten Wanderwege** Hawaiis:

- **Haena Kalalau Trail** (Kauai)
- **Waimea Canyon Trail** (Kauai)
- **Awaawapui/Nualolo Trail** (Kauai)
- **Sliding Sands/Halemauu Trail** (Maui)
- **Waimoku Falls Trail** (Maui)
- **Devestation Trail** (Hawaii Big Island)

Außerdem sind in diesem Reiseführer Hinweise auf viele weitere Wanderungen sowie kurze Rundwege zu finden.

Wer (fast) jeden *Trail* Hawaiis erwandern will, der ist mit den Büchern aus der „Revealed"-Reihe von *Andrew Doughty* (siehe „Literaturhinweise" im Anhang) gut beraten.

Geführte Wanderungen

Geführte Wandertouren werden auf den meisten Inseln von Veranstaltern vor Ort zu oft hohen Preisen angeboten. In den beiden Nationalparks bieten aber auch die Ranger interessante, meist kostenfreie **Guided Walks** an.

Wer in einer Gruppe wandern will, der kann sich auch den Touren des *Sierra*

Club (eine Art Alpenverein der USA, www.sierraclub.com) anschließen oder eine komplette Reise bei einem deutschen Veranstalter von Trekkingtouren buchen. Beispiele für solche Veranstalter finden Sie ebenfalls im Anhang.

Radfahren

Radfahren erfreut sich in Hawaii trotz immer stärkeren Autoverkehrs einer steigenden Beliebtheit. Durch die relativ (im Gegensatz zum Rest der USA) kleinen Inseln sind die Fahrstrecken noch durchaus überschaubar. Allerdings muss man nicht nur bei Fahrten auf die Berge im Landesinnern kräftig in die Pedale treten, sondern manchmal auch auf den ständig bergauf und bergab führenden Küstenstraßen.

Auf den vier Hauptinseln können Fahrräder gemietet werden – in der Regel handelt es sich dabei um **Mountainbikes** ohne Beleuchtung.

Eine große „Attraktion" wurde auf Maui mit dem Slogan **Bike down a volcano** beworben. Zweimal täglich boten mehrere Firmen die Möglichkeit, mit dem Fahrrad die 3000 Höhenmeter vom Rand des Haleakala-Kraters bis zum Meer zu fahren. Auch auf den anderen Inseln gibt es solche organisierte Radtouren, die jedoch kaum Freiräume zulassen und aus der Sicht eines „richtigen Bikers" eher in Richtung Nepp gehen. Damit beispielsweise trotz *Mega Brakes* (Mega-Bremsen) niemand zu schnell den Berg hinunterbraust, fährt am Haleakala stets ein **Bremser** vorneweg, der von den nachfolgenden Radfahrern nicht überholt werden darf. Nach einem tragischen Fahrradunfall mit Todesfolge sind allerdings derzeit keine kommerziellen Fahrradtouren mehr auf dem Gelände des Nationalparks gestattet, sondern die Touren beginnen auf ca. 2000 m Seehöhe unterhalb des Nationalparks. Aktuelle (kommerzielle) Infos für Oahu gibt es unter www.bikehawaii.com.

Reiten

Auf allen Inseln besteht die Möglichkeit, in Kleingruppen auszureiten. Die wohl schönsten Trips führen dabei durch den Haleakala-Krater auf Maui sowie über das Gelände der Parker-Ranch auf Big Island. Allerdings werden unter $ 100 für zwei Stunden kaum Ausritte angeboten.

Allrad-Touren

Für Fahrten in touristisch interessante Gebiete ist meist kein Allradfahrzeug erforderlich – abgesehen von einer Ausnahme: für das Befahren des Mauna Keas auf Hawaii Big Island *(4WD, Four Wheel Drive)*.

Auf einigen Inseln bieten jedoch lokale Veranstalter Allrad-Touren ins Hinterland an. Für die meisten Urlauber, die mehrere Inseln besuchen, dürften Zeit und Geld in andere Aktivitäten besser angelegt sein.

Golf

Auf allen Inseln erstrahlen insgesamt 77 Golfplätze mit zusammengenommen 1539 Löchern (8 x 9-Loch, 55 x 18-Loch, 5 x 27-Loch, 8 x 36-Loch und 1 x 54-Loch) in prachtvoll gepflegtem Grün. Es gibt wohl nirgendwo auf der Welt so viele Golfplätze derart dicht beieinander wie in Hawaii. Weitere Infos

◁ Inselerkundung einmal anders: Rund um Big Island auf dem Tandem (siehe dazu auch Exkurs „Auf dem Tandem rund um Hawaii Big Island")

finden Sie unter www.golflink.com/golf-courses, und dann nach *Hawaii* suchen. Hier ist Golfspielen eine Breitensportart, kein Privileg für Reiche.

Naturschützer protestieren allerdings, aufgrund des großen Wasserverbrauchs, gegen den Bau neuer Golfplätze.

Golftourismus ist jedoch ein wichtiger Wirtschaftsfaktor auf den Inseln.

Jagen

Wer eine entsprechende Lizenz besitzt, der kann auch in Hawaii wilde Ziegen, wilde Schweine (bis zu 150 kg!), wilde Schafe und Rotwild aufs Korn nehmen. Teilweise ist aufgrund des milden Klimas das ganze Jahr über Saison.

Saison

Aktuelle Informationen über die Jagdsaison erteilt das:

■ **Division of Forestry and Wildlife,**
1151 Punchbowl Street, Room 325,
Honolulu, Hawaii 96813,
Tel. 587-0166, http://hawaii.gov/dlnr/dofaw
(Unterkapitel Recreation/Hunting)

Lizenz

Informationen über die **hawaiianische Jagdlizenz** erhalten Sie vom:

■ **Hawaii Hunter Education Program,**
1151 Punchbowl Street, Room 311,
Honolulu, Hawaii 96813
Tel. 587-0200,
http://hawaii.gov/dlnr/huntered

Auf dem Tandem rund um Hawaii Big Island

Mit einem schwer bepackten Fahrrad wird man auf Hawaii zur Touristenattraktion, denn bis auf ein paar Triathleten fährt hier kein Mensch Rad. Das wird uns gleich bei der ersten Pause klargemacht: Eine rundliche Frau steigt aus ihrem überdimensionierten Geländewagen, nimmt das vollgepackte Rad wahr und fragt in sattem amerikanischem Akzent: „Seid ihr verrückt?"

Diesen Satz hören wir täglich, wenn wir mit unserem Tandem irgendwo auftauchen. Wir sind gewarnt worden und tatsächlich: Auf unserer Umrundung von Big Island haben wir nicht *einen* anderen Tourenradler gesehen. Warum nicht? Ob es an der drückenden Schwüle liegt, an den ständig drohenden Regenschauern auf der tropischen Seite der Insel, an den Temperaturen um 40 °C in den aufgeheizten Lavafeldern auf der Sonnenseite der Insel? Oder an den Kletterpartien, die sich bis zu 45 km in die Länge ziehen? An den brutalen Steigungen bis 19 %? An Hunden, die keine Radfahrer kennen und einen wütend jagen?

Die Wiederinbetriebnahme eines per Flugzeug transportierten Fahrrads kostet Zeit, und bei einem Tandem dauert diese Aktion sogar noch länger. Wir haben uns für ein faltbares Tandem entschieden, das nach dem Verpacken im Karton von außen fast wie zwei einzelne „Normal-Fahrräder" aussieht, sodass Rad und Radler im gleichen Flugzeug reisen können.

Auf Big Island angekommen fuhren wir mit dem Mietwagen zu unserer Unterkunft, bauen unser Tandem zusammen und lagern unsere Radkartons ein.

1. Tag: Kailua-Kona bis Honaunau, 40 km

Wir starten an der Westküste zunächst in Richtung Süden: Schon am ersten Tag merken wir, dass es sich bei der Inselumfahrung nicht um eine Tour entlang flacher Strände handelt. Kaum haben wir Kailua-Kona südwärts verlassen, geht es stramm bergan. Die Straße wird schmaler, die Besiedelung dünner. Immer wieder bestimmen Kaffee-Farmen das Bild. Tropische Pflanze säumen unseren Weg, kleine schwarze Wildschweine krachen durch das Gebüsch. Bei Anbruch der Dunkelheit erreichen wir erschöpft und glücklich ein Bed & Breakfast.

2. Tag: Honaunau bis Punaluu, 80 km

Es geht weiter entlang der recht hügeligen Ringstraße. Den Abzweig zum South Point ignorieren wir und fahren lieber nach Naalehu, die südlichste Gemeinde der USA.

Dabei kommen wir mit Einheimischen ins Gespräch. Eine durchtrainierte Hawaiianerin ist fasziniert von unserer Tour: „Diese Insel hat eine spirituelle Aura, und mit dem Rad lasst ihr den Spirit an euch heran. Das tun nur die wenigsten Touristen." Sie blickt uns mit ihren mandelbraunen Augen an: „Übermorgen am Vulkan, im Nationalpark, geben wir eine Vorführung. Ich bin in einer traditionellen Hula-Gruppe und würde mich freuen, wenn ihr kommt." Wir sind begeistert und verabreden uns. Wenig später sitzen wir im Sattel und erreichen den Punaluu Beach Park, wo wir unser Zelt aufschlagen. Als wir am Morgen aus unserem Zelt herauskommen, begrüßt uns einen Schildkröte, die sich gerade auf dem schwarzen Strand sonnt.

3. Tag: Punaluu bis Volcanoes National Park, 60 km stetig bergauf

Ein harter Tag, wir brauchten ca. sechs Std. bis zu unserem Tagesziel. Während wir auf den Vulkan zufahren, hängt uns Schwefelgeruch in der Nase. Wir sehen gelben Nebel und riechen den Duft von wilden Blumen im Regenwald des Nationalparks. Als die Landschaft sich von Regenwald in eine Lava-Mondlandschaft verwandelt, umhüllt uns eine gewaltige und baumlose Schönheit. Nach 1200 Höhenmetern und über 40 km bergauf haben wir ihn erreicht, den Hawaii Volcanoes National Park. Ein Ruhetag drängt sich förmlich auf.

Ruhetag

Unser erstes Ziel ist das empfehlenswerte Informationszentrum im Nationalpark, wo heute die Hula-Tanzgruppe auftritt.

4. Tag: Volkano bis Hilo, 55 km bergab

Nach der anstrengenden Auffahrt verfolgt einen an diesem Tag nur ein Wunsch: hoffentlich hört der Downhill nie auf. Unser 230 kg schweres Tandem wird von der Schwerkraft angezogen wie ein Magnet. In der Spitze fahren wir bis 90 km/h und sind froh, dass die Hydraulikbremsen funktionieren. Die Abfahrt endet tatsächlich bis zum Meer in Hilo nicht – auch wenn wir allmählich an Schwung verlieren. Durch monotone Landschaft geht es bergab, und gegen Ende herrscht recht dichter Verkehr.

5. Tag: Hilo bis Honokaa, 70 km

Der auf dieser Seite seltenere Sonnenschein verwöhnt uns. Wir radeln im Paradies entlang kurvenreicher Wege durch sattes Grün: Dichter Regenwald, Farne, Eukalyptus und lianenartige Luftwurzeln, Palmen, Pisten, sprühende Gischt und tiefblauer Ozean. Später pedalieren wir durch ländliche Ansiedlungen, deren Häuser in tropischen Farben türkis, meergrün, orange und zitronenfarben leuchten.

6. Tag: Honokaa bis Spencer Beach, 50 km

Nun geht es durch das Cowboy Country entlang des alten Highways. Es gilt wieder, 900 Höhenmeter zu erklimmen. Auf der Hochebene von Waimea ist es kühler als an der Küste. Die hier zahlreichen freilaufenden Hunde konnten wir durch Anbrüllen von unseren Waden fernhalten. Dann rollen wir zum paradiesisch gelegenen Spencer Beach hinunter.

7. Tag: Spencer Beach bis Kona, 55 km

Der letzte Tag folgt dem Kurs der berühmten Hawaii Ironman-Strecke. Glühender Asphalt lässt uns spüren, was die Ausnahme-Triathleten durchmachen müssen. Regelmäßiger Gegenwind macht die Abschluss-Strecke zu einer echten Strapaze. Das quirlige Nachtleben von Kailua-Kona bietet eine schöne Entschädigung.

Radeln auf Hawaii nur für Verrückte? Ein klares Nein! Wer Kondition mitbringt und wem viel Verkehr nichts ausmacht, der wird das hawaiianische Lebensgefühl hautnah erleben.

Julia und *Stefan Meinhold,*
www.bankerbiker.de

Rundflüge

Mit dem Hubschrauber bieten sich in Hawaii fantastische Möglichkeiten, neue Eindrücke zu bekommen. Zwei Rundflüge beurteilen die Leser und der Autor immer wieder als absolute Höhepunkte einer Hawaii-Reise: ein **Helicopter-Flug auf Kauai** (Na-Pali-Küste und Waimea Canyon) und ein **Flug zur flüssigen Lava auf Hawaii Big Island,** sofern dort Lava ins Meer fließt. Diese beiden Flüge bieten trotz gesalzener Preise, die mittlerweile erheblich jenseits der 100-Dollar-Grenze liegen, ein sehr gutes Preis-Leistungs-Verhältnis. Wer dann auf den Geschmack gekommen ist und sich weitere Flüge leistet, der wird feststellen, dass ein Flug auf Molokai, Maui (trotz Haleakala), Hawaii Big Island (jenseits der Lava) oder Oahu zwar sehr schön, aber nicht mehr so spektakulär ist wie der Kauai- oder Lava-Flug.

Als Wanderer ärgert man sich allerdings über den Lärm der Hubschrauber und kann dann verstehen, dass die Inselbewohner unter dieser Form von Tourismus doch ziemlich zu leiden haben (siehe auch Exkurs „Hubschrauberflüge in Hawaii" im Kapitel Kauai).

Bootstouren

Cruises, also Bootstouren, werden in Hawaii überall angeboten. Die Auswahl ist fast schon unüberschaubar: Schlauchboot (*Zodiac,* nach der französischen Herstellerfirma *Zodiac* benannt), Mini-Jacht, Hochseejacht, Katamaran, Segelschiff, Fährschiff, Ausflugsboote mit integrierter Disco und was da nicht alles im Angebot ist.

Besonders spektakulär ist eine **Fahrt entlang der Na-Pali-Küste** in Kauai. Vor allem in den Gewässern vor Waikiki (Oahu), Lahaina/Kaanapali (Maui) und Kona (Hawaii Big Island) bieten sich auch viele Möglichkeiten für Segeltörns vom Halbtagestrip bis hin zu mehrtägigen Touren.

Kreuzfahrt

Mittlerweile gibt es auch wieder Kreuzfahrten – und zwar mit der *Pride of America* der Reederei *Norwegian Cruise Line* (www.ncl.com), die einwöchige Cruises ab/bis Honolulu veranstaltet.

Auf einer Kreuzfahrt ab einem amerikanischen Hafen geht es locker zu, und das Leben an Bord ist weit entfernt vom Traumschiff-Kitsch. Man übernachtet im schwimmenden Hotel, und über Nacht werden sozusagen die Inseln zu einem gebracht. Leider ist trotz einer Auswahl unter mehr als 100 Landausflügen nur ein sehr oberflächliches Kennenlernen der Inseln möglich – aber immerhin weiß man dann, wo man das nächste Mal unbedingt noch einmal hin möchte.

U-Boot-Fahrten

Von Waikiki (Oahu), Kona (Hawaii Big Island) und Lahaina (Maui) aus unternimmt das Unterseeboot *Atlantis* Tauchfahrten bis in eine Tiefe von etwa 30 Metern. Für $ 100 darf man eine knappe Stunde lang zusammen mit 45 anderen Passagieren und drei Begleitern die Tiefen des Ozeans kennen lernen – ein schönes, wenn auch nicht so nachhaltig wirkendes Erlebnis wie ein Schnupper-Tauchkurs. Der 14-Uhr-Tauchgang ist meist 10 bis 15 Dollar preisgünstiger. Wenn Sie vom U-Boot aus fotografieren wollen (schwierig!), dann sollten Sie stets den Blitz sowie möglichst den Autofocus abschalten.

Leider haben die Besitzer des U-Boots die Scheinwerfer aufgrund ihrer Anfälligkeit abmontiert, sodass alles nur noch im Einheitsblau der Tiefe zu sehen ist. Nach Ansicht des Autors gibt es effektivere Möglichkeiten, ein besonders schönes Hawaii-Erlebnis zu haben.

Die Atlantis gehört zu den *Submersibles,* das sind U-Boote, die nur eine beschränkte Zeit unter Wasser bleiben können – im Gegensatz zu einem *submarine,* das tagelang auf Tauchfahrt gehen kann.

Semi Submersibles

Auf den Inseln werden allerdings auch Touren mit sogenannte *Semi Submersibles* angeboten. Hierbei handelt es sich um normale Boote, die rein äußerlich einem U-Boot ähneln, aber nicht abtauchen. Die Passagiere sitzen dabei maximal zwei Meter unter der Wasseroberfläche im Rumpf vor großen Fenstern. Der große Vorteil der *Semi Submersibles* liegt darin, dass in 2 m Tiefe nicht alles jenseits der Scheinwerfer im Einheitsblau des Ozeans versinkt, die Farben des Sonnenlichts fast gänzlich vorhanden sind.

Kajaktouren

Im Sommer bieten sich auch Kajaktouren entlang der Na-Pali-Küste sowie an Molokais Nordküste an – allerdings nur für geübte Kajakfahrer, denn wenn die Einheimischen von einer ruhigen See sprechen, dann ist das relativ zu den 8 Meter hohen Wellen im Winter zu sehen. Einige organisierte Touren führen in Kauai auf Flüssen ins Landesinnere.

Walbeobachtung

Das **Whale Watching** ist vor allem in den Gewässern zwischen Maui, Lanai und Molokai eine atemberaubende Angelegenheit. Die Tiere sind zwar auch vor anderen Küsten zu finden, aber die besten Beobachtungsmöglichkeiten bieten sich von der Westküste Mauis aus.

Hochseefischen

Die bekanntesten und wohl besten Fanggründe für das Hochseefischen *(Deep Sea Fishing* oder *Big Game Fishing)* liegen auf **Hawaii Big Island** vor Kona. Möglichkeiten zum Chartern eines „Fischerbootes" sowie entsprechende Touren gibt es allerdings auf allen Inseln.

Infos unter:

- http://dlnr.hawaii.gov/dar
- www.hawaiifishingnews.com
- www.sportfishhawaii.com
(kommerziell, aber sehr informativ)

Tauchen

Die Tauchreviere Hawaiis mit ihren Riff-Fischen sind durchaus sehenswert; der Fairness halber muss jedoch erwähnt werden, dass die Vielfalt und Schönheit

Naturerlebnis und Sport

der Unterwasserwelt weder mit dem Roten Meer noch mit den Malediven oder vielen Südseeriffen mithalten kann.

Da die Taucher auf den Hawaii-Inseln in der Regel über die Korallen hinweg schwimmen, werden die Fische durch die Schatten der Taucher oft erschreckt, was zur Folge hat, dass sie sich verstecken. Eine der wenigen Möglichkeiten, einen *Wall Dive,* also einen Tauchgang an einer Wand zu machen, besteht in **Molokini vor Maui.** Nach Ansicht des Autors handelt es sich hier zumindest in punkto Fischreichtum und -vielfalt um das lohnendste Tauchrevier der Inselkette. Leider wissen das ziemlich viele Leute, sodass man vor Molokini nicht unbedingt von der großen Einsamkeit unter Wasser sprechen kann.

Motto „Relax and Enjoy"

Das Tauchen läuft in Hawaii anders ab als in den meisten anderen Ländern, denn man muss weder beim Tragen der Luftflaschen helfen (soll es sogar nicht, denn wenn etwas passiert, dann könnte das Unternehmen ja dafür haftbar gemacht werden) noch sonst etwas am Equipment erledigen. Die Leihausrüstung wird von den *Dive Guides* montiert und überprüft; selbst der Flaschenwechsel wird generell für die Kunden erledigt. Sogar beim Aussteigen aus dem Wasser hebt das Bordpersonal die Ausrüstung aufs Boot getreu dem Motto „You guys are here to relax and enjoy, not to work."

Da Tauchschulen fürchten, eventuell verklagt zu werden, ist das *Limited Release Form* (Formblatt zur Haftungsbeschränkung) hier – wie überall in den USA – lang und ausführlich.

Zur Anwendung kommt die amerikanische Tauchweise mit zwei Tauchgängen kurz hintereinander. Oftmals beträgt die Oberflächenzeit nur eine knappe Stunde.

Tauchinfos

Einen schönen **Überblick über die Unterwasserwelt Hawaiis** bietet die kostenlos von der *Pacific Whale Foundation* (Tel. 879-8860, www.pacificwhale.org) herausgegebene Broschüre *Exploring Hawaii's Coral Reefs.* Weitere Infos gibt es im Internet, beispielsweise unter:

- **www.hawaiiscubadiving.com** (inkl. Auflistung der wichtigsten Tauchplätze. Die Links zu den Tauchbasen sind Werbung, sodass die Liste definitiv nicht vollständig ist)
- **www.coralreefnetwork.com**

Fischarten

An den Riffen Hawaiis leben **über 600 Riff-Fischarten.** Davon sind etwa 150 verschiedene Arten endemisch, kommen also nur hier vor. Außerdem leben in den Inselgewässern relativ viele Mantarochen mit Spannweiten von bis zu 4,50 m, aber nur ganz wenige Stachelrochen.

Wasser

Die Sichtweite im Wasser beträgt im Sommer meist über 30 m. Die Wassertemperaturen liegen zwischen 23 °C im Winter und 26 °C im Sommer. Für einen reinen Tauchurlaub sind andere Desti-

Naturerlebnis und Sport

nationen wohl besser geeignet, aber ein oder mehrere Tauchgänge als zusätzliche Attraktion sind sicherlich auch nicht zu verachten.

Gerätetauchen

Wer in Hawaii Gerätetauchen *(Scuba Diving)* möchte, der kann sich entweder in einem Hotel mit eigener Tauchschule einmieten (Dauer eines Anfängerkurses etwa 1 Woche) oder mit den zahlreichen Tauchschulen direkt in Verbindung setzen.

Auf jeder Insel bieten sich Möglichkeiten, *Scuba Diving* zu erlernen (nur bei ausreichenden Englischkenntnissen!) bzw. Tauchgänge in Kleingruppen zu unternehmen.

Gegen Nachweis eines Tauchscheins (PADI, SSI etc.) verleihen die meisten Schulen auch **komplette Ausrüstungen** inklusive gefüllter Flasche. Eigene Ausrüstungsteile können meist verwendet werden; den Rest verleiht die Tauchschule. Oft ist die Ausleihe der kompletten Ausrüstung (inklusive Füllung der Pressluftflasche) im Preis für die Ausfahrt enthalten. Wer seine komplette Ausrüstung mitbringt (Tarierweste, Lungenautomat, Anzug etc.), bekommt zum Teil etwa $ 10 bis 15 Rabatt.

Preise

Eine Ausfahrt mit zwei Tauchgängen *(2 Tank Dive)* zu den Riffen vor Lanai kostet von Mauis Westküste aus ca. $ 100 bis 120. Vom luxuriösen *Manele Bay Hotel* auf Lanai aus kostet ein vergleichbarer Trip *(2 Tank Dive)* in das gleiche Tauchrevier ca. $ 150. Man sollte aber nicht nur die Preise vergleichen, sondern sich auch mit dem Tauchlehrer über die Gruppengröße und ähnliche Details unterhalten. Manche Unternehmen haben nur 5–6 Personen in einer Lerngruppe beim Tauchkurs, andere wiederum bis zu 10. Wer ohne feste Gruppe Tauchgänge unternehmen möchte, der kann ab etwa $ 160 pro Stunde (inkl. Begleitung durch den Divemaster) auch an einem *Private Charter Diving* teilnehmen.

Tauchkurse

Für Anfänger, die noch nicht wissen, ob sie gleich einen mehrtägigen Kurs belegen sollen, werden oft auch **Schnupperkurse** angeboten, bei denen etwa vier Taucher in unmittelbarer Begleitung eines Lehrers nach einer kurzen Unterweisung im Swimmingpool bis zu 15 m tief im Meer abtauchen. Ein solcher Kurs wird als *Introductory Dive* bezeichnet und kostet etwa ab $ 100 pro Tauchgang.

Wer möchte, der kann den Theorie- und den Poolteil seines **PADI-Tauchkurses** bereits in Europa absolvieren. Das *Open Water Diving,* also das Freiwassertauchen, kann dann auf Wunsch in Hawaii erfolgen. Dazu benötigt man von der deutschen Tauchschule einen sogenannten *Letter of Referral,* der insgesamt sechs Monate gültig ist. In Hawaii absolviert der Tauchschüler dann die vier Open-Water-Tauchgänge (für insgesamt ca. $ 150 bis 180) im Freiwasser und erhält anschließend das PADI-Zertifikat.

Tauchreviere

Die besten Tauchmöglichkeiten bieten sich vor den Inseln Oahu, Hawaii Big Island und Lanai (bzw. Maui). Wracktaucher kommen vor Honolulu (Oahu) sowie vor Lahaina auf ihre Kosten. Wegen des klaren Wassers sind die Riffe vor Lanai und das äußere Riff von Molokini Island die wohl besten Tauchplätze, gefolgt von Kona auf Big Island. Viele Militärangehörige, die in Oahu stationiert sind, kommen zum Tauchen nach Maui, um von hier aus die Korallenriffe Lanais zu erkunden. Zum Wracktauchen sind jedoch auch die Gewässer vor der Südküste Oahus beliebt, die sich in der Nähe des Kewalo-Basin befinden. Reges Unterwasserleben sucht man hier eher vergebens, aber dafür gibt es gleich drei Wracks in knapp 30 m Tiefe.

Vor Lanai gibt es ca. 35 verschiedene Tauchplätze, die Attraktion sind jedoch die Lavahöhlen *(Caverns)*. Eine dieser Höhlen heißt *Cathedral* (Kathedrale) und ist vom Boden bis zur Decke über 10 m hoch und zwischen 6 und 8 m breit. Aus verschiedenen Löchern dringen hier Lichtstrahlen wie Scheinwerfer durch die Höhlen.

Gefahrenvorbeugung

Aus Sicherheitsgründen sollte man vor einem Flug (auch zwischen den Inseln) sowie vor einem Besuch des Haleakala-Gipfels (3000 m.ü.M.) mind. 24 Stunden lang nicht tauchen, vor einem Besuch des Mauna Keas (über 4000 m.ü.M.) sogar 48 Stunden. Diese zur Vermeidung der **Taucherkrankheit** (Dekompressions-

krankheit, „The Bends") notwendigen Zeitspannen zum Abbau des Stickstoffgehalts in den Körpergeweben erfordern eine sehr sorgfältige Planung der gesamten Hawaiireise. Da die Tauchcomputer bei Ihrer Anzeige „Do not fly" nur von Druckverhältnissen im Flugzeug ausgehen, die maximal 2000 m Seehöhe entsprechen, liefern sie keine zuverlässigen Daten für einen Aufenthalt in 3000 m Seehöhe (Haleakala) oder gar 4000 m (Mauna Kea). Sicherheitsbewusste Taucher warten daher mindestens 48 (Haleakala) bzw. 72 Stunden (Mauna Kea) bevor sie sich in diese Höhen begeben.

Die einzige **Dekompressionskammer** *(Decompression Chamber, Hyperbaric Chamber)* Hawaiis befindet sich auf Oahu. Die Tauchausrüstung ist in Hawaii in *Feet (ft.)* und PSI (*Pounds per Square Inch,* Druck) geeicht. 33 *ft.* entsprechen etwa 10 m und die volle Pressluftflasche hat einen Druck von ca. 2900 *PSI* (200 bar).

Schnorcheln

Viele County Parks bieten gute Möglichkeiten zum Schnorcheln *(Snorkeling)*. Die passende Ausrüstung, bestehend aus Maske *(mask, diving mask)*, Schnorchel *(snorkel)* und Flossen *(fins)*, wird oft vom Hotel oder vom Veranstalter von Bootstouren zur Verfügung gestellt. Es gibt aber auch verschiedene Verleiher von *Snorkel Sets* beziehungsweise von *Snorkel Gear.* Der bekannteste ist *Snorkel Bob's* mit Verleihstellen auf den vier größten Inseln. Mittlerweile bieten auch vermehrt die Unterkünfte – teilweise kostenlos – Flossen sowie eventuell auch Maske und Schnorchel zum Verleihen an. Der Autor empfiehlt, die eigene Mas-

Naturerlebnis und Sport

ke und den eigenen Schnorchel mitzunehmen oder eventuell vor Ort zu kaufen.

Schnorchelgebiete

Zu den drei schönsten Schnorchelgebieten zählen die **Hanauma Bay** auf Oahu, **Molokini Island** und **Coral Garden** (Korallengarten) vor Maui sowie ganz besonders die **Kealakekua Bay** bei Captain Cook auf Hawaii Big Island. Während die Hanauma Bay auf dem Landweg zugänglich ist, können die anderen Schnorchelreviere nur mit dem Boot erreicht werden.

Snuba-Diving

Snuba-Diving ist eine Mischung aus *Snorkeling* (Schnorcheln) und *Scuba Diving* (Gerätetauchen). *Snuba* heißt auf Hawaii manchmal auch *Hookah Diving*. Während die Flasche oder ein Kompressor auf einem Schlauchboot an der Wasseroberfläche schwimmt, wird man über einen etwa 6 m langen Schlauch und einen Lungenautomaten wie beim Gerätetauchen mit Luft versorgt. 30 bis 35 Minuten *Snuba-Diving* sind inkl. Ausfahrt für etwa $ 50–60 zu haben. Trotz der relativ geringen Tauchtiefe birgt *Snuba* bereits einige der Gefahren des Gerätetauchens. Auch hier gilt wie beim Gerätetauchen: Nie die Luft anhalten!

Surfen

Surfen ist wohl der Inbegriff von Hawaii schlechthin. Kein Wunder, dass die Surffans aus aller Welt nach Hawaii kommen, um hier auf den Wellen zu reiten. Für alle, die es zum ersten Mal versuchen wollen, ist Waikiki Beach ein recht guter Platz, um die Grundlagen zu lernen. Die echten *Professionals* zieht es allerdings meist an die Nordküste von Oahu – vor allem in den Monaten Dezember und Januar, wenn die Brandung besonders hoch und stark ist. Dann finden auf Oahu auch die **Weltmeisterschaften im Surfen** statt. Im Kapitel „Oahu/Aktivitäten" finden Sie ausführliche Informationen zu den besten Surfstränden von Hawaii, die nach Ansicht der Experten alle auf Oahu liegen. Aber auch die anderen Inseln bieten für „normale" Surfer gute Möglichkeiten zur Ausübung dieses Sports. Surfbrett-Verleiher gibt es auf allen Inseln.

Windsurfen

Durch beständig wehende Winde und gute Randbedingungen hat sich Hawaii als einer der besten Plätze auf der Welt zum Windsurfing etabliert. Die bekanntesten Windsurf-Strände liegen auf den Inseln Maui und Oahu. Im Frühjahr finden bei Paia (Maui) alljährlich die **Weltmeisterschaften im Windsurfen** statt.

Wasserski und Parasailing

Auf Oahu, Kauai und Maui besteht die Möglichkeit, Wasserski zu fahren. Sehr beliebt ist auch *Parasailing*, bei dem man, an einem Fallschirm hängend, hinter dem Boot her durch die Luft gezogen wird und dabei Ausblicke aus der Vogelperspektive genießt. Vor allem auf Oahu, an der Westküste von Maui und bei Kona auf Hawaii Big Island bieten Veranstalter *Parasailing* an.

Skifahren

Selbst Skifahren ist in Hawaii möglich – im Schnee und ohne Schneekanone. In den Wintermonaten (am besten im Januar/Februar) herrschen an den Hängen des **Mauna Loa** und des **Mauna Kea** auf **Hawaii Big Island** meist akzeptable Schneebedingungen. Allerdings handelt es sich oft nur um eine relativ dünne Schneedecke über scharfkantiger Lava. Dort oben in 4000 m Höhe gibt es zwar keine Lifte, doch die wenigen Skifahrer werden mit Geländefahrzeugen wieder nach oben gebracht.

Das schöne am Skifahren in Hawaii ist, dass man bereits drei Stunden danach wieder bei knapp 30 °C die Füße unter Palmen im Meer baumeln lassen kann.

Standup-Paddling
in der Kealakekua Bay auf Big Island

Unmittelbar nach dem ersten Schneefall fahren einige Bewohner der Insel auf den Mauna Kea, beladen ihre *Pickups* mit Schnee und fahren diesen an den Strand, um dort den ersten Schneemann der Saison zu bauen und zu fotografieren. Das entsprechende Bild schaffte es in den letzten Jahren stets auf das Cover der Lokalzeitung.

Sonstige Aktivitäten

Wer die überall ausliegenden Werbeblätter durchliest, entdeckt sicherlich noch weitere Möglichkeiten, sich in Hawaii die Zeit zu vertreiben. Solange die Sicherheit der Teilnehmer gewährleistet bleibt, suchen die Amerikaner nach immer neuen Abenteuern *(Thrills)*, mit denen sich Geld verdienen lässt.

Derzeit ist das **Ziplining** besonders en vogue: sitzendes Dahingleiten mittels einer Seilrolle, die auf Drahtseilen durch den Regenwald, durchs freie Gelände und über Schluchten hinweg gleitet. In unseren Alpen gibt es zum Teil unter dem Namen *Flying Fox* Ähnliches. Auf Kauai und Big Island verlaufen die *Ziplines* primär im Regenwald (auch über Schluchten), auf Maui geht es, vor allem in Kapalua, eher durch freies Gelände.

Shows

Sea Life Park

Vergnügungsparks wie auf dem amerikanischen Festland gibt es in Hawaii nicht. Lediglich der *Sea Life Park* auf Oahu geht in sehr touristischer Manier mit Delfin- und anderen Tiershows sowie mit einem entsprechenden Rahmenprogramm auf die Erwartungen seiner Besucher ein.

Polynesisches Kulturzentrum

Fast schon ein Muss auf jeder Besucherliste ist das Polynesische Kulturzentrum auf Oahu. Obwohl es eine rein kommerzielle Einrichtung ist, vermittelt es dennoch einen netten Einblick in die Unterschiede und Gemeinsamkeiten der pazifischen Inselkulturen. Die allabendliche Show gehört nach Ansicht des Autors zu den besten kommerziellen Aufführungen polynesischer Tänze auf allen Inseln, die für Touristen planmäßig zugänglich sind. Selbstverständlich enthält auch diese Show typisch amerikanische Enter-tainment-Elemente.

Luau

Die bekannteste hawaiianische Show ist ein *Luau*. Ursprünglich war ein Luau ein hawaiianisches Fest, bei dem nicht nur gut gegessen und viel getrunken, sondern auch getanzt wurde. Für Touristen ist es naturgemäß kaum möglich, ein echtes, ursprüngliches *Luau* im Verwandten- und Bekanntenkreis zu besuchen. Dafür gibt es auf jeder Insel mittlerweile eine beachtliche Auswahl unter vielen verschiedenen kommerziell veranstalteten Luaus. Die Werbeslogans machen die Auswahl nicht gerade leichter: „The best luau on Kauai is at the …",

„Hawaiis best Luau"

Gerade noch geschafft. Pünktlich treffe ich am Busparkplatz vor einem Hotel in Waikiki ein. Es herrscht großes Gedränge, und jeder Besucher wird einem Bus zugewiesen. Etwa eine halbe Stunde später öffnen sich die Bustüren, drei Minuten später fahren wir. Während der Busfahrer sich einen Weg durch das Verkehrsgewühl der Rush-Hour bahnt, erklärt uns „Cousin John", dass wir im Bus jetzt eine große Familie seien. Wir sind jetzt also alle Cousins und Cousinen. Nach einer guten Stunde kommen die Busse am „weltbekannten" Luau-Park an. Cousin John nennt uns ein viertes und letztes Mal die Nummer unseres Busses und erklärt uns anschließend, dass wir für jeden unserer beiden Getränkegutscheine einen Mai Tai (Rum-Mix) oder einen Softdrink bekommen. Ein (nicht gerade besonders guter) Pina Colada kostet bereits wieder $ 3 cash extra – ausnahmsweise bereits inklusive Steuern, aber wie auf jedem Luau im Einweg-Plastikbecher.

Cousin John führt seine Busladung Besucher zu den Fotografen. Jedes Paar, jede Familie wird in typisch hawaiianischem Outfit auf Film gebannt. Als Accessoires dienen dabei ein Papagei sowie eine hübsche Halb-Polynesierin, deren trainierte Gesichtsmuskulatur das Dauerlächeln ohne Krampf übersteht. Nachdem auf jeden einmal das Blitzlicht niederprasselte, geleitet uns Cousin John zu unseren Plätzen.

Jetzt besteht die Möglichkeit, an verschiedenen Aktivitäten teilzunehmen: Fahrten mit dem Auslegerboot, die garantiert maximal eine Minute dauern, Speerwerfen, Ballwerfen, Jonglieren mit den Poi-Bällen (sie stammen von den Maori aus Neuseeland).

Weil sich bereits bei allen Aktivitäten lange Schlangen gebildet haben, schlendere ich weiter zu den Andenkenständen. Noch bevor ich mir darüber klargeworden bin, ob ich jemals auf der Welt Kitschigeres gesehen habe als hier, ertönt ein Ruf, dass jetzt am Strand das traditionelle Huki-Lau (Auswerfen der Fischernetze) stattfindet. 600 Menschen starren gebannt, wie zwei Polynesier das Fischernetz auswerfen.

Imu-Zeremonie

Weiter geht's zum nächsten Programmpunkt, der Imu-Zeremonie. Dabei wird das Schwein im Erdofen, das am Morgen zusammen mit heißen Steinen und Blättern vergraben wurde, wieder ausgegraben. Ich freue mich, denn diese Zeremonie beginnt sehr einfühlsam mit guten Erläuterungen zur Kultur Hawaiis. Mit einem Schlag wird es allerdings wieder absolut showhaft; aus den Lautsprechern tönt jetzt nur noch pseudohawaiianische Musik, und die Tänzer passen besser nach Las Vegas als nach Hawaii.

Endlich ertönt der Ruf zum Büfett. Eine sehr zivilisierte Menge (von einigen Deutschen, die sich vordrängeln wollen, einmal abgesehen) stellt sich in langen Schlangen an. Ein Glück, dass ich für ein paar Dollar Aufpreis bei der Luau-Reservierung bereits die Bedienung mitgebucht habe.

Neben dem Schwein im Erdofen (wer Schweinefleisch mag, der wird sicherlich eine Lobeshymne auf diese Art der Zubereitung an-

> ▷ Oft gehören auch Tänze aus Tahiti zum Showprogramm eines Luaus: mit schnellen Hüftbewegungen zum Trommelwirbel und Baströckchen

stimmen) befindet sich zusammen mit anderen Speisen auch ein kleines Schälchen *Poi* (eine Art Brei aus der *Taro-Wurzel*). Jeder Tourist probiert artig sein *Poi,* aber jeder verzieht das Gesicht.

Tanz und Musik

Nun zum Höhepunkt, der Luau-Show, die als „original Hawaiian" angekündigt wird. Ich wusste gar nicht, dass die alten Hawaiianer schon Show-Musik à la Las Vegas kannten und ihren *Hula* mit Rock'n-Roll-Elementen mischten.

Auch bei diesem Luau werden zwei obligatorische Show-Elemente nicht vergessen: Zuerst einmal werden die *Honeymooners* (Paare in den Flitterwochen) in eine Animation mit einbezogen, in der unter anderem auch das Zuschauer-Ehepaar, das auf die meisten Ehejahre zurückblicken kann, Tipps für ein glückliches Eheleben gibt.

Anschließend steht *Hula-Tanz* für alle an: Weil nicht genügend Freiwillige vorhanden sind, werden einige von ihren Freunden kurzerhand zu Freiwilligen erklärt und auf die Bühne geschickt. Danach heißt's dann „Applaus für die Freiwilligen", und alle (?) freuen sich.

Die Show ist vorbei. Auf dem Weg zum Ausgang bekommen wir dann die Fotos zu sehen, die zu Beginn in Fließbandmanier geschossen wurden. Für einen etwa 15 x 20 cm großen Farbabzug, der „sicherlich eine exzellente Erinnerung an diesen wunderbaren Abend ist" (Originalton des Show-Conferenciers), muss man nur 20 Dollar auf den Tisch legen – kein Wunder, dass sich kaum einer diese Gelegenheit entgehen lässt.

Bei der Heimfahrt im Bus gehen mir zwei Sätze, die ich an diesem Abend weit mehr als zehn-, wenn nicht gar zwanzigmal gehört habe, durch den Kopf: „Enjoy yourself!" (Genießen Sie es!) und „I hope you guys enjoy yourself" (Ich hoffe, Sie genießen es).

Und wie ich es genossen habe …

„The one and only, the original too good to miss … luau", „Maui's award winning luau. A celebration of aloha in the traditional Hawaiian style" und „The Big Island's most exciting luau – the best beachfront value in Hawaii".

Die wohl beste Beschreibung eines Luaus liefert eine Werbeanzeige für ein Luau auf Hawaii Big Island, in der ein begeisterter Festlandsamerikaner seine Eindrücke von diesem Luau wiedergibt: „Das Luau war wunderbar, und ich weiß nicht, wo jemand sonst solch ein großartiges Entertainment sehen kann." Das Wort *Entertainment* drückt genau aus, worum es bei den kommerziell veranstalteten Luaus geht: eine typisch amerikanische Show, die – von der Palmenkulisse und den Hula-Röcken einmal abgesehen – auch in Las Vegas oder sonstwo in den USA stattfinden könnte.

Mit Preisen ab $ 70 ist ein Luau nicht gerade billig. Wer die totale Massenabfertigung liebt, der sollte ein Luau auf Oahu besuchen (siehe Exkurs); wer es nicht ganz so extrem mag, der besucht sein Luau auf einer der Nachbarinseln. Häufig ist ein Luau zwar eine Reduktion der hawaiianischen Kultur auf Disneyworld-Level; trotzdem gehört ein Luau zu einem Hawaii-Besuch – als Teil der touristischen Kultur. Das nach Ansicht des Autors schönste (und am wenigsten kitschige) Luau ist das *Old Lahaina Café Luau* auf Maui.

Essen und Trinken

Selbstverpflegung

Die Selbstverpflegung auf Reisen bereitet in Hawaii keine Schwierigkeiten, soweit man über ein eigenes Fahrzeug verfügt. Supermärkte von teilweise kolossalen Ausmaßen stehen zumindest in allen Inselhauptstädten (außer auf Lanai und Molokai). Diese Supermärkte führen ein breit gefächertes, gut sortiertes Warenspektrum und haben von ca. 7 bis 21 Uhr, manchmal sogar rund um die Uhr geöffnet. Außerhalb der größeren Orte sorgen kleinere Läden (*Food Marts*) mit einer beachtlichen Auswahl für die Versorgung der Bevölkerung und der Touristen. Der größte Teil des Sortiments stammt vom amerikanischen Kontinent.

Preise

Im Supermarkt (*Safeway, Foodland* etc.) ist die Auswahl am größten und die Preise sind am niedrigsten. In der Regel akzeptieren alle Supermärkte der großen Ketten Kreditkarten des Typs *Visa* oder *Mastercard*. Nahrungsmittel sind in Hawaii im Schnitt je nach Dollarkurs etwa 30, zum Teil sogar bis 50 % teurer als in Deutschland und um 20 bis 30 % teurer als auf dem amerikanischen Kontinent.

Lediglich Rindfleisch (Steaks) ist günstiger als in Deutschland. Selbst die auf den Inseln angebaute Ananas ist nicht billiger – allerdings viel größer, frischer und geschmacklich unübertroffen.

Wer Wert auf gesunde Ernährung legt, muss für *Health Food* ohne Chemie rela-

▷ Reichhaltiges Angebot an der Delikatessentheke. Hier: marinierter Thunfisch (Ahi Poke)

Essen und Trinken

tiv viel Geld ausgeben und vor allem ausdauernd suchen, denn die **Health Food Stores** sind nur dünn gesät. Das Warenangebot eines amerikanischen/hawaiianischen *Health Food Stores* hat fast nichts mit einem europäischen Bioladen zu tun, denn es handelt sich primär um eine Galerie industriell gefertigter Produkte in Form von Vitaminen und Nahrungsergänzungsmitteln, oftmals gigantisch groß.

In immer größerem Umfang finden Sie aber auch **Organic Food** (etwa: Bio-Lebensmittel) in den größeren Supermärkten.

Salad-Bar

Eine auch bei uns im Supermarkt zu findende Spezialität sind *Salad Bars* mit Selbstbedienung. An der Kasse wird dann nach Gewicht abgerechnet. Teilweise gibt es dort auch warme Suppen und chinesische Spezialitäten.

Maßeinheiten für Gewichte

Als Maßeinheit für das Gewicht dient das (englische) **Pfund** (*pound,* Kürzel: *lb*), das etwa 450 g entspricht. Um den ungefähren Endpreis für ein Kilogramm zu erhalten, müssen somit der *lb*-Preis verdoppelt und weitere 10 % aufgeschlagen werden.

Weitere Maßeinheiten siehe Umschlagklappe hinten.

Warensortiment

Brot

Für die meisten Deutschen, Österreicher und Schweizer ist das in Hawaii erhältliche amerikanische Brot aufgrund seines Geschmacks und seiner Konsistenz ein Ärgernis. Das stets industriell gefertigte Brot (selbst wenn es in einer *Bakery* gekauft wurde) ist bereits in Scheiben geschnitten und ein kleines lebensmittel-

Essen und Trinken

technisches Wunder: Obwohl es so gut wie immer frei von Konservierungsstoffen ist, bleibt es selbst im schwülen hawaiianischen Sommer in geöffnetem Zustand eine Woche lang frisch und weich, ohne zu schimmeln. In allen Supermärkten und in vielen kleinen Läden ist mittlerweile Vollkornbrot erhältlich. Es ist zwar immer noch so weich wie unser Weißbrot, verfügt aber über die verdauungsfördernden Ballaststoffe. In den letzten Jahren hat sich die Situation jedoch langsam etwas gebessert. Mit viel Ausdauer und Glück lässt sich im Deli-Bereich der Supermärkte ein Brot ergattern, das mehr dem europäischen Gusto entspricht.

Wurst

Wurst heißt in den USA so gut wie immer Einheitsqualität von Florida bis Alaska, von New York bis Hawaii. Die Firmen *Louis Rich* und *Oscar Meyer* haben den Markt fest in der Hand. Wurstwaren sind nur abgepackt erhältlich. Lediglich an der *Deli(catessen)*-Theke kann man dem Gaumen für teures Geld Abwechslung bieten.

Milch und Milchprodukte

Milch ist in jedem Supermarkt in gigantischer Auswahl zu haben: in Packungsgrößen von knapp einem halben Liter *(half pint)* bis etwa vier Liter *(one gallon)* – jeweils mit einem Fettgehalt von 4 %, 2 %, 1 %, 0,5 % oder 0 %. Eine Galone Milch kostet mittlerweile mehr als $ 5.

Ein Blick auf das Kühlregal zeigt, dass *Cheddar* der weitaus beliebteste **Käse** ist.

Die Auswahl ist groß, die Geschmacksunterschiede sind erheblich kleiner. Echte Alternativen zum abgepackten Käse bietet dem Europäer nur die recht teure Deli-Theke.

Wer gerne **Joghurt** isst, kommt wie überall in den USA auch in Hawaii auf seine Kosten. Die Auswahl ist fast unüberschaubar, das Spektrum reicht vom Joghurt pur *(plain, unsweetened)* über mit Sahne und Zucker angereicherte Spezialitäten bis hin zu den Diät-Joghurts ohne Cholesterin bzw. ohne Zucker oder Fett.

Die Milch bzw. die Milchprodukte kommen zum größten Teil vom Festland. Die beiden einzigen noch verbliebenen Molkereien der Inselgruppe befinden sich auf **Big Island.**

Fleisch

Fleisch kauft man nur im Supermarkt. Metzgereien gibt es nicht. Die Preise liegen erheblich unter denen in Europa – und das trotz hoher Qualität. Für den gemütlichen Grillabend eignen sich vor allem *Prime Rib, Sirloin, New York* und *Porterhouse Steaks. Tenderloin* (Filetsteak) ist noch besser, aber, wie auch das beliebte *T-Bone Steak,* teurer.

Fisch

Einladend sind die **Fischvitrinen** in den Supermärkten. Während frischer Fisch aus heimischen Gewässern (siehe auch „Essensspezialitäten") relativ günstig ist, muss man für Süßwasserfische (beispielsweise Lachs, Forelle) tief in die Tasche greifen.

Delikatessen-Theke

Die Delikatessen-Theke bietet in ganz Nordamerika in der Regel ausgesuchtere Waren jenseits des abgepackten Mainstreams zu höheren Preisen bei oft auch besserem Geschmack. In Hawaii bietet sich an der Deli-Theke die Möglichkeit, ziemlich preisgünstig (im Vergleich zum Restaurant) hawaiianische Spezialitäten zu probieren. Wer *Sushi* (eigentlich eine japanische Spezialität mit rohem Fisch) mag, der wird hier in seinem Element sein.

In den Supermärkten der Ketten *Foodland* (besonders große Auswahl!) und teilweise auch *Safeway* können Sie an der Deli-Theke beispielsweise *Ahi Poke* oder Shrimps koreanische Art (mit Chili-Soße) bestellen.

Gebäck

Liebhaber von Kuchen und Torten mögen in Hawaii verzweifeln. Das Angebot der wenigen Bäckereien, selten außerhalb von Supermärkten, zeichnet sich in erster Linie durch Farbenvielfalt und Übersüße aus.

Wer Süßes mag, sollte einmal *Donuts,* ähnlich wie Berliner, mit und ohne Loch in vielen Variationen, sowie die Zimtbeziehungsweise Rosinenschnecken und die *(Blueberry-)Muffins* probieren.

Jede Art von Gebäck läuft in Hawaii unter der Bezeichnung *Cookie.* Obwohl sie relativ teuer sind, erfreuen sich die vor chemischen Zusätzen nur so strotzenden Kekse auch bei Europäern großer Beliebtheit. Ganz oben auf der Hitliste der Besucher stehen die *Chocolate Chips Cookies* und die *Oreos.*

Cereals

Bei den *Cereals* handelt es sich um Getreideprodukte, die irgendwo zwischen Cornflakes und Müsli anzusiedeln sind. Die Variationsvielfalt ist in Hawaii (wie überall in den USA) enorm groß. Wer jedoch auf der Suche nach Vollwertmüsli ohne Zucker ist, der hat es schwer. Immerhin hält sogar Weizenkleie *(Bran)* Einzug in die Regale.

Obst und Gemüse

Vegetarier schwelgen in Hawaii in einem wahren Paradies. Neben dem auch bei uns erhältlichen Spektrum vom Apfel bis zur Zitrone sowie von den Alfalfa-Sprossen bis zur Zwiebel herrscht in der Regel eine gute Auswahl tropischer Früchte zu günstigen Preisen. Schon die Aufmachung der Obst- und Gemüseabteilung macht Appetit.

Vollwert- und Biokost

Immer mehr Lebensmittelläden in Hawaii bieten bereits Vollwert-Nahrungsmittel und Biokost *(Organic Food)* an, bei denen auf Konservierungsstoffe, gesättigte Fette und Ähnliches verzichtet wird. Ein regelrechter Pionier (zumindest auf den Inseln) ist dabei *Down to Earth,* die 1977 in Wailuku auf Maui einen entsprechenden Laden eröffneten. *Down to Earth* bietet **nur vegetarische Produkte** an und verfügt über drei Märkte auf Oahu sowie je einen Markt in Kahului (Maui) und in Hilo (Big Island): www.downtoearth.org.

Mittlerweile ist auch die in vielen Staaten der USA vertretene Bio-Supermarktkette *Whole Foods Market* mit Niederlassungen auf Oahu und Maui vertreten. Unter www.wholefoodsmarket.com (dann bei *Select a State* auf *Hi* klicken) finden Sie weitere Infos.

Auch auf den Speisekarten der Restaurants stehen immer häufiger Bio-Gerichte oder zumindest Zutaten, die *locally grown* sind und somit von hawaiianischen Bauern stammen.

Toast Hawaii

… gibt es auf Hawaii nicht zu kaufen, denn es handelt sich hierbei um eine **rein deutsche Kreation,** die 1955 erstmals von *Clemens Wilmenrod,* dem ersten „Fernsehkoch" Deutschlands, der Öffentlichkeit kredenzt wurde. Auch *Pizza Hawaii, Steak Hawaii* und *Leberkäs Hawaii* (eine von *Gerhard Polt* ersonnene, satirisch-inspirierte Variante) werden Zentraleuropäer nicht antreffen.

Der Name „Hawaii" in diesen Gerichten zeigt jedoch, dass die Inselgruppe damals meist in einem Atemzug mit dem Wort „Ananas" erwähnt wurde (siehe Kapitel „Wirtschaft: Zucker/Ananas").

Fast-Food-Lokale

In Amerika, dem Land des *Fast Foods,* sind die Schnellrestaurants in jedem Winkel des Landes anzutreffen – selbstverständlich auch im Lieblingsreiseziel der Amerikaner. Allein auf der Insel Oahu stehen über 45 Restaurants des Branchenriesen *McDonald's.* In den Touristenzentren (Waikiki, Lahaina, Kona, Lihue) ist dann die Konkurrenz in Form von *Burger King* oder *Kentucky Fried Chicken* nicht mehr weit. Über die Qualität der nicht gerade fettarmen Speisen lassen sich unsere Medien genügend aus, sodass dieses Thema hier ausgespart werden kann. Das Sortiment an *Junk Food* (etwa: Abfallnahrung), wie *Fast Food* auch genannt wird, ist in Ha-

Essen und Trinken

waii genauso einseitig wie bei uns: *Big Mac, Whopper* und Co. beherrschen die Szene.

Allen gemein ist das moderate Preisniveau und der weitgehend identische Geschmack der Gerichte. In der Regel erfolgt kein Alkoholausschank. Eine weitere Gemeinsamkeit besteht in der tischdeckenlosen Plastikeinrichtung, Selbstbedienung überwiegt.

Preise

Wer mehr auf den Dollar als auf ernährungsphysiologische Aspekte achten muss, der kommt gerade in Hawaii bei geschickter Ausnutzung der Sonderangebote in den Schnellrestaurants oft billiger weg als bei seiner Selbstverpflegung. In den Werbebroschüren *(This Week, Drive Guide)* finden sich stets entsprechende Coupons, mit deren Hilfe man an begehrte Sonderangebote herankommt. Derzeit ist ein *Big Mac* auf den Inseln nicht unter $ 3,50 zu haben, aber mit Coupons und als Kombi-Menü zusammen mit anderen Gourmet-Freuden sinkt das Preisniveau meist erheblich, während das Geschmacksniveau bleibt.

Plate Lunch

Richtig sparen kann man, wenn man nicht im Restaurant isst, sondern sich ein *Plate Lunch* (gibt's auch abends noch) im *Take-Away* (zum Mitnehmen)

◁ Lanai Burger auf Maui (im Hintergrund Lanai)

kauft. Man bekommt sie nicht nur in vielen Restaurants, sondern auch z.B. bei der Kette *L&L Drive Inn* (Die Speisekarte und mehr gibt's unter www.hawaiian barbecue.com), bei der man allerdings meist hinein gehen (nicht fahren) muss. *L&L* hat Niederlassungen in Kauai (Kapaa, Waimea und Lihue), Maui (4x, Lahaina Cannery Mall, Lahaina „City" oder Piilani Village in Kihei sowie in Kahului und Wailuku), Big Island (9x, z.B. in Kona und Hilo sowie in Naalehu an der Südspitze) und knapp 40 x in Oahu, die meisten außerhalb Waikikis. In Waikiki selbst wird man an knapp 10 Standorten fündig – unter anderem in Waikiki (2280 Kuhio Ave, Ecke Seaside), Haleiwa, Laie und am Flughafen. Die große Portion kostet bei *L&L* unter $ 10, die kleine ein paar Dollar weniger. Reine Vegetarier kommen hier eher schlecht weg, aber Fischliebhaber dafür voll auf ihre Kosten: Nach wie vor ist Garlic Ahi auf Cabbage Salat (Knoblauch-Thunfisch mit Krautsalat), Reis und Maccaroni-Salat der große Renner.

Diese Art „Fast Food Hawaiian Style" scheint sehr erfolgreich zu sein, denn mittlerweile gibt es nicht nur gut 50 *L&Ls* in Hawaii, sondern auch etwa 100 Niederlassungen auf dem US-Kontinent und eine in Japan.

Korean BBQ

Die *Korean Barbecues* sind noch einen Touch exotischer und geschmackvoller gewürzt – eine leckere Alternative, zu finden in vielen *Malls, Business Centers* und Seitenstraßen von Waikiki. Man wählt sein Fleisch bzw. seinen Fisch aus, bestimmt drei bis vier Beilagen von einer

Art Salatbar und zahlt zwischen $ 5 und $ 10 für ein herrliches Essen. Auch Suppen-Liebhaber kommen auf ihre Kosten.

Solche *Take-Aways* gibt es auch mit chinesischer Küche, Thai-Küche etc. In der Regel stehen in der Nähe Tische und Stühle, an denen man essen kann, aber viele nehmen sich die Mahlzeit mit nach Hause oder ins Büro. Wer sich dann zum privaten Sonnenuntergangs-Dinner an den Strand setzt, kann Hawaii individuell und preiswert genießen.

Family Style Restaurants

Oft findet der Besucher auch sogenannte *Family Style Restaurants* und *Coffee Shops,* die teilweise rund um die Uhr geöffnet sind. Diese Lokale sind vom Ambiente her zwischen *Fast Food* und einem „richtigen" Restaurant angesiedelt. Ein typischer Vertreter ist die Kette *Dennys,* die mit einer bebilderten Speisekarte aufwartet. Hier bekommt man für $ 10 ein (sehr einfaches) meist akzeptables Essen im amerikanischen Stil.

▷ „Save room for desert" (Lassen Sie noch Platz im Bauch für den Nachtisch) sagen die Kellner in den USA oft. Auch auf Hawaii sind die Desserts sehr süß, garantiert nicht kalorienarm und manchmal sogar für Europäer lecker

Restaurants und Kneipen

Selbstredend existieren in Hawaii nicht nur *Fast-Food*-Lokale, sondern auch eine breite Palette „richtiger" Restaurants. Während man in Honolulu die Auswahl unter vielen verschiedenen ethnischen Küchen (primär asiatisch und amerikanisch) treffen kann, hat man in den anderen Teilen des Staates die Qual der Wahl unter mehreren Restaurants amerikanischer Küche, die jeweils mit einer Prise (pseudo-)hawaiianisch gewürzt oder dekoriert ist.

Gemessen an dem, was in punkto Ausstattung, Ambiente und Küchenqualität im Allgemeinen geboten wird, sind die Restaurants in Hawaii auch bei einem günstigen Dollarkurs nicht gerade preiswert. Erstklassiges Essen bei ebensolchem Service in angenehmer Umgebung muss teuer bezahlt werden. Die Preise steigen mit jeder Verbesserung des Services oder der Küche exponenziell.

Rechnen Sie mit etwa $ 40 pro Person und Abendessen. Lediglich in Waikiki und in Lahaina liegt das Preisniveau etwas niedriger; Konkurrenz macht's möglich.

Mittags und abends gibt es häufig unterschiedliche Karten. Beim Lunch zahlt man generell weniger als zur Dinnerzeit.

Platzierung

Üblicherweise werden die Restaurantbesucher platziert. Selbst wenn freie Tische vorhanden sind, wartet der Gast zunächst geduldig im Eingangsbereich, bis sich ein *Waiter/Host* oder eine *Waitress/Hostess* seiner und der dazugehörigen *Party* annimmt und einen Tisch zuweist.

Dazu ist es wichtig, die *number in party* (Anzahl der Gäste) zu kennen.

Sind gerade alle Plätze besetzt, werden die Namen der ankommenden Gäste notiert (Vornamen erleichtern vieles) und der Reihe nach aufgerufen.

Rechnung

Auf der Rechnung *(Check)* steht neben den auf der Speisekarte ausgewiesenen Nettopreisen zusätzlich die **Umsatzsteuer** (*Tax:* 4 bis 6 % je nach Ort und Ware).

Da der Service nie im Preis enthalten ist, wird ein für europäische Verhältnisse üppiges **Trinkgeld** *(Tip)* erwartet. Die Bedienungen erhalten nur einen Hungerlohn auf Stundenbasis, den größten Teil ihres Einkommens bestreiten sie aus den *Tips* – und diese müssen sie auch noch versteuern. Ein *Tip* in Höhe von mindestens 15 % ist üblich, bei sehr guter, freundlicher Bedienung auch mehr. Ein *Tip* von $ 8–10 bei einer Gesamtrechnung von $ 51 gilt in Hawaii nicht nur als normal, sondern wird erwartet. Zu dem auf der Speisekarte angegebenen Preis kommt somit noch ein Aufschlag von knapp über 20 % *(Tip + Tax)*.

Die Rechnung wird für einen kompletten Tisch gestellt. **Einzelabrechnung** ist unüblich und kaum möglich.

Bezahlung

Gezahlt wird entweder direkt bei der Bedienung oder an einer Kasse am Ausgang. In letzterem Fall hinterlässt man das Trinkgeld meist bar am Tisch. Bei Rechnungsbegleichung per Kreditkarte kann man auch das *Tip* mit einschließen.

Speisekarte

Die Speisekarte heißt auch in Hawaii *Menu* (sprich: „Mänjuh"). Zu allen Mahlzeiten wird kostenlos das fast obligatori-

Hawaiianische Spezialitäten – kleiner Restaurantsprachführer

Die wichtigsten Restaurant-Vokabeln im Überblick

Appetizer	Vorspeise
Beverages	Getränke
broiled, charbroiled	gegrillt
Check	Rechnung
Chowder	sahnige Suppe
Clam	Muschelart; meist als Clam Chowder (Suppe)
Crab	Krabbe
Entree	Hauptgericht mit Auswahl an Beilagen inklusive Vorspeise
French Fries	Pommes frites
Garlic (Butter)	Knoblauch(-butter)
homemade	hausgemacht
Kaukau	Essen
Lobster	Hummer
poached	in Flüssigkeit gekocht (z.B. Wein)
Pupu	Vorspeise, (ziemlich) kleiner Snack
Menu	Speisekarte
sauté	in der Pfanne zubereitet, darin gebraten
Seafood	Meeresfrüchte
Sides, Sideorders	Beilagen
skeemed	im Dampf gekocht/gegart, nicht in Wasser
steemed	im Wasser(dampf) gekocht
Teriyaki	chinesische Sauce bzw. Marinade

Fisch

Ahi	Yellowfin Tuna (Gelbflossen-Thunfisch)
Aku	Skipjack Tuna (Makrele)
Au	Pacific Blue Marlin (Schwertfisch)
Catch of the day	Fangfrischer Fisch (nicht tiefgefroren). Fische dürfen rund um die Inseln nur mit der Leine gefangen werden. Das Fangen mit Netzen ist zum Schutz der Delfine verboten.
Hoku	Grey Snapper (eher seltener)
Lomilomi Salmon	In einer Marinade aus Zwiebeln, Kräutern und Tomaten eingelegter roher Lachs
Mahimahi	Dorade; der Standard-Fisch auf den Inseln, relativ milder Geschmack
Mano	Haifisch

Ono	Wahoo; ein makrelenartiger Fisch
Opakapaka	Pink Snapper (Barsch)
Sashimi	in Scheiben geschnittener, roher Fisch. Wird oft mit Sojasoße gegessen. Die Zubereitung ist eine Kunst. Es gibt gute und schlechte Künstler. Sashimi ist eine japanische Spezialität.
Sushi	roher Fisch mit Reis, eingewickelt in Weinblätter. Auch Sushi ist ursprünglich eine japanische Spezialität.

Sonstige Spezialitäten

Ahi Poke	roher Thunfisch (Ahi) mit Sojasoße und Maui-Zwiebeln, Sesam und Sesamöl sowie eventuell mit Chili bzw. Knoblauch. Ahi Poke Hawaiian Style enthält zusätzlich Algen
Baked Ulu	gebackene Brotfrucht
Chow Fun	breite Nudeln mit Schweinefleisch (chinesisch)
Guava	Guave; eine tropische Frucht mit rosa bis orangefarbenem Fruchtfleisch (meist als Gelee oder Fruchtsaft), sehr wohlschmeckend
Haupia	Nachtisch aus Kokosnüssen
Imu	Erdofen, in dem die Schweine beim Luau gegart werden
Laulau	in Ti- oder Taroblätter gewickeltes Schweinefleisch, das im Erdofen gegart wurde
Lilikoi	Passionsfrucht
Macadamia Nuts	Macadamia-Nüsse; relativ teure Spezialität, die vor allem an der Kona-Küste von Hawaii Big Island angebaut wird; unvergleichlich im Geschmack; erhältlich in vielen Variationen, unter anderem mit Salz, Schokolade oder geröstet
Manapua	mit Schweinefleisch oder Geflügel gefüllte Hefeklöße (chinesisch)
Niu	Kokosnuss
Opihi	Schnecken
Pipikaula	luftgetrocknetes Rindfleisch
Poi	rosafarbene Paste aus der geriebenen Taro-Wurzel; geschmacksneutral bis ungewohnt; je nach Alter (frisch bis mehrere Tage alt) unterschiedlicher Geschmack von süß bis sauer; manchmal verächtlich „Tapetenkleister" genannt; schmeckt in der Regel nur echten Hawaiianern; beste Probiermöglichkeit beim Luau; wer Poi nicht probiert hat, war nicht in Hawaii …
Saimin	dünne Gemüse-Nudelsuppe; meist mit Fleischeinlage; sehr beliebt bei den Einheimischen, auch als Instant-Suppe erhältlich
Taro	ur-hawaiianische Pflanze; wird in der Regel zu Poi verarbeitet
Tripe Stew	Eintopf aus Kutteln (Innereien)

Essen und Trinken

sche Eiswasser serviert. Je nach Tageszeit weist die Karte verschiedene Gerichte auf:

■ Frühstück

Das klassische amerikanische **Breakfast** besteht aus zwei Eiern (je nach Wunsch: *scrambled* = Rühreier oder *fried/sunny side up* = Spiegelei), gebratenem Speck *(Bacon)* und/oder Bratwürstchen sowie *Hash Browns* (ein Ableger der Kartoffelpuffer). Auch Omelett mit *Hash Browns* ist sehr beliebt. Dazu gibt es Toast und Marmelade. Kaffee und Tee werden nach Belieben ohne zusätzliche Berechnung nachgeschenkt. Entkoffeinierter Kaffee heißt salopp *Decaff,* denn so gut wie niemand gebraucht die Langversion *Decaffeinated Coffee.* Wer schon bei der Bestellung des (stets mit Butter bestrichenen) Toasts nach *brown bread* oder *whole wheat bread* fragt, erhält Vollkorntoast.

■ Mittagessen

Viele Restaurants bieten ausgesprochen preisgünstige **Lunch**-Büfetts *(Buffet Lunch)* nach dem Verfahren *All you can eat* an. Für (erheblich) unter $ 20 wird hier einiges geboten. Ansonsten fällt die Mittagsmahlzeit eher mager aus, meist muss ein Sandwich oder ein Hamburger herhalten. Oft ist aber auch ein günstiges Essen à la carte möglich.

■ Abendessen

Die amerikanische Hauptmahlzeit ist das **Dinner** (Abendessen), das in Hawaii bereits relativ früh eingenommen wird. Sehr beliebt sind *Sunset Dinner* (*Dinner* bei Sonnenuntergang an der Westküste). Eine telefonische Tischreservierung ist manchmal sogar dringend notwendig. Oft wird in festen Schichten gegessen, zum Beispiel die erste Schicht um 17.30 Uhr, die zweite um 19 Uhr und die dritte um 20.30 Uhr.

■ Menü

Die meisten Gäste bestellen ein sogenanntes **Entree.** Es umfasst:

- ■ Salatteller oder Suppe
- ■ *Dinner Rolls* (Brötchen) mit Butter
- ■ Hauptgericht mit Beilagen nach Wahl (Reis, Pommes Frites, Kartoffelbrei, gebackene Kartoffel etc.)

Neben dem Steak in mehreren Varianten ist Fisch auf den Inseln ein fester Bestandteil der *Entrees.* Alles, was nicht ausdrücklich die Bezeichnung *fresh fish* oder *catch of the day* trägt, kommt aus der Tiefkühltruhe.

■ Salatbar

Manche Restaurants verfügen über eine reichhaltige **Salad Bar,** an der unbegrenzt nachgefasst werden darf. Man kann sich auch ausschließlich an der Salatbar laben – selbst wenn dies nicht auf der Karte steht. Salatbar pur kostet um die $ 12–25.

■ Nachtisch

Nach dem Hauptgericht fragt die Bedienung den Gast regelmäßig, ob er noch **Sweets** oder **Dessert** wünscht. Zur Vermeidung übersüßter Farbüberraschungen sollte man den Nachtisch mit Ausnahme von Eis und frischen Früchten nur nach optischer Begutachtung und nie ausschließlich nach Karte bestellen. Gleichzeitig besteht die Möglichkeit, einen **Kaffee** zu ordern. Dieser wird in der Regel beliebig nachgeschenkt, aber nur einmal berechnet.

Nach dem Essen

Wer wie in Europa nach dem Essen noch etwas länger sitzen bleibt, der kann das gesamte Reservierungsschema durch-

Essen und Trinken **469**

einanderbringen, denn es wird im Prinzip erwartet, dass der Gast nach dem Essen den Tisch räumt. Der Autor hat es in Honolulu sogar erlebt, dass die Gäste der nächsten Essensschicht stehenderweise direkt neben dem Tisch der etwas länger Verweilenden platziert wurden; der dadurch ausgeübte moralische Druck zeigte auch bei den Europäern schnell seine Wirkung. Für das Gespräch nach dem Essen begibt man sich in Hawaii ganz entspannt in eine Bar.

Alkoholfreie Getränke

Bei nichtalkoholischen Getränken muss man in Anbetracht der vielen farbenfrohen Chemieprodukte, die in der Sprudelabteilung zu finden sind, erst herausfinden, was einem selbst genießbar erscheint. Selbst *Coca-Cola, Fanta, Pepsi-Cola* und *Sprite* schmecken anders als gewohnt, denn die Amerikaner lieben es süßer. All diese stets in kleinen Aludosen oder großen Plastikflaschen verpackten Zuckerwasser werden unter dem Oberbegriff **Softdrink** gehandelt. *Softdrinks* in Dosen heißen *Sodapops*. Achtung: Das *Root Beer* ist kein Bier (auch kein alkoholfreies) und tendiert vom Zuckergeschmack her eher zu Rübensirup als zu *Fanta*. Ähnlich extrem gesüßt ist *Dr. Peppers*. Die bei uns angebotenen *Light*-Produkte finden Sie in Amerika unter der Bezeichnung *Diet* (beispielsweise *Coca Cola light* ist *Diet Coke*).

Der natürliche Fruchtgehalt von immer noch als **Fruchtsäften** titulierten Getränken ist häufig niedrig. Was als preisgünstiger *Fruit Juice* im Regal steht, würde bei uns im besten Fall als „Saftgetränk" durchgehen. Die teuren Säfte

(oder das tiefgefrorene Konzentrat) sind hingegen meist von hoher Qualität.

Ernährungsbewusste Amerikaner trinken neben frisch gepressten Säften (auch das gibt es im Supermarkt!) meist nur **Wasser,** das in den Packungsgrößen 1 Gallone (knapp 4 l) und 2½ Gallonen (knapp 10 l) angeboten wird. Vor den Supermärkten stehen z.T. Automaten, an denen man für zwei Quarter (50 Cents) eine Gallone gereinigtes, geschmacksneutrales Trinkwasser nachfüllen kann. Sprudelndes Mineralwasser *(Soda Water)* ist in Hawaii unüblich. Die wenigen, importierten Produkte sind sehr teuer.

Leitungswasser ist zwar in Hawaii gesundheitlich unbedenklich, aber diese Unbedenklichkeit hat ihren Preis: Der penetrante Chlorgeschmack verleidet meist den Genuss.

Kaffee und Tee

Hawaii ist bekannt für den dort angebauten und gerösteten **Kona Coffee** (siehe auch Exkurs: „Kona Coffee" im Kapitel „Hawaii Big Island"), aber das, was einem im Restaurant z.T. als *Kona Coffee* vorgesetzt wird, ist von der Gourmet-Version des *Kona Coffee* oft weit entfernt, sodass die verwöhnten Kaffee-Zungen der Europäer dann leider doch nur einen etwas besseren amerikanischen Kaffee degustieren. Wer Glück hat, kann natürlich auch sehr positive Überraschungen bei der Gastronomie erleben, vor allem jenseits der unteren Preisklasse, und wer selbst kocht, der kann sich wohl gar wie im Kaffee-Himmel fühlen.

Vor allem rund um Kailua-Kona (Big Island), aber auch auf den anderen Inseln schießen derzeit **Gourmet Coffee-**

Unterwegs in Hawaii

10

Restaurants in *Starbuck's*-Manier wie Pilze aus dem Boden, von denen die meisten wirklich einen ausgezeichneten Kaffee (meist *Kona Coffee,* manchmal aber auch *Kauai Coffee* oder *Molokai Coffee*) servieren.

Außerhalb von Restaurants trinkt man überwiegend Pulverkaffee, obwohl sich derzeit eine echte Kaffeekultur zu etablieren beginnt.

Die **Teeauswahl** ist dürftig und besteht vor allem aus den Teebeuteln einiger großer Hersteller.

Alkoholika

Bier

Auch wenn es uns die Tanzkapellen zur Faschingszeit stets anders vermitteln, gibt es in Hawaii genügend Bier, allerdings nur in Dosen oder Einwegflaschen. Nachdem die letzte große Brauerei Hawaiis 1991 schloss, füllen *Microbreweries* (Kleinbrauereien) einen Teil ihrer Produktion in Flaschen ab und liefern diese an die Supermärkte. Mittlerweile werden über zehn verschiedene Biersorten auf der Inselgruppe gebraut.

Dennoch ist der hawaiianische Biermarkt fest in der Hand der **amerikanischen Großbrauereien.** Alkoholgehalt und Würze scheinen dem Europäer gering. Ein rechter Biertrinker wird am US-amerikanischen Bier keinen sonderlichen Gefallen finden.

Teurer sind die **Importbiere** von *A* wie *Asahi* (aus Japan) über *F* wie *Fosters* (Australien) bis *W* wie *Warsteiner* (oft anzutreffen). Die meisten dieser Biersorten schmecken anders als im Erzeugerland, weil die amerikanischen Hygienegesetze einen geschmacksnivellierenden Sterilisationsprozess für Importprodukte vorschreiben.

Essen und Trinken 471

Wein

Speziell kalifornische Weine können es mit europäischen Produkten ohne Weiteres aufnehmen, soweit es sich um die besseren, meist ziemlich teuren Sorten handelt. Da es die Amerikaner süß lieben, würde ein Wein mit der Aufschrift *dry* (trocken) bei uns eher als lieblich bis halbtrocken bezeichnet werden. Viele Zentraleuropäer greifen da eher zum *extra dry,* wenn sie nicht wegen der hohen Preise ganz vom Wein Abstand nehmen.

Alkoholverkauf

Alkoholische Getränke jeder Art werden in Hawaii wie bei uns in Supermärkten, vereinzelt auch in Fachgeschäften *(Liquor Stores),* verkauft. Nach Mitternacht bis frühmorgens ist der Verkauf von Alkoholika auch in den rund um die Uhr geöffneten Supermärkten strikt verboten.

Die Abgabe von alkoholischen Getränken an Personen unter 21 Jahren ist verboten. Besitz und Konsum von Alkoholika unterliegen den gleichen Beschränkungen.

Ende 2009 wurde der Autor erstmals in einem Supermarkt in Kona beim Kauf von Bier nach einer ID (Reisepass) als

Altersnachweis gefragt – im zarten Alter von 46 Jahren mit grauem Bart. Mit einem sehr breiten Lächeln verließ der Autor den Laden. Bei der Supermarktkette *Target* ist das Vorzeigen der ID zum Alkoholkauf mittlerweile fest vom Management verordnet. Der Autor hat 2013 gesehen, wie ein Rentnerehepaar, bei dem beide Personen über 80 Jahre alt waren, ihren Ausweis hervorkramen mussten, um einen *Sixpack* Bier bei Target zu kaufen. Der Grund hierfür ist die Tatsache, dass das Management einerseits Alkohol erst an mindestens 21-Jährige abgeben und andererseits niemand diskriminieren möchte, dass man ihn eventuell für zu jung hält. Früher gab es Schilder der Art „Wenn Sie aussehen wie 21 oder jünger, dann wundern Sie sich nicht, wenn wir Sie beim Alkoholkauf nach Ihrem Ausweis fragen".

In der **Öffentlichkeit** ist der **Alkoholkonsum generell verboten.** Das gilt insbesondere für die Strände. Personen ab 21 Jahren dürfen alkoholische Getränke folglich nur auf privaten Grundstücken und in Räumen konsumieren. Auch der Stellplatz auf dem Campground und das Open-Air-Lokal gehören dabei eigentlich zu den Privatgrundstücken. Allerdings hat der Autor an allen Campingplätzen in State Parks oder County Parks Schilder mit der Aufschrift *No alcohol in the park* entdeckt.

Wer schon auf dem amerikanischen Kontinent war, der weiß, was sich in den liebevoll mit Packpapier umwickelten Dosen und Flaschen befindet, die auf Parkbänken und Stränden ihrer Bestimmung zugeführt werden. In Hawaii wird in den *State Parks* auch diese Variante des Alkoholkonsums nur äußerst ungern gesehen.

◁ Aus einer kleinen Mikrobrauerei in Kona ist mittlerweile ein sehr kleines Brauerei-Imperium geworden, dessen Biere quasi in allen Supermärkten der Inselkette und teilweise auch in Kalifornien erhältlich sind

Von Weihenstephan nach Hawaii

Während Touristen aus dem Norden Deutschlands mit amerikanischen Standardbieren wie *Budweiser* oder *Miller* erfahrungsgemäß wenige Probleme haben, ist es schon vorgekommen, dass mit *Augustiner* und *Franziskaner* (= Münchner Biere) sozialisierte Besucher in den USA zu überzeugten Weintrinkern konvertiert sind.

In den letzten Jahren hat sich die Biersituation jedoch deutlich verbessert, *Microbreweries* schicken ihren Brauernachwuchs zur Ausbildung immer häufiger nach Deutschland oder Irland. Dies führte dazu, dass man heutzutage zumindest entlang den Küsten durchaus hervorragende Bierspezialitäten genießen kann.

Der Hawaii-Archipel nimmt auch hier eine Sonderstellung ein, denn die Braumeister ausnahmslos aller lokaler Brauereien erlernten ihr Handwerk am renommierten Institut für Brau- und Lebensmitteltechnologie im **bayrischen Weihenstephan** bei München. Neben der *Microbrew-Kette* **Gordon Biersch,** die ihre Hawaii-Dependance am Aloha Tower in Honolulu geöffnet hat, sind besonders die Brauereien **Kona** und **Mehana** auf Big Island erwähnenswert. Deren Spezialitäten sind auch auf allen anderen Inseln verbreitet.

Für Liebhaber geschmackvoller *Ales* sind das würzige *Fire Rock Pale Ale* und besonders das *Pacific Golden Ale* der Kona Brewing Company zu empfehlen. Das dunkle *Stout* aus demselben Hause sieht zwar wie *Guinness* aus, ist jedoch deutlich dünner. Sehr experimentierfreudige Bierfans sollten einmal das *Lilikoi Wheat Ale* probieren, ein mit Passionsfrucht aromatisiertes *Golden Ale.* Wer *Kölsch* schätzt, ist mit dem Standardbier der *Mehana Brewing* gut bedient, auch wenn es viel aromatischer ist als die meisten „echten" Kölner Biere.

Ganz ausgezeichnete Weißbiere gibt es auf Maui in der **Fish & Game Brewing Company and Rotisserie** in Kahana, dort stehen die Braukessel im Gästebereich. So ähnlich sah es auch in **Whalers Brewpub** auf Kauai aus, hier lag der Schwerpunkt auf starken *Ales*. Auf dunkle, malzige Biere hat sich *Weihenstephan*-Absolvent *Dave Curry* im **Waimea Brewing** spezialisiert.

Dr. *Marcel Consée*

■**Kona Brewing,**
75-5629 Kuakini Highway, Kailua-Kona,
Big Island, HI 96740
■**Mehana Brewing,**
275 East Kawili Street, Hilo,
Big Island, HI 96720
■**Fish & Game Brewing Company and Rotisserie,**
4405 Honoapiilani Highway #217, Kahana,
Maui HI 96761
■**Waimea Brewing,**
9400 Kaumualii Highway, Waimea,
Kauai HI 96796
■**Weitere Infos** zu den *Microbreweries* findet man unter www.beerme.com und dann „USA-Hawaii" anwählen.

Essen und Trinken 473

Alkoholische Getränke werden in Restaurants nur in Verbindung mit einer Mahlzeit gereicht. Sie werden meist bei einer separaten Bar-Bedienung bestellt und von dieser auch gebracht sowie, inklusive *Tip*, abkassiert.

Für die gemütliche Gesprächsrunde bei Bier und Co. begibt man sich in eine **Bar,** die auch *Coctail Lounge* genannt wird. In den Touristenzentren sind diese zahlreich vorhanden.

In Honolulu, Lahaina und Kona gibt es sogar „richtige" Kneipen, einige davon sogar mit Live-Musik.

Hawaiianische Getränke

Kona Coffee

Hawaiianischer Kaffee, der überwiegend an der **Kona-Küste** von **Hawaii Big Island** angebaut wird; etwas stärker als der normale amerikanische Kaffee, der aber bei ortsüblicher Dosierung dem in Europa erhältlichen Kaffee nicht das Wasser reichen kann. *Kona Coffee* wird in der Regel angeboten als *bottomless cup* (Tasse ohne Boden; d.h. kostenloses Nachschenken, sooft man will).

Wie im Rest der USA haben mittlerweile auch auf Hawaii **„Fast-Drink"-Kaffeehäuser** an vielen Orten eröffnet. Nicht nur bei *Starbuck's* gibt es recht guten Kaffee im Pappbecher zum Mitnehmen. Wer einfach nur einen Kaffee mit viel (nicht aufgeschäumter) Milch möchte, bestellt dort einen *Coffee with room (for milk)*; die Milch gießt jeder Gast dann individuell hinzu – mit 0 %, 2 %, 3,5 % Fett oder Kaffeesahne.

Für amerikanische Verhältnisse ausgesprochen gut ist der Kaffee bei *The Coffee Bean & Tea Leaf.* Die in Hawaii ansässige Kette ist auf Oahu über zehnmal vertreten und verfügt über je eine Niederlassung in Waipouli auf Kauai sowie in Kona auf Big Island: www.coffeebeanhawaii.com.

Mai Tai

Ursprünglich ein Rum-Longdrink mit Limone, Curaçao Orange, Kandissirup, Mandelmilch und reichlich geschabtem Eis; in Hawaii das Standardgetränk für den Abend, oft süßer Fruchtsaft mit etwas Rum und sehr viel Eis; meist $ 5 bis 10.

Pina Colada

Der wohl bekannteste tropische Cocktail, bestehend aus Rum, Ananassaft, eingedickter Kokosnussmilch *(Coconut Cream)* und viel Eis; der Cocktail ist auch in der alkoholfreien Version sehr schmackhaft; meist $ 5 bis 12.

Blue Hawaii

Cocktail aus weißem Rum, Curaçao Blau, Ananassaft, eingedickter Kokosnussmilch *(Coconut Cream)* und viel Eis; meist $ 5 bis 12.

Lava Flow

Eine Mischung aus Erdbeer-Daiquiri und Pina Colada. Bei einem guten Lava Flow fließt das ganze dann herrlich ineinander; meist $ 5 bis 12.

Unterwegs in Hawaii

10

Einkäufe und Souvenirs

Im Gegensatz zu den niedrigen Preisen auf dem amerikanischen Festland schrecken die Preise in Hawaii eher ab. Zur ersten Inspiration bei Ihren Souvenirkäufen folgendes:

Eine frische, reif geerntete **Ananas** *(Pineapple)* schmeckt ausgesprochen gut. Schon die im Supermarkt in Hawaii erhältlichen Früchte bieten ganz andere Gaumenfreuden als die „frisch" nach Europa verschiffte Importware.

Ausfuhrkontrolle

Alle Früchte, die Hawaii verlassen, müssen inspiziert werden und dazu der *Agricultural Inspection*, also der Kontrolle durch das Landwirtschaftsministerium, standhalten. Bereits vorinspizierte Früchte können in manchen Souvenirläden bestellt und bezahlt werden. Die Ware wird dann ganz frisch und flugfertig verpackt direkt am Flughafen unmittelbar vor dem Einchecken zur Abreise in Empfang genommen. Dieser Ananas-Frischservice ist in der Regel von etwa 6 Uhr bis 23 Uhr besetzt.

Wer nachts fliegt, holt seine Früchte besser persönlich bei *Dole* in Oahu ab – und zwar in der *Dole Plantation* am Hwy 99 mitten in den Ananasfeldern.

Supermarktware darf **nicht ausgeführt** werden und ist aufgrund der fehlenden Spezialverpackung für die Beamten des Landwirtschaftsministeriums leicht zu erkennen.

◿ Cocktails gibt es in vielen Farben und Geschmacksrichtungen

▷ Nur auf Oahu gibt es noch eine kleine Ananasplantage

Einkäufe und Souvenirs

Ananas als Fluggepäck

Die im Fluggepäck exportierten frischen Früchte behalten bei kühler Lagerung für etwa 5 bis 7 Tage ihren vollen Geschmack, lassen sich bei guter Kühlung unter akzeptablen Geschmackseinbußen fast zwei Wochen lang aufbewahren.

Auch **Ananas-Wein,** der nur auf Maui und Big Island hergestellt wird, ist ein typisches Hawaii-Souvenir.

Marmelade und Gelee

Für Freunde des Süßen sind *Fruit Preserves* (Frucht-Gelees und Marmeladen) von tropischen Früchten ein willkommenes Mitbringsel. *Guava Jelly* (Guaven-Gelee), *Papaya Pineapple Jam* (Papaya-Ananas-Marmelade) und *Mango Chutney* (mit vielen Fruchtstücken) stehen in der Gunst vieler Zentraleuropäer ganz oben. Die größte Auswahl gibt es in den Supermärkten der *Foodland*-Kette.

Kona Coffee

Von den Festlandsamerikanern und der Tourismusindustrie wird der *Kona Coffee* hochgelobt und als Souvenir gepriesen. Nach europäischen Geschmacksvorstellungen ist längst nicht jeder *Kona Coffee* eine Gaumenfreude, als Souvenir also nur bedingt geeignet. Nachdem der *Kona Coffee* jedoch so erfolgreich ist, gibt es auf jeder Insel (außer Lana) eigene Kaffeeplantagen und -röstereien.

Macadamia-Nüsse

Ohne die Macadamia-Nüsse wäre die hawaiianische Lebensmittelindustrie um einen Bestseller ärmer, denn es handelt sich dabei um ein **klassisches Hawaii-Souvenir.** Sie begegnen den manchmal liebevoll *Mac Nuts* genannten Nüssen in jeder Eisbude, fast jedem Restaurant, jedem Supermarkt und auch in jedem Souvenir Shop. *Macadamia Nuts* in der

Dose gibt es (fast) unbehandelt, aber auch gesalzen, gezuckert, mit Schokolade überzogen oder sonstwie veredelt. Selbst wenn der Preis von knapp über $ 4 für fünf *ounces* hoch erscheint, sind die Nüsse auf den Inseln günstig; nach Europa importierte *Mac Nuts* kosten das Doppelte. Recht preiswert (meist in einer Sonderangebots-Kombination mit einem Coupon) sind die Nüsse in den *ABC Stores,* von denen es allein in Waikiki über 30 Stück gibt.

Tropische Pflanzen

Tropische Pflanzen als Samen oder Setzlinge sind zwar als Mitbringsel beliebt, aber nur bedingt geeignet. Setzlinge überstehen den Transport oft nicht und dürfen bei der Einfuhr nach Europa keine Erde enthalten. Samen keimen zwar auch bei uns, wachsen aber selbst unter günstigen Voraussetzungen nur selten über die 10-cm-Marke hinaus. Man sollte nur Samen und Setzlinge kaufen, die *approved* sind, die also vom amerikanischen Landwirtschaftsministerium als unbedenklich angesehen werden.

Korallen

Der Kauf von Schmuck aus Korallen ist mit dem Kauf von Pelzmänteln gleichzustellen, denn für die Produktion des Korallenschmucks werden auf den Philippinen und anderswo Korallenriffe zerstört, die über Hunderte von Jahren langsam gewachsen sind. Außerdem ist die **Einfuhr von Korallen** und daraus hergestellten Produkten (Ketten etc.) **nach Europa verboten** (Artenschutz).

Hawaii-Hemden

Schon lange vor der Fernsehserie *Magnum* waren Hawaii-Hemden und Hawaii-Blusen salonfähig und als das klassische Souvenir sehr beliebt, wobei die „Erfindung" des Hawaii-Hemds im Jahr 1954 dem Designer *Alfred Shaheen* zugeschrieben wird. Die größte Auswahl zu teils attraktiven Preisen bietet *Hilo Hattie* in seinen Läden auf Oahu, Maui, Kauai und Hawaii Big Island. Die Ladenkette inseriert in allen wichtigen Inselpublikationen unübersehbar auf mehrseitigen Anzeigen unter dem Motto „Made in Hawaii by Hilo Hattie … We are what to wear in Hawaii". Die Größenauswahl reicht dort von Small bis XXXLarge. Ein schönes Stück ist mit etwas Glück ab $ 40 zu haben, obwohl gerade *Hilo Hattie* eine Touristenfalle ist (www.hilohattie.com). Trotzdem hat ein Besuch bei *Hilo Hattie* Kultstatus und ist schon fast Pflicht für jeden Hawaii-Touristen. Durchsuchen Sie vorher die einschlägigen Gratiszeitschriften für Touristen nach der unübersehbaren *Hilo-Hattie*-Anzeige und den aktuellen Coupons!

Muumuu

In den Touristenzentren bieten viele Boutiquen ein breit gefächertes Angebot entsprechender Kleidung. Beim Schlendern durch diese Läden werden Sie sicherlich auch auf ein *Muumuu* (gesprochen: Mu-u-mu-u) – ein luftiges Kleid, das an ein Nachthemd erinnert – stoßen.

Einkäufe und Souvenirs

T-Shirts

Neben den Macadamia-Nüssen und den Hawaii-Hemden zählen T-Shirts in allen Variationen zu den klassischen Hawaii-Souvenirs. Günstige, aber nicht unbedingt minderwertige T-Shirts finden Sie (auch) bei *Hilo Hattie* (s.o.) und *Target,* der auch günstige Hawaii-Hemden im Angebot hat. Eine echte hawaiianische Spezialität sind die T-Shirts von *RED DIRT* (www.dirtshirt.com). Sie werden auf den Inseln in Heimarbeit von Hand mit einheimischer roter Erde gefärbt, was zur Folge hat, dass keine zwei T-Shirts exakt denselben Farbton aufweisen. Man bekommt sie in vielen Souvenirläden sowie in *Red-Dirt*-Läden in Eleele/Kauai *(Factory Store),* Lihue/Kauai und Lahaina/Maui.

Die Qualität der T-Shirts ist wie überall in den USA selbst bei Billigware (z.B. im *ABC Store*) noch erstaunlich hoch.

Surf-Kleidung

Neben den internationalen Marken wie *Roxy* oder *Billabong* gibt es eine hawaiianische Eigenmarke namens *Local Motion.* Die Produkte sind in der gleichen Preiskategorie wie die weltweit erhältlichen Marken, weisen aber ein sichtbar hawaiianisch geprägtes Design auf und sind nur auf den Inseln erhältlich: www.localmotionhawaii.com.

Hawaii-Musik

Nachdem die Hawaii-Musik in den letzten Jahren einen starken Aufschwung erlebte, sind auch vermehrt CDs mit dieser Musik in den Fachgeschäften zu finden. Um einer Enttäuschung vorzubeugen, sollte man sich die Musik vor dem Kauf unbedingt anhören, denn echte Hawaii-Musik ist etwas gewöhnungsbedürftig.

Bei den Einheimischen erfreuen sich besonders die *Brothers Cazimero* und die *Makaha Sons of Niihau* sowie *Keali Reichel* (Sohn einer Deutschen und eines Hawaiianers) mit ihrem *Contemporary Hula* (zeitgenössischer Hula) großer Beliebtheit, während viele Deutsche auf den inzwischen verstorbenen, schwergewichtigen hawaiianischen Schmusesänger *IZ* „stehen" (siehe Kapitel „Kultur"). Der im April 2007 verstorbene *Don Ho* hingegen schlug mehr die Festland-Amerikaner in seinen Bann. Sein Lied *Tiny Bubbles* war lange ein Bestseller; dennoch empfiehlt sich vor allem das Probehören.

DVD

Beim Kauf von DVDs sollte man darauf achten, dass der **Regional-Code** (Country Code) der DVD die Zahl 2 trägt, denn die ansonsten in den USA üblichen DVDs mit Regional-Code 1 laufen auf dem heimischen Standard-Player nicht. Zudem sollte man darauf achten, dass die DVD im europäischen PAL-Standard (und nicht im amerikanischen NTSC-Standard) formatiert wurde, obwohl mittlerweile die meisten DVD-Player sowie neuere TV-Geräte mit NTSC-Signalen klar kommen.

Der Autor | 503
Hawaiianisch für Anfänger | 483
Internet, weiterführende Infos | 482
Literaturhinweise | 480
Reise-Gesundheits-
  Informationen | 488
Register | 493

11 Anhang

◁ Hanakapiai Beach auf Kauai im Sommer

Literaturhinweise

● *Michener, James A.*
Hawaii

Der Roman über Hawaii schlechthin, übersetzt in viele Sprachen. Als Taschenbuch ist er auch in deutscher Sprache erhältlich. *Michener* versteht es in seinem 1959 verfassten Roman, Fakten und Fiktion derart miteinander zu kombinieren, dass die Leser sowohl von der Handlung fasziniert sind, als auch Hintergrundwissen über die Inselkette erhalten. Sehr lesenswert für Romanfans, die nach Hawaii wollen oder dort am Strand liegen.

● *Twain, Mark*
Post aus Hawaii

Seit 2010 gibt es die deutsche Version von *Letters from Hawaii* im *Mare Verlag*. Im Jahr 1866, lange vor dem Erscheinen seiner berühmten Romane und Reiseberichte, verbrachte *Mark Twain* mehrere Monate als Korrespondent auf den Inseln des damals noch unabhängigen Königreichs Hawaii. Er beobachtete genau, berichtete aber auch respektlos, originell und humorvoll aus der damaligen Perspektive eines Amerikaners – und zwar nicht nur über Sitten und Unsitten der Eingeborenen, sondern genauso über die Königsfamilie, übereifrige Missionare und den Zeitvertreib der ersten Touristen. In seiner Zeit als Reporter im Wilden Westen hat *Mark Twain* bekanntlich die Fakten großzügig interpretiert (andere sagen, er habe es mit der Wahrheit nicht so genau genommen). Ob er bei den *Letters from Hawaii* genauso vorging, ist bis dato nicht geklärt. Auf jeden Fall eine gute Einstimmung auf das Thema.

● *Doughty, Andrew*
Oahu Revealed, Maui Revealed, The Ultimate Kauai Guidebook, Hawaii The Big Island Revealed

Der Autor dieser vier in englischer Sprache verfassten Bücher lebt auf Hawaii. Vor Ort gibt es derzeit kein genaueres Buch über diverse Touristenattraktionen auf den vier Inseln. Allerdings sieht *Andrew Doughty* die Attraktionen aus der Sicht eines kritischeren Amerikaners, aber er wägt in den meisten Fällen weder zwischen den Inseln noch zwischen vergleichbaren Sehenswürdigkeiten auf der jeweils beschriebenen Insel ab. Jedes der Revealed-Bücher umfasst etwa 300 Seiten.

Wer wirklich binnen 6 bis 8 Wochen alle hier in diesem Buch beschriebenen Strände, Sehenswürdigkeiten und Wanderungen der jeweiligen Insel im Eilverfahren „abgehakt" hat oder sehr lange auf nur einer Insel weilt, findet in den Revealed-Büchern immer noch neues, meist nicht ganz so Spektakuläres wie die anderen Sehenswürdigkeiten, aber durchaus Schönes. Mit so manchen Hinweisen zu versteckten Stränden oder Pools hat *Andrew Doughty* allerdings auch schon einigen Unmut und Ärger der Anwohner/Besitzer auf sich gezogen. Das Zutritt-Verboten-Schild an der Zufahrt zu den „Blue Pools" bei den Kahanu Gardens bei Hana auf Maui steht beispielsweise erst da, seit ein Hinweis auf diesen wirklich schönen Pool in *Maui Revealed* zu finden war.

● *Noa Kekuewa Lincoln*
Native Hawaiian Plants

Das Buch ist eigentlich ein Führer zum *Amy Greenwell Garden* auf Big Island, aber auch im Bishop Museum auf

Literaturhinweise

Oahu oder in den Büchereecken der Nationalparks erhältlich. Es beschreibt übersichtlich die wichtigsten urhawaiianischen und polynesischen Pflanzen.

■ Wright /Takahashi/ Griggs
Hawaii Volcano Watch
A Pictorial History, 1779–1991

Ein ausführlicher Bildband, der die Geschichte der Vulkanforschung auf Big Island in englischer Sprache mit einfachen Worten erklärt. Auch auf die vulkanologischen und geologischen Zusammenhänge wird eingegangen. Ein populärwissenschaftliches Buch mit beeindruckenden Bildern – weit mehr als nur ein Bildband.

■ Gnass, Jeff
Hawaii. Magnificent Wilderness

Preiswerter Bildband (vor allem die kartonierte Ausgabe), der liebevoll fotografiert, aber leider nur mit sehr spärlichem englischen Kommentar versehen ist.

■ Lodge, David
Neueste Paradies Nachrichten
(Auf Deutsch im *Diana Verlag*)

Die englische Originalversion des britischen Romanautors gibt's bei Penguin Books für 4,99 Pfund Sterling unter dem Titel „Paradise News": Eine interessante Story über eine englische Reisegruppe auf Pauschalreise nach Hawaii. Während die anderen Reiseteilnehmer das Paradies Waikiki auf ihre jeweils sehr individuelle Art und Weise genießen, besucht der Ex-Priester *Bernhard Walsh* zusammen mit seinem Vater, der partout nicht auf diese Reise gehen wollte, seine Tante, die vor ihrem Ableben mit ihrer Familie ins Reine kommen möchte.

Amüsant geschrieben und eine gute, wenn auch etwas ungewöhnliche Einstimmung auf Hawaii in Romanform.

■ Gavan Daws
Shoal of Time. A History of the Hawaiian Islands

Ein ganz besonderer Leckerbissen für Liebhaber von Geschichtsbüchern und für historisch Interessierte ist „diese große Geschichte über kleine Inseln". In neun essayistisch geschriebenen Kapiteln schildert der australische Geschichtsprofessor die neuzeitliche Geschichte Hawaiis von der Ankunft *Captain Cooks* bis zur Aufnahme als US-Bundesstaat. Der Schreiber erläutert dabei nicht nur die Strukturen von Politik, Wirtschaft, Gesellschaft und Kultur, sondern erzählt auch Geschichten über den Alltag der Walfänger, Missionare, Plantagenarbeiter und Händler. Episoden aus dem Leben der gesellschaftlichen Eliten wie der Königsfamilie und den Zucker- und Ananasbaronen vervollständigen das vielschichtige Bild. Auch das von tiefen Umbrüchen geprägte Leben der Ureinwohner behält der Autor im Blick. Es gelingt dem Historiker zudem, Erkenntnisse zu vermitteln, die für alle Menschen, Epochen und Orte gleichermaßen gültig sind – große Geschichtsschreibung über ein kleines Fleckchen Erde inmitten eines riesigen Ozeans. Das Buch ist nicht nur eines der besten historischen Bücher über Hawaii, sondern auch noch ein hervorragendes Geschichtsbuch in englischer Sprache. In gut sortierten Buchhandlungen Hawaiis für rund $ 14 erhältlich (*Andreas Plecko*).

Weiterführende Infos aus dem Internet

Sämtliche hier aufgeführten Internetseiten sind in **englischer Sprache.** Der beste Ausgangspunkt fürs Surfen ist die Website des HVCBs *(Hawaii Visitor and Convention Bureau):*

- www.gohawaii.com

Umwelt

- www.hear.org
  Auch sehr detaillierte, wissenschaftliche Daten

Bevölkerung

- www.hawaiianhistory.org
  Hawaiian Historical Society
- www.hawaii-nation.org
  Unabhängigkeitsbewegung von Hawaii

Hula, Musik und Tanz

- www.mele.com
- www.hawaiianmusicstore.com
  Der Online-Shop von *Paradise Music.*
- www.mountainapplecompany.com
- Außerdem können Sie über die **Apps** *Radio.de* und *Tune-In* mit Ihrem Smartphone/Tablet live die Radiostationen Hawaiis hören.

> Auf Kauai

Sprache

(Achtung: Die Ausspracheregeln sind aus amerikanischer Sicht verfasst)

- **www.olelo.hawaii.edu**
  Texte auf Hawaiianisch inkl. Online-Lexikon
- **http://hawaiiandictionary.hisurf.com**
  Wörterbuch Hawaiianisch-Englisch
- **http://wehewehe.org**
  Wörterbuch Englisch-Hawaiianisch(-Englisch)

Webcams

- **An Surfstränden:**
  http://livesurfcamhawaii.com oder www.earthcam.com und „Hawaii" als Suchbegriff eingeben
- **Auf Maui:** www.tiki.net/~rw/video/video.htm
- **Honolulu Web Cameras:**
  www.co.honolulu.hi.us/cameras

Sonstiges

- **www.hawaiimuseums.org**
  Museen auf allen Inseln
- **http://visibleearth.nasa.gov**
  Hawaii aus dem Weltraum gesehen.
- **www.aloha.net/~icarus**
  Aloha Airlines Flight 243 – Aircraft Accident – Maui Hawaii (Die Geschichte vom Cabrio-Flugzeug …)

Online-Magazine

- **www.thisweek.com**
  This Week in der Online-Version: Werbung pur – aber durchaus brauchbar, sucht man Kontakte zu Hotels, Tauchschulen, Anbieter von Bootstouren etc.
- **www.aloha-hawaii.com**
  Kommerzielles und Interessantes

Link-Sammlungen

- **www.ealoha.com/eahaw.htm**
  Origineller Mix von Links (nicht immer aktuell)

Über 250 weitere direkt kontext-bezogene Internet-Adressen finden Sie in den jeweils relevanten Kapiteln dieses Buches.

Hawaiianisch für Anfänger

Englisch ist zwar die offizielle Landessprache in Hawaii, aber Hawaiianisch erlebt derzeit eine Renaissance. Erwachsene drücken noch einmal die Schul-

Hawaiianisch für Anfänger

bank, um die Sprache ihrer Ahnen neu zu lernen.

Geschichte

Bis zur Ankunft der Missionare gab es auf den Inseln **keine Schriftsprache.** Das Kulturgut wurde in Form von Liedern und Tänzen (Hula) an die folgende Generation weitergegeben.

Erst die **Missionare** pressten die melodiöse hawaiianische Sprache in ein Gerüst aus Buchstaben – auch wenn dies nicht immer eindeutig möglich war. So gab es beispielsweise im Hawaiianischen noch zu Anfang des vorletzten Jahrhunderts einen Laut, der irgendwo zwischen „L" und „R" gelegen hat. Daher ist es nicht verwunderlich, dass in alten Schriften noch von *Hurra (Hula)* oder *Aroha (Aloha)* die Rede ist.

Buchstaben

Eigentlich ist Hawaiianisch einfach, denn es gibt nur die sieben **Konsonanten** H, K, L, M, N, P und W sowie unsere fünf **Vokale** A, E, I, O und U.

Da ergeben sich eben für uns so ungewöhnliche, teilweise sehr **ähnlich klingende Namen** wie manamana (Finger), manamana lima nui (Daumen) und malamalama (Licht). In vielen Ortsnamen kommt auch *Wai* (Wasser) vor: Waimea, Waimanu, Waikoloa, Waialee, Waianae und natürlich Waikiki (Schäumendes Wasser).

Aussprache

Für Deutsche, Österreicher und Schweizer ist die Aussprache sehr einfach, denn sie müssen die hawaiianischen Wörter lediglich so aussprechen wie ein deutsches Wort. Wichtig ist dabei nur, dass sämtliche **Vokale einzeln** ausgesprochen werden. Das Wort *Heiau* wird somit Hei-a-u gesprochen und nicht Hei-au.

Wer etwas übt, kann bei den Einheimischen schnell einen guten Eindruck hinterlassen. Als der Autor beispielsweise in einem Laden nachfragte, ob sie auch Postkarten mit der Abbildung eines *Humuhumunukunukuapuaa* (der Staatsfisch von Hawaii, gesprochen: Humu-humu-nuku-nuku-apua-a) hätten, fragte die Verkäuferin ihn, ob er Hawaiianisch in der Schule gelernt habe. Amerikaner tun sich nämlich relativ schwer mit der Aussprache der Worte. Man sollte sich davon nicht beirren lassen. Die Garteninsel heißt nach wie vor Ka-u-a-i und nicht, wie Amerikaner gerne sagen, „Koaaii". Der Ort Kapaa heißt somit schlicht und einfach Kapa-a und nicht „Käpä-ä".

Ein sehr langsames, schmalziges **hawaiianisches Lied** hat beispielsweise den Titel *Ma kuu poli mai oe e kuu ipo aloha*, was übersetzt „Komm heran an meine Brust, geliebtes Herz" heißt.

Das **Staatsmotto** lautet *Ua mau ke ea o ka a aina i ka pono*. In der offiziellen englischen Übersetzung heißt das „The life of the land is perpetuated in righteousness", auf Deutsch „Das Land lebt ewig fort in Rechtschaffenheit". Für echte Hawaiianer lautet das Motto jedoch *E hoo mau i ka ha* (den Atem des Lebens teilen), wobei das *ha* den Atem des Lebens bezeichnet. Genau diesen *ha* teilen

11

Hawaiianisch für Anfänger

die Hawaiianer beim *honi,* der alten polynesischen Grußform, bei der man sich gleichzeitig jeweils an Stirn und Nase berührt.

Selbst ganz profane Sätze wie „Wie viel Uhr ist es?" (*Hola ehia keia*) klingen in dieser Sprache melodiös.

Die wichtigsten Worte

Zwei Worte gehören auf jeden Fall zum hawaiianischen Grundwissen: **Aloha** (Guten Tag, auf Wiedersehen, Liebe, gute Gefühle, …) und **Mahalo** (Danke). Fast genau so wichtig im Alltagsleben sind **Kokua** (bitte; Verständnis) und **Kapu** (tabu; verboten; gesperrt; Zutritt verboten).

Diese Wörter werden oftmals in englische Sätze eingebaut. Beispiele hierfür sind: *Good evening and our warmest Aloha; Aloha ladies and gentlemen; Mahalo for flying xy airlines.*

Jeder Buchstabe des Wortes **Aloha** hat seine ganz eigene Bedeutung:

- ■ **A** steht für *Akahai* (Freundlichkeit verbunden mit Zärtlichkeit)
- ■ **L** steht für *Lokahi* (Einigkeit verbunden mit Harmonie)
- ■ **O** steht für *Oluolu* (Angenehmes, fröhliches Wesen)
- ■ **H** steht für *Haahaa* (Demut, verbunden mit Bescheidenheit)
- ■ **A** steht für *Ahonui* (Geduld, verbunden mit Ausdauer)

Eine derartige versteckte Bedeutung heißt auf hawaiianisch *Hunami.*

Der längste Name

Ein Hawaiianer rühmt sich übrigens, den längsten Vornamen der Welt zu haben. Im Februar 1967 wurde *Dawne N. Lee* in Honolulu geboren. Das *N.* in seinem Namen steht für *Napuamahalanaonekawehionakuahiweanenawawakehookakehoaalekeeaonanainaiakeao.* Es heißt übersetzt etwa „Die reichen, schönen Blüten der Berge und Täler fangen an, die Luft Hawaiis überall mit Duft zu erfüllen."

Grundwortschatz Hawaiianisch

Ahaaina	Fest, Feier (Das ursprüngliche Wort für *Luau*)
Ahi	Feuer
Aina	Land
Alii	Häuptling
Aloha	Guten Tag; auf Wiedersehen, Liebe, gute Gefühle, …
Halau	Hulaschule
Hale	Haus
Hana ho	Noch einmal
Haole	ursprünglich: Fremder; jetzt: Weißer/Kaukasier
Hauoli lahanau	Herzlichen Glückwunsch zum Geburtstag!
Hauoli Makahiki Hou	Alles Gute zum neuen Jahr!
Heenalu	Wellenreiter(in)
Heiau	Steintempel aus vorchristlicher Zeit; meist nur noch Grundmauern
Honua	Erde
Hukilau	Auswerfen der Fischernetze
Iki	klein

Hawaiianisch für Anfänger

Kamaaina	Inselbewohner Einheimische
Kaukau	Essen
Kane	Mann
Kapu	tabu; verboten; Betreten verboten
Kapuna	Onkel, Tante
Keiki	Kind
Kii	geschnitzte, hawaiianische Holzfigur
Kokua	bitte; Verständnis
Kumu	Lehrer(in)
Kumu Hula	Hula-Lehrer(in)
Kupuna	Senioren, Älteste, Vorfahren
Lanai	Terrasse, Balkon, Veranda
Lei	hawaiianische Blumenkette
Lua	Toilette
Mahalo	Danke
Makai	Richtung Meer
Malihini	Erstbesucher der Inseln; oder: ruhige Brandung
Mana	spirituelle Kraft; teilweise: aus dem spirituellen Erbe gewonnene Kraft
Mauka	Richtung Berge, dem Landesinneren zu
Mele	Lied, Gedicht, singen
Mele Kalikimaka	Frohe Weihnachten!
Nui	viel, groß
Ohana	Familie
Ono	gut (im Sinne von wohlschmeckend)
Opu	Magen
Paniolo	Hawaiianischer Cowboy
Pau	fertig; beendet

Piko	Nabelschnur
Poi	gemahlene Taro- pflanze; rosafarbener, zäher Brei
Puka	Loch
Pupu	Vorspeise
Tiki	schmale geschnitzte, hawaiianische Holzfigur
Wahine	Frau
Wai	Wasser
Wikiwiki	schnell, Beeilung!

Die Wochentage

Montag	Poakahi
Dienstag	Poalua
Mittwoch	Poakolu
Donnerstag	Poaha
Freitag	Poalima
Samstag	Poaono
Sonntag	Lapule

Die Monate

Januar	Ianuali
Februar	Pepeluali
März	Malaki
April	Apelila
Mai	Mei
Juni	Iune
Juli	Iulani
August	Aukake
September	Kepakemapa
Oktober	Okakopa
November	Nowmapa
Dezember	Kekemapa

Wer es ganz genau wissen will, kann sich vor Ort das passende **Lexikon** kaufen:

■ Hawaiian Dictionary

Hawaiian – English, English – Hawaiian
Von *Mary Kawena Pukui*
und *Samuel H. Elbert*

Notizen

Reise-Gesundheits-informationen für Hawaii

Stand: April 2016

© Centrum für Reisemedizin 2016 (www.crm.de)

Die nachstehenden Angaben dienen der raschen Orientierung, welche Vorschriften und Gesundheitsvorsorgemaßnahmen für eine geplante Reise in das Land zu beachten sind. Die Informationen wurden uns freundlicherweise vom Centrum für Reisemedizin zur Verfügung gestellt. Auf der Homepage www.crm.de werden diese Informationen stetig aktualisiert. Es lohnt sich, dor noch einmal nachzuschauen.

Einreise-Impfvorschriften

Für die Einreise besteht zurzeit **keine Impfpflicht.** Neben den in Deutschland empfohlenen Impfungen können für Ihre Reise jedoch weitere Impfungen sinnvoll sein.

Empfohlener Impfschutz

Generell: **Tetanus, Diphtherie,** außerdem **Grippe** (saisonal).

Je nach Reisestil und Aufenthaltsbedingungen im Lande außerdem zu erwägen (siehe Impfschutztabelle unten).

Reisebedingung 1:
Reise durch das Landesinnere unter einfachen Bedingungen (Rucksack-/Trekking-/Individualreise) mit einfachen Quartieren/Hotels; Camping-Reisen, Langzeitaufenthalte, praktische Tätigkeit im Gesundheits- oder Sozialwesen, enger Kontakt zur einheimischen Bevölkerung wahrscheinlich.

Reisebedingung 2:
Aufenthalt in Städten oder touristischen Zentren mit (organisierten) Ausflügen ins Landesin-

Impfschutz	Reisebedingung 1	Reisebedingung 2	Reisebedingung 3
Herpes zoster [c]	x	x	
Meningokokken			
Serotypen A, C, W135, Y [a]	x	x	
Meningokokken Serotyp B [a]	x	x	
Hepatitis A	x		
Hepatitis B [b]	x		

[a] bei engerem Kontakt zur einheimischen Bevölkerung sowie bei Alter unter 25 Jahre
[b] bei Langzeitaufenthalten oder engerem Kontakt mit der einheimischen Bevölkerung
[c] > 50 Jahre

nere (Pauschalreise, Unterkunft und Verpflegung in Hotels bzw. Restaurants mittleren bis gehobenen Standards).

Reisebedingung 3:
Aufenthalt ausschließlich in Großstädten oder Touristikzentren (Unterkunft und Verpflegung in Hotels bzw. Restaurants gehobenen bzw. europäischen Standards).

Wichtiger Hinweis

Welche Impfungen letztendlich vorzunehmen sind, ist abhängig vom aktuellen Infektionsrisiko vor Ort, von der Art und Dauer der Reise, vom Gesundheitszustand, sowie dem eventuell noch vorhandenen Impfschutz des Reisenden.

Informationen zur Kostenübernahme von Impfungen für private Auslandsaufenthalte durch Ihre Krankenversicherung finden Sie in unserer Rubrik „Kostenerstattung" (www.crm. de/krankenkassen).

Da im Einzelfall unterschiedlichste Aspekte zu berücksichtigen sind, empfiehlt es sich immer, rechtzeitig (etwa 4 bis 6 Wochen) vor der Reise eine persönliche Reise-Gesundheits-Beratung bei einem reisemedizinisch erfahrenen Arzt oder Apotheker in Anspruch zu nehmen (siehe Anschriften qualifizierter Beratungsstellen nach Postleitzahlgebieten sortiert: www.crm.de/be ratungsstellen).

Malariarisiko

Die Inseln sind **malariafrei.**

Ratschläge zur Reiseapotheke

Denken Sie daran, eine Reiseapotheke mitzunehmen, damit sie für geringfügigere Erkrankungen und kleinere Notfälle stets gerüstet sind.

Folgendes sollten Sie auf Reisen immer dabei haben: Medikamente gegen Durchfall, Reisekrankheit, Fieber, Schmerzen sowie Wunddesinfektionsmittel, Insekten- und Sonnenschutzmittel, Salbe bei Insektenstichen oder anderen Hautreizungen, Fieberthermometer und Verbandmaterial.

Je nach Reiseland und Reiseziel können weitere Medikamente (beispielsweise zur Malariavorsorge) oder Hilfsmittel (z.B. Spritzen) sinnvoll sein.

Nicht vergessen: Medikamente, die Sie ständig einnehmen müssen!

Bei speziellen Fragen zu Ihrer Reiseapotheke wenden Sie sich am besten an eine Apotheke mit reisemedizinisch qualifizierten Mitarbeitern.

Aktuelle Meldungen

■ Zurzeit liegen keine Meldungen vor.

Mit REISE KNOW-HOW ans Ziel

Landkarten
aus dem *world mapping project*™
bieten beste Orientierung – weltweit.

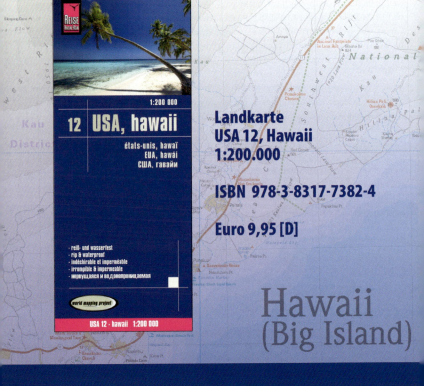

**Landkarte
USA 12, Hawaii
1:200.000**

ISBN 978-3-8317-7382-4

Euro 9,95 [D]

Hawaii
(Big Island)

- Aktuell über **190** Titel lieferbar
- Optimale Maßstäbe ▪ 100%ig wasserfest
- Praktisch unzerreißbar ▪ Beschreibbar wie Papier ▪ GPS-tauglich

naturreisen

WIGWAM
expeditionen

- über 25 Jahre Erfahrung im Tourismus
- kleine Gruppen / 6 - 12 Teilnehmer
- kompetente, deutschspr. Reiseleitung
- naturnah und authentisch
- aktiv unterwegs (zu Fuß, per Boot etc.)

HAWAII

Insel Kauai - Big Island - Polynesien & Cook
Kilauea-Vulkan - Kona-Küste Kohala-Berge
Insel Maui - Haleakala NP - Hana-Küste

WANDERPARADIES DER SÜDSEE

21-tägige aktive Erlebnis- & Wanderreise
mit zahlreichen Wanderungen & Ausflügen
zu den Naturwundern der Inseln - Eine
Abwechslung aus Exkursionen, Kultur & Ent-
spannung an der Küste - Pures Erlebnis mit
Zelt-Übernachtungen am Strand - Begleitung durch deutschsprachige Reiseleitung
ab 2.860,- €

NATURREISEN
EXPEDITIONEN
PRIVATREISEN

DIE WILDNISSE
DER WELT

WIGWAM Naturreisen & Expeditionen GmbH
Tel +49 (0)8379 - 920 60 . info@wigwam-tours.de

WWW.WIGWAM-TOURS.DE

Hawaii
... ein Inselparadies

Individual-, Wander- & Gruppenreisen

Hotels, Apartments & verträumte B&Bs

Romantische Hochzeiten

…weitere Informationen und individuelle Ausarbeitung:

Pacific Travel House GmbH
Schwanthalerstraße 100
D-80336 MÜNCHEN
Tel. 089 / 5 43 21 - 80
Fax 089 / 5 43 21 - 822
info@pacific-travel-house.de

In der Schweiz vertreten durch:
Pacific Pearls Travel GmbH
Kirchgasse 65 - Postfach 426
CH - 8706 Meilen
Tel. +41 44 793 2066
info@pacific-pearls.ch

WWW.PACIFIC-TRAVEL-HOUSE.COM

Register

Anhang

Register 493

A

Aa-Lava 380
Ahalanui Park, Big Island 252
Airlines, hawaiianische 350
Akaka Falls, Big Island 269
Aktivitäten, allgemein 30
− Big Island 279
− Kauai 204
− Lanai 322
− Maui 145
− Molokai 306
− Oahu 92
Ala Moana Shopping Center, Oahu 66
Alii Kahekili Nuiahumnu Beach Park, Maui 142
Alkoholverkauf 471
Allrad-Touren 445
Aloha Week 410
Aloha-Spirit 409
Ampeln 426
Amy Greenwell Garden, Big Island 229
Anahola Beach, Kauai 202
Ananas 389
Ananasanbau, Lanai 313
Anini Beach, Kauai 203
Ankunft 422
Anreise 344
Apartments, Maui 157
Apotheken 337
Aquarium, Honolulu 53
Arbeitslosigkeit 406
Arzneien 337
Ärzte 336
Ash 378
Astronomie-Zentrum Imiloa, Big Island 257
ATM 340
Atomkraftwerke 401
Ausfuhrkontrolle 474
Ausreisebestimmungen 331
Automatikgetriebe 425
Autopanne 430, 433
Awaawapuhi Nualolo Trail, Kauai 184

B

Backpacker's Hostels 368
Baldwin Sugar Museum, Maui 109
Banken 338
Banyan Tree, Lahaina 125
Banyan-Baum 387
Bargeld 341
Bauboom 405
Bauern 394
Bed & Breakfast 365
Bed & Breakfast, Maui 157
Benzinpreise 430
Berge 18, 167
Bevölkerung 18, 407
Bier 470
Big Beach, Maui 132, 143
Biokost 461
Bishop Museum, Oahu 66
Blue Marlin 283
Boiling Pots, Big Island 259
Bootstouren 448
Botschaften 331
Brauchtum 418
Brennecke Beach, Kauai 201
Brennstoffe, fossile 401
Brocken Specter, Maui 115
Brot 459
Bruttosozialprodukt 400
Buchung, Hotels 360
Burn'n love Show 155
Bus, allgemein 23
− Big Island 226
− Kauai 173
− Maui 108
− Oahu 43
Byodo-In Temple, Oahu 81

C

Cabins 367
Cabrios 23
Caldera 378
Camping, allgemein 25, 368
− Big Island 286

11

– Kauai 214
– Maui 161
– Molokai 307
– Oahu 97
Campingplätze 370
Captain Cook Monument, Kauai 179
Cereals 461
Chain of Craters Road, Big Island 246
Champagner Pool, Big Island 249
Chinaman's Hat, Oahu 81
Chinatown, Honolulu 61
Cinder 378
Cinder Cone 378
Cocktails 473
Coconut Grove, Kauai 189
Condos 367
Cook, James 394
Cottage 365
County Parks 21
Coupons 413
Court House, Lahaina 126
Crater Rim 378

D

D.T. Fleming Beach Park, Maui 141
Dampfeisenbahn, Lahaina 126
Delikatessen-Theke 461
Devastation Trail, Big Island 242
Diamond Head, Oahu 67
Diplomatische Vertretungen 331
Dirt Roads 429
Dole Park, Lanai City 319
Dole Pinapple Pavilion, Oahu 89
Dollar 341
Drogerieartikel 337

E

Eigenheiten 418
Einkäufe 474
Einkommen 406
Einreise 422
Einreisebestimmungen 331
Einreiseerlaubnis 332

Elektrizität 371
Energieerzeugung 400
Essen 458
ESTA 332
Export 404

F

Fähren 26
– Lanai 317
– Maui 147
– Molokai 294
Fahrrad 444, 446
Fahrstil 427
Family Style Restaurants 464
Farmers Market, Kauai 172
Farne 387
Fast-Food-Lokale 462
Father Damien 298
Fauna 18, 390
Feiertage 415
Fernsehen 417
Feste 415
Film 414
Fisch 460
Fischer 394
Flagge 399
Fleisch 460
Flora 20, 386
Flug 344
Flug-Know-how 348
Fluganbindung, Maui 106
Flüge, innerhawaiianische 350, 352
Fluggepäck 354
Flughäfen
– Big Island 224
– Kauai 173
– Lanai 316
– Maui 106
– Molokai 294
– Oahu 41
Flugpreise 345
Flugverbindungen 345
Flugzeug 25

Register 495

Foster Botanic Gardens, Honolulu 61
Fotografieren 371
Fremdenverkehr 405
Fremdenverkehrsamt 330, 432
Führerschein 330

G

Garden of Eden Arboretum, Maui 134
Garden of the Gods, Lanai 322
Gärten 442
Gates, Bill 322
Gebäck 461
Gelbe Seiten 432
Geld 338
Geldautomaten 340
Geldbeschaffung 433
Gemüse 461
Gentechnik 402
Geografie 18
Geologie 374
Geothermie 401
Gepäck 364
Gerätetauchen 451
– Big Island 282
– Kauai 210
Geschichte 392
Gesundheit 336, 488
Getränke 469
Glaube 394
Golf 445
Gouverneure 399
Green Sands Beach, Big Island 236, 279
Gutscheine 413

H

Halawa Valley, Molokai 298
Halbinsel Makanalua, Molokai 304
Haleakala-Krater 18
Haleakala, Maui 114, 118
Haleiwa, Oahu 85
Halepalaoa, Lanai 320
Halloween, Lahaina 156
Halona Blowhole, Oahu 78

Hamakua-Küste, Big Island 268
Hamoa Beach, Maui 137
Hana Ranch, Maui 137
Hana, Maui 107, 136
Hanakaooko Beach Park, Maui 143
Hanalei Valley, Kauai 194
Hanalei, Kauai 195
Hanamaulu Beach, Kauai 202
Hanamaulu, Kauai 188
Hanauma Bay, Oahu 77
Handelsstützpunkt 396
Handwerk 394
Handy 438
Hang Loose 418
Hapuna Beach Park, Big Island 278
Hapuna, Big Island 275
Hauptsaison 26
Hawaii Big Island 17, 217
Hawaii Maritime Museum, Honolulu 55
Hawaii Tropical Botanical Garden,
    Big Island 269
Hawaii Volcanoes National Park,
    Big Island 237
Hawaii-Hemden 476
Hawaiianer 407
Hawaiianisch 483
Heiraten 15, 419
Herrscher 393
Highway 11, Big Island 234
Highway 137, Big Island 251
Hiking 443
Hilo, Big Island 255
Hipuapua Falls, Molokai 298
Hochseefischen 449
– Kauai 211
– Maui 152
Höhlen, Kauai 195
Honolulu 47
Honolulu International Airport 41
Honolulu Zoo 52
Honolulu, Altstadt 53
Hookah Diving 453
Hookipa Beach, Maui 145

Register

Hoolehua Airport, Molokai 294
Hosmer Grove Trail, Maui 119
Hot Spot 374
Hotelbuchung 423
Hotels, allgemein 25
– Big Island 284
– Kauai 212
– Lanai 323
– Maui 157
– Molokai 306
– Oahu 96
Hubschrauberflüge
– Big Island 280
– Kauai 206
Hula 410
Hula-Hoop-Reifen 54
Hula, Molokai 307
Hulopoe Beach, Lanai 321
Hurrican 27

I
Iao Valley, Maui 110
Immobilien 39
Immobilienpreise 406
Import 404
Individuelle (Pauschal-)Reise 22
Information, touristische 431
Informationen 330, 482
Inlandsflüge 350
Insektenschutz 337
Inter-Island-Flüge 352
Interkontinentalflug, Preise 30
International Marketplace, Honolulu 51
Internet 14, 482
Iolani Barracks, Honolulu 58
Iolani Palace, Honolulu 57
Ironman Triathlon, Big Island 228
Isaac Hale Park, Big Island 252

J
Jagdlizenz 445
Jagdsaison 445
Jagen 445
Jahreszeiten 27
Jet Lag 346
Jet Pack 96

K
Kaanapali, Maui 126
Kaeleku Caverns, Maui 136
Kaena Point, Oahu 91
Kaffee 389, 469
Kahoolawe 325
Kahului, Maui 109, 133
Kaihalulu Beach, Maui 137, 144
Kailua-Kona, Big Island 226
Kailua, Oahu 79
Kaimu, Big Island 252
Kajakfahren 282
Kajaktouren 449
Kalakaua Avenue 48
Kalapaki Beach, Kauai 202
Kalaupapa Airfield, Molokai 294
Kalaupapa Lookout, Molokai 301
Kalaupapa-Halbinsel, Molokai 292
Kalihiwai Beach, Kauai 203
Kaloko Honokohau National Historical Park,
    Big Island 272
Kaloko Honokohau, Big Island 272
Kamaaina 409
Kamakou Preserve, Molokai 303
Kamakou, Molokai 292
Kamehameha I. 60, 396
Kamokila Village, Kauai 189
Kanalua 390
Kaneohe, Oahu 79
Kapaa Beach, Kauai 202
Kapalua, Maui 106, 126
Kapiolani Park, Honolulu 51
Kapoho Tide Pools, Big Island 251
Kapu-System 396
Kauai 17, 165

Register 497

Anhang

Kauai Coffee Company 178
Kauai Visitors Bureau 167
Kaumahina Wayside Park, Maui 134
Kaumalapau, Lanai 321
Kaunakakai, Molokai 296
Kaunala Bay, Molokai 299
Kaupo Gap, Maui 141
Kawaiahao Church, Honolulu 59
Keahole Airport, Big Island 273
Keahua Arboretum, Kauai 189
Kealakekua Bay, Big Island 279
Keanae Arboretum, Maui 134
Keanae, Maui 134
Kee Beach, Kauai 204
Kehena Black Sand Beach, Big Island 252
Kekaha Beach, Kauai 201
Kepaniwai Gardens, Maui 109
Kilauea 377, 378
Kilauea-Krater, Big Island 238
Kilauea, Kauai 191
Kim Taylor Reece 82
Kipahulu, Maui 138
Kipuka 378
Kipuka Puaulu, Big Island 244
Kleidung 418
Klima 26
– Big Island 222
– Kauai 171
– Lanai 315
– Maui 104
– Molokai 293
– Oahu 35
Klimaanlagen 337
Kneipen 464
Kohala Mountains, Big Island 277
Kokee State Park, Kauai 182
Kona Coffee 237, 473, 475
Konsulate 331, 432
Korallen 476
Korean BBQ 463
Kreditkarten 339, 433
Kreuzfahrten 448
Kualapuu, Molokai 299

Kukui 387
Kula Botanical Gardens, Maui 124
Kultur 409
Kupaianaha 378

L

Lahaina, Maui 124
Laie, Oahu 84
Lanai 17, 311
Lanai City 318
Landreform 397
Landwirtschaft 401
Laupahoehoe Beach Park, Big Island 270
Lava 379
Lava Bomb 378
Lava Tree 378
Lava Tree State Park 21
Lava Tree, Big Island 249
Lavaröhre(Lavatube) 240, 378
Lavawüste, Big Island 273
Lebensmittel, Preise 458
Lehua Island 325
Lei 413
Lihue, Kauai 173
Limahuli Garden, Kauai 195
Literatur 480
Little Beach, Maui 144
Loihi Seamount 377
Luahiwa Petroglyphen, Lanai 321
Luau 455, 456
Luau, Maui 155
Lumahai Beach, Kauai 203
Lydgate State Park, Kauai 188, 202
Lyman Museum, Hilo 256

M

Macadamia-Nüsse 475
Makaha Valley, Oahu 91
Makahiku Falls, Maui 139
Makanalua, Molokai 305
Makawao, Maui 113
Maluaka Beach, Maui 143
Maßeinheit, Gewichte 459

11

Maui 17, 99
Maui Ocean Center 129
Mauna Kea 18
Mauna Kea, Big Island 260
Mauna Kea Beach, Big Island 278
Mauna Loa 18
Mauna Loa, Big Island 243
Maunahui-Makakupaia-Trail, Molokai 304
Maunaloa, Molokai 299
McKenzie State Park, Big Island 252
Medien 417
Medikamente 337
Meeresstraßen 376
Meerestiere 391
Menehune Fishpond, Lihue 175
Microbrewery, Honolulu 54
Midway-Inseln 16
Mietwagen 30, 355, 358, 423
– Big Island 226
– Kauai 173
– Lanai 316
– Maui 108
– Molokai 295
– Oahu 46
Milchprodukte 460
Militär 404
Mindestlohn 406
Mini-Apartment 365
Mission Houses Museen, Honolulu 59
Moana Hotel, Honolulu 50
Moaula Falls, Molokai 298
Mobilfunk 438
Mokuleia Beach, Maui 141
Molokai 17, 289
Molokai Forest Reserve 303
Monarchie 396
Mönchsrobben 384
Moomomi Bay, Molokai 302
Motorrad 23
Motorroller, Oahu 46
Munro Trail, Lanai 321
Münzen 341
Münztelefon 437

Museen 414
Musik 411, 425, 477
Muumuu 476

N
Na Pali State Park 21
Na Pali Trail, Kauai 198
Na-Pali-Küste, Kauai 197
Nachtleben, Honolulu 64
Nahiku, Maui 135
Nani Mau Gardens, Big Island 259
Nationalparks 20
Natur 381
Naturerlebnis 442
Naturparks 20
Naturschutz 385
Navigation 392
Nene 122, 390
Niihau 324
Norfolk-Tanne 387
Notfall 338, 433
Nualolo Cliff Trail, Kauai 186
Nuuana Pali Lookout, Oahu 71

O
Oahu 17
Obama, Barack 408
Observatorien, Big Island 267
Obsidian 378
Obst 461
Ökonomie 400
Old Lahaina Café Luau, Maui 155
Oopus 138
Opaekaa Falls, Kauai 189
Orientierung 429

P, Q
Pacific Aviation Museum, Oahu 75
PADI-Tauchkurs 451
Paia, Maui 111
Pakala Beach, Kauai 179
Palaau State Park, Molokai 21, 300, 309
Panne 430

Register

Papohaku Beach, Molokai 299
Paragliding 146
Parasailing 453
– Big Island 283
Parker Ranch, Big Island 277
Passatwinde 27
Passkontrolle 423
Pauschalangebote 22
Pearl Harbor, Angriff auf 70, 399
Pearl Harbor, Oahu 72
Peepee Falls, Big Island 258
Pele's hair 378
Pelekunu-Tal, Molokai 304
Pepeekeo Drive, Big Island 268
Petroglyphen, Big Island 273
Pflanzenwelt 20, 386
Phallic Rock, Molokai 300
Pihea-Alakai Trail, Kauai 186
Pillow Lava 378
Pioneer Inn, Lahaina 125
Pipiwai Trail, Maui 139
Pit Crater 378
Plastikgeld 339
Plate Lunch 463
Plattentektonik 374
Plume 378
Poipu Beach, Kauai 176, 201
Polihale Beach, Kauai 180, 201
Polihua Beach, Lanai 322
Polizei 427
Polo Beach, Maui 131, 143
Pololu Valley, Big Island 276
Polynesian Cultural Center, Oahu 82
Polynesier 392
Polynesisches Kulturzentrum 455
Post 435
Princeville, Kauai 194
Privat-Unterkünfte 365
Protea-Farmen, Maui 124
Pumice 379
Puna District, Big Island 248
Punaluu Beach, Big Island 279
Punaluu Beach, Oahu 82

Purdy's Nuts, Molokai 301
Puu Oo 379
Puu Oo, Big Island 238
Puuhonua o Honaunau, Big Island 230
Puukohola Heiau, Big Island 275
Quallen 92

R
Radfahren 444
– Big Island 283
– Kauai 211
– Lanai 321
– Maui 153
– Molokai 306
– Oahu 47
Radio 417
Rainbow Falls, Big Island 258
Rathaus, Honolulu 59
Rauchen 222, 338
Red Sand Beach, Maui 144
Regenwälder 382
– Kauai 184
Reisedokumente 331
Reiseempfehlung 31
Reisekasse 342
Reisekosten 29
Reisepapiere 331
Reisepass 331
Reisepass, Verlust vom 434
Reiseplanung 26
Reiseschecks 341
Reiseschecks, Verlust von 433
Reisezeit 26
Reiten 445
– Big Island 283
– Kauai 211
– Maui 154
Resort Fee 360
Restaurants 464
Restaurants, Preise 29
Restaurantsprachführer 466
Rift Zone 379
Ropy Lava 379

Royal Hawaiian Hotel, Honolulu 49
Rundflüge 448
− Big Island 279
− Kauai 204
− Maui 145
− Oahu 93

S
Saddle Road, Big Island 262
Salad-Bar 459
Salt Pond Beach, Kauai 201
Schiff 25
Schildkröten 391
Schnäppchen 31
Schnorcheln 452
− Big Island 281
− Kauai 210
Schraubenbaum 386
Schreibweise 14
Schulbusse 427
Science City, Maui 117
Scooter 24
Sea Life Park 78, 455
Seamount 379
Selbstverpflegung 29, 458
Seven Pools, Maui 138
Sheraton Waikiki 49
Shield Volcano 379
Shipwreck Beach, Lanai 319
Shows 455
Silberschwert 116, 386
SIM-Karte 440
Sitten 418
Skifahren 454
− Big Island 284
Smartphone 438
Snuba 453
− Kauai 210
Solarkraft 400
South Point, Big Island 235
Souvenirs 474
Spatter Cone 379
Speisekarte 465

Spencer Beach Park, Big Island 275, 277
Spezialitäten, kulinarische 466
Sport 21, 442
Spouting Horn, Kauai 177
Sprache 483
St. Andrews Cathedral 55
Staatsarchiv, Honolulu 59
Staatsbibliothek, Honolulu 59
Star oft the Sea Church, Big Island 253
State Capitol, Honolulu 56
State Parks 21
Steam Vent 379
− Big Island 241
Steuern 344
Strände, allgemein 21, 441
− Big Island 277
− Kauai 200
− Lanai 314
− Maui 141
− Molokai 306
− Oahu 90
Strandregeln 442
Straßen 426
− Big Island 224
− Kauai 173
− Lanai 315
− Maui 106
− Molokai 293
− Oahu 41
Straßenkarten 428
Straßensystem 428
Strömungen 441
Sugar Mill, Molokai 300
Sulphur 379
Sulphur Banks 379
Sulphur Banks, Big Island 241
Surfen 88, 453
− Big Island 283
− Kauai 211
− Oahu 93

Register 501

Anhang

T

Tabakkonsum 338
Tageslänge 26
Tagestemperaturen 27
Tageszeitungen 417
Tanken 430
Tantalus Drive, Oahu 71
Taropflanze 388
Tauchen 449
Tauchkurse 451
Tauchreviere 452
Taxi 24, 46
Tedeschi Winery, Maui 123
Tee 469
Telefonieren 436
Tempolimit 427
The Bus, Oahu 43
Theater, Maui 155
Thomas A. Jaggar Museum,
    Big Island 241
Thurston Lava Tube, Big Island 241
Ti-Pflanze 387
Tierwelt 18, 390
Tip 343
Toast Hawaii 462
Toiletten 419
Tourismus 405
Trampen 24
Tree Molds 379
– Big Island 243
Tree Tunnel, Kauai 176
Trinkgeld 343
Trolley, Oahu 45
Tsunami Museum, Hilo 256
Tubing, Kauai 209
Tunnels Beach, Kauai 204
Turtle Bay, Oahu 84
TV 417
Twin Falls, Maui 134

U

U-Boot-Fahrten 448
U.S.S. Arizona, Oahu 72
U.S.S. Bowfin Submarine Museum, Oahu 73
Überholen, mit dem Auto 427
Ulalena, Maui 155
Ulupalakua Ranch, Maui 141
Umilehi Point, Molokai 292
Unfall 338
Unterkunft, allgemein 25, 358
– Big Island 284
– Kauai 212
– Lanai 323
– Maui 157
– Molokai 306
– Oahu 96
Upcountry, Maui 123

V

Verfassung 397
Verkehrsmittel 397
– Big Island 226
– Lanai 316
– Maui 108
– Molokai 295
– Oahu 43
Verkehrsregeln 426
Versicherungen 334
Visum 332
Vog 379
Vögel 390
Volcano House, Big Island 239
Volcano Observatory, Big Island 241
Volcano Village, Big Island 240
Vollwertkost 461
Vorfahrt 426
Vulkane 377
Vulkanismus 374
– Big Island 241
– Glossar 378

11

W, Y

Wahiawa, Oahu 90
Waianapanapa Park, Maui 135
Waianapanapa State Park, Maui 144
Waikamoi Nature Trail, Maui 134
Waikani Falls, Maui 135
Waikele Factory Stores, Oahu 90
Waikiki 48, 50
Waikiki Beach 48
Waikoloa Beach Park, Big Island 279
Wailea, Maui 130
Wailua River, Kauai 188, 190
Wailua-Falls, Kauai 188
Wailua, Maui 135
Wailuku, Maui 109
Waimanu Valley, Big Island 271
Waimea Bay, Oahu 86
Waimea Canyon Cliff Trail, Kauai 184
Waimea Canyon, Kauai 181
Waimea Falls Park, Oahu 86
Waimea, Kauai 179
Waimoku Falls, Maui 139
Waipio Valley, Big Island 270
Waipouli, Kauai 190
Walbeobachtung 449
Wale 148, 391
Walfang 397
Wandern 443
– Big Island 244, 283
– Kauai 184, 198
– Maui 119, 153
– Molokai 298, 304
– Oahu 80
Wandertouren 443
Wanderwege 443
Warensortiment 459
Washington Place 56
Wasserschildkröten 391
Wasserski 453
Wasserverbrauch 385
Wein 471
Werbezeitschriften 57
Western Union 434

Wet'n'Wild Hawaii, Oahu 90
Wettervorhersage 27
Whale Watching 449
– Big Island 281
– Maui 146
Whalers Village, Maui 127
Whaling Museum, Maui 127
Wildschweine 383
Windkraft 401
Windsurfen 453
– Big Island 283
Windward Oahu 79
Wirbelstürme 27
Wirtschaft 400
Wohnmobile 23
Wurst 460
Yellow Pages 432
Yokohama Bay, Oahu 91

Z

Zahlungsmittel 338
Zahnärzte 336
Zeit 422
Zeiteinteilung 28
Zeitplanung
– Big Island 223
– Kauai 171
– Lanai 315
– Maui 105
– Molokai 293
– Oahu 39
Zeitschriften 417
Zeitverschiebung 346
Ziplining 455
– Big Island 269
– Kauai 209
– Maui 154
Zoll 333
Zollerklärung 422
Zollstempel 422
Zuckerrohr 388
Zuckerrohranbau 398

Der Autor

Einige Jahre nach Abschluss seines Studiums hatte der Dipl. Ing. *Alfred Vollmer*, Jahrgang 1963, genug von seiner damaligen Arbeit und beschloss zu kündigen. Bevor er eine neue Stellung antrat, bereiste er im Jahr 1988 ein Vierteljahr lang den Südwesten der USA und Hawaii. *Vollmer* hatte Feuer gefangen, und besonders Hawaii hatte ihn in seinen Bann geschlagen.

Viele Male bereiste er seitdem die USA, wobei Hawaii stets eine ganz besondere Faszination auf ihn ausübte. Manchmal flog er gleich zwei Mal im Jahr auf die Inselgruppe, die er wie seine Westentasche kennt. Mittlerweile ist er zehntausende von Kilometern auf den Inseln mit dem Auto gefahren, und er flog entsprechend oft zwischen den Inseln hin und her.

Anfang der 1990er Jahre machte der Autor sein ursprüngliches Hobby auch zu seinem Beruf und machte sich selbstständig, um sich ganz dem Journalismus in Wort und Bild zu widmen. Seine Live-Multimedia-Shows über Hawaii, Neuseeland, Australien, Kanada und die USA (Südwesten, Neuengland, Florida sowie Kurzvorträge zu verschiedenen USA-Zielen) begeisterten bereits mehrere Hunderttausend Zuschauer in ganz Zentraleuropa.

Danke

Mein besonderer Dank gilt meiner Frau und meinen Kindern, die mich in den vielen Stunden der Recherche, des Schreibens und der Produktionsphase dieses Buches sowie während den Aktualisierungen oft kaum noch zu Gesicht bekommen haben, mir aber dennoch immer wieder neue moralische Unterstützung zukommen ließen.

Sehr gefreut habe ich mich aber auch über die tatkräftige Unterstützung von *Axel Rösner*.

Bei meinen vielen Freunden auf den Hawaii-Inseln möchte ich mich ebenfalls für Ihre Unterstützung und ihren Einsatz bedanken.

Ohne die aktive Hilfe von *Hans R. Grundmann* und *Wolfram Schwieder* als Lektor der Erstauflage wäre dieses Buch nie möglich geworden.

Mahalo!

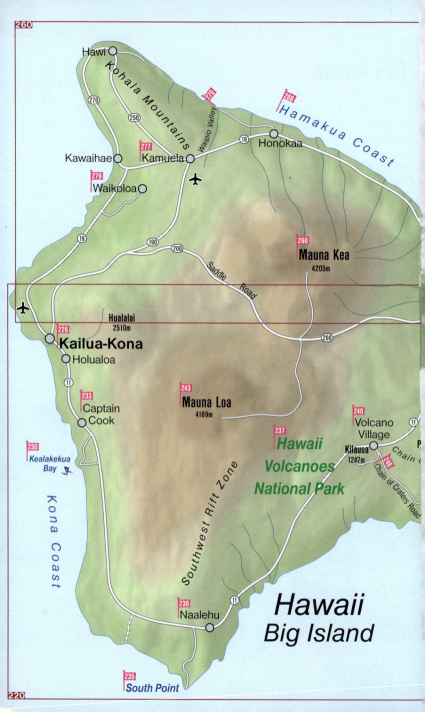